注釈日本国憲法
(2)

国民の権利及び義務(1)
§§ 10～24

長谷部恭男 編

川岸令和・駒村圭吾・阪口正二郎・
宍戸常寿・土井真一 著

有斐閣 コンメンタール

は　し　が　き

　2015年から2016年にかけては憲法が世間の注目を集めた。ただ，そこで明らかになったことの一つは，憲法およびそれを支える基本的な考え方が，なお社会に広く行き渡っているとは言い難いことであったように思われる。憲法も法律学である以上，その理解には社会常識に加えて国内外の専門的な知識が必要である。その知見を世に広めるには，体系書や解説書に加えて，条文ごとの注釈書も大きな役割を果たす。

　この注釈書は全4巻からなる。本巻（第2巻）は，国民の権利及び義務に関する憲法第3章の前半（第10条から第24条まで）をカバーする。続いて刊行の予定されている第3巻は第3章の後半と国会に関する第4章を，第4巻は内閣，司法，財政，地方自治に関する第5章から第8章までを扱い，残る部分と憲法総論は第1巻で扱われる。

　本書の刊行について有斐閣編集部よりお話があったのは2013年5月のことであった。幸いにして，憲法学界の俊英と誰もが認める方々のご協力を得ることができ，ここに最初の巻を刊行することができた。執筆にあたっては，2・3か月に1度の編集会議ごとに各自の原稿を持ち寄り，全員で検討を加えた。

　本書の刊行については，有斐閣編集部の山下訓正，信国幸彦，さらには総括の任にあたられた神田裕司の各氏から行き届いたお世話をいただいた。ここに記して深甚の謝意を表する次第である。

　　2016年12月

　　　　　　　　　　　　　　　　　　　　　　　　　　長谷部恭男

目　　次

第3章　国民の権利及び義務

前注（§§ 10～40）………………………………［長谷部恭男］… *1*
§10【国民の要件】………………………………［長谷部恭男］… *40*
§11【基本的人権の享有】………………………［宍戸常寿］… *51*
§12【自由・権利の保持の責任とその濫用の禁止】
　　　　………………………………………………［宍戸常寿］… *57*
§13【個人の尊重，生命，自由及び幸福追求に対する権利・公共
　　の福祉】………………………………………［土井真一］… *63*
§14【法の下の平等，貴族の禁止，栄典】…………［川岸令和］… *161*
§15【公務員選定罷免権，公務員の本質，普通選挙の保障，秘密
　　投票の保障】…………………………………［長谷部恭男］… *214*
§16【請願権】………………………………………［宍戸常寿］… *240*
§17【国及び公共団体の賠償責任】………………［宍戸常寿］… *244*
§18【奴隷的拘束及び苦役からの自由】…………［長谷部恭男］… *256*
§19【思想及び良心の自由】………………………［駒村圭吾］… *262*
§20【信教の自由】…………………………………［駒村圭吾］… *299*
§21【集会・結社・表現の自由，通信の秘密】……［阪口正二郎］… *338*
§22【居住・移転及び職業選択の自由，外国移住及び国籍離脱の
　　自由】…………………………………………［宍戸常寿］… *458*
§23【学問の自由】…………………………………［長谷部恭男］… *480*
§24【家族生活における個人の尊厳と両性の平等】
　　　　………………………………………………［川岸令和］… *495*

事項索引　（*519*）
判例索引　（*530*）

凡　　例

1　条　　文

　　条文は原文どおりとした。ただし，用字は新字体を採用し，数字はアラビア数字に改め，項番号を丸付き数字で示した。また，各条にその内容を表す見出しを付した。

2　法令名の略記

　　正式法令名を表記するのを原則としたが，一部，有斐閣『六法全書』巻末の法令名略語によった。主なものは，以下のとおり。なお，日本国憲法については，単に条数のみをもって示した場合がある。

刑	刑法		法律
憲	日本国憲法	地公	地方公務員法
憲改	日本国憲法の改正手続に関する法律	独禁	私的独占の禁止及び公正取引の確保に関する法律
公選	公職選挙法	入管	出入国管理及び難民認定法
国大法人	国立大学法人法	入管則	出入国管理及び難民認定法施行規則
国賠	国家賠償法		
国公	国家公務員法	民	民法
人権B規約	市民的及び政治的権利に関する国際規約	明憲	大日本帝国憲法
		旅券	旅券法
請願	請願法	労基	労働基準法
性的画像被害	私事性的画像記録の提供等による被害の防止に関する	労組	労働組合法

3　他の注釈の参照指示

　　他の注釈箇所を参照するよう指示する場合には，→印を用いた。例えば，「→§13 Ⅱ 4(1)」は，13条注釈のⅡ 4(1)の項への参照指示を表す。なお，同じ条文内の注釈箇所の参照を指示する場合には条文部分を略し，さらに，同一階層の見出し内の注釈箇所の参照を指示する場合には同一階層部分を略した。

4　判例項目

　　判例について事実関係や判決文等を詳述する場合には，**判例1**/ のように各注釈内で連番を付して独立項目とした。判例項目の参照を指示する場合にも，→印を用いた。

5　判例の略記

判例の引用にあたっては，次の略記法を用いた。判例集等に未登載のものは，事件番号を示した。

　　最判平成 27・3・10 民集 69 巻 2 号 265 頁
　　　＝最高裁判所平成 27 年 3 月 10 日判決，最高裁判所民事判例集 69 巻 2 号 265 頁
　　最判平成 26・7・17【平成 26（オ）226】
　　　＝最高裁判所平成 26 年 7 月 17 日判決，平成 26 年（オ）第 226 号

判例略語：――

最大	最高裁判所大法廷
最	最高裁判所
高	高等裁判所
支（○○高△△支）	○○高等裁判所△△支部
地	地方裁判所
支（○○地△△支）	○○地方裁判所△△支部
家	家庭裁判所
簡	簡易裁判所
大	大審院
控	控訴院
判	判決
中間判	中間判決
決	決定
命	命令
審	家事審判

判例出典略語：――

下刑集	下級裁判所刑事裁判例集
家　月	家庭裁判月報
下民集	下級裁判所民事裁判例集
行　集	行政事件裁判例集
刑　集	〔大審院または最高裁判所〕刑事判例集
刑　録	大審院刑事判決録
高刑集	高等裁判所刑事判例集
交通民集	交通事故民事裁判例集
高民集	高等裁判所民事判例集
裁　時	裁判所時報
裁判集刑	最高裁判所裁判集刑事
裁判集民	最高裁判所裁判集民事

凡　例

訟　月　　　訟務月報
判　時　　　判例時報
判　自　　　判例地方自治
判　タ　　　判例タイムズ
民　集　　　〔大審院または最高裁判所〕民事判例集
民　録　　　大審院民事判決録
労民集　　　労働関係民事裁判例集

6　文献の略記
　文献の引用にあたっては，著者・編者（執筆者）の姓名，書名（論文名），巻号数（掲載誌とその巻号数），参照頁，共著の場合には執筆者名，書籍の場合には発行所，刊行年を掲記した。判例批評については，〔判批〕と示した。
　ただし，次のものについては略語を用い，共著の場合には執筆者は姓のみを掲げた。
　文献略語：――

赤坂・講義（人権）　　赤坂正浩『憲法講義（人権）』（信山社，2011）
浅野＝杉原監・答弁集　浅野一郎＝杉原泰雄監修『憲法答弁集1947〜1999』（信山社，2003）
芦部・憲法〔6版〕　　芦部信喜（高橋和之補訂）『憲法〔第6版〕』（岩波書店，2015）
芦部・憲法学Ⅰ・Ⅱ・Ⅲ　芦部信喜『憲法学Ⅰ・Ⅱ・Ⅲ〔増補版〕』（有斐閣，1992・94・2000）
芦部編・憲法Ⅱ・Ⅲ　　芦部信喜編『憲法Ⅱ・Ⅲ』（有斐閣，1978・81）
有倉編・基本コメ　　　有倉遼吉編『基本法コンメンタール　憲法〔新版〕』（日本評論社，1977）
有倉＝小林編・基本コメ　有倉遼吉＝小林孝輔編『基本法コンメンタール　憲法〔第3版〕』（日本評論社，1986）
市川・基本講義　　　　市川正人『基本講義 憲法』（新世社，2014）
伊藤・憲法　　　　　　伊藤正己『憲法〔第3版〕』（弘文堂，1995）
鵜飼・憲法　　　　　　鵜飼信成『憲法〔新版〕』（弘文堂，1968）
内野・論理と体系　　　内野正幸『憲法解釈の論理と体系』（日本評論社，1991）
浦部・教室〔3版〕　　浦部法穂『憲法学教室〔第3版〕』（日本評論社，2016）
大石・講義Ⅰ〔3版〕・Ⅱ〔2版〕　大石眞『憲法講義Ⅰ〔第3版〕・Ⅱ〔第2版〕』（有斐閣，2014・12）
大石＝石川編・争点　　大石眞＝石川健治編『憲法の争点』（有斐閣，2008）
奥平・憲法Ⅲ　　　　　奥平康弘『憲法Ⅲ』（有斐閣，1993）
粕谷・変動　　　　　　粕谷友介『憲法の解釈と憲法変動』（有斐閣，1988）
清宮・憲法Ⅰ　　　　　清宮四郎『憲法Ⅰ〔第3版〕』（有斐閣，1979）

v

工藤・研究	工藤達朗『憲法学研究』(尚学社，2009)
小嶋・概説	小嶋和司『憲法概説』(良書普及会，1987)
小嶋＝大石・概観〔7版〕	小嶋和司＝大石眞『憲法概観〔第7版〕』(有斐閣，2011)
小林＝芹沢編・基本コメ	小林孝輔＝芹沢斉編『基本法コンメンタール　憲法〔第5版〕』(日本評論社，2006)
小山・作法〔3版〕	小山剛『「憲法上の権利」の作法〔第3版〕』(尚学社，2016)
小山＝駒村編・探究〔2版〕	小山剛＝駒村圭吾編『論点探究 憲法〔第2版〕』(弘文堂，2013)
阪本・理論Ⅰ〔補訂第3版〕・Ⅱ・Ⅲ	阪本昌成『憲法理論Ⅰ〔補訂第3版〕・Ⅱ・Ⅲ』(成文堂，2000・1993・95)
佐々木・憲法論	佐々木惣一『改訂日本国憲法論』(有斐閣，1952)
佐藤(功)・概説	佐藤功『日本国憲法概説〔全訂第5版〕』(学陽書房，1996)
佐藤(功)・ポケ註上・下	佐藤功『ポケット註釈全書　憲法〔新版〕(上)(下)』(有斐閣，1983)
佐藤(幸)・憲法論	佐藤幸治『日本国憲法論』(成文堂，2011)
佐藤(達)・成立史(1)(2)	佐藤達夫『日本国憲法成立史(1)(2)』(有斐閣，1962・64)
佐藤(達)・成立史(3)(4)	佐藤達夫（佐藤功補訂）『日本国憲法成立史(3)(4)』(有斐閣，1994)
宍戸・応用と展開〔2版〕	宍戸常寿『憲法 解釈論の応用と展開〔第2版〕』(日本評論社，2014)
渋谷・憲法〔2版〕	渋谷秀樹『憲法〔第2版〕』(有斐閣，2013)
清水編・審議録(1)～(4)	清水伸編著『逐条日本国憲法審議録〔増訂版〕(1)～(4)』(日本世論調査研究所，1976)
初宿・憲法(2)〔3版〕	初宿正典『憲法2〔第3版〕』(成文堂，2010)
初宿・日独	初宿正典『日独比較憲法学研究の論点』(成文堂，2015)
末川ほか・公共の福祉	末川博ほか『基本的人権と公共の福祉』(法律文化社，1957)
杉原・憲法Ⅰ・Ⅱ	杉原泰雄『憲法Ⅰ・Ⅱ』(有斐閣，1987・89)
芹沢ほか編・新基本コメ	芹沢斉＝市川正人＝阪口正二郎編『新基本コンメンタール　憲法』(日本評論社，2011)
高橋・立憲主義〔3版〕	高橋和之『立憲主義と日本国憲法〔第3版〕』(有斐閣，2013)
高柳ほか編・過程Ⅰ・Ⅱ	高柳賢三＝大友一郎＝田中英夫編著『日本国憲法制定

凡　例

	の過程Ⅰ・Ⅱ』（有斐閣，1972）
竹中・自己決定権	竹中勲『憲法上の自己決定権』（成文堂，2010）
玉蟲・尊厳保障	玉蟲由樹『人間の尊厳保障の法理』（尚学社，2013）
辻村・憲法〔5版〕	辻村みよ子『憲法〔第5版〕』（日本評論社，2016）
辻村・ジェンダー	辻村みよ子『ジェンダーと人権』（日本評論社，2008）
戸松・憲法	戸松秀典『憲法』（弘文堂，2015）
戸松＝今井編・論点体系(1)～(3)	戸松秀典＝今井功編著『論点体系　判例憲法1～3』（第一法規，2013）
長尾・憲法〔全訂4版〕	長尾一紘『日本国憲法〔全訂第4版〕』（世界思想社，2011）
野中ほか・憲法Ⅰ〔5版〕・Ⅱ〔5版〕	野中俊彦＝中村睦男＝高橋和之＝高見勝利『憲法Ⅰ〔第5版〕・Ⅱ〔第5版〕』（有斐閣，2012）
橋本・憲法	橋本公亘『日本国憲法〔改訂版〕』（有斐閣，1988）
長谷部・境界	長谷部恭男『憲法の境界』（羽鳥書店，2009）
長谷部・憲法〔6版〕	長谷部恭男『憲法〔第6版〕』（新世社，2014）
長谷部・テレビ	長谷部恭男『テレビの憲法理論』（弘文堂，1992）
長谷部・理性〔増補新装版〕	長谷部恭男『憲法の理性〔増補新装版〕』（東京大学出版会，2016）
樋口・憲法〔3版〕	樋口陽一『憲法〔第3版〕』（創文社，2007）
樋口・憲法Ⅰ	樋口陽一『憲法Ⅰ』（青林書院，1998）
樋口ほか・注解Ⅰ～Ⅳ	樋口陽一＝佐藤幸治＝中村睦男＝浦部法穂『注解法律学全集　憲法Ⅰ～Ⅳ』（青林書院，1994・97・98・2004）
法協・註解上・下	法学協会『註解日本国憲法(上)(下)』（有斐閣，1953・54）
松井・憲法〔3版〕	松井茂記『日本国憲法〔第3版〕』（有斐閣，2007）
松井・メディア法〔5版〕	松井茂記『マス・メディア法入門〔第5版〕』（日本評論社，2013）
美濃部・原論	美濃部達吉（宮沢俊義補訂）『日本国憲法原論』（有斐閣，1952）
美濃部・撮要〔改訂5版〕	美濃部達吉『憲法撮要〔改訂第5版〕』（有斐閣，1932）
美濃部・精義	美濃部達吉『逐条憲法精義』（有斐閣，1927）
宮沢・憲法Ⅱ	宮沢俊義『憲法Ⅱ〔新版〕』（有斐閣，1971）
宮沢・全訂	宮沢俊義（芦部信喜補訂）『全訂日本国憲法』（日本評論社，1978）
宮沢・略説	宮沢俊義『憲法略説』（岩波書店，1942）
毛利ほか・憲法Ⅰ・Ⅱ	毛利透＝小泉良幸＝淺野博宣＝松本哲治『憲法Ⅰ・Ⅱ』

vii

(有斐閣, 2011・13)

百選Ⅰ〔6版〕・Ⅱ〔6版〕　長谷部恭男＝石川健治＝宍戸常寿編『憲法判例百選Ⅰ〔第6版〕・Ⅱ〔第6版〕』(有斐閣, 2013)
自治百選〔4版〕　　　磯部力＝小幡純子＝斎藤誠編『地方自治判例百選〔第4版〕』(有斐閣, 2013)
渉外百選〔3版〕　　　池原季雄＝早田芳郎編『渉外判例百選〔第3版〕』(有斐閣, 1995)

雑誌略語：――
　公　法　　公法研究　　　　法　セ　　法学セミナー
　ジュリ　　ジュリスト　　　民　商　　民商法雑誌
　法　協　　法学協会雑誌　　論ジュリ　論究ジュリスト
　法　教　　法学教室　　　　論　叢　　法学論叢
　法　時　　法律時報

編者紹介

長谷部恭男（はせべ やすお）　　早稲田大学大学院法務研究科教授

著者紹介（五十音順）

川岸令和（かわぎし のりかず）　　早稲田大学政治経済学術院・法務研究科教授
駒村圭吾（こまむら けいご）　　慶應義塾大学法学部教授
阪口正二郎（さかぐち しょうじろう）　　一橋大学大学院法学研究科教授
宍戸常寿（ししど じょうじ）　　東京大学大学院法学政治学研究科教授
土井真一（どい まさかず）　　京都大学法学系（大学院法学研究科）教授

第3章　国民の権利及び義務

前注（§§ 10〜40）

- I　総　説 …………………………… 1
  - 1　憲法上の権利，基本権，人権，基本的人権 ………………………… 1
  - 2　憲法上の権利の種別 …………… 3
    - (1) 自由権と社会権──歴史的背景 ………………………………… 3
    - (2) イェリネクの分類 ………… 4
    - (3) 「切り札」としての権利と「公共の福祉」に基づく権利 …… 5
  - 3　憲法上の権利と義務 …………… 6
    - (1) 権限付与ルールと排除の許容 ………………………………… 6
    - (2) 他者の権利行使を妨げない義務 …………………………………… 8
    - (3) 憲法上の義務規定 ………… 8
  - 4　制度保障と憲法上の権利 ……… 8
- II　憲法上の権利の享有主体 ……… 11
  - 1　外国人 ………………………… 11
    - (1) 権利性質説 ………………… 11
    - (2) 入国・在留の自由 ………… 13
    - (3) 公務就任権 ………………… 14
    - (4) 参政権 ……………………… 15
    - (5) 社会権 ……………………… 16
  - 2　法人・団体 …………………… 17
    - (1) 法人が憲法上の権利を享有する根拠 ……………………………… 17
    - (2) 法人・団体が享有し得る権利 ………………………………… 19
  - 3　天皇 …………………………… 20
- III　憲法上の権利の適用範囲 ……… 21
  - 1　私人間効力 …………………… 21
    - (1) 私人間への権利条項の「適用」 ………………………………… 21
    - (2) 「国家行為」の理論 ……… 24
    - (3) 裁判による表現活動の抑制 … 25
  - 2　特殊な法律関係 ……………… 26
    - (1) 特別権力関係理論 ………… 26
    - (2) 刑事施設被収容者 ………… 27
    - (3) 公務員 ……………………… 29
    - (4) 国公立大学学生 …………… 34
- IV　違憲審査の構造 ………………… 35
  - (1) 保護範囲 …………………… 35
  - (2) 制約・侵害 ………………… 36
  - (3) 正当化 ……………………… 37

［長谷部恭男］

I　総　説

1　憲法上の権利，基本権，人権，基本的人権

憲法第3章は国民の権利及び義務について規定する。日本国憲法等の実定

第3章　国民の権利及び義務

　憲法典により保障された権利は，憲法上の権利（constitutional rights）と呼ばれることが多い。基本権（fundamental rights, basic rights）と呼ばれることもある。他方，日本国憲法の保障する権利は「基本的人権」と呼ばれることもしばしばある。これは，ポツダム宣言第10項にあらわれる「基本的人権（the fundamental human rights）の尊重は確立せらるべし」との文言に由来すると言われる。「基本的人権」は文字どおりに理解するなら「人権」のうち基本的なものを意味するが，基本的でない人権が存在するわけではないから，そうした区別をすることにさしたる意味はないであろう。

　人権（human rights）は，人が人であることにより当然に保障される生来の権利を指す概念である。そこで言う「人」についても，それを生物学的な意味での人と理解するか，自己の生を理性的に構想し，自ら生きる存在としての人として理解するか等，見解は分かれ得るが，典型的な人に生来当然に保障されるべき権利を人権と考えるならば，それは，権利の主体，内容，保障の相手方等の点で，憲法上の権利とは必ずしも一致しない。人権は人である以上は国籍を問わず誰もが享有し，誰によっても侵害されるべきでない権利である。

　人権概念は，支持し得ない自然法論を前提とする，あるいは（男性中心の）西欧文明固有の偏見にすぎないとの批判もときに見られる。しかし，すべての人と社会に共通する，人の傷つきやすさ，資源の稀少性，限られた利他性，限られた合理性等の基本的事実から，暴力の抑止，所有権の保護，組織的強制秩序による人々の利益の保護等の普遍的な必要性が導かれることは，多くの法実証主義者も自然法の最小限の内容としてこれを認める（H.L.A. ハート（長谷部恭男訳）『法の概念〔3版〕』第Ⅸ章第2節（筑摩書房，2014））。

　他方，憲法上の権利は，第一次的には国等の公権力に対する関係で，当該国家の国民に対して保障されることが想定されている（もっとも，→Ⅱ1・Ⅲ1）。国政に参加する権利や，政府から福祉給付を受ける権利のように，憲法上の権利ではあっても，人権として観念することが容易でない権利も存在する。憲法上の権利の内容は，個別の国，個別の憲法によって異なり得る。人権は個人に保障されるが，憲法上の権利は法人・団体に保障されることもある（→Ⅱ2）。

前注（§§10〜40）I

　日常的な言い回しでは，憲法上の権利と人権とは厳密に区別されずに用いられることが多い。また，日本国憲法の条文自体，「この憲法が国民に保障する基本的人権」（11条・97条）等，憲法上の権利と人権との区別を意識しないかに見えることばの遣い方をしていることがある。
　以下，本章で説明されるのは，日本国憲法の保障する憲法上の権利についてである。

2　憲法上の権利の種別

(1)　自由権と社会権――歴史的背景

　憲法上の権利は，様々な観点から分類される。裁判の結論を正当化する直接の根拠として援用し得るか否かという点では，具体的権利と抽象的権利を区別することができる。表現の自由や信教の自由等，明文で規定された権利と，明文では規定されていないプライバシー等「新しい権利」と言われるものを区別することもできる。
　歴史的観点からは，自由権と社会権との分類が重要である。市民革命前の中世・近世ヨーロッパの社会で人々に認められていたのは，万人に平等に保障される普遍的人権ではなく，各自の所属する身分や団体によって内容の異なる権利と義務であった。典型的な市民革命であったフランス革命は，様々な身分・中間団体とそれに伴う特権を否定し，平等な権利を享有する単一の国民と，それと対峙する集権的近代国家を析出した。国内の封建諸領主の力を抑制し，領域を超えて抗争する各宗派の権威を封じ込め，統一された主権国家を形成しようとした絶対君主の目標を，一面で引き継いでいたと言うことができる（樋口・憲法〔3版〕38-40頁）。
　この段階で認められた権利は，個人単位における国家権力からの自由（消極的自由）であり，それを利用して各個人が自己実現するための物質的基盤は，各自が社会生活の中で獲得するものと想定されていた。実際には「教養と財産」を持つ市民階級のみが，与えられた自由を十分に活用することができたし，また，そうした社会環境を維持するため，政府の活動に対して影響を与える権利である参政権の付与も，納税額・性別等により限定されていた。
　しかし，産業化の進展によって労働者階級が分化・形成されると，彼らの

［長谷部］　3

参政権を求める運動が広がるとともに，労働者階級の悲惨な生活状況の改善を目指す社会主義思想が大きな影響力を持つにいたる。また，19世紀後半以降，国民を広範に動員して大規模な戦闘を長期にわたって遂行する戦争様式が一般化すると，前線に動員される可能性が不断にある一般大衆への参政権付与が必然となるとともに，国民全体の福祉をなるべく格差のない形で向上させる福祉国家政策が，各国の枢要な目標となる。その結果，集団単位の自由権や国家による社会への積極的介入を求める社会権の保障を含めた基本権のカタログの拡充が見られることとなった。

もっとも，一般に自由権に属するとされる表現の自由についても，政府保有情報の積極的開示を求める抽象的権利としての側面を持つと言われることがあり，典型的な社会権とされる生存権についても，国民の生存を困難にするほどの租税を徴収するなら，生存権の自由権としての側面が問題となる。自由権と社会権の区分は，つねに明瞭であるわけではない。

(2) イェリネクの分類

伝統的には，ゲオルク・イェリネクの公権論にならい，国家に対する国民の地位に応じて，①受動的地位⇒義務，②消極的地位⇒自由権，③積極的地位⇒受益権，④能動的地位⇒参政権が区別されてきた（イェリネク（芦部信喜ほか訳）『一般国家学〔2版〕』329-340頁（学陽書房，1976））。イェリネクの分類は現在の憲法上の権利の分類と直接に対応するものではなく，両者はあくまで比喩的な関係にとどまるものであるが，上述の4分類は，裁判所による国家行為の違憲審査密度ともある程度，対応していることもあり，広く利用されている。自由権はさらに，保護の対象および裁判所による審査密度の程度により，精神的自由，経済的自由および人身の自由に分類される。イェリネクは受益権として国務請求権を主に念頭に置いていたが，広く解するならば，国家に対する便宜・利益の請求権を核心とする社会権を含めて考えることもできよう。他方，権利保障の実効性を担保するとともに，公益実現への国民参加の手段ともなる国務請求権と参政権は，いずれも国法の定立に参加する権利であり，前者は裁判等の個別的法，後者は法律等の一般的な法の定立に関わるものと考えることができる。

なお，イェリネクの議論と関連させつつ「法的に無関係 rechtlich irrelevantな自由」なるものが国民の権利の一種として語られることがある（宮沢・憲法Ⅱ91頁）。宮沢は、こうした「単なる自由」はその制約について「憲法上の制限がな」いとするが、これはきわめてミスリーディングである。イェリネクはカントの法概念を念頭に置いており（カント『人倫の形而上学』[A6:230]）、諸個人の自由な外的行動を相互に両立させる一般的な法秩序を前提とし、そうした法秩序によって諸個人に平等に認められた範囲内で各人が行う選択と行動（例：自分のワインを飲むことや自分の地所を散策すること）は、法とは概念上無関係であると考えた。つまりイェリネクの言う「法的に無関係な自由」は、憲法による立法権の制限の有無とは理論的レベルを全く異にしており、憲法上の諸権利と並べて議論すること自体、混乱の元である。

(3) 「切り札」としての権利と「公共の福祉」に基づく権利

憲法上の権利はときに、公共の福祉、つまり社会全体の公益を理由とする政府の立法や施策に対抗し、覆すことを可能とするための「切り札 trump」として機能することがあると言われる。しかし、こうした機能をすべての権利につき、しかも、あらゆる適用場面で認めるならば、国政の停滞は免れない。すべての個人に政府のすべての決定に対する拒否権を与えるようなものである。日本を含めたリベラル・デモクラシー諸国で広く認められている「切り札」としての権利は、個人の人格の根源的な平等性を確保するための権利だと考えられる（しばしば誤解されることがあるが、「自律」や「自己実現」自体に常に意味があるわけではない。自家療法で病気を治そうとする人、自分でビッグバン理論の真実性を判断する人は、信頼できる他者に頼るよりも確かに自律的であるが、そうした自律性にさしたる意味はない）。

たとえば、肌の色、人種、宗教上の信条等により、本来、すべての市民に平等に提供されるはずの政府のサービスが差別的に提供されるとき、個人の人格の根源的な平等性が侵害されていると言い得るであろう。また、宗教に限らず、政治的主張や思想・信条について「君の考えは間違っているから自由な表現活動を認めない」との根拠で規制がなされた場合もやはり、ここで言う「切り札」としての権利が侵害されている。

こうした権利侵害の動機をあからさまな形で政府が主張することは、にわかには考えにくい。しかし、人種、宗教、政治的信条、思想内容等を標識と

[長谷部]

して，政府が特定の個人や集団を不利益に扱う場合，こうした不当な動機が背後に隠れている蓋然性が高い。こうした場面で厳格な違憲審査が要求される理由の，少なくとも一部はそこに求められる（長谷部・理性〔増補新装版〕6-7章）。

他方，憲法上の権利は「切り札」としてではなく，「公共の福祉」を実現する手段の一環としての意味を持つことが多い。表現の自由が，豊かな情報を社会に提供することで，民主的政治過程を支える機能を果たすこと，営業の自由が市場経済を活性化し，資源の最適配分，生産の効率化等を通じて消費者・生産者の利益に貢献することは，その例である。違憲審査の役割は，「切り札」としての権利の保護だけでなく，公共の福祉にとって大きな逆効果をもたらす政府の活動を排除し，より効果的な公益の実現を果たすことをも含んでいる（長谷部・理性〔増補新装版〕5章）。

「切り札」としての権利と「公共の福祉」に基づく権利は，必ずしも条文ごとに区別し得るものではない。具体的な適用場面でどのような機能を果たしているか，政府が提出する正当化理由がどのようなものか，その背後に不当な動機が隠されている蓋然性がどの程度あるか等，多様な事情を勘案することではじめて区別が可能となる。

3　憲法上の権利と義務

(1)　権限付与ルールと排除の許容

憲法の規定する権利は，それを保障する義務が立法府を含む広義の政府に課されているのであって，国民にそれを守る義務はないと言われることがある。この言明が厳密に何を意味するかを理解することは，容易ではない。

憲法上の権利を侵害する立法が制定され，しかも，侵害を十分に正当化することができなければ，当該立法は違憲と判断され，それに基づく国家行為の効力は否定される（→Ⅳ）。しかし，そこで問題となるのは，立法府の権限の限界を超える立法行為がなされたことである。それを立法府の義務違反と直ちに言うことは難しい。有効な契約を締結するには，十全な行為能力を備えた成人が，法律の要求する形式があればそれを満たした上で契約を締結する必要があり，こうした条件を満たさない契約は取消しの対象となったり，

効力が否定されたりするが，それが何らかの義務違反だと考えられることは普通はない。権限を付与するルールと義務を賦課するルールとの区別が（H. L.A. ハート（長谷部恭男訳）『法の概念〔3版〕』第Ⅲ章第1節および第Ⅳ章第3節（筑摩書房，2014）），そこでは混同されている疑いがある。義務違背の側面があるとすれば，例外的に，立法行為が国家賠償という制裁の対象となり得るという点にとどまるであろう（最判昭和60・11・21民集39巻7号1512頁，最大判平成17・9・14民集59巻7号2087頁）。

　権限付与ルールを構成する憲法上の権利条項は，排除の許容（exclusionary permission）の例とされる（ジョゼフ・ラズ「法の内なる論理」同（深田三徳編）『権威としての法』（勁草書房，1994））。通常，国民の権利を制約・侵害する法令は，それ相応の必要性と合理性を示す正当化理由を伴って定立される。国民は，その正当化理由を額面どおりに受け取って法を遵守することも可能である。しかし，主張されている正当化理由が成り立たないと考えるなら，あえて法に違背したり，法の定める積極的給付の不十分さを主張して，裁判の場で争うこともできる。政府が正当性を主張する権利制限の排除を要求していることになる。裁判所が国民の主張を認めるなら，当該法令による違憲の権利制限は排除され，本来のベースラインが回復される。排除の「許容」と言われるのは，こうして戦うことが国民の法的義務ではないからである。その限りでは，憲法上の権利を擁護する義務が権利保持者である国民自身にあるわけではない。国民には，付与された権利の行使が許容されているだけである。

　法的な意味では政府に憲法上の権利を保障する義務は（限定的な場面を除き）ないとしても，法を超える道徳の観点から見れば，やはり憲法上の権利保障を可能な限り実現すべき義務が政府にあることは否定し難い。しかし同じ道徳的観点から見て，日本国憲法の保障する憲法上の権利が，人の生来の人権を保障する点から見て十分に充実しており，道徳的に擁護すべきものと考えられるのであれば，国民一般にも，憲法上の権利を擁護すべき道徳上の義務はあると考えるべきであろう。その点では，道徳上の義務は一般的であり，政府と国民を区別しない。

(2) 他者の権利行使を妨げない義務

ある国民Aがその憲法上の権利（たとえば表現の自由）を行使しているとき，他の国民B，C，D等は，十分正当な理由がない限り，Aによる権利の行使を妨げてはならない義務を負っており，この義務は裁判所等の国家機関によって強制されることがある。その意味では政府にも国民にも，憲法上の権利を保護する法的義務がないわけではない。名誉権や財産権のように権利が直接に保護対象となることもあるが，自由権の行使が対象となる局面では，政府や国民は他の国民の憲法上の権利を直接保護する義務を負っているというよりは，国民は他の国民の権利利益を不当に侵害することのない限り，自分の判断に基づいて一般的に自由に行動することができ，そうした自由な行動を他者が妨げるならば，差止めや損害賠償の対象となったり，刑法上の暴行罪や傷害罪として取り締まられたりすることを意味している（長谷部・理性〔増補新装版〕129-132頁）。こうした一般的自由（自由な選択の余地）を保護する政府の活動の反射的効果として，個々の憲法上の権利を行使する国民の活動も保護されていると見るべきであろう。

(3) 憲法上の義務規定

日本国憲法は3種類の国民の義務を条文上，規定している（27条1項・26条2項・30条）。詳細は各条の注釈に譲るが，これらの条文の法的意義はきわめて乏しい。

4 制度保障と憲法上の権利

憲法上の制度保障（「制度的保障」と言われることもある）の意義については，大きく二通りの理解を区別することができる。

第1に，ワイマール期のカール・シュミットが提唱した制度保障の意義がある（石川健治『自由と特権の距離〔増補〕』（日本評論社，2007）。なお，佐藤（幸）・憲法論126-127頁）。シュミットは『憲法理論』（尾吹善人訳）（創文社，1972）で，ワイマール共和国憲法を，憲法上の権利保障規定を含まないフランス第三共和政憲法と同様のものとして理解しようとした。当時のリベラルな立憲主義（市民的法治国）思想からすれば，人が生来享有する一般的自由は，世論を反映しつつ，一般的抽象的法律の定立を通じて社会生活のルール

を設定する議会の活動により，十分に保障されるはずであり，ワイマール憲法第2篇の定める基本権保障の諸規定も，例示以上の意味は持たないはずであった。しかし，同憲法にはそれにとどまらない意味を持つかに見える規定がいくつかある。官僚制，地方自治，大学の自治，婚姻制度，財産制度に関する規定等がそうである。これらは人が生来享有する権利を定めたものとは言えない。そこで，一般的自由の大海に浮かぶこれらの島々を，シュミットは，ドイツ社会の伝統的制度を憲法が特に保障したものとして理解した。これらの制度保障は，生来の一般的自由の保障と異なり，憲法改正の限界内にあるため，改正によって廃止することも可能である。日本国憲法の場合，第1章が典型的な憲法による制度保障であり，したがって，いわゆる「天皇の人権」も，憲法律レベルで「飛び地」のように保存された「身分」および「特権」としてのそれである（石川・前掲書236-237頁。なお，→Ⅱ3）。

　日本国憲法下での地方自治，大学の自治，婚姻制度等を，こうした制度保障観念に沿って理解する余地もある（これらがどこまで日本の伝統的制度と言えるかについては疑問があり得るが，同じことは現在の天皇制の姿についても言える）。もっとも，一旦憲法上の制度として保障され，法令以下で具体的な制度が定められるなら，制度内部のメンバーや制度（大学）自体に，国による制度の侵害を排除する主張適格が認められることも想定し得る。

　通信の秘密（21条2項後段）については性格が明瞭ではないが，制度自体の保障と言うよりは，次に述べる別の憲法上の権利（通信の自由，プライバシー等）を間接的に保障するための制度と捉えるべきもののように思われる。

　第2に，憲法上の権利を間接的に保障するための制度を憲法が定めているという意味で，制度保障（制度的保障）という概念が用いられることがある。平等原則と貴族制度の禁止（14条2項），表現の自由と検閲制度の禁止（21条2項前段）等がその例とされる。津地鎮祭事件以降の最高裁判決が，「政教分離規定は，いわゆる制度的保障の規定であって，信教の自由そのものを直接保障するものではなく，国家と宗教との分離を制度として保障することにより，間接的に信教の自由の保障を確保しようとするものである」としているのも，その例である（最大判昭和52・7・13民集31巻4号533頁）。

　この意味での制度保障は，個人の自由や利益を直接に保障するものではな

いので，制度侵害の違憲性・違法性を攻撃する適格が個人に否定されることがある。政教分離原則に違反する国またはその機関の宗教的活動も，それが私人の信教の自由を制限し，あるいは私人に対し宗教上の行為等への参加を強制するなど，「憲法が保障している信教の自由を直接侵害するに至らない限り，私人に対する関係で当然には違法と評価されるものではない」とした自衛官合祀訴訟最高裁判決がその例である（最大判昭和63・6・1民集42巻5号277頁）。もっとも，検閲の禁止と表現の自由との関係について，こうした切断が成り立つ余地は考えにくい。

なお，こうした制度保障に関連して，カール・シュミットの「連結的・補充的保障」の概念が言及されことがあるが（芦部・憲法学Ⅱ88頁），少なくとも彼が信教の自由に関して念頭に置いていたのは，主要な宗教団体の自由を確保するための公認教会制が持つ連結的・補充的役割であり，政教分離原則等，特定の制度の忌避・禁止を支える根拠になり得るか，疑問なしとしない。国・地方公共団体と宗教との分離を要求する政教分離原則は，場合によっては，それが間接的に保障しているはずの信教の自由と対立・衝突する局面をももたらす（最判平成8・3・8民集50巻3号469頁《エホバの証人剣道実技受講拒否事件》，最大判平成22・1・20民集64巻1号1頁《空知太神社事件》）。

憲法82条の定める裁判における対審および判決の公開についても，制度としての保障であると言われることがあるが，訴訟当事者に関する限り，これは裁判を受ける権利とは独立の制度というよりは，前者の保障内容を制度として具体化したものと言うべきであろう。いわゆる訴訟と非訟の区分をめぐる判例では，32条に違背するか否かの問題と82条に違背するか否かの問題とは，一体として扱われている（最大決昭和35・7・6民集14巻9号1657頁，最大決昭和40・6・30民集19巻4号1089頁，最大決昭和41・12・27民集20巻10号2279頁等）。他方で，いわゆる法廷メモ訴訟の最高裁判決（最大判平成元・3・8民集43巻2号89頁）は，憲法82条の趣旨は「裁判を一般に公開して裁判が公正に行われることを制度として保障し，ひいては裁判に対する国民の信頼を確保しようとすることにある」とした上で，傍聴に関しては，各人が裁判所で傍聴することを権利として保障するものではなく，また傍聴人に法廷でメモをとることを権利として認めたものでもないとしている。

Ⅱ 憲法上の権利の享有主体

　憲法上の権利の享有主体性が問題とされてきたのは，外国人，法人・団体および天皇についてである。この他，未成年者の享有主体性が議論されることがあるが，未成年者が憲法上の権利の享有主体であること自体に疑いはなく，未成年者の利益保護の観点からとくに権利の制約が正当化されたり（職業選択の自由，財産権，情報を受領する権利等），あるいは成人には認められない権利の享受が認められることがある（普通教育を受ける権利等）にとどまるものと思われる。これらの論点は，それぞれの条項での注釈に譲る。

1 外国人

(1) 権利性質説

　憲法第3章が定めるのは，「国民の権利」についてであるが，日本国籍を有しない外国人は，当然に憲法上の権利を享有しないと言えるであろうか（ごく初期には，外国人の享有主体性を否定する議論もあった。佐々木・憲法論468頁参照）。

　かつては，憲法の各規定の文言に応じて，「国民」の権利か，「何人」にも保障される権利かを区別することができるとの説も存在したが（宮沢・全訂187頁，法協・註解上298頁。ただし，後者は規定の文言は決定的根拠ではないとする），現在の支配的学説は，権利の性質によって，外国人にも等しく保障される権利と，そうでないものとが区別されるとする（宮沢・憲法Ⅱ241-243頁，芦部・憲法〔6版〕92頁，佐藤(幸)・憲法論144頁）。たとえば，信教の自由や思想・良心の自由は，人が人であることによって当然に享受すべき人権であるから，外国人であることを理由にその保障を否定することはできないが，参政権は，所属する国の政治に参加する権利であって，外国の政治に参加する権利を意味しないことは当然であるから，国民のみにこれを認めても不合理ではないとされる（宮沢・憲法Ⅱ242頁）。公務就任権について，従来の政府の解釈が，「公務員に関する当然の法理として，公権力の行使または公の意思の形成への参画に携わる公務員」について，日本国籍が必要としてきたのも（1953年3月25日内閣法制局第一部回答，1973年5月28日自治省公務員第一課

第3章 国民の権利及び義務

長回答），こうした考え方に沿ったものである（→⑶）。

最高裁判所の判例も，いわゆるマクリーン事件判決（→**判例1**/）において，権利の性質に応じて，「わが国に在留する外国人に対しても等しく及ぶもの」とそうでないものとが区別されるとの立場を明らかにしている。

判例1 《マクリーン事件》
最大判昭和53・10・4民集32巻7号1223頁

アメリカ合衆国籍を有する原告が，日本での在留期間の更新を申請したところ，法務大臣は，原告が在留期間中に無断で転職したこと，また，アメリカのベトナム戦争反対，日米安保条約反対，出入国管理法案反対等を訴えるデモや集会に参加したことを理由に更新を許可しなかったため，原告は処分の取消しを求めて出訴した。

最高裁は一般論として，「憲法第3章の諸規定による基本的人権の保障は，権利の性質上日本国民のみをその対象としていると解されるものを除き，わが国に在留する外国人に対しても等しく及ぶものと解すべきであり」，「政治活動の自由についても，わが国の政治的意思決定又はその実施に影響を及ぼす活動等外国人の地位にかんがみこれを認めることが相当でないと解されるものを除き，その保障が及ぶものと解するのが，相当である」とした。

ただし，そもそも「国際慣習法上，国家は外国人を受け入れる義務を負うものではなく，特別の条約がない限り，外国人を自国内に受け入れるかどうか，また，これを受け入れる場合にいかなる条件を付するかを，当該国家が自由に決定することができる」ことから，「憲法上，外国人は，わが国に入国する自由を保障されているものでないことはもちろん，所論のように在留の権利ないし引き続き在留することを要求しうる権利を保障されているものでもない」とし，そうである以上，在留中の「外国人に対する憲法の基本的人権の保障は，右のような外国人在留制度のわく内で与えられているにすぎないものと解するのが相当」であって，「在留期間中の憲法の基本的人権の保障を受ける行為を在留期間の更新の際に消極的な事情としてしんしゃくされないことまでの保障が与えられているものと解することはできない」とした。そして，出入国管理令〔現在の出入国管理及び難民認定法に相当する〕上は，「法務大臣がその裁量により更新を適当と認めるに足りる相当の理由があると判断する場合に限り在留

期間の更新を受けることができる」にとどまり，法務大臣の判断に裁量権の逸脱・濫用を認めることもできないので，本件処分を違法とすることはできないと結論付けた。

(2) 入国・在留の自由

　マクリーン事件判決の核心的判旨は，権利の性質に応じて外国人に保障される権利であるか否かが判断されるとの常識的な一般論ではなく，むしろ，外国人には日本に入国する権利も，入国後，引き続き在留する権利も保障されていないため，憲法上の権利が保障されるとしても，それは在留制度の枠内での保障にすぎないという点である。もちろん，判決自体が認めるとおり，特別の条約等によって，外国人に対し，入国の自由や在留の権利を認めることはあり得るが（出入国管理及び難民認定法上の「永住者」や，日本国との平和条約に基づき日本の国籍を離脱した者等の出入国管理に関する特例法上の「特別永住者」がその例），標準的なベースラインはあくまで，外国人には入国・在留の権利はないというものである。

　国籍法違憲判決（最大判平成20・6・4民集62巻6号1367頁）が，「日本国籍は，我が国の構成員としての資格であるとともに，我が国において基本的人権の保障……等を受ける上で意味を持つ重要な法的地位でもある」とし，そのことを，準正子であるか否かによって日本国籍取得の要件に関して区別を生じさせることの合理性につき，「慎重に検討することが必要」となる要因の一つとした際も，外国人には入国・在留の権利がなく，たとえ憲法上の権利が保障されるとしても，それはあくまで在留制度の枠内にとどまるとの認識が前提となっているものと考えられる（→§10Ⅲ）。

　こうした前提からすると，本来，人である以上は生まれながらにして普遍的に保障されるべき「人権」が，立法者の裁量によって範囲が画定される国籍によって保障されたりされなかったりすることになる。これを説明のしにくい「難問」だとする見方もあるが（樋口ほか・注解Ⅰ189頁［佐藤］），「国籍は，普遍的に保障されるべき権利を効果的に保障すべく，それを保障する任務を負う者を予め指定するための，つまり，〔人権保障に関わる〕国際的な調整問題を解決するための標識」であると考えれば，なお説明は可能である

(長谷部・理性〔増補新装版〕125頁)。つまり,人権が,すべての人がすべての人に対して侵害しないよう要求し得る権利だとしても,誰がそれを保護するかは当然には決まらない。国籍は誰が(どの政府が)保護すべきか,その責任の配分を決めるための標識である。

表立って議論されることはないが,日本国憲法は日本国外に居住する外国人の権利を保障することはない。これは,どの国の憲法にも一般的に当てはまる事態である。アメリカ合衆国の諜報機関がアメリカ国外に居住する外国人の通信記録を傍受することは,合衆国憲法の保障する基本権の侵害ではない。

(3) 公務就任権

在留が認められた外国人の権利については,公務就任権,選挙権,社会権について争いがある(財産権や経済活動の自由に関する制限や否認(電波法5条1項,鉱業法17条,特許法25条,外国人土地法等)について,とくに争いはない)。

このうち,広い意味での参政権に属する公務就任権については,いわゆる東京都管理職選考受験訴訟(→**判例2**/)で,一応の判断の枠組みが示されている。

> **判例2** 《東京都管理職選考受験訴訟》
> 最大判平成17・1・26民集59巻1号128頁
>
> 在日二世で韓国籍を有する東京都の公務員が,(1)で触れた当然の法理を理由に管理職選考試験の受験を拒否されたことの適法性が争われた事件で,最高裁は,住民の権利義務を直接形成し,その範囲を確定するなどの公権力の行使に当たる行為を行い,もしくは普通地方公共団体の重要な施策に関する決定を行い,またはこれらに参画することを職務とする公務員を「公権力行使等地方公務員」と呼び,こうした職員の職務遂行は,住民の生活に直接間接に重大な関わりを有するので,国民主権の原理に照らすと,公権力行使等地方公務員に就任するのは原則として日本国民であることが想定されているとした。そして,地方公共団体が,公権力行使等地方公務員の職とこれに昇任するのに必要な経験を積むために経るべき職とを包含する一体的な管理職の任用制度を構築した上で,日本国民である職員に限って管理職に昇任することができるとする措置

をとることには合理的理由があり、労働基準法3条、憲法14条1項に違反しないとした。

　選挙権やそれと表裏の関係にある被選挙権と異なり、日本国民についてさえ、公務に「就任する権利」があるか否かは疑わしい。むしろ、公職就任への平等なアクセスが確保されているか否かの問題と捉えるべきであろう。最高裁は、特定範囲の公職については、国籍の有無による区別をすることも合理的であることを示している。

(4) 参政権

　最高裁は、国会議員の選挙権を有する者を日本国民に限っている公職選挙法9条1項の規定が、憲法14条、15条の規定に適合するか否かにつき、とくに理由を挙げることなく、これらの規定が違憲でないことは、マクリーン事件判決の趣旨に徴して明らかであるとの判断を示している（最判平成5・2・26判時1452号37頁）。国政レベルの選挙権が国民に対してのみ保障されるのは、権利の性質からして明らかであるとの趣旨であろう。最高裁は、国会議員の被選挙権を日本国民に限っている公職選挙法10条1項についても、憲法に違反しないことは、マクリーン事件判決（→**判例1**/）の趣旨に徴して明らかであるとする（最判平成10・3・13裁時1215号5頁）。

　他方、最高裁は、地方公共団体の長や議員の選挙については、マクリーン事件判決等を先例として引きつつ、国民主権の趣旨等を考えれば、「憲法93条2項にいう『住民』とは、地方公共団体の区域内に住所を有する日本国民を意味するものと解するのが相当」であるとしつつも、地方自治に関する憲法の規定が、「住民の日常生活に密接な関連を有する公共的事務は、その地方の住民の意思に基づきその区域の地方公共団体が処理するという政治形態を憲法上の制度として保障しようとする趣旨」であることから、「我が国に在留する外国人のうちでも永住者等であってその居住する区域の地方公共団体と特段に緊密な関係を持つに至ったと認められるものについて」、法律をもって「選挙権を付与する措置を講ずることは、憲法上禁止されているものではない」としている（最判平成7・2・28民集49巻2号639頁）。

　学説でも、地方公共団体において外国人に選挙権を認めることは可能とす

る見解が有力である（佐藤（幸）・憲法論 145-146 頁，樋口・憲法〔3 版〕186 頁，野中ほか・憲法Ⅰ〔5 版〕225 頁〔中村〕）。ヨーロッパ 25 か国中，非 EU 国民の定住外国人に地方選挙レベルでの選挙権を認めない国家は，フランス，ドイツ，イタリア等 8 か国にとどまる（Dominique Remy-Granger, 'Le pouvoir de suffrage', in Michel Troper et Dominique Chagnollaud eds., *Traité international de droit constitutionnel*, tome 2（Dalloz, 2012）, p. 379）。

(5) 社 会 権

社会権については，日本国民についても具体の法律の根拠があってはじめて享受し得るとされており，しかも広範な立法裁量が認められていることから，外国人との憲法上の保障の差異がどこにあるかを見極めることは難しい。むしろ，国籍を規準として社会保障給付について差異を設けることが，国籍に基づく不合理な差別として平等原則に違背しないかというアプローチの方が有益である可能性もある。

健康保険や厚生年金保険などのいわゆる被用者保険については，従来から外国人は国民と同様に扱われており，また，国民年金，児童扶養手当，特別児童扶養手当等については，1981 年（昭和 56 年）の，難民の地位に関する条約の批准に伴う社会保障関係法令の改正によって，国籍要件が撤廃されている。さらに，生活保護については従来から，行政実務上「生活に困窮する外国人に対しては一般国民に対する生活保護の決定実施の取扱いに準じて」保護を行うこととされている（1954 年（昭和 29 年）5 月 8 日各都道府県あて厚生省社会局長通知）。

1981 年改正前の国民年金法が，障害福祉年金の受給資格を廃疾認定日における国籍によって制限していたことの合憲性が争われた訴訟で，最高裁は，「社会保障上の施策において在留外国人をどのように処遇するかについては，国は，特別の条約の存しない限り……その政治的判断によりこれを決定することができるのであり，その限られた財源の下で福祉的給付を行うに当たり，自国民を在留外国人より優先的に扱うことも，許される」とした（最判平成元・3・2 判時 1363 号 68 頁《塩見訴訟》）。

2 法人・団体

(1) 法人が憲法上の権利を享有する根拠

　法人格を有しない団体を含めた，広い意味での法人が憲法上の権利を享有し得るか否かについて，判例・通説は，「憲法第3章に定める国民の権利および義務の各条項は，性質上可能なかぎり，内国の法人にも適用されるものと解すべきである」としている（最大判昭和45・6・24民集24巻6号625頁《八幡製鉄政治献金事件》）。その論拠として通常挙げられるのは，①法人の活動は自然人を通じて行われ，結局その効果は自然人に帰属すること，②法人が社会において自然人と同じく活動する実体であり，とくに現代社会における重要な構成要素である，という2点である（伊藤・憲法201頁，芦部・憲法〔6版〕89頁）。

　ただし，この2つの論拠は相互に衝突する論拠であって，同時に主張することは困難であろう。法人の活動は結局は各構成員の活動に分散的に帰着するのか，それとも，各構成員とは独立の実体として活動しているかのいずれかであって，双方を同時に肯定することは論理的に困難である。

　また，①の論拠は実は，法人の享有主体性を基礎づけることに成功しているか否か疑わしい。構成員の権利保障こそが眼目であって，法人の享有主体性を認めることがその手段にすぎないのであれば，裏返して言えば，構成員たる個人の権利が保障されている以上，法人に改めて享有主体性を認める必要性は乏しいはずだからである。近時は，この方向性を突き詰めて，「団体には固有の人権主体性はなく，構成員の人権を代表して主張することができるにすぎない」との主張も現れている（高橋・立憲主義〔3版〕94頁）。

　もっとも，ここで主張されている団体の「構成員」が何を意味するかは明瞭でない。マスメディアたる株式会社の場合，法的な意味での構成員はその株主であり，多くの株主は金融機関等の法人である（これらの法人の株主の多くもまた法人であろう）。雇用されているジャーナリスト等の従業員を意味しているのかもしれないが，新聞記者が記事を執筆するにあたっては，社の編集方針や内部規範，デスクや校閲担当者等の指示に従う必要があり，思ったとおりのことを書く自由があるわけではない。指揮命令系統に対応した階序

［長谷部］

第3章 国民の権利及び義務

構造を備える法人や団体に認められる権利を「構成員の権利」の集積として分解し、あるいはその効果を還元して説明する議論の説得力は薄弱である。また、こうした見解は、団体に、第三者たるその構成員の権利を主張する適格があるか否かを審査する判例の立場（東京高決平成7・12・19高民集48巻3号258頁《オウム真理教解散命令事件抗告審》）とも整合しない。

結局のところ、法人に憲法上の権利の享有主体性を認めるとすれば、上述の②の論拠に求められることとなろう（伊藤・憲法201頁）。法人は独立して活動する実体として権利を保障されている。そのことが、法人の従業員や構成員、法人の製品やサービスの消費者等、関係する諸個人の利益に役立つこともあるというだけである（ジョゼフ・ラズ「法的権利」同（深田三徳編）『権威としての法』348頁（勁草書房、1994）参照）。しかし、社会的に独立して活動する実体であること自体から、憲法上の権利の享有主体性が自動的に導かれるわけではない。構成員や従業員など、関係する諸個人の権利・利益とは一応、独立した主体としての団体・法人に憲法上の権利を認めるのであれば、そこで問題となるのは、個々人が生来、平等に享受するはずの人権ではなく（→Ⅰ1）、それとは異なる種類の憲法上の権利のはずである（つまり、団体・法人は個人と同等の立場における権利主体として「実在」するわけではない（長谷部・境界6-9頁）。団体・法人は設立の目的によって限定された範囲でのみ権利を享有し、内部対立、分裂、統合の度に権利主体性が問い直される点で、個人と根底的に異なる）。そうした憲法上の権利の保障根拠としてまず想定されるのは、社会公共の重要な利益（公共の福祉）である。

こうした立論に対しては、憲法上の権利の保障根拠は個人の権利以外にはあり得ない（高橋・立憲主義〔3版〕94頁）とか、「公共の福祉に基づいて保障される権利」が具体的に何を意味するかが不明である（佐藤(幸)・憲法論153頁）との批判が寄せられることがある。しかし、たとえば民主的政治過程という重要な公益を根拠として、マスメディアのそれを含めた表現の自由が厚く保障されるべきだという議論は、日本に限らず世界各国に広く行き渡っており、前者は独自の見解と言わざるを得ない（長谷部恭男『続・Interactive憲法』補論2（有斐閣、2011））。後者については、「公共の福祉に基づいて保障される権利」という観念が何と対比されているか──Ⅰ2(3)で説明した「切り

札」としての権利——を明らかにすることで，回答が可能と思われる。

　たとえば，取材源の秘匿等のマスメディア固有の特権や，マスメディアの一部である放送事業者にのみ課される，番組内容を含めた規制措置の正当性を支えているのは，そこで問題となるのが平等な個人の生来の権利ではなく，社会公共の利益に基づく権利だからだと考えるのが素直である（長谷部・理性〔増補新装版〕108-109頁および136-138頁）。少なくとも，報道機関を優遇する取扱いの根拠が，報道機関の報道が「民主主義社会において，国民が国政に関与するにつき，重要な判断の資料を提供し，国民の『知る権利』に奉仕するものである」ことに求められることは，博多駅事件大法廷決定（最大決昭和44・11・26刑集23巻11号1490頁），外務省秘密電文漏洩事件決定（最決昭和53・5・31刑集32巻3号457頁），法廷メモ訴訟判決（最大判平成元・3・8民集43巻2号89頁），NHK取材源秘匿事件決定（最決平成18・10・3民集60巻8号2647頁）等で繰り返し確認されている。

(2) **法人・団体が享有し得る権利**

　外国人が享有する権利と同様，法人が享有し得る権利についても，条文を単位として区分をすることは困難である。もっとも，選挙権・被選挙権，生存権，思想・良心の自由，奴隷的拘束からの自由等のように，その「性質上」法人による享有がそもそも想定し難い権利もある。財産権，営業の自由をはじめとする経済的自由権，表現の自由，裁判を受ける権利，令状主義の保障などは，法人一般が享受し得るものと考えられる。また，報道機関にとっての取材・報道の自由，学校法人にとっての教育の自由のように，特定の法人については，その性格上，当然に保障が想定される権利もある。

　なお，法人の権利の問題は，結社する個人の自由とは別に，結社・団体自体の自由をどこまで認めるべきか，また，一般市民社会秩序と異なる部分社会の自律性をどこまで認めるべきか等の問題と関連している。団体の自由と構成員の自由とが衝突することから，前者の範囲の限定が問われた事例として，最高裁平成8年3月19日判決（民集50巻3号615頁《南九州税理士会事件》），最高裁平成14年4月25日判決（判時1785号31頁《群馬司法書士会事件》）等がある（→§19 Ⅳ 2, §21 Ⅷ 3）。

第3章 国民の権利及び義務

3 天　皇

　外国人と同様，日本国内に定住しながら，憲法の保障する権利を享有し得るか否かが問題となるのは，天皇と皇族である。外国人の場合は，少なくとも人である以上，当然に享受すべき人権は（つまり，それと相覆う憲法上の権利は）認められるが，天皇の場合はそれも疑わしい。

　天皇には選挙権がないばかりでなく，憲法24条によれば「両性の合意のみに基いて成立」するはずの婚姻も自由ではなく（皇室典範10条），一般国民に比べればプライバシーの保護範囲も大幅に縮減されている。天皇は現在は終身制であるから職業選択の自由もなく，財産の授受についても制約がある（憲法8条）。また，表現の自由や結社の自由があるとも考えにくい。こうした天皇に対する数々の「人権侵害」は果たして正当化され得るであろうか。

　従来の通説は，天皇も憲法第3章の保障する権利の享有主体ではあるが，憲法自体が規定する皇位の世襲や職務の性質からして，必要最小限度の特例が認められるとする（宮沢・憲法Ⅱ244-245頁，芦部・憲法〔6版〕88頁）。しかし，この考え方からすると，憲法の文言に手掛かりがあれば，天皇と同様の権利制約が，他の国民についても認められる危険があることになる。

　もう一つの説は次のようなものである（樋口・憲法〔3版〕178-179頁，奥平・憲法Ⅲ38頁，長谷部・憲法〔6版〕122頁，佐藤(幸)・憲法論141-142頁）。普遍的人権を享有する平等な個人の集合としての国民が成立したのは，近代市民革命がそれまでの身分制秩序を破壊して国家権力を統一したことによってである（→Ⅰ2⑴）。ところで日本国憲法の作り出した政治体制は，平等な個人の創出を貫徹せず，世襲の天皇制という身分制の「飛び地」を残した。残したことの是非はともかく，現に憲法がそうした決断を下した以上，「飛び地」の中の天皇に人類普遍の人権が認められず，その身分に即した特権と義務のみがあるのも当然のことである。したがって，天皇は（そして皇族も），憲法第3章で規定された権利の享有主体性は認められない。この考え方からすれば，身分制秩序の「飛び地」の中に外側の男女平等の原則を持ち込んで，女帝が認められない（皇室典範1条）のは憲法違反だと主張するのは，論理の錯誤である。

III 憲法上の権利の適用範囲

1 私人間効力

(1) 私人間への権利条項の「適用」

　憲法上の権利は，公権力との関係で国民に保障されるとするのが，近代立憲主義における伝統的な受け止め方である。しかし，現代社会においては，強大な社会的権力である会社，労働組合，大学等による私人の権利侵害についても，憲法を勘案した制御が及び得るのではないかとの考え方が生まれている。

　この問題については，憲法上の権利条項が，私人間の関係にどのような形で「適用」されるかに応じて，直接適用説，間接適用説および無適用説が区分されてきた。ただし，ここでは権利条項が「適用」されるとは何を意味するかを，まず検討する必要がある。私法上の規定の多くが，具体の事実が規定の定める要件に当たるか否かに応じて結論たる効果の有無を一義的に定める準則（rules）としての性格を持つのに対し，権利条項の多くは，結論を一定の方向へと導く価値や理念を指示するものの，結論を一義的に決める切れ味の鋭さを持たない原理（principles）である。準則と異なり，複数の原理は相互に衝突し，効力を打ち消し合う。準則は相互に衝突することはない（衝突しているように見えるうちの一方は，準則ではない）。権利上が私人間に「適用」されると言われるときも，このように抽象的な価値や理念（それはしばしば，道徳上の価値や理念である）の勘案が要求されることを意味するにとどまることに留意する必要がある。

　従来の通説は，間接適用説と言われるもので，民法90条や709条等の私法上の概括的条項を，憲法の趣旨を勘案して解釈・適用することにより，間接的に私人間の行為を規制しようとする。この場合，適用されているのは，あくまで私法上の条項であって，憲法の権利条項は前者の解釈の過程において勘案されるにとどまる。もっとも，間接適用説は，憲法条項の直接適用を一切認めないわけではなく（芦部・憲法学II 290-293頁，伊藤・憲法32頁），投票の秘密を保障する15条4項，奴隷的拘束の禁止を定める18条，労働基本

[長谷部]

権に関する28条等については，条文の趣旨からして私人間に適用されることが想定されており，直接私法上の効力を持つとされる（奴隷制および意に反する苦役を禁ずる合衆国憲法修正13条も，私人間で直接効力を持つとされている）。

他方，直接効力説は，憲法上の権利条項が，一般的に直接，私人間においても効力を有すると主張する。もっとも，私人間に適用される場合には，権力条項の効力が相対化されるとの立場をとるならば，間接適用説との距離は接近する。

通説（間接適用説）は，憲法の直接適用は，①私的自治の原則を大きく損なうおそれがあること（私人に予測可能性を保障し，自律的な選択の余地を与える「法の支配」の観点からこの論点を説明する長谷部・憲法〔6版〕127-129頁参照），②国民の権利を国家権力に対して保障するという近代憲法の趣旨を希薄化すること，③自由権とされる権利の中にも社会権的性格を併有するものがあるため（たとえばマスメディアに対するアクセス権），自由権とされる権利を私人間に直接適用することが，国家による私人間の関係への介入を広く認めることに繋がり，私人の自由を制約するおそれがあることを理由に，間接適用説をとるべきだとする（芦部・憲法学Ⅱ 287-290頁。諸説の相互関係については，宍戸常寿「私人間効力論の現在と未来」長谷部恭男編『人権の射程』（法律文化社，2010）参照）。

判例も，間接適用説をとるものとして理解されることが通常である。三菱樹脂事件判決（→**判例3**）は，憲法の自由権および平等権の規定は「もっぱら国または公共団体と個人との関係を規律するものであり，私人相互の関係を直接規律することを予定するものではない」とし，「私的支配関係においては，個人の基本的な自由や平等に対する具体的な侵害またはそのおそれがあり，その態様，程度が社会的に許容しうる限度を超えるときは」（傍点筆者）立法措置による是正に加えて，民法1条，90条または不法行為に関する諸規定等によって適切な調整をはかることができるとした。

なお，男子の定年年齢を60歳，女子のそれを55歳とする就業規則を，性別による差別を定めたものとして民法90条により無効とした日産自動車事件判決（最判昭和56・3・24民集35巻2号300頁）がある。同判決に参与した伊藤正己判事は，後にその教科書で「間接適用説を採用したものと考えてよ

い」と述べている（伊藤・憲法35頁）。さらに，入会権者の資格を，一定時点で部落民であった者の男子孫に限定する入会団体の慣習が，男女の本質的平等を定める日本国憲法の基本理念に照らして，性別のみによる不合理な差別であり，民法90条の規定により無効であるとした判決（最判平成18・3・17民集60巻3号773頁）がある。

判例3 《三菱樹脂事件》
最大判昭和48・12・12民集27巻11号1536頁

　原告は学生運動歴を秘して被告会社に入社（仮採用）したが，3か月後の試用期間満了時に本採用拒否の通知を受けたので，雇用契約上の地位の確認と賃金の支払を求めて出訴した。一審・二審は原告が勝訴し，会社側が上告。最高裁は，憲法上の権利条項と私人間の関係について本文で述べたような一般論を展開した後，企業が特定の思想・信条を有する者を，そのゆえをもって雇い入れることを拒んでも，それを当然に違法とすることはできないとしつつ，試用期間後の本採用拒否を通常の雇入れ拒否と同視することはできないとし，本件採用拒否が，解約権留保の趣旨に照らして，客観的に合理的な理由が存在し，社会通念上是認されるものか否かについて審理するよう指示して，事件を差し戻した。

　最近，憲法上の権利条項は一切，私人間には適用されないと主張する説（「新無効力説」と呼ばれることがある）が登場した（高橋・立憲主義〔3版〕101頁以下）。この説によると，三菱樹脂事件判決の言う個人の自由・平等に対する具体的な侵害やそのおそれとは，憲法を超える道徳的価値としての自由や平等への侵害やそのおそれであって，憲法上保障された対国家権としての自由や平等とは異なる。また，私人間に直接適用されるものと考えられてきた15条4項，18条等は，立法者に対してそれに即した立法を義務づけているにとどまる。

　もっとも，従来の間接適用説も，本来は対国家権である憲法上の権利条項の背後にある（道徳的なものを含む）価値や理念を勘案して私法上の概括的条項を解釈するよう提唱しているにとどまり，基本的な立場において，両説の

［長谷部］

第3章　国民の権利及び義務

間にさしたる懸隔があるわけではない。間接適用説においても，事案に適用されるのはあくまで私法上の概括条項であって，憲法自体だとは考えられていない。裁判所が勘案すべき道徳的価値は，多様な思想・世界観を抱く個人を公平に扱うという，日本国憲法を背後で支える立憲主義と整合している必要があり，「憲法を超える」と言っても，憲法と無関係な道徳的価値ではあり得ない（前掲最判平成18・3・17参照）。新無効力説の論者も，私人間の紛争に際して，基本権条項を参照する意義を否定していない（高橋和之「私人間効力論再訪」ジュリ1372号157頁（2009））。

また，15条4項，18条等の直接適用をたとえ否定したとしても，私法上の概括的条項の解釈適用を通じてほぼ同一内容の結論を得ることができるので，この点の対立もさしたるものではない。

(2)　「国家行為」の理論

以上は，主として私人間の法的行為の効力が，憲法上の権利条項を直接・間接に「適用」されることで否定され得るかが問題となる局面での議論である。これに対して，私人間の事実行為がもたらす問題については，通説・判例である間接適用説では十分な救済が与えられないとの理由から，問題となる私的団体が公的助成を受けたり，公的財産を利用する反面で政府のコントロールを受けている等，公権力が大きく関わっている場合の当該団体の行為や，高度な公的機能を遂行する私人の事実行為を国家行為（state action）と見なして，憲法規定を直接適用する余地を認めるべきだとの議論が有力に提唱されている（芦部・憲法学Ⅱ 314頁以下，伊藤・憲法32-33頁）。この議論は，憲法上の権利が侵害されるときは，私法上の人格権等の侵害を問題にするまでもなく，物権的請求権類似の差止めや損害賠償等の救済がただちに与えられるとの前提をとっているかに見えるが（だからこそ，直接適用が提唱されるのであろう），私人の事実行為についてこの種の救済が与えられるとの議論は，さらに現在の日本の実定法制において，国家の事実行為による基本権侵害には当然この種の救済が憲法に基づいて供与されるとの想定がとられているはずである。

この想定は魅力的なものではあるが，果たしてそれが裁判実務を含めて，日本の実定制度上確立したものと言えるか否かについて，なお検討の余地が

ある。もしこの想定が成り立たないとすると，私人の事実行為を国家行為と見なすことがいかなる意味を持ち得るかを改めて検討する必要があろう。

　アメリカ合衆国で私人の行為が国家行為を惹起したとされ，憲法が適用されたとされる典型的な事例を見ると，有色人種に土地を売却しないとの約定の履行を，売主と買主との合意の存在にもかかわらず裁判所が強制することが平等保護条項に反するとされた Shelly v. Kramer, 334 U.S. 1（1948）にせよ，公人によって提起された名誉毀損訴訟で被告の責任を認める際は表現の自由の保障を考慮した限定を設けるべきだとされた New York Times Co. v. Sullivan, 376 U.S. 254（1964）にせよ，日本では民法 90 条や 709 条等あるいは人格権概念の解釈適用を通じた間接適用の手法によって，同様の結論を導くことが可能と思われる。合衆国と異なり，最高裁判所が私法規定の最終的有権解釈機関でもある日本では，憲法の間接適用によりほとんどの問題は解決可能であろう。

(3) 裁判による表現活動の抑制

　他方，名誉権・プライバシー権等を根拠として，憲法上保護されているはずの私人の表現活動を裁判所が差し止めたり，賠償金の支払を命じたりする場合，表現の自由との関係ではそうした裁判所の行為の合憲性を直接に憲法問題として取り扱えば足りるとの見方も十分成り立つ。北方ジャーナル事件大法廷判決（最大判昭和 61・6・11 民集 40 巻 4 号 872 頁）は，そうした前提に立っているものと理解することができる（→§ 21 Ⅳ 1）。この場合，当該表現者との関係では，私人間適用の問題を議論するまでもなく，不法行為法の規定や人格権概念等を憲法の趣旨に沿って適切に限定解釈することが求められる。これはたとえば，New York Times Co. v. Sullivan 事件等でアメリカ連邦最高裁がとっているものと同じ考え方である。

　ドイツの憲法裁判所は，著名なリュート判決（BVerfGE 7, 198（1958））において，かつてナチスに加担した映画監督製作の映画をボイコットするよう呼びかける行為を裁判所が差し止めることが，基本法の保障する表現の自由に関わる問題を提起することを根拠付けるために，全法体系に浸透する「客観的価値秩序 eine objective Wertordnung」に訴えかけたが（同判決については，芦部信喜『現代人権論――違憲判断の基準――』15-16 頁（有斐閣，1974）参照），

第3章 国民の権利及び義務

日米の裁判所は同種の事案において，こうした神秘的観念に訴えかける必要性を認めていない（cf. David Currie, *The Constitution of the Federal Republic of Germany* (University of Chicago Press, 1994), pp. 184-185）。

2 特殊な法律関係

(1) 特別権力関係理論

　伝統的な考え方として，一般には公権力との関係で保障されるべき権利も，権利主体と公権力との間に特殊な法律関係がある場合には，当該法律関係に基づく権利義務に関しては，憲法の基本権保障が原則として及ばず，当該関係を設定する目的と性質に応じた限度では，権力主体は法律による個別の根拠がなくとも権利を制約できるし，制約については裁判所による救済も原則として及ばないと言われてきた。具体的には，刑事施設被収容者（在監者），公務員，国公立大学の学生がしばしば，公権力と特殊な関係に立つカテゴリーの例として挙げられ，これらの者の権利の制約は，かつては「特別権力関係」の問題として一括して論じられてきた（芦部編・憲法Ⅱ107-108頁［阿部照哉］，芦部・憲法学Ⅱ247頁）。

　もっとも，これらの問題は，それぞれ制約される権利の内容や制約の目的等を異にしており，法律関係の性質によって一括して論じても，問題の解明に資するところは大きくない。むしろ基本権保障が及ぶことを前提としつつ，権利の制約が許されるか否かは，個別の問題ごとに，対象となる権利の性質，制約の根拠となる目的の正当性，さらには目的と実現手段となる権利の制約との対応（均衡）関係に着目しながら，判断されるべきものであろう。

　他方，特別権力関係理論は否定するものの，公務員関係や在監関係等について，憲法自体がそれらを法秩序内の構成要素としてあらかじめ想定しているとの指摘がなされることがある（芦部・憲法学Ⅱ259頁・272頁。「憲法秩序構成要素説」と呼ばれる）。公務員や刑事施設被収容者等について，一般市民と質的に異なる基本権の保護範囲の画定やその制約が妥当し得ることは確かであり，基本権の一般理論を推し及ぼすことで，かえって一般理論を歪曲するリスクもあることから，こうした視点は共感を呼びつつある（宍戸・応用と展開〔2版〕87頁，佐藤(幸)・憲法論157頁等。批判的見解として，小山＝駒村編・

探究〔2版〕79頁以下〔松本和彦〕)。法律による選挙運動規制を選挙運動なるものを構成するルールだとする伊藤正己裁判官の議論（→§15 V 5(3)(ウ)）や，堀越事件および世田谷事件に関する最高裁判決（→**判例6**／）に付された千葉勝美裁判官の補足意見における，国家公務員法が「国家組織の一部ともいえる国家公務員の服務，権利義務等」を定める国の統治システムの在り方に関わる「基本法」であるとの指摘も，こうした視点と共鳴している可能性がある。

(2) 刑事施設被収容者

1908年（明治41年）制定の旧監獄法および旧監獄法施行規則については，多くの問題点が指摘されていたが，刑事施設及び受刑者の処遇等に関する法律（平成17年法律50号）の成立によって旧監獄法が全面的に改正され，その後，平成18年法律58号の改正によって，刑事収容施設及び被収容者等の処遇に関する法律となり，現在に至っている。刑事施設被収容者の権利制限にかかる主な判例は，旧法下におけるものであるが，その趣旨は現在においても妥当するものと思われる。

刑事施設被収容者の権利の制約は，未決拘禁者の逃亡・罪証隠滅の防止，受刑者の矯正教化，刑事施設内の規律と秩序の維持等，刑事施設の運営上の正当な目的を達成するために必要な最小限度にとどまるべきものである。判例はいずれも，「特別権力関係」という概念を用いていない。

未決拘禁者の新聞閲読の自由が問題とされた「よど号」新聞記事抹消事件（→**判例4**／）で，最高裁は，未決拘禁者については，逃亡および罪証隠滅の防止という勾留目的のほか，刑事施設内の規律および秩序の維持という目的のために，新聞・図書閲読の自由が制限され得るが，未決拘禁者は原則として，一般市民としての自由を保障されるべきものであるから，具体的事情の下で閲読を許すことにより，「監獄〔刑事施設〕内の規律及び秩序の維持上放置することのできない程度の障害が生ずる相当の蓋然性」があると認められ，かつ「障害発生の防止のために必要かつ合理的な範囲」においてのみ，閲読の制約が許されるとしている。もっとも同判決は，「相当の蓋然性」の認定や措置の必要性・合理性の判断については，刑事施設の長に広い裁量を認めている。

第3章　国民の権利及び義務

なお、未決拘禁者について喫煙を禁ずる旧監獄法施行規則の合憲性について、喫煙が火災発生、通謀、罪証隠滅、火災の際の逃走等の危険を伴うことを理由に、憲法13条に違反するものと言えないことは明らかであるとした最高裁昭和45年9月16日大法廷判決（民集24巻10号1410頁）がある。かりに喫煙の自由が憲法13条の保護範囲に含まれるとしても、制約に当たっての正当化の審査密度は高度のものは要求されないであろう（藤井樹也〔判批〕百選Ⅰ〔6版〕35頁）。

判例4　《「よど号」新聞記事抹消事件》
最大判昭和58・6・22民集37巻5号793頁

原告は1969年の国際反戦デー闘争等に関連して凶器準備集合罪等で起訴され、東京拘置所に勾留されていたが、私費で講読していた読売新聞につき、1970年3月31日付夕刊から同年4月2日付朝刊まで、赤軍派学生による日航機「よど号」乗っ取り事件についての記事がすべて黒く塗りつぶされたものを配付された。原告は、「文書、図画ノ閲読ニ関スル制限ハ命令ヲ以テ之ヲ定ム」とする監獄法31条2項および、これを受けて「拘禁ノ目的ニ反セズ且ツ監獄ノ紀律ニ害ナキモノニ限リ之ヲ許ス」とする同法施行規則86条1項の違憲と本件抹消処分の無効を主張し、国家賠償を求めて出訴した。

最高裁は、「およそ各人が、自由に、さまざまな意見、知識、情報に接し、これを摂取する機会をもつことは、その者が個人として自己の思想及び人格を形成・発展させ、社会生活の中にこれを反映させていくうえにおいて欠くことのできないものであり、また、民主主義社会における思想及び情報の自由な伝達、交流の確保という基本的原理を真に実効あるものたらしめるためにも、必要なところである。それゆえ、これらの意見、知識、情報の伝達の媒体である新聞紙、図書等の閲読の自由が憲法上保障されるべきことは、思想及び良心の自由の不可侵を定めた憲法19条の規定や、表現の自由を保障した憲法21条の規定の趣旨、目的から、いわばその派生原理として当然に導かれる」とする一方、「それぞれの場面において、これに優越する公共の利益のための必要から、一定の合理的制限を受けることがあることもやむをえない」とし、未決拘禁者の閲読の自由が本文で述べたような刑事施設運営の目的から必要とされる場合、一定限度の制限を加えられることもやむを得ないとする。

そして、監獄法および同法施行規則は、「その文言上はかなりゆるやかな要件のもとで制限を可能としているようにみられるけれども」、未決拘禁者が「原則として一般市民としての自由を保障されるべき者」であることからすると、閲読の自由の制限は「右の目的を達するために真に必要と認められる限度にとどめられるべき」で、そうした必要が認められるためには、「被拘禁者の性向、行状、監獄内の管理、保安の状況、当該新聞紙、図書等の内容その他の具体的事情のもとにおいて、その閲読を許すことにより監獄内の規律及び秩序の維持上放置することのできない程度の障害が生ずる相当の蓋然性があると認められることが必要であり、かつ、その場合においても、右の制限の程度は、右の障害発生の防止のために必要かつ合理的な範囲にとどまるべきもの」とした。

ただし、具体的場合における障害発生の蓋然性や、その防止のために必要な制限措置については、「監獄の長による個個の場合の具体的状況のもとにおける裁量的判断にまつべき点が少なくない」ので、「障害発生の相当の蓋然性があるとした長の認定に合理的な根拠があり、その防止のために当該制限措置が必要であるとした判断に合理性が認められる限り、長の右措置は適法とし是認すべきもの」とした。結論として、本件抹消処分について、所長の判断に裁量権の逸脱・濫用はないとされている。

(3) 公務員

公務員については、その政治的意見表明の自由と労働基本権の制限の合憲性が主に議論されている。後者については、28条での注釈に譲り、ここでは前者について述べる（→ § 21 Ⅳ 4 (2)(ア)も参照）。

国家公務員法102条1項は、一般職の国家公務員に関して「職員は、政党又は政治的目的のために、寄附金その他の利益を求め、若しくは受領し、又は何らの方法を以てするを問わず、これらの行為に関与し、あるいは選挙権の行使を除く外、人事院規則で定める政治的行為をしてはならない」と規定し、本条項の委任に基づいて人事院規則14―7が禁止される行為を具体的に定めている。禁止の違反に対しては国公法110条1項19号が3年以下の懲役または100万円以下の罰金を科している（平成19年法律108号による改正前は10万円以下の罰金）。

こうした規制の合憲性が問題とされた猿払事件（→**判例5**/）で，最高裁は，「公務員の政治的中立性を損うおそれのある公務員の政治的行為を禁止することは，それが合理的で必要やむをえない限度にとどまるものである限り，憲法の許容するところ」とした上で，①「行政の中立的運営とこれに対する国民の信頼を確保するため，公務員の政治的中立性を損うおそれのある政治的行為を禁止する」という立法目的は正当であり，②「右のような弊害の発生を防止するため，公務員の政治的中立性を損うおそれがあると認められる政治的行為を禁止することは，禁止目的との間に合理的な関連性があ」り，かつ，③「公務員の政治的中立性を損うおそれのある行動類型に属する政治的行為を，これに内包される意見表明そのものの制約をねらいとしてではなく，その行動のもたらす弊害の防止をねらいとして禁止するときは，同時にそれにより意見表明の自由が制約されることにはなるが，それは，単に行動の禁止に伴う限度での間接的，付随的な制約に過ぎず」，「他面，禁止により得られる利益は，公務員の政治的中立性を維持し，行政の中立的運営とこれに対する国民の信頼を確保するという国民全体の共同利益なのであるから，得られる利益は，失われる利益に比してさらに重要なものというべきであり，その禁止は利益の均衡を失するものではない」として，法令として包括的に合憲であると結論付けた（表現活動の間接的・付随的制約については，→§21 Ⅳ 4⑵）。

　同様の判断手法は，裁判官に対して「積極的に政治運動をすること」を禁ずる裁判所法52条の合憲性が問題とされた寺西判事補事件の最高裁決定（最大決平成10・12・1民集52巻9号1761頁《寺西判事補事件》）でも採用され，仙台地裁の判事補が組織的犯罪対策法案に反対する集会に参加し，一般参加席から「法案に反対の立場で発言しても」「積極的な政治運動に当たるとは考えない」旨の発言を行ったことが，裁判所法52条の禁ずる積極的な政治運動に当たるとしてなされた戒告処分は，憲法に違反しないとされた。身分を保障され政治的責任を負うことなく司法権を担当する裁判官には，一般職の国家公務員よりさらに強く中立性・公正性が要請されるとの考慮が背景にあるものと考えられる。

判例5 《猿払事件上告審》
最大判昭和49・11・6刑集28巻9号393頁

　被告人は北海道猿払村の郵便局に勤務する事務官で，猿払地区労働組合協議会事務局長を務めていたが，1967年の衆議院議員選挙に際し，同協議会の決定に従い，日本社会党を支持する目的で，同党公認候補者の選挙用ポスター6枚を自ら公営掲示場に掲示するなどした行為が，人事院規則14—7第5項3号，6項13号に当たるとして起訴された。一審判決は，国公法110条1項19号は，被告人の行為に適用される限度において，合理的にして必要最小限度の域を超える制裁であり，憲法21条，31条に違反するとして，被告人を無罪とした（旭川地判昭和43・3・25下刑集10巻3号293頁）。原審も結論を維持したため，検察官が上告した。

　最高裁は，本文で述べた理由で国公法による制約を法令として合憲とした上で，一審がとった適用違憲の手法について，「法令が当然に適用を予定している場合の一部につきその適用を違憲と判断するものであって，ひっきょう法令の一部を違憲とするにひとし」いとし，この手法を退けている。

　この判決には，国公法102条1項が，違反に対する制裁の点で，懲戒処分を受けるべきものと刑罰を科せられるべきものとを区別することなく，人事院にその要件の定めを一律に委任している点で違憲とする大隅健一郎等4名の裁判官の反対意見が付されている。

　猿払事件最高裁判決については，①そこで採られた間接的・付随的制約の法理は，国公法による公務員の政治的意見表明の制約には当てはまらないのではないか（後者は，公務員の政治的意見表明の直接のインパクトを理由とする制約であって，典型的な直接的表現内容規制ではないか），②禁止目的の正当性，目的と禁止される行為との合理的関連性，禁止によって得られる利益と失われる利益との均衡により合憲性を判断する枠組みが，表現活動内容中立規制の合憲性審査のテストとしてさえ，緩やかに過ぎるのではないか，③法令として合憲（適用されるあらゆる場面で違憲となるわけではない）という判断から，適用違憲の可能性（さらには合憲限定解釈の可能性）をすべて排除するかに見える議論の運びは，論理学上の虚偽論ではないか等の強い批判が加えられてきた（芦部・憲法〔6版〕282頁，佐藤（幸）・憲法論163-164頁，長谷部・憲法〔6

版〕138-139頁および435-436頁等)。

2012年(平成24年)12月7日に下された2つの最高裁判決《堀越事件》《世田谷事件》(→ **判例6**/)は,国公法による政治的意見表明の制約の合憲性を改めて採り上げ,同法102条1項にいう「政治的行為」とは,「公務員の職務の遂行の政治的中立性を損なうおそれが,観念的なものにとどまらず,現実的に起こり得るものとして実質的に認められるものを指し,同項はそのような行為の類型の具体的な定めを人事院規則に委任したものと解するのが相当である」との限定解釈を加えた上で,同法による制限は「必要やむを得ない限度にとどま」っており,「不明確なものとも,過度に広汎な規制であるともいえない」とした。

また,同項が「人事院規則に委任しているのは,公務員の職務の遂行の政治的中立性を損なうおそれが実質的に認められる政治的行為の行為類型を規制の対象として具体的に定めることであるから,同項が懲戒処分の対象と刑罰の対象とで殊更に区別することなく規制の対象となる政治的行為の定めを人事院規則に委任しているからといって,憲法上禁止される白紙委任に当たらないことは明らか」であるとしている(《世田谷事件》)。

判例6 /《堀越事件》《世田谷事件》
最判平成24・12・7刑集66巻12号1337頁/1722頁

堀越事件の被告人は社会保険庁の年金審査官として勤務していたが,2003年11月9日施行の衆議院議員総選挙に際し,日本共産党を支持する目的で同党の機関紙「しんぶん赤旗」の号外等を東京都中央区内で配布し,国公法110条1項19号,102条1項,人事院規則14―7第6項7号13号(5項3号)に当たるとして起訴された。原審判決は,被告人の配布行為が国公法等の関連規定の保護法益である国の行政の中立的運営およびこれに対する国民の信頼の確保を侵害する危険性は全く肯認できないため,被告人の配布行為に同法の罰則規定を適用することは憲法21条,31条に違反するとして無罪判決を下した。検察官が上告。

最高裁は,本文で述べた限定解釈を国公法102条1項に加えた上で,被告人による配布行為は,「管理職的地位になく,その職務の内容や権限に裁量の余

地のない公務員によって，職務と全く無関係に，公務員により組織される団体の活動としての性格もなく行われたものであり，公務員による行為と認識し得る態様で行われたものでもないから，公務員の職務の遂行の政治的中立性を損なうおそれが実質的に認められるものとはいえ」ず，その配布行為は罰則規定の構成要件に該当しないとして上告を棄却した。

　他方，世田谷事件では，やはり「しんぶん赤旗」を休日に職場外で配布して起訴された厚生労働省社会統計課の筆頭課長補佐が，「指揮命令や指導監督等を通じて他の多数の職員の職務の遂行に影響を及ぼすことのできる地位にあった」こと等に鑑みて，職務遂行の政治的中立性が損なわれるおそれが実質的に生じていたとして有罪とされた。この判決には，休日に職場外で一私人として行動している場合，公務員の政治的傾向が職務の遂行に反映される機序あるいは蓋然性が認められず，職務遂行の政治的中立性を損なう実質的おそれはないとする須藤正彦裁判官の反対意見が付されている。

　この2つの最高裁判決では，表現の自由の一般法理である間接的・付随的制約論に触れられることもなく，国家公務員の政治的意見表明の規制という限られた局面に射程を絞った上で，具体の事案に即した衡量が行われ，先例である猿払事件最高裁判決との区別が模索されている。国公法関連規定の合憲性を判断するに際して直接に援用されているのは，典型的な表現内容規制が問題となった「よど号」新聞記事抹消事件最高裁判決（→**判例4/**）の判断枠組みである。

　猿払事件最高裁判決が指摘するように，複数の政党が選挙民の支持を争い，より多くの支持を得た政策綱領を実施していくという議会制民主主義の統治構造を円滑に運営するには，選挙によって選任されない公務員組織が党派的中立性およびその外観を維持することが必要であり，公務員による政治的意見表明が一般国民と同程度に許されると考えることは難しい（芦部・憲法学Ⅱ259頁）。しかし，制約が正当化されるか否かは，一律かつ包括的にではなく，個別具体の場面に即して，表現内容が公共の利害に関わり，公共の利益に関する議論を促進しようとするものであるか，それとも特定の党派に加担するものか，また，当該公務員が政策形成に関与し得る地位にあるか等を勘案することが必要であろう（長谷部・憲法〔6版〕136頁）。平成24年12月7

第3章　国民の権利及び義務

日の2つの判決では，「当該公務員の地位，その職務の内容や権限等，当該公務員がした行為の性質，態様，目的，内容等の諸般の事情を総合して」，職務遂行の政治的中立性を損なうおそれが実質的に認められるか否かを判断すべきだとしている。

(4) 国公立大学学生

最高裁の判例は，国公立大学と私立大学とを問わず，大学は「学生の教育と学術の研究を目的とする公共的な施設であり，法律に格別の規定がない場合でも，その設置目的を達成するために必要な事項を学則等により一方的に制定し，これによって在学する学生を規律する包括的権能を有する」とする（最判昭和49・7・19民集28巻5号790頁《昭和女子大事件》）。このように，大学は，一般市民社会とは異なる特殊な部分社会を形成しているため，単位認定行為のような内部的問題は，一般市民法秩序との直接の関係を有することを肯認するに足る特別の事情がない限り司法審査の対象とならない（最判昭和52・3・15民集31巻2号234頁《富山大学単位認定事件》）。これに対して退学処分のように学生の基本的身分を左右する措置は，司法審査の対象となる（前掲最判昭和49・7・19）。

大学に関しては，法律等によって（あるいは法律によらずに）一律に構成員の権利を制約することが正当化され得るかではなく，むしろ憲法によって学問の自由を認められ，そこから派生する一定の自律性を保障された大学の個別の規律の在り方に，裁判所が介入して紛争を解決することが適切か否かが問題とされている。国公立大学と私立大学の区別は問われておらず，公権力との特殊な法律関係の有無は主要な論点とはされていない。昭和女子大事件のように，私立大学における学生の権利の制約が問題とされる場合は，基本権の私人間効力も論点となる。同事件の最高裁判決は，三菱樹脂事件判決を援用しつつ，私立大学の学則の細則が，憲法の基本権保障規定に「直接」違反するかどうかを論ずる余地はないとしている。

判例は，政党，地方議会の内部対立についても，「特殊な部分社会」の問題として介入を差し控える態度をとっているが，司法審査を行うべきか（行うとして，どの範囲まで行うべきか）は，当該団体が「特殊な部分社会」であるか否かよりは，むしろ，各団体に自律性を認めることにどのような正当性

があるかにかかるところが大きい（部分社会の法理については，→§76）。

Ⅳ　違憲審査の構造

　国等の公権力による行為（法令，行政処分，裁判等）が憲法上の権利を侵害したために，その効力の一部または全部が否定されるか否かが裁判所によって審査される際は，①問題となる憲法条項の保護範囲が，当事者の主張する権利・利益をカバーしているか，②問題となる公権力の行為が，保護範囲内の権利・利益を制約ないし侵害しているか，③当該制約ないし侵害が正当化されるため，違憲の主張が阻却されないか，の3点が検討される。このうち，①の保護範囲と②の制約・侵害の有無は，概念自体の関係からしても，明確に区別されないことがある。

　なお，これら3点にわたる審査は「三段階審査」と言われることがあるが，これらは思考の「順序」を示すものでは必ずしもない。いずれにせよ，裁判所や当事者は妥当と思われる具体的結論と多様な論点との間を幾度も往還しながら，結論の理由づけを全体として組み上げていく。分析の「心理」と分析の「論理」とは別である。

(1) 保護範囲

　保護範囲が問題とされる典型的な例としては，伝統的に，21条の保障する表現の自由の保護範囲外とされる，わいせつ，名誉毀損，犯罪・違法行為の煽動に，当事者の行為が該当するか否かが問題とされる場合を挙げることができる。これら3類型の保護範囲外の行為については，いわゆる定義付け衡量（definitional balancing）——保護範囲外とされる行為類型を定義する段階で，表現の自由が保護する利益と，対立する公益・私益との衡量を行う（したがって，たとえば「わいせつ」の定義に当てはまる行為であれば，もはや21条との関係では，憲法問題は生起しない）——のアプローチが採られる。現在，判例の与えるわいせつ概念の定義は，「四畳半襖の下張」事件判決で示されたものである（最判昭和55・11・28刑集34巻6号433頁）。なお，表現の自由とプライバシーとの衝突が問題となる事例では，判例は，問題となる「事実を公表されない法的利益とこれを公表する理由とを比較衡量し，前者が後者に

優越する場合に不法行為が成立する」(最判平成15・3・14民集57巻3号229頁《長良川事件報道訴訟》)という，個別具体の事情を総合的に比較衡量するアプローチを採っており，前述の保護範囲の問題と正当化の問題とが渾然一体として審査される(→§21Ⅲ)。

保護範囲の問題が明示的に論じられた他の例としては，加持祈禱治療を行った結果，人を傷害し，死に至らしめた行為について，「20条1項の信教の自由の保障の限界を逸脱したもの」とされた判決(最大判昭和38・5・15刑集17巻4号302頁)，ため池の堤とうを耕作する行為が，ため池の破損，決壊の原因となるため，「憲法でも，民法でも適法な財産権の行使として保障されていない」とされた判決(最大判昭和38・6・26刑集17巻5号521頁《奈良県ため池条例事件》)等がある。財産権の制約に関する近年の最高裁の判例では，保護範囲外の利益に関する制約は，財産権「それ自体に内在する制約」とされ，「社会全体の利益を図るために立法府によって加えられる規制」による制約と区別して論じられることが多い(最大判平成14・2・13民集56巻2号331頁等。→§29)。大学における学生の集会のうち，「実社会の政治的社会的活動に当る行為」が「大学の学問の自由と自治」を享有しないとしたポポロ事件判決(最大判昭和38・5・22刑集17巻4号370頁)も，保護範囲の画定によって結論を決めた例である。20条の定める政教分離原則が制度を保障するもので，個人の利益を直接に保護するものではないことから，公権力の行為を攻撃する主張適格が制限されることについては，→Ⅰ4。

なお，明示的には保護範囲の問題として議論されないものの，常習的な強盗行為や窃盗行為が罪に問われても職業選択の自由の制約に当たるか否かが通常，問題とされないのは，これらの行為を遂行する利益が22条の保護範囲に含まれないからである。

また，保護範囲が論理的に問題とならない条項として，14条の平等原則がある。

(2) 制約・侵害

保護範囲と制約・侵害の有無の論点とは，明確に切り分けることが困難であることが多い。また，表現活動に対する公権力の制約のように，種別(直接か付随か等)はともかく，制約・侵害の有無が改めて問題となりにくい問

題群も存在する。制約・侵害の有無が明示的に採り上げられた例としては，住民基本台帳ネットワークの運用が，「個人に関する情報をみだりに第三者に開示又は公表するものということはできず，当該個人がこれに同意していないとしても，憲法13条により保障された上記の自由〔個人に関する情報をみだりに第三者に開示又は公表されない自由〕を侵害するものではない」とされた最高裁平成20年3月6日判決（民集62巻3号665頁《住基ネット訴訟》）がある。

森林法共有林事件判決（最大判昭和62・4・22民集41巻3号408頁）は，「共有物がその性質上分割することのできないものでない限り，分割請求権を共有者に否定することは，憲法上，財産権の制限に該当」するとしたが，この指摘は，単独所有が「近代市民社会における原則的所有形態」であって，そこへの移行が憲法によって保護されるとの論理から帰結するもので，保護範囲の画定と「制限」の存在の指摘が同時になされている。

「君が代」ピアノ伴奏拒否事件訴訟判決（最判平成19・2・27民集61巻1号291頁）が，19条の保護する利益への侵害を端的に否定した例とされることがあるが（蟻川恒正〔判批〕百選Ⅰ〔6版〕87頁），理解が分かれる。その後，「君が代・日の丸」に関する起立・斉唱の職務命令の違憲性が問題とされた事例では，当事者の信教の自由の「間接的」制約に当たることは前提としつつ，それが正当化されるか否かが検討されている（最判平成23・5・30民集65巻4号1780頁等。→§19 Ⅲ 3(3)）。

公権力による制約・侵害が特定の行為類型に当たるか否かが特に問題とされる例として，「検閲」ないし「事前抑制」等がある（→§21 Ⅳ 1）。

(3) 正当化

公権力の行為が保護範囲内の利益に対する制約・侵害に当たるとしても，それが十分に正当化されるものであれば，違憲性は阻却される（裏側から言えば，制約・侵害に当たる以上は，「公共の福祉に適合するものといえないときは，違憲の規定として，その効力を有しない」（最大判昭和62・4・22民集41巻3号408頁《森林法共有林事件》））。公権力による基本権の制約・侵害が正当化されるには，法律上の根拠を備える等，必要とされる法形式上の根拠を備えなければならないことはもちろんであるが，さらに実質的な正当性を備える必要も

ある。十分な実質的正当化の有無に関する審査方法として、学説においては、アメリカ合衆国の判例に主に学ぶ違憲審査基準論の立場と、ドイツの憲法判例で用いられる比例原則の利用を提唱する立場とが対立している（現状の概観として、渡辺康行「憲法訴訟の現状」公法71号（2009）、宍戸・応用と展開〔2版〕60頁以下参照）。

　もっとも、制約・侵害にあたって、①正当な目的との適合性、②手段の必要性、および③得られる利益と失われる利益との均衡（狭義の比例性）を要求する広義の比例原則のうち、第二分肢の「必要性」のテストを事実に即して厳格に運用するならば、違憲審査基準論で言う中間審査にほぼ相当する審査が帰結すると言われることにも示されるように、両者の対立をあれかこれかの対極的関係として捉えることは適切でない。比例原則の下では、拷問や信条の強制を含めたあらゆる権利侵害が均衡計算の対象として考慮されることとなりかねないと批判されることもあるが、第一分肢、第二分肢を厳格に運用することで、第三分肢の適用対象をあらかじめ限定することも可能である（cf. Bernhard Schlink, 'Proportionality (1)', in *The Oxford Handbook of Comparative Constitutional Law*, eds. Michel Rosenfeld and András Sajó (Oxford University Press, 2012), pp. 722-725）。「比例・均衡 Verhältnismäßigkeit, proportionality, analogia」という概念自体は、大陸諸国固有のものではなく、アリストテレスの正義論から（『ニコマコス倫理学』5巻1-3章）、19世紀のイギリスの功利主義学説（James Fitzjames Stephen, *Liberty, Equality, Fraternity* (1873), p. 98には、広義の比例原則に相当する定式化が見られる）に至るまでの、適正な紛争解決および価値衡量に関する広範な立場を包括しており、アメリカ流の違憲審査基準論をその適用類型の一つとして理解することもできる。

　他方、日本の最高裁は、講学上の用語に沿って特定の「基準を定立して自らこれに縛られることなく、柔軟に対処している」と言われることもあるが（最判平成24・12・7刑集66巻12号1337頁《堀越事件》千葉勝美裁判官補足意見）、特定の違憲審査基準が採用されたことが全くないという主張が、従来の最高裁判例と整合し得るとは考え難い上、最高裁が有権解釈で自らを縛ることが全くなければ、立法・行政機関を含めた他者を縛ることもできないこととなり、違憲審査機関のとるべき態度として一般的に妥当とも言い難い。最高裁

の示す違憲判断の枠組みは，国や地方公共団体が法令等を定立する際の指針として機能することが期待されている。少なくとも，裁判所を説得しようとする当事者にとって（裁判所にとっても），結論への方向性をより明確に指し示す審査基準論が，思考と判断の整理における補助線として，有用性を失うことはないであろう。

　実質的正当化に関わる論点，とくに「公共の福祉」概念との関係については，13条の注釈に譲る。また，法形式上の正当化のうち，法律の留保に関する論点については，41条の注釈に譲る。

［長谷部恭男］

第 3 章　国民の権利及び義務

第10条【国民の要件】
日本国民たる要件は，法律でこれを定める。

I　概　　説 …………………………40
　1　成立の経緯 …………………40
　2　「日本国民」の範囲と天皇・皇族
　　　…………………………………41
　3　「日本国民」の範囲と憲法制定権
　　　力 ………………………………41
　4　統治の主体と客体 …………43

II　国籍の得喪 ……………………43
　1　国籍の取得 …………………44
　2　国籍の喪失 …………………45
　3　国際法上の要因による国籍の変
　　　動 ………………………………47
III　国籍法違憲判決 ………………48

[長谷部恭男]

I　概　　説

1　成立の経緯

　本条に当たる条文は，マッカーサー草案にも，また政府の用意した憲法改正草案（4月13日案）にもなく，帝国議会衆議院憲法改正特別委員会小委員会での審議で「日本国民たる要件は，法律でこれを定める」との条文を第3章の冒頭に挿入することとしたものである（佐藤（達）・成立史(4) 749頁）。貴族院の審議過程で金森徳次郎国務大臣は，当初の政府案に本条に当たる条文がなかった理由として，①国の構成要素としては，国民と領土とがあるが，領土に関する規定がない以上，国民に関する規定もない方が釣り合いがとれること，②大権事項の留保のない現憲法において国民の要件が法律事項であることは当然であり，書くほどの必要もないこと，③国民の要件をことごとく法律で規定することは容易ではないこと等を挙げているが，いずれも決定的な理由ではないことから，衆議院での修正要求を受け入れたと説明している（清水編・審議録(2) 231-233頁・238-239頁）。

　大日本帝国憲法は18条で「日本臣民タルノ要件ハ法律ノ定ムル所ニ依ル」としていた。文章表現の上ではきわめて似通っており，本条はこの旧規定に

倣って置かれたかに見えるが，憲法制定権力概念を真剣に捉える立場からすると，天皇主権原理を前提として統治の客体たる「臣民」の範囲を法律事項とした旧規定とは異なり，本条に言う「日本国民」と前文で「この憲法を確定」したとされる「日本国民」との関係をいかに捉えるかは，深刻な問題を提起する。この点については，→Ⅰ3。

2 「日本国民」の範囲と天皇・皇族

旧憲法18条で言う「臣民」は，天皇はもちろん皇族も含まない（美濃部・撮要〔改訂5版〕143頁，宮沢・略説41-42頁，佐藤(功)・ポケ註上162頁）。これに対して，本条に言う「日本国民」が天皇・皇族を含むかについて見解の対立がある。本条に言う「日本国民」であることが第3章で保障された各種の憲法上の権利の享有主体であるか否かと直結するのであれば実益のある議論であるが，**第3章前注Ⅱで述べたように，2つの問題は直結していない。**

もっとも，天皇・皇族は日本国民であることが想定されているであろうし，日本国民である法的根拠を問われれば，国籍法に基づいて説明することとなるであろう（宮沢・憲法Ⅱ259頁）。他方で，一般人にとって日本国籍を有することが憲法上の権利を保障される前提条件となることについては，**→第3章前注Ⅱ1(2)および§10Ⅲ。**

3 「日本国民」の範囲と憲法制定権力

前文に言う「この憲法を確定」した「日本国民」と本条に言う「日本国民」との異同が問われることもあるが，確定された憲法により配分された立法権限の行使の結果として範囲の確定した日本国民が，「この憲法を確定」すると想定することは，論理的な悪循環を引き起こす。たとえ憲法前文が「われら……人民はこの憲法を確定する」と宣言しようとも，「憲法がそこに起源をもつと主張する」「人民は，憲法を通して初めて法的に存在するに至る。だから，人民が憲法の源泉であるというのは政治的な意味においてだけで，法学的意味においてではありえない」（ハンス・ケルゼン（尾吹善人訳）『法と国家の一般理論』396頁（木鐸社，1991））との指摘が，ここでも有効であるように思われる。法的な概念とは言い難い憲法制定権者としての「日本国

[長谷部]

民」について，その厳密な範囲を議論すること自体，さして意味のあることではない。

　理論的には，血統主義（jus sanguinis）または生地主義（jus soli）の原則に基づく日本国民の範囲が憲法以前に定まっている（したがって，その範囲に含まれる者には日本国籍の付与を求める権利がある）との議論もあり得ないではない。そして血統主義原則は，民族と文化と歴史によって国民の範囲が自然に画定されるドイツ・モデルと親和性があり，他方で生地主義原則は，そうした個別的・経験的出自を離れた普遍的な憲法原理に基づく国民国家を人為的に構築しようとするフランス・モデル（ルソー・モデル）と親和性があると言われることもある（Massimo La Torre, 'Citoyenneté', dans *Traité international de droit constitutionnel*, tome 3, sous la direction de Michel Troper et Dominique Chagnollaud (Dalloz, 2012), pp. 374-383）。こうした立場からすれば，たとえば血統主義原則を生地主義原則に変更することは，憲法に先行する国民（Staatsvolk）自体を破壊するもので，憲法改正の限界を超えるはずである。

　しかしながら，後掲Ⅱ冒頭で述べるとおり，国籍の得喪の要件については通例，各国の法令により定めることとされており，たとえば，日本の国会が現在の血統主義原則を生地主義原則に改めたとしても，それが憲法違反となることは想定し難い。また，少なくとも血統主義は現時点での日本国民の範囲を前提として，生地主義も現時点の日本の領土を前提としてはじめて運用し得るもので，いずれも前憲法的に成立し得る原則ではないであろう。アリストテレスがつとに指摘するように，血統主義に基づいて憲法以前の「国民」を画定しようとすれば，無限後退に陥ることになる（『政治学』3巻2章）。憲法以前の日本国民が法的概念として存在し得るかのように語ることには，無理があると思われる。

　国籍得喪の要件としていかなる原則をとるかは立法府の裁量判断に委ねられているが，いったん特定の原則が採用された以上は，平等原則等，他の憲法原則に反することのない，全体として合理的・整合的な法制度がとられることが要請されるものと考えるべきであろう。判例もこうした立場をとっているものと考えられる（一Ⅲ）。国籍の核心的意義が，本来，普遍的に保障されるべき人権の保護義務を各国政府に配分する上での指標たる点にあると

の見方からすれば（→第3章前注Ⅱ1⑵），少なくとも基本権保障との関係で，こうした立場が深刻な問題を引き起こすわけではない。

4　統治の主体と客体

本条で言う「日本国民」は統治の客体としての国民である一方，1条に言う「日本国民」は統治の能動的主体としての国民であり，後者の範囲は前者より狭いと言われることがある（法協・註解上314頁）。しかし，統治の正統性根拠とされる主権者としての国民は，必ずしも現在の有権者団の構成員としての国民と同視し得るわけではない。43条に言う「全国民」が必ずしも現在の有権者団と一致するとは言い得ないのと同様，1条に言う「日本国民」も将来世代の国民をも含む抽象的な総体としての国民であるとの理解は可能である。他方で，潜在的には統治の能動的主体となり得る者の総体を「日本国民」と考えるならば，1条と10条の「日本国民」は一致すると考えることも可能である。国民の代表が政治の在り方について説明責任を負うべき相手は，現在の有権者団の構成員だけではない。

アリストテレスは，「市民は，一般的に言えば，統治者と被治者の双方の地位に参与する」と述べる（『政治学』3巻13章；cf. La Torre, op. cit., p. 369）。この観念は，「国民は国家においてつねに，共に立法を行う成員と見なされなくてはならない（たんに手段としてではなく，同時に目的それ自体としても）」というカントの指摘へと受け継がれる（『人倫の形而上学』法論55節）。目的でもある国民であることは，民主政に生きることである。

Ⅱ　国籍の得喪

本条に言う「法律」とは形式的意味の法律である。具体的には，国籍法が日本国民の要件を定めている。

国籍立法は，各国の統治権に基づき，各国が定めるものと考えられている。国籍法抵触条約（1930年日本政府署名（未批准））は2条で，「人がある国の国籍を有するかどうかに関するすべての問題は，その国の法令に従って定める」とする。つまり，誰が各国の国民であるべきかは，現在の構成員（ある

いはその代表）が法令に基づいて定めることとなる。これは，国家に限らず，大学・宗教団体・企業等，大規模な団体についてはおしなべて言い得ることである。議会制民主主義国家では，団体の入会審査委員会に当たるのが議会であり，審査規則に当たるのが国籍立法である（Michael Walzer, *Spheres of Justice* (Basil Blackwell, 1983), p. 40）。

判例は，「憲法 10 条の規定は，国籍は国家の構成員としての資格であり，国籍の得喪に関する要件を定めるに当たってはそれぞれの国の歴史的事情，伝統，政治的，社会的及び経済的環境等，種々の要因を考慮する必要があることから，これをどのように定めるかについて，立法府の裁量判断にゆだねる趣旨のものである」とする（最大判平成 20・6・4 民集 62 巻 6 号 1367 頁《国籍法違憲判決》。→Ⅲ **判例2**／。後掲 **判例1**／にも同旨の判示がある）。

1 国籍の取得

出生時の国籍取得については，大きく，血統主義と生地主義を区別することができる。日本は，血統主義を基本とする。血統主義は，父系優先血統主義と父母両系血統主義とに区別できる。1984 年（昭和 59 年）改正前の旧国籍法は父系優先血統主義をとっていたが，女子差別撤廃条約に適合するよう改正された現在の日本の国籍法は，子は「出生の時に父又は母が日本国民であるとき」に日本国民となるとし，父母両系血統主義を原則とする（国籍法 2 条 1 号。佐藤(功)・ポケ註上 167 頁は，父系優先血統主義は憲法 14 条に違反するとする）。

国籍法上，非嫡出子については，父による胎児認知があった場合に限り，出生の時点での父子関係が認められ，認知に遡及効は認められない（江川英文ほか『国籍法〔3 版〕』66-68 頁（有斐閣，1997）。なお，母とその非嫡出子の親子関係は分娩の事実によって当然に発生する。この点については，最判昭和 37・4・27 民集 16 巻 7 号 1247 頁，最判昭和 49・3・29 家月 26 巻 8 号 47 頁参照）。判例は，このために出生後の認知だけでは日本国籍の生来的取得を認めないことになっても，国籍の取得の有無は出生時に可能な限り確定的に決定されることが望ましいことから合理的根拠があり，憲法 14 条には違反しないとする（最大判平成 14・11・22 判時 1808 号 55 頁）。出生後の認知により日本人たる父との

父子関係が確立した者の届出による国籍の取得については，→Ⅲ。

国籍法はこの他，帰化（同法4～10条）および国籍の再取得（同法17条）による国籍の取得について定める。

2　国籍の喪失

国籍法は自己の意思により日本国籍を失う場合について定める（同法11条以下）。美濃部達吉は「國家ハ國民ノ意思ニ反シテ一方的ニ之〔國籍〕ヲ剝奪スルコトヲ得ズ」としたが（美濃部・撮要〔改訂5版〕143頁），この問題については国によって態度が分かれる。アメリカ合衆国の判例は，連邦議会はアメリカ市民権を本人の意思に反して奪うことができないとするが（Afroyim v. Rusk, 387 U.S. 253 (1967)），連合王国の「2006年移民・亡命・国籍法（Immigration, Asylum and Nationality Act 2006)」は，公益に合致することを条件に市民権を剝奪する権限を内務大臣に付与している（56条1項）。国籍の保持が当該国家によって自己の権利・利益を保障される前提条件となっていることを考えれば，合衆国判例の立場を原則とすべきであろう。

国籍法12条は，出生により外国の国籍を取得した日本国民で国外で生まれたものは，戸籍法の定めるところにより日本の国籍を留保する意思を表示しなければ，その出生の時にさかのぼって日本の国籍を失うと規定する。同条が憲法14条等に違反し無効であるかが問題とされた事案で，最高裁は，同条の規定は立法目的において合理的であり，具体的な区別の内容も立法目的に照らして不合理なものとはいえないとしている（最判平成27・3・10民集69巻2号265頁 **判例1**/）。

判例1

最判平成27・3・10民集69巻2号265頁

本件は，日本国籍を有する父とフィリピン国籍を有する母との間に嫡出子としてフィリピンで出生し同国籍を取得した者が，出生後3か月以内に父母等により日本国籍を留保する意思表示がなされず（戸籍法104条参照），国籍法12条の規定により出生時から日本国籍を有しないこととなったため，同条の規定が同様の状況で日本で出生した者等との区別において憲法14条1項等に違反

第3章　国民の権利及び義務

し無効であると主張して，日本国籍を有することの確認を求めた裁判である。最高裁は次のように判示して原告の請求をしりぞけた。

　国籍法2条1号および2号は，子の出生時において日本国籍を有する父または母との間に法律上の親子関係があることをもって，一般的にみて我が国との密接な結び付きがあるといえるとの前提から，当該子に国籍を付与しようとするものと解される。

　国籍法12条は，同法2条1号および2号の規律を前提とした上で，国外で出生して日本国籍との重国籍となるべき子に関して，例えば，その生活の基盤が永続的に外国に置かれることになるなど，必ずしも我が国との密接な結び付きがあるとはいえない場合があり得ることを踏まえ，実体を伴わない形骸化した日本国籍の発生をできる限り防止するとともに，内国秩序等の観点からの弊害が指摘されている重国籍の発生をできる限り回避することを目的とした規定であり，こうした立法目的には合理的な根拠がある。

　国籍法12条は，父母等による国籍留保の意思表示を3か月以内とする等，意思表示の方法や期間にも配慮がなされている上，その期間内に意思表示がなされなかった場合でも，同法17条1項および3項において，日本に住所があれば20歳に達するまで法務大臣に対する届出により日本国籍を取得することができるものとされていることをも併せ考慮すれば，同法の定める区別の具体的内容は，上記の立法目的との関係において不合理なものということはできず，合理的理由のない差別には当たらない。

　憲法22条2項後段は「国籍を離脱する自由」を保障するが，同条は無国籍になる自由までをも保障するものではないと解されている（宮沢・全訂257頁，佐藤(功)・ポケ註上400頁，樋口ほか・注解Ⅰ 213頁［佐藤］）。国籍法上，日本国籍を離脱できるのは外国国籍を有する者に限られる（同法11〜13条）。これらの規定の背景には，重国籍者の発生の防止という目的があると考えられる（樋口ほか・注解Ⅰ 211-212頁［佐藤］）。前述の国籍法抵触条約は，その前文で，「人は一の国籍を有すべきであり，かつ，一の国籍のみを有すべきである」とするが（国籍唯一の原則），現在，世界各国のほぼ半数は，二重国籍を許容している（Ayelet Shachar, 'Citizenship', in *The Oxford Handbook of Comparative Constitutional Law*, eds. Michel Rosenfeld and András Sajó (Oxford University

Press, 2012), p. 1011)。

3 国際法上の要因による国籍の変動

国籍の得喪は，領土の変動等の国際法上の要因によって発生することもある。本条は，条約によって国籍の変動があることを排除するものではない（宮沢・全訂190頁，佐藤(功)・ポケ註上163頁，樋口ほか・注解Ⅰ201頁〔佐藤〕。旧憲法18条について，美濃部・撮要〔改訂5版〕150頁）。日本国との平和条約により，日本は朝鮮の独立を承認し（2条(a)），台湾および澎湖諸島に対する権利を放棄した（2条(b)）。しかし，同条約はこの領土の変動に伴うはずの国籍の変動について定めるところがない。

日本政府は，1952年（昭和27年）4月19日民事甲438号法務府民事局長通達により，朝鮮人・台湾人は内地に在住している者を含めて，平和条約の発効時に日本国籍を喪失するとし，また，もと内地人であっても平和条約の発効時までに，朝鮮人・台湾人との婚姻・養子縁組等により内地の戸籍から除籍され，朝鮮・台湾の戸籍に入籍すべき事由の生じた者は日本国籍を失うとの解釈をとった（江川英文ほか『国籍法〔3版〕』212-213頁（有斐閣，1997），溜池良夫〔判批〕渉外百選〔3版〕252頁）。平和条約は，朝鮮・台湾を日本領有前の状態に復せしめる趣旨であると理解する立場である（江川ほか・前掲書231-232頁）。

最高裁の判例は，朝鮮人男性と婚姻した内地人女性で，日本の法律上朝鮮人としての法的地位を取得した者は，平和条約によって国籍を失うとし，この国籍の変動は違憲の問題を生じないとした（最大判昭和36・4・5民集15巻4号657頁，最判昭和40・6・4民集19巻4号898頁）。ここでは，国籍変更の範囲が法律ではなく，通達によって定められているかに見えるが，変更の原因となったのは条約であり，通達はその趣旨を明らかにするものとして想定されているものと考えられる（江川ほか・前掲書220-221頁）。

なお，1991年に「日本国との平和条約に基づき日本の国籍を離脱した者等の出入国管理に関する特例法」（平成3年法律71号）が制定され，平和条約によって日本人でなくなった者およびその子孫に，出入国管理及び難民認定法2条の2に定める資格を持たずに日本に在留（永住）することのできる

第3章　国民の権利及び義務

「特別永住者」という地位を与える途が開かれた。これは在留の資格にとどまり，就労資格の点で他の外国籍の者と異なる扱いがされるわけではなく（最大判平成17・1・26民集59巻1号128頁《東京都管理職選考受験訴訟》。→**第3章前注Ⅱ1(3)**），参政権が直ちに認められるわけでもない（最判平成7・2・28民集49巻2号639頁。→**第3章前注Ⅱ1(4)**）。

Ⅲ　国籍法違憲判決

　平成20年法律88号による改正前の国籍法3条1項は，日本国民である父と日本国民でない母との間に生まれた子で，出生後に父から認知された子について，父母の婚姻により嫡出子たる身分を得た（準正子となった）場合に限って，届出による簡易な日本国籍の取得を認めていた。最高裁は，国籍法違憲判決（→**判例2**／）で，この規定による認知されたにとどまる子と準正のあった子との区別は，遅くとも原告（上告人）が国籍取得届を提出した2003年当時において憲法14条1項に違反していたとした。

> **判例2**　《国籍法違憲判決》
> 最大判平成20・6・4民集62巻6号1367頁
>
> 　法律上の婚姻関係にない日本国民である父とフィリピン国籍の母との間に生まれたX（原告・上告人）は，2003年，出生後父から認知されたことを理由に法務大臣に国籍取得届を提出したが，当時の国籍法3条1項は，こうした場合，父母の婚姻によって準正子となった者に限って，届出による国籍取得を認めていたため，Xは国籍取得の要件を備えているとは認められないとの通知を受けた。Xは，国を相手に日本国籍を有することの確認を求めて提訴した。
> 　最高裁の法廷意見は，日本国籍が「我が国において基本的人権の保障，公的資格の付与，公的給付等を受ける上で意味を持つ重要な法的地位」であり，他方，「父母の婚姻により嫡出子たる身分を取得するか否かということは，子にとっては自らの意思や努力によっては変えることのできない父母の身分行為に係る事柄」なので，こうした事柄をもって国籍取得に関する区別を生じさせることに合理的な理由があるか否かについては，「慎重に検討することが必要」

であるとした。

　法廷意見によれば，国籍法の基本原則である血統主義を基調としつつ，日本国民との法律上の親子関係に加えて，「我が国との密接な結び付きの指標となる一定の要件」として準正を要求した立法目的には正当性があり，かつ，立法当時（1984年）には，こうした区別に相応の理由があったが，その後の家族生活や親子関係の実態の変化と多様化，さらには，両親の一方のみが日本国民である親子関係の複雑多様化に照らすと，今日では，我が国との結び付きの強弱を両親の法律上の婚姻の有無によって直ちに測ることはできず，準正を国籍取得の要件としていた国の多くにおいて，認知などによる自国民との父子関係の成立だけで自国籍の取得を認める法改正が行われていることに照らすと，もはや本件区別について立法目的との合理的関連性を見出すことは難しいとされた。

　さらに法廷意見は，原告に対する救済の手段として，本件区別が憲法14条1項に違反しているからといって国籍法3条1項全体を違憲無効とし，準正子の届出による国籍取得をもすべて否定することは，「立法者の合理的意思として想定し難い」とし，是正の方法としては，日本国民たる父によって認知されたにとどまる子にも，同法3条1項の趣旨・内容を等しく及ぼして届出による国籍取得を認めるべきだとした。

　本判決は，日本国民たる父との父子関係が成立している子について，本人の意思や能力によっては動かし難い要件に基づく区別をすることが違憲無効であるとすることで，非準正子にも届出による簡易な国籍取得の途を開いたものである。判決の前提にあるのは，本件の原告が法務大臣に国籍取得届を提出した当時における国籍取得の要件のベースラインは，日本国民たる父の非嫡出子に関しては，その父母が婚姻しているか否かにかかわらず，届出によって日本国籍の取得を認めるというものでなければならないというものと思われる（国籍法2条1号および2号の趣旨に関する前掲 **判例1**／の判示参照）。本件で問題とされた区別は，このベースラインから，父母の婚姻という非嫡出子本人の意思や努力によっては動かし難い身分行為を国籍取得の要件とする点で乖離しており，しかもその結果は，基本的人権の保障等に重大な意味を有する国籍を取得し得ないという深刻な不利益をもたらすもので，この乖離に合理的理由はないと判断された。

［長谷部］

第3章 国民の権利及び義務

　本件区別が違憲無効とされた結果，原告の置かれた法状態は，本来のベースラインに復帰することとなり，届出によって日本国籍を取得できることとなる。ベースラインの引き方が結論を導く論理の根幹となっている。平等にすること自体が目的であれば，旧3条1項をすべて無効とし，準正子の届出による日本国籍取得を否定することによっても，平等にもなる。それが，「立法者の合理的意思として想定し難い」のも，こうした理由によるものである（長谷部・境界65-66頁）。

　他方，2つの反対意見は，旧3条1項の権利創設的・授権的性格を強調し，非準正子に届出による日本国籍取得の途を開くことは，司法による立法作用に当たるとして論難を加えるが，法廷意見と反対意見との真の対立点は，旧3条1項が権利創設的性格を持つか否かではなく（法廷意見もそれを否定してはいないはずである），本来のベースラインがどこに引かれているかに関するものである。選挙権や国家賠償請求権など，明らかに権利創設的性格を持つ法令の合憲性に関わる事件で，最高裁は過去にも違憲判断による救済を与えてきた（最大判平成14・9・11民集56巻7号1439頁《郵便法違憲判決》，最大判平成17・9・14民集59巻7号2087頁《在外邦人選挙権訴訟》）。

　また，藤田宙靖裁判官による意見は，法廷意見と同様のベースラインに立脚しつつも，旧3条1項の部分無効ではなく，その合憲拡張解釈による救済方法を提唱する。将来の同種の事案を大法廷に回付することなく，小法廷限りで救済し得る途を示唆したものと言えよう。

　平成20年法律88号による改正後の国籍法3条1項は，父または母が認知した子で20歳未満の者は，認知をした父または母が子の出生の時に日本国民であった場合において，その父または母が現に日本国民であるとき，またはその死亡の時に日本国民であったときは，法務大臣に届け出ることによって，日本の国籍を取得することができるとしている。

　　　　　　　　　　　　　　　　　　　　　　　　　　　［長谷部恭男］

第11条【基本的人権の享有】

　国民は，すべての基本的人権の享有を妨げられない。この憲法が国民に保障する基本的人権は，侵すことのできない永久の権利として，現在及び将来の国民に与へられる。

Ⅰ　総　　説…………………………51
　1　概　　説…………………………51
　2　本条成立の経緯…………………52
Ⅱ　基本的人権の意義および特質……53
　1　基本的人権の意義………………53
　2　基本的人権の特質………………54
　(1)　固 有 性……………………………54
　(2)　不可侵性……………………………54
　(3)　普 遍 性……………………………55
Ⅲ　本条の法的意義……………………56
　　　　　　　　　　　　　[宍戸常寿]

Ⅰ　総　　説

1　概　　説

　本条は12条・13条と並ぶ本章の総則的規定であり，日本国憲法における基本的人権の意義及び特質を示し，さらには憲法全体の基本的立場をも明らかにするものでもある（法協・註解上321頁）。

　大日本帝国憲法は本条に対応する規定を置かず，ただ上諭に「朕ハ我カ臣民ノ権利及財産ノ安全ヲ貴重シ及之ヲ保護シ此ノ憲法及法律ノ範囲内ニ於テ其ノ享有ヲ完全ナラシムヘキコトヲ宣言ス」とする一節を有するのみであった。かかる「外見的人権宣言」（芦部・憲法学Ⅱ42頁）に対して，本条は，ヴァージニア権利章典（「すべての人は生来ひとしく自由かつ独立しており，一定の生来の権利を有する。」）にはじまり，アメリカ13州独立宣言やフランス人権宣言に代表される，自然権思想を背景とした近代人権宣言の系譜を本条が汲むものであり（伊藤・憲法190頁），ボン基本法1条2項（「ドイツ国民は，……不可侵かつ不可譲の人権（Menschenrechte）に対する信念を表明する。」）とも共通の性格を有する。

[宍戸]

第3章 国民の権利及び義務

2 本条成立の経緯

本条の原型は,「民政局長のための覚え書き〔人権の章についての小委員会案〕」の「1 総則」の,次の2つの条文に見られる。「日本国民は,すべての基本的人権を,他人による基本的人権の平等な享有と矛盾しない限り,干渉を受けることなく享有する権利を有する。」「以下この憲法によって日本国民に与えられ,保障される基本的人権は,人類の多年にわたる自由獲得の努力の成果である。これらの権利は,時と経験のるつぼの中でその永続性について苛烈な試錬を受け,それに耐え残ったものであって,現在および将来の世代に対し,永久に侵すべからざるものとする義務を課する神聖な信託として,与えられるものである。」(高柳ほか編・過程Ⅰ 217頁)。

これを踏まえて総司令部草案は,「日本国ノ人民ハ何等ノ干渉ヲ受クルコト無ク一切ノ基本的人権ヲ享有スル権利ヲ有ス」(9条),「此ノ憲法ニ依リ日本国ノ人民ニ保障セラルル基本的人権ハ人類ノ自由タラントスル積年ノ闘争ノ結果ナリ時ト経験ノ坩堝ノ中ニ於テ永続性ニ対スル厳酷ナル試練ニ克ク耐ヘタルモノニシテ永世不可侵トシテ現在及将来ノ人民ニ神聖ナル委託ヲ以テ賦与セラルルモノナリ」(10条)の2つの規定を置いた。これに対していわゆる3月2日案は,両者の規定をまとめて「国民ハ凡テノ基本的人権ノ享有ヲ妨ゲラルルコトナシ。 此ノ憲法ノ保障スル国民ノ基本的人権ハ其ノ貴重ナル由来ニ鑑ミ,永遠ニ亙ル不可侵ノ権利トシテ現在及将来ノ国民ニ賦与セラルベシ。」(10条)と整理し,3月5日案が基本的人権の史的沿革を現在の97条に移す等の経緯があって,憲法改正草案において現在の文言が確定した。

本条について,金森徳次郎国務大臣は帝国議会の審議において,「基本的人権と云うものは,この憲法以前に考えらるべきものであると云うことは,確かでありますけれども,それは自然的なる考え方でありまして,国法体系の中に入れられたものにはまだなって居りませぬ。そこで自然的なるものを国法体系の中に編み込んで,法律現象として扱いまするので,茲に保障するとか与うるとか云う観念が出て来ると思うのであります」,「この憲法は総ての基本的人権を保障して居ります故に,その後段に於て,『この憲法が国民

に保障する基本的人権は』と云う所は総ての基本的人権でなければならない」と述べている（清水編・審議録(2) 246頁・254頁）。本条前段の「すべての基本的人権」とは自然権的権利を法的なものとして取り込んだものであり、後段の「この憲法が国民に保障する基本的人権」とは13条以下に列記された個別的権利の単なる総称ではなく「すべての基本的人権」を指す、とするのが憲法制定時の理解であったと解される（土井真一「憲法解釈における憲法制定者意思の意義（4・完）」論叢131巻6号1頁以下〔6頁・14頁〕(1992)）。

II 基本的人権の意義および特質

1 基本的人権の意義

「基本的人権（fundamental human rights）」という言葉は、ポツダム宣言10項に由来するものであるが、人権のうちで基本的なものとそうでないものとを区別する意味ではない（芦部・憲法学II 46頁、→第3章前注I 1。基本的人権・人権・基本権・自然権等の相互関係については樋口ほか・注解I 216-219頁〔佐藤〕参照）。

本条が自然権思想を背景としつつ人が人であることそれ自体に人権保障の根拠を求めていることからすれば（→2(1)）、本条にいう「基本的人権」とは「現代社会を前提としつつも人間として当然に与えられる固有の権利」であり、「基本的人権を実効的ならしめるためのいわば補充的な権利であって、それを否定することが直ちに人権保障の本質を損うとはいえないもの」を含まない、と解される（伊藤・憲法190頁）。具体的には、前国家的権利ないし自由権にとどまらず社会権・参政権等も「基本的人権」に含まれる。刑事手続上の諸権利・自由（33条以下）は「基本的人権」に含まれないと説く見解もあるが（佐藤(功)・ポケ註上182頁）、人身の自由（18条）との密接な結びつきからすれば疑問である（樋口ほか・注解I 240頁〔佐藤〕）。これに対して、帝国議会の修正により人権条項に追加された国家賠償請求権（17条）および刑事補償請求権（40条）は「基本的人権」に含まれないとする見解が一般的である（宮沢・全訂193頁、芦部・憲法〔6版〕82頁等。反対、高橋・立憲主義〔3

版〕76頁)。本条の「基本的人権」「この憲法が国民に保障する基本的人権」と「この憲法が国民に保障する自由及び権利」(12条)の異同については,→§12Ⅱ。

なお,「すべての基本的人権」が人権の発展可能性を前提としている点にも注意が必要である (→2(1)および§13Ⅲ2(1))。憲法上の権利は道徳的価値と密接な関係を有しており,「新しい人権」として主張される「背景的権利」が本条の「基本的人権」となり得る途を,憲法自らが開いているからである。したがって「すべての基本的人権」とは,現在の個別の条項によって列挙された人権に尽きるものではなく将来に向かって開かれており,「法的保護のレベルにのぼりうるもの,つまり『法的権利』としての『基本的人権』」に至ったものをも包含する概念として捉えるべきである(樋口ほか・注解Ⅰ226頁〔佐藤〕)。

2 基本的人権の特質

本条は12条・97条とともに,次のような相互に密接に結びつく人権の特質を示すものと解されている (芦部・憲法学Ⅱ55-65頁参照)。

(1) 固 有 性

人権は人が人であることに基づいて当然に有するとされる権利であって,人間であることに固有のものとされる。「与へられる」とする文言は,人権が君主から恩恵的に与えられたもの,憲法によって初めて認められたものではなく,人間の尊厳ないし個人の尊厳 (13条前段) に由来することを意味する (佐藤(功)・ポケ註上170-171頁)。また,日本国憲法が保障する基本的人権は,憲法に列挙されたものに限定されず,憲法上明示されていないが個人の尊厳にとって不可欠な自由・利益も,個別の人権条項とりわけ幸福追求権 (13条後段)の一つとして憲法上の権利として保障されることになる (→§13Ⅲ6(2))。

(2) 不 可 侵 性

「侵すことのできない永久の権利」は,人権がすべての国家権力 (行政権・司法権だけでなく立法権,さらには憲法改正をも含む) によって侵されないことを意味する。この人権の不可侵性は「法律からの人権保障」という日本国憲

法の特質そのものでもあり，その制度的確保措置が憲法の最高法規性（98条）および違憲審査制（81条）である。なお，日本国憲法は「法律の留保」を否定したといわれることがあるが，それは法律によりさえすればいかようにも人権を制限してよいという意味でのそれ（Gesetzesvorbehalt）であって，法律によらなければ人権を制限してはならないという意味での法律の留保（Vorbehalt des Gesetzes）は法治主義ないし法の支配の要請として日本国憲法の下でも妥当していることに注意が必要である。

　人権の不可侵性は人権が無制限であることを意味せず，公共の福祉による制限を排除するものではない（佐藤(功)・ポケ註上170頁等。反対，法協・註解上326頁）。この点については様々な説明があり得るが，正当化可能な憲法上の権利の制約はそもそも不可侵である人権に触れるものではないと考えた上で，違憲審査は「一応の権利」（→§13 Ⅲ 3(1)）に対する規制が真に人権の不可侵性に抵触しているかどうかを，保護範囲および制約ならびに正当化の枠組み（→第3章前注Ⅳ）等で認定しているもの，と整理することも可能であろう。社会的権力からの人権侵害等の場合に個別の人権条項が私人間に適用されるか否かについては，→第3章前注Ⅲ 1。

(3) 普遍性

　「国民は，すべての基本的人権の享有を妨げられない。」とは，①すべての国民が人種・性・社会的身分などの区別なく人権を享有することとともに，②一部ではなくすべての基本的人権を国民は享有することを意味する（樋口ほか・注解Ⅰ232頁［佐藤］）。この点で本条前段は，各人の基本的人権の享有主体性を保障する規定である（→§13 Ⅱ 5）。もっとも人権の固有性および個人の尊重原理（→§13 Ⅱ 3）からすれば，およそ人である限り，日本国籍を有するか否かにかかわらず人権の享有が認められるべきであって，現に判例・通説とも本章の人権保障が権利の性質上可能なかぎり外国人に及ぶと解するように（→第3章前注Ⅱ 1），本条の「国民」という文言に強い意味は認められない。また人権の普遍性は，本条にいう「基本的人権」の資格が18世紀的人権に限られるというものでもなければ，労働基本権（28条）を考えれば自明であるように，個人（国民であれ外国人であれ）の置かれた個別具体の状況を問わず均一の内容・程度しか保障されないということを意味するも

のではない。

Ⅲ　本条の法的意義

本条については一般に「この規定だけからは実定法上の効果は生じない」と解されている（佐藤(功)・ポケ註上 169 頁）。初期の裁判例でも、食糧管理法が「国民の生存権」を侵害する（最大判昭和 25・2・1 刑集 4 巻 2 号 88 頁），刑法 98 条・102 条が「囚人が拘束からの離脱を求める天賦の人権を侵害する」（最大判昭和 26・7・11 刑集 5 巻 8 号 1419 頁），自作農創設特別措置法が「基本的人権の享有を妨げる」（最大判昭和 28・11・25 民集 7 巻 11 号 1273 頁）等の本条違反の主張がされたこともあるが，判例はこれらの主張をことごとく排斥している（戸松＝今井編・論点体系(1) 49 頁［戸松秀典］参照。最近の判例として最判平成 9・3・13 民集 51 巻 3 号 1233 頁等）。

もっとも，本条が直ちに裁判上の保障と結びつかないとしても，法的意義が皆無というわけではない。本条は個別の人権条項の解釈運用ないし準則として（樋口ほか・注解Ⅰ 236-237 頁［佐藤］），たとえば自然権思想の読み込みを可能にする機能を果たす（芹沢ほか編・新基本コメ 95 頁［押久保倫夫］）。また，国家権力が，各人が人格であること自体を直接的に否定することを，本条は 13 条前段とともに禁止している，と解する見解もある（→§13 Ⅱ 5）。

さらに，「侵すことのできない永久の権利」として「現在及び将来の国民に与へられる」という本条を根拠に，基本的人権が憲法改正の限界であると説く見解が有力である（法協・註解上 326 頁，宮沢・全訂 194 頁等）。他方，本条それ自体ではなく，基本的人権の原理が日本国憲法の基本原理であることを理由に，憲法改正を限界づけようとする見解もある（佐藤(功)・ポケ註上 170 頁）。

［宍戸常寿］

第12条【自由・権利の保持の責任とその濫用の禁止】
　この憲法が国民に保障する自由及び権利は，国民の不断の努力によつて，これを保持しなければならない。又，国民は，これを濫用してはならないのであつて，常に公共の福祉のためにこれを利用する責任を負ふ。

Ⅰ　総　　説……………………57
Ⅱ　「この憲法が国民に保障する自由及び権利」……………………58
Ⅲ　本条の定める義務・責任………59
　1　不断の努力による自由・権利の保持義務……………………59
　2　自由・権利の濫用禁止…………60
　3　公共の福祉のために利用する責任……………………………61

［宍戸常寿］

Ⅰ　総　　説

　本条は，11条・13条と並ぶ本章の総則的規定である。11条が基本的人権の意義および特質を明らかにするのに対して，本条は人権の享有主体たる国民の在り方を規定している。なお大日本帝国憲法には本条に相当する規定は見られない。

　本条の原型は，「民政局長のための覚え書き〔人権の章についての小委員会案〕」の「1　総則」の，「この憲法によって定められた自由，権利および機会は，国民の自律的協力によって保持される。従ってこれらの自由，権利および機会は，国民の側にこれに対応する義務，すなわち，その濫用を防止し，常に共同の福祉のために用いる義務を生ぜしめる。」に由来する（高柳ほか編・過程Ⅰ 217頁）。総司令部草案を経て，3月2日草案では「此ノ憲法ノ保障スル自由及権利ノ享有ハ国民ノ不断ノ監視ニ依リテ保持セラルベク，国民ハ其ノ自由及権利ノ濫用ヲ自制シ常ニ公共ノ福祉ノ為ニ之ヲ利用スルノ義務ヲ負フ」（11条）とされ，さらに憲法改正草案の文言が衆議院において修正されて現在の文言が確定した。

　帝国議会の審議において金森徳次郎国務大臣は「この憲法の骨子ともなる

べき考え方の線に沿って居る」と本条の意義を強調したものの（清水編・審議録(2)264頁），その実際上の意義については「国民の心に対する一つの抑制」等と述べるにとどまり（清水編・審議録(2)261頁），制憲過程を通じて本条の意義や趣旨が十分明らかにされたとはいえない。

憲法制定直後には，本条について，日本国憲法が「単に18世紀的な憲法に止まるものではなく，国家協同体的思想をもそこに内包しているものであることを示した」（法協・註解上332頁，さらに我妻栄『新憲法と基本的人権』（国立書院，1948）も参照）との評価がなされたことがある。しかしその後はこうした理解は後景に退き，現在では本条を97条との関連で，受託者としての現在および将来の国民が「信託」の趣旨すなわち人権の固有性（→§11 Ⅱ 2(1)）に反しないように，基本的人権を保持し，濫用してはならず，公共の福祉のために利用する責任を負うことを意味するものと解するのが一般的である（芦部・憲法学Ⅱ56頁等）。

そして，この種の規定が直ちに立憲主義憲法の本質に反するとはいえないとしても，本条における義務・責任の内容はあまりに茫漠としており，これを法的なものと解するならば憲法の人権保障全体を「自由・権利の体系」から「義務の体系」へと転化させるおそれが強い（樋口ほか・注解Ⅰ243頁［佐藤］）。それゆえ，通説は本条を「道徳的指針」（法協・註解上332頁）ないし「権利主体の倫理的指針・心がまえ」（有倉編・基本コメ66頁［奥平康弘］）を示すにすぎず，直ちに法的効果を生じるものではないと解している（佐藤（功）・ポケ註上183頁等。反対，佐々木・憲法論397-398頁）。

Ⅱ 「この憲法が国民に保障する自由及び権利」

本条の「この憲法が国民に保障する自由及び権利」は，広く日本国憲法が国民に保障する自由・権利一般を含む（法協・註解上333頁等）。前条にいう「すべての基本的人権」および「この憲法が国民に保障する基本的人権」についてはより狭く解する見解が有力であるが（→§11 Ⅱ 1），本条が国家賠償請求権（17条），刑事補償請求権（40条）をも含むものであることには争いがない。本章の自由・権利だけでなく最高裁判所裁判官審査権（79条2項），

憲法改正の承認権（96条）も本条に含まれるか否かについては，説が分かれる（肯定説として宮沢・全訂195-196頁等，否定説として伊藤・憲法191頁）。

なお，11条にいう「基本的人権」と本条の「この憲法が国民に保障する自由及び権利」は，自然権的発想を重視する限り同じ内容をもつものではあり得ないと指摘されているが（小嶋＝大石・概観〔7版〕71頁），これを一歩進めて「切り札」としての権利と「公共の福祉」に基づく権利を区別する立場（→第3章前注Ⅰ2(3)）は，「この憲法が国民に保障する自由及び権利」を後者に限定した上で，そのような「公共の福祉」に基づく権利を日本国憲法が認めていることを示す規定として本条を理解することになる（長谷部・憲法〔6版〕143-144頁。反対，高橋・立憲主義〔3版〕118頁）。

Ⅲ　本条の定める義務・責任

1　不断の努力による自由・権利の保持義務

本条によれば，国民はこの憲法の保障する自由・権利が侵害されないよう努め，侵害が発生した場合にはそれを匡正する義務を負う。国民が自由・権利の上に眠るならばついには自由・権利そのものを滅ぼし信託の趣旨に反する結果となる，との説明がしばしばなされるが，その場合であってもこの義務は受動的な性格のものであると説かれる（法協・註解上334頁。→第3章前注Ⅰ3(1)）。

憲法上の権利保障の性格からすれば，国民が自由・権利を保持すべきなのは第一次的には国家権力に対してである（法協・註解上334頁参照）。この点に関連して，本条が97条と相まって実定法上の権利としての抵抗権を基礎づけていると解する余地もある（樋口ほか・注解Ⅰ241頁〔佐藤〕参照）。しかし抵抗権の内容や法的性格に関する議論は学説上も収斂しておらず，また裁判例を見ても，抵抗権の成立は「民主々義の基本秩序に対する重大なる侵害が行われ憲法の存在自体が否認されようとする場合であり，又不法であることが客観的に明白でなければならない」という極限状態に限定されるとか（札幌地判昭和37・1・18下刑集4巻1＝2号69頁），「現行憲法上明文をもって抵

第3章　国民の権利及び義務

抗権の存在を認めた規定はなく，また，抵抗権の成立する法的根拠やその行使のための条件，態様等をめぐって意見の対立があり，いまだ具体的かつ明確な権利として確立しているとまではいえない」（東京高判平成3・9・17判時1407号54頁）とされるにとどまっている。

2　自由・権利の濫用禁止

「濫用」とは一般に「およそ人の行為（または不行為）が外形としては権利の行使として見られるとしても，その行為が行われた具体的な状況とその実際の結果に照らしてみると，法律上，権利の行使として認めることが妥当でないと判断されること」をいう（佐藤（功）・ポケ註上183頁）。本条を俟つまでもなく，基本的人権はすべての国民により享有されるべきものであることからすれば，自己の自由・権利の濫用によって他者の自由・権利を不当に害してはならない。その意味で本条の自由・権利の濫用禁止は，基本的人権に内在する限界を宣言したにすぎず，その意味で「これを根拠にその責任を法的に強制し，人権を制約しうるという法的な意味をもつものでない」と解される（伊藤・憲法192頁等）。

これに対して，判例は憲法上の権利の制約の一般的根拠を本条に求めることがある。たとえばチャタレー事件最高裁判決は「憲法の保障する各種の基本的人権についてそれぞれに関する各条文に制限の可能性を明示していると否とにかかわりなく，憲法12条，13条の規定からしてその濫用が禁止せられ，公共の福祉の制限の下に立つものであり，絶対無制限のものでない」と述べる（最大判昭和32・3・13刑集11巻3号997頁）。さらに謝罪広告事件最高裁判決は，「他人の行為に関して無根の事実を公表し，その名誉を毀損することは言論の自由の乱用であって，……憲法の保障する言論の自由の範囲内に属すると認めることはできない」と述べ（最大判昭和31・7・4民集10巻7号785頁），本条を直接援用してはいないものの，名誉毀損的表現を表現の自由の「乱用」とする論法を用いている。もっともこれらの説示も，権利制約の独立した根拠を本条に求めるのではなく，ただ憲法21条の保護範囲の画定にあたって乱用禁止のロジックを用いたにすぎないとすれば（→§21Ⅲ），結局のところは判例と学説の間に大きな相違はないものとも理解できる。

3　公共の福祉のために利用する責任

　本条後段によれば，国民は自由・権利を濫用してはならない消極的義務を負うにとどまらず，公共の福祉のために利用するという積極的義務をも負うことになる（法協・註解上 334 頁等）。

　なるほど，憲法上の権利の内容・価値・機能に公共の福祉の観点を入れる余地があることは確かである。たとえば選挙権（15条）はそれ自体として公職者の選出へ方向付けられており，表現の自由（21条）の保障根拠に自己実現と並んで自己統治の価値があり，さらに職業の自由（22条）の行使には市場経済を活性化させる機能がある。その限りでは，個々の自由・権利に則して公共の福祉のために利用する責任を語り得る場合があることは確かであろう（なお「公共の福祉」に基づく権利という見方については，→Ⅱおよび第3章前注Ⅰ2(3)）。

　もっとも本条は，およそ「この憲法が国民に保障する自由及び権利」一般を「常に」公共の福祉のために利用する責任を説くものであり，この「甚だ幅のある」表現を文字どおり受け止めるならば，「近代人権宣言において措定された自由の観念を本質的に変えてしまう契機をはらむ」ため，学説は総じて本条の責任に法的意義を認めることに否定的である（樋口ほか・注解Ⅰ243-244頁[佐藤]）。加えて，本条とは対照的に13条の法的意義が承認され，同条の解釈論として公共の福祉が盛んに論じられている今日（→§13 Ⅱ5・Ⅳ2），本条の責任を論じることの実益は乏しい（なお蟻川恒正「不起立訴訟と憲法12条」公法77号97頁以下（2015）は，国旗国歌起立斉唱訴訟（最判平成23・5・30民集65巻4号1780頁）について，起立しなかった教師の権利主張を，「私的」世界観の保護ではなく，本条にいう「公共の福祉」のためのものとして捉え直すべきことを示唆する）。

　これに対して判例は，たとえば「国民はまた，新憲法が国民に保障する基本的人権を濫用してはならないのであって，常に公共の福祉のためにこれを利用する責任を負うのである（憲法12条）。それ故，新憲法下における言論の自由といえども，国民の無制約な恣意のまゝに許されるものではなく，常に公共の福祉によって調整されなければならぬのである」（最大判昭和24・

5・18刑集3巻6号839頁)との説示に見られるように,しばしば本条の公共の福祉を憲法上の権利の制約根拠として援用する。もっとも本条と並んで13条を挙げたり,本条の濫用禁止と13条の公共の福祉を並べたり等,判例が本条にどれほど重い意義を見いだしているかは明らかでない(樋口ほか・注解Ⅰ244頁［佐藤］)。公共の福祉について詳しくは,→§13 Ⅳ。

［宍戸常寿］

第13条【個人の尊重・生命, 自由及び幸福追求に対する権利・公共の福祉】
すべて国民は, 個人として尊重される。生命, 自由及び幸福追求に対する国民の権利については, 公共の福祉に反しない限り, 立法その他の国政の上で, 最大の尊重を必要とする。

Ⅰ 総説……………………………64
Ⅱ 個人の尊重……………………65
  1 「個人の尊重」規定の歴史的経緯……………………………65
    (1) 「個人の尊重」および「人間の尊厳」原理の歴史的系譜……65
    (2) 「個人の尊重」規定の制定の経緯…………………………67
  2 「すべて国民」の意味…………68
  3 「個人の尊重」の理念…………69
  4 個人の尊重, 人間の尊厳および個人主義 ……………………74
    (1) 個人の尊重と人間の尊厳……74
    (2) 個人主義, 全体主義および利己主義……………………77
  5 「個人の尊重」規定の法的性格…78
  6 「個人の尊重」規定の客観的規範性に関する問題 ……………83
Ⅲ 「生命, 自由及び幸福追求」に対する権利……………………………86
  1 「幸福追求権」の歴史的経緯……86
  2 「幸福追求権」規定の法的性格…88
    (1) 憲法上の権利の包括的保障規定………………………………88
    (2) 「幸福追求権」規定の裁判規範性……………………………90
  3 「幸福追求権」規定と個別の基本権規定との関係 ……………91
    (1) 「幸福追求権」規定の規範構造と個別の基本権規定との関係…91
    (2) 「幸福追求権」規定の補充性と基本権規定の規律領域…………94
    (3) 個別的な幸福追求権と個別の基本権の競合……………………95
  4 「生命」,「自由」および「幸福追求」の関係 ……………………96
  5 「幸福追求権」の権利類型………98
  6 「幸福追求権」の保護範囲………99
    (1) 実体的基本権観と手続的基本権観……………………………100
    (2) 人格的利益説と一般的自由説………………………………102
      (ア) 一段階画定論――無限定な一般的自由説（102） (イ) 二段階画定論――人格的利益説と限定的な一般的自由説（102） (ウ) 「幸福追求権」規定の保護範囲に含まれない自由（105）
  7 「幸福追求権」の具体的内容 …107
    (1) 生命に対する権利…………107
      (ア) 生命を享受する権利（107） (イ) 死に対する権利（107）
    (2) 身体に対する権利 …………110
    (3) 名誉権 ………………………113
    (4) 氏名権 ………………………114
    (5) プライバシーと自己情報コントロール権……………………115
      (ア) プライバシー権の概念（115）

[土井]

第3章　国民の権利及び義務

　　　㈣　自己情報コントロール権
　　　　（116）　㈤　自己情報コントロ
　　　　ール権に対する批判と検討（121）
　　　㈥　肖像に関する権利（127）
　　　㈦　指紋の押なつを強制されない
　　　　権利（130）　㈧　住民基本台
　　　　帳ネットワークシステム（132）
　　　㈨　マイナンバー制度（134）
　　(6)　裁判において主張されたその
　　　他の権利 ……………………137
　　　㈠　性同一性に関する権利
　　　　（137）　㈡　宗教的人格権
　　　　（138）　㈢　静謐のプライバシ
　　　　ー（138）　㈣　その他（139）
Ⅳ　公共の福祉 ……………………139
　1　「公共の福祉」規定の制定の経緯
　　等 ………………………………139
　2　「公共の福祉」規定の法的性格
　　　 ……………………………140

　3　公共の福祉の内容………………143
　　(1)　「公共の福祉」の概念………143
　　(2)　基本的人権に対する制約の統
　　　制原理としての公共の福祉 …145
　　(3)　「民主的な人権調整の原理」と
　　　しての公共の福祉 ……………145
　　(4)　内在的制約・外在的制約およ
　　　び自由国家的公共の福祉・社会
　　　国家的公共の福祉 ……………146
　　(5)　自己危害行為の防止と公共の
　　　福祉 ……………………………151
　4　「公共の福祉に反しない限り……
　　最大の尊重を必要とする」の意味…153
　　(1)　準則的解釈と原理的解釈 …153
　　(2)　比較衡量論とその問題点 …154
　　(3)　違憲審査基準論と比例原則論
　　　 ………………………………157

　　　　　　　　　　　　　　　　［土井真一］

Ⅰ　総　　説

　本条は，その前段において，立憲主義および基本的人権保障の基盤である「個人の尊重」原理を，我が国の基本的価値であり，全法秩序の指針となる憲法の根本原理として定める。

　そして，個人の尊重を実現するために，後段において，「生命，自由及び幸福追求に対する国民の権利」を定め，すべての国民に対して，基本的人権を包括的に保障する。もちろん，これらの基本的人権の保障にあたっては，他者の権利・自由や協働の利益等との調整が必要であることから，併せて公共の福祉による制約を規定するが，公共の福祉もまた前段の「個人の尊重」原理に反する内容のものであってはならず，さらに，基本的人権と公共の福祉との調整においても，基本的人権に対して最大の尊重が必要であることを定めるものである。

　このように，本条は，人間存在の在り方に対する憲法の基本思想を示し，

国家と国民の関係および国民相互の関係の根本を規律するものであり，憲法の中にあって最も重要な条文であるということができる。

II 個人の尊重

1 「個人の尊重」規定の歴史的経緯

(1) 「個人の尊重」および「人間の尊厳」原理の歴史的系譜
　「人間の尊厳」の観念は，宗教および哲学等の領域において，2000年を超える歴史を有し，近代人権宣言の成立および展開にも直接的あるいは間接的に影響を及ぼしている（「人間の尊厳」に関する思想史的考察として，西野基継「人間の尊厳の多義性(1)～(8)」愛知大学法学部法経論集131号47頁以下（1993），132号21頁以下（1993），134号1頁以下（1994），135号1頁以下（1994），149号1頁以下（1999），150号43頁以下（1999），153号1頁以下（2000），154号33頁以下（2000）を参照）。

　しかし，憲法典や権利章典において「人間の尊厳」あるいは「個人の尊重」等が明文で規定されるのは比較的新しく，1919年のワイマール憲法151条1項において，「経済生活の秩序は，すべての人に，人間たるに値する生存（menschenwürdiges Dasein）を保障することを目指す正義の諸原則に適合するものでなければならない」（傍点筆者。以下，特に断りのない限り，本条注釈において同じ）と規定されたことを嚆矢とする。その後，1920～30年代にかけて，エストニア，ポルトガルおよびエクアドルなどにおいて，経済・社会秩序に関する原理として人間の尊厳が憲法典で規定された例があるほか，1937年のアイルランド憲法は，その前文で，「個人の尊厳及び自由を確保し，真なる社会秩序を達成し，われわれの国家の統一を再興し，他国との協和を確立する」と定めている（See Aharon Barak, Human Dignity: The Constitutional Value and the Constitutional Right（Cambridge University Press, 2015），pp. 49-50）。

　しかし，「人間の尊厳」や「個人の尊重」の観念が，憲法および国際法の領域において重要な意義を有するに至ったのは，第二次世界大戦後であり，全体主義国家体制の下で惹き起こされた残虐行為や戦争の惨禍に対する反省

と，植民地の解放による第三諸国の台頭に基づくものであった。

　まず，国際法の領域においては，1945年に採択された国際連合憲章前文が，「基本的人権と人間の尊厳及び価値と男女及び大小各国の同権とに関する信念」を確認し，1948年に採択された世界人権宣言は，「人類社会のすべての構成員の固有の尊厳と平等で譲ることのできない権利とを承認することは，世界における自由，正義及び平和の基礎である」（前文）とした上で，「すべての人間は，生まれながらにして自由であり，かつ，尊厳と権利とについて平等である。人間は，理性と良心とを授けられており，互いに同胞の精神をもつて行動しなければならない」（1条）と定めている。さらに，ILOフィラデルフィア宣言（1944年採択），UNESCO憲章（1945年制定），国際人権規約（1966年採択）および障害者の権利に関する条約（2006年採択）など多くの国際条約において「人間の尊厳」に関する言及があるほか，「人間の尊厳」原理は，大量虐殺，戦争犯罪その他の人道に対する罪や深刻な差別が問題となる領域等で重要な役割を果たしており，確立した国際法の一般原則として理解されるに至っている。

　次に，憲法の領域においては，第二次世界大戦後に成立するドイツの州憲法が，「人間の尊厳」の不可侵（1946年ヘッセン州憲法3条）や「人間人格の尊厳」の尊重（1946年バイエルン州憲法100条），あるいは「すべての人間は，個人として尊重される権利を有する」（1947年ザールラント州憲法1条）ことなどを規定し，こうした流れを受けて，1949年のドイツ基本法1条が，「人間の尊厳は不可侵である。これを尊重し，かつ，保護することは，すべての国家権力の義務である」と定めた。同条に関しては，憲法裁判所の判例や学説の蓄積が見られ（田口精一『基本権の理論』1-52頁（信山社，1996），玉蟲・尊厳保障などを参照），中・東欧諸国などの憲法にも強い影響を及ぼしている。

　また，アメリカ合衆国でも，1940年代から，連邦最高裁判決において「個人の尊厳」に関する言及が見受けられるようになる。例えば，西海岸に居住する日系アメリカ人の強制収容に関するKorematsu v. United States, 323 U.S. 214（1944）において，マーフィ（Frank Murphy）裁判官は，強制収容を合憲とした法廷意見に対して，「われわれの敵国が用いる最も野蛮な論拠の一つを採用することで，個人の尊厳（the dignity of the individual）を破壊

し，将来生じる激情の中で他の少数者への差別的な行為が行われることに対して扉を開け，それを助長することになるであろう」と批判した。また，マーフィ裁判官は，In re Yamashita, 327 U.S. 1（1946）などにおいても，日本軍将兵がアメリカの軍法会議においてその戦争犯罪を裁かれることは，「人間の尊厳」（human dignity），「人間人格の尊厳」（the dignity of the human personality）あるいは適正手続に反すると非難している。

1950年代以降，連邦最高裁は，残虐かつ異常な刑罰の禁止やプライバシーおよび名誉の保護等の領域で，「個人の尊厳」に言及してきており，2000年以降も，同性愛の自由（Lawrence v. Texas, 539 U.S. 558（2003））や同性婚（Obergefell v. Hodges, 135 S. Ct. 2584（2015））に関する判決において，「自由な人格としての尊厳」（dignity as free persons）や「個人の尊厳と自律」（individual dignity and autonomy）といった表現が用いられている。

なお，州憲法においては，1970年代以降，イリノイ州やルイジアナ州等において，「個人の尊厳」等の文言が取り入れられているところである（アメリカにおける人間の尊厳に関する理論的展開を概観するものとして，西野基継「アメリカにおける人間の尊厳論の諸相」ホセ・ヨンパルト教授古稀祝賀『人間の尊厳と現代法理論』257頁以下（成文堂，2000）参照）。

(2) 「個人の尊重」規定の制定の経緯

本条前段の「個人の尊重」規定は，総司令部草案（1946年2月13日）12条「日本国ノ封建制度ハ終止スヘシ一切ノ日本人ハ其ノ人類タルコトニ依リ個人トシテ尊敬セラルヘシ」（The feudal system of Japan shall cease. All Japanese by virtue of their humanity shall be respected as individuals.）に由来する。また，総司令部草案23条は，「配偶者ノ選択，財産権，……及家族ニ関スル其ノ他ノ事項ヲ個人ノ威厳及両性ノ本質的平等（individual dignity and the essential equality of the sexes）ニ立脚スル他ノ法律ヲ以テ之ニ代フヘシ」と定めており（佐藤（達）・成立史(3) 35-36頁参照），総司令部において，「個人の尊重」および「個人の尊厳」が，家制度や封建制度を否定する原理として理解されていたことがうかがわれる。

日本政府が作成した1946年の3月2日案においては，封建制度の廃止条項が削除され，12条は「凡テノ国民ハ個人トシテ尊重セラルベク，其ノ生

命,自由及幸福ノ追求ニ対スル権利ハ……」と規定されている。これに対して,総司令部側から封建制度の廃止条項を削除した理由が問われているが,日本政府は封建制度として思い当たるものはないと回答し,総司令部側もこれを受け入れている（佐藤(達)・成立史(3) 117-118頁参照）。3月5日案12条は,3月2日案と同様であるが,憲法改正草案要綱（3月6日）12条では,「凡テ国民ノ個性ハ之ヲ尊重シ」と表記され,さらに憲法改正草案（4月17日）2条では,「すべて国民は,個人として尊重される」と改められ,現行規定に引き継がれている（佐藤(達)・成立史(3) 190頁・338頁参照）。

なお,総司令部草案23条については,3月2日案37条の段階で,individual dignity に当たる文言が削除されるが,3月5日案22条2項で「個人ノ威厳」の語が復活し,憲法改正草案要綱22条2項において「個人の権威」という表記に改められている（佐藤(達)・成立史(3) 97頁・166頁・339頁参照）。その後,衆議院の帝国憲法改正案委員小委員会の段階で,「個人の権威」を「相互の敬愛」に置き換えるか,あるいは「権威」を「尊厳」または「品位」と改めるかが議論され,最終的に,「個人の尊厳」という文言に修正され（衆議院事務局『第九十回帝国議会衆議院帝国憲法改正案委員小委員会速記録』101-103頁（衆栄会,1995）参照）,現行24条2項として成立した（詳しくは,→§24 Ⅱ 1）。

2　「すべて国民」の意味

本条前段は「すべて国民は」と定め,日本国民のすべてが等しく個人として尊重されなければならないことを規定する。しかし,「個人の尊重」の理念および憲法が基礎とする国際協調主義に鑑みれば,外国人を排除すべき理由はなく,本条前段は,その理念において,すべての人間,すなわち生物学的な種としての人間（Homo sapiens）のすべてが個人として尊重されるべきことを宣言するものである。ただ,日本国憲法の適用範囲を踏まえれば,本条前段は,日本国民その他日本の統治権に服するすべての人間に対して,個人として尊重されることを法的に保障するものと解される。

3 「個人の尊重」の理念

　本条前段にいう「個人として尊重」するとは,「個人の尊厳と人格の尊重を宣言したもの」(最大判昭和 23・3・24 裁判集刑 1 号 535 頁) であり, 一人ひとりの人間を人格として承認し, 尊厳ある存在として配慮し, その個性の自由な発展を重んずることを意味する。

　一般に,「人格」の語は多義的であり, ①人の性格 (personality), ②自律的意志を有する道徳的主体, および③法的権利・義務等が帰属し得る主体・資格 (権利能力) などの意味があるとされる。しかし, 本条前段において問題となる「人格」とは, 何よりもまず, 専ら管理, 利用または処分などの支配の客体となる「物」ではなく, 自らの存在を主張し, その存在意義・目的を実現するために活動することができる主体的な地位を示すものである。換言すれば, ある存在が人格であるとは, 当該存在が, 他と区別された個としてまとまりを有する存在であって, 他の存在が有する目的を実現するための有用性によってのみ, その存在意義を測られる道具的存在ではなく, それ自体が固有の存在意義・目的を有する実存的存在であることを意味する。

　したがって, 人格の「尊厳」(Würde, dignity) とは, 交換可能な手段的有用性を示す「価格」と異なり, 固有の存在意義・目的を有する存在者の価値的属性を示すものと解され, ある存在を人格として「尊重する」とは, 当該存在を尊厳ある者, つまり固有の存在意義・目的を有する主体として処遇し配慮することを言うのである。この一人ひとりの人間を人格として尊重する義務は, カント (Immanuel Kant) の「目的自体の原理」, すなわち「自分の人格のうちにも他の誰もの人格のうちにもある人間性を, 自分がいつでも同時に目的として必要とし, 決してただ手段としてだけ必要としないように, 行為しなさい」(カント「人倫の形而上学の基礎づけ」坂部恵ほか訳『カント全集 7』65 頁 (岩波書店, 2000)。傍点省略) と定式化される命法と密接な関連性を有している。

　このような考え方を国家と国民の関係に当てはめるならば, 何よりもまず, 国家は, 国民を専らその権力的支配に従属する客体としてのみ取り扱ってはならず, 一人ひとりの国民が固有の存在意義・目的を有し, それに基づいて

独自に活動する自由を保持すること，および自己の存在に対して配慮を求める資格を有することを承認しなければならない。国民が国家との関係において人格であるとは，その理念において，各国民が，その生活領域全般にわたって，国家の意思に包括的かつ無条件に隷属する存在ではないことを意味する。本条前段は，「国民が……独自的の立場において，人間としての存在を認められ，国家に対して，その存在を主張し得ることを定めるのである。これを称して国民の存在権という」（佐々木・憲法論401頁）と説かれるのも，かかる趣旨において理解されるべきものであり，その意味で，本条前段は，我が国における国家と国民の関係の根幹を規律する中核的原理を定めるものである（「個人の尊厳」について，蟻川恒正『尊厳と身分——憲法的思惟と「日本」という問題』（岩波書店，2016）を参照）。

　それでは，固有の存在意義・目的を有することを承認するとは，各人をどのように処遇することを意味するのであろうか。一般に，人間は，他と区別された自己意識を有し，自らがかけがえのない存在であること，すなわち自己の存在の唯一性および代替不能性を直覚している。さらに，過去，現在および未来を繋ぐ時間認識を前提として，自己同一性の意識を有し，自己の存在の意義を解釈し，将来に向けて生きる目的を設定して，その目的の実現のために活動する。したがって，このような人間を固有の存在意義・目的を有する者として尊重するとは，各人の存在の唯一性および代替不能性を承認した上で，各人の存在意義および生きる目的を最大限尊重し，その実現のために活動する自由を認めることを意味しなければならない。

　そして，各人が，事実として，多様な在り方をしているのであるから，各人による自己の存在意義の解釈や生きる目的にもまた多様性が認められる。したがって，各人の固有の存在意義・目的を尊重するとすれば，自ずから各人の個性とその自由な発展を重んずることになる。すなわち，本条前段は，「一人ひとりの人間が人格的自律の存在（やや文学的に表現すれば，各人が社会にあってなお"自己の生の作者である"ということ）として最大限尊重されなければならない」（佐藤（幸）・憲法論121頁）ことを求め，「人が自己の人生の目的や価値を選択し，それを自ら生き抜く権利」（長谷部・憲法〔6版〕95頁）を導くものである。「国法の介入しがたい『自律』の領域を認めるこ

とこそ，個人主義の第一の内容」であり，「この『自律』が理解できない限り，個人の尊厳は理解されない」（江橋崇「立憲主義にとっての『個人』」ジュリ884号9頁（1987））と言えよう（個人の尊重と自律および自己決定の関係については，佐藤幸治『現代国家と人権』77-188頁（有斐閣，2008）および小泉良幸『個人として尊重――「われら国民」のゆくえ』4-91頁（勁草書房，2016）などを参照）。

　このように，個人の尊重にとって，各人の個性の自由な発展を確保することが重要であるが，他方で，現実の人間は，有限の時間および空間において生きる不完全な存在であり，単独では自らの生物的生存を維持し，その存在の意義・目的を十全に実現することが困難である。したがって，現実の人間が，その生存を維持し，幸福を実現するためには，その不完全さを互いに補うべく協働することが合理的な選択である。そして，このような協働関係は，人格と物との間に認められる一方的な従属的支配関係ではなく，その理念においては，互いに対等な存在間において成立する直接的または間接的な互恵的関係でなければならない。

　このような協働関係を可能とするためには，当事者が，自らの行為の帰結を予見し，他者との対話により相互の利害を調整し，自らの行為の善悪を判断した上でその行為を規律する能力を有していることが必要である。もし，かかる能力を全く欠くとすれば，社会を維持するためには，強制力の行使または威嚇によって，絶えず各人の行為を規制する必要が生じる。しかし，強制力の行使等により，生活領域全般にわたって行為を外部から規制された状態において成立する関係は，たとえ，それが本人の利益に資するといえども，互いに対等な存在間において成立する互恵的関係であるとは言えない。それゆえ，合理的推論および判断能力を理性，他者との共生のために自らの行為を規律する社会的能力・資質を倫理性と呼ぶとすれば，理性および倫理性は，協働関係を成立させるための条件であり，各人を人格として承認するとは，理性および倫理性に基づき自律的に行為し得る存在として，対等な協働関係に入る資格あるいは主体的地位を承認することを意味するものと解される。その意味で，人格や尊厳を特定の存在に内在する客観的実体として理解する必要はなく，憲法解釈論上は，一定の存在の間において，相互の行為を規律する根拠として間主観的に承認される地位として理解されるべきである（押

久保倫夫「関係概念としての『人間の尊厳』」東海法学46号13頁以下（2013）参照）。
　このように，個人の尊厳，すなわち「自律的な道徳的判断・行為主体としての地位をすべての市民に平等に認めること」は，「憲法による権利保護の核心にある考え方（の一つ）であるととともに，憲法を支える立憲主義の超越論的前提——かりに立憲主義が擁護可能であるとすれば，前提とせざるを得ない考え方」であり，立憲主義が目指す「多様な声，多様な生をそれぞれ公平に尊重する社会」の基礎をなすものである（長谷部恭男「個人の尊厳」高見勝利先生古稀記念『憲法の基底と憲法論』21-22頁（信山社，2015））。
　以上のことを踏まえて，さらに次の点に留意が必要である。第1に，人格に対する強制力の行使は最小限度にとどめられなければならない。もちろん，現実に協働関係を成立させ安定的に維持するためには，各人の行為を規律する規範およびそれを担保する強制力が必要とされる。しかし，各人を，理性および倫理性に基づき自律的に行為し得る存在として信頼し尊重する限り，強制力の行使は必要最小限度にとどめられるべきである。
　また，強制力の行使に際しては，その対象となる者に対して，自らの意見を述べ，関連する事実等を主張・立証する機会を付与するなど，適正な手続が保障されなければならない。適正手続の保障は，各人を単なる受範者として従属的に位置付けるだけではなく，意思形成過程に能動的に参与する重要な主体として配慮することである。公共の福祉の実現を担う主体たる国家と権利主体たる国民は，理念として，法の下に対等であり，権利主体たる国民が，統治過程において，その存在を主張するために，人格に対して当然に付与されるべき権利として，適正手続が保障されなければならないのである（土井真一「法の支配と司法権——自由と自律的秩序形成のトポス」佐藤幸治ほか編『憲法五十年の展望Ⅱ　自由と秩序』111-112頁（有斐閣，1998）参照）。その意味で，適正手続の保障は，本条前段の個人の尊重原理の構成要素であるとともに，本条後段および31条等により基本的人権として各人に対し保障されるのである。
　他方，第2に，人格が，各人の理性および倫理性に対する信頼に基づいて，対等な協働関係に入る資格あるいは主体的地位として相互に承認されるものと解する以上，ある者が，このような信頼に反して，生命の侵害など他者の

人格を否定する行為を行う場合には，その防止または制裁のために，その者に対して重大な侵害をもたらす強制力の行使が認められる。例えば，他者の生命に対して急迫不正の侵害を行う者に強制力を行使し，結果として，その者の生命を侵害することになったとしても，それが必要やむを得ない措置である限り，本条前段に違反するものではない。

　第3に，個人の尊重において理性および倫理性を前提とすることに対しては，ありのままの人間の存在の在り方を直視する立場から，人間は合理的な存在ではなく，道徳的主体性を前提とすることは適切でないとする批判（阪本・理論Ⅱ62-69頁参照）や，「人格的・理性的な要素は個人の多元性を損なう」（玉蟲・尊厳保障39頁）とする批判がある。

　しかし，ここで論じられる倫理性は，善き生き方の理想として語られる優れた徳を意味するものではなく，他者と共生するために必要な善悪の判断能力および行為の規律能力を意味するものにすぎない。この意味での倫理性をも否定することは，協働関係の構築のために必要となる規範ならびにそれに基礎付けられた権利，義務および責任などの成立可能性を否定することに繋がりかねない。

　また，理性に対する批判については，合理性自体を否定する強い意味での反合理主義を合理的に基礎付けることは背理であり，反合理主義的空間において対話の可能性を確保することは困難である。反合理主義の立場から，「究極目的も結末も知らず，人の個別性・多様性も知らない他者は，ある人の自己愛追求過程に介入する正当な理由を，基本的には，もたない」（阪本・理論Ⅱ68頁）と説かれるが，合理性および倫理性を否定して，なお行為の正当性をどのように観念するのかが，明確ではない。

　もちろん，現実の人間が全知全能の存在でない以上，現実の社会を規律対象とする法においては，完全合理性ではなく，限定合理性あるいは人間の有限知を前提とせざるを得ないのは当然である。しかし，ある社会の在り方を対話によって形作る実践の論理的基礎となるのが合理性であり，その対話に参加する能力・資質を理性および倫理性とするならば，本条前段は，すべての個人において，このような能力・資質が少なくとも潜在的に存することを承認したものと解すべきである。

［土井］

「憲法は，人間の人格的自律（道徳的自律）の側面を自由として保障し発展させることによってこそ，各人の欲望，情念のむき出しの衝突が避けられ，社会，国家が安定的に成り立つと共に，個人の私的領域が確保されて，その中で各人の情念，欲望に基づく行動も自由になされうる，という立場をとっていると解される」（市川・基本講義96頁）のである。

4　個人の尊重，人間の尊厳および個人主義

(1)　個人の尊重と人間の尊厳

一般に，本条前段の「個人の尊重」とドイツ基本法1条1項に定める「人間の尊厳」は同じ趣旨であると解されている（宮沢・憲法Ⅱ 213-214頁，芦部・憲法学Ⅱ 57-58頁など）。

しかし，これに対して，人間の尊厳は，他の存在物との対比において，人間という類が不可侵の尊厳を有することを示すものであるのに対し，個人の尊重とは，共同体や社会など全体との対比において，個人の価値を強調するものと理解されるべきであるとし，両者の差異を強調する見解もある（ホセ・ヨンパルト『人間の尊厳と国家の権力』3-118頁（成文堂，1990），同『日本国憲法哲学』110-134頁（成文堂，1995）などを参照）。

確かに，すべての人間が等しく尊厳を有し，ただ人間であることを基礎として基本的人権を享有すると解する以上，人間という類の共通性に着眼しなければならない。個物性は人間に特有の属性ではなく，また特定の個性に尊厳の基礎を置くことは，尊厳を有する人間の範囲を限定することになる。その意味で，本条前段の解釈においては，「すべて個人は，人間として，等しく尊厳を有する」という命題を前提とする必要がある。

さらに，「人格」と「人間」は独立の概念であり，観念上は，人間以外の人格の担い手を想定し得ることから，その担い手が個性を欠く存在である論理的可能性は排除し得ない。しかし，本条前段において問題となる人格の担い手は人間であり，現実に，人間は個的実体として存在する。そうである以上，人間たる個的実体が人格として等しく尊厳を有するという命題から一定の憲法解釈上の帰結が導かれることになるのである。例えば，尊厳を有する現実の単位は個人であって，その集合体である国家・社会が，各個人の固有

§13 Ⅱ

の存在意義を否定することはできない。また，個性自体が尊厳の根拠でないとしても，個人に尊厳が認められる以上，その個性は，その尊厳のゆえに尊重されなければならない。

　この点，論理的には，個人が人間として尊厳を有するという命題と，尊厳を有する個人の処遇・配慮に関する命題を区別することは可能であり，前者を人間の尊厳，後者を個人の尊重として峻別することもできる。そして，個性の尊重の絶対的な保障は困難であることから，本条前段の対象を人間の尊厳に限定した上で，絶対的に保障するとの立場もあり得ないわけではない。しかし，そもそも本条前段は「個人として尊重される」という文言を用いていること，およびその保障の対象を絶対的保障が及ぶ範囲に限定する必要がないことに鑑みれば（一5），本条前段は，各人に対して人格の尊厳と個性の尊重の両者を保障するものと解するのが相当である（粕谷・変動79-81頁，初宿・憲法(2)〔3版〕128-129頁などを参照）。

　他方，逆に，「人間」概念が人間の共通性や共同性を強調し過ぎることを懸念して，個人の尊重を人間の尊厳から区別する必要を説く見解もある（芹沢ほか編・新基本コメ100-102頁〔押久保倫夫〕参照）。確かに，個人が共同体による過度の拘束を受けないようにする必要があり，また，「人間」に共通の類的本質を規範的次元に位置付け，現実の人間に対して評価的に用いることにより，基本的人権の享有主体の範囲を限定してしまう危険も指摘されている（根森健「人権の基本原理としての『個人の尊厳』――『人間の尊厳＋α』としての『個人の尊厳』について」憲法理論研究会編『人権保障と現代国家』80-82頁（敬文堂，1995），玉蟲・尊厳保障36-42頁などを参照）。例えば，理性を人間の類的本質とすることにより，現実の人間が理性を有する者と有さない者に区別され，後者を基本的人権の享有主体から排除することにならないか，あるいは，理性に基づく自律性を強調することは，「強い個人」像を強要し，他者による援助を必要とする者を抑圧したり，また自由の保障範囲を限定したりすることになるのではないかといった強い批判がある。

　しかし，前述のように，人間が社会的生活を円滑に営むために規範を定め，その規範的空間における主体的地位として人格を理解するのであれば，人格に協働的側面が伴うことは否定できない。また，協働を可能とする条件とし

第3章　国民の権利及び義務

て，人格が有すべき一定の資質・能力，例えば理性や倫理性を想定すること自体は不合理ではなく，すべての人間を人格として等しく尊重する限り，何よりもまず，すべての人間に対して，かかる資質・能力の存在が推定されなければならない。争点は，かかる資質・能力に重大な問題を抱える者に対する処遇である。

　まず，未成熟の子供については，十分に発育していないものの，かかる資質・能力を潜在させ，将来においてそれらが顕現することが期待される存在である。また，すべての人間がこの段階を経て成人するのであるから，これを人格として尊重すべきことは当然である（未成年者の人権享有主体性については，→第3章前注Ⅱ）。

　次に，先天的な障碍または後天的な疾病・事故等により，意識，思考および判断等の精神作用を不可逆的に喪失し，あるいは重大な機能不全が生じる場合が問題となる。この点，先天的な事由によりかかる資質・能力を欠く場合であっても，可能態としてかかる資質・能力を有し得た存在であり，また後天的な事由による場合には，現実態としてかかる資質・能力を有していたのであって，いずれも人格性と無関係の存在ではない。しかも，すべての人間は，自らまたはその子孫等の近親者において，先天的または後天的な事由によりかかる事態が生じる危険を有する。このような危険が顕在化すれば，本人の意思や行為に基づいてその生活を維持することが困難となるが，そのような事態にどのように対応すべきかは，人間相互の協働の意義・目的に関わる問題である。すなわち，協働の当事者は，このような事態に陥ったときに，その生存および生活を維持するためにどのような配慮を行うかについて，リスク管理として合意することが合理的であり，例えば，脳死のように，精神作用が完全かつ不可逆的に喪失され，人間としての死が問題となる場合を除き，当該社会における協働の意義・目的に照らして可能な限り人間らしい生存への配慮が求められると解されよう（ロナルド・ドゥウォーキン（小林公ほか訳）『平等とは何か』94-167頁・385-409頁・429-464頁（木鐸社，2002）などを参照）。そして，その際には，各人が現に有している資質・能力に応じて，その自律的判断を尊重することが必要である。

(2) 個人主義，全体主義および利己主義

　本条前段は，とくに個人と社会・団体の関係について，個人主義の原理を定めたものであると解されている。ここにいう個人主義とは，「人間社会における価値の根元が個々の人間にあるとし，何よりも先に個人を尊重しようとする原理」（宮沢・憲法Ⅱ213頁）や「社会あるいは国家という人間集団を構成する原理として，個人に価値の根源を置き，集団（全体）を個人（部分）の福祉を実現するための手段とみる」（高橋・立憲主義〔3版〕72頁）思想を意味する。

　この個人主義に対立する思想として，一方で，「価値の根源を集団に置き，個人は集団の一部として，集団に貢献する限りにおいてしか価値をもたないとする全体主義」（高橋・立憲主義〔3版〕72頁）がある。歴史的に見て，国家は，全体をもって個人の集合を超越する高次の実在と観念することにより，全体の利益の実現という名目の下，個人や特定の集団に対して甚大な犠牲を強いたり，あるいは個人を，専ら全体を機能させるための部分として捉え，代替可能な道具として取り扱うなどの危険を有している。しかし，こうした事態は，唯一性を有する実存的存在として，個人が固有の存在意義を持つことを否定するものであって，本条前段にいう個人の尊重に反するものである。

　他方で，個人主義は，利己主義すなわち「他人の犠牲において自己の利益のみを主張しようとするエゴイズム」（宮沢・憲法Ⅱ213頁）とも対立するとされる。「すべて国民は，個人として尊重される」とは，各人に等しく固有の存在意義・目的が認められるという意味であり，各人が自己の存在意義・目的のみを絶対視することを是とするものではない。そもそも，他者を配慮しない自己利益の追求は，相互不信を招き，協働関係を害することから，中長期的に見て自己利益の実現に資するかどうか疑問である。むしろ，相互に人格を承認した者が，互いの目的を実現すべく活動し，それによって生じた協働の利益を確保することが，各人の利益に資すると考えられる。また，個人主義は，決して個人を自己完結的な存在として捉えるものではなく，協働関係において，各人が自己の存在意義を再確認し，それを通じて豊かな個性の展開が可能となることをも認めなければならない。

　ただ，個人と社会は常に調和的関係を維持し得るわけではなく，各人の存

在目的の実現と協働の利益の確保の間には緊張関係が生じ得ることに常に留意しなければならない。そして，その際に，個人を起点として，協働の在り方を批判的に見直す視座の重要性を指摘する点に，個人主義の眼目があると解される（樋口ほか・注解Ⅰ252-254頁［佐藤］を参照）。

5 「個人の尊重」規定の法的性格

本条前段の「個人の尊重」規定の法的性格について，通説的見解は，「国政によって，個人の人格を尊重するという基本原理をのべたもの」（芦部編・憲法Ⅱ133頁［種谷春洋］）とし，「『個人の尊重』を客観的な原理・規範」（佐藤（幸）・憲法論174頁）と解する（芦部・憲法学Ⅱ339頁，初宿・憲法(2)〔3版〕129-130頁，高橋・立憲主義〔3版〕75頁など）。そして，この個人の尊重という国政の基本原理に基づき，あるいはそれと一体となって，本条後段の幸福追求権規定が，国民の主観的権利を包括的に規定すると解するのである。

しかし，これに対しては，本条前段が，本条後段とは別に，個人として尊重される権利を独自に保障すると解する見解が有力に主張されている。

第1に，本条前段が，個人の尊重にとって不可欠な自由および生活利益を主観的権利として保障すると解する立場がある。例えば，本条前段の「『個人の尊重』は，まさに日本国憲法の中の『憲法の憲法』（根本規範）であるといってよい」とし，「個人として尊重されるべき法律上の利益または法的保護に値する利益が侵害されたときは当然憲法13条前段違反となるのであって，具体的権利として主張しうる」とする説（粕谷・変動83-85頁参照），あるいは，本条前段は，「個人の尊厳権」を保障するものであるとし，「私が生きていること」，「私が人間でいること」，および「私が私でいること」という意味での「個人の尊厳に対する重大な侵害に対して直接に適用される」（根森健「人権としての個人の尊厳」法教175号54-57頁（1995）（以下，「人権として」で引用），根森健「人権の基本原理としての『個人の尊厳』──『人間の尊厳＋α』としての『個人の尊厳』について」憲法理論研究会編『人権保障と現代国家』89頁（敬文堂，1995）（以下，「基本原理」で引用））とする説などがある。そして，権利の具体的内容としては，生命に対する権利や，人身売買，奴隷的拘束，拷問および虐待を受けない権利などが共通して挙げられるほか（粕谷・変動

84頁，根森・前掲「基本原理」90頁），夫婦同氏を強制されない権利や指紋押なつを強制されない権利などが含められる場合もある（根森・前掲「基本原理」90頁）。

このような立場の特徴は，かかる権利・利益が，本条後段の「幸福追求権」規定や個別的な基本権条項で保障されるにもかかわらず，あえて本条前段による保障を受けるべきことを説く点にある（ただし，本条後段の「幸福追求権」規定の主観的権利性を否定する見解として，抱喜久雄「非列挙基本的人権の保障根拠としての13条前段について」法と政治31巻1号63頁以下（1980）参照）。その主たる論拠は，本条後段には権利制約事由となる「公共の福祉」の文言が存在するのに対して，本条前段には権利制約事由となる文言が存在しないことにある。比較法的にも，ドイツ連邦憲法裁判所が，「人間の尊厳は不可侵である」と定める基本法1条1項に主観的権利性を認めているところであり（ドイツにおける人間の尊厳条項の法的性質については，押久保倫夫「『人間の尊厳』は基本権か——基本法1条1項の権利性について」兵庫教育大学研究紀要第2分冊22巻43頁以下（2002），初宿・日独83-117頁等を参照），日本国憲法においても，「前段の『個人の尊厳権』は無留保での保障」を受け，国家権力が行ってはならないことを枠づけるものと理解するのである（根森・前掲「人権として」54頁）。

しかし，人間の行為自由あるいは生活利益を基準として，本条前段で保障される権利を類型化する限り，純然たる内心の自由を除き，絶対的保障を貫徹することは困難である。この点，生命に対する権利との関連で，死刑制度は本条前段に反して違憲とされてもおかしくないとの見解が示されているが（根森・前掲「人権として」56頁），しかし，「目的自体の原理」に基づくとしても，応報刑論に立つ場合には，死刑制度が個人の尊厳に反するか否か，議論の分かれるところであり（青柳幸一『人権・社会・国家』91頁（尚学社，2002）参照），また日本国憲法の解釈論として，憲法31条との整合性を検討する必要がある。さらに，本条前段が，正当防衛が成立する状況において，他の人々の生命を保護するために，国家権力の行使として加害者の生命を奪うことを一切禁止していると解することも困難である。結局，「個人の尊重という要請は必然的に他者の利益や公的利益とのかかわりあいをもつものであり，

第3章　国民の権利及び義務

それゆえ内在的制約の可能性を否定できない」（玉蟲・尊厳保障44頁。なお，粕谷・変動85-86頁も参照）であろう。

　また，「個人の尊重」規定に関する限定的理解に対しては，「個人の尊重の絶対性を維持するために，内在的制約の可能性が要求される領域や他の法益との衡量が避けられない領域については，そもそも個人の尊重規定による保護が排除されるとの帰結を導く」（玉蟲・尊厳保障45頁）ことになり，同規定が有する法的意義を極小化する懸念も指摘されている。もちろん，このような場合であっても，本条後段の「幸福追求権」規定による包括的な基本権保障を認めるのであれば，結果として本条全体を通じて保障される主観的権利の範囲に大きな差異は生じない。しかし，本条前段の客観的原理としての側面においてなお，相対立する自由や利益相互間での比較衡量の可能性を排除することは，その規範的意義を縮減しすぎるのではないかと思われる。

　なお，「国民の生活には，国家生活・政治生活を前提とした側面（公的生活）のほかに，それとは直接かかわりのない個人としての側面（私的生活）があることを認めなくてはならない」とし，本条前段の「個人の尊重」は，「もっぱら個人としての資格に着目し，その私的存在性を強調して，とくに個人としての生き方を公権力が尊重すべきことを述べたものである」と解し，私生活の自由，プライバシーの権利および奴隷的拘束の禁止等は，本条前段によって保障されるとする立場がある（大石・講義Ⅱ〔2版〕48-56頁参照）。

　個人の尊重が私生活の自由と密接な関係を有することは重要な指摘であるが，例えば適正手続の原則のように，公的領域において各人を人格として尊重する要請も個人の尊重と結び付けられ，また，本条前段で保障される私生活の自由と後段で保障される自己決定権を明確に区別することは困難であるように思われる。

　本条前段の主観的権利性を認める第2の立場は，人の生来の権利である「人権」は，「社会全体の利益に反するとしても保障されねばならない権利」（長谷部・憲法〔6版〕95頁）を意味し，「公共の福祉という根拠に基づく国家の権威要求をくつがえす『切り札』としての意義を認めるべきである」（長谷部・憲法〔6版〕109頁）とした上で，「個人の自律の核心にかかわる，公共の福祉による制限を受けない権利は，個人の尊重を規定する憲法13条前段

によって保障されている」(長谷部・憲法〔6版〕145頁)とする見解である。

　この見解の特徴は,「人生の意味は,各自がそれぞれの人生を自ら構想し,選択し,それを自ら生きることによってはじめて与えられる」(長谷部・憲法〔6版〕109頁)という点にこそ人権の本質があるとした上で,各人の自律的決定を実施する行為自由や自律的決定の対象となる生活利益を類型化して個別に人権として保障するのではなく,国家権力行使の理由に着目して,「他人の権利や利益を侵害しているからという『結果』に着目した理由ではなく,自分の選択した生き方や考え方が根本的に誤っているからという理由に基づいて否定され,干渉されるとき,そうした権利が侵害されている」とする点にある(長谷部・憲法〔6版〕110頁)。

　この見解に対しては,①自らの人生を構想し,自律的に選択する内心段階のみならず,その実現のために行為する段階をも人権保障の対象に含めるべきである(青柳・前掲書89頁),あるいは②国家権力が,真正面から「あなたの生き方は根本的に誤っている」という理由を掲げて憲法上の権利を制限することは考えにくく,従来の違憲審査の枠組みを大きく変更すべきではない(高橋和之「すべての国民を『個人として尊重』する意味」塩野宏先生古稀記念『行政法の発展と変革　上巻』292-297頁(有斐閣,2001)参照)などの批判がある。

　しかし,この見解においても,個人の尊厳・自律が基礎とされており,本条後段を通じて保障される憲法上の権利は広く解されるため,本条全体として保障される各人の行為自由や生活利益の範囲が狭くなることはない。また,国家権力の行使が「公共の福祉」の実現の範囲内に限定されると解することにより,「公共の福祉」規定を国家権力の行使を制限する積極的な根拠として位置付け得ることを明らかにし,さらに「個人の尊重」規定との関係で,「公共の福祉」に含み得ない国家権力行使の目的があることを指摘した点は慧眼である。

　したがって,争点は,「人権」や「憲法上の権利」の概念の用法,および「生き方や考え方が根本的に誤っているからという理由に基づいて,各人の自律的決定を否定し,干渉することは許されない」という命題を,国民の主観的権利として本条前段に基礎付けることが適当か,という法的論理構成の在り方の問題に帰着する。

[土井]

第3章　国民の権利及び義務

　この点については，第1に，各人が人格であること自体が直接的に否定される場合に，本条前段の主観的権利の侵害を問題とすることが考えられる。確かに，このような場合において，人格に対する権利あるいは基本的人権の享有主体となる権利を観念し，かかる権利の侵害として構成することも不可能ではない。しかし，そうすると，さらに人格に対する権利の享有主体性が問題となり，論理の無限背進を招きかねないこととなる。したがって，ことさらに人格に対する権利を観念する必要はなく，各人が人格であること自体の否定は，端的に本条前段の「個人の尊重」の基本原理および憲法11条違反とすれば足りると解される。

　第2に，より具体的な場合において国家権力の行使が個人の尊重に反するか否かは，問題となる各人の行為自由や生活利益および国家権力行使の目的等を個別に審査することを通じて確定せざるを得ない。そもそも，通説においても，本条後段および個別の基本権条項は，本条前段の定める基本原理を具体化するものと解されているのであるから，本来，本条後段等に違反する取扱いは，各人を個人として適切に尊重するものと言えないのである。ただ，「個人の尊重」原理を根本的に否定するような基本的人権の侵害に対して強い規範的非難を与えるために，あえて本条前段に対する違反を問題とすることはあり得るが，しかし，それは独自の内容を有する主観的権利の侵害を非難するものではない（押久保倫夫「個人の尊重：その意義と可能性」ジュリ1244号19-21頁（2003）参照）。

　そうであるならば，従来の通説に従って，本条前段は，個人の尊重の基本理念・原理を保障するものと解した上で，それを受けて，11条が各人の基本的人権の享有主体性を，本条後段の「幸福追求権」規定がその実現のために必要となる各人の行為自由および生活利益を基本的人権として包括的に保障すると同時に，本条前段は「公共の福祉」規定の内容をも規律し，前段に定める基本原理に反するような国家権力行使の目的は，「公共の福祉」として正当化されないことを意味すると解するのが適当であろう。

　この点に関連して，最高裁判例は，例えば，「警察官が，正当な理由もないのに，個人の容ぼう等を撮影することは，憲法13条の趣旨に反し，許されない」（最大判昭和44・12・24刑集23巻12号1625頁《京都府学連事件》**判例5**／）

とするなど，補充的に保障される権利が本条前段によるものか，後段によるものか，必ずしも明確に述べていない。しかし，これらの権利に対する公共の福祉による制約を認めていることに鑑みれば，本条後段と関連付けて判断を行っていると解することができる。

なお，下級裁判所の裁判例においては，「宴のあと」事件第一審判決（東京地判昭和39・9・28下民集15巻9号2317頁）のように，「個人の尊厳という思想は，相互の人格が尊重され，不当な干渉から自我が保護されることによってはじめて確実なものとなるのであって，そのためには，正当な理由がなく他人の私事を公開することが許されてはならない」とし，プライバシーの権利が本条前段から導かれることを示唆するものもある。しかし，「宴のあと」事件において主張されたプライバシー権は，いわゆる私人間効力が問題となる文脈におけるもので，直接的には民法709条に基づいていること，および本条後段の「幸福追求権」規定により保障される権利も，本条前段の個人の尊重のために導かれるものであることに鑑みると，同判決が本条前段により直接保障される権利を認めたものといえるかどうかは，議論の余地があろう。むしろ，同判決は，本条前段を客観的な指導原理として，民法709条を通じた私法上の権利の内容形成を行ったものと理解するのが適切である（詳細については，→6）。

6 「個人の尊重」規定の客観的規範性に関する問題

本条前段の最も重要な意義は，「個人の尊重」の理念を我が国の根本原則として定めたことにある。個人の尊重の理念は，憲法のすべての条項，とりわけ11条，本条後段および個別の基本権条項の解釈において，その指導原理として重要な意義を有する（→4・5）。

さらに，本条前段は，客観的規範として次のような独自の意義を有するものと解される。

第1に，本条前段の「個人の尊重」は，憲法の根本原則としてすべての法秩序に対して妥当する客観的規範であり，家族法および相続法等を規律する憲法24条ならびに財産法を規律する29条と併せて，私法秩序に対しても適用されると解される（芦部編・憲法Ⅱ134頁［種谷］，佐藤（幸）・憲法論175頁を

参照)。この場合，本条前段は，民法2条が「この法律は，個人の尊厳と両性の本質的平等を旨として，解釈しなければならない」と定めることによりはじめて，私法の解釈基準となるのではない。「個人の尊重」規定は，最高法規たる憲法の根本原則として，当然に私法秩序に対して適用されるのであり，民法2条はこのことを確認したにすぎない。また，それゆえに，「個人の尊重」規定は，民法その他の私法の解釈基準となるにとどまらず，私法の規定が，同規定に違反する場合には，当然，無効となる。

　この点は，基本的人権の私人間効力の問題と関連しており（私人間効力論の詳細については，→第3章前注Ⅲ1），最高裁判例および通説は，間接適用説，すなわち，基本的人権については，原則として，「法律の概括的条項，とくに，公序良俗に反する法律行為は無効であると定める民法90条のような私法の一般条項を，憲法の趣旨をとり込んで解釈・適用することによって，間接的に私人間の行為を規律」（芦部・憲法〔6版〕112頁）すると解する。これは，「人権規定の直接適用を認めると，市民社会の原則である私的自治の原則が広く害され，私人間の行為が大幅に憲法によって規律されるという事態が生ずるおそれがある」（芦部・憲法〔6版〕115頁）ことから，私法の一般条項を介することで，人権規定の規範的意味を緩和するものであり，私法の一般条項をいわば選別・緩衝装置として用いるものである。

　確かに，私的自治の原則等に鑑みれば，私法に対する基本的人権条項の規範的意味を緩和する必要が認められよう。しかし，従来の間接適用説は，私法の一般条項を，かかる意味での選別・緩衝装置とするだけでなく，私法秩序に憲法規範を導入するための受容装置として位置付けているために，私法が一般条項を欠く場合には，私人間に基本的人権保障の趣旨を及ぼす可能性が閉ざされることとなり，適切ではない。実際，この問題点は，とりわけ，私人間における事実行為による人権侵害の処理をめぐる間接適用説の混乱に現れている（芦部・憲法〔6版〕117-118頁参照）。

　むしろ，本条前段の「個人の尊重」規定を私法を含めた全法秩序を規律する根本原則であるとした上で，国家権力との関係において，これを主観的権利として具体化したものが憲法の定める基本的人権規定であり，私人間関係については，本条前段が直接に，または憲法24条もしくは29条を介して，

§13 Ⅱ

「個人の尊重」原理が私法において権利として具体化されるよう憲法上要請されると解すべきである。そして，「個人の尊重」原理を私法において立法および司法を通じて具体化する際には，同原理を国家権力との関係において具体化した基本的人権条項が参照されるべきであると解される。すなわち，基本的人権条項は，私法の一般条項を通じて間接的に適用されるのではなく，本条前段の「個人の尊重」原理に一旦還元された上で，私法秩序に導入されることにより，国家権力に対する場合とは異なる具体化が行われることを認めることが適切である（土井真一「『法の支配』論の射程——司法制度改革と法の支配」民商134巻1号29頁（2006），宍戸常寿「私人間効力論の現在と未来——どこへ行くのか」長谷部恭男編『講座人権論の再定位3　人権の射程』38-42頁（法律文化社，2010）を参照）。

　第2に，本条前段は，人間の遺伝子の全部もしくはその一部を有する生命体またはその生命体の一部であって，基本的人権の享有主体となる前段階のもの，および死亡により基本的人権の享有主体でなくなった人間の取扱いに関する客観的規範を含むと解する見解がある（この点については，青柳幸一『憲法における人間の尊厳』45-142頁・163-176頁・221-348頁（尚学社，2009），青柳幸一『人権・社会・国家』108-132頁（尚学社，2002），玉蟲・尊厳保障232-280頁，西野基継『人間の尊厳と人間の生命』（成文堂，2016）などを参照）。

　具体的には，前者は，生殖細胞，受精卵，胚性幹細胞（ES細胞），体細胞から作られる人工多能性幹細胞（iPS細胞）および胎児等の取扱いに関する問題であり，後者は，広くは脳死などの死期の問題を含めて，死者の利益保護の問題である（なお，尊厳死等の終末医療については，人格を有する人間の自己決定に関する問題である。→Ⅲ7⑴）。いずれも，問題となる存在について人格ないし基本的人権の享有主体性が認められない限りは，個人の尊重あるいは人間の尊厳の客観的規範性の問題となる。

　胎児に対する物理的侵襲行為のように，出生後において身体等に重大な侵害を残し得る場合や，クローン技術により人格たる人間が生まれる場合など，実在の人格たる人間の尊厳あるいは権利利益と密接な関係を有する場合があることに鑑みれば，これらの問題を専ら倫理上の問題と捉えて，憲法の「個人の尊重」原理と無関係であるとすることはできない。したがって，生命科

学等の領域において本条前段の「個人の尊重」が指導原理となることが承認されるが、しかし、これらの問題の多くは、深刻な倫理的・宗教的見解の対立を生じさせる問題であると同時に、最先端の科学技術の動向に関する理解を必要とする。それゆえ、その具体化は、本条後段の「公共の福祉」規定および憲法41条により、国会が法律を通じて行うとともに、生命科学に携わる研究者集団が、倫理学や法学の専門家の協力を得て、自律的に行為指針を定めることが原則であると解される（この問題については、長谷部・理性〔増補新装版〕150頁以下および中山茂樹「憲法学と生命倫理」公法73号171頁以下（2011）などを参照）。

III 「生命、自由及び幸福追求」に対する権利

1 「幸福追求権」の歴史的経緯

本条の「生命、自由及び幸福追求」（Life, Liberty and the pursuit of Happiness）という文言は、1776年7月4日のアメリカ独立宣言に由来する。独立宣言は、すべての人が平等に造られ、生命、自由及び幸福追求などの不可譲の権利を有し、これらの権利を確保するために政府が組織され、その正当な権限は被治者の同意によるべきことを自明の真理として謳っている。

独立宣言に「生命、自由及び幸福追求」の文言を書き入れたのは、その起草者の一人ジェファソン（Thomas Jefferson）であり、その背景にロック（John Locke）の思想的影響があることは、広く指摘されている（種谷春洋『アメリカ人権宣言史論』（有斐閣、1971）参照）。ただ、ロックは、『統治二論』において、人は生まれながらにして「自己に属するもの（property）、すなわち生命、自由及び財産（estate）に対する支配権」を有するとしており、「幸福」の語よりも"property"という語を用いる傾向にあると言われる。

そこで、ジェファソンが「幸福追求」という文言を用いた点について、ジュネーブの自然法学者ビュルラマキ（Jean-Jacques Burlamaqui）の影響を重視する見解（種谷春洋『近代自然法学と権利宣言の成立』（有斐閣、1980）参照）や、ジェファソンがギリシアのエピキュロス派哲学に傾倒していたことに注目す

る見解等もある。ただ、ロックも『人間悟性論』においては「真の幸福を追求する必要性が自由の基礎である」と述べており、特定の思想家からの具体的影響関係を明確に確定することには難しい面がある（安念潤司「『幸福追求権』の淵源」公法58号53頁以下（1996）参照）。いずれにせよ、本条の解釈に際しては、「幸福」を基礎として人間の在り方を論じる、ギリシアやローマに遡る倫理学の伝統と、個人を基礎に社会の在り方を論じる社会契約論が結びついた思想的意義を十分に踏まえる必要があろう。

なお、合衆国においては、1776年6月12日のヴァージニア権利宣言をはじめ、現在もいくつかの州憲法において、「幸福」や「幸福と安全」を追求する権利を規定しているが、合衆国憲法自体は、修正5条および修正14条の適正手続条項で「生命、自由又は財産（property）」の保障を規定しており、「幸福追求」の文言は用いていない。

日本国憲法の制定過程において、本条後段の「幸福追求権」規定は、既に、総司令部民政局の「人権に関する小委員会」第1次試案5条において、「生命、自由および幸福追求に対する個人の権利は、すべての法律において最大の尊重を受けるものとする」（高柳ほか編・過程 I 197-198頁）という趣旨の条文として置かれていたようであり、「一般の福祉」による制限が付される形で第2次試案に引き継がれ（高柳ほか編・過程 I 217-219頁参照）、総司令部草案12条では、「一般ノ福祉ノ限度内ニ於テ生命、自由及幸福探求ニ対スル其ノ権利ハ一切ノ法律及一切ノ政治的行為ノ至上考慮タルヘシ」と規定された（佐藤（達）・成立史(3) 35頁）。

その後、日本政府が作成した1946年の3月2日案に「生命、自由及幸福ノ追求ニ対スル権利」（佐藤（達）・成立史(3) 95頁）として取り入れられ、若干の文言の修正を経て、現行の13条後段として成立したものである。帝国議会においても、「幸福追求権」規定については、立ち入った質疑はなく、包括的な基本的人権保障の問題については、むしろ11条の「すべての基本的人権の享有」の文言などをめぐって議論が行われている（詳細については、→§11 I 2）。

第3章　国民の権利及び義務

2 「幸福追求権」規定の法的性格

(1) 憲法上の権利の包括的保障規定

憲法制定時に将来を見通し，個別条項において，憲法上保障される基本的人権を網羅的に列挙することは，きわめて困難である。時代に応じて生活環境や価値観等が変化するに伴い，例えばプライバシーの権利や医療に関する自己決定権のように，各人を個人として尊重する上で新たな権利・自由が必要とされる可能性がある。このような新しい権利・自由に対して憲法上の保護を与えるために，常に憲法改正が必要であるとするならば，厳格な憲法改正手続が，さらなる人権保障の展開にとって桎梏となりかねない。そもそも，個別の基本権規定は，憲法制定時において，個人の尊重のために重要と考えられた権利を明示したにすぎないのであって，「憲法において一定の権利を列挙したことをもって，人民が保有するその他の権利を否定し，または軽視するものと解釈してはならない」（アメリカ合衆国憲法修正9条）のである。そこで，憲法の安定性を維持しつつ，時代の要請に柔軟に応えるためには，憲法解釈を通じて補充的な権利・自由の保障を図る必要性が広く認識され，本条後段がその条文上の根拠であると理解されるに至っている（芦部編・憲法Ⅱ130頁以下［種谷春洋］，佐藤（幸）・憲法論172-177頁，芦部・憲法〔6版〕119-122頁など）。

ただ，当初は，本条後段の「幸福追求権」規定が独自の権利保障規定であることが，必ずしも明確に認識されていたわけではなかった。例えば，本条は，①「具体的な特定の権利又は自由に関する定ではなく，総ての権利及び自由の基礎たるべき各個人の人格を尊重することを，国政の基本として宣言」（美濃部・原論145頁）した規定であるとする客観的規範説，②「個人の人格的生存に不可欠な権利自由を包括的に述べたものであつて，憲法各条に具体的に保障されている各種の権利自由の根底に存する自然法的な権利である」（法協・註解上338頁）とする自然権説，あるいは，③「第11条および第97条にいう『この憲法が〔日本〕国民に保障する基本的人権』をさすもの」（宮沢・全訂198頁）とする基本的人権総称説などが，一般的であった。

しかし，客観的規範説に対しては，国民に対して主観的権利を保障することと，当該権利の尊重を国政の基本原理とすることが論理的に矛盾しない以上，一の条項が，主観的権利を付与する規範であると同時に，国家機関を拘束する客観的規範であり得ることを指摘することができる。また，自然権説については，確かに，「幸福追求権」概念が，歴史的には自然権思想を背景として形成されてきたものであるとしても，憲法が，明文の規定により国政の上で最大の尊重を要求した以上，幸福追求権はもはや自然権に留まるものではなく，実定法上の権利として憲法に編入されたと解することができよう（佐々木・憲法論389-392頁）。さらに，基本的人権総称説が説くように，たとい幸福追求権が11条にいう「この憲法が国民に保障する基本的人権」と同義であるとしても，問題は，11条にいう「基本的人権」が個別条項により保障される権利の総称にとどまるか否かにある。憲法制定議会で示された政府見解のように，11条前段の「すべての基本的人権」をおよそ基本的人権と考えられるすべての権利を意味するものと解し，後段の「この憲法が国民に保障する基本的人権」が，前段の「すべての基本的人権」を受けると理解するのであれば（清水編・審議録(2)249-256頁），「この憲法が国民に保障する基本的人権」は明示的に定められていない権利を含み得ることになるから，幸福追求権は個別条項において保障される権利の総称にとどまるわけではない（詳細については，→§11 I 2）。

以上の点に鑑みれば，本条後段の「幸福追求権」規定は，憲法の個別条項により明示的に定められていない権利・自由を，憲法上の権利として保障する根拠となる包括的な基本権規定であると解するのが適切である。

なお，「健康で文化的な最低限度の生活」とは，「人間の尊厳にふさわしい生存」，すなわち「憲法が保障するすべての人権が保障された生存」を意味すると解し，憲法25条1項をもって包括的な基本権規定であるとする見解もある（岩間昭道『憲法綱要』53頁（尚学社，2011））。しかし，憲法第3章における憲法25条の体系的位置，同条の制定経緯および「最低限度」という文言の存在などに鑑みれば，やはり本条後段の「幸福追求権」規定をもって包括的な基本権規定と理解するのが相当である。

第3章　国民の権利及び義務

(2) 「幸福追求権」規定の裁判規範性

　ただ，そうであるとしても，「幸福追求権」規定は，裁判によって救済することが可能な具体的権利を直接保障したものではなく，民法その他の法律により具体化されることによってはじめて，裁判において主張することが可能となると説く見解がある（伊藤・憲法 228-232 頁）。この見解は，①「幸福追求権」の観念が曖昧であって，権利の主体，射程範囲および侵害に対する具体的救済方法を特定することが困難であることから，様々な利益が憲法上の権利として主張され得ること，②「幸福追求権」を具体的権利と解すると，同一条項中にある「公共の福祉」にも裁判規範性が認められることとなり，広範な人権制約が認められる危険があること，および，③本条後段にある新しい権利の多くが私人間において主張されており，私人間における人権保障については間接適用説に立つことが適切であることなどを論拠としている。

　しかし，これに対しては，「幸福追求権」という類型の一つの権利が保障されるのではなく，裁判を通じて救済を受けるためには，より個別的・具体的な形で権利の内容を類型化する必要があると解することが可能である。また，「公共の福祉」という抽象概念から，人権に対する制約が一般的に容認されるわけではなく，個々の場合について，適切な違憲審査基準を用いて，制約目的および手段等を具体的に審査する必要がある。さらに，例えば，プライバシーの権利についても，情報技術の飛躍的な発展に伴って，対国家との関係において保障する必要性が認められる。それゆえ，このような見解が指摘する問題点に対しては十分に配慮すべきであり，また補充的保障の対象となる個別の権利の内容によっては，抽象的権利として位置付けるべき場合があるとしても，本条後段の裁判規範性を一概に否定することは適切でない。

　この点，最高裁判例は，本条が「国民の私生活上の自由」を国家権力の行使に対しても保護すべきことを規定しているものと解した上で，みだりにその容ぼう・姿態を撮影されない自由（最大判昭和 44・12・24 刑集 23 巻 12 号 1625 頁《京都府学連事件》**判例5／**）などが，憲法上保障されることを認めており，本条の裁判規範性を承認していると解される（肖像権の詳細については，→**7**(5)(エ)）。

3 「幸福追求権」規定と個別の基本権規定との関係

(1) 「幸福追求権」規定の規範構造と個別の基本権規定との関係

本条後段の「幸福追求権」規定が，裁判所により適用可能な具体的な権利を保障すると解する場合，幸福追求権と個別の基本権との関係，すなわち本条後段と個別の基本権規定の適用関係が問題となる（杉原周治「包括的基本権と個別基本権の競合」東京大学大学院情報学環紀要情報学研究 78 号 19 頁以下（2010））。

「幸福追求権」規定と個別の基本権規定の関係については，①「幸福追求権」規定を文字どおり「包括的基本権」規定と解し，その保護範囲（「保護範囲」については，→第 3 章前注Ⅳ(1)）は個別の基本権の保護範囲と原初的に重複すると解する見解と，②「幸福追求権」の保護範囲が，個別の基本権の保護範囲と原初的にも重複しないように，補充的保障を要する権利のみを含む形で画定すべきであるとする見解があり得る。

②説のように解すれば，「幸福追求権」規定と個別の基本権規定の間で基本権競合の問題は生じない。しかし，本条後段が，前段の「個人の尊重」規定を受け，「生命，自由及び幸福追求に対する権利」という包括的な文言を用いていることに鑑みると，その保護範囲を②説のように限定することは不自然である。

他方，①説のように解すると，必然的に，すべての個別の基本権規定が「幸福追求権」規定と競合し，個別条項の存在意義が希薄化するおそれがある。そのために，①説は，「幸福追求権」規定と個別の基本権規定を一般法と特別法の関係に立つ法条競合であると解し，特別法たる個別の基本権規定を優先して適用すべきであると説く（芦部編・憲法Ⅱ 136-138 頁［種谷］，芦部・憲法学Ⅱ 344-345 頁）。

確かに，個別の基本権規定により保障される権利と同一の権利，またはその下位範疇となる権利を，本条後段に根拠を有する権利として類型化することには実益がない。あえて本条後段に保障の根拠を求める必要があるのは，個別の基本権と異なる本質的内容を有する権利，および個別の基本権の上位範疇となる権利など，個別の基本権規定によっては十分に保障され得ない権

利である(補充的保障の原則)。

　しかし,本条後段により保障される権利の類型化に際して補充的保障の原則が妥当するとしても,ある一個の国家行為により侵害される国民の自由または利益について複数の観点から評価する必要が認められる限り,本条後段による保障される権利と個別の基本権間で,その保護範囲の重複を完全に解消することは困難である。しかも,このような場合には,本条後段により保障される権利が個別の基本権に対して当然に劣後するわけではなく,本条後段が優先して適用される場合や両規定を重ねて適用する場合などが生じ得る(一(3))。それゆえ,この意味において本条後段と個別の基本権規定が競合する場合には,個別の基本権規定を本条後段に対する特別法であると解し,その適用を優先することはできない。

　そこで,③「幸福追求権」規定と個別の基本権規定の関係を,一般法と特別法ではなく,基本法と具体化法の関係として理解すべきであるとする見解がある(佐藤(幸)・憲法論175-176頁,高橋・立憲主義〔3版〕140-141頁)。この見解は,基本的人権の保障を動態的に捉え,個別の権利が生成する母体となる「基幹的な人格的自律権」または「抽象的な包括的人権」としての幸福追求権を措定した上で,裁判において救済されるためには,かかる母体的権利から派生あるいは分節化され,権利としてより具体的に類型化されなければならないとする。そして,かかる意味で具体化された権利としての基本的人権は,憲法制定者により具体化され個別条項において規定されたものと,解釈により「幸福追求権」規定において補充的に具体化されるものに区分されるとするのである。

　このように,本条後段と個別の基本権規定との関係を的確に整理するためには,基本的に③説に依拠し,補充的権利保障の動態的性格を踏まえて,本条後段が抽象的次元と具体的次元の重層的な規範構造を有することを認めた上で,次のように解することが適切である。

　本条後段は,まず抽象的次元において,「生命,自由及び幸福追求に対する国民の権利」を包括的で一体的な権利として捉え(以下「包括的な幸福追求権」という),憲法により基本的人権が包括的に保障されること,および基本的人権保障に関する一般原則を定め,その具体的次元において,本条後段を

根拠として裁判または立法により保障される個別の権利（以下「個別的な幸福追求権」という）に関する具体的な規律を行う。抽象的次元において保障される包括的な幸福追求権から，具体的次元において保障される個別的な幸福追求権を導出する際には，個別の基本権規定に対する補充性が求められる。他方，本条後段の具体的次元と個別の基本権規定は同一の規範的次元に属し，一般法と特別法の関係として画一的に捉えられるわけではなく，その競合関係は，個別の基本権間における場合と同様の準則に基づいて処理することが適切である。なお，本条後段がその抽象的次元において定める基本的人権保障に関する一般原則は，本条後段の具体的次元のみならず個別の基本権規定により保障される個別の権利に対しても妥当するものと解される（→Ⅳ）。

さらに，本条後段の規範構造として，第3の次元を設定することもできる。上述の2つの次元が，その侵害あるいは制約に対して違憲審査を求めることができる「一応の権利」に関わるのに対して，第3の次元は，侵害等の正当化事由について審査を行った後に，結果として裁判上救済される権利の内容を確定するものである。

この点に関連して，「権利」概念が「正しさ」を象徴し，「切り札」的性格を有することを重視し，憲法上の「権利」概念を専ら第3の次元において用いるよう言語的限定を加えるべきであるとする考え方がある（藤井樹也『「権利」の発想転換』140-152頁（成文堂，1998））。確かに，結果的に裁判上救済を受ける権利の範囲を画定することは，判示事項を明らかにする上で重要である。しかし，通常の違憲審査においては，当該事件で問題となる国家行為が違憲審査の対象となるため，当該事件において結果的に裁判上救済される自由または利益が，他の文脈においても常に救済を受けることができるとは限らない。また，制約の正当化事由の審査に際しては，立法事実が重要な役割を果たしており，時の経過により立法事実が変動すれば，憲法判断も変動し得ることから，憲法上の権利の解釈において要件事実化を図ることには限界がある。さらに，本条後段の文言および諸外国の用例に鑑みれば，やはり，憲法上，「権利」概念を第3の次元においてのみ用いるべきであるとすることは適切ではない。

［土井］

(2) 「幸福追求権」規定の補充性と基本権規定の規律領域

本条後段の具体的次元において保障される個別的な幸福追求権を類型化する際には、補充的保障の原則が妥当する。したがって、個別の基本権規定により保障される権利と同一の権利、またはその下位範疇となる権利を、個別的な幸福追求権として類型化することは適切でない。例えば、表現の自由に対する放送の自由のように、個別の基本権の下位範疇となる権利を特に類型化し、その保障に際して特別の考慮を行うことが適切な場合があるが、しかし、そのような場合であっても、本条後段ではなく、個別の基本権規定に基礎付けて解釈を行うのが原則であろう。

また、補充的保障の原則との関係では、個別の基本権規定が一定の要件を設けて、その保護範囲を限定している場合に、本条後段により、その要件を実質的に除去するような形で個別の幸福追求権を類型化することが認められるかどうかが問題となる。

この点については、基本権の「規律領域」と「保護範囲（保護領域）」を区別する見解がある。この見解によれば、基本権の規律領域とは、「ある基本権規定の主題とされた自由領域または生活領域」（工藤・研究56頁）を意味し、「個別的基本権の規律領域に属する行為は幸福追求権の保護領域には属さないと解すべき」（工藤・研究61頁）であるとされる。例えば、憲法16条は、国や地方公共団体に対する請願行為を、その規律領域に含み、そのうち「平穏に請願する」行為のみが、その保護範囲に属することとなり、平穏でない請願行為が本条後段あるいは他の個別条項によって補充的に保障されることはないと解するのである。

このような見解は、個別の基本権条項を定めるに際して、憲法制定者が当該規律領域を検討した上で、その保護範囲に限定を付した以上は、その判断を尊重すべきであるとの考えに基づくものと思われる。ただ、憲法制定者が個別条項の保護範囲に限定を付した理由が、当該保護範囲に含まれない行為に対しておよそ憲法上の保護を与えないとする趣旨なのか、それとも、権利の類型的明確性を維持するために、当該個別条項の保護範囲から外すという趣旨にとどまるのかは、一律に決することができず、また規律領域の画定自体が一義的でない。したがって、具体的な行為ごとに憲法上の保護の要否を

実質的に判断する必要がある以上，個別条項の規律領域によって画一的に処理するという枠組みを導入することは適切でないように思われる。

(3) 個別的な幸福追求権と個別の基本権の競合

ある一個の国家行為が，複数の憲法規定により保障される相異なる基本権を同時に侵害するように見える場合がある。例えば，宗教団体に対する解散命令は，その意に反して，団体の存在を消滅させ，活動を終えさせるものであることから，憲法21条1項の結社の自由の侵害であると評価し得ると同時に，宗教的活動に対する制約であることから，憲法20条1項の信教の自由の侵害であるとも評価することができる。このように，複数の基本権規定が一個の事実関係に適用可能な状況を「基本権競合」と呼ぶ（この問題について，杉原周治「基本権競合論(1)(2・完)——意見表明の自由と芸術の自由の競合を素材として——」広島法学29巻3号27頁以下，29巻4号129頁以下（2006）参照）。

このような基本権競合は，個別の基本権規定間で生じると同様に，本条後段と個別の基本権規定の間でも起こり得る。例えば，個人の思想を推知させる個人情報の国家権力による収集は，憲法19条の「思想及び良心の自由」と同時に，個別的な幸福追求権であるプライバシーの権利にも関連する。このような場合に，個別の基本権規定が当然に本条後段に対する特別法となり，優先して適用されるわけではなく，原則として，個別の基本権規定間と同様の処理を行う必要がある。

第1に，一見するところ基本権競合が存在するように見えるものの，基本権の解釈等により競合を解消できる場合がある（不真正な基本権競合）。この場合には，各基本権の保護範囲を明確に画定することにより保護範囲の重なりを解消するか，基本権を侵害する行為や問題となる事実関係など基本権規定の適用対象を分節化することにより競合の解消を図ることとなる。

第2に，このような手法によって基本権の競合を解消できない場合には（真正な基本権競合），次のような処理を行うこととなる。まず，個別的な幸福追求権が個別の基本権の上位範疇に当たり，前者が後者を論理的に包摂する場合には，原則として，後者が特別法として適用される。次に，個別的な幸福追求権と個別の基本権が異なる本質的内容を有する場合には，基本権を制約する国家行為の趣旨・目的および権利を制約されている当事者の主張等を

踏まえて，問題となる事実関係に対して実質的な関連性を有し，紛争の適切な法的構成を可能とする規定の適用を行うことが求められる。この場合，適用すべき規定が1個に特定されるときには，当該規定のみを適用することで足りるが，複数の規定が，異なる観点から，問題となる事実関係に対して実質的な関連性を有していると判断せざるを得ない場合には，両者を観念的競合と解して，重ねて適用することを認めるべきである（小山・作法〔3版〕30-34頁参照）。なお，観念的競合の場合には，より厳しい審査基準が妥当する規定に基づく審査が，実質的に重要となろう。

4 「生命」，「自由」および「幸福追求」の関係

　本条後段は，文言上，「生命」に対する権利，「自由」に対する権利，および「幸福追求」に対する権利の3つの権利から構成されている。しかし，通説は，とりわけ「自由」および「幸福追求」概念が抽象的であって，両概念の厳密な区別が困難であること，また本条後段により保障される個別的権利を3つの概念に類別することに解釈論上の実益が認められないことから，統一的に把握すれば足りるとする。したがって，本条後段により保障される個別的な幸福追求権の分類は，各権利の実質に着目して行われなければならない（芦部編・憲法Ⅱ 148頁〔種谷〕，樋口ほか・注解Ⅰ 276頁〔佐藤〕，初宿・憲法(2)〔3版〕130頁）。

　このような通説に対して，本条後段は，「生命」，「自由」および「幸福追求」に対する3つの独自の権利を保障したものであるとする見解がある。このような見解は，まず本条後段が文言上「生命，自由その他の幸福追求に対する国民の権利」と定めていないことを根拠として，「生命」と「自由」は「幸福追求」に包摂されず，各々が並立関係にあるとする。

　これらのうち，「生命に対する権利」については，生命が人間存在の基礎であり，国際人権規約Ｂ規約6条および児童の権利に関する条約6条をはじめとする国際的な人権保障の趨勢に鑑みても，国の保護義務を認めるなど，格別の保障が必要であると説く（山内敏弘『人権・主権・平和——生命権からの憲法的省察』2-32頁（日本評論社，2003），青柳幸一『憲法における人間の尊厳』144-161頁（尚学社，2009））。

§13 Ⅲ

　他方,「自由」および「幸福追求」に対する権利の区別については見解の一致がなく,①「自由」を自生的社会システムの保護とシステム内での自己決定の保障,「幸福追求」を社会システム外の事柄についての不定形な自己決定の保護と解する見解（棟居快行『憲法学再論』272頁（信山社, 2001）),②文言の明確性から,「自由」を「生命」以外の列挙されていない権利の保障根拠とすべきであるとし,「幸福追求」には独自の権利性を認めない見解（藤井樹也『「権利」の発想転換』354-355頁（成文堂, 1998))などがある。

　①説は, 広義の「自由」には, 個人の自己決定に基づく行為自由のみが問題となる場合と, 例えば財産権に対する財産法制度のように, 個人の活動の基礎となる制度をも客観的に保障することが必要な場合があると理解する。その上で, 定型的な内容を有し, 客観的な制度の保障を要する自由権を本条後段に言う「自由」に, 制度を基礎としない個人の行為自由を「幸福追求」に分類するのである。そして, 権利の保障に際して, 生命, 自由の前提条件となる制度,「自由」に基礎付けられる個人の行為自由, および「幸福追求」としての自己決定の順序で階層的な序列関係が認められると説く（棟居快行「大規模災害と権利保障」公法76号54-62頁（2014))。

　確かに, 個人の自由の保障に際して, その活動の基礎となる制度の保障が必要となる場合が認められ, この点について配慮することは重要である。しかし, 客観的な制度の保障の要否により「自由」と「幸福追求」を区別することは, 語義にそぐわず, また, 内面的自由を広く保障する「思想及び良心の自由」のように, 個別の自由権の中にも, 制度への依存度が低いものもあり, 客観的制度を基礎とする自由とその他の自由との間に当然に価値序列を認めることには, 疑問の余地があろう。

　また,②説のように, 個別の補充的権利保障の根拠となる文言を「生命」と「自由」に限定すれば, 本条後段によって保障される権利の類型（→5）を自由権に限定することになるが, 逆に, 本条後段が「自由」のみならず「幸福追求」という広い文言を用いていることを根拠として, 自由権以外の権利も保障されると理解することが可能である点に留意が必要である。

　このように考えると,「生命」については, 独自の内容を有する権利として位置付けることができるとしても,「自由」と「幸福追求」を有意に区別

［土井］　97

することは困難であるように思われる（赤坂・講義（人権）268頁，初宿・憲法(2)〔3版〕130頁）。したがって，本条後段の規範構造のうち抽象的次元（→3(1)）においては，その歴史的経緯を踏まえ，3つの概念を一体として把握し，「生命を愛し，自由を有し，幸福を追求すること」（佐々木・憲法論401頁），あるいは生命を基礎として，自由を享受しつつ，自らの幸福を追求することを人間の存在の内容であると捉えて，その実現を権利として主張することを包括的に保障するものと理解するのが適切である。なお，この場合，本条後段の権利を「幸福追求権」と表記することが一般的であるが，これは便宜上の略称であって，「生命」「自由」の文言を無視するものではない。

他方，具体的次元においては，「生命に対する権利」を個別的な幸福追求権として類型化し，その保障内容について固有の考慮を行うべきである（→7(1)）。しかし，その他の権利を補充的に保障する場合には，「自由」と「幸福追求」の区別に拘泥することなく，法益の本質に基づいて類型化を行い，その保障内容を明確にすることが適切である。

5 「幸福追求権」の権利類型

幸福追求権をどのような類型の権利として捉えるべきかについては，第1に，これを専ら自由権的権利として位置付ける見解がある（芦部編・憲法Ⅱ138頁〔種谷〕，初宿・憲法(2)〔3版〕133-134頁，長尾・憲法〔全訂4版〕76頁）。このような見解は，幸福追求権が18世紀のアメリカ独立宣言等に由来すること，権利の内容が同質的で統一性を有する方が，裁判における安定的な権利保障に資すること，および15条や25条など，他の類型の権利についてはそれに対応する包括的な権利規定があることなどを論拠とする。

それに対して，第2に，幸福追求権を自由権的権利のみならず，社会権的権利や参政権的権利を含む，文字どおり包括的な基本的人権として捉える見解がある（宮沢・憲法Ⅱ215頁，法協・註解上339頁，芦部・憲法学Ⅱ345-347頁）。このような見解は，幸福追求権を「この憲法が国民に保障する基本的人権」と同義であると解し，20世紀以降の基本的人権の歴史的展開を踏まえるものである。

また，第3に，本条前段が人格の尊厳を，14条が人格の平等を基本原理

として定めるものであると解した上で，本条後段の幸福追求権は人格の尊厳に関わる包括的な人権であり，14条は人格の平等に関わる包括的な権利を保障すると捉える見解もある（佐藤（幸）・憲法論173-174頁，青柳幸一『憲法』106頁（尚学社，2015））。この見解は，個々の人格それ自体の在り方と人格相互の関係の在り方を区別して考えるものであるが，幸福追求権が自由権的権利に限られない包括的な人権規定であることを承認するという意味では，第2の見解と類似している。

ただ，一般には，上述のいずれの見解に立つとしても，結論として適用される条文に実質的に差異はないとされている。というのも，本条後段は個別の人権条項の適用がない場合に，補充的に適用されると解されているからである。したがって，例えば，15条が参政権的権利，25条が社会権的権利の包括的な規定として位置付けられる以上は，結果として，本条後段により参政権的権利や社会権的権利の補充的保障を行う余地は少ないと考えられる。

しかし，既存の権利の類型論は必ずしも網羅的ではなく，新しい権利・自由のすべてを従来の人権条項を基礎とする類型論によって分類し得るかどうか議論の余地があること，および，知る権利のように，1個の権利が複数の類型に分類し得る複合的性格を有し得ることなどに鑑みると，幸福追求権の権利類型を限定しない方が，権利保障の柔軟性を損なわないのではないかと考えられる。

6　「幸福追求権」の保護範囲

「幸福追求権」規定により保障される権利・自由の範囲の画定については，いわゆる一段階画定論と二段階画定論の対立がある。一段階画定論とは，「幸福追求権」の保護範囲を限定せず，権利の制約の可否の判断によって，結果として保障される権利・自由の範囲を画する考え方をいい，他方，権利の保護範囲を限定した上で，さらに権利の制約の可否を判断する考え方を二段階画定論という（内野・論理と体系324-325頁参照）。

「幸福追求権」規定により自由権以外の権利も保障されるとの立場をとる限り（→5），あらゆる利益主張を憲法上の権利に含み得る一段階画定論は非現実的であり，二段階画定論に立って，保護範囲画定のための要件を示す必

要がある。他方，保障対象を自由権のみに限定する場合には，それ自体が一個の限定である点を別とすれば，保障される自由の範囲に限定を付すか否か，また付すとすれば，いかなる限定を付すべきかが論点となる。

以下では，「幸福追求権」規定は自由権以外の基本権も保障するという立場から，二段階画定論に立って，まず包括的基本権の本質をめぐる実体的基本権観と手続的基本権観の対立を検討し，次いで議論の対象を自由権に限定した上で，人格的利益説と一般的自由説の対立を検討する。

(1) **実体的基本権観と手続的基本権観**

「幸福追求権」規定が保障する権利の本質について，通説は，「基本的人権とは，人間が社会を構成する自律的な個人として自由と生存を確保し，その尊厳性を維持するため，それに必要な一定の権利が当然に人間に固有するものであることを前提として認め，そのように憲法以前に成立していると考えられる権利を憲法が実定的な法的権利として確認したもの」（芦部・憲法〔6版〕82頁。傍点原文）であるとする。このような考え方は，「個人の尊重」や「人間の尊厳」を国家・社会の基礎となる価値として承認し，その実現のために，憲法は各人の人格的生存に関わる実体的な自由または利益等を含めて基本的人権として保障するものと理解するのである（実体的基本権観）。

それに対して，「憲法の保障する基本的人権は自然権ではなく，政府を組織し，政治に参加するための『市民的権利』ないし『市民的自由』と捉え」（松井・憲法〔3版〕306頁），「裁判所は，憲法条文と十分結びつきのあるような新しい権利か，政治参加のプロセスに不可欠な権利でない限りは，13条から明文根拠を欠く基本的人権を創出することは許されない」（松井・憲法〔3版〕339頁）とする考え方がある（手続的基本権観）。

この考え方は，まず国家・社会においては，多様な価値観や利害が対立し，客観的な価値秩序・序列は存在し得ないとして，国民主権の理念の下，国家における基本的な価値選択は民主的な政治過程を通じて行うべきであるとする。その上で，憲法とは，統治の目的・価値それ自体ではなく，そのような目的・価値を選択し実現するための組織および手続を定める規範であり，多元的な民主的政治過程を保障するものであると理解する（松井・憲法〔3版〕47-48頁・306頁を参照）。

したがって，そのような憲法が保障すべき基本権は，民主的な政治過程を国民の権利の側面から保障するもの，すなわち各人が市民として対等に政治過程に参画し尊重される権利に限定されるとする。具体的には，政治参加および自由な政治参加のプロセスに不可欠な権利（選挙権や表現の自由など），政府のプロセスに関わる権利（適正手続に関する権利や裁判を受ける権利など），および不合理な偏見に基づく民主的な政治過程の機能不全を是正するための権利（平等権）などが保障される。そして，司法審査の役割は，その民主主義的正当性の観点から，かかる手続的基本権の保障を通じて，多元的な民主的政治過程を維持し，またその過程において生ずる制度的な機能障害を是正することに限定されるべきであると説く（松井・憲法〔3版〕95-98頁参照）。

このように，手続的基本権観は，憲法観および司法審査論と連関して，手続志向的な憲法理論の体系を構築するものであり，選挙権などの手続的基本権の重要性を明らかにし，また，民主主義の観点から積極的な司法審査を正当化する理論的基礎を提供する点において高く評価されるべきである。

しかし，他方で，次のような問題点もある。第1に，実定憲法が資本主義経済体制や国際協調主義などの国家の目標や基本的価値を定めることを，法論理的に排除し得ないし，また権限行使の手続のみならず，その実体的限界を定めることも，憲法が本来的に規律すべき重要事項である。

第2に，日本国憲法が個別条項で定める権利は，手続的基本権に限られるわけではなく，経済的自由や生存権など多くの実体的基本権を含んでいる。また，手続的基本権観は，政治参加に関わる権利と政府のプロセスに関わる権利を統合的に捉えるが，後者は，権力による侵害から自己の生命，身体および財産などの実体的権利・自由を防御するための権利であり，住居の不可侵など，それ自体，実体的基本権たる性格を併有するものもあるのであって，多元的な民主過程の維持という観点から基礎付けられる訳ではない。

第3に，手続的基本権観は，価値相対主義の立場から，実体的基本権の保障に消極的であるが，憲法解釈において実体的な価値判断を回避することは困難であり，また憲法の基本原則のうち，民主主義のみをア・プリオリに優越させるべき必然性もない。

したがって，実体的基本権観が手続的基本権の保障を排除するのであれば

［土井］

格別，通常は，実体的基本権と手続的基本権の両者の重要性を説くのであるから，日本国憲法の解釈にあたっては，実体的基本権観に立つことが適当であると解される。

(2) **人格的利益説と一般的自由説**

(ア) 一段階画定論──無限定な一般的自由説　「幸福追求権」規定により保障される自由について，一段階画定論に立って，一切の行為自由がその保護範囲に含まれるとする見解がある（無限定な一般的自由説）。その論拠として，憲法により一応の保護を受ける自由の範囲を最大化すべきこと，自由の対抗利益となる制約の正当化事由も網羅的に認識すべきこと，および判断を一段階に集約することで思考経済に資することなどが挙げられる。このような無限定な一般的自由説によれば，殺人行為や強盗行為等についても，一応の権利（a prima facie right）として「幸福追求権」規定の保護範囲に含まれることになるが，もちろん公共の福祉等の制約に服することから，結果として，かかる行為を禁ずる法律が違憲となるわけではない（内野・論理と体系 323-327 頁参照）。

しかし，一般的自由説は，広く自由を保護範囲に含めるため，自由の類型化の在り方に関心を示さない傾向を有するが，対抗利益との適切な比較衡量を行うために違憲審査基準論を採る場合には，権利保障の意義や目的を明らかにし，適切に権利・自由を類型化することが必要である。その際，殺人や強盗など，他者の人格の否定を直接の目的とする行為を類型化することは，個人を尊重し多様な人々の共生を図るという立憲主義憲法の根本目的と抵触し，適切ではない。一応の自由といえども，憲法上の保障が推定されるだけの内実を備えるものでなければならないのであって，思考の効率性を追求するあまり，人権保障の基盤に対する国民の信頼を揺るがすような判断枠組みは合理的であると言えない（長谷部・憲法〔6 版〕102-103 頁参照）。

(イ) 二段階画定論──人格的利益説と限定的な一般的自由説　学説の多くは二段階画定論の立場を採るが，保護範囲を限定する要件をめぐって見解の対立がある。

まず，人格的利益説は，「幸福追求権」規定により保障される権利・自由は，「憲法 13 条前段の個人の尊厳条項と不可分に結合し，かような個人の人

格価値から流出する，人格的生存に必要な利益」(芦部編・憲法Ⅱ138頁［種谷］),「人格的自律の存在として自己を主張し，そのような存在であり続けるうえで重要な権利・自由」(佐藤(幸)・憲法論175頁) に限定されると説く (芦部・憲法〔6版〕119頁，市川・基本講義96頁，大石・講義Ⅱ〔2版〕57頁，毛利ほか・憲法Ⅱ54-55頁［毛利］，安西文雄ほか『憲法学読本〔2版〕』85-86頁［巻美矢紀］(有斐閣，2014) など)。このような人格的利益説の特徴は，基本的人権を基礎付ける内在的原理によって「幸福追求権」規定の保護範囲を画する点にあるといってよい。その意味では，「人格」概念を回避しつつ，自己人生の創造あるいは個人の自律を希求する利益に保護範囲を限定する見解 (竹中・自己決定権43-48頁参照) も，同様の立場であると解することができる。

それに対して，限定的な一般的自由説は，権利の制約原理または対抗利益によって，保護範囲を画そうとするものである。したがって，限定的な一般的自由説は，それが着目する制約原理によって，保護範囲の画定の要件が異なる。第1に，憲法の文言に着目して，「公共の福祉に反しない限り一般的に自由を拘束されないとする一般的自由権の存在が認められる」とする見解がある (橋本・憲法219頁。佐々木・憲法論403頁も参照)。しかし，基本権の制約原理である「公共の福祉」をそのまま幸福追求権の保護範囲画定に用いることは，本条後段にある「公共の福祉に反しない限り」という文言との関係で，徒に重複を生じさせるにすぎない。他方，それを回避しようとすれば，畢竟，無限定な一般的自由説に帰着することになる。

そこで，第2に「他人の権利」(戸波江二「幸福追求権の構造」公法58号18頁 (1996)，赤坂・講義 (人権) 270頁) または他人の基本権などの「対立する憲法上の価値」(工藤・研究62頁) によって保護範囲を画定すべきであるとする見解がある。両説は，少なくとも重大な他者加害行為を保護範囲から除外すること，およびそれが本来基本権に内在する限界であると解する点において共通しているが，後説は基本権の内在的限界は憲法の体系的解釈により導出すべきことを強調する点に独自性がある。

このように，人格的利益説も限定的な一般的自由説も，「幸福追求権」規定により保障される自由に一定の限定を付す点で共通している。また，限定的な一般的自由説の中には，違憲審査基準の設定等において人格的価値を考

慮する見解（戸波・前掲論文18頁）もあることから，その具体的帰結において，両説に懸隔が存するわけではないと指摘されるところである（多様な一般的自由説を整理し，人格的利益説と対比・分析するものとして，丸山敦裕「憲法13条論における一般的自由説とその周辺」阪本昌成先生古稀記念論文集『自由の法理』573頁以下（成文堂，2015）などを参照）。

　しかし，一般的自由説は，理念として，自己決定それ自体の重要性すなわち自由の即自的価値を重視することから，選択された行為に対する規範的価値評価を回避しようとする特徴があり，それゆえにこそ，人格的利益説を批判するのである。これに対しては，権利の制約の合憲性を審査する際に比較衡量を行う限りは，当該行為に対する規範的価値評価を回避し得ず，また，権利の補充的保障の際の権利の類型化や違憲審査基準の選択においても，権利に内在する価値を考慮する必要性があることを指摘し得る。さらに，他者危害だけでなく，自己の生命・身体に重大な侵害をもたらす自己危害行為を保護範囲に含めない可能性もあることから（一7⑵），基本的には，「人格的利益」などの権利内在的価値を示す概念を用いて，保護範囲の画定を行うことが適切ではないかと考えられる。

　ただ，人格的利益説に立つ場合であっても，本条後段の保護範囲を過度に制約すべきではない。この点について，従来の人格的利益説は，保護範囲画定の基準として，人格的生存に対する不可欠性（芦部・憲法〔6版〕120頁）あるいは重要性（佐藤(幸)・憲法論177頁）を要求している。これは，基本的人権の保護範囲を限定することにより，その保障の強度を維持しようとする考えに基づくものと思われる。そして，このような人権保障の強度は，基本的には，違憲審査基準の厳格度に相関することから，「幸福追求権」規定を通じて補充的に保障される権利は，例えば厳格な審査基準が適用される範囲に限定するという考え方もあり得るところである。

　しかし，個別条項により保障される基本的人権の中にも，司法審査においていわゆる合理性の基準が妥当するとされるものが多く存在していることに鑑みれば，補充的保障の場合に限って，違憲審査基準を厳格に保つために，保護範囲を著しく限定する必要はない。また，本条前段の「個人の尊重」原理において，個性の自由な発展に対する尊重が求められると解され，通常，

§13 Ⅲ

自由は人格的生存にとって重要な意義を有するのであるから，自由保障の推定，すなわち「疑わしきは自由に」(in dubio pro libertate) の原則が妥当すると解するのが適当である。したがって，問題となる自由が人格的生存に資するもの，あるいは，人格的生存に合理的関連を有するものである限り，「幸福追求権」規定の保護範囲に含まれると解される。そして，実際には，保障を推定した上で，自己または他者の人格的生存を害するものを控除するという消極的な手法をとることになろう。

ただ，先に2(2)で述べたように，「幸福追求権」規定による補充的な保障を受けるためには，権利として類型化される必要があり，類型化された権利の抽象度および重要性は，個別の基本権条項で保障される権利と対等なものとする必要がある。例えば，バイクに乗る自由は，基本的人権の保護範囲に含み得るものであるが，それ自体として類型化することには疑問があり，むしろ，憲法上の権利としては，「移動の自由」を類型化すべきであろう。その上で，現代社会において，徒歩による移動の自由のみがその保護範囲に含まれると解するのは時代錯誤であり，バイクが日常生活において合理的な移動方法である以上，バイクに乗る自由が移動の自由の保護範囲に含まれることになるのである。

㈦ 「幸福追求権」規定の保護範囲に含まれない自由　このような人格的利益説に対しては，「幸福追求権」規定の保護範囲に含まれない自由が司法審査の対象となり得ないのではないか，との批判がある。ただ，この問題は，二段階画定論に立つ限り生じるものであるから，人格的利益説のみならず，限定的な一般的自由説にも当てはまることに留意しなければならない。

かかる批判に対しては，「幸福追求権」規定の保護範囲に含まれない自由についても，「平等原則や比例原則（権利・自由の規制は社会公共の障害を除去するために必要最小限度にとどまらなければならないとする原則）とのかかわりで，憲法上問題となることもありうる」（芦部・憲法〔6版〕121頁）とする反論があり，また「規制の目的・態様いかんによっては，確立された個別的人権の保障を全うさせるために政策的・手段的に該権利に付随した主観的利益として憲法上保護すべき場合がありうるということ（例えば，「憲法○条の精神に照らし……」の論法）」（佐藤(幸)・憲法論177頁。傍点原文）が

[土井]

指摘されている。なお，人格的利益説に立ちつつ，保護範囲を広く理解する立場によれば，憲法の個別条項の精神に照らして保障されるべき利益は，基本的に，当該権利の保護範囲に含まれるものと解することができよう。

問題は，殺人の自由や性的暴行の自由など，人格的生存と明らかに対立する自由の場合である。近時，このような自由であっても，例えば，法律の留保の原則に反して制約される場合や，不当な目的によって制約される場合には，司法審査の対象とすべきであるとして，無限定な一般的自由を法治国家原理に反する違憲の強制からの自由として再構成する見解がある（小山・作法〔3版〕95-98頁，櫻井智章「基本権論の思考構造(1)(2・完)」論叢155巻3号109頁以下，6号94頁以下（2004），西村枝美「一般的行為の自由——それは何か」長谷部恭男編『講座人権論の再定位3　人権の射程』222頁以下（法律文化社，2010）等を参照）。

このような見解は，自由権を「違法に其の自由の活動を拘束せられないことを内容とする包括的な単一の権利」（美濃部・原論165頁）と捉える古典的な理解に類似し，憲法の客観法的側面を重視するものである。しかし，第1に，このような自由が問題とされる場合に，もし規制立法等の保護法益と当該自由を比較衡量するのであれば，本条後段は主観的権利規定として実質的に機能しており，結局は，無限定な一般的自由説と異ならない。他方，第2に，国家行為の客観法違反のみを司法審査するのであれば，当該自由は適法な提訴を基礎付けるに止まる。憲法81条は，憲法裁判所制度ではなく，付随的違憲審査制を定めるのであり，適法な提訴か否かは憲法76条1項の解釈問題であって，「法律上の争訟」にいう「権利・義務ないし法律関係」に含まれるか否かが争点となる。この点，憲法上の権利でなければ「権利・義務ないし法律関係」に当たらないわけではなく，国家が国民の自由を直接的に制約する限り，法的には国民に対して義務を課しているのであり，問題となる自由が憲法上保障されるか否かにかかわらず，その争いは法的義務に関する争いとなり得る。そして，適法な提訴により司法権の対象となれば，裁判所は，「権利・義務ないし法律関係」の存否に影響を及ぼす限りで客観法違反を審査し得ると解される（小山＝駒村編・探究〔2版〕113-114頁［松本和彦］を参照）。さらに，第3に，一般的自由を違憲の強制からの自由として広

く理解する場合には，保障の程度が稀釈されることから，個別の基本権と同等の内実を持つ自由を別に保障する必要が出てきかねない（小山＝駒村編・探究〔2版〕123頁［松原光宏］は「無名自由権」の保障を説く。また，小山＝駒村編・探究〔2版〕111-112頁［松本］は，ドイツ憲法裁判所における一般的行為の自由と一般的人格権の区別に言及する）。

以上の点を踏まえるならば，憲法上の基本的人権として保障される自由は，やはり，国家権力による制約を原則として受けないといえるだけの実質的内容を備えるものに限るのが適当であると解される（この点について，新井誠ほか『憲法II 人権』44-46頁［横大道聡］（日本評論社，2016）を参照）。

7 「幸福追求権」の具体的内容

以下，「幸福追求権」規定による補充的な保障が問題となる権利・自由について，具体的に論じる。なお，便宜上，「親密な人間関係に関する自由」は24条で，「環境権」は25条で，「契約の自由」は29条で，および「行政手続において適正な処遇を受ける権利」は31条で，それぞれ取り扱う。

(1) 生命に対する権利

生命に対する権利は，人の生物的生存それ自体を保障するものであり，基本的人権の根幹をなす権利である。憲法は，本条後段の「幸福追求権」規定の筆頭に「生命」の文言を位置付けることで，生命に対する権利の根源性を明らかにしている。

(ア) 生命を享受する権利　生命に対する権利が，生命を享受する権利すなわち生きる自由を保障していることに疑いはない。この点，最高裁判例も，「生命は尊貴である。一人の生命は，全地球よりも重い」（最大判昭和23・3・12刑集2巻3号191頁）とし，生命の尊重が憲法の基本原則であることを示している。なお，生命を享受する権利の剥奪として，死刑制度の問題があるが，この点については，憲法31条および36条において取り扱う。

(イ) 死に対する権利　生命に対する権利に関する重要な争点は，これを自己の生命を処分する自由と理解し，死に対する権利をその保護範囲に含めるか否かという点にある。具体的には，自殺，安楽死および尊厳死の自由などが問題となる。

(a)　自殺の自由　　自殺は、一般に、「自ら自分の生命を絶つこと」（新村出編『広辞苑〔6版〕』（岩波書店, 2008））と定義され、本人自身が自己の死を直接意図し、本人の行為から直接的に死の結果が生じるものを指す。

　このような自殺が生命に対する権利の保護範囲に含まれるか否かについて、無限定な一般的自由説のみならず、限定的な一般的自由説に立つ場合であっても、①一定の条件下で行われる自殺には他者危害性がないこと、②生命が自己に固有のものである以上、生と死の決定こそが自己決定の核心であることなどを論拠として、これを肯定することになる。

　他方、人格的利益説においては、自殺の自由の保障に消極的な見解が見られる（佐藤（幸）・憲法論189頁、土井真一「『生命に対する権利』と『自己決定』の観念」公法58号92-102頁（1996）参照）。このような見解は、①生命は自己の不可欠の構成要素であって、自己の処分に服すべき独立の客体ではないこと、②各人の自律が尊重されるのは、人格としてその存在意義が承認されるからであり、その自律に基づき自らの存在意義を否定するのは背理であることなどを理由として、自らの存在意義に対する否定的評価に基づき、自己の生命および身体を重大かつ不可逆的ないし永続的に侵害する行為を、それ自体として憲法上の権利と位置付けるべきでないとするのである。より根本的には、本条前段が定める個人の尊重とは、各人が相互に存在意義を承認し、共に生きていこうとする意思に基づくものであるとの理解がある（中山茂樹「共に生きるということ――生命倫理政策と立憲主義」山崎喜代子編『生命の倫理――その規範を動かすもの』139頁以下（九州大学出版会, 2004）参照）。

　しかし、これに対しては、「生きることは、憲法の保障する権利であって、義務ではないはずである。とすれば、やはり個人にはいつどのように死ぬのかを選択する自由が認められるべき」（松井茂記「安らかに死なせてほしい――尊厳死の権利および安楽死の権利」同編著『スターバックスでラテを飲みながら憲法を考える』10頁（有斐閣, 2016））とする批判や、生物学的生存がそれ自体として善であるわけではなく、生に価値があるか否かはその内容に依存するのであって、「むしろ、自律的人格からなる共同体の一員は、……自己の生の意義にかかわる重大な決断を自律的に行いうる環境を整える義務を相互に負うと考えるべきであろう」とする批判がある（長谷部・理性〔増補新装版〕153

頁)。

　なお，刑法においては，自殺そのものを処罰する規定はなく，自殺関与罪および同意殺人罪（刑202条）のみを定めている。この点について，刑法学説上，自殺はそもそも違法でないとする見解と，自殺は違法であるが，本人については非難可能性あるいは可罰的違法性を欠くとする見解がある（この点については，中森喜彦『刑法各論〔4版〕』10-11頁（有斐閣，2015）などを参照）。

　(b)　安楽死および尊厳死　　次に，安楽死や尊厳死の問題を憲法上どのように取り扱うべきかが問題となる。

　この点，死に対する権利を承認しない場合には，消極的安楽死（尊厳死），間接的安楽死，および積極的安楽死を区別して論じる必要がある。消極的安楽死とは，医療行為を中止することで死期を早めるものであり，間接的安楽死は，苦痛を除去・緩和する医療行為が，同時に結果として死期を早めるもの，積極的安楽死は，苦痛から解放するために直接的に死をもたらす措置を意味する。

　このうち，消極的および間接的安楽死の問題は，次に述べるインフォームド・コンセントの法理との関連で位置付けることができる。つまり，消極的および間接的安楽死の問題を，心身に対して過度に負担となる治療を拒否し，できる限り身体を安静な状態で維持する措置を選択する自由として理解することで，死それ自体を直接目的とする行為ではなく，死に直面した患者の最後の「生き方」の選択として捉えようとするのである。

　これに対して，積極的安楽死は，死それ自体を直接目的とするものであり，死に対する権利を承認しない立場からは，これを憲法上の権利として位置付けることは困難である。このような立場に対しては，苦痛の除去という観点から，水分・栄養分の補給停止による餓死・脱水死を最終的にもたらす消極的安楽死よりも，積極的安楽死の方がより望ましいとの批判，あるいは耐え難い苦痛にある末期の患者に対して，なお共に生きることを要求するのは，特定の世界観を強制することになるのではないかとの批判がある（長谷部・理性〔増補新装版〕153頁参照）。

　しかし，積極的安楽死については，特に，本人に対して周囲から死を選ぶよう圧力がかかる危険や，死を直接目的とする行為を医師が行うことにより，

ヒポクラテスの誓いに象徴される医師の職業的倫理に混乱をもたらす危険などがあり，これを認める際には，十分な制度・環境整備を行う必要がある。それゆえ，積極的安楽死を基本的人権とりわけ具体的権利として認めることには躊躇を覚えざるを得ない。ただ，緩和医療が著しく発展してきているものの，人間として耐え難い激痛その他の症状が現実にあり得ることに鑑みれば，「個人の尊重」原理に十分に配慮した上で，積極的安楽死について立法措置を講じることが検討されるべきであろう。

なお，多発性骨髄腫による末期の患者に対して塩化カリウム製剤を注射し死亡させた医師が，殺人罪で起訴された事件において，横浜地裁平成7年3月28日判決（判時1530号28頁）は，医師による積極的安楽死が認められる要件として，①患者が耐えがたい肉体的苦痛に苦しんでいること，②患者は死が避けられず，その死期が迫っていること，③患者の肉体的苦痛を除去・緩和するために方法を尽くし他に代替手段がないこと，④生命の短縮を承諾する患者の明示の意思表示があることを示している。

(2) **身体に対する権利**

身体に対する権利は，憲法18条が奴隷的拘束を禁止し，その意に反する苦役からの自由を定めるほか，31条以下の刑事手続に関する権利を通じて保障されている。しかし，それ以外にも，身体に対する権利が問題となる領域があることから，本条後段による保障を及ぼすべき場合があろう。

第1に，医療行為の多くは，身体の一部を切除したり，傷害を加えたりするなど，身体に対する侵襲を伴うものであり，本人の同意なく行われる場合には，身体に対する権利との関係で問題となる。

この点，合衆国では，20世紀初頭からコモン・ローにおいてインフォームド・コンセントの法理が展開してきた。一般に，インフォームド・コンセントとは，「医療や医学研究において患者・被験者が医療従事者・研究者より十分な説明を受け，それを理解した上で，自らになされる検査や治療，研究について選択，同意，拒否すること」（酒井明夫ほか『生命倫理事典〔新版増補〕』113頁（太陽出版，2010））を意味し，インフォームド・コンセントの法理とは，医療行為等を行う際には，原則として，それに先立って本人のインフォームド・コンセントが必要であるとする法理である。

§13 Ⅲ

　我が国でも，最高裁昭和 56 年 6 月 19 日判決（下民集 31 巻 9～12 号 1546 頁）が，「頭蓋骨陥没骨折の傷害を受けた患者の開頭手術を行う医師には，右手術の内容及びこれに伴う危険性を患者又はその法定代理人に対して説明する義務がある」とし，医師の説明義務を肯定している。また，乳がんの手術にあたり，その当時医療水準として未確立であった乳房温存療法について，一定の事実関係の下で，医師の知る範囲で説明すべき診療契約上の義務を肯定するものとして，最高裁平成 13 年 11 月 27 日判決（民集 55 巻 6 号 1154 頁）がある。
　さらに，最高裁は，エホバの証人輸血拒否事件（→**判例1**／）において，宗教上の信念に基づく治療拒否について次のように判示している。

　　判例1／《エホバの証人輸血拒否事件》
　　　　　　最判平成 12・2・29 民集 54 巻 2 号 582 頁

　　本件は，宗教上の信念から，いかなる場合にも輸血を受けることを拒否するという固い意思を有していた患者が，悪性の肝臓血管腫を摘出する手術を受ける際に，医師に対して輸血を受けることができない旨を明確に伝えていたが，当該病院は，輸血を拒否する意思を尊重するものの，輸血以外に救命手段がない事態に至ったときは，患者およびその家族の諾否にかかわらず輸血するとの方針を採用しており，実際に当該患者に対する手術を行った結果，多量の出血があったため，医師は輸血をしない限り患者を救うことができないと判断して輸血を行った事案である。
　　最高裁は，患者が，輸血を受けることは自己の宗教上の信念に反するとして，輸血を伴う医療行為を拒否するとの明確な意思を有している場合，このような意思決定をする権利は，人格権の一内容として尊重されなければならないとした上で，本件の事実関係の下では，医師らは，手術の際に輸血以外には救命手段がない事態が生ずる可能性を否定し難いと判断した場合には，輸血するとの方針を説明して，入院を継続した上，医師らの下で本件手術を受けるか否かを患者自身の意思決定に委ねるべきであったと解するのが相当であると判示した。

判例1／は，輸血を拒否して腫瘍の摘出手術を受けなかった場合には，死

［土井］

期を早める結果となることが予想される事案であることから，消極的安楽死（尊厳死）等についても，このようなインフォームド・コンセントの法理に基づいて承認することができるであろう。ただし，消極的安楽死等を認める場合であっても，その選択は本人の明示的意思によることが原則であると解される。苦痛の除去の人道性や死の尊厳性がいかに強調されようとも，それは第三者から強制されるべき事項ではない。それゆえ，一定の場合に，推定的意思が問題となるような場合があるとしても，本人の意思それ自体と第三者が考える本人にとっての最善の利益とは区別されなければならない。

なお，治療の選択の自由に関連して，最高裁平成23年10月25日判決（民集65巻7号2923頁）は，単独であれば健康保険法63条1項の定める療養の給付に当たる保険診療となる療法と先進医療であり療養の給付に当たらない自由診療である療法とを併用する混合診療において，その先進医療が同条2項3号の定める評価療養の要件に該当しないためにその混合診療が同法86条の定める保険外併用療養費の支給要件を満たさない場合には，保険診療に相当する診療部分についても保険給付を行うことはできないと解した上で，「混合診療保険給付外の原則を内容とする法の解釈は，不合理な差別を来すものとも，患者の治療選択の自由を不当に侵害するものともいえず，また，社会保障制度の一環として立法された健康保険制度の保険給付の在り方として著しく合理性を欠くものということもできない」から，憲法14条1項，13条および25条に違反するものであるということはできないとしている。

第2に，身体の自由については，いわゆる髪型の自由の問題がある。下級裁においては，男子生徒に対して長髪を禁止し丸刈りを求める公立中学校の校則について，生徒の非行化の防止，中学生らしさを保たせ周囲の人々との人間関係を円滑にする等の目的のほか，髪の手入れに時間をかけ遅刻したり，授業に集中しなくなるといった弊害を除却するために制定されたもので，その教育上の効果については多分に疑問の余地があるが，著しく不合理であることが明らかではないから，違法とは言えないとするものがある（熊本地判昭和60・11・13行集36巻11＝12号1875頁）。

本件において原告は，憲法14条，21条および31条違反のみを主張しているが，頭髪は身体の一部であり，女性の頭髪の切断を暴行罪に当たるとす

る判例もあることから（大判明治45・6・20刑録188輯896頁），本件においては強制的に頭髪を切ることが予定されていないものの，本条後段の身体に対する権利の問題として理解することも可能である。

また，自動車運転者に対して座席ベルトの装着を義務付ける道路交通法71条の2〔現71条の3〕の合憲性が問題となった事案がある。最高裁平成2年6月5日判決（裁判集民160号135頁）は，「憲法13条により保障される国民の私生活上の自由も，公共の福祉による合理的な制約に服すべきものであるところ，道路交通法71条の2の規定が自動車の運転者に座席ベルトの装着を義務付けていることは，道路における交通の安全と円滑を図るための合理的な規制というべきであって，右規定が憲法13条に違反するものでない」としている。本件は，自動車の運行方法に関する規制であることから，移動の自由の一内容と解することもできるが，生命・身体の保護のために身体を座席に固定することを求めるという点に着目すれば，身体の自由に関わるものとして理解することができよう。

(3) 名 誉 権

名誉については，従来から，民法および刑法により保護の対象とされてきており，その憲法上の保護について，最高裁は，簡潔ながらも，「人格権としての個人の名誉の保護（憲法13条）」に言及している（最大判昭和61・6・11民集40巻4号872頁）。

刑法230条の名誉毀損罪における保護法益については，最高裁判例および刑法学の通説は，外部的名誉，すなわち人に対する現実の社会的評価であるとする。このような定義については，①不当に高い評価（虚名）が保護に値するのか，あるいは②刑法231条の侮辱罪との関係で，名誉感情も保護の対象に含まれるのかといった問題がある。

①については，名誉として，社会的評価を広く含むとともに（ただし，人の経済的活動の基礎となる評価は，刑法上「信用」とされる），現実に社会から受けている評価を基準とすることから生じる問題であるが，権利の保護範囲に関する次元に関する限り，「名誉」概念を広く解することも必ずしも不合理ではない。他方，②については，個人の主観的感情自体を権利として保障することは困難であろう。

ただ，①で現実の社会的評価を基準とし，②で主観的名誉感情を保護しないとすると，現に社会的評価が著しく低い者について，名誉が認められなくなるのではないかという問題がある（中森・前掲書85頁）。この点，名誉は社会的評価を広く含むものであるが，その中核には個人の尊厳があり，尊厳ある存在であることを否定するような言動・しぐさ等により傷つけられない，すべての人間に共通の尊厳感情があると解すべきであろう。差別的表現や意見による名誉毀損はこの点に関わる問題として理解することができる（→§21 Ⅲ 3・7）。

なお，私人間における名誉と表現の自由の調整に関する問題については，→§21 Ⅲ 3。

(4) 氏名権

私法上，氏名権とは，主として，「自己の氏名の使用を他人が妨げたり，他人が権限なくして自己の氏名を冒用する場合には，これを禁止することができる」権利である氏名専用権と，「ある人の氏名が本人に無断で，あるいは条件に反して，コマーシャル等に利用される場合に，その禁止またはそれによる損害の賠償を求めうる権利」であるパブリシティ権を意味するものとされる（五十嵐清『人格権論』66-69頁（一粒社，1989）を参照）。

氏名権について，最高裁も，「人の氏名，肖像等……は，個人の人格の象徴であるから，当該個人は，人格権に由来するものとして，これをみだりに利用されない権利を有する」とし，私法上の権利として承認している（最判平成24・2・2民集66巻2号89頁）。

また，NHKのテレビ放送で韓国人の氏名が日本語読みされた事案において，「氏名は，……人が個人として尊重される基礎であり，その個人の人格の象徴であって，人格権の一内容を構成するものというべきであるから，人は，他人からその氏名を正確に呼称されることについて，不法行為法上の保護を受けうる人格的な利益を有するものというべきである」（最判昭和63・2・16民集42巻2号27頁）とし，いわゆる氏名呼称権を承認したが，直接的には民法に関するものであり，憲法上の人権に関わるものではなかった。

最高裁が，憲法上の権利としての氏名権について本格的な判断を行ったのは，夫婦同姓違憲訴訟（→**判例2**/）においてである。

§13 Ⅲ

判例2 《夫婦同姓違憲訴訟》
最大判平成27・12・16民集69巻8号2586頁

　本件は，夫婦が婚姻の際に定めるところに従い夫または妻の氏を称すると定める民法750条の規定が違憲であるとし，国会が本件規定の改廃を行わないという立法不作為の違法を理由に国家賠償を求めた事案である。

　最高裁は，前記の昭和63年判決を引用し，氏名が人格権の一内容を構成することを認めつつも，氏は，婚姻および家族に関する法制度の一部として法律がその具体的な内容を規律しているものであるから，氏に関する人格権の内容も，憲法上一義的に捉えられるべきではなく，憲法の趣旨を踏まえつつ定められる法制度をまって初めて具体的に捉えられるものであるとする。そして，民法の規定は，氏を，名とは切り離された存在として，夫婦およびその間の未婚の子や養親子が同一の氏を称するとすることにより，社会の構成要素である家族の呼称としての意義があるとの理解を示しているとし，家族は社会の自然かつ基礎的な集団単位であるから，氏をその個人の属する集団を想起させるものとして一つに定めることにも合理性があるといえるとする。さらに，本件で問題となっているのは，婚姻という身分関係の変動を自らの意思で選択することに伴って夫婦の一方が氏を改めるという場面であること，氏は，社会的に個人を他人から識別し特定する機能を有するから，自らの意思のみによって自由に定めたり，または改めたりすることが認められるものではなく，一定の統一された基準に従って定められ，または改められるとすることが不自然な取扱いとはいえないことを指摘し，婚姻の際に「氏の変更を強制されない自由」は憲法上の権利として保障される人格権の一内容であるとはいえず，民法750条は，憲法13条に違反しないとした。

　なお，最高裁昭和58年10月13日決定（家月36巻10号77頁）は，「戸籍上の氏名に関する限り，戸籍法の定めるところに従って命名しなければならないのは当然であって，これらの規定にかかわりなく氏名を選択し，戸籍上それを公示すべきことを要求しうる一般的な自由ないし権利が国民各自に存在すると解することはできない」としている。

(5)　プライバシーと自己情報コントロール権
(ア)　プライバシー権の概念　　プライバシー権論の魁は，ウォーレン

[土井]

(Samuel D. Warren) とブランダイス (Louis D. Brandeis) による The Right to Privacy と題する論文である (4 HARV. L. REV. 193〔1890〕)。その中でプライバシー権には，「ひとりでいさせてもらう権利」(the right to be let alone) という有名な定義が与えられた。当時興隆しつつあった大衆向けジャーナリズムによるスキャンダル報道を背景として，合衆国において当初，プライバシー権は不法行為法の領域で展開することとなった。しかし，1960年代に，合衆国最高裁が，避妊具の使用等を禁じる州法を，婚姻生活におけるプライバシーを侵害し違憲であると判示して以降 (Griswold v. Connecticut, 381 U.S. 479 (1965))，対政府との関係において，人工妊娠中絶の自由 (Roe v. Wade, 410 U.S. 113 (1973)) や家族の形成・維持に関する自由 (Moore v. City of East Cleveland, 431 U.S. 494 (1977)) などがプライバシー権として承認され，さらに，ライフスタイルに関わる様々な自由が論じられることで，「プライバシー権」概念のインフレーションを招くこととなった。

このように肥大化した「プライバシー権」概念は，大別して，私生活における自己の行為・在り方を決定する自由（自己決定権），私生活を営む空間を侵されない自由および個人情報の取扱いに関する情報プライバシー権などに整理することができる。このうち，自己決定権は，憲法13条により包括的に保障される自由権の総体とほぼ同内容であり，裁判において救済すべき権利として明確な類型性を有するに至っていない。そのため，我が国においては，「プライバシー権」概念を情報プライバシー権に限定して用いるべきであるとする見解（佐藤（幸）・憲法論182頁，松井・憲法〔3版〕510頁），あるいは自己決定権を含めて「プライバシー権」概念を広義に用いることを認めつつ，狭義において情報プライバシー権を類型化する見解（芦部・憲法学Ⅱ 355-359頁）などが一般的である。

㈡　自己情報コントロール権

(a)　我が国においてプライバシー権を承認したリーディングケースは，「宴のあと」事件東京地裁判決（東京地判昭和39・9・28下民集15巻9号2317頁）である。本判決は，プライバシー権を「私生活をみだりに公開されないという法的保障ないし権利」と定義した上で，プライバシー侵害の不法行為が成立するためには，公開された内容が，①「私生活上の事実または私生活

上の事実らしく受け取られるおそれのあることがらであること」（私事性），②「一般人の感受性を基準にして当該私人の立場に立った場合公開を欲しないであろうと認められることがらであること」（秘匿性），および③「一般の人々に未だ知られていないことがらであること」（非公知性）の3つの要件を満たすことが必要であるとされた。

　「宴のあと」事件が示すように，我が国においても，当初プライバシー権論は，マスメディア等による私生活上の事実の暴露の問題を中心に展開された。その意味で，私人間における不法行為責任あるいは私法上の権利・利益の問題として議論されたのである（伊藤・憲法232-234頁。なお，表現の自由とプライバシー権保護との調整については，→§21 Ⅲ 4）。

　しかし，高度情報化社会の到来と共に，対国家との関係で個人のプライバシーを憲法上保護する必要性が認識され，「プライバシー権」概念を「個人が道徳的自律の存在として，自ら善であると判断する目的を追求して，他者とコミュニケートし，自己の存在にかかわる情報を開示する範囲を選択できる権利」，すなわち「自己情報コントロール権」（佐藤(幸)・憲法論182頁）と定義する見解が提唱され，現在，通説的地位を占めている。

　このような自己情報コントロール権説の意義は，住居の不可侵など，「プライバシー」概念が本来有していた空間的制約を相対化するとともに，情報収集技術や電子情報処理技術の高度化に対応するため，私生活上の事実の公表の文脈だけではなく，個人情報の収集，利用，集積および提供の全過程について，情報主体による統制を認める点にある。

　また，どのような自己情報を誰に開示するかは，誰とどのような人間関係を形成するかという問題と密接に関連するため，自己情報コントロール権は「人間にとって最も基本的な，愛，友情および信頼の関係にとって不可欠の生活環境の充足」のための権利と位置付けられ，親密な人間関係を形成・維持する権利との関係が重視されている（佐藤(幸)・憲法論182頁。長谷部恭男『憲法学のフロンティア』115-116頁（岩波書店，1999）も参照）。これにより，プライバシー権は，積極的に他者と関わり社会関係を築いていく個人を基礎とするものに転換したといえる。

　(b)　情報プライバシー権について，最高裁判例は，まず，問題となる個

人情報の範囲に関し，京都市前科照会事件（→**判例3/**）が，前科および犯罪経歴という「人の名誉，信用に直接にかかわる事項」を問題としているが，京都府学連事件（→**判例5/**）においては，公道において集団示威行為を行っている容ぼう・姿態が，また住基ネット訴訟（→**判例7/**）においては，生年月日，住所および性別など，必ずしも秘匿性の高くない個人情報の取扱いが問題とされている。

判例3 《京都市前科照会事件》
最判昭和56・4・14民集35巻3号620頁

本件は，京都弁護士会が弁護士の申出により行った前科等の照会に対し，京都市中京区長が回答を行ったことが不法行為に当たるとして，照会の対象となった者が国家賠償請求訴訟を提起したものである。申し出を行った弁護士は，原告の解雇をめぐる労働関係事件の会社側の訴訟代理人であり，照会文書には，照会を必要とする事由として，「中央労働委員会，京都地方裁判所に提出するため」との記載があった。第一審（京都地判昭和50・9・25判時819号69頁）は請求を棄却したが，原審（大阪高判昭和51・12・21下民集27巻9〜12号809頁）は請求を認容した。

最高裁は，「前科及び犯罪経歴（以下「前科等」という。）は人の名誉，信用に直接にかかわる事項であり，前科等のある者もこれをみだりに公開されないという法律上の保護に値する利益を有するのであって，市区町村長が，本来選挙資格の調査のために作成保管する犯罪人名簿に記載されている前科等をみだりに漏えいしてはならないことはいうまでもないところである。前科等の有無が訴訟等の重要な争点となっていて，市区町村長に照会して回答を得るのでなければ他に立証方法がないような場合には，裁判所から前科等の照会を受けた市区町村長は，これに応じて前科等につき回答をすることができるのであり，同様な場合に弁護士法23条の2に基づく照会に応じて報告することも許されないわけのものではないが，その取扱いには格別の慎重さが要求されるものといわなければならない」とし，「市区町村長が漫然と弁護士会の照会に応じ，犯罪の種類，軽重を問わず，前科等のすべてを報告することは，公権力の違法な行使にあたると解するのが相当である」と判示した。

なお，本判決には，プライバシー保護に明示的に言及する伊藤正己裁判官補

§13 Ⅲ

足意見および区長の回答に過失は認められないとする環昌一裁判官反対意見がある。

　また，個人情報の取扱いの文脈について，京都府学連事件（→**判例5**/）が容ぼう・姿態の撮影，指紋押なつ拒否事件（→**判例6**/）が指紋の採取という「情報の収集」を問題とし，京都市前科照会事件（→**判例3**/）および住基ネット訴訟（→**判例7**/）では，個人情報の「第三者に対する開示」が問題とされている。また，住基ネット訴訟判決は，データマッチングに言及し，結論として，法令上データマッチングは禁じられており，本人の予期しないときに予期しない範囲で個人情報が行政機関により保有・利用される具体的危険はないと判断しているものの，行政機関内部での個人情報の結合・集積が憲法問題となり得ることを前提としているものと解される。

　以上の点に鑑みると，最高裁は，比較的広範囲の個人情報について，国家による収集，利用，集積および提供が適正に行われることに対する法的利益を承認してきており，その限りで，自己情報コントロール権説に近い理解を有しているといえる。

　なお，最高裁判決が，初めて，「プライバシー」の語を用いて，その権利性を承認したのは，従業員が特定の政党の党員またはその同調者であることを理由に，会社が尾行を行ったり，他の従業員に対して交際しないよう働きかけたりするなど，監視や嫌がらせを行った事件に関する最高裁平成7年9月5日判決（判時1546号115頁）であると言われている（少数意見において「プライバシー」に言及したものとして，古くは最大決昭和40・6・30民集19巻4号1089頁〔山田作之助裁判官，田中二郎裁判官および松田二郎裁判官の各意見〕があり，法廷意見が法益として「プライバシー」に言及したものとして，最決昭和47・11・16刑集26巻9号515頁やサンケイ新聞反論文掲載請求訴訟（最判昭和62・4・24民集41巻3号490頁）などがある）。その後，「石に泳ぐ魚」事件判決（最判平成14・9・24判時1802号60頁）や早稲田大学江沢民講演事件判決（→**判例4**/）など，主として，私人間における情報の公表・開示の領域で「プライバシー」の語の用例がある。とりわけ，長良川事件報道判決（最判平成15・3・14民集57巻3号229頁）は，名誉毀損とプライバシー侵害を対比した上で，「逆

転」事件判決（最判平成6・2・8民集48巻2号149頁）を引き，「プライバシーの侵害については，その事実を公表されない法的利益とこれを公表する理由とを比較衡量し，前者が後者に優越する場合に不法行為が成立する」と述べており，この意味でのプライバシー権は，判例上も，一定の類型的明確性をもって認められていると考えられる。

判例4 《早稲田大学江沢民講演事件判決》
最判平成 15・9・12 民集 57 巻 8 号 973 頁

　本件は，早稲田大学が，同大学主催の江沢民中華人民共和国国家主席（当時）の講演会に参加申込みを行った学生から収集した個人情報を，同講演会の警備を行う警視庁の求めに応じて提出したことが，プライバシーを侵害する不法行為であるとして，参加学生がその損害の賠償を求めて提起したものである。第一審（東京地判平成 13・10・17 民集 57 巻 8 号 994 頁）および原審（東京高判平成 14・7・17 民集 57 巻 8 号 1045 頁）ともに原告の請求を認めなかった。

　最高裁は次のように判示した。「本件個人情報は，早稲田大学が重要な外国国賓講演への出席希望者をあらかじめ把握するため，学生に提供を求めたもの」であり，「学籍番号，氏名，住所及び電話番号は，早稲田大学が個人識別等を行うための単純な情報であって，その限りにおいては，秘匿されるべき必要性が必ずしも高いものではない」。「しかし，このような個人情報についても，本人が，自己が欲しない他者にはみだりにこれを開示されたくないと考えることは自然なことであり，そのことへの期待は保護されるべきものであるから，本件個人情報は，上告人らのプライバシーに係る情報として法的保護の対象となるというべきである」。

　「このようなプライバシーに係る情報は，取扱い方によっては，個人の人格的な権利利益を損なうおそれのあるものであるから，慎重に取り扱われる必要」があり，「早稲田大学は，上告人らの意思に基づかずにみだりにこれを他者に開示することは許されないというべきである」。「同大学が本件個人情報を警察に開示することをあらかじめ明示した上で本件講演会参加希望者に本件名簿へ記入させるなどして開示について承諾を求めることは容易であったものと考えられ，それが困難であった特別の事情がうかがわれない本件においては，本件個人情報を開示することについて上告人らの同意を得る手続を執ることな

く，上告人らに無断で本件個人情報を警察に開示した同大学の行為は，上告人らが任意に提供したプライバシーに係る情報の適切な管理についての合理的な期待を裏切るものであり，上告人らのプライバシーを侵害するものとして不法行為を構成するというべきである」。

なお，本判決には，早稲田大学が本件個人情報を警視庁に開示したことは，不法行為を構成しないとする亀山継夫裁判官・梶谷玄裁判官反対意見がある。

それに対して，対国家との関係では，指紋押なつ拒否事件判決（**判例6**/）が，採取された指紋の利用次第では，個人の私生活あるいはプライバシーが侵害される危険性があると指摘するものの，情報プライバシー権が憲法上の権利の類型として明示的に承認されるには至っていない。むしろ，最高裁は，情報プライバシー権よりも広い語感を有する「私生活上の自由」という語を用いた上で，「みだりに指紋の押なつを強制されない自由」などの個別的な自由を，憲法13条が保障する私生活上の自由の一つとして承認するという手法をとっている。

㈦　自己情報コントロール権に対する批判と検討

　(a)　自己情報コントロール権説に対しては，プライバシー権を「社会的評価からの自由」と理解すべきであるとする見解（阪本昌成『プライヴァシー権論』1-16頁（日本評論社，1986），佐伯仁志「プライヴァシーと名誉の保護——主に刑法的観点から——(1)～(4・完)」法協101巻7号1頁以下，8号22頁以下，9号88頁以下，11号1頁以下（1984）など），あるいは「自己イメージのコントロール権」として定義すべきであるとする見解（棟居快行『人権論の新構成』173-214頁（信山社，1992）など）が主張されている。

　これらの見解の対立は，プライバシー権の定義をめぐるものであるが，その分析のためには，権利が直接保障する行為・状態と，その保障を通じて実現・保護される利益を区別することが有益である。この点，自己情報コントロール権説は，権利が直接保障する行為として，自己情報の開示等に関する選択権を問題とするのに対して，「社会的評価からの自由」説や「自己イメージのコントロール権」説は，そのような自己情報のコントロールを通じて，どのような利益を保護するのかを問うものとして理解できる。その意味で，

第3章　国民の権利及び義務

自己情報コントロール権と他の2つの考え方は、必ずしも互いに排斥する関係に立つものではない。

しかし、問題は権利の定義をいずれの次元で行うかにある。もし、プライバシー権を社会的評価からの自由や自己イメージのコントロールに限定するならば、国民の行為自由を統制するための国家の監視活動など、社会における評価やイメージと直接関係しない個人情報の収集、利用等が、権利の保護範囲から外れることになる。また、通常、評価等は複数の事実を基礎に評価者の価値判断等を介して形成されるものであるから、評価やイメージ自体を評価対象者の意思選択に係らしめることは困難である。それゆえ、行政機関の保有する個人情報の保護に関する法律（以下「行政機関個人情報保護法」という）27条1項は、訂正請求の対象を事実に限定しているのである。

ただ、これらの見解が指摘するように、プライバシー権を自己情報コントロール権として理解する場合、名誉毀損とプライバシー侵害の区別が曖昧となる。また、社会的評価からの自由等は、自己情報コントロール権を通じて保護される利益の一部にすぎないが、自己情報コントロール権説が、その前提としてきた親密な人間関係を形成・維持する利益の保護もまた、その一部にすぎない点に留意が必要である。

(b)　次に、自己情報コントロール権の対象となる情報の範囲の問題がある。この点、個人情報を「道徳的自律の存在にかかわる情報」(プライバシー固有情報)と「道徳的自律の存在に直接かかわらない外的事項に関する個別的情報」(プライバシー外延情報)に二分する見解がある（佐藤(幸)・憲法論182-186頁）。このうち、プライバシー固有情報とは、いわゆるセンシティブ情報であって、具体的には、思想・信条、精神や身体に関する基本情報および重大な社会的差別の原因となる情報がこれに当たる。本来、自己情報コントロール権の対象となるのは、このプライバシー固有情報であり、その取得・利用等は原則的に禁止される。他方、プライバシー外延情報については、その集積・結合の在り方によって権利の対象となり得るものとされる。例えば、精神疾患を有する者の住所情報のようにプライバシー固有情報と外延情報が結合される場合や、図書館における貸出記録のようにプライバシー外延情報が蓄積することによって思想・信条などのプライバシー固有情報が推認

§13 Ⅲ

できるような場合が，これに当たる。

これに対して，個人情報を①だれが考えてもプライバシーであると思われる情報，②一般的にプライバシーと考えられる情報，③プライバシーに該当するかどうか判然としない情報に三分する見解もある（芦部・憲法〔6版〕125-126頁）。そして，①から③を自己情報コントロール権の対象とした上で，これらの情報の区別は，違憲審査基準設定の際の考慮要素として用いるにとどめるべきであるとする。具体的には，①について厳格審査基準，②については厳格な合理性の基準が妥当するとする（芦部・憲法学Ⅱ386頁）。

二分説のプライバシー外延情報と三分説の③を含む個人情報の外周は，行政機関個人情報保護法2条にいう個人識別情報とおおよそ一致し，二分説のプライバシー固有情報と三分説の①の範囲も，ほぼ重なると解される。問題は，「宴のあと」事件判決などにいう，私生活上の事実であって，通常他人に知られたくないと望むことが正当であると認められる情報が，プライバシー固有情報と一致するかどうかにある。「宴のあと」事件判決は公表・開示の文脈を問題とするが，プライバシー固有情報は収集・利用段階についても厳格な規律に服する情報であると解されることから，プライバシー固有情報と外延情報の間にもう1類型を設ける三分説が適切であるように思われる。

なお，従来，実定法制度上は，地方自治体の個人情報保護条例において，思想，信条および信教に関する個人情報や個人の特質を規定する身体に関する個人情報などの取扱いについて特別の規律を行う例が見られたが，個人情報の保護に関する法律（以下「個人情報保護法」という）および行政機関個人情報保護法においては，従来，個人情報に区別を設けて規律する手法をとっていなかった。しかし，平成27年の改正個人情報保護法2条3項で，「本人の人種，信条，社会的身分，病歴，犯罪の経歴，犯罪により害を被った事実その他本人に対する不当な差別，偏見その他の不利益が生じないようにその取扱いに特に配慮を要するものとして政令で定める記述等が含まれる個人情報」を「要配慮個人情報」と定義し，要配慮個人情報の取得には，原則として本人の同意が必要であること（同法17条2項），および要配慮個人情報の第三者への提供には，オプトアウト手続を認めないこと（同法23条2項）とした。行政機関個人情報保護法等においても，行政目的による個人情報の利

［土井］

用に固有の問題はあるものの,「要配慮個人情報」の取扱いについて特に配慮を求めることが検討されるべきであろう。

　(c)　さらに,自己情報コントロール権説に対しては,親密な人間関係の形成・維持を目的とするために,対象情報が原則としてプライバシー固有情報に限定され,また情報主体の選択を重視することから,データ社会が直面する問題に十分対応できないとの批判がある。つまり,データ社会においては,個別の個人情報を本人がコントロールするだけでなく,そうした情報が利用・集積される制度や情報システム等の構造あるいはアーキテクチャを統制できる権利構成が必要であるとされるのである（山本龍彦「データベース社会におけるプライバシーと個人情報保護」公法75号90頁以下（2013）を参照）。

　この点,自己情報コントロール権説も,個人情報の開示・公表の文脈だけでなく,収集・利用・集積等をその規律対象としており,情報利用の全過程において個人情報が適正に取り扱われなければならないとする。したがって,問題は,個人情報の適正な取扱い一般に対する主観的権利が認められるか,個人情報の管理をどの範囲で情報主体の意思に依拠させるかにある。

　まず,個人情報の取扱いに対する情報主体の関与について,原則として,国家による個人情報の取得,利用および開示等に情報主体の同意を要するという意味でのコントロール（決定権としてのコントロール）と,個人情報の適正な取扱いを担保するために,自己情報の開示,訂正,利用停止請求権等を認めるという意味でのコントロール（チェックとしてのコントロール）に区別するのが有益である。個人情報の保護に際しては,この2つのコントロールを適切に組み合わせることによって,公正かつ円滑な行政事務の遂行との調和を図る必要がある。

　このうち,「決定権としてのコントロール」が及ぶ個人情報の範囲を拡大し過ぎることは,行政活動を著しく阻害するおそれがある。通常の生活状況において,多くのプライバシー外延情報が本人の同意なく収集されることは不可避であって,たとえプライバシー外延情報を「決定権としてのコントロール」の対象に含めたとしても,結局,収集等に関して推定的同意を認めるほかない。他方,個人情報保護法制において自己情報の開示請求権等を認める場合には,その対象をプライバシー固有情報に限定すべき必然性はなく,

実際，行政機関個人情報保護法等もこのような限定を付していない。その意味でプライバシー外延情報を「チェックとしてのコントロール」の対象とすることに支障はない。

このように考えると，プライバシー外延情報の取得・利用等については，それを本人の同意に基づかせるよりは，「チェックとしてのコントロール」を通じて，その取扱いの客観的適正さを要求することにならざるを得ない。この点については，これを国等の情報管理責任として構成することも可能であるが，その侵害の程度に軽重があるとはいえ，自己情報の不適切な取扱いによって不利益を受けたり，あるいは不利益を受ける危険にさらされたりするのは情報主体である以上，その主観的権利・利益として構成するのが適切である。

ただ，「チェックとしてのコントロール」を確保するためには，個人情報保護法制を整備する必要があるが，立法者がその責務として整備すべき法制の内容として，個人の開示，訂正および利用停止請求権等の主観的権利を定めることが要請されるのであるから，これを抽象的権利として位置付けるのが適切であるように思われる。このように解することによって，整備された個人情報保護法制について，憲法適合的解釈を求めやすくなろう。

このような観点から，近時は，個人情報一般の保護に関する権利は，公共の福祉にかなう限りで，憲法13条後段の保護を受けると解する見解（長谷部・憲法〔6版〕152-153頁を参照）や，自己情報コントロール権を発展させて，プライバシー権と相対的に独立した権利として構成する考え方（土井真一「国家による個人の把握と憲法理論」公法75号1頁以下（2013）を参照）などが説かれている。今後，ビッグ・データの利用によるプロファイリングに対する対応等も重要な課題となるであろうことに鑑みると（山本龍彦「インターネット時代の個人情報保護——個人情報の『定義』とプロファイリングを中心に」阪本昌成先生古稀記念論文集『自由の法理』539頁以下（成文堂，2015）を参照），自己情報コントロール権の射程を限定し過ぎないことが適切であろう。

これらの点について，最高裁判例は，まず保護の対象となる個人情報の範囲を広く捉える傾向を示しているが，国家による個人情報の取扱いについて，原則として，本人の同意に基づくことまでを求めているわけではない。早稲

田大学江沢民講演事件判決（→**判例4/**）は，講演参加者の個人情報を警察に開示することについて，あらかじめ参加申込者の承諾を得なかったことを問題視しているものの，その他の判決においては，本人の同意を得ていない個人情報の取扱いを直ちに違法と判断しているわけではない。むしろ，行為準則として当該個人情報の取扱い態様を問題とし，さらに当該情報の重要性と相関的に考慮することで，違法な法益侵害の有無を判断しているように思われる。最高裁が，一連の法的利益の定式化において「みだりに……されない」という語句を多用するのは，この点に関連するのではないかと思われる。

なお，自己情報コントロール権を具体化する個人情報保護法制として，個人情報保護の基本法であると同時に，民間部門における個人情報保護を規律する個人情報保護法，国の行政機関を対象とする行政機関個人情報保護法，独立行政法人や政府の一部を構成すると考えられる法人を対象とする独立行政法人等個人情報保護法，および地方自治体が定める個人情報保護条例がある。

(d) 最後に，情報システムやデータベースの構造等に関わる問題については，情報システムのセキュリティの確保が求められるほか，自己情報コントロール権を確保するために必要と考えられる措置，例えば，情報の不適正な利用・結合を生じさせない工夫や，情報主体の選択権を尊重できるシステムの構築が求められよう。

ただ，そうした情報システムの構造等のチェックについて，情報主体にどの程度のイニシアティブを認めることが適切か，また裁判所がどの程度の審査を行うことが可能かという点が問題となる。この点は専門技術的な能力に関わると同時に，システム構築・是正には多額の費用と事務コストが掛かる場合があることから，事後的なチェックが効率的か否かについて疑問がある。その意味では，重大な欠陥のある情報システムに対する司法的介入を認める必要性はあるものの，基本的には立法機関や専門的な第三者機関による事前のチェックを重視すべきではないかと思われる。

なお，システムの構造的審査が論じられる場合には，情報処理システムの構造が問題となるだけではなく，例えば，情報収集の合憲性を審査する場合に，その後の利用の在り方等を含めて，システムの運用状況全体を判断の対

象とすべきであるという意味も含まれている。この点は，将来の権利侵害を予防する意義が認められるものであるから，少なくとも後続の段階で権利侵害の蓋然がある限り，裁判所も違憲審査における考慮事項とすべきではないかと考えられる。

　この問題との関連で，住民基本台帳ネットワークシステムおよびマイナンバー制度については，㈠(カ)(キ)。

　㈡　肖像に関する権利　　一般に，「肖像権とは，自己の肖像を権限なくして他人が絵画，彫刻，写真その他の方法により作成・公表することを禁止できる権利をいう」(五十嵐・前掲書71頁)とされる。このような肖像権は，大陸法諸国においては，いわゆる人格権の一つとして位置付けられ，「①自己の肖像の作成（とくに写真撮影）を禁止する権利。②作成された肖像の公表を禁止する権利。③肖像を営利目的で利用することを禁止する権利」(五十嵐・前掲書72頁)が含まれるとされる。

　このうち，③の権利は，肖像が有する経済的価値に着目したものであり，アメリカなどにおいては，「パブリシティの権利」として別に類型化されることも多い(大日方信春「パブリシティ権と表現の自由」熊本法学127号55頁以下(2013)などを参照)。我が国においても，最高裁平成24年2月2日判決(民集66巻2号89頁)が，「人の氏名，肖像等（以下，併せて「肖像等」という。）は，個人の人格の象徴であるから，当該個人は，人格権に由来するものとして，これをみだりに利用されない権利を有する」とした上で，「肖像等は，商品の販売等を促進する顧客吸引力を有する場合があり，このような顧客吸引力を排他的に利用する権利（以下「パブリシティ権」という。）は，肖像等それ自体の商業的価値に基づくものであるから，上記の人格権に由来する権利の一内容を構成するものということができる」とし，「肖像等を無断で使用する行為は，①肖像等それ自体を独立して鑑賞の対象となる商品等として使用し，②商品等の差別化を図る目的で肖像等を商品等に付し，③肖像等を商品等の広告として使用するなど，専ら肖像等の有する顧客吸引力の利用を目的とするといえる場合に，パブリシティ権を侵害するものとして，不法行為法上違法となる」としている。このようなパブリシティ権は，主として，肖像が有する経済的・財産的利益に関するものであり，人格権といっ

ても，一身専属的権利ではなく，譲渡や相続などが認められ得ること，また私人間において特に問題となる権利利益であることなどから，独自の権利として構成するのが適当である。

　①自己の肖像の作成を禁止する権利および②作成された肖像の公表を禁止する権利が，いかなる法益を保護しようとするものであるかについては，必ずしも明確ではない。また，①が当然に肖像権の内容に含まれるかどうか，とりわけ私人間においては見解の対立があった。なぜなら，例えば，私人が知人等の肖像を描いて所持することを，ただちに権利侵害とするのは困難だからである。しかし，とりわけ写真撮影の場合には，単なる肖像の作成であるだけでなく，撮影時の被写体の行為・状況を同時に記録することから，それによって私生活に関わる個人情報が取得・公表される場合には，プライバシーと密接に関連することになる。特に，国家機関が国民の肖像を写真撮影する場合には，被写体の行為・状況を記録して利用することを目的とすることが多く，そのような場合には，必ずしも当該肖像の公表行為が後続するわけではないことから，①もまた憲法上の権利の内容に含まれると解することが適当である。

　この点，最高裁も，京都府学連事件（→**判例5**）において，「みだりにその容ぼう・姿態を撮影されない自由」が憲法上保護されることを認めている。

判例5　《京都府学連事件》
　　　　　最大判昭和44・12・24刑集23巻12号1625頁

　本件は，京都府学生自治会連合が京都市内で行った集団行進集団示威運動において，京都府公安委員会が付した許可条件に外形的に違反する事実が認められたことから，許可条件違反等の違法状況の視察，採証の職務に従事していた警察官が集団先頭部分の行進状況を撮影した。それを見た学生らが警察官に詰め寄り，旗竿で下顎を突き怪我を負わせたことから，公務執行妨害および傷害の罪で起訴された。第一審（京都地判昭和39・7・4刑集23巻12号1655頁）および原審（大阪高判昭和40・4・27刑集23巻12号1660頁）ともに被告人を有罪とした。

　最高裁は，次のように判示した。憲法13条は，「国民の私生活上の自由が，

警察権等の国家権力の行使に対しても保護されるべきことを規定しているものということができる。そして，個人の私生活上の自由の一つとして，何人も，その承諾なしに，みだりにその容ぼう・姿態（以下「容ぼう等」という。）を撮影されない自由を有するものというべきである。

これを肖像権と称するかどうかは別として，少なくとも，警察官が，正当な理由もないのに，個人の容ぼう等を撮影することは，憲法 13 条の趣旨に反し，許されないものといわなければならない。しかしながら，個人の有する右自由も，国家権力の行使から無制限に保護されるわけでなく，公共の福祉のため必要のある場合には相当の制限を受けることは同条の規定に照らして明らかである。」「警察官が犯罪捜査の必要上写真を撮影する際，その対象の中に犯人のみならず第三者である個人の容ぼう等が含まれても，これが許容される場合がありうるものといわなければならない。

そこで，その許容される限度について考察すると，身体の拘束を受けている被疑者の写真撮影を規定した刑訴法 218 条 2 項のような場合のほか，次のような場合には，撮影される本人の同意がなく，また裁判官の令状がなくても，警察官による個人の容ぼう等の撮影が許容されるものと解すべきである。すなわち，現に犯罪が行なわれもしくは行なわれたのち間がないと認められる場合であって，しかも証拠保全の必要性および緊急性があり，かつその撮影が一般的に許容される限度をこえない相当な方法をもって行なわれるときである。」

また，最高裁昭和 61 年 2 月 14 日判決（刑集 40 巻 1 号 48 頁）は，**判例 5** に依拠して，「速度違反車両の自動撮影を行う本件自動速度監視装置による運転者の容ぼうの写真撮影は，現に犯罪が行われている場合になされ，犯罪の性質，態様からいって緊急に証拠保全をする必要性があり，その方法も一般的に許容される限度を超えない相当なものであるから，憲法 13 条に違反せず，また，右写真撮影の際，運転者の近くにいるため除外できない状況にある同乗者の容ぼうを撮影することになっても，憲法 13 条，21 条に違反しない」としている。

警察官が被疑者の容ぼう等を写真・ビデオ撮影することが許される要件については，公道上およびパチンコ店内にいる被疑者の容ぼう，体型等をビデオ撮影した捜査活動の適法性が問題となった。最高裁平成 20 年 4 月 15 日決

定（刑集62巻5号1398頁）は，**判例5**/は，「警察官による人の容ぼう等の撮影が，現に犯罪が行われ又は行われた後間がないと認められる場合のほかは許されないという趣旨まで判示したものではない」とした上で，「捜査機関において被告人が犯人である疑いを持つ合理的な理由が存在していたものと認められ，かつ，前記各ビデオ撮影は，強盗殺人等事件の捜査に関し，防犯ビデオに写っていた人物の容ぼう，体型等と被告人の容ぼう，体型等との同一性の有無という犯人の特定のための重要な判断に必要な証拠資料を入手するため，これに必要な限度において，公道上を歩いている被告人の容ぼう等を撮影し，あるいは不特定多数の客が集まるパチンコ店内において被告人の容ぼう等を撮影したものであり，いずれも，通常，人が他人から容ぼう等を観察されること自体は受忍せざるを得ない場所におけるものである。以上からすれば，これらのビデオ撮影は，捜査目的を達成するため，必要な範囲において，かつ，相当な方法によって行われたものといえ，捜査活動として適法なものというべきである」としている。

(オ) 指紋の押なつを強制されない権利　外国人登録法は，我が国に入国する外国人の個人を識別するために，指紋の押なつを強制する制度を定めていた。

指紋自体は，指先の紋様であり，それ自体が個人の私生活に関する重要な情報を含むものではない。しかし，指紋は手で接触した物体の表面に残ることが多く，指紋から特定される人物がいた場所や行った行為等を推認することができる。そのため，指紋は犯罪捜査に用いられるなど，個人識別情報として特別の意味を有している。

また，日本国民に指紋押なつの義務がない一方で，外国人とりわけ特別永住者に対して指紋押なつを求めるのは，これらの者が犯罪を行う危険が高いとの偏見に基づくものではないかといった批判が高まり，1980年代頃に指紋押なつを拒否する運動が展開され，大韓民国と我が国との外交問題となった。

判例 6 《指紋押なつ拒否事件》
最判平成 7・12・15 刑集 49 巻 10 号 842 頁

　本件は，外国人登録法〔昭和 57 年法律 75 号による改正前のもの〕14 条 1 項，18 条 1 項 8 号が，我が国に在留する外国人について指紋押なつ制度を定めていたところ，アメリカ合衆国国籍を有し現にハワイに在住する者が，1981 年当時来日し居住していた神戸市灘区において新規の外国人登録の申請をした際，外国人登録原票，登録証明書および指紋原紙二葉に指紋の押なつをしなかったため，起訴されたものである。第一審（神戸地判昭和 61・4・24 判タ 629 号 212 頁）および原審（大阪高判平成 2・6・19 判時 1385 号 134 頁）は被告人を有罪とした。最高裁は以下のように判示した。

　「指紋は，指先の紋様であり，それ自体では個人の私生活や人格，思想，信条，良心等個人の内心に関する情報となるものではないが，性質上万人不同性，終生不変性をもつので，採取された指紋の利用方法次第では個人の私生活あるいはプライバシーが侵害される危険性がある。このような意味で，指紋の押なつ制度は，国民の私生活上の自由と密接な関連をもつものと考えられる。

　憲法 13 条は，国民の私生活上の自由が国家権力の行使に対して保護されるべきことを規定していると解されるので，個人の私生活上の自由の一つとして，何人もみだりに指紋の押なつを強制されない自由を有するものというべきであり，国家機関が正当な理由もなく指紋の押なつを強制することは，同条の趣旨に反して許されず，また，右の自由の保障は我が国に在留する外国人にも等しく及ぶと解される」。

　指紋押なつ制度は，昭和 27 年に外国人登録法が立法された際に，「戸籍制度のない外国人の人物特定につき最も確実な制度として制定されたもので，その立法目的には十分な合理性があり，かつ，必要性も肯定できるものである。また，その具体的な制度内容については，立法後累次の改正があり，……社会の状況変化に応じた改正が行われているが，本件当時の制度内容は，押なつ義務が 3 年に一度で，押なつ対象指紋も一指のみであり，加えて，その強制も罰則による間接強制にとどまるものであって，精神的，肉体的に過度の苦痛を伴うものとまではいえず，方法としても，一般的に許容される限度を超えない相当なものであったと認められる。」

　なお，外国人の指紋押なつ制度にはかなりの変遷がある。1958 年（昭和

33年)の法改正で在留期間1年未満の者の押なつ義務が免除され、1987年(昭和62年)の外国人登録法改正により原則として最初の1回のみとされた。さらに「日韓法的地位協定に基づく協議の結果に関する覚書」に基づく1992年(平成4年)の法改正によって永住者および特別永住者につき押なつ制度が廃止された後、1999年(平成11年)に非永住者を含めて全面的に廃止された。しかし、2001年9月のアメリカ同時多発テロの発生等を受け、2006年(平成18年)に出入国管理及び難民認定法が改正され、日本に入国する外国人は、電磁的方式により個人識別情報(指紋と顔写真)の提供が義務付けられたが、特別永住者、16歳未満の者および国の行政機関の長が招へいする者などは免除されている(入管6条3項)。

なお、2009年(平成21年)には外国人登録法が廃止され、中長期在留する外国人には「在留カード」が、特別永住者には「特別永住者証明書」が交付され、「外国人住民」については、住民票が作成されている。

(カ) 住民基本台帳ネットワークシステム　1999年(平成11年)の住民基本台帳法改正により、住民基本台帳に関する事務の広域化による住民サービスの向上と行政事務の効率化を図ることを目的として、住民基本台帳ネットワークシステム(以下「住基ネット」という)が導入され、2002年(平成14年)から稼働した。

住基ネットにおいては、すべての住民票(2013年(平成25年)からは外国人の住民票を含む)に対して11桁の番号から成る住民票コードが付され、住民票記載事項のうち、氏名、生年月日、性別および住所の4情報と住民票コードおよび異動事由等の変更情報から成る本人確認情報を、住基ネットを通じて地方自治体および国の機関等が共有する。より具体的には、住基ネットは、各市町村にコミュニケーションサーバ(CS)を置き、既存の住基システムから伝達される本人確認情報を保存する。都道府県サーバは、区域内の市町村のCSから専用回線を通じて送信された本人確認情報を記録・管理し、次に地方公共団体情報システム機構の管理する全国サーバが、都道府県サーバから専用回線を通じて送信される本人確認情報を記録・管理するという仕組みになっている。

地方公共団体および国の機関等は、パスポートの発給や年金の現況確認な

ど法令の定める事務に限り，住基ネットを通じて，本人確認あるいは現況確認などを行う。また，住基カード等を提示することによって，住民票の写しの広域交付が行われているほか，転出転入手続の簡素化が図られた。

しかし，このような住基ネットの導入に対しては，ネットワークのセキュリティに対する疑念や住民票コードが法の目的外に利用され個人情報が結合されることによりプライバシー侵害が生じる不安が指摘され，当初，住基ネットにシステムを接続しない地方自治体や住基ネットへの接続を住民本人の選択に基づかせる地方自治体が出たほか，住基ネットが憲法に違反するとして，住民票コードの削除や損害賠償を求める訴訟が多数提起されたりした。**判例7**は，このような訴訟において，最高裁が住基ネットを合憲と判断したものである。なお，2015年3月に福島県矢祭町が参加したことで，現在はすべての地方自治体が住基ネットに接続している。

判例7 《住基ネット訴訟》
最判平成20・3・6民集62巻3号665頁

本件は，原告らが，住基ネットにより個人情報を収集，管理または利用することは，憲法13条の保障するプライバシー権その他の人格権を違法に侵害するものであるとして，国家賠償を求めて提起した訴訟であり，控訴審において，人格権に基づく妨害排除請求として，住民基本台帳からの住民票コードの削除等が追加請求された。第一審は，原告の損害賠償請求を棄却したが（大阪地判平成16・2・27判時1857号92頁），原審は，自己情報コントロール権に基づいて，住民票コードの削除請求を認容した（大阪高判平成18・11・30判時1962号11頁）。

最高裁は，憲法13条が保障する「個人の私生活上の自由の一つとして，何人も，個人に関する情報をみだりに第三者に開示又は公表されない自由を有する」ことを認めた。その上で，「住基ネットによって管理，利用等される本人確認情報は，氏名，生年月日，性別及び住所から成る4情報に，住民票コード及び変更情報を加えたものにすぎ」ず，「このうち4情報は，人が社会生活を営む上で一定の範囲の他者には当然開示されることが予定されている個人識別情報であり」，変更情報を含めて，「個人の内面に関わるような秘匿性の高い情報とはいえない」し，従前から，住民票の記載事項として，各市町村において

管理，利用等されるとともに，法令に基づき必要に応じて他の行政機関等に提供され，利用されてきたものであるとする。そして，「住民票コードは，住基ネットによる本人確認情報の管理，利用等を目的として，都道府県知事が無作為に指定した数列の中から市町村長が一を選んで各人に割り当てたものであるから，上記目的に利用される限りにおいては，その秘匿性の程度は本人確認情報と異なるものではない」と判断している。

また，「住基ネットによる本人確認情報の管理，利用等は，法令等の根拠に基づき，住民サービスの向上及び行政事務の効率化という正当な行政目的の範囲内で行われているもの」で，「住基ネットのシステム上の欠陥等により外部から不当にアクセスされるなどして本人確認情報が容易に漏えいする具体的な危険はないこと，受領者による本人確認情報の目的外利用又は本人確認情報に関する秘密の漏えい等は，懲戒処分又は刑罰をもって禁止されていること，住基法は，都道府県に本人確認情報の保護に関する審議会を，指定情報処理機関に本人確認情報保護委員会を設置することとして，本人確認情報の適切な取扱いを担保するための制度的措置を講じていることなどに照らせば，住基ネットにシステム技術上又は法制度上の不備があり，そのために本人確認情報が法令等の根拠に基づかずに又は正当な行政目的の範囲を逸脱して第三者に開示又は公表される具体的な危険が生じているということもできない」とし，行政機関が住基ネットにより住民の本人確認情報を管理，利用等する行為は，「個人に関する情報をみだりに第三者に開示又は公表するものということはできず，当該個人がこれに同意していないとしても，憲法13条により保障された上記の自由を侵害するものではないと解するのが相当である」と判示した。

なお，住基ネット導入以前であるが，住民基本台帳のデータが大量に漏えいした事件として，1999年に宇治市が乳幼児検診システムの開発業務を民間業者に委託したところ，再々委託先のアルバイト従業員が住民基本台帳データ約22万人分を不正にコピーし，名簿業者に販売した事件がある。これを受けて，住民が，宇治市を被告としてプライバシー侵害を理由とする損害賠償請求訴訟を提起し，裁判所は1人当たり1万円の慰謝料を認めた（大阪高判平成13・12・25判自265号11頁）。

㈩　マイナンバー制度　2013年（平成25年）5月に「行政手続における特定の個人を識別するための番号の利用等に関する法律」（以下「番号法」と

いう）が成立し，いわゆるマイナンバー制度が導入され，2016年1月からマイナンバーの利用が開始し，2017年から順次行政機関等による情報連携が開始される。このマイナンバー制度は，法人情報にも関わるが，ここでは，個人情報保護との関連で，個人番号に関する部分ついてのみ触れる。

マイナンバー制度の目的は，効率的な情報の管理および利用ならびに行政事務を処理する者の間での迅速な情報の授受を通じて，行政運営の効率化，税や社会保障等の行政分野における公正な給付と負担，行政手続の簡素化による負担の軽減などを実現することにある（同法1条）。

マイナンバー制度においては，外国人を含めて，住民票に記載されているすべての者に対して，地方公共団体システム機構が住民票コードから作成する唯一無二の個人番号（マイナンバー）が付与され，住民票に記載されるとともに，本人に通知される。この個人番号をその内容に含む情報を「特定個人情報」といい，氏名，住所，生年月日，性別，個人番号等が記載され，本人の写真が表示された，ICチップ付きカードが「個人番号カード」（マイナンバーカード）である。

マイナンバーの利用範囲は，番号法9条各項の定める事務，例えば，年金，労働，福祉および医療等の社会保障分野，税の分野ならびに災害救助および被災者生活支援等の災害対策分野につき，番号法別表第1に掲げる事務およびこれらの分野またはこれらに類する分野について条例で定める事務等に限られる。例えば，児童扶養手当の支給の申請を受けた都道府県知事は，給付要件の確認等のために，関係機関から，所得に関する情報，公的年金の受給状況に関する情報，児童福祉施設等への入所状況に関する特定個人情報などの提供を受けることになる。

情報連携のシステムについては，マイナンバー制度においても，納税情報や社会保障情報など各行政分野の情報は，1か所で一元的に集積・管理されるのではなく，各情報に関係する各行政機関等において分散して管理される。そこで，新たに各行政機関および分野等を結ぶ情報提供ネットワークシステム（以下「情報提供NWS」という）を構築し，異なる行政機関等の間での特定個人情報に関する情報連携は，原則として，この情報提供NWSを通じて行われる。

第3章　国民の権利及び義務

　このようなマイナンバー制度については，憲法上，個人情報保護の観点から，マイナンバーの悪用，個人情報が過度に集積・利用されることによるプライバシーの侵害ならびに個人情報の漏えいの危険などが問題となる（山本龍彦「番号制度の憲法問題――住基ネット判決から考える」法教397号49頁以下(2013)，曽我部真裕ほか『情報法概説』210-211頁［曽我部］（弘文堂，2016）等を参照）。

　こうした問題に対応するために，番号法は，まず，個人情報保護法や行政機関個人情報法の特則として，番号法に定める場合以外に，個人番号の収集（同法15条），特定個人情報の収集・保管（同法20条），特定個人情報ファイルの作成（同法29条），および番号法が定める場合以外に特定個人情報を提供することを禁止し（同法19条），また情報提供NWSの事務に従事する者等に対して守秘義務を課している（同法25条）。また，これらに違反した者に対しては，従来の個人情報保護法制においてよりも重い刑罰を科すことが定められている。

　そして，異なる行政機関等の間での特定個人情報に関する情報連携は，原則として，情報提供NWSを通じて行うこととした上で，情報提供NWSは，求められている情報提供が番号法により許容されているものかどうかを判断する機能を備えるものとし，情報照会者および提供者の名称，情報提供等の日時，提供された特定個人情報の項目等を記録し，一定期間保存することが義務付けられている（同法23条）。また，本人およびその代理人は，これらの情報を情報提供等記録開示システム（マイポータル）により確認し，自己の特定個人情報に関する情報連携の適切さを点検することができるようになる（同法附則6条3項）。

　また，情報提供NWSのセキュリティを高めるため，情報提供NWS内では，マイナンバーではなく，各行政機関別の符号が用いられる。これにより，芋づる式に特定個人情報の漏えいが生じることを防止している。

　さらに，特定個人情報の適正な取扱いを確保するため，当初，内閣総理大臣の所轄に属する，内閣府の外局として「特定個人情報保護委員会」が設置された。しかし，2015年（平成27年）の個人情報保護法および番号法の改正により，特定個人情報保護委員会を改組し，個人情報の保護等を新たに任務

に加えて，2016年1月に「個人情報保護委員会」が発足した。個人情報保護委員会は，特定個人情報の取扱いに関し，必要な指導および助言を行い（同法33条），特定個人情報の取扱いに法令違反がある場合には，違反行為の中止その他是正のために必要な措置をとるよう勧告することができる（同法34条1項）。さらに，相手方が勧告等に従わない場合，個人の重大な権利利益を害する事実があるために緊急に措置をとる必要があると認めるときは，是正のために必要な措置をとるよう命ずることができる（同法34条3項）。

また「特定個人情報保護評価」制度が導入され，行政機関等が，特定個人情報ファイルを保有し，または重要な変更を加える場合には，行政機関等は，個人情報保護委員会規則の定めるところにより，法に定める事項について評価を行い，広く国民の意見を求めた上で，個人情報保護委員会の承認を得なければならない（同法28条）。これにより，特定個人情報を取り扱う構造に脆弱性がないか等を点検し，国民に対する説明責任を果たすとともに，当該措置の客観的・専門的適切性を確保しようとしている。

(6) 裁判において主張されたその他の権利

このほかにも，「自己決定権」という概念の下，様々な権利・自由が主張されている。しかし，「自己決定権」は，広くは，自己に関する事項について意思決定をする自由一般を意味するもので，憲法上の権利の具体的な類型としては適切ではない。

これまで裁判において主張された主な権利として以下のようなものがある。

㋐ 性同一性に関する権利　性同一性障害者とは，生物学的には性別が明らかであるにもかかわらず，心理的にはそれとは別の性別（以下「他の性別」という）であるとの持続的な確信を持ち，かつ，自己を身体的および社会的に他の性別に適合させようとする意思を有する者であって，そのことについてその診断を的確に行うために必要な知識および経験を有する2人以上の医師の一般に認められている医学的知見に基づき行う診断が一致しているものをいう（性同一性障害者の性別の取扱いの特例に関する法律（以下「性同一性障害者特例法」という）2条）。性同一性障害者特例法は，家庭裁判所の審判により，性同一性障害者の性別を他の性別に変更することを認めているが，その要件として，「現に子がいないこと」（改正前の同法3条1項3号）を掲げて

いたため，その合憲性が争われた事件がある。

最高裁平成19年10月19日決定（家月60巻3号36頁）は，性同一性障害者特例法3条1項3号の規定は，「現に子のある者について性別の取扱いの変更を認めた場合，家族秩序に混乱を生じさせ，子の福祉の観点からも問題を生じかねない等の配慮に基づくものとして，合理性を欠くものとはいえないから，国会の裁量権の範囲を逸脱するものということはできず，憲法13条，14条1項に違反するものとはいえない」とした。

しかし，成人した子について，なおその福祉を問題にする必要があるのかといった批判があり，2008年（平成20年）の法改正により，性同一性障害者特例法3条1項3号は「現に未成年の子がいないこと」と改められた。

性別が各人の自由な意思決定に委ねられるかどうかは別として，性同一性は本条後段によって保障されるべき人格的利益に含まれると考えられることから，性別の取扱いを変更する審判の要件については，慎重な検討を要するものと考えられる。

(イ) 宗教的人格権　殉職自衛官の妻が，自衛隊の外郭団体である隊友会の合祀申請により，夫が護国神社に合祀されたことが，自らの宗教上の人格権を侵害すると争った事件において，最高裁は，「原審が宗教上の人格権であるとする静謐な宗教的環境の下で信仰生活を送るべき利益なるものは，これを直ちに法的利益として認めることができない」（最大判昭和63・6・1民集42巻5号277頁）としている。もし，このような権利利益が認められるとしても，本条後段ではなく20条が保障する信教の自由に位置付けるのが適当であろう。本件の詳細については，→§20 Ⅲ 3。

(ウ) 静謐のプライバシー　市営地下鉄内において広告放送の聴取を一方的に強いられることが人格権を侵害するか否かが争われた事案において，最高裁は，大阪市の運行する地下鉄の列車内における商業宣伝放送を違法ということはできず，市は不法行為および債務不履行の各責任を負わないとした（最判昭和63・12・20判時1302号94頁）。ただ，伊藤正己裁判官補足意見は，「他者から自己の欲しない刺戟によって心の静穏を害されない利益は，人格的利益として現代社会において重要なものであり，これを包括的な人権としての幸福追求権（憲法13条）に含まれると解することもできないものでは

ない」としている。

　(エ)　その他　そのほかにも，本条後段との関連では，喫煙を禁止していた旧監獄法施行規則96条の合憲性が争われた訴訟（最大判昭和45・9・16民集24巻10号1410頁。→第3章前注Ⅲ2(2)），どぶろくを製造する自由に基づいて酒税法7条1項および54条1項の合憲性が争われた訴訟（最判平成元・12・14刑集43巻13号841頁），ストーカー行為等の規制等に関する法律2条1項，2項および13条1項の合憲性が争われた訴訟（最判平成15・12・11刑集57巻11号1147頁）などがある。

Ⅳ　公共の福祉

1　「公共の福祉」規定の制定の経緯等

　本条後段の「公共の福祉」規定は，総司令部草案12条の「一般ノ福祉ノ限度内ニ於テ」（within the limits of the general welfare）という文言に由来する（佐藤（達）・成立史(3) 35頁参照）。当初，総司令部民政局の「人権に関する小委員会」第1次試案には，生命，自由及び幸福追求に対する権利を制約する根拠規定が存在しなかったようであるが，運営委員会が，「共同ノ福祉」（the common welfare）が個人の権利に優越するとした他の条文（現行12条に繋がる条文）に反するとして，第2次試案の段階で上記の文言が加えられたようである（高柳ほか編・過程Ⅰ 194-199頁参照）。

　その後，日本政府が作成した1946年3月2日案の段階で，「一般ノ福祉」および「共同ノ福祉」の文言に替えて，「公共ノ福祉」の語が統一して用いられることとなり，政府草案12条で「公共の福祉に反しない限り」という表現に整えられて，現行の13条後段として成立したものである（佐藤（達）・成立史(3) 95頁・338頁参照）。

　また，比較法的には，アメリカ合衆国憲法において，憲法制定の目的（前文）および合衆国議会の課税権行使の目的（1条8節1項）の一つとして「一般的福祉」（the general Welfare）の文言が用いられている。さらに，憲法上の権利を制約する事由としては，大韓民国憲法37条が「国家安全保障」「秩序

第3章　国民の権利及び義務

維持」と並んで「公共の福利」を掲げるほか，フランスの「人および市民の権利の宣言」（人権宣言）4条は，「同じ権利の享受を他の社会構成員に保障すること」，ドイツ基本法2条1項は，「他人の権利を侵害せず，かつ，合憲的秩序又は人倫法則に反しない限りにおいて」と定めており，他人の権利，社会の安全および秩序，あるいは公共の利益に言及するのが一般的である。なお，カナダの1982年憲法1条が，権利および自由に関するカナダ憲章で保障される権利および自由は，「自由で民主的な社会において明確に正当化することができる合理的制約にのみ服する」としている点も注目される（翻訳は，高橋和之編『［新版］世界憲法集〔2版〕』（岩波書店，2012）による）。

2　「公共の福祉」規定の法的性格

最高裁判例は，一貫して，本条後段の「公共の福祉」規定を，憲法の保障する基本的人権に対する一般的な制約根拠であると解し，その法的規範性を承認している。

例えば，初期の最高裁判例においては，憲法13条は，「公共の福祉という基本的原則に反する場合には，生命に対する国民の権利といえども立法上制限乃至剥奪されることを当然予想しているものといわねばならぬ」（最大判昭和23・3・12刑集2巻3号191頁）とし，「憲法21条は絶対無制限の言論の自由を保障しているのではなく，公共の福祉のためにその時，所，方法等につき合理的制限のおのずから存することは，これを容認するもの」（最大判昭和25・9・27刑集4巻9号1799頁）などとしている。また，最近においても，「憲法21条1項も，表現の自由を絶対無制限に保障したものではなく，公共の福祉のため必要かつ合理的な制限を是認するもの」（最判平成23・7・7刑集65巻5号619頁）とするなど，本条後段の「公共の福祉」規定に基づく基本的人権の制約を認めているところである。

学説においても，初期の段階から，本条後段が，基本的人権を制約する法的根拠であるとする見解が有力であった（以下「法規定説」という）。「国家は，基本的人権の行使が公共の福祉に反するの事態を来すことのないよう，必要な制限を定め得る」（佐々木・憲法論400頁）とか，「基本的人権のいずれもが，この第12条と第13条の適用を受けるものであつて，公共の福祉に反する以

上，如何なる基本的人権も，法律に依つて必要な制約を受けなければならない」（入江俊郎『日本國憲法讀本』66頁（海口書店，1948））などと説かれている。

しかし，初期の最高裁判例においては，公共の福祉の内容について十分な説明がなく，また権利制約の在り方を具体的に審査することもないままに，文言上，当該制約が公共の福祉に含まれると認定するだけで，直ちに合憲であると結論づけるものが多く見受けられた。また，学説の中にも，法規定説の論理を徹底し，「基本的人権に対する公共の福祉に依る制約は無条件・無制限のものと解するのが正当であって，従って公共の福祉の要求する場合には，単にこれを制限することのみならず，剝奪・廃止することも差支なく，そしてそれは敢て所謂生存権に限らず，自由権についても同様であり，また敢て各本条において公共の福祉の制約の明示せられたものに限らず，一切の基本的人権について皆同様と解すべき」（柳瀬良幹「基本的人権と公共の福祉──それに関する諸家の説について」末川ほか・公共の福祉208頁）であるという主張もあった。

このような法規定説に対しては，一般に法律は公共の福祉の実現を目的として制定されるものであるから，本条後段の「公共の福祉」規定に基づいて基本的人権の制約を認めれば，基本的人権は私益であり，全体の利益である公共の福祉が常に優先するという思考に結びつき，基本的人権の保障について法律の留保を認めない意義の大半が失われることになるとの有力な批判が展開された（法協・註解上294頁，伊藤・憲法218頁参照）。

そして，本条後段は，憲法の保障する基本的人権を一般的に制約する法的根拠となるものではなく，個人の基本的人権を最大限尊重するよう，国政の上で積極的に図らなければならない点を強調するために，国家の心構えあるいは政治的責任を表明したものにすぎない（法協・註解上339頁，鵜飼・憲法70-71頁，伊藤・憲法218-219頁，樋口・憲法〔3版〕200-203頁など）と説かれたり，「各条に，憲法が例規する基本的人権に限定せず，一般に個人の生命自由及び幸福追求の権利を尊重しなければならない趣旨を包括的に表現したもので，憲法の掲げる特定の人権と公共の福祉との関係を規定したものではない」（兼子一「基本的人権と公共の福祉」末川ほか・公共の福祉43頁）とされたのである（以下「訓示規定説」という）。

ただ，訓示規定説においても，基本的人権が無制限に保障されるわけではない。訓示規定説は，権利の制約を，各人の権利・自由の衝突の調整など，各権利・自由に当然に内在する制約（以下「内在的制約」という）と，特定の政策的考慮によって公益のために加えられる制約（以下「外在的制約」という）に区別し，すべての基本的人権は，「公共の福祉」の文言とかかわりなく，当然，内在的制約に服するものと解する。他方，「公共の福祉」の語は，外在的制約を意味するものであって，本条後段の「公共の福祉」規定により，すべての基本的人権が外在的制約に服すると解するのは広きに失し，憲法22条および29条の「公共の福祉」規定のみが，外在的制約を認める法的根拠となるとするのである。

このように，訓示規定説は，内在的制約がすべての基本的人権に妥当することを承認しつつ，それは立法者が左右できない客観的な限界の範囲内でのみ認められるものとし，他方，「公共の福祉」（外在的制約）を経済的基本権の領域に限定することで，精神的基本権に対する制約を最小限にとどめようとするねらいを有している。内在的制約および外在的制約の概念については，後に考察するが（→3(4)），訓示規定説のこのようなねらい自体は，基本的人権保障の歴史的展開（→第3章前注Ⅰ2(1)）を踏まえたものであり，基本的に適切である。しかし，本条後段全体を訓示規定と解する点については，「幸福追求権」規定による包括的基本権保障を困難にし，適切ではない。また，本条後段中，「幸福追求権」規定は法的規定であるが，「公共の福祉」規定は訓示規定であると解するとすれば，あまりに便宜的に過ぎよう。

したがって，本条後段の「公共の福祉」規定の規範的性格については，憲法の保障する基本的人権に対する一般的な制約根拠となる法的規定と解すべきである。ただ，先に述べたように（→Ⅲ3(1)），本条後段は抽象的次元と具体的次元の重層的な規範構造を有しており，抽象的次元において，包括的基本権である幸福追求権が公共の福祉により制約を受けることが原理的に認められるとしても，そのことから，直ちに，具体的次元において保障される個々の基本権（個別条項および「幸福追求権」規定により補充的に保障される基本権）が，当然に公共の福祉による制約を受けるわけではない。個別的基本権の中には，純粋な内心の自由（19条および20条など），残虐な刑罰および拷問

の禁止（36条）ならびに検閲の禁止（21条2項）など，公共の福祉による制約または例外が認められないと解されるものもあり，公共の福祉による制約が具体的に及ぶか否かは，個別の基本権あるいはその具体的な保障内容ごとに確定していくことが必要である（佐藤（幸）・憲法論133頁，毛利ほか・憲法Ⅱ10頁［松本］，市川・基本講義67頁などを参照）。

また，初期の最高裁判例が，公共の福祉よる制約を安易に認め過ぎている面があることも否定できない。しかし，そのような問題点の改善は，本条後段の法規範性を一律に否定することによってではなく，以下に示すように，公共の福祉の内容，「公共の福祉に反しない限り，……最大の尊重を必要とする」と規定されていることの意味，および権利制約の具体的審査の方法の検討を通じて行われるべきである。

3　公共の福祉の内容

(1)　「公共の福祉」の概念

本条後段において，「公共の福祉」の概念は基本的人権を制約する根拠として用いられている。しかし，より広義には，国家権力の行使の正当性の根拠を一般的に示す概念として「公共の福祉」の概念を用いることも可能である。法の支配・法治国家原理を徹底すれば，国家による恣意的な権力行使はおよそ許されず，国家は，正当な目的を実現するために適正な手段を用いて，その権力を行使しなければならないと解される。それゆえ，憲法理論上は，本来，国家権力の行使の正当性を探究し，その範囲を画すことを目的として，広義の「公共の福祉」概念の考察が必要である（長谷部・憲法〔6版〕104-108頁，長谷部・理性〔増補新装版〕63-88頁などを参照）。しかし，ここでは，本条後段との関連で，憲法上の基本的人権を制約する根拠としての「公共の福祉」概念について論ずることとする。

「公共の福祉」の概念は，抽象的には，「実質的公平の原理」（宮沢・憲法Ⅱ235頁），「配分的正義」（柳瀬良幹「基本的人権と公共の福祉——それに関する諸家の説について」末川ほか・公共の福祉218頁），「社会の共同生活の幸福」（佐々木・憲法論399頁），あるいは「社会の全員の共存共栄であり，社会連帯」（木村亀二「法の理念としての公共の福祉」末川ほか・公共の福祉98頁）などと定義さ

れる。

　しかし,「公共の福祉」概念を簡潔に定義することは困難であり,またそのような定義によって,基本的人権に対する制約の可否を直截に判断し得るわけではない。したがって,「公共の福祉」概念の定義自体よりも,その内容を具体的に考察する際の理念あるいは基本的な考え方が重要である。

　ただ,議論の前提として,「公共の福祉」の文言が指し示す対象を明確にする必要がある。この点,公共の福祉が基本的人権の制約に関わる概念であることについては共通理解があるものの,より厳密には,上述の定義においても,相異なる2つの指示対象が想定されている。第1に,基本的人権を制約する理由となる法益,あるいは国家が基本的人権を制約することにより実現しようとしている目的であり,第2に,かかる利益あるいは目的と基本的人権を調整する原理である。例えば,「社会の共同生活の幸福」は,前者を指すものであり,「実質的公平の原理」や「配分的正義」は後者を指す。

　公共の福祉をもって,基本的人権と対抗利益との調整原理を指すとするならば,基本的人権は公共の福祉に反することができない。通常の語の用例からして,基本的人権といえども,公平を欠き,正義に反する行使は許されないからである。本条後段の「反しない限り」という文言を重視すれば,このような理解が導かれ得るが,後に述べるように(一4),公共の福祉を切り札として用いることは適当でないから,公共の福祉は基本的人権を制約する理由となる法益を指すものと解するのが適切であろう。それに対して,「実質的公平」や「配分的正義」は,基本的人権と公共の福祉を適切に調整するための指導理念,あるいは両者が適切に調整された状況を指すものである。

　なお,最高裁判例の中にも,職業選択の自由について,「規制の目的が公共の福祉に合致するものと認められる以上,そのための規制措置の具体的内容及びその必要性と合理性については,立法府の判断がその合理的裁量の範囲にとどまるかぎり,立法政策上の問題としてその判断を尊重すべき」(最大判昭和50・4・30民集29巻4号572頁)であるとするもの,あるいは,集会の自由について,「公共の福祉による必要かつ合理的な制限を受けることがある」(最大判平成4・7・1民集46巻5号437頁)とするものなど,公共の福祉を規制目的あるいは基本的人権の対抗法益に関する文脈に限定して用いるも

のがある。

(2) 基本的人権に対する制約の統制原理としての公共の福祉

　公共の福祉は，基本的人権を制約するための事由となるものであるが，しかし，「公共の福祉」の意味が無限定でない限り，国家権力によって基本的人権の対抗利益として掲げられるもののうち，「公共の福祉」概念に包摂されないものがあり得る。つまり，公共の福祉は，基本的人権の対抗利益を評価する憲法上の規準として機能するのであり，基本的人権に対する「制限の制限ルール」（阪本昌成『憲法2基本権クラシック〔4版〕』64頁（有信堂，2011））としての意義を有するものである。したがって，「公共の福祉」の理念を明らかにすることは，「公共の福祉」規定が濫用されないようにするために基本的人権に対する制約の統制原理を明らかにすることであり，基本的人権の対抗利益を画することである点に留意が必要である。

(3) 「民主的な人権調整の原理」としての公共の福祉

　「公共の福祉」の理念として，従来の通説は，「民主的な人権調整の原理」を掲げる。すなわち，「公共の福祉は，人権相互間の矛盾・衝突を調整する原理」であり，「人権の保障そのものの本質から論理必然的に派生する原理」であると考えるのである（宮沢・憲法Ⅱ236-237頁）。そして，民主主義的考え方の下では，「『人間』が至上であるから，人権は，何よりも高い価値を認められる。人権に対抗できる価値というものは，そこにはあり得ない。ここでは，国家そのものすら人権に奉仕するために存するとされる」と理解する（宮沢・憲法Ⅱ230頁）。

　この点，学説においては，初期の段階から，公共の福祉は，「全体に固有の価値実現に必要な，即ち国家や社会の伝統的乃至は民族的な価値を認め，その維持発展に必要であるという意味における固有の全体の利益というよりも，……大多数の個人の共通の，又これを総計した利益幸福を指すもの」（兼子一「基本的人権と公共の福祉」末川ほか・公共の福祉35頁），あるいは「社会の成員のすべての者を超越したところの，超個人的な全体の福祉ではなく，社会の成員のすべてに内在的な福祉である」（木村・前掲論文97頁）とされてきた。これらの考え方は，戦時中における「滅私奉公」や「一億玉砕」に至るがごとき思想を日本国憲法にいう「公共の福祉」に持ち込むことは許され

ないとするものであり，基本的に適切である。

　ただ，このように解する理由として，伝統的通説は，民主主義の考え方を挙げているが，しかし，民主主義を統治権力行使の手続・方法に関する考え方と理解する場合には，「民主主義も独裁主義も，ともに具体的場合に有権的に何が公共の福祉であるかを認定するその仕方に関する主義であって，従って原理的には何れも等しく超越的の公共の福祉とも結びつき得る」。それゆえ，「超越的な公共の福祉の否定は，決して民主主義に内在的な原理ではなく，むしろ民主主義（或は一層精確にはその多数決主義）に対立する超越的なその制約原理たるもので，……それは恐らく憲法第13条の前段が『すべて国民は個人として尊重される』といふ言葉で現はしてゐる個人主義の原理」（柳瀬・前掲論文211-212頁）であるとの指摘は正当である。

　したがって，先に述べたように（→Ⅱ5），本条前段の「個人の尊重」規定は，個人の尊厳・自律の基本理念・原理を保障するものと解した上で，本条前段は「公共の福祉」規定の内容をも規律し，このような基本原理に反するような国家権力行使の目的は，公共の福祉として正当化されないことを意味すると解するのが適当であろう。

　ただ，このように解するとしても，本条前段の「個人の尊重」原理から，従来の通説のように，基本的人権の制約は，他者の基本的人権を保障する場合に限って認められるとする結論が導かれるわけではない。このような従来の通説は，公共の福祉による一元的な制約を前提とする一方で，公共の福祉を人権相互の矛盾・衝突を調整する実質的公平の原理とし，すべての人権に内在する制約原理であると解することから，一般に，「一元的内在的制約説」と呼ばれている（芦部・憲法〔6版〕100頁参照）。そこで，この問題について，次に「内在的制約」および「外在的制約」の概念と合わせて検討する。

(4)　内在的制約・外在的制約および自由国家的公共の福祉・社会国家的公共の福祉

　基本的人権に対する制約については，「内在的制約」と「外在的制約」の2つの制約を区分することが一般的である（芦部・憲法〔6版〕99-102頁，佐藤（幸）・憲法論132-134頁，高橋・立憲主義〔3版〕118-123頁など）。

元来，内在的制約とは，「権利自由に外から加えられる超越的な制限・侵害」ではなく，権利が形成発展した歴史的社会秩序において要請される「権利自由に内在する（或はそこで前提されている）制約」であり，外在的制約とは，「特定の国家目的を達成するためとか，或は或る政策的考慮によつて公益のために加えられる制約」（法協・註解上295頁）を意味する。そして，この定義から，内在的制約は，権利自体に含まれる制約であるから，その制約事由となる文言が明文で定められていない場合であっても，憲法上認められるが，外在的制約については，「公共の福祉」など特にそれを認める根拠となる文言がない限り許容されないとの帰結を導く。

　そして，本条後段の「公共の福祉」規定の法的性格を否定して，22条および29条の「公共の福祉」規定についてのみ法的性格を肯定することから，外在的制約は，22条の職業選択の自由等および29条の財産権についてのみ特別に認められる制約となり，その他の基本権にも認められる制約は内在的制約ということになる。それゆえに，一般に「内在・外在二元的制約説」とも称されるのである。

　しかし，当初の訓示規定説においては，前国家的自由を保障する「自然的人権」と，国家の後見保護によって成立する「社会的人権」の区別が行われ，外在的制約は社会的人権に対してのみ認められるとされていた。そして，社会的人権の典型例として，生存権（25条），教育を受ける権利（26条）や勤労の権利（27条）等が挙げられていることから，外在的制約は，主として社会権的基本権に対するものと位置付けられている（兼子・前掲論文33-43頁）。しかし，本来的な社会権的基本権条項である25条や26条には「公共の福祉」規定が存在しないのであるから，当初の訓示規定説は，「公共の福祉」規定の存否と，自然的人権と社会的人権の区別という相異なる2つの論理を錯綜させていたと言わざるを得ない。

　そこで通説は，このような混乱を回避するために，関係する概念あるいは理論枠組みを次のように再構成する。まず，内在的制約については，人権そのものの本質に内在する制約という定義を維持しつつ，訓示規定説を放棄し，公共の福祉が人権に対する一般的な制約となることを認めた上で，公共の福祉は内在的制約を意味すると理解する（宮沢・憲法Ⅱ236頁）。おそらく，こ

れは，外在的制約を人権そのものの本質に内在しない制約と定義するのであれば，そのような外在的制約は，個人を超越したものであって，憲法の認めるところではないと解するのであろう。

その上で，新たに「自由国家的公共の福祉」と「社会国家的公共の福祉」の区別を導入し，上述の訓示規定説が自然的人権と社会的人権の区分に対応して展開した議論を，この概念を用いて再構成する。まず，自由国家的公共の福祉とは，各人の基本的人権の衝突の可能性を調整することであるとされ，自然的人権に対する制約と同様の制約と捉えられるが，社会国家的公共の福祉は，社会的人権（社会権的基本権）に対する制約ではなく，市場経済の弊害を除去・緩和するための制約と理解され，自然的人権である経済的自由を制約する原理として位置付け直される。また，市場経済の弊害は，職業選択の自由や財産権の行使から生じる弊害を意味するのであるから，これを是正する社会国家的公共の福祉は，経済的自由に本来内在する制約であると説明するのである（宮沢・憲法Ⅱ 235-237頁）。

これによって，自由国家的公共の福祉はもちろん，社会国家的公共の福祉についても，基本的人権である社会権と職業選択の自由や財産権等との衝突の調整原理と位置付けることが可能となり，公共の福祉は，人権相互の矛盾・衝突を調整する実質的公平原理として統一的に理解されることとなる（一元的内在的制約説）。

このような通説の理論枠組みは，訓示規定説の趣旨を継承しつつ，論理的に洗練させた卓見であるが，しかし，以下の点に留意する必要がある。

第1に，基本的人権を制約し得るのは，他者の基本的人権を保障する場合に限られるとするのは，現実的に困難である（内野・論理と体系 328-352頁，長谷部・憲法〔6版〕101-103頁，高橋・立憲主義〔3版〕121頁，松井・憲法〔3版〕350-351頁など）。例えば，基本的人権を制約する正当な目的として，美観風致の維持，歴史的・文化的遺産の保存・継承，生命倫理，人間以外の動植物の愛護，生物多様性の維持，あるいは公務の公正や税収の確保などを挙げることができる。これらを基本的人権と解することは，語の通常の用法を超えない限り困難であり，あえてそれを行えば，基本的人権の保障が希薄になる。また，経済および社会政策の実施についても，すべてが憲法の保障する社会

権の保障を直接目的とするものに限られるわけではない。

先に述べたように（一(3)），基本的人権を制約する根拠となる法益は，全体主義思想に基づく超越的な「公益」観念に基づくものであってはならず，現在および将来の世代の人間の幸福に繋がることが必要であるが，基本的人権として認められるほどに重要性または個別的な主観性を有するには及ばないと解すべきである（高橋・立憲主義〔3版〕121-122頁参照）。その意味で，「内在的制約」の概念は，人権に内在する制約とするよりも，個人の尊重を基礎とする日本国憲法秩序に内在する制約と再定義することが適切であろう（工藤・研究 96-98頁参照）。

第2に，自由国家的公共の福祉と社会国家的公共の福祉の区分は，国家の役割や基本的人権保障の歴史的展開を踏まえたものであり，基本的人権に対する制約の具体的在り方を考える上で重要な区分である。最高裁判例も，職業選択の自由や財産権の制約に関して，「社会生活における安全の保障や秩序の維持等」の消極的な目的と，「国民経済の円満な発展や社会公共の便宜の促進，経済的弱者の保護等」の積極的な目的の区別に言及しており（最大判昭和 50・4・30 民集 29巻 4号 572頁，および最大判昭和 62・4・22 民集 41巻 3号 408頁など），自由国家的公共の福祉と消極的な目的，社会国家的公共の福祉と積極的な目的が，おおむね重なるものと解される。

ただ，これらの区別は相対的であり，静謐で良好な住環境の維持のように，消極的な目的か積極的な目的か端然と区別しにくいものもある。また，そもそも，国家権力行使の目的が，これら2種類の公共の福祉に尽きるわけではなく，次に触れるように，自己加害の防止等を目的とする「パターナリスティックな制約」などが認められることに留意しなければならない。

したがって，第3に，本条後段の「公共の福祉」が，自由国家的公共の福祉または消極的な目的を，22条および29条の「公共の福祉」は，社会国家的公共の福祉または積極的な目的を意味するとし，精神的自由権に対しては専ら自由国家的公共の福祉に基づく制約に限定されるが，経済的自由権に対してはこれに加えて社会国家的公共の福祉に基づく制約を課し得ると単純に解することはできない。

本条後段の「幸福追求権」規定は精神的自由のみを保障範囲に含むもので

はなく，契約の自由などの経済的自由や自由権以外の権利を補充的に保障する可能性があり，それを前提とする限り，本条後段の「公共の福祉」もまた社会国家的公共の福祉を含むものと解さなければならない。また，美観風致の維持のために表現の場所および方法について規制することが認められるとすれば，精神的自由の制約も，必ずしも自由国家的な公共の福祉に限られるわけではない。とすれば，「公共の福祉」という同一の文言が用いられている以上，本条後段，22条および29条の「公共の福祉」は，自由国家的公共の福祉および社会国家的公共の福祉の両者を含む，基本的人権の制約事由を一般的に意味すると解した上で，22条および29条の場合には，社会国家的公共の福祉による制約が広く認められる可能性があることから，確認の意味で，特に「公共の福祉」規定を重ねて置いたものと解するのが適当である（佐藤(幸)・憲法論133-134頁参照）。

　最後に，通説の用法と異なり，自由国家的公共の福祉と内在的制約，社会国家的公共の福祉と外在的制約を互換的に用いる立場がある点に留意が必要である（佐藤(幸)・憲法論134-135頁，伊藤・憲法220-223頁など参照）。

　おそらく，自由国家的公共の福祉が問題となる場合は，例えば，腐敗した食品を販売することで食中毒を招くなど，原因となる行為と結果として生じる害悪の因果関係が明確であることが多く，当該行為に対して帰責性が認められやすいことから，その禁止は当該行為自由に内在する制約と理解されるのであろう。それに対して，社会国家的公共の福祉が問題となる場合には，例えば，一定額以下の運賃でタクシーを運行すると運転の安全に支障が出るとされる場合のように，ある個人の行為から直ちに害悪が生じるわけではなく，多数人による同様の行為の集積により，あるいは他の行為が複雑に関連することによって害悪が生じることが多々ある。このような場合には，各人の個々の行為に明確な帰責性が認められるわけではないから，当該行為に外在する制約と理解されるのであろう。

　制約に関する2つの区別を互換的に用いることの適否はともかく，このような視点自体は，違憲審査における基準の設定等において重要な意義を有すると解される（→§22 Ⅱ 4⑷）。

(5) 自己危害行為の防止と公共の福祉

「各人の自由は，他者に危害を及ぼす場合にのみ制約される」という原則を，「他者危害原理」（harm principle）という（J.S.ミル（塩尻公明＝木村健康訳）『自由論』24-33頁（岩波書店，1971）参照）。この他者危害原理を前提とすれば，自己危害の防止や本人の利益を増進することを目的とする自由の制約は許されないこととなる。

まず議論の前提として確認しなければならないのは，他者危害原理においても，自己危害の防止や本人の利益の増進が，国家の活動の正当な目的となること自体を否定するわけではないという点である。他者危害原理は，本人の利益のために，説得その他の強制に及ばない方法で働きかけることを禁じるものではない。なぜなら，このような方法は，本人の理性および倫理性を前提とし，それを信頼し働きかけるものだからである。したがって，美術館等を設置し，各人が自らを高めることができるよう芸術の啓発に努めることや，成人病予防のために食生活の改善や運動の促進等の取組を行うことは，正当な国家目的であるし，また憲法25条2項の趣旨に照らせば国家の責務と解することもできる。

問題は，自己危害の防止や本人の利益を増進することを目的として，強制的に自由を制約すること（一般に「パターナリスティックな制約」といわれる）が，憲法上，許されないかにある。個人の尊重にとって重要である各人の自律の尊重は，各人が自らにとって善き生き方を選択し，自らの最善の利益について判断する能力を有するという原則を承認することである。したがって，自己危害の防止等を理由とする国家権力の行使を広範に認めることは，「個人の尊重」原理を否定するものであって，憲法上，許容し得ないことは明らかである。

しかし，第1に，未成年者とりわけ乳幼児のように認識・判断能力が未成熟な場合，あるいは心身の疾患・障碍等のために通常の認識・判断能力を欠く場合が現実に存在している。このような場合にも，本人の意に反して，あるいは本人の明確な同意を欠いた状況で，本人の最善の利益のために措置を講じることを一切禁止することは，重大な不利益を本人に帰責させることとなり，適当でない。

例えば，認知症により深夜徘徊をしている者を保護する場合など，本人が通常の認識・判断能力を有する状況であれば，自らの能力の欠如を補って，最善の利益の実現のために，一定の強制的な措置が講じられることに同意することが合理的であると解される場合がある。また，重大な疾患の乳児や遷延性意識障害状態の成人が栄養を経口摂取できない場合に，本人の同意を得ずして胃瘻を実施することが，憲法により一切禁止されていると解することも，生命の尊重の観点から受け入れ難い。

したがって，年齢または心身の疾患・障碍等により認識・判断能力を著しく欠くと認められる者については，憲法は，本人の最善の利益を保全するために，その自由に対して制約を課すことを容認しているとみなければならない。もちろん，年齢や疾患・障碍の程度により，認識・判断能力の程度も異なるし，また，適切な認識・判断ができないことから生じる不利益も様々である。先に述べたように（→Ⅱ3），「個人の尊重」原理は，強制力の行使を必要最小限度にとどめることを求めるものであるから，一定の類型化は不可避であるとしても，可能な限り，各人の認識・判断能力等に応じて，その自律性を尊重しなければならない（米沢広一『子ども・家族・憲法』240-248頁（有斐閣，1992），竹中・自己決定権17-19頁参照）。

第2に，成年に達し通常の認識・判断能力を有すると推定される者に対して，自己危害の防止や本人の利益の増進を目的として自由を制約する場合が問題となるが，この場合であっても，例外的にこのような制約を認めるべきであると解される。通常の認識・判断能力を有する成年者については，その自律的判断を尊重することが強く求められることから，本人の利益の増進を目的とする自由の制約を一般的に認めることはできない。自らの人生においてどのような幸福または利益の実現を優先するかは，基本的に本人の選択によるべきであり，また自己の在り方をより高めることは本人の自発的意思によるものでない限り，その者の徳とならない。

しかし，個人の尊重は，各人を人格として承認し，尊厳ある存在として処遇し配慮することを求める共生・協働のための相互尊重の要請であると解するのであれば，各人の生存と自律的能力の保障はその基礎である。したがって，各人の生存あるいはその自律性の基礎となる心身の能力が保持されるこ

とに対して国家は正当な利益を有し，自殺行為など，それらに対して重大で不可逆的または永続的な侵害を直接もたらす行為は，それが本人の意思に基づくものであっても，一定の制約を認めるべきである（佐藤(幸)・憲法論135頁参照）。ただし，その場合であっても，制約の必要最小限度性や，家族等による保護を優先する国家による制約の補完性などの要請が妥当すると解される（竹中・自己決定権96-97頁を参照）。

なお，憲法上，このような自己危害防止等を目的とする基本的人権の制約を認めるものの，これを「公共の福祉」概念に含めない見解がある（佐藤(幸)・憲法論134-135頁）。これは，語感として，自己危害の防止を公共の利益と理解しにくいことによるものと推察されるが，「個人の人間的存在自体および諸個人の共存（共生・連帯）が確保されるべきとの原理」（竹中・自己決定権93頁）にも公共性が認められると解され，自己危害防止等を目的とする制約も公共の福祉に含まれると解するのが適当である。

4 「公共の福祉に反しない限り……最大の尊重を必要とする」の意味

(1) 準則的解釈と原理的解釈

本条後段にいう「公共の福祉に反しない」とは，公共の福祉を積極的に害しないこと，および公共の福祉の促進を消極的に阻害しないことを意味する。

そして，この「公共の福祉に反しない限り」という文言を準則的に理解するならば，「生命，自由及び幸福追求に対する国民の権利」は，公共の福祉に抵触しない場合に限って保障されることになる。この場合，ある自由に対する国家による制約が合憲か否かについての判断は，問題となる自由が憲法の保障する人権か否かを判断し，それが肯定されれば，当該制約が公共の福祉に基づくかどうか，換言すれば，当該人権の行使が公共の福祉を阻害しないかを審査し，公共の福祉を阻害し得ると判断される場合には，形式論理的に，その制約が認められることになる。

初期の最高裁判例は，例えば，表現の自由について，「公共の福祉のためにその時，所，方法等につき合理的制限のおのずから存することは，これを容認するものと考うべきであるから，選挙の公正を期するために戸別訪問を禁止した結果として，言論自由の制限をもたらすことがあるとしても，これ

等の禁止規定を所論のように憲法に違反するものということはできない」
（最大判昭和25・9・27刑集4巻9号1799頁）とするなど，上記のような形式論理的な判断枠組みをとっているのではないかと思われるものが多い。

　しかし，このような判断枠組みに基づく限り，国家による基本的人権の制約が許されるか否かは，当該制約が公共の福祉に該当するか否かにかかることとなり，いわば，公共の福祉が人権に対して一方的に切り札として用いられることを認めることになる。しかし，このような判断枠組みは，本条後段において，「最大の尊重を必要とする」という文言があることと整合的ではない。むしろ，このような形式論理的な枠組みを前提とするのであれば，「公共の福祉に反するときは，制約される」あるいは「公共の福祉に反しない限りで保障される」と規定するのが自然である。

　本条前段の「個人の尊重」規定を受けて，「最大の尊重を必要とする」という文言が置かれている以上，本条後段は，公共の福祉の実現に対しても，基本的人権が最大限保障されることを定めるものと解すべきである。すなわち，基本的人権の保障も公共の福祉の実現も，共に原理規定として，最適化を求めるものであるが，両者が衝突し調整する必要がある場合には，基本的人権の保障に最大限配慮することを定めるものと解される（長尾一紘『基本権解釈と利益衡量の法理』23-33頁（中央大学出版部，2012）を参照）。

(2) 比較衡量論とその問題点

　このように本条後段における「幸福追求権」規定と「公共の福祉」規定の関係を原理間関係であると解釈すれば，問題となる基本的人権とその制約目的たる法益の価値を比較衡量することが求められ，「『公共の福祉』を理由として国民の基本的人権を制限することができるのは，……基本的人権を制限することによつて得られる利益またはその価値と，それを制限しないことによつて維持される利益またはその価値とを比較衡量して，前者の利益または価値が高いと判断される場合に限られる」（佐藤（功）・概説152頁）こととなる。

　最高裁判例も，1960年代後半から，基本的人権の制約を内在的に理解する傾向を示し，比較衡量の手法を用いるものが見受けられるようになる。その代表的な例として，「労働基本権の制限は，労働基本権を尊重確保する必

要と国民生活全体の利益を維持増進する必要とを比較衡量して，両者が適正な均衡を保つことを目途として決定すべきであるが，労働基本権が勤労者の生存権に直結し，それを保障するための重要な手段である点を考慮すれば，その制限は，合理性の認められる必要最小限度のものにとどめなければならない」（最大判昭和41・10・26刑集20巻8号901頁），あるいは，裁判所が刑事裁判の証拠として報道機関に取材フィルムの提出を命じることができるか否かについて，「一面において，審判の対象とされている犯罪の性質，態様，軽重および取材したものの証拠としての価値，ひいては，公正な刑事裁判を実現するにあたっての必要性の有無を考慮するとともに，他面において，取材したものを証拠として提出させられることによって報道機関の取材の自由が妨げられる程度およびこれが報道の自由に及ぼす影響の度合その他諸般の事情を比較衡量して決せられるべきであり，これを刑事裁判の証拠として使用することがやむを得ないと認められる場合においても，それによって受ける報道機関の不利益が必要な限度をこえないように配慮されなければならない」（最大決昭和44・11・26刑集23巻11号1490頁《博多駅事件最高裁決定》）とするものなどがある。

　近時でも，最高裁判例において比較衡量論が用いられる場合には，博多駅事件最高裁決定のように，考慮すべき要素を網羅的に示した上で，それらを総合的に衡量（較量）して制約の必要性および合理性が認められるか否かを判断するとするのが一般的である（最大判平成4・7・1民集46巻5号437頁，最大判平成14・2・13民集56巻2号331頁，最判平成23・6・14民集65巻4号2148頁などを参照）。

　そして，これらの判例は，個別の事件の具体的状況を踏まえて，比較的丁寧な検討を行っていることから，最高裁の判断過程を検証しやすく，また衡量の結果を用いて法律を憲法適合的に解釈しようとする傾向も見受けられるなど（最大判昭和44・4・2刑集23巻5号305頁，最決平成18・10・3民集60巻8号2647頁など参照），抽象的に公共の福祉が優先しがちであった初期の最高裁判例よりも「人権保障のうえで優れていることは疑いない」（芦部・憲法学Ⅱ208頁）と評されるところである。

　他方で，比較衡量論にも問題がないわけではない。第1に，法律の違憲審

査が問題となる場合，法律の制定時に国会が比較衡量を行った上で，さらに審査段階で裁判所が比較衡量を行うことになる。この場合，国会による比較衡量と裁判所による比較衡量が異なる枠組みで行われることになると，両者の判断をその過程において比較検証することが困難であり，国会の判断と裁判所の判断が，どの点において，どのように異なるのかを明確に説明できなくなるおそれがある。

　基本的に，法律の合憲性に関する第一次的判断権は国民代表機関たる国会にあり，裁判所は，その第一次的判断の適否を事後的に審査するという形態をとるのであれば，国会が法律制定時に行う第一次的判断の枠組みを踏襲し，その判断過程をたどる形で違憲審査を行うことが適当である。国会は，ある立法目的を実現するための手段として，法律を定めて規制を行うのであるから，法律制定時の判断は，原則として，目的・手段の枠組みにより行われる。したがって，裁判所による違憲審査も，この目的・手段の枠組みに従って，国会の第一次的判断を検証するのが合理的である。

　第2に，比較衡量といっても，物体の質量等を比較する場合と異なり，定量的比較が困難であり，定性的な評価が主軸とならざるを得ず，必ずしもデータによる客観的検証可能性があるわけではない。また考慮要素が多元的である場合には，単一の尺度による比較が困難であり，諸般の事情を総合的に判断するほかない。その結果，主観的あるいは直観的判断が含まれやすくなり，事件ごとに場当たり的な比較衡量（ad hoc balancing）に陥る危険がある。この問題をできる限り回避するためには，判断の過程を合理的に分節化し，判断の各段階における争点を明確にするとともに，判断の基準や論証ルールを定めて，評価の検証可能性を高める必要がある（高橋・立憲主義〔3版〕128頁）。

　以上のような観点から，学説において導入が提唱されたのが，違憲審査基準論である。したがって，違憲審査基準論は，公共の福祉に基づく基本的人権の制約の合憲性を判断するに際して，両者の比較衡量を行うことを前提として，その比較衡量の過程をより構造化するための手法と解するのが適当である。

　なお，この違憲審査基準論は，立法者等による第一次的判断を審査するた

めの基準であり、私人間関係等において裁判所が第一次的に比較衡量を行う場合には、そのままの形で妥当するわけではない点に留意が必要である。

(3) 違憲審査基準論と比例原則論

このような違憲審査基準論は、合衆国最高裁判例を参考にして、学説により広く展開されることになるが、より理論的に分析すれば、その議論の構造を、次のように整理することができる。すなわち、①違憲審査の基本枠組みおよび審査の対象となる観点、②各観点を審査する際の実体的判断基準、③審査における論証責任の分配と要求される論証の程度、④論証に際して用いることができる論拠の範囲、および⑤各問題領域あるいは事件において②から④を定める基準である。

まず、①は、違憲審査に際してどのような判断の基本枠組みを採用し、どのような観点について審査を行うかを定めるものである。この点、違憲審査全体を視野に入れれば、三段階審査論が説くように、基本権の保護範囲、基本権に対する制約・侵害、および基本権に対する制約・侵害の正当化の三段階に整理することができるが（→**第3章前注Ⅳ(3)**）、違憲審査基準論は、この最後の基本権に対する制約・侵害の正当化の段階について、目的・手段審査の枠組みを採用するものである。

そして、例えば、合理性の基準が「正当な目的を実現するために合理的関連性のある手段であること」と定式化されるように、審査の観点をより詳細に見れば、目的審査においては、目的の正当性、重要性および目的実現の緊要性（保護法益が侵害の危険にさらされており、立法事実に照らして、それを保護する必要性が現に存在するか否か）、また手段審査においては、狭義における目的と手段の関連性（手段が目的の実現を促進するものであるか否か）と手段の相当性などが審査の観点となる。

この点、最高裁判例は、手段審査について、規制措置の「必要性と合理性」（最大判昭和50・4・30民集29巻4号572頁）、あるいは「必要かつ合理的なものであること」（最判平成24・12・7刑集66巻12号1337頁）を挙げる傾向にあり、また三段階審査論・比例原則論においては、目的と手段の適合性、目的達成のための必要性、および目的と手段の均衡性（狭義の比例原則）として整理される。ただ、用語や整理の仕方は異なるものの、審査の観点につい

[土井]

ては，違憲審査基準論，比例原則論および最高裁判例において，大きな違いが認められるわけではない。

次に，②と③は，従来，一体的に論じられることが多いが，理論的には区別することができる（松井・憲法〔3版〕112-119頁，市川・基本講義68-70頁，渋谷・憲法〔2版〕178-181頁などを参照）。②は，①で定めた観点について判断する際の実体的基準（「合憲性判断基準」と呼ばれることがある）であり，例えば，目的の重要性についてどの程度の重要度を要求するか，あるいは目的と手段の関連性について手段が目的をどの程度の確率で促進することを要求するか（可能性，蓋然性あるいは高度の蓋然性）などを定めるものである。

それに対して，③は，①の観点について②の実体基準を満たすことを，いずれの当事者が論証する責任を負うか，あるいはどの程度の論証を要求するかを定める手続的基準であり（「狭義の審査基準」と呼ばれることがある），事実問題に関する証明責任および証明度に類比されるものである。合憲性の推定や違憲性の推定は，この論証責任の分配に関するものであり，論証責任の分配に関する限り，基準はこの2つしかない。しかし，例えば，裁判官の心証の程度に着目して，「合理的疑いを入れない程度の確信」や「論証（証拠）の優越」など，論証の程度について複数の段階を設定すれば，③についても3つ以上の基準を設けることができる。

なお，このように整理すれば，代表的な違憲審査基準として，厳格審査基準，中間審査基準，および合理性の基準の3つが示されることが多いが，中間審査基準について，③の論証責任の分配を異にすることにより，さらに2つに区別することが可能である。経済的自由に対する消極的な目的による規制についての審査基準と表現の自由に対する内容中立的規制に対する審査基準の関係について，「合憲性推定原則が経済的自由の規制立法には妥当するが，表現の自由の規制立法には妥当しないと通常考えられているので，そのかぎりでは，ここに言う『厳格な合理性』基準はLRAの基準よりも厳格度が若干弱い」（芦部・憲法学Ⅱ237頁）といわれることがあるのは，この意味で理解することができる。

④は，論証に際して，どのような証拠を提出することが許されるかを画すものであり，具体的には法律の文面のみに基づき審査するのか，立法事実の

§13 Ⅳ

提出を認めるのかに関わる。

　⑤は，違憲審査の基準そのものではなく，問題領域あるいは当該事件においてどのような違憲審査基準が妥当するかを判断するための基準であり，いわば基準を選択する基準である。いわゆる二重の基準論や規制目的二分論は，このような違憲審査基準を設定する論拠に関する議論であり，各基本権条項の解釈論として考察されるべきものである（二重の基準論については→§21 Ⅱ 1・§22 Ⅱ 4(2)(3)，規制目的二分論については→§22 Ⅱ 4(4)(5)）。

　このような違憲審査基準論に対しては，これまで学説において広く展開されてきたにもかかわらず，最高裁判例において受容されていないとし，むしろ，ドイツ憲法裁判所判例などによって展開されてきた比例原則の方が，我が国の最高裁判例を理解し，今後の違憲審査の展開にとっても有益であるとの主張が有力になってきている（三段階審査論・比例原則論については，松本和彦『基本権保障の憲法理論』（大阪大学出版会，2001），渡辺康行ほか『憲法Ⅰ　基本権』58-81頁［松本和彦］（日本評論社，2016），小山・作法〔3版〕11-92頁，駒村圭吾『憲法訴訟の現代的転回──憲法的論証を求めて』71-156頁（日本評論社，2013）などを参照）。このような三段階審査論・比例原則論の特徴は，上記②において段階的な審査基準を設定せず，また，③についてはあまり考慮しないか，あるいはこれを「統制密度」として論じる点にある。

　違憲審査基準論と比例原則論に関する問題の詳細は，憲法81条の注釈に譲るが，ただ，少なくとも，近時において，「集会の自由の制約は，基本的人権のうち精神的自由を制約するものであるから，経済的自由の制約における以上に厳格な基準の下にされなければならない」とし，集会が開かれることにより人の生命，身体または財産が侵害され，公共の安全が損なわれる危険について，「単に危険な事態を生ずる蓋然性があるというだけでは足りず，明らかな差し迫った危険の発生が具体的に予見されることが必要である」（最判平成7・3・7民集49巻3号687頁）としたもの，選挙権を議会制民主主義の根幹を成すものとした上で，「自ら選挙の公正を害する行為をした者等の選挙権について一定の制限をすることは別として，国民の選挙権又はその行使を制限することは原則として許されず，国民の選挙権又はその行使を制限するためには，そのような制限をすることがやむを得ないと認められる事由

［土井］

がなければならない」(最大判平成17・9・14民集59巻7号2087頁) としたものなど, 違憲審査基準論に親和性のある重要な最高裁判例が出されてきていることに留意する必要があろう。

[土井真一]

第14条【法の下の平等，貴族の禁止，栄典】

① すべて国民は，法の下に平等であつて，人種，信条，性別，社会的身分又は門地により，政治的，経済的又は社会的関係において，差別されない。

② 華族その他の貴族の制度は，これを認めない。

③ 栄誉，勲章その他の栄典の授与は，いかなる特権も伴はない。栄典の授与は，現にこれを有し，又は将来これを受ける者の一代に限り，その効力を有する。

Ⅰ　総　　説……………………161
　1　近代立憲主義の中核としての平等………………………………162
　2　日本国憲法への途……………164
　3　困難な平等……………………165
Ⅱ　法の下の平等の意味…………168
　1　平等の概念……………………168
　　(1)　形式的平等と実質的平等…168
　　(2)　絶対的平等と相対的平等…169
　2　法の下の平等の意味…………170
　3　第1項後段列挙事項…………172
Ⅲ　個別的差別禁止事項…………174
　1　人　　種………………………174
　2　信　　条………………………176
　3　性　　別………………………178
　4　社会的身分……………………184
　5　門　　地………………………191
　6　選 挙 権………………………191
　　(1)　衆議院議員選挙の場合……191
　　(2)　参議院議員選挙の場合……204
　　(3)　地方議会選挙の場合………208
　7　その他…………………………209
　8　私 人 間………………………211
　9　外 国 人………………………211
　10　「差別されない」……………212
Ⅳ　差別禁止の憲法上の制度的具体化
　　……………………………………212
　1　貴族制度の廃止………………212
　2　栄典に伴う特権の禁止………213
　3　その他…………………………213

［川岸令和］

Ⅰ　総　　説

本条は法の下の平等と差別の禁止を定める第1項と，その理念を具体化するための貴族制度および栄典に伴う特権の禁止を定めた第2・3項からなる。

第3章　国民の権利及び義務

1　近代立憲主義の中核としての平等

　平等の思想は，人類の歴史において常に一定の重みをもってきた。例えば，古代ギリシャの民主政や古代ローマの共和政，キリスト教，さらには仏教にも平等の考え方が何かしら存在する。ストア派は，コスモポリタニズムに則りすべての人間の本質的平等を唱えていた。しかし平等が社会の構成において決定的に重要な役割を果たすようになったのは，何といっても近代市民革命期である。封建制およびその変容期に当たる絶対王政の打倒を目指した近代市民革命は，近代自然法思想に裏打ちされた人としての本来的な平等の考え方を一つの駆動力としていた。それ以前の社会が多かれ少なかれ身分制に基づいて設計されていたのとは異なり，法の前の平等が国家の基本的な政策指針となるに至った。このように平等は自由とともに近代立憲主義の中核を形成する概念である。実際，1776年のアメリカ独立宣言は「すべての人は平等に造られ，造物主によって一定の奪うことの出来ない権利を与えられている」と措定しているし，1789年のフランス人権宣言では「人は，自由かつ権利において平等なものとして出生し，かつ生存する」（1条）という認識が明らかにされた。

　もちろん近代以降の歴史の展開において，平等が直線的に保障されてきたわけではない。人の生来的平等を承認した諸国家において，奴隷制が設定されたり，ジムクロウ法が制定されたり，制限選挙制が実施されたり，女性の財産管理権が否定されたりと，差別的な法制度が多く創設された。しかしそれらも徐々に克服されてきた。その際，そうした差別的取扱いの否定を推進するのに与って力があったのも，やはり近代当初に宣言された個人の生来的平等の理念であった。個人の人格的等価性の承認こそが，差別を問い，それを是正するための契機となっているのである。

　だが，平等は捉え難く論争的な概念でもある（Susanne Baer, 'Equality', in *The Oxford Handbook of Comparative Constitutional Law*, eds. Michel Rosenfeld and András Sajó（Oxford University Press, 2012）, pp. 982-1001）。平等を実現するためには，対象を比較してみなければならない。対象となる変数以外を固定できる場合に，比較は本来的な意味をなすが，人の関わる社会的事象においてそれはほ

とんど実現できないであろう。つまり人間の活動に関わる事柄を正確に比較することは困難である。また一方で人であるということでは他の人と同等であるが、他方で人には個性があるとされる以上、他の人とは共通化できない部分が必然的につきまとう。実際、人はみなそれぞれ外観、性別、性向、生まれた家庭、能力、嗜好、信条などにおいて異なっているのであるから、人の取扱いにおいて厳に存在する差異を無視することはできない。この差異を等閑視し均等に扱うことは、かえって不平等をもたらすことになり、何のために平等を求めているのか分からなくなる。つまり、事実の描写としてはすべての個人は平等ではないのであり、異なるものは異なるように取り扱うのが正当ともいえるのである。したがってここで問題となるのは、あくまでも規範的概念としての平等である。人々の政治的、経済的、または社会的関係におけるある一定の場面で、ある特定の観点からみて、人々の間で取り扱われ方が同等であるべきだという主張である（奥平・憲法Ⅲ 115-121頁）。等しいものは等しく取り扱うべしという命題は、等しいものといえる場面を特定できる場合に有効になる。しかしその特定の仕方をめぐって論争が絶えないのである。ただ究極的には、各人がかけがえのない生を構想して生きるという点で、個人は平等といえるのである（長谷部・憲法〔6版〕166頁）。

現代の論争は様々な局面に及んでいる。公権力による平等の取扱いを求める原則にすぎないのか、あるいは、個人が差別をされない権利を有しているのか、また、同様の取扱いを求める恣意の排除なのか、あるいは、より実体的な内実があるのか、さらに、消極的な差別禁止に限定されるのか、あるいは積極的に資源や配分などへの平等のアクセスをも意味するのか、などである。加えて、平等の主体は個人か、あるいは集団も考えられるのか、また、公権力だけではなく、私的団体による差別も禁止されるのかなどにも関係する。ただ、時に平等は空疎な概念といわれることがある。同様のものを同様に取り扱うためには、外的な価値を待って初めて同様なものを特定でき、そうなると平等の原則は余計なものとなるとも考えられるからである（Peter Westen, 'The Empty Idea of Equality', 95 Harvard Law Review 537 (1982)）。だが、平等の概念なく比較をして、より大きいなどといえるかどうかは定かではなく、平等を空疎なものとして簡単に退けることには慎重であるべきであろう。

［川岸］

第3章　国民の権利及び義務

2　日本国憲法への途

　大日本帝国憲法は，平等に関しては，「日本臣民ハ法律命令ノ定ムル所ノ資格ニ応シ均ク文武官ニ任セラレ及其ノ他ノ公務ニ就クコトヲ得」（明憲19条）と規定するのみで，極めて限定的であった。皇室典範は皇室自律主義を反映しており，憲法体制にあっても天皇が統治権を総攬し，華族制度に基づき貴族院を設置する（明憲34条）などむしろ平等を否定する要素が法体系の中核を占めていた。女性の法的地位は男性のものとは比較にならないほどに低かった。憲法上の原則として平等が把握されることはなかったのである。

　これに対して日本国憲法では，本条により平等が一般原則化されており，さらに家族関係における男女の平等（24条），ひとしく教育を受ける権利（26条），参政権についての平等（15条3項・44条）などが個別の分野での平等を保障する形になっている。つまり，平等という価値が憲法体制において重要な位置を占めることに転換されたのである。なお，象徴天皇制（1条・2条）を導入した関係で，天皇皇族の世襲身分の例外は憲法上許容されている（→§2）。

　1946年2月13日に連合国総司令部民政局が日本政府に提示したいわゆるマッカーサー草案では，12条の冒頭に「日本の封建制度は，廃止さるべきである。」と規定し，13条において「すべての自然人は，法の前に平等である。人種，信条，性別，社会的身分，カーストまたは出身国により，政治的関係，経済的関係または社会的関係において差別がなされることを，授権しまたは容認してはならない。」（1項），「華族の称号の授与は，今後は，国民的または市民的な政治権力を伴わないものとする。」（2項），「貴族としての権利は，皇族のそれを除き，現存する者一代限りとする。栄誉，勲章その他の栄典の授与は，いかなる特別の特権をも伴つてはならない。またこれらの栄典の授与は，現にこれを保有しまた将来それを受ける者の一代に限り，その効力を有するものとする。」（3項）と宣言されていた（高柳ほか編・過程I 273頁・275頁）。主体が自然人であること，法の下ではなく前であること，差別の列挙事由が異なっていることなどが注目される。特に「外国人は，法の平等な保護を受ける。」（16条）（高柳ほか編・過程I 275頁）という独立した

§14 I

条文で，外国人の権利保障を謳っていた。日本側の最初の案（3月2日）では，「凡テ国民ハ法律ノ下ニ平等ニシテ，人種，信条，性別，社会上ノ身分又ハ門閥ニ依リ政治上，経済上又ハ社会上ノ関係ニ於テ差別セラルルコトナシ。」(13条1項)，「爵位，勲章其ノ他ノ栄典ハ特権ヲ伴フコトナシ。」(同2項) と変更になったが，外国人についての独立した保障条文は残っていた (14条)（佐藤 (達)・成立史(3) 95頁）。だがその後の修正を経て，4月17日に発表され帝国議会に付された草案では，条数は異なるが第3項を除いて現行と同一の文章となり，外国人についての独立した条文も除かれている（佐藤 (達)・成立史(3) 338頁）。第3章の表題が「国民の権利及び義務」であり，それとの整合性をとるため「国民」を主体にすることになったと説明されている（佐藤 (達)・成立史(3) 334頁）。ただし，理論的には，現在一般に法体制の基礎が国家を単位としているので，国民と外国人との間に一定の差が生じるのはやむを得ず，主体が国民になったとも説明されている。宮沢・全訂205頁）。国籍の決定を法律事項とする現行10条が追加されたのは，衆議院に設置された特別委員会の小委員会における審議の結果であった（佐藤 (達)・成立史(4) 784頁）。外国人の権利を憲法上保障するという画期的な試みは，結局日の目を見なかった（外国人の権利の保障については，→第3章前注II 1）（憲法14条1項の起草については，木村草太『平等なき平等条項論——equal protection 条項と憲法14条1項』5-27頁（東京大学出版会，2008) も参照）。

3　困難な平等

現代国家は福祉国家・行政国家であり，政府が人々の社会的経済的生活にも積極的に配慮しなければならない。多かれ少なかれ給付行政が重要な役割を担っている。そうした状況において，平等違反をどのように救済するのか問題となる。というのも，給付の在り方は，多くの場合，政府の政策的な判断に基づくのであって，ある給付について仮に平等違反が認定されたとしても，極端に考えれば，当該給付を一切しないとすることによっても，平等の要請は確保されてしまうからである。つまり給付の根拠法を違憲無効と宣言するだけでは，平等違反を問う本来的な意図に沿わない。給付上の格差を上方修正して平等化を図ることを義務づけることが可能か問題となる（外貌の

醜状障害に対する労災補償をめぐる性別に基づく区別問題については，→Ⅲ3)。この点に関連して，後述する国籍法違憲判決（最大判平成20・6・4民集62巻6号1367頁）において，最高裁が平等違反を認定し，積極的に救済しようとしたことが注目される。

差別の禁止が憲法上明記され，それが適正に実施されてくると，公権力による差別は原則として沈静化していく。しかし，人々の偏見は法制度とは別のところで頑強に維持され続けることも多い。平等を実質的に達成しようとする場合，私的ないし社会的な差別への対応が問われることになる。私人間における差別の禁止が重要な課題になる。

また，法律の規定は差別的ではなくても，その適用が社会の現実を反映して差別的に機能する場合もある。事実上の差別，あるいは間接差別と呼ばれる問題である。差別的な効果に加えて，差別的な意図の証明が必要とされれば，実際に平等違反と判断されることはほとんどなくなるであろう（松井茂記『アメリカ憲法入門〔7版〕』394-396頁（有斐閣，2012))。日本の場合，夫婦同氏制（民750条）により夫婦のほとんどが夫の氏を名乗っていることなどで問題となっている（間接差別については，辻村・ジェンダー208-212頁も参照）。

アメリカ合衆国で「分離すれども平等（separate but equal)」に基づく人種隔離制度が法の平等保護（合衆国憲法修正14条）違反と判断された後，人種統合のため公立学校の学区を越えてバスでの強制通学を裁判所が命じたことがあった（Swann v. Charlotte-Mecklenburg Board of Education, 402 U.S. 1 (1971))。社会の構造を改革しない限り平等の達成は困難であるという裁判所の決意の表れであるが，裁判所がそうした改革のためのリーダーシップを担うにふさわしいのかについては議論が分かれるところであろう。

過去にひどい差別があり，その負の遺産のゆえに，法的には差別は解消されたとしても，社会的統合の過程に包摂されない人々に対して，政府が積極的な関与をすることの是非も問われている。こうした政策はアファーマティブ・アクション，ポジティブ・アクション，積極的差別是正措置などと呼ばれている。社会的な差別を是正するために，自らの生を構想して生きるという人の一生において重要な意義を有する教育と職業という局面に着目されることが多い。差別を受けてきた者やその子孫に対して，入学や就業の過程で

§14 Ⅰ

何らかの優遇措置を実施し，教育を受け職業に従事することを通じて，それらの者が自己の構想に基づいた生を生きる可能性を確保しようとする試みである。ただ，そのような優遇措置も人種，性別，社会的身分などを理由として，人々を別異に取り扱うことになるので，それ自体，そうした要素を理由とする差別を禁止する憲法が許容するところなのか論争がある。過去の差別の是正のためとされるが，そうした優遇措置によって現時点では差別に加担していない者であるとしても入学や就職を拒否されることになるとすれば，その者にとっては人種，性別，社会的身分等を理由とした差別に他ならないからである。つまり優遇措置が逆差別を生むことにもなりかねないのである。この場合，通常の人種差別などと同様に裁判所は審査すべきなのか，あるいは過去の差別の解消という目的を受け容れ緩やかに審査すればよいのか，審査の在り方をめぐる争いもある。一般に，少数者を不利に扱うわけではなく厚遇する立法が対象となる場合，多数決に基づく民主的過程における統制が容易に及ぶと考えられ，裁判所は厳格に審査する必要はない場面といえる。また差別されてきた側の者にとっては，優遇措置のゆえに入学や就職ができたとの評価を受けることになりかねず，劣った者としての社会的烙印を甘受しなければならないという不都合もある。アメリカ合衆国最高裁は，枠を設けるなど人種等の要素を機械的に優遇措置に組み込むことは違憲であるが，教育の多様性を維持するため少数者に配慮することは合憲と判断している（Gratz v. Bollinger, 539 U.S. 244（2003）; Grutter v. Bollinger, 539 U.S. 306（2003））（アメリカ合衆国におけるアファーマティブ・アクションをめぐる最近の議論については，吉田仁美『平等権のパラドクス』「第Ⅱ部　アファーマティブ・アクションと平等保護のパラドクス」（ナカニシヤ出版，2015）参照）。いずれにせよ，こうした優遇措置は，個人よりも個人が帰属する何らかの集団を指標とすることになる。その点で，個人を基礎とする近代立憲主義と緊張関係に立つことがある。なお日本でも，同和対策事業特別措置法（1982年（昭和57年）3月31日失効），アイヌ文化の振興並びにアイヌの伝統等に関する知識の普及及び啓発に関する法律，雇用機会均等法のポジティブ・アクション制度等などが制定されてきている（長谷部・憲法〔6版〕172-173頁）。しかし私的な差別の禁止を一般化した法制度はなく，人権擁護法案は廃案となった（2003年10月10日）。

II 法の下の平等の意味

1 平等の概念

既に示唆したように、平等は様々な捉え方のできる概念であり、それらをめぐって争われてきた。

(1) 形式的平等と実質的平等

形式的平等とは、個人に現実に付着する種々の差異を捨象して、一律に等しく取り扱うことを意味する。これに対して、実質的平等とは、各人の現実の差異を是正し均一化することまで要求すると解されている。前者は機会の平等に、後者は配分ないし結果の平等に該当するとされている。

近代立憲主義が、自由と平等をともに目標に掲げていることからすると、国家は個人を一律均等に取り扱うことでその自由な活動を保障することが求められていると考えられる。日本国憲法は近代立憲主義を体現する憲法であるので、その宣言する平等は原則として形式的平等観を前提にしている。しかし、日本国憲法は第二次世界大戦後に制定されており、自由と平等の近代的な捉え方から現代的なそれへの転換期の思想も反映されているはずである。機会の平等とはいうものの、個人の努力では如何ともし難い諸事情の影響で、スタートラインに立ったときには既に大きなハンディを背負っているということも間々ある。資本主義が高度化するなかで、拡大し続ける格差をすべて怠惰や不幸といった個人的な事情に解消することがもはや困難であると多くの人々が考えるようになってきた。そこに実質的平等観が一定の共感を得る背景がある。社会権の登場はまさにそのような背景を介してよく理解できる。形式的平等を保障することの結果生ずる実際的差異を国家が何らかの方法によって対処すべきだと考えられるようになるのである。

事実、日本国憲法も生存権（25条）をはじめ社会権を保障するに至っている。実質的平等の考え方も組み込まれているといえる。ただ、この現代的対応は、あくまでも近代立憲主義を前提として、その弊害の是正を図ろうとするものである。近代立憲主義の否定の上に新たな平等観を打ち立てようとするものではない。自由と平等の調和を、いかに困難であろうとも、図ろうと

§14 Ⅱ

する試みとして理解できるのである。つまり，形骸化しがちな機会の平等を実質的に意味あるものとするような対策が国家によって実施されるということを意味し，国家目標として結果の平等が追求されるということではない。したがって，国家が社会権を実現する過程で，形式的には法的に不平等な処遇が個々人の間でなされることがあったとしても，それがゆえに平等違反に問われることはないという形で，現代的な平等観が示されることになる（樋口ほか・注解Ⅰ312-313頁〔浦部〕，芦部・憲法〔6版〕127-129頁，佐藤（幸）・憲法論196-197頁，野中ほか・憲法Ⅰ〔5版〕282頁〔野中〕，高橋・立憲主義〔3版〕150頁）。

(2) 絶対的平等と相対的平等

次に問題となるのは，本条に定める平等は絶対的なものかということである。絶対的平等とは，各個人に実際に存在する差異を等閑に付し，人間という共通の属性に着目して，すべての取扱いにおいて絶対的に平等であることを要求する考え方である。対になる概念は，相対的平等であり，それは，各個人が抱える実際の事情と法的取扱いとの間の関係が均一であることを意味する。生身の人間にはそれぞれの異なる事情がある以上，絶対的平等を要求するとなると，異なるものを同じように取り扱うことを招来する。しかしこれではかえって不平等を促進することになり，平等を理念として掲げた甲斐がなくなる。平等の要求はあくまでも等しいものを等しく取り扱うことであり，異なるものは異なるように取り扱うことも重要である。本条の平等は相対的に把握されると広く解されている（法協・註解上352-353頁，宮沢・全訂206頁，佐藤（功）・ポケ註上220-221頁，樋口ほか・注解Ⅰ311-312頁〔浦部〕，芦部・憲法〔6版〕130-131頁，野中ほか・憲法Ⅰ〔5版〕283-284頁〔野中〕，高橋・立憲主義〔3版〕153頁，戸松・憲法120頁，長谷部・憲法〔6版〕168頁）。実のところ，フランス人権宣言1条は，平等の宣言に続けて，「社会的差別は，共同の利益に基づくものでなければ，設けられない」と規定しており，相対的な平等が既に十分認識されていたことが示されている。

この相対的平等の考え方に基づくと，法的取扱いに区別がある場合，その区別に合理的な理由が認められれば，許容されることになり，不合理な区別が差別として禁止されるのである。判例も相対的平等観に立ち，本条は「合

理的な理由なくして差別することを禁止している」とし，合理的な根拠に基づく区別であるかどうかを探求する解釈手法を採用している（最大判昭和39・5・27民集18巻4号676頁，最大決平成25・9・4民集67巻6号1320頁など）。したがって，この文脈では，何が合理的区別なのかの探求が中心的な課題となる。相対的平等観によれば，広く平等の問題を提起できるが，許容される合理的区別の具体的中身の確定が一義的に困難とされる（樋口ほか・注解Ⅰ312頁［浦部］）。なお，本条1項後段に列挙された事項の解釈と関連して，平等の一般原則とは区別される形でのそれらに関わる絶対的平等がかつて有力に主張されたことがあるが（佐々木惣一「法的平等の権利と生活規制無差別の権利」『憲法学論文選㈠』113-138頁（有斐閣，1956）），次項で述べるように，今日では影響力を失っている。

2　法の下の平等の意味

　法の下の平等という文言は，制定された法律を平等に適用することを求めているように読めなくもない。そう読むと，立法者は平等の規範に拘束されないことになる。実際，そのように解する説が唱えられた（法適用平等説・立法者非拘束説）（佐々木・前掲論文）。この立場は，本条1項前段と後段を区別して理解するところに特徴がある。前段は一般的な平等原則を宣言しており，それはあくまでも法適用の平等を意味するのに対して，後段に列挙された人種等に基づく差別の禁止については，法適用にとどまらず立法者をも絶対的に拘束すると考えるのである。この見解は，ワイマール憲法下の通説を参考にして，それを日本国の解釈に適応させようとしたと理解できる。この説には，相対的平等観が実現できない平等の意義の一義的確定を図ろうとする意義はあった（樋口ほか・注解Ⅰ316頁［浦部］）。しかし，絶対的平等観を後段列挙事項についてだけでも貫けるか疑問もあり，その支持の拡大はなかった。例えば，女性にだけ出産休暇を認めることは，十分に合理的な理由に基づいている区別であるといえるが，この説によると，それは正当化されないことになってしまう。逆に，性的指向は後段列挙事項に含まれていないが，その理由に基づく差別は今日では深刻な問題として理解されるようになっており，そのような差別立法を認容し，法適用だけ平等にしても，差別の解消には結

§14 Ⅱ

びつかない。そこで，法内容平等説・立法者拘束説が広く支持されるに至っている（法協・註解上348頁，宮沢・全訂206頁，佐藤（功）・ポケ註上215頁，樋口ほか・注解Ⅰ315-317頁［浦部］，芦部・憲法〔6版〕129-130頁，野中ほか・憲法Ⅰ〔5版〕285頁［野中］，高橋・立憲主義〔3版〕153頁，長谷部・憲法〔6版〕168頁）。日本国憲法の解釈にあたって，違憲審査制度の存在しなかったワイマール憲法の場合と同様に捉えなければならない必然性はないであろう。また最高裁は，法適用の平等か法内容の平等かにつき特段議論することなく，法内容を審査し，以下で議論するように，実際数度にわたって法律を違憲と宣言しているのである。

なお平等原則と平等権の区別が強調して論じられることが時にある。ドイツの議論の影響を受けて，人々を平等に取り扱うよう国家に対して義務を課すことを意味する平等原則と，個人が法的に平等に取り扱われる権利を有するという平等権を区別するものである。前者が客観法，後者が主観法という関係になるが，これは何も平等に限ったことではない。しかし，違憲審査制度がなかった時代であればともかく，日本国憲法は裁判を受ける権利（32条）も定めているので，現在にあっては，国家の平等原則の違反によって不利益が課せられた個人は平等権侵害を理由に裁判所で争えると広く解されている。その意味では平等原則と平等権は互換的であると言える（佐藤（幸）・憲法論199頁）。ただ，平等権は標準的処遇を求める権利と解すれば，標準的に取り扱われている者は，厚遇されている者との関係で，平等権違反を主張することはできず，冷遇されている者だけが平等権の侵害を主張できることになる（川添利幸「平等原則と平等権」公法45号16頁（1983））。しかし，実際に，標準的処遇を客観的に定めることが可能かは疑問であり，平等はあくまでも相対的な関係において問われるのではないかと思われる（野中ほか・憲法Ⅰ〔5版〕288頁［野中］）。

上述したように，平等は比較において定まるので，実体的というよりも関係的な概念であり，その限りで相対的である。それゆえ，権利の侵害を考える場合に，いわゆる保護範囲を想定することはできず，比較の視点で捉えた別異の取扱いが正当化されるかが問われることになる。つまりここでは二段階の構造をとることになる（小山・作法〔3版〕107頁）。

［川岸］

第3章　国民の権利及び義務

3　第1項後段列挙事項

　相対的平等観に立つと，法的取扱いの区別が合理的理由に基づくかどうかが決定的に重要となり，第1項後段列挙事項に特別な意義を認める必要がないことになる。実際，最高裁は，これら列挙事項を例示と解している（最大判昭和39・5・27民集18巻4号676頁，最大判昭和48・4・4刑集27巻3号265頁など）。それらが例示と理解できそうなことは，衆参両院議員の選挙人の資格について定める憲法44条ただし書との対比を通じて，察しがつく。両者は完全に一致するわけではなく，44条ただし書の方が教育・財産・収入という項目が追加されているのである。これは，制限選挙は教育の有無や経済的事情に基づいて実施されることが多かったという人類の経験を反映していると考えられる。平等の対象として第1項後段の方が一般的であり，より個別的な44条ただし書は包含されることになるので，相互に無関係ということはない（法協・註解上349頁，佐藤（功）・ポケ註上219-220頁）。性的指向・疾病・住所・外見など列挙されていない事項であっても人を差別する理由となるものは現実に存在しており，時代の変遷に応じて新たなものが生み出されてくるかもしれない。憲法はそうした差別にも対応できるものとして解釈されなければならないであろう。

　しかし，これら列挙事項は本当に何ら積極的な意味を有しないのであろうか。列挙された事由による区別は，「原則として，不合理なものであり」，憲法違反となるとする見解が早い段階で示されている（宮沢・全訂212頁）。それをより発展させた見解が今日有力に主張されている。その有力説によると，列挙事項に基づく別異の取扱いについては，それ以外の場合とは異なり，より厳格な審査が必要であるとされる（伊藤・憲法249-250頁，芦部・憲法〔6版〕134頁）。これら列挙事項は人類の歴史のなかで人々が広く差別の理由としてきたものであり，個人の努力では変えることができないか非常にセンシティヴな性質のものである。この有力説は，相対的平等観と例示説の組合せによる平等概念の相対化に一定の歯止めをかけようとする試みとして注目される。そしてこの有力説によれば，列挙事項に係る別異の取扱いについては，原則違憲となり，政府が正当化のための理由を説得的に提示する必要があること

になる。そこでは，一般に想定されている合憲性の推定が排除され，より精査される。つまり，緩やかな審査は退けられ，立法目的がやむにやまれぬ規制利益を促進するものであり，当該目的を実現するために選択された手段が目的達成のために必要不可欠であることを政府が主張し証明しなければならない厳格審査か，あるいは，立法目的が重要なものであり，立法手段が当該目的との間に事実上実質的関連性があることを政府が主張し証明しなければならない中間（厳格な合理性）審査かが採用されることになる（審査基準については，芦部・憲法学Ⅲ 27-32 頁参照）。アメリカ判例にいう「疑わしい分類（suspect classification）」類似のものとして説明されることもある（佐藤（幸）・憲法論 200-201 頁，松井・憲法〔3 版〕378 頁以下）。

ただし，この有力説によれば，列挙事項に該当しない理由による別異の取扱いは緩やかな審査が施されることになり，容易に合憲とされてしまう危険性がある（例えば，参議院議員定数不均衡訴訟で住所による区別ゆえ緩やかな審査の妥当性を説く伊藤正己裁判官補足意見・最大判昭和 58・4・27 民集 37 巻 3 号 345 頁参照）。しかしながら，選挙権が関係する別異の取扱いは特に警戒が必要な性質のものであると考えられる（野中ほか・憲法Ⅰ〔5 版〕287 頁［野中］，長谷部・憲法〔6 版〕170 頁）。有力説の画期性を活かすために，対象となっている実体的な権利の性質に着目して，いわゆる「二重の基準」に該当する対応の区分をこの場面で導入する考え方もある（芦部・憲法〔6 版〕131-132 頁）。

最高裁は，上述のように例示説をとり，当該区別が合理的根拠に基づいているかを審査する手法を採用しているが，その数少ない法律違憲の判断が平等の分野に多いことは注目される。特に近時，最高裁は，自らの意思や努力によっては変えることのできない事柄を理由として法的に別異の取扱いをすることに対して慎重に審査するようになってきている（最大判平成 20・6・4 民集 62 巻 6 号 1367 頁《国籍法違憲判決》，最大決平成 25・9・4 民集 67 巻 6 号 1320 頁《法定相続分非嫡出子差別事件 2013 年大法廷決定》）。

［川岸］

III 個別的差別禁止事項

1 人　種

人種とは皮膚，毛髪，目，体型などの身体的特徴を指標にして人を分類する一つの方法である（佐藤(幸)・憲法論201頁，野中ほか・憲法Ⅰ〔5版〕292頁〔野中〕，高橋・立憲主義〔3版〕154頁）。ヒトは遺伝的には均質であるとされており，それは生物学でいう種や亜種とは異なる概念である。したがって人種は，生物学的な分類というよりも，むしろ人類学・社会学的なものであり，何らかの社会的指標との関連で捉えられるものといえる（宮沢・全訂209頁）。肌の色の違いに代表される人種という概念は，人類の歴史において長く，社会的偏見や差別の根拠となってきた（長谷部・憲法〔6版〕171頁）。それにより，アメリカ合衆国での奴隷制度の残滓としての黒人差別やナチズムに典型化されたユダヤ人差別，また南アフリカのアパルトヘイトなどに代表される極めて深刻な政治的・社会的問題が世界各地で発生してきた。それゆえ，人種は，平等が基本的価値として憲法に宣言されるなら，最初に対応すべき種類の差別禁止の対象である。様々な努力により人種差別はかつてよりは緩和されてきたといえるであろうが，人々の間の偏見の根強さから今日でも解決すべき喫緊の課題となっている。つまり，世界でグローバルな問題として認識されており，国連は人種差別撤廃条約（「あらゆる形態の人種差別の撤廃に関する国際条約」，1965年12月21日採択，1969年1月4日発効）を制定している。日本はかなり遅れたが，1995年12月15日に加入し，1996年1月14日に発効し，この条約に拘束されるようになっている。そこでは「人種差別」は，「人種，皮膚の色，世系又は民族的若しくは種族的出身に基づくあらゆる区別，排除，制限又は優先であって，政治的，経済的，社会的，文化的その他のあらゆる公的生活の分野における平等の立場での人権及び基本的自由を認識し，享有し又は行使することを妨げ又は害する目的又は効果を有するもの」と広く定義されている（1条1項）。

日本では，従来，人種的・民族的均質性が強調され，人種差別にそれほど敏感ではなかったが，現に克服すべき差別も存在している。アイヌ民族に対

する差別は立法によって対策が講じられている。1899年（明治32年）制定の北海道旧土人保護法は，北海道開拓の歴史の過程で，先住民であるアイヌの人たちを日本国民に同化させることを目的に，土地を付与して農業を奨励し，医療，生活扶助，教育などの保護対策を施そうとしたもので，第二次世界大戦後も効力を有していた。しかし，土人という言葉遣いとともに（その蔑称性に言及し憲法上の疑義を指摘する札幌地判昭和50・12・26判時821号138頁参照），保護の名の下に劣った者を管理しようとする構造から自由ではなかった。1997年（平成9年）7月1日に，「アイヌ文化の振興並びにアイヌの伝統等に関する知識の普及及び啓発に関する法律」（アイヌ文化振興法）が施行され，ようやく旧法は廃止されるに至っている。その制定目的である「アイヌの人々の民族としての誇りが尊重される社会の実現」そして日本の「多様な文化の発展」（同法1条）はなお途上である。ダム建設のための事業認定に際して先住民族アイヌの伝統文化の享有について十分な配慮を欠き裁量権を逸脱して違法と判断した二風谷ダム事件（札幌地判平成9・3・27判時1598号33頁）が注目される（ただし事情判決を援用して請求は棄却）。ほかにも帰化人や混血が本条項で問題となり得る。実際，在日韓国人・朝鮮人に対する差別は帰化した後にあっても時に苛烈な形で存在している。私人間での紛争であるが，外国人が日本国籍を取得後，その外形から外国人に見えることから差別的な取扱いを受けたことは，人種差別に該当すると判断した下級審判決がある（札幌地判平成14・11・11判時1806号84頁《小樽公衆浴場入浴拒否事件》）。

　アメリカ合衆国の歴史からも明らかなように，人種差別は公権力による差別だけではなく，社会的偏見に基づく私人間の差別が深刻な影響を及ぼしている。私人間の差別を禁止するためには，立法措置や私法上の一般原則に訴えかけることのできる事情が必要とされている（→**第3章前注Ⅲ1**）。日本では，雇用関係などで差別を禁止する個別法が限定的に存在するが，一般的な差別禁止法は制定されていない。2002年（平成14年）に国会に上程された人権擁護法案は，人権侵害を一般的に禁止し，その違反に対し救済制度を整備しようとするものであった。だが，人権本来の関心事である公権力の濫用に関しては，公務員等による差別的取扱いや虐待の禁止に対象が限定されており，効果的な抑制策を提供できておらず，メディアによる名誉毀損・プライ

バシー侵害や過剰取材といった人権侵害を独立した範疇として設定し，より強制力のある特別救済手続の対象になるとしていたことなどから，厳しい批判にさらされ，2003年10月に廃案となった。ただ裁判以外の人権救済制度の構想など国内人権機関の必要性については慎重な判断が必要である。

なお，国籍を指標とした別異の取扱いは，外国人の人権享有主体性の問題として理解されており（→**第3章前注Ⅱ1**），ここにいう人種差別の問題ではない（最大判昭和30・12・14刑集9巻13号2756頁）（法協・註解上346-347頁・349頁，宮沢・全訂205頁，佐藤（功）・ポケ註上216頁，佐藤（幸）・憲法論201頁，野中ほか・憲法Ⅰ〔5版〕293頁〔野中〕，長谷部・憲法〔6版〕171頁）。ただし労働基準法は，労働条件の差別的取扱いの禁止対象に国籍を含めている（労基3条）。

2　信　条

信条は，歴史的には，宗教や信仰に関する箇条や教義を意味したが，今日では広く思想上・政治上の信念や主義を含むと解されている（法協・註解上350頁，佐藤（功）・ポケ註上216頁，佐藤（幸）・憲法論201頁，野中ほか・憲法Ⅰ〔5版〕293頁〔野中〕，高橋・立憲主義〔3版〕154頁，長谷部・憲法〔6版〕171頁）。憲法に定義された信条は，根本的なものの考え方ないし見方を意味し，単なる政治的意見や政党的所属関係を含まないと解する説もある（宮沢・憲法Ⅱ277頁）。法律の定め方により，信条は政治的意見を含まないが，宗教よりも広い意味合いを具える場合があると指摘されることがある。すなわち，国家公務員法では，「すべて国民は，この法律の適用について，平等に取り扱われ，人種，信条，性別，社会的身分，門地又は第38条第5号に規定する場合を除くの外政治的意見若しくは政治的所属関係によつて，差別されてはならない」と規定し，信条と政治的意見や政治的所属関係とが区別されている（国公27条）。また一方で，労働基準法は，「使用者は，労働者の国籍，信条又は社会的身分を理由として，賃金，労働時間その他の労働条件について，差別的取扱をしてはならない」と規定するが（労基3条），他方で，労働組合法は，労働組合の規約に含まれなければならない条項として，「何人も，いかなる場合においても，人種，宗教，性別，門地又は身分によつて組合員た

る資格を奪われないこと」を挙げており（労組5条2項4号），信条の方が宗教よりも広範であることを示している（宮沢・全訂209-210頁）。しかし，根本的な思想と単なる政治的な意見との区別はかなり相対的であり，本条の保護から後者を排除すべき積極的な理由はないと考えられる（樋口ほか・注解Ⅰ320頁〔浦部〕，佐藤（幸）・憲法論201頁，野中ほか・憲法Ⅰ〔5版〕293頁〔野中〕，高橋・立憲主義〔3版〕154頁。ただし，佐藤（功）・ポケ註上216頁は，単なる政治的意見は信条に含まれないとする）。ただし，国家公務員法が定める国家公務員の欠格事由として「日本国憲法又はその下に成立した政府を暴力で破壊することを主張する政党その他の団体を結成し，又はこれに加入した者」（国公38条5号）は，信条そのものを対象とする規制というよりは，結社の結成・加入という行動に着目した規制であり，むしろ結社の自由の問題であると理解することは可能であろう。ただ，「元来，人の思想，信条とその者の外部的行動との間には密接な関係があ」る以上（最大判昭和48・12・12民集27巻11号1536頁《三菱樹脂本採用拒否事件》），信条そのものと外部的行動との二分論には細心の注意をもって対応する必要があろう。外的行動の規制を口実として信条を狙い撃ちしているような場合には，本条違反が問われるべきであろう（佐藤（幸）・憲法論201-202頁，高橋・立憲主義〔3版〕154頁）（→§19Ⅲ3）。

　異なる政治的信条のゆえに傾向経営会社から社員が解雇された事案で，優れて実践的な志向を有する政治的意見が本条にいう信条に含まれるとした上で，「会社の存立に明白かつ現在の具体的危険が発生したものとは認められない」という事実関係の下では，解雇は政治的信条を理由とするものであって本条，労働基準法3条に違反し，無効と判示した下級審判決がある（大阪地判昭和44・12・26労民集20巻6号1806頁《日中旅行社解雇事件》）。また，レッドパージ政策が行われていたころ，最高裁は，共産党員であることまたは単に共産主義を信奉するということ自体を理由とした解雇は，本条および労働基準法3条違反の問題を引き起こす可能性を示唆した（最判昭和30・11・22民集9巻12号1793頁）。しかしながら，最高裁は，他方で，企業は，採用にあたって，特定の思想・信条を有する者の雇入れを拒み，またはこれに関する事項につき申告を求めても違法とはならないとも判示している（前掲最大判昭和48・12・12。→**第3章前注Ⅲ1(1)**）。

〔川岸〕

第3章 国民の権利及び義務

3 性　別

　性別とは男女の区別のことである。男女の性差は染色体の組合せの違いによる生物学的なものだけではなく，文化的・社会的なものをも含むと解される（高橋・立憲主義〔3版〕155頁，辻村・憲法〔5版〕165頁）。女性に対する差別は，近代立憲主義が早くから展開した国家でも広く認められた社会的慣行であり，法制度を伴うものも多かった。日本でも大日本帝国憲法下では，女性差別は一般的であった。法制度においても，例えば，女性には選挙権は認められず，政治的空間は男性に独占されていたし，女性は婚姻すると夫の許可なく法律行為をできない法的無能力者となり（民旧14条），姦通は妻だけが刑罰を受けることになっていた（刑旧183条）。これらは本条の制定により，性別による差別がないように法改正がなされた。さらに女性差別の解消に大きな影響を及ぼしているのが，女性差別撤廃条約（「女子に対するあらゆる形態の差別の撤廃に関する条約」1979年12月18日採択，1981年9月3日発効）である。日本は，この条約に1980年7月17日に署名し，1985年6月24日に批准した（同年7月25日発効）。それに呼応して女性差別解消に向けた法整備が様々に始められた。そのなかでも，1985年（昭和60年）の男女雇用機会均等法（「勤労婦人福祉法」の改正として「雇用の分野における男女の均等な機会及び待遇の確保等女子労働者の福祉の増進に関する法律」）の制定は社会的にも大いに注目された。さらに1997年（平成9年）および2006年（平成18年）の同法の改正によって，女性の福祉増進から男女平等の強化そして性別に関わりない差別禁止へと法律の性格も変遷してきている（「雇用の分野における男女の均等な機会及び待遇の確保等に関する法律」）。さらに1999年（平成11年）には男女共同参画社会基本法が制定された。それに基づき内閣府に男女共同参画会議が設置され，2000年12月12日には男女共同参画基本計画が初めて閣議決定された。その後5年ごとに基本計画が策定され，2015年12月25日には第4次男女共同参画基本計画が決定されている。特に，「男性中心型労働慣行等の変革等を通じ，仕事と生活の調和が図られ，男女が共に充実した職業生活その他の社会生活及び家庭生活を送ることができる社会」の構築への取組が強調されている。このように男女平等の実現を目指す制度や政策は展開して

きているが，社会における性別役割分業観の根強い浸透など克服すべき課題も多い。なお一見女性を優遇しているように思われる制度も実は差別意識の反映であることもあるので，注意が必要である。以下では法的問題を若干概観する。

強姦を「女子」に対するもののみに限定し処罰する刑法の規定（刑177条）について，最高裁は，当該規定を「男女両性の体質，構造，機能などの生理的，肉体的等の事実的差異に基き且つ実際上強姦が男性により行われることを普通とする事態に鑑み，社会的，道徳的見地から被害者」である女性に対する保護と捉え，本条違反を生じないとする（最大判昭和28・6・24刑集7巻6号1366頁）。従来学説上もそれほど議論されることなく合憲とされてきたが，近時，当該規定に男性中心的な性的モラル観を見出し，多様な性的自由を保障すべきことからすると本条に違反するという主張もなされるようになっている（例えば，君塚正臣「性差別と強姦罪――刑法177条の合憲性」法時68巻4号67-73頁（1996））。

雇用関係に関して，公務員制度の下では，性別による差別の禁止が法定されている（国公27条，地公13条）。民間部門では，労働基準法は男女同一賃金の原則（労基4条）を定めるが，男女の労働条件面での均等待遇は明記されていない（労基3条）。そこで上述の男女雇用機会均等法が制定され，改正を経て，この分野での規律性が強化されている。この法律はある意味では，雇用分野での女性差別を禁止する裁判実務の集積を確認することから始まっていると見ることも可能である。下級審は，女性のみが結婚すると退職しなければならない雇用の在り方は性別に基づく不合理な差別であり，婚姻の自由をも侵害するとし（東京地判昭和41・12・20労民集17巻6号1407頁《住友セメント事件》），また男性が55歳であるのに対して女性は30歳で定年になる労働協約を著しく不合理なものとして（東京地判昭和44・7・1労民集20巻4号715頁《東急機関工業事件》），それぞれ公序良俗違反で無効と判示していた。定年年齢を男女で5歳だけ区別する就業規則も，最高裁は，専ら女性であることのみを理由として差別したことに帰着し，性別のみによる不合理な差別であって，無効と判示する（最判昭和56・3・24民集35巻2号300頁《日産自動車事件》）。

労働条件に関して，従来，身体的特徴の違いから女性を保護することが一般的であった（法協・註解上353頁，宮沢・全訂210頁，佐藤(功)・ポケ註上221頁）。しかし，そうした保護法制は同時に女性から就労の機会を奪い社会進出を阻害する効果をもたらすこともある。もちろん母性保護のための特別措置は，憲法の許容する合理的な区別であって，差別と解されてはならないが（女性差別撤廃条約4条2項参照），パターナリズムに基づく過度の規制は個人の尊重という根本原理と抵触する。1997年（平成9年）に労働基準法が改正され，時間外労働の制限・休日労働の制限・深夜労働の原則禁止は廃止される一方，坑内業務の就業制限（労基64条の2）・危険有害業務の就業制限（労基64条の3第3項）・生理日の就業が著しく困難な女性に対する措置（労基68条）などは継続している。今後一層，性別に関係なく，個性と能力を発揮できるような労働環境の実現が求められるであろう（コース別採用制による実質的な性差別の存在等を指摘する辻村・憲法〔5版〕164頁・168-169頁・309頁）。

国家資格について，かつては女性に限定される資格として看護婦・保健婦・助産婦という名称が使われていたが，2001年（平成13年）に名称が性差に中立的な看護師・保健師・助産師に変更された（保健婦助産婦看護婦法から保健師助産師看護師法へ）。そして看護師や保健師は実際に男性にも門戸が開かれるようになった。しかし，助産師についてはなおその資格は女性に限定されている（保健師助産師看護師法3条は，助産師を「厚生労働大臣の免許を受けて，助産又は妊婦，じよく婦若しくは新生児の保健指導を行うことを業とする女子をいう」と定義している）。この点，男女平等の観点から更なる法改正を求める声もあるが，業務対象者である女性の心理に配慮すべきことから女性に限定することには一定の合理性があるとする判断もある（渋谷・憲法〔2版〕211頁）。

婚姻関係に関する民法の規定についても，伝統的な理解に反省を迫る議論が展開されている。婚姻適齢を男性は18歳，女性は16歳と差異を伴って定めていることは（民731条），身体的・生理的条件の違いに由来する成熟度の違いを理由にして不合理とはいえないとされてきた。ただ身体的・生理的成熟は個人差が大きく，また社会的な成熟という視点からは性差はほとんど関係なく，複雑化する社会でこの成熟度がますます必要とされているといえ，

§14 Ⅲ

その合理性に疑問が投げかけられている。また選挙権年齢の18歳引下げとの整合性も問われている（辻村・憲法〔5版〕171頁）。1996年2月26日の法制審議会総会で決定された「民法の一部を改正する法律案要綱」では、婚姻年齢を男女の区別なく一律18歳とすることが提案されている。ただ約20年を経た後にあってもこの法律案はいまだ法律となっていない。

　また、女性のみに6か月の再婚禁止期間（民旧733条）を課すことについて、最高裁はかつて、「父性の推定の重複を回避し、父子関係をめぐる紛争の発生を未然に防ぐ」という合理的な目的に基づく制度と解し合憲と判示した（最判平成7・12・5判時1563号81頁《女性再婚禁止期間事件》。最高裁は立法の不作為についての国賠法上の違法性の問題として議論した）。だが、医科学技術の著しい進歩によって今日では妊娠の有無や父子関係を容易に確認できるようになっており、6か月もの長期間、女性だけに婚姻の自由を制限することについて、概して批判が向けられるようになってきていた。特に本制度が依拠する父性優位のイデオロギーへの疑問が提示され、再婚禁止期間の撤廃を求める主張も支持を広げつつあった。またたとえ立法目的は正当であるとしても、父性の推定の重複を避けるためには、嫡出推定規定（民772条2項）をそのまま受け入れ、100日の再婚禁止期間で足りるはずであった。再婚禁止期間の設定は内縁関係を増加させ、合法的な再婚を妨げる点で規制が過度に広範であるといえた（長谷部・憲法〔6版〕172頁）。再婚禁止期間の対象となる女性と婚姻しようとする男性の婚姻の自由や子供の福祉の観点からも、当該規定に疑問が呈されてもいた（辻村・ジェンダー218-220頁）。「民法の一部を改正する法律案要綱」では、女性の再婚禁止期間を100日に短縮する形で存置していた。最高裁大法廷はこの問題に本格的に取り組み、2015年12月16日に民法733条1項の規定のうち再婚禁止期間100日超過部分は憲法14条1項および24条2項に違反すると判断した（最大判平成27・12・16民集69巻8号2427頁《再婚禁止期間一部違憲判決》。ただし国会が当該規定を改廃する立法措置をとらなかったことは国家賠償法1条1項の適用上違法の評価を受けないとする）。当該規定の立法目的については、先の最高裁判決を引用しつつ、父性の推定の重複を回避し、もって父子関係をめぐる紛争の発生を未然に防ぐことにあり、その合理性を認定する。しかし、民法772条2項に定められた嫡出推定

の規定に従えば，前婚と後婚との間に100日を確保すれば，父性の推定の重複は生じないのであるから，医療や科学技術が発達した今日においては，再婚禁止期間を厳密に父性の推定が重複することを回避するための期間に限定せず，一定の期間の幅を設けることを正当化することは困難になったと判断した。違憲の判断は全員一致であるが，再婚禁止期間の設定自体を違憲とする意見と反対意見が付されている。この判決を受けて，法務省は直ちに再婚禁止期間を100日として取り扱うように全国の自治体に通知した。そして2016年（平成28年）6月1日に女性の再婚禁止期間を100日に短縮する民法改正が可決成立し，同年6月7日に公布・施行された。この禁止期間は，女性が前婚の解消時に懐胎していなかった場合，または，前婚解消後に出産した場合などには適用されない（民733条1項・2項。→§24 Ⅲ 2(3)）。

さらに，民法は夫婦が同一の氏を名乗ることを求める夫婦同氏制（民750条）の是非も注目を集めている。その規定自体は「夫又は妻の氏を称する」というのであるから，性差に対して中立的であるが，ほとんどすべての夫婦が夫の氏を名乗っていることから実際の影響力は差別的である。社会的な意識や慣行が夫婦の氏の選択に反映されているといえよう。このような間接差別について憲法上どのように対応できるのかが問われている。ここでも同氏制の強制が，婚姻の自由や氏を保持する人格的利益の侵害という側面も併せ持つことが指摘されている（辻村・ジェンダー245-247頁）。「民法の一部を改正する法律案要綱」では，選択的夫婦別氏制の導入が提案されている。2015年12月16日に，最高裁は10名の裁判官の多数で，夫婦同氏制を定める当該規定は憲法13条，14条1項，24条に違反しないと判示した（最大判平成27・12・16民集69巻8号2586頁《夫婦同氏制違憲訴訟》）。平等との関係では，当該規定は文言上性別に基づく法的な差別的取扱いを定めているわけではなく，あくまでも夫婦となろうとする者の間の協議によるので，夫の氏を選択する夫婦が圧倒的多数であるとしても，当該規定の在り方自体から生じた結果であるとはいえないとし，伝統的な見解を示した。残りの5名の裁判官は，当該規定が憲法24条に違反するとの反対意見・意見を述べている（→§24 Ⅲ 3）。

さらに，最高裁は，入会権者の資格に男女格差を設定する規則は性別のみによる不合理な差別で公序良俗違反とし（最判平成18・3・17民集60巻3号

773頁），また，交通事故による賠償の逸失利益計算において賃金の男女格差の是正を認容した（大阪高判平成13・9・26判時1768号95頁。最決平成14・5・31交通民集35巻3号607頁で維持）。

外貌の醜状障害に対する労災補償において，特に「女性の外貌に著しい醜状を残すもの」という規定（労働者災害補償保険法施行規則別表第1）の結果，補償金に男女で格差が生じることが争われた事件で，下級審は当該障害等級表を本条違反と判示した（京都地判平成22・5・27判時2093号72頁。確定）。ここでも外貌に対する男女間格差についての社会的意識や女性に対する優遇措置の可否が問われている。また平等違反の救済について，積極的な給付の文脈で平等違反を問題にしても，給付自体の否定という形で平等が実現される危険性を顕在化させた事案である。現在は性別に関係のない規定の仕方が採用されている（同施行規則別表第1第7級12・第9級11の2・第12級14）。

女性のみに入学を認める国公立大学（現在は国立大学法人法に基づく国立大学法人あるいは地方公共団体の条例に基づく独立法人の形態をとるが，憲法規範は直接に適用される（東京高判平成19・3・29判時1970号70頁《群馬大学医学部入学許可請求事件》））は，性差別に該当するのかという議論が活発化している。その合憲性に疑いを呈する議論も有力に展開されるようになっている（芦部・憲法学Ⅲ42頁，青柳幸一『国立女子大学の憲法適合性——高等教育における差別——」横浜経営研究5巻1号95-114頁（1984），君塚正臣「国公立男女別学校の合憲性」東海大学文明研究所紀要16号55-78頁（1996），渋谷・憲法〔2版〕211頁）。確かに，以前のように女性の高等教育を受ける機会が圧倒的に少なく，高等教育上の男女格差が大きかった時代には，国立女子大学はその格差を是正するための積極的意義をもちえた。だが，男女の間で高等教育の水準に格差がなくなってきた今日においては，入学資格や教育内容の点で別様の取扱いがかつてのまま妥当するかは疑問であろう。女性のみにふさわしい学問があるという主張を説得的に維持できるかは疑わしい。むしろ女子大学の存在は女性差別の固定化に繋がる可能性がないではない。しかし，女性の進出が圧倒的に少ない学問分野もなお存在していることは厳とした事実であるし，社会的な意識が反映されて女性がリーダーシップをなかなか発揮できない現状で，その体験のできる高等教育機関の存在は貴重であるといえる。多様性の確保という

視点の重要性を説く見解もある（辻村・憲法〔5版〕168頁）。

4 社会的身分

(1) 社会的身分とは，一般的に，人が社会において占めている地位を意味する。その具体的内容に関しては，狭義説・中間説・広義説が対立している。狭義説によれば，社会的身分とは出生によって決定される社会的地位あるいは身分と解する（宮沢・全訂211頁，樋口ほか・注解Ⅰ321-322頁〔浦部〕）。帰化者とその子孫，被差別部落出身者とその子孫，尊属・卑属の区別などがそれに該当するとされる。狭義説では，社会的身分は次に取り上げる門地と近い理解となる。他方，広義説は，広く人が社会において一時的ではなく占めている地位を意味すると解する。富者・貧者，使用者・労働者，各種職業，特定の地域の住民等が該当することになる（法協・註解上350-351頁，佐藤（功）・ポケ註上217-218頁）。広義説によると，社会的身分の範疇が拡大し，憲法上規定している意味がはっきりしなくなるという難点がある。そこで中間的な解釈が示されることになる。その一つは，人が社会において後天的に占める地位で一定の社会的評価を伴うものと解する立場である。この立場は，門地を生来的な社会的地位と広く解することとの組合せで主張される。さらに社会的身分は後天的に取得されるとしても，本人の意思ではどのようにも変更できず，固定的な社会的差別観を伴うものというように限定が加えられる。それにより例えば嫡出・非嫡出の区別を社会的身分の問題に取り込もうとする（佐藤（幸）・憲法論205-206頁）。もう一つの中間的立場は，人が社会において一時的ではなく占めている地位で，自分の力ではそれらから脱却できず，それについて事実上ある種の社会的評価が伴っているものをいうと解する（芦部・憲法〔6版〕136頁）。

本条1項後段に列挙された諸事項を単に例示と捉える立場は，個々の意義に拘泥する必要はないので，広義説に親和的である。しかし，本条1項後段に特別の意味を認める立場をとれば，社会的身分の意味内容をより限定的に解し，厳格な審査の領域を確定しようとすることになる。判例は，「人が社会において占める継続的な地位」と解し，高齢であることは社会的身分にあたらないとする（最大判昭和39・5・27民集18巻4号676頁）。上述のように，

最高裁は本条1項後段列挙事項を例示と解し，対象となる区別が合理的な理由に基づくか否かを問題としているので，社会的身分を広義に捉える傾向にある。なお判例は，常習賭博罪の賭博常習者および業務上横領罪の業務者につき，「犯罪者の属性による刑法上の身分」であって，憲法上の社会的身分ではないとする（最大判昭和26・8・1刑集5巻9号1709頁，最判昭和30・8・18刑集9巻9号2031頁）。

(2) 尊属と卑属の法的取り扱われ方の違いは，尊属殺人罪の合憲性をめぐって争われた。刑法の旧規定では，尊属殺人罪は普通殺人罪とは別に設定され，有罪となれば死刑または無期懲役という極めて重い法定刑が科されることになっていた（刑旧200条）。最高裁は当初は当該規定を合憲と判示していたが（最大判昭和25・10・25刑集4巻10号2126頁，なお尊属傷害致死罪（刑旧205条2項）に関する最大判昭和25・10・11刑集4巻10号2037頁も参照），1973年に判例を変更し，初めて法律の違憲を宣言した（最大判昭和48・4・4刑集27巻3号265頁《尊属殺重罰規定違憲判決》）。多数意見は，尊属殺と普通殺との間の取扱いの違いを合理的な根拠に基づくものか問い，尊属殺の設定そのものは社会生活上の基本的道義である尊属に対する尊重報恩という自然的情愛ないし普遍的倫理の維持を目的としたもので，合理性を有するが，加重された法定刑が普通殺に比して極端に重たすぎて，立法目的達成の手段としては均衡を欠くと判断した。実際，現行制度で最大限可能な二度の減刑がなされる事案も多く，その場合でも懲役3年6月が下限であり，執行猶予を付すことはできない。その結果，刑法旧200条は違憲無効と判断され，被告人は普通殺（刑199条）で処断された。なお当該判決には意見も付されており，尊属殺の設定そのものが人格価値の平等を根本原理とする憲法の趣旨に合致しないとするものもある。最高裁によるこの違憲の判断に対して，検察庁・法務省は，現に裁判所に係属中の尊属殺人事件については罪名および罰条を普通殺人に変更する措置をとり，それ以後の事案についても普通殺人として捜査および公訴提起をする措置を講じた。また尊属殺人罪で有罪となった者に対しては恩赦により救済が図られた。多数意見の論理からすれば，尊属に対する犯罪に一般の犯罪に比して刑の加重が極端でなければ違憲とならないはずである。その後最高裁は，尊属傷害致死重罰規定は違憲ではないと判示し

た（最判昭和49・9・26刑集28巻6号329頁）。違憲と宣言された尊属殺重罰規定は刑法典に長期にわたってそのまま存在していたが，1995年（平成7年）の刑法改正では，尊属殺だけでなくすべての尊属加重罪が削除された。立法的対応では，最高裁の違憲判断の多数意見ではなく意見の立場が実定化したとも解され，注目される。

(3)　嫡出子と嫡出でない子との別異の法的取扱いも，平等の観点からその合憲性が争われてきた。民法旧900条4号ただし書前段は，嫡出でない子の法定相続分を嫡出子のそれの2分の1と規定していた。1995年（平成7年）に最高裁は，母との関係で子が嫡出・非嫡出に区別される相続に関する事案で，相続制度の設計について立法裁量を広く認め，緩やかな審査を施し，違憲とは判断しなかった。立法目的は，法律婚の尊重と非嫡出子の保護の調整を図ったものであり，現行民法が法律婚主義を採用している以上，その立法理由には合理的根拠があるとする。そして法定相続分は遺言がない場合に補充的に適用されるものであり，非嫡出子の法定相続分を2分の1としたことが，立法理由との関連で著しく不合理であるともいえないから，違憲ではないと結論づけた（最大決平成7・7・5民集49巻7号1789頁《嫡出性に基づく法定相続分差別事件1995年大法廷決定》）。この決定には，非嫡出子は自らの意思や努力で変えることができない性質の身分であることを強調し，婚姻家族に属するという属性よりも被相続人の子としては平等であるという個人としての立場を重視する反対意見が付されていた。婚姻の尊重・保護という立法目的と出生について何の責任も負わない非嫡出子を法定相続において差別するという手段との間には実質的関連性がないし，当該規定の存在が現時点では「非嫡出子を嫡出子に比べて劣るものとする観念が社会的に受容される余地をつくる重要な一原因となっている」と非嫡出子の保護という目的自体にも疑問の目を向けている。たしかに立法当初は法定相続分を2分の1ではあれ認めることで非嫡出子の保護を図るものであったといえるかもしれないが，民法改正作業が継続しており，日本の国際人権条約への参加もあり，立法事実に変化が生じている点にも注意を喚起していた。

その後も，最高裁は非嫡出子についての別異の法定相続分規定に関して合憲との判断を維持し続けてきた。しかし，いずれも個別意見が付されており，

3対2の意見分岐もめずらしくなく大法廷決定の直後としては異例と言え，当該条項の憲法解釈について決着したと容易にいえる状態ではなかった（最判平成12・1・27判時1707号121頁，最判平成15・3・28家月55巻9号51頁，最判平成15・3・31家月55巻9号53頁，最判平成16・10・14判時1884号40頁）。なかでも最高裁は，後述する嫡出性に基づく別異の法的取扱いが問われた国籍法違憲判決（最大判平成20・6・4民集62巻6号1367頁）後も，本規定を合憲と判示していた（最決平成21・9・30家月61巻12号55頁）。ただ，遺留分をめぐる嫡出性に基づく法的別異の取扱いが争われた事件で，下級審は最高裁の先例を回避する工夫をして注目されていた。補充性が否定される遺留分制度では，民法1044条は同900条を準用しているので，嫡出性の有無により法定相続分と同様の格差が生じることになるところ，高裁は，当該事案に適用する限りで違憲と判断したのである（東京高判平成22・3・10判タ1324号210頁，名古屋高判平成23・12・21判時2150号41頁）。なお，「民法の一部を改正する法律案要綱」（1996年2月26日法制審議会総会決定）では「嫡出でない子の相続分は，嫡出である子の相続分と同等とする」と定められていた。

　しかし最高裁は，2013年9月4日についに，民法旧900条4号ただし書前段を違憲と判断するに至った（最大決平成25・9・4民集67巻6号1320頁**判例1**/）。最高裁は，相続制度の設計について立法府の合理的な裁量判断を尊重するという従前の態度を引き継ぎつつ，当該規定により嫡出性に基づき生ずる法定相続分の区別について合理的根拠があるかを問う。そして，1995年大法廷決定は本規定を合憲としていたが，その区別の合理性は，「個人の尊厳と法の下の平等を定める憲法に照らして不断に検討され，吟味されなければならない」とする。その上で，1947年「民法改正時から現在に至るまでの間の社会の動向，我が国における家族形態の多様化やこれに伴う国民の意識の変化，諸外国の立法のすう勢及び我が国が批准した条約の内容とこれに基づき設置された委員会からの指摘，嫡出子と嫡出でない子の区別に関わる法制等の変化，更にはこれまでの当審判例における度重なる問題の指摘等を総合的に考察すれば，家族という共同体の中における個人の尊重がより明確に認識されてきたことは明らかである」と判断した。法律婚制度が定着しているとしても，その制度の下で「父母が婚姻関係になかったという，子に

とっては自ら選択ないし修正する余地のない事柄を理由としてその子に不利益を及ぼすことは許されず，子を個人として尊重し，その権利を保障すべきであるという考えが確立されてきている」とする。そして，遅くとも相続が開始した2001年7月当時において，立法裁量を考慮しても，嫡出性に基づき法定相続分を区別する合理的な根拠は失われていたとして，本規定は遅くとも2001年7月当時において違憲であったと全員一致で結論づけた。ただ立法目的や手段との整合性などについては直接論じられることがなく，理由付けに関しては批判も多い。当該規定の違憲性をめぐる一連の出来事は，少数者に差別的な規定は立法過程では是正されにくいという事実を改めて認識させた。違憲審査の在り方を考える上でも参考になろう。

判例 1 ／ 嫡出性に基づく法定相続分差別事件 2013年大法廷決定
　　　　　　最大決平成 25・9・4 民集 67 巻 6 号 1320 頁

　事案は，2001年7月に死亡したAの遺産につき，Aの嫡出子（その代襲相続人を含む）X（相手方）らが，Aの嫡出でない子Y（抗告人）らに対し，Aの遺産の分割の審判を申し立てたものであった。原審は，1995年大法廷決定に基づき民法900条4号ただし書前段は憲法14条1項に違反しないと判断し，それを適用して算出されたXらおよびYらの法定相続分を前提に，Aの遺産の分割をすべきものとしたため，Yらが最高裁に特別抗告したものである。1995年大法廷決定の事案は，試婚制度のもと母との関係で嫡出でない子と嫡出子の区別が生じていたものであったが，それとは異なっている。

　本件では，1995年大法廷決定以後の立法事実の総合的な変化が違憲判断を導く要因となった。本違憲判断で特に注目されるのは，最高裁が当該問題を「個人の尊厳と法の下の平等を定める憲法に照らし，嫡出でない子の権利が不当に侵害されているか否かという観点から判断されるべき法的問題」であると捉え，「法律婚を尊重する意識が幅広く浸透しているということや，嫡出でない子の出生数の多寡，諸外国と比較した出生割合の大小」は重要ではないとしていることである。

　ところで，民法900条4号ただし書前段が遅くとも2001年7月から違憲であったが，その違憲性が初めて示されたのが2013年9月であり，その間当該条項に従って処理された相続の効力がどうなるのか疑問が浮かぶ。1995年大

§14 Ⅲ

法廷決定反対意見は違憲判断の遡及効の制限にわざわざ言及していた。最高裁は本件で違憲判断を示すにあたって、一方で法適用の平等の観点から最高裁の違憲判断に先例としての事実上の拘束性を認め、他方で法に内在する普遍的な要請である法的安定性を尊重する観点から、遡及効に制限を付した。つまり紛争が確定的に解決している場合には違憲判断の一般的遡及効を遮断したのである。遡及効と先例拘束性の混交という問題はあるが、違憲判断の効果を考える上で、注目される先例となった（→§81）。

最高裁による違憲の判断が示されて、国会は民法900条4号ただし書前段を削除する法改正を行った（2013年（平成25年）12月11日公布、施行）。そして新法は2013年9月5日以降に開始した相続に適用するとする経過措置もとられた。ただ嫡出性に基づく差異が法律関係においてすべて消え去ったわけではない。戸籍法は、出生の届出に係る届書おいて嫡出子または嫡出でない子の別を記載することを求めている（同法49条2項1号）。この規定の合憲性が争われた事件で、最高裁は、現行の民法上の親子関係の規定は父母の婚姻関係の有無によって規律を異にしており、それは「法律婚主義の制度の下における身分関係上の差異及びこれを前提とする戸籍処理上の差異」によるものであり、当該戸籍法の「規定それ自体によって、嫡出でない子について嫡出子との間で子又はその父母の法的地位に差異がもたらされるもの」ではなく、不合理な差別的取扱いを定めたものとはいえないと判断した。最高裁は、嫡出性を戸籍上記載すること自体と、民法旧900条4号ただし書前段のように嫡出性の有無を法的不利益に結び付けることを区別して捉えている。その意味では、最高裁は、戸籍上嫡出でない子の記載自体が差別に当たるとは認めていないといえる。なお、当該判決には、出生届への嫡出性の記載が、戸籍事務処理の便宜に資することを認めつつ、他に確認の手段がある以上事務処理上不可欠とまでは必ずしもいえないとする櫻井龍子裁判官の補足意見が付されている（最判平成25・9・26民集67巻6号1384頁）。確かに理論的には戸籍上の嫡出性の記載自体と嫡出性に基づく不利益規定とは区別できるが、嫡出でない子が従前受けてきた社会的差別の歴史に鑑みると、嫡出性の記載が戸籍事務処理上不可欠とはいえないのであれば、戸籍法の当該規定の実際

(4) なお，かつて国籍取得の局面でも，非嫡子に対する別異の取扱いがなされていた。国籍法は，日本国民である父と日本国民でない母との間に出生した後に父から認知された子について，父母の婚姻により嫡出子たる身分を取得した場合に限り届出による日本国籍の取得を認めていた（同法旧3条1項）。最高裁は，国籍が重要な法的地位であること，そして子にとって嫡出性は自らの意思や努力で変更できない性質のものであることから，慎重な検討を行った。準正を日本との密接な結びつきの指標とした立法目的を正当とし，嫡出性に基づく区別は1984年（昭和59年）の立法当時には相応の理由があったとする。しかし，その後，家族関係の実態は多様化し変化しており，日本との結びつきの強弱を両親の法律上の婚姻に直接結びつけることは困難になっていると指摘する。さらに他国の法改正の動向などにも目を向け，今日においては，この区別について立法目的との合理的関連性をもはや見いだせないと判断した。最高裁は，その規定を違憲としながらも，準正要件のみを過剰な要求として無効として取り除き，その上で原告の国籍を確認した（最大判平成20・6・4民集62巻6号1367頁《国籍法違憲判決》）。本件では最高裁は，合理的理由に基づく区別かを問いながらより厳密な審査を施し，さらに法律の一部違憲無効という手法を採用し，注目される（→§10 Ⅲ）。

(5) 性的指向も社会的身分に含めて捉えることは可能であろう。同性愛の性向は本人の意思や努力で変えられるものではないと理解されるようになっているからである。地方自治体の設置・管理する公共施設を同性愛者の団体に使用させなかった事案で，判断権者である教育委員会の不承認処分は，同性愛者の利用権を不当に侵害し，結果的，実質的に不当な差別的取扱いに該当するとして，地方自治法244条2項違反と判示した下級審判例がある（東京高判平成9・9・16判タ986号206頁《東京都青年の家事件》）。

また性同一性障碍をめぐって，性同一性障碍者の性別の取扱いを変更するための審判の要件に「現に子がいないこと」が挙げられていること（性同一性障害者の性別の取扱いの特例に関する法律旧3条1項3号）に関して，最高裁は，家庭の秩序の維持や子の福祉などの観点から，合理性を欠くとはいえないとする（最決平成19・10・19家月60巻3号36頁）。

5 門　　地

門地とは，人の出生によって決定される社会的地位を指し，血統や家系等の家柄が該当する。家柄は封建的な体制でこそ重要な役割を果たしたが，人格的価値の平等を基盤とする日本国憲法体制では貴族制は否定される（本条2項参照）。なお，天皇および皇族はまさに門地であるが，それらは日本国憲法自体が認めた例外である（→§1，§2）。

6 選 挙 権

国民主権原理を掲げ間接民主制を採用する日本国憲法の下にあっては（前文・1条），選挙が適正に行われることは決定的に重要である。そして人格的価値の平等という原則を選挙の局面に当てはめると，平等選挙の実現が求められることになる。憲法は普通選挙や選挙人の資格における平等（15条3項・44条ただし書）を規定しており，選挙における形式的な平等は確保されている。財産や教育などに基づき選挙への参加を制限することは許されない。つまり1人1票の原則が維持されなければならないのである。問題は，形式的平等に加えて，実質的な平等，すなわち選挙の結果に影響を及ぼす可能性においても平等であるよう憲法は要請しているのかである。

最高裁は，当初，議員数の配分は人口比例が望ましいとしながらも，立法府の広い裁量判断を尊重し，「選挙区の議員数について，選挙人の選挙権の享有に極端な不平等を生じさせるような場合は格別，各選挙区に如何なる割合で議員数を配分するかは，立法府である国会の権限に属する立法政策の問題であって，議員数の配分が選挙人の人口に比例していないという一事だけで，憲法14条1項に反し無効であると断ずることはできない」として，参議院議員選挙における最大較差が1対4.09程度を「極端な不平等」といえないと判示した（最大判昭和39・2・5民集18巻2号270頁）。

(1) 衆議院議員選挙の場合

(ア)　しかし1976年に最高裁は判断を変更し，投票価値の平等も憲法上要請される原則であることを明らかにした。そして，1972年12月10日施行の衆議院議員総選挙の際の最大較差1対4.99の不均衡について，違憲と判

断した。ただし事情判決の法理を援用し，選挙を無効とはしなかった（最大判昭和51・4・14民集30巻3号223頁《衆議院議員定数不均衡1976年違憲判決》**判例2**/）。

判例2 《衆議院議員定数不均衡1976年違憲判決》
最大判昭和51・4・14民集30巻3号223頁

A　まずそもそも投票価値が不平等である場合，どのようにして裁判所で争えるのか。これまで，投票価値の平等は選挙無効訴訟（公選204条）の中で争われてきた。選挙無効訴訟は，民衆訴訟であって個人の権利救済を目的とした主観訴訟ではないこと，定数配分規定は立法事項であるがその変更のための立法権限を有さない選挙管理委員会が被告になること，そして選挙無効と判断されれば40日以内に再選挙が要請されていることなどから，選挙無効訴訟の利用には疑義もあった。この点，最高裁は，「他に訴訟上公選法の違憲を主張してその是正を求める機会はない」以上，「およそ国民の基本的権利を侵害する国権行為に対しては，できるだけその是正，救済の途が開かれるべきであるという憲法上の要請に照らして考えるとき」，「議員定数配分規定が選挙権の平等に違反することを選挙無効の原因として主張することを殊更に排除する趣旨であるとすることは，決して当を得た解釈ということはできない」として，正当性を承認した。最高裁の法解釈を通じて，新しい訴訟類型が作り上げられたといえる。

B　次に投票価値の平等についてであるが，最高裁は，「選挙権に関しては，国民はすべて政治的価値において平等であるべきであるとする徹底した平等化を志向するものであり」，憲法は，選挙人資格における差別の禁止にとどまらず，選挙権の内容，すなわち各選挙人の投票の価値の平等（各投票が選挙の結果に及ぼす影響力の平等）もまた要求すると解するのが相当とする。しかし，投票価値の平等は「各投票が選挙の結果に及ぼす影響力が数字的に完全に同一であることまでも要求するもの」ではないとする。投票価値は選挙制度と密接に関連しているが，国会は「公正かつ効果的な代表という目標を実現するために適切な選挙制度を具体的に決定することができる」裁量判断権を有しており，投票価値は，「原則として，国会が正当に考慮することのできる他の政策的目的ないしは理由との関連において調和的に実現されるべきものと解されなけれ

ばならない」との立場を示す。そして人口と配分議員定数との比率の平等が「最も重要かつ基本的な基準」であるが、「都道府県は、それが従来わが国の政治及び行政の実際において果たしてきた役割や、国民生活及び国民感情の上におけるその比重にかんがみ、選挙区割の基礎をなすものとして無視することのできない要素であり、また、これらの都道府県を更に細分するにあたっては、従来の選挙の実績や、選挙区としてのまとまり具合、市町村その他の行政区画、面積の大小、人口密度、住民構成、交通事情、地理的状況等諸般の要素を考慮し、配分されるべき議員数との関連を勘案しつつ、具体的な決定がされるものと考えられるのである。更にまた、社会の急激な変化や、その一つのあらわれとしての人口の都市集中化の現象などが生じた場合、これをどのように評価し、前述した政治における安定の要請をも考慮しながら、これを選挙区割や議員定数配分にどのように反映させるかも、国会における高度に政策的な考慮要素の一つであることを失わない」と広く裁量判断の余地を認める。

その上で、「具体的に決定された選挙区割と議員定数の配分の下における選挙人の投票価値の不平等が、国会において通常考慮しうる諸般の要素をしんしゃくしてもなお、一般的に合理性を有するものとはとうてい考えられない程度に達しているときは、もはや国会の合理的裁量の限界を超えているものと推定されるべき」であり、「このような不平等を正当化すべき特段の理由が示されない限り、憲法違反と判断するほかはない」と判断の基準を設定する。そして選挙当時、最大較差約1対5の不均衡につき、「一般的に合理性を有するものとはとうてい考えられない程度に達しているばかりでなく、これを更に超えるに至っているものというほかはなく、これを正当化すべき特段の理由をどこにも見出すことができない」ので、選挙権の平等の憲法上の要求に反する程度になっていたと判断した。なお不均衡を表すには、衆議院議員1人当たりの人口数を基準として当該選挙区の議員1人当たりの人口数の偏差を用いる方法もあるが、最高裁は、選挙区ごとの議員1人当たりの人口数の最大値と最小値の比率、すなわち最大較差として示すこととし、爾後その方式に統一されている。さらに最高裁は、最大較差が何倍を超えると選挙権の平等の憲法上の要求に反する程度になるのかを具体的数字としては語っていない。

C　しかし、最高裁はさらにそうした投票権の平等が侵害される程度になっていても直ちに違憲とはせず、「人口の変動の状態をも考慮して合理的期間内における是正が憲法上要求されていると考えられるのにそれが行われない場合

第3章　国民の権利及び義務

に始めて憲法違反と断ぜられるべきものと解する」のが相当と判断する。つまり，さらに立法裁量を尊重し，是正のための合理的期間の経過後初めて投票価値上の不均衡は違憲となるとするのである。最高裁は，本件では8年余にわたって法改正がなされていないことから，合理的期間は徒過していると判断した。なお，最高裁は，この是正のための合理的期間がいつ始まり，どの程度続くのか，いつ徒過したことになるのか，明示してはいない。ただ最高裁は，当時の公職選挙法が「別表第一の末尾において同表はその施行後5年ごとに直近に行われた国勢調査の結果によって更正するのを例とする旨を規定しているにもかかわらず」という指摘をしているので，5年が一つの目安になると考えていたと解することもできよう。

　D　投票価値の不均衡が違憲であるとして，違憲の瑕疵は定数配分規定の当該部分に限定されるのか，あるいは全体に及ぶのか。最高裁は後者の立場をとった。「選挙区割及び議員定数の配分は，議員総数と関連させながら，前述のような複雑，微妙な考慮の下で決定されるのであって，一旦このようにして決定されたものは，一定の議員総数の各選挙区への配分として，相互に有機的に関連し，一の部分における変動は他の部分にも波動的に影響を及ぼすべき性質を有するものと認められ，その意味において不可分の一体をなす」と考えたからである。この1976年判決には可分と考える反対意見も付されていたが，最高裁はその後も同様の立場を維持し，定数配分規定を不可分一体と解する立場が確定している。

　E　最後に選挙の効力が問題となる。一般的な原則に基づけば違憲と判断された国家行為は無効となる。しかし違憲の定数配分に基づく選挙が無効となれば，大混乱が予想される。まず当初無効の考え方をとるとすれば，その選挙によって当選した衆議院議員が資格を失うことになり，その間の衆議院の活動が効力を失うことになるだけでなく，定数配分規定は立法事項であり違憲のそれを是正もできなくなる。次に，この無効を将来に向かって生ずる形成無効と考えても，当該選挙区選出の議員が存在しなくなり，憲法価値を実現するためには公選法の改正が必要であること，また全国で同様の訴訟が起こされ違憲無効となれば，当初無効と同様の混乱が生じること，さらに当該選挙区のみ無効と考えても，違憲の瑕疵を帯びた定数配分規定で選出された議員が残り，公選法改正はじめその後の衆議院の活動が違憲の選挙区選出議員を欠く異常な状態で行われることは，決して憲法上望ましいことではなく所期するところでもない

と最高裁は評価する。

　そこで、「選挙を無効とすることによる不当な結果を回避する裁判をする余地」を認め、高次の法の見地から事情判決（行政事件訴訟法31条）の法理を適用することもできると判断した。より大きな害悪を避けるため、小さな害悪を甘受するという態度である。法律の改正を必要とする投票価値の平等が争われている本件では、公選法が明文で行政事件訴訟法31条の適用を除外している場面（公選219条）と前提がそもそも異なるとする。結果的に最高裁は、選挙を無効とする旨の判決を求める請求を棄却し、当該選挙が違法である旨を主文で宣言した。事情判決の法理の援用については、元来選挙無効訴訟は客観訴訟であり、理論的に事情判決の適用は排除されるであろうが、定数不均衡訴訟は選挙権の平等という主観的利益の実現の場面でもあり、独自の訴訟類型を構成しているとも考えられるので、最高裁が解釈によって法創造を行ったといえるであろう。

　F　ここに、選挙権の平等をめぐって、①投票価値の平等も憲法上の要請であること、②選挙無効訴訟で投票価値の平等が争えること、③定数配分規定決定の立法裁量を考慮しても合理性を有するとは認められない程度の不均衡は選挙権の平等に反すること、④是正のための合理的期間内に是正がなされなければ違憲となること、⑤定数配分規定は不可分一体であること、そして⑤選挙の効力は事情判決の法理により維持されること、という定数不均衡訴訟における基本的判断枠組みが作り上げられた。概して、最高裁による画期的対応と評価できるであろう。

(イ)　最高裁の画期的違憲判決に対して、議員の選挙地盤に関わることであるからであろうか、国会の対応は一般的に鈍く、目先の弥縫策で済ませ、抜本的な取組はなかなか進展しなかった。そこで、選挙実施のたびに選挙無効訴訟が提起されることになる。

　実は国会は、1976年違憲判決の1年前に公選法を改正し、最大較差を1対2.92に縮小させていたこともあり、最高裁の違憲判決に対して実質的な対応はなされなかったといえる。実際に選挙が無効とされなかったことの負の効果ともいえるかもしれない。しかし、1980年6月22日施行の衆議院議員総選挙の際には最大較差は1対3.94に拡大していた。これに対して最高

裁は,「憲法の選挙権の平等の要求に反する程度に至っていた」としながら,「憲法上要求される合理的期間内における是正がなされなかったものと断定することは困難である」として,結局違憲とは判示しなかった(最大判昭和58・11・7民集37巻9号1243頁《衆議院議員定数不均衡1983年判決》)。国会は最高裁から一種の違憲警告を受けたことになるが,最高裁が広い立法裁量を認めていることが再度明らかになった。定数不均衡の是正のための国会での議論は紛糾し,具体的な成果を得られないまま次の総選挙を迎えることになった。

(ウ) その結果,1983年12月18日施行の衆議院議員総選挙の際には,最大較差が1対4.40にまで拡大していた。最高裁は,従前と同様の判断枠組を踏襲し,当該較差は選挙権の平等の憲法上の要求に反する程度に達しており,憲法上要求される合理的期間内の是正が行われなかったとして,再度違憲と判断した。しかし事情判決の法理に再び訴えかけ,選挙の効力は維持した。その際,最高裁は,事情判決の法理の援用について,1976年違憲判決で示した憲法の予定しない不都合を前提にした上で,諸般の事情を総合的に判断している。一方で,従前の人口動態などから較差の漸次的拡大傾向は十分予測可能で,較差の拡大は「決して予期し難い特殊事情に基づく結果」ではなかったとし,その援用への否定的評価を示す。他方,公選法1975年(昭和50年)改正による議員定数配分規定が違憲の状態とされた1983年判決言渡しから当該選挙までの期間,そして投票価値の不均衡の程度という要素を挙げ,その援用認容へと傾くことを示す。(最大判昭和60・7・17民集39巻5号1100頁《衆議院議員定数不均衡1985年違憲判決》)。

さらにこの二度目の違憲判決で注目されるのは,寺田治郎・木下忠良・伊藤正己・矢口洪一4裁判官による補足意見における,いわゆる将来効判決の可能性への言及である。この意見は,多数意見を受ける形で,諸般の事情を総合考察して選挙の効力を否定しなければならない場合もあり,その場合に,「判決確定により当該選挙を直ちに無効とすることが相当でないとみられるときは,選挙を無効とするがその効果は一定期間経過後に始めて発生するという内容の判決をすることも」できないわけではないと主張する。その理由として,同補足意見は,「定数訴訟の判決の内容は,憲法によって司法権に

ゆだねられた範囲内において，右訴訟を認めた目的と必要に即して，裁判所がこれを定めることができる」と指摘している。裁判所自身による目的合理的な対応の創造可能性を示唆しており，大いに注目される。ただ2016年11月末現在，最高裁が一定期間後に選挙を無効とする将来効判決を下したことはない。

(エ) 二度目の違憲判決が下されたにもかかわらず，国会は相変わらず意見の一致を見ずなかなか公選法改正に至らなかったが，紆余曲折の結果ようやく1986年（昭和61年）5月に成案を見た。その結果，最大較差は，1対2.92に減少した。当該改正法の下で同年7月6日に実施された総選挙をめぐっては，最高裁は選挙権の平等の要求に反するとはいえないと判示した（最判昭和63・10・21民集42巻8号6444頁《衆議院議員定数不均衡1988年判決》）。しかし，当該改正法の規定も，1990年2月18日実施の総選挙の際には，最大較差1対3.18に拡大していた。最高裁は，当該較差について，選挙権の平等の要求に反する程度に至ったとしながらも，その是正のための合理的期間を経過していないと判示した（最大判平成5・1・20民集47巻1号67頁《衆議院議員定数不均衡1993年判決》）。1992年（平成4年）に，国会は公選法を改正し，1990年の国勢調査によれば，最大較差1対2.77に縮小させていた。その改正法の下での1993年7月18日実施の総選挙の際には，最大較差1対2.82となっていたが，最高裁は，憲法の選挙権の平等の要求に反しないと判示した（最判平成7・6・8民集49巻6号1443頁《衆議院議員定数不均衡1995年判決》）。この一連の判決から，最高裁は，選挙権の平等に関して最大較差1対3を目安として不均衡の憲法上の許容可能性を判断しているのではないかと想定されていた。

(オ) 以上の最高裁の判決は，中選挙区制度を対象にした投票価値の平等の実現を目指したものであった。1993年の総選挙の結果，長期にわたり政権を独占してきた自民党が野党に転じ，新たな政治状況が出現した。選挙制度が改革され，衆議院議員選挙はいわゆる小選挙区比例代表並立制が導入された。小選挙区制では，1選挙区から1名の議員を選出することになるが，それが全国に300区設けられた（公選13条1項。ただし2012年（平成24年）改正以降は295）。なお，比例代表選挙には定員200名が割り振られ（ただし2000

年（平成12年）改正以降は180名），全国を11の選挙区（ブロック）に分割して政党や政治団体がそれぞれの選挙区で名簿を提出する拘束名簿式が採用された（公選13条2項・86条の2・95条の2）。したがって，この選挙区間の定数不均衡問題も生じ得るが，数が多いこともあり目立った不均衡は生じていない。

　この選挙制度改革において，小選挙区の区割りに関して大きな前進が見られた。内閣府に，衆議院議員選挙区画定審議会（区画審）が設置され，内閣総理大臣に選挙区の改定案を勧告することになった（衆議院議員選挙区画定審議会設置法1条・2条）。特に注目されるのが，改定案の作成の基準が明確化されたことである。まず，各選挙区の人口の均衡を図ることが宣言され，最大較差が2倍以上にならないようにすることが基本とされた（同法旧3条1項）。そして，選挙区は都道府県を単位とし，各都道府県に1名を配分した後，残りの定数を人口に比例して配分するとされていた（同法旧3条2項）。つまり，いわゆる1人別枠方式プラス最大剰余方式が採用された。この基準で作成された小選挙区の区画は，公選法改正直近の1990年10月実施の国勢調査に基づく人口数によれば，最大較差は1対2.137であり，最初から区画審設置法が設定する目標を上回ってしまっていた。

　㈹　1996年10月20日にこの新しい選挙制度の下で初めて総選挙が実施された。総選挙直近の1995年10月実施の国勢調査に基づく人口数によれば，最大較差は1対2.309に拡大していた。最高裁は，投票価値の平等を憲法上の要請としつつ，選挙区画定における広い立法裁量を承認する従前のアプローチを「変更する要をみない」として踏襲した。そして，選挙区割りにおいて立法裁量の行使にあたって考慮することのできる非人口要素として，「基礎的な要素の一つ」として都道府県を強調し，「人口の都市集中化及びこれに伴う人口流出地域の過疎化の現象」にも言及する。その上で，投票価値の平等との関係で国会の裁量の範囲を逸脱するとまではいえず，また「抜本的改正の当初から同〔区画審設置法3〕条1項が基本とすべきものとしている2倍未満の人口較差を超えることとなる区割りが行われたことの当否については議論があり得るところであるが」，当該不均衡が一般に合理性を有するとは考えられない程度に達しているとまではいうことができないと判示した（最大判平成11・11・10民集53巻8号1441頁《衆議院議員定数不均衡1999年判

決》)。都道府県は，従来，衆議院議員選挙ではなく，むしろ参議院議員選挙の特殊性の根拠とされていた。さらに過疎化も考慮事項として正面から認められるようになった。一般的にいって，1人別枠方式をとると，総定員を最大剰余方式で配分するよりも人口の少ない県に有利となる傾向がある。5名の裁判官の反対意見は，投票価値の平等の原則を強調し，1人別枠方式が多数意見のいう過疎化に必ずしも有利に働いているわけではないことを実証的に論じている。

㈩　2000年10月実施の国勢調査の結果を受けて，区画審は改定案を勧告し，2002年に公選法改正が実現した（平成14年法律95号）。この改正で，最大較差は1対2.064に縮小したが，それでも区画審設置法が基本としている2倍を超過していた。さらに2005年9月11日実施の総選挙時には最大較差は1対2.171に拡大していた。だが最高裁は，憲法の投票価値の平等の要求に反する程度に至っていたとはいえないとして，合憲の判断を示した（最大判平成19・6・13民集61巻4号1617頁《衆議院議員定数不均衡2007年判決》)。

㈹　しかしその後，最高裁は幾分厳格解釈へと転換してきている。2002年（平成14年）改正法に基づき2009年8月30日に施行された総選挙について，その際の最大較差は1対2.304に達していた。1人別枠方式の定めとその結果の選挙区割りを自覚的に区別する形で投票価値の平等に違反すると主張され，最高裁もそれに応答した。最高裁は，1人別枠方式が中選挙区制から小選挙区制への移行を人口の少ない県に関してスムーズに行わせる激変緩和措置としての機能を果たしており，そうであるがゆえに1人別枠方式の合理性には時間的な限界があるとする。その上で，最高裁は，既に新制度導入後の最初の総選挙から10年以上が経ち，選挙区割りの改定もなされ，その後2回の総選挙も実施されており，当該新制度は定着し，安定した運用がなされるようになっていたと評価する。その評価に基づけば，1人別枠方式の合理性はもはや失われているといえる。したがって，改正後選挙時に，「本件区割基準規定の定める本件区割基準のうち1人別枠方式に係る部分は，憲法の投票価値の平等の要求に反するに至っており，同基準に従って改定された本件区割規定の定める本件選挙区割りも，憲法の投票価値の平等の要求に反するに至っていた」とする。だが，2007年判決ではそのような判断を示

しておらず，「いずれも憲法上要求される合理的期間内における是正がされなかったとはいえず」，本件区割基準規定および本件区割規定が違憲ということはできないと判示した（最大判平成23・3・23民集65巻2号755頁《衆議院議員定数不均衡2011年判決》）。

(ケ) 2011年判決を受けて，国会は2012年（平成24年）に，区画審設置法3条2項を削除し，小選挙区選挙の議員定数を5つ削減し295とし（緊急是正法），さらに2013年3月28日の区画審の勧告を受けて，区画の改定を行った。

しかし，2012年12月16日施行の総選挙は，2002年（平成14年）改正法に基づく選挙区割りで実施され（緊急是正法は2012年11月16日に成立したが，同日衆議院は解散されたので，区画の改定は1か月後の総選挙に間に合わなかった），選挙当時においては，最大較差1対2.425であった。また選挙人数が最小の高知県第3区と比べて較差が2倍以上となっている選挙区は72選挙区であった。高裁レベルでは，違憲状態，違憲・事情判決，違憲無効とする厳しい判断が示されていた。最高裁は，当該選挙区割りは，前回の2009年8月30日施行の衆議院議員総選挙当時と同様に憲法の投票価値の平等の要求に反する状態にあったとする。しかし，憲法上要求される合理的期間内における是正がされなかったとはいえず，違憲とはいえないと判示した（最大判平成25・11・20民集67巻8号1503頁《衆議院議員定数不均衡2013年判決》）。最高裁は，合理的期間の徒過の判断にあたっては，「単に期間の長短のみならず，是正のために採るべき措置の内容，そのために検討を要する事項，実際に必要となる手続や作業等の諸般の事情を総合考慮して，国会における是正の実現に向けた取組が司法の判断の趣旨を踏まえた立法裁量権の行使として相当なものであったといえるか否かという観点から評価すべきもの」とする。一方で，旧規定に基づいて総選挙が実施され，較差が拡大していたのであるが，他方で，1人別枠方式の規定の削除および0増5減の定数削減，そして較差を2倍未満に抑える区画の改定がなされたことで，2011年判決に対し国会が憲法価値を実現する方向で取り組み一定の前進を見ている，とする。そして最高裁は，全体として，「立法裁量権の行使として相当なものでなかったということ」はできないと判断した。

§14 Ⅲ

そうした判断の背景には,「憲法の予定している司法権と立法権との関係」についての最高裁の理解がある。最高裁は,投票価値の不平等の是正は国会の自主的な対応によるしかなく,是正の方法も国会の広い裁量権に委ねられているとの前提に立つ。そして,最高裁が想定するのは,裁判所が,選挙制度の合憲性について,①憲法の投票価値の平等の要求に違反しているか,②憲法上要求される合理的期間内における是正がなされなかったか,③違憲と判断する場合,選挙を無効とするかという「判断枠組みの各段階において一定の判断を示すことにより,国会がこれを踏まえて所要の適切な是正の措置を講ずること」という司法権と立法権の総合作用であり,そうした関係が「憲法の趣旨に沿うものというべきである」とされるのである。国会が選挙で選出される国会議員で構成されていることから,自己利益に関して適切に判断できると考えられる場合には,有効な定式であろう。ただ民主的基盤が弱い司法であるがゆえに,民主的過程を強化できるという考え方も成り立つであろう。

㈡　2014年12月14日施行の衆議院議員総選挙当時において,投票価値の最大較差は1対2.129となっていた。最高裁は,公選法13条1項,別表第1の定める衆議院小選挙区選出議員の選挙区割りは,前回の2012年12月16日施行の衆議院議員総選挙当時と同様に憲法の投票価値の平等の要求に反する状態にあったが,憲法上要求される合理的期間内における是正がされなかったとはいえず,上記各規定が違憲とはいえないと判示した(最大判平成27・11・25民集69巻7号2035頁《衆議院議員定数不均衡2015年判決》)。本件選挙が2011年判決から2回目の衆議院解散に伴い施行された総選挙であるにもかかわらず,是正のための合理的期間が徒過していないとされたのは,本件選挙が実施されるまでに,2回の法改正を経て,最高裁が問題と指摘していた1人別枠方式を定めた区画審設置法旧3条2項の規定が削除されたこと,また直近の2010年国勢調査の結果によれば全国の選挙区間の人口の較差が2倍未満となるように定数配分と選挙区割りの改定が行われたこと,さらに本件選挙時の投票価値の最大較差は前回の2012年総選挙時よりも縮小していたこと,加えて更なる法改正に向けて衆議院に設置された検討機関において選挙制度の見直しの検討が続けられていることを総合考慮して,国会にお

ける是正の実現に向けた取組が2011年判決および2013年判決の趣旨を踏まえた立法裁量権の行使として相当なものでなかったとはいえないと最高裁が評価したからである。

とすると，本判決を受けての国会の対応が一層注目されるところである。衆議院議長の諮問機関である「衆議院選挙制度に関する調査会」は，2016年1月14日に，衆議院議員の定数について，小選挙区選出議員を6，比例代表選出議員を4，合計で10削減し，総定数465とする案をまとめ，議長に諮問した。それによると，比例代表選出議員の定数では，東京選挙区で1増加させ，東北・北関東・東海，近畿・九州の各選挙区で1減少させる，1増5減とする。また小選挙区選出議員の定数では，東京都で3，埼玉・千葉・神奈川・愛知の各県で1増加させ，青森・岩手・宮城・新潟・三重・滋賀・奈良・広島・愛媛・長崎・熊本・鹿児島・沖縄の各県で1減少させる，7増13減とする。その上で，定数配分の方式につき，従前の都道府県単位での1人別枠後残りを最大剰余によっていたのに代えて，都道府県の人口比に基づくアダムズ方式を採用する。この方式では，都道府県ごとの最大較差が1対1.62となるとされている。さらにこれまで区画審は10年ごとの国勢調査（統計法5条2項本文）に基づき勧告していたが，国勢調査10年ごとに都道府県への議席配分を見直し，また5年後の簡易国勢調査（同項ただし書）で2倍以上の較差が生じた場合に都道府県内の選挙区割りを見直すよう求めており，較差是正のための制度的枠組みを取り込もうとしている点でも注目される。それにより，より機動的に較差を2倍以内に抑えることが重視されているといえる。

この諮問案の取扱いをめぐって紆余曲折を経た各党間の交渉の結果，区画審設置法および公職選挙法の改正法が2016年（平成28年）5月20日に成立し，同年5月27日に公布された（法律49号）。まず前者に関しては次のように定められている。人口は日本国民の人口に限定されることになり，また較差については，従前「2以上とならないようにすることを基本とし」としていたところ，その「を基本」を削除し，2倍未満がより強調されることになった（同法3条1項）。そして都道府県別定数配分はアダムズ方式により（同法3条2項），10年に1度の大規模国勢調査の結果に基づいてのみ行う（同法

4条1項)。この改正法は公布日から施行されるので(改正法附則1条),新方式は2020年(平成32年)国勢調査から適用されることになる。簡易国勢調査に基づく改定案作成にあたっては,都道府県の選挙区の数は変更せず,較差が2倍以上となったときは区割り改定で対応する(区画審設置法3条3項・4条2項)。公選法の改正では,衆議院議員の定数を小選挙区選出議員で6,比例代表選出議員で4の合計10削減し(公選4条1項),比例代表の選挙区(ブロック)の定数配分もアダムズ方式により行うことになった(同法13条7項)。さらに小選挙区選出議員定数6減の対象となる県は,2015年簡易国勢調査に基づきアダムズ方式により都道府県別定数を計算した場合に減員対象となる都道府県のうち,議員1人当たり人口の最も少ない都道府県から順に6県とされる(改正法附則2条2項1号)。そして2015年国勢調査に基づく改定案の作成では,将来見込人口を踏まえて次回の2020年国勢調査に基づく見直しまでの5年間を通じて較差2倍未満となるように区割りを行うことになっている(改正法附則2条3項1号ロ)。比例代表選出議員の定数4減についても,同様に,2015年国勢調査に基づきアダムズ方式により選挙区(ブロック)別定数を計算した場合に減員対象となる選挙区(ブロック)のうち,議員1人当たり人口の最も少ない選挙区(ブロック)から順に4選挙区(ブロック)とされる(改正法附則3条1号)。

区画審設置法旧3条2項が削除されて以降,較差2倍未満という基準しかなくなり,今後の定数配分の仕方に疑念が抱かれていたが,今回改正でアダムズ方式によることになり配分の基準が明確化された。それによると,各都道府県の小選挙区の数は,各都道府県の人口を小選挙区基準除数で除して得た数(1未満の端数は1に切上げ)となる(小選挙区基準除数とは,その除数により各都道府県の人口を除して得た数(1未満の端数は1に切上げ)の合計が小選挙区選出議員の定数に相当する数と合致することになる除数のことである)(同法新3条2項)。人口の少ない県にも配慮しつつ,投票価値の平等を実現しようとする試みといえよう。10年ごとの大規模国勢調査とその中間で実施される簡易国勢調査によって,定期的に議員定数配分そして区割りが見直されるようになったことは一定の進歩であろう。投票価値の平等の実現のため議員定数を削減して対応することが常態化しているが,日本のような人口の相対的に多

い国における国民代表の適切な数という視点からも議論を深める必要もあろう。総選挙の度に1票の較差が訴訟で争われること自体好ましいこととはいえず、対処療法的な弥縫策ではなく、投票価値の平等を恒常的に実現する抜本的な改革が国会に求められている。

なお、較差の許容範囲については2倍未満とする立場が一般的であったが（芦部・憲法〔6版〕141頁）、上述のように最高裁も2倍未満を要求するようになっており（戸松・憲法163頁）、また法律もそう改正されていることから、1人1票の原則に忠実に1対1を基本にそこからの乖離の厳格な正当化を政府側に求めることが妥当であろう（辻村・憲法〔5版〕326頁、長谷部・憲法〔6版〕176頁、渋谷・憲法〔2版〕217頁）。そして違憲と判断された場合、「定数訴訟の判決の内容は、憲法によって司法権にゆだねられた範囲内において、右訴訟を認めた目的と必要に即して、裁判所がこれを定めることができる」（前掲1985年判決4裁判官補足意見）というプラグマティックな姿勢からすれば、現行の選挙制度の下では選挙無効の結論もあり得るであろう。

(2) 参議院議員選挙の場合

参議院も、衆議院と同様、全国民を代表する選挙された議員で構成される（43条）。選挙が重要な要素である以上、参議院議員選挙においても投票権の平等は求められ、したがって投票価値の平等も問われることになる。ただ参議院議員の場合、任期6年で半数が3年ごとに改選されることになっている点で（46条）、衆議院議員の場合とは異なっている。選挙の形式は、かつては地方選出議員および全国選出議員に分かれていたが、1982年（昭和57年）の公選法改正で、選挙区選出議員および比例代表選出議員に分かれるようになった。全国区および比例代表は全国を1選挙区とするので、投票価値の平等が問題となることはない。したがって、選挙権の平等は地方区および選挙区の選挙をめぐって争われてきた。

(ア) 最高裁は、衆議院議員の定数不均衡問題の場合と、基本的には同じアプローチを採用しているが、概して、衆議院議員選挙の場合よりも参議院議員選挙の場合の方が、人口比例の要素を後退させている。それは、参議院は人口比例を要請される程度の高い下院とは異なる第二院であること、都道府県を単位としていること、そして半数改選ゆえに議席配分が偶数になること

などが要因となっている。戦後直後に制度設計されて以来，地方区または選挙区選出の議員数は150名であり，沖縄返還に伴い2名の増加があった以外は，長く変更が加えられることはなかった（1994年公選法改正（平成6年法律47号））。都道府県を単位として，当初は最大剰余方式に偶数配分を考慮して，定数が配分されていた（当初は最大較差1対2.62であった）。人口の大きな移動にもかかわらず，定数配分が長く見直されなかったことから，不均衡が拡大していた。しかし最高裁は，最大較差1対5を超える場合にも合憲の判断を続けてきた（最大判昭和58・4・27民集37巻3号345頁（1977年7月10日施行の通常選挙時の最大較差1対5.26），最判昭和61・3・27判時1195号66頁（1980年6月22日施行の通常選挙時の最大較差1対5.37），最判昭和62・9・24判時1273号35頁（1983年6月26日施行の通常選挙時の最大較差1対5.56），最判昭和63・10・21判時1321号123頁（1986年7月6日施行の通常選挙時の最大較差1対5.85））。

(イ) しかし，1992年7月26日施行の通常選挙時の最大較差が1対6.59に至るに及んで，最高裁は，この不均衡は「もはや到底看過することができないと認められる程度に達していた」と判断した。しかし，最高裁が不平等状態を認定してこなかったことや当該選挙後に公選法の改正が行われ（平成6年法律47号），最大較差が1対4.99に是正されたことなどから，違憲の問題が生ずる程度の著しい不平等状態が相当期間継続し，これを是正する何らの措置も講じないことが国会の裁量権の限界を超えるとはいえないと判示した（最大判平成8・9・11民集50巻8号2283頁《参議院議員定数不均衡1996年判決》）。

その後も緩やかな審査が続いていて，合憲とされてきた（最大判平成10・9・2民集52巻6号1373頁（1995年7月23日施行の通常選挙時の最大較差1対4.81），最大判平成12・9・6民集54巻7号1997頁（1998年7月12日施行の通常選挙時の最大較差1対4.98），最大判平成16・1・14民集58巻1号56頁《参議院議員定数不均衡2004年判決》（2000年（平成12年）改正の公選法の下で2001年7月29日施行の選挙時の最大較差は1対5.06））。

(ウ) だが近年は最高裁も少しずつ厳格に解するようになってきているといえる。すなわち，従来よりも投票価値の平等がより重視されるべきであるとされ，較差是正のため国会における不断の努力が求められ，また，不平等を是正するための措置が適切に行われているかどうかも考慮要素とされるとい

うような変化が見られるようになっている。

　2004年7月11日施行の通常選挙時の最大較差1対5.13に関して，最高裁は，2004年判決が最大較差1対5.06の議員定数不均衡を違憲といえない旨の判断を行い，本件選挙当時の最大較差は1対5.13で前回選挙当時と大きく異なるものではなかったこと，また，2004年判決の言渡しから本件選挙までの期間は約6か月にすぎず，議員定数の不均衡を是正する措置を講ずるための期間として必ずしも十分ではなかったこと，さらに，参議院では，その間も定数不均衡の是正についての議論を行い，本件選挙後，4増4減案に基づく公選法改正を実現させ，最大較差を1対4.84に縮小している事情を総合的に考慮すると，本件選挙までの間に本件定数配分規定を改正しなかったことが国会の裁量権の限界を超えたものと断ずることはできず，本件定数配分規定が憲法違反に至っていたとはいえないとした（最大判平成18・10・4民集60巻8号2696頁《参議院議員定数不均衡2006年判決》）。

　そして，2007年7月29日施行の通常選挙時の最大較差1対4.86について，最高裁は，本件選挙は，2006年公選法改正（平成18年法律52号）の約1年2か月後に施行された初めての参議院議員選挙であり，従前の最大較差1対5.13から1対4.86に縮小していること，本件選挙後に，参議院改革協議会が設置され，その下に選挙制度に係る専門委員会が設置されるなど，定数較差の問題について今後も検討が行われることになっていることなどの事情を考慮すれば，本件選挙までの間に本件定数配分規定を更に改正しなかったことが国会の裁量権の限界を超えたものということはできず，本件選挙当時において，本件定数配分規定が憲法に違反するに至っていたものとすることはできないとした（最大判平成21・9・30民集63巻7号1520頁《参議院議員定数不均衡2009年判決》）。最高裁は，2009年判決で，参議院議員の選挙制度の構造的問題およびその仕組み自体の見直しの必要性を指摘するに至っている。

　さらに，2010年7月11日施行の通常選挙時の最大較差1対5.00について，最高裁は，選挙区間における投票価値の不均衡は違憲の問題が生ずる程度の著しい不平等状態に至っていたが，本件選挙までの間に上記規定を改正しなかったことが国会の裁量権の限界を超えるものとはいえず，上記定数配分規定が憲法に違反するに至っていたということはできないとした。2009年判

決で参議院議員選挙の構造的な見直しを指摘したのが，当該選挙の約9か月前にすぎず，抜本的な改革を実現するには時間的余裕がなかったことが要素となっている。最高裁は，国会による可能な限り速やかな違憲の問題を生じる不平等状態の解消を訴えている（最大判平成24・10・17民集66巻10号3357頁《参議院議員定数不均衡2012年判決》）。

　2013年7月21日施行の通常選挙時の最大較差1対4.77に関して，最高裁は，投票価値の不均衡は2012年（平成24年）改正後も違憲の問題が生ずる程度の著しい不平等状態にあったが，上記選挙までの間に更に上記規定の改正がされなかったことが国会の裁量権の限界を超えるものとはいえず，憲法に違反するに至っていたということはできないと判示した。参議院議員選挙における投票価値の不平等状態の解消には，抜本的な改革が求められているところ，2012年判決の指摘を踏まえて2016年の選挙での新しい制度導入に向けて議論が展開されているところであることを斟酌した形になっている（最大判平成26・11・26民集68巻9号1363頁《参議院議員定数不均衡2014年判決》）。

　(エ)　このように参議院議員選挙においても，ようやく投票価値の平等が重視されるようになってきた。ただ都道府県を単位にした選挙区選挙では定数を増加させることなく投票価値の平等を実現するのは困難であろう。そこで新たに導入された試みが注目される。それは，2015年（平成27年）7月に成立した（8月5日公布）公選法の一部改正により2016年の通常選挙から適用された。新しい制度では，鳥取および島根の両県，徳島および高知の両県が合区による区域の変更がなされ定数も4名（改選では2名）減少させ，また宮城・新潟・長野の各県では定員を2名（改選では1名）減少させ，逆に北海道・東京都・愛知県・兵庫県・福岡県では定員をそれぞれ2名（改選では1名）増加させ，全体では10増10減を図っている。その結果，1票の較差は，4.75倍から2.97倍に縮小されることになった。これまで長く都道府県を選挙区の単位とする体制が採用されてきたが，今回初めて2県を合わせて一つの選挙区とすることが試みられた。この合区の試みは，選挙運動の在り方や選挙の管理執行体制の整備などの課題への対応によって，今後の選挙制度全体へ及ぼす影響も大きいと予想される。

参議院議員選挙での投票価値の平等を実現するためには，まさに構造改革が求められているが，その際，二院制の意義，特に日本国憲法は第二院の議員をも選挙された全国民の代表と想定し（43条1項），かつ，かなり強力な権限をもつ第二院として参議院を設置している点を考慮する必要があるだろう。

(3) 地方議会選挙の場合

(ア) 地方自治体の議会の選挙においても，選挙権の平等が憲法上要請されるし，公選法で人口比例の原則が謳われている（公選15条8項）。最高裁は，衆議院議員選挙の場合とおおむね同様のアプローチを取っている（例えば東京都議会議員選挙に関する最判昭和59・5・17民集38巻7号721頁）。ただし公選法は地方議会議員選挙の場合，「特別の事情があるときは，おおむね人口を基準とし，地域間の均衡を考慮して定めることができる」と人口比例からの逸脱を明示的に認容している（公選15条8項ただし書）。東京都議会議員選挙において，全選挙区では最大較差が1対7.45，特別区の区域の選挙区では最大較差が1対5.15であった点について，最高裁は，都心部においては昼間人口が夜間常住人口の数倍ないし十数倍に達し，それだけ行政需要が大きいことなどを考慮しても，投票価値の不平等を正当化する特別の理由にはならないとする。そして都議会は部分的な改正に終始し，深刻な較差を長年放置したので，是正のための合理的期間も徒過していると判示した（前掲最判昭和59・5・17）。

(イ) また公選法は，都道府県議会議員選挙に関して，1966年1月1日時点で議会が設置されていたことを条件に，ある区域の人口が当該都道府県の人口を当該都道府県の議会の議員の定数で除して得た数の半数に達しなくなった場合においても，「当分の間」当該区域を1選挙区とできるとする特例選挙区の設置を認めている（公選271条）。最高裁によると，特例区の設置の許容性は，「当該都道府県の行政施策の遂行上当該地域からの代表確保の必要性の有無・程度，隣接の郡市との合区の困難性の有無・程度等を総合判断」して決められ，「当該都道府県行政における複雑かつ高度な政策的考慮と判断を必要とする」から，特例区の設置の合理性は都道府県議会の裁量権の合理的行使として是認されるかによる。そして公選法を，当該区域の人口

が議員1人当たりの人口の半数を著しく下回る場合に特例選挙区を認めない趣旨と解釈する（最判平成元・12・18民集43巻12号2139頁，最判平成5・10・22民集47巻8号5147頁など）。そして最高裁は，東京都議会が千代田区を特例選挙区として存置したことを適法としている（最判平成7・3・24判時1526号87頁）。

そして，同じ東京都議会議員選挙に関して，最高裁は，特例選挙区を除いた最大較差1対2.15，特例選挙区を含んだ最大較差1対3.95は，合理的な裁量権の行使の範囲内とする（最判平成11・1・22判時1666号32頁，また千葉県議会議員選挙に関する最判平成12・4・21判時1713号44頁も参照）。最近も同様の傾向である（東京都議会議員選挙に関して，最判平成27・1・15判時2251号28頁参照）。

このように最高裁は，地方議会選挙の場面では，特例選挙区の存置の適法性を緩やかに判断するので，それを含むと投票価値の不均衡は拡大することになるが，それにも寛大な傾向がある。地方の諸事情が投票価値の平等という憲法上の価値に優越するかのように見えるのは，地方議会議員は全国民の代表性を欠くからであろうか。

7 その他

国民年金法に基づく障害福祉年金と児童扶養手当法に基づく児童扶養手当との併給禁止が争われた堀木訴訟で，一審神戸地裁は，公的年金を受けることができる地位を社会的身分と解し，「手当法の与える手当の受給という利益の面において，公的年金を受けることができる地位にある者を然らざる者との間において」差別しているとして，憲法14条1項に違反すると判断した（神戸地判昭和47・9・20行集23巻8=9号711頁）。これに対して，最高裁は，この分野における立法府の広い裁量を是認し，併給禁止により，障害福祉年金を受けることができる地位にある者とそのような地位にない者との間に児童扶養手当の受給に関して区別が生ずるとしても，「身体障害者，母子に対する諸施策及び生活保護制度の存在などに照らして総合的に判断すると」，その区別は合理的理由のない不当なものとはいえないとした高裁の判断を支持した（最大判昭和57・7・7民集36巻7号1235頁《堀木訴訟》。→§25）。

第3章　国民の権利及び義務

　所得税をめぐって給与所得者と他の事業所得者との間で所得の控除の在り方や捕捉率また優遇措置等の点で著しく不公平であるとして争われたサラリーマン税金訴訟においても，最高裁は，「租税法の定立ついては，国家財政，社会経済，国民所得，国民生活等の実態についての正確な資料を基礎とする立法府の政策的，技術的な判断にゆだねるほかはなく，裁判所は，基本的にはその裁量判断を尊重せざるを得ない」とし，「租税法の分野における所得の性質の違い等を理由とする取扱いの区別は，その立法目的が正当なものであり，かつ，当該立法において具体的に採用された区別の態様が右目的との関連で著しく不合理であることが明らかでない限り，その合理性を否定することができず」，違憲とはいえないとし，具体的に控除や捕捉率の違いそして優遇措置の存在について合理性を欠くことが明らかだとはいえないと判示した。この判決には，緩やかな審査を前提としつつも，特定の給与所得者について給与所得に係る必要経費が給与所得控除額を著しく上回る場合には，その超過額を課税対象とすることは明らかに合理性を欠き，当該給与所得者に適用される限りで違憲となり得るとする伊藤正己裁判官補足意見がある（最大判昭和60・3・27民集39巻2号247頁《サラリーマン税金訴訟》）。

　かつて売春防止法制定以前に，取締条例を制定している自治体とそうでない自治体との間の格差が争われた事案で，最高裁は「憲法が各地方公共団体の条例制定権を認める以上，地域によって差別を生ずることは当然に予期されることであるから，かかる差別は憲法みずから容認するところである」と判示した。ただこの判決には下飯坂潤夫・奥野健一両裁判官が補足意見を述べ，「憲法が自ら公共団体に条例制定権を認めているからといって，その各条例相互の内容の差異が，憲法14条の原則を破るような結果を生じたときは，やはり違憲問題を生ずるものというべき」であり，「各条例が各地域の特殊な地方の実情その他の合理的根拠に基いて制定され，その結果生じた各条例相互間の差異が，合理的なものとして是認せられて始めて，合憲と」なるとする（最大判昭和33・10・15刑集12巻14号3305頁）。地方自治制度の下での条例制定権の範囲の問題でもあり，法律に反しない限り制定できるとされる条例の限界がどこにあるか慎重な判断が必要となろう（→§94）。

　国籍法12条は，「出生により外国の国籍を取得した日本国民で国外で生ま

れたものは，戸籍法……の定めるところにより日本の国籍を留保する意思を表示しなければ，その出生の時にさかのぼつて日本の国籍を失う」と規定している。そして戸籍法104条は，出生の日から3か月以内に日本の国籍を留保する旨を届け出ることを求めている。この国籍法の規定が憲法14条1項に違反しないか争われた事件で，最高裁は，合理的理由のない差別には当たらないと判示している（最判平成27・3・10民集69巻2号265頁。→§10Ⅱ2 判例1 /）。

8 私人間

平等が多く問われる場面の一つは，私人間の場合である。差別は公権力だけが行うのではなく，私人が社会的関係において差別することも多い（人種（札幌地判平成14・11・11判時1806号84頁《小樽公衆浴場事件》など），信条（最大判昭和48・12・12民集27巻11号1536頁《三菱樹脂事件》，大阪地判昭和44・12・26労民集20巻6号1806頁《日中旅行社事件》など），性別（最判昭和56・3・24民集35巻2号300頁《日産自動車事件》，最判平成18・3・17民集60巻3号773頁《入会権資格事件》など），社会的身分（最大決平成25・9・4民集67巻6号1320頁《嫡出性に基づく法定相続分差別事件2013年大法廷決定》 判例1 / など））。人権擁護法案については上述した（→Ⅲ1）。また，→第3章前注Ⅲ1。

9 外国人

平等が多く争われる場面のもう一つは，外国人の場合である。憲法14条1項にいう「人種」の文脈で外国人を論じる場合がないではないが，上述のように最高裁は別のものと考えている（最大判昭和30・12・14刑集9巻13号2756頁）。出入国管理（前掲最大判昭和30・12・14），外国人登録法（最判昭和34・7・24刑集13巻8号1212頁），指紋押なつ制度（最判平成7・12・15刑集49巻10号842頁），国民年金法国籍要件（最判平成元・3・2判時1363号68頁），障害無年金（大阪地判平成17・5・25判時1898号75頁），恩給法国籍要件（最判平成14・7・18判時1799号96頁），戦後補償措置（最判平成16・11・29判時1879号58頁），参政権（最判平成5・2・26判時1452号37頁，最判平成7・2・28民集49巻2号639頁），公務就任権（最大判平成17・1・26民集59巻1号128頁《東京都

管理職試験受験資格事件》），ゴルフクラブ入会拒否（東京高判平成14・1・23判時1773号34頁）など枚挙に暇がない。判例は国籍による法的取扱いの区別に合理的根拠を求め，緩やかに審査している。なお，→第3章前注Ⅱ1。

10 「差別されない」

「政治的関係」とは，選挙権や被選挙権，公務への就任についてなど人の政治生活に関する事柄のことである。「経済的関係」とは，財産関係や労働関係など人の経済生活に関わる事柄である。「社会的関係」とは，政治生活や経済生活以外の社会生活に関する事柄である。これら三者は「又は」で結ばれており，厳密にどの関係かを限定する必要はない。法律上の差別は，これら三者のいずれかに分類されるであろう。

「差別されない」とは，法的に平等に取り扱われなければならないことを意味する。国家権力が立法や処分において差別してはならないだけでなく，事実的行動においてもそうである（宮沢・全訂214頁）。利益を付与する局面でも不利益を課す局面でも同様に，国家権力は人々を平等に取り扱わなければならない。

Ⅳ 差別禁止の憲法上の制度的具体化

1 貴族制度の廃止

憲法は「華族その他の貴族の制度は，これを認めない」（14条2項）と宣言し，身分制を否定し人格価値の平等の確保を法制度化している。貴族とは，国民の中で一般の者から区別された種類ないし階級としての国民で，各種の世襲的特典を伴うものをいう（宮沢・全訂215頁）。日本国憲法の政府原案では，既存の華族につき名目上は一代限り存置されるとなっていた（原案97条）が，第90回帝国議会衆議院において，華族制度の即時廃止による平等化の徹底が図られた（法協・註解上353-354頁）。なお門地のところで指摘したように，天皇・皇族は憲法が世襲に基づく天皇制を採用している以上，例外となる。

2　栄典に伴う特権の禁止

　憲法14条3項は，「栄誉，勲章その他の栄典の授与は，いかなる特権も伴はない。栄典の授与は，現にこれを有し，又は将来これを受ける者の一代に限り，その効力を有する」と規定する。栄典の授与は，授与される者の特別の功労を根拠にするものであるので，一般人との区別が生じても，合理的である。本条は，名誉の表彰と特権との結びつきを禁止し，栄典の世襲を禁止する趣旨である。文化勲章受章者に文化功労者年金法に基づく年金が支給されることが本項にいう特権に該当するか争いがあるが，合理的範囲内での経済的利益の付与は本規定に違反しないと解される（7条7号参照）。

3　その他

　憲法は，他にも，公務員の選挙における平等（15条3項・44条ただし書），家族生活における平等（24条），そして教育の機会均等（26条1項）を定め，人の生活の重要な局面で平等が確保されるよう注意を払っている。それぞれの条項の説明を参照されたい。

［川岸令和］

第15条【公務員選定罷免権，公務員の本質，普通選挙の保障，秘密投票の保障】

① 公務員を選定し，及びこれを罷免することは，国民固有の権利である。
② すべて公務員は，全体の奉仕者であつて，一部の奉仕者ではない。
③ 公務員の選挙については，成年者による普通選挙を保障する。
④ すべて選挙における投票の秘密は，これを侵してはならない。選挙人は，その選択に関し公的にも私的にも責任を問はれない。

Ⅰ 総　　説 …………………214
Ⅱ 公務員の選定罷免権 …………216
　1 「公務員」の意義 …………216
　2 「選定」および「罷免」の意義…216
　3 「固有の権利」…………………218
Ⅲ 選挙権の性格と制限 …………219
　1 学　　説 …………………219
　2 判　　例……………………220
　　(1) 在外邦人選挙権訴訟 ………220
　　(2) 選挙権またはその行使の制限が許される場合 ……………222
　　　(ｱ) 選挙犯罪（222）(ｲ) 受刑者（222）(ｳ) 非定住者（223）(ｴ) 身体的・精神的障害による投票困難者（223）(ｵ) 成年被後見人（224）
　　(3) 国籍による限定 ……………225
Ⅳ 被選挙権の性格と制限 ………225
Ⅴ 選挙の諸原則 …………………227

　1 普通選挙……………………227
　2 平　等　選　挙……………229
　3 直接選挙……………………229
　4 秘密投票……………………231
　5 自由選挙……………………232
　　(1) 自由選挙の意義 ……………232
　　(2) 任意投票制 …………………233
　　(3) 選挙運動の自由とその制限 …………………………………233
　　　(ｱ) 概説（233）(ｲ) 間接的・付随的制約（234）(ｳ) 選挙運動を構成するルール（234）(ｴ) 報道・評論等の規制（235）(ｵ) 政見放送（235）(ｶ) 候補者届出政党による選挙運動（236）(ｷ) 連座制（237）
Ⅵ 全体の奉仕者 …………………238

[長谷部恭男]

Ⅰ　総　　説

本条は，公務員の選定および罷免を国民固有の権利とするとともに，社会

§15 I

全体に奉仕すべき公務員の性格を定め、さらに公務員の選挙に関して、普通選挙および秘密投票の原則を規定する。

　大日本帝国憲法には、選挙権についても、普通選挙・秘密投票等の選挙制度の諸原則についても、とくに規定はなかった。他方、行政各部の官制、文武官の俸給および任免が天皇の大権事項の一つとして掲げられている（明憲10条）。

　マッカーサー草案14条は、「①国民は、政治および皇位の最終的判定者である。公務員を選定し、およびこれを罷免することは、国民固有の権利である。②すべて公務員は、全体の奉仕者であって、特定のグループの奉仕者ではない。③すべての選挙における投票の秘密は、不可侵とし、投票をした者が、その行なった選択について公的または私的に責任を問われることはない」としていた（高柳ほか編・過程Ⅰ275頁）。

　日本政府への提示後、国民が国政および皇位に関する最終的判定者であることは、すでに1条により明らかであるとの日本政府の判断から、1項前段は除かれた。また、2項の「特定のグループの」は「一部の」とされた。さらに、貴族院の審議段階で、「公務員の選挙については、成年者による普通選挙を保障する」との現3項が加えられた。これは、文民条項と同じく、極東委員会の要請に基づいて総司令部からの申入れがなされたことによるものである（高柳ほか編・過程Ⅱ158頁）。文民条項と異なり、現3項については、条文化にさして困難はなかったとされる（佐藤（達）・成立史(4) 918頁以下）。

　帝国議会での審議においては、1項および2項の言う「公務員」は、選挙で選ばれる公務員（典型は国会議員）に限定されないとの前提での議論がなされている（清水編・審議録(2) 338頁以下）。金森徳次郎国務大臣は、2項の「公務員」について、「官吏とは決して限りませぬ。官吏でありますとか、或は政府で頼んで居る委員とか、議員と云うものは全部含んで居ります」とする（清水編・審議録(2) 351頁）。そのため、1項で言う「国民固有の権利」であるとの規定は、公務員の選定および罷免に関する「理論的根拠」あるいは「根本的の原理」を定めたものとされ、文字どおりすべての公務員について有権者による直接の選定または罷免がなされることが想定されているわけではない（清水編・審議録(2) 338-340頁）。国民全体の利益を実現するために、国

民主権原理に立脚した公務員の在り方が求められるとの理解である。

国会議員のリコールがこの条項の下で認められるかについて、金森国務大臣の答弁には揺らぎが見られる。国民投票による国会議員の解職について、「将来制度を設けますれば、固よりその道は開かれ得る」（清水編・審議録(2) 345頁）との答弁がある一方で、「例えば人民表決と云うような方法で国会議員の罷免が出来るかと云うことになりますと、この憲法上の建前から行けば、この憲法を変えなければ出来ない」との答弁もある（清水編・審議録(2) 347頁）。

4項で言う「公的にも私的にも責任を問はれない」の意義について、金森国務大臣は、公的機関から刑罰や懲戒を加えられることがないこととともに、「例えば会社の使用人相互の間で約束をして何の何某に選挙をせよと云うような約束をしたと致しまして、その約束通りの選挙をしなかったと云うことで、同僚から損害賠償の請求をされることが有り得ると致しまして、そう云うような私的な責任をこの憲法は国家としては認むるようなことをしてはならぬ」と説明している（清水編・審議録(2) 354頁）。

II 公務員の選定罷免権

1 「公務員」の意義

1項の「公務員」については、「国または公共団体の公務に参与することを職務とする者の総称」（宮沢・全訂218頁）、「広く国又は公共団体の事務を継続的に担当する者」（法協・註解上364頁）、「国会議員（立法部）に限らず、国務大臣（行政部）・裁判官（司法部）をも含み……、さらに立法部・行政部・司法部の事務を担当する者のすべてを含む」（佐藤(功)・ポケ註上237頁）と広く解するのが通説である。

2 「選定」および「罷免」の意義

公務員の「選定」とは「選任」と同じく、公務員を一定の地位に就ける行為を言う（宮沢・全訂218頁）。この意味の選定は、任命と選挙に大別される。

§15 Ⅱ

「任命」は，単一の意思によって選定することであり，「選挙」は多数（の選挙人）の意思の合致によって選定することを意味する（宮沢・全訂218頁。もっとも，複数人からなる機関が公務員を任命することもある）。選挙による選定は，当選人による承諾を要件とする（清宮・憲法Ⅰ137頁，野中ほか・憲法Ⅱ〔5版〕14頁〔高見〕）。公務員が公務に継続的に参与する者の総称であることから，本条は必ずしも公務員のすべてを有権者が直接に任命または選挙すべきことを意味するわけではない（宮沢・全訂219頁，法協・註解上364頁，佐藤（功）・ポケ註上239頁）。判例も「憲法第15条は公務員の選定をすべて選挙の方法によるべきものとしたものではな」いとする（最大判昭和24・4・20民集3巻5号135頁）。公務員がいかに選定されるべきかは，国民主権の原則に則り，法律に基づいて具体化が図られるべきこととなる（宮沢・憲法Ⅱ450頁，芦部・憲法〔6版〕260-261頁，樋口ほか・注解Ⅰ334頁〔中村〕）。

　公務員の「罷免」とは，公務員たる地位をその意思にかかわらず，一方的に奪うことを言う（宮沢・全訂219頁）。公務員のすべてについて，有権者が直接に罷免をなし得ることを本条が要求していないことは，選定と同様である。選定の権限を有する者が罷免する権限を有することもあるが（首相による国務大臣の任免がその例），両者は必ずしも一致しない。裁判官を任命する内閣に裁判官を罷免する権限はなく（78条），独立行政委員会の構成員も，任命権者が自由に罷免することはできないことが通例である（独禁31条等）。選定権者が同時に罷免権者であるか否かは，当該公務員の職務の性格によるところが大きい。

　憲法は，43条と93条とで，有権者が直接に公務員を選挙すべき場合を規定し，他方，79条で，有権者による最高裁判所裁判官の罷免について規定する。

　本条1項が公務員の罷免を国民の「固有の権利」としていること，また国民が国政に関する最終的決定権者であるとの国民主権の原則を徹底する趣旨から，法律によって国会議員の選挙区レベルでの罷免制度（リコール制）を設営することが義務付けられる（杉原・憲法Ⅱ168頁），あるいはそれを憲法が許容している（奥平・憲法Ⅲ402-403頁，樋口・憲法Ⅰ164頁）との問題提起がなされている。

〔長谷部〕

判例は，43条からして，「両議院の議員は，その選出方法がどのようなものであるかにかかわらず，特定の階級，党派，地域住民など一部の国民を代表するものではなく全国民を代表するものであって，選挙人の指図に拘束されることなく独立して全国民のために行動すべき使命を有する」とする（最大判平成11・11・10民集53巻8号1441頁）。つまり，議員が選出母体の指令に拘束されるいわゆる命令委任（mandat impératif）は禁止される。そうである以上は，命令委任を支える機能を有し，国会議員の活動を被選出選挙区固有の利害に従属させるおそれの強いリコール制の設営には，慎重さが求められると言うべきであろう（奥平，樋口・各前掲書は，いずれも43条および51条に反しない限りでリコール制が許容されるとするが，そうしたリコール制が果たして存在し得るかという問題である）。

出身選挙区の指令に議員が拘束されるとき，全国各地の多様な意見・利害を国会に集約し，社会全体を見渡した上で共通する利益の実現に向けて審議・決定するという議会制民主主義の機能が大きく阻害されることとなりかねない。平均して約1.5年に一度国政選挙が実施されるという他国に例を見ないほど国政選挙の頻繁な日本において，さらにリコール制を導入する意義がどれほどあるのかという実際上の問題もある。フランス革命時には，国民主権原理に立脚すると言われる1791年憲法だけでなく，人民主権原理に立脚すると言われる1793年憲法でも，議員が全国民に属すること（29条）を根拠にリコール制は導入されなかった（cf. Lucien Jaume, Le discours jacobin et la démocratie (Fayard, 1989), p. 329. 詳しくは43条注釈に譲る）。

3 「固有の権利」

「固有の権利」という概念が何を意味するかについて，帝国議会で金森徳次郎国務大臣は，「元来持って居る」という趣旨であると説明している（清水編・審議録(2) 340頁）。「国民が当然にもっているとされる権利，したがって，他人にゆずりわたすことができない権利」の意味だとの説明もある（宮沢・全訂219頁）。

譲り渡すことができないという意義を強調すると，あらゆる公務員の選定および罷免の権利をつねに有権者が直接に行使すべきだとの結論を導きかね

ないが，それが本条の趣旨に合致しないことは，今まで述べてきたとおりである。

III　選挙権の性格と制限

1　学　　説

　従来の見解は，選挙権の性格について，各国民に与えられる権利であるとともに，国家機関たる公務員の選挙という公務に参与する責務として捉える二元説と，専らそれを権利として捉える権利説とに大きく二分される。支配的見解は二元説をとる（清宮・憲法 I 137 頁，伊藤・憲法 111 頁，佐藤(幸)・憲法論 381-382 頁，芦部・憲法〔6 版〕261 頁，樋口ほか・注解 I 336 頁［中村］，初宿・憲法(2)〔3 版〕464 頁，駒村圭吾『憲法訴訟の現代的転回——憲法的論証を求めて』190-191 頁（日本評論社，2013））。本人が直接に行使すべきものであって，権利主体が自由に処分することができず，選挙犯罪者に対して一定期間行使が停止されるなどの選挙権固有の制度は，公務としての性格によってはじめて説明可能なものであろう。

　権利説は，ルソーの社会契約説を淵源とする人民主権論を基礎として，選挙権を各市民の固有の権利として把握すべきだとし，投票価値の平等，強制投票の禁止，選挙運動の自由等の帰結を導こうとする（杉原・憲法 II 176 頁，辻村みよ子『「権利」としての選挙権——選挙権の本質と日本の選挙問題』187 頁以下（勁草書房，1989））。しかし，ルソーの社会契約説を基礎とした場合は，各市民は社会全体の公益実現のために国政に参与すべきこととなり，選挙権の行使についても公務としての側面が強調されることとなるはずである。投票価値の平等や選挙運動の自由，また選挙権の行使への制約が原則として許されないこと等は，二元説の立場から基礎付けることも十分可能である（奥平・憲法 III 406-407 頁，野中俊彦『選挙法の研究』36 頁以下（信山社，2001），野中ほか・憲法 I〔5 版〕538-540 頁［高見］）。

第3章　国民の権利及び義務

2　判　例

(1)　在外邦人選挙権訴訟

いわゆる在外邦人選挙権訴訟上告審判決（最大判平成 17・9・14 民集 59 巻 7 号 2087 頁 **判例 1**／）は，選挙権およびその行使の制限について次のように述べる。

「自ら選挙の公正を害する行為をした者等の選挙権について一定の制限をすることは別として，国民の選挙権又はその行使を制限することは原則として許されず，国民の選挙権又はその行使を制限するためには，そのような制限をすることがやむを得ないと認められる事由がなければならない」。「そして，そのような制限をすることなしには選挙の公正を確保しつつ選挙権の行使を認めることが事実上不能ないし著しく困難であると認められる場合でない限り，上記のやむを得ない事由があるとはいえず，このような事由なしに国民の選挙権の行使を制限することは，憲法 15 条 1 項及び 3 項，43 条 1 項並びに 44 条ただし書に違反する」。「このことは，国が国民の選挙権の行使を可能にするための所要の措置を執らないという不作為によって国民が選挙権を行使することができない場合についても，同様である」。

判例 1　《在外邦人選挙権訴訟上告審判決》
最大判平成 17・9・14 民集 59 巻 7 号 2087 頁

在外国民である原告は，1996 年（平成 8 年）10 月実施の衆議院議員選挙の際，国外に居住していたことから，当時の公職選挙法（平成 10 年法律 47 号による改正前）の定めにより選挙権を行使することができなかった。そこで原告は，国を相手どり，①改正前の公選法が在外国民の国政選挙における選挙権の行使を認めていないことが違憲違法であることの確認を求めるとともに，②国会による立法の不作為により選挙権を行使できなかったことに基づく損害の賠償を求めた。さらに，平成 10 年の改正後も選挙権を行使し得るのが比例代表選出議員の選挙に限定されていたことから（改正後の公選法附則 8 項），③改正後の公選法が選挙区選出議員の選挙における選挙権の行使を認めていないことが違憲違法であることの確認を求めるとともに，④原告が選挙区選出議員の選挙にお

いて選挙権を行使すべき地位にあることの確認を求めた。最高裁は①と③の請求を却下し，②と④の請求を認容した。

最高裁は，選挙権およびその行使の制限について，上述のような原則を述べた上で，すでに1984年（昭和59年）に内閣が在外国民の国政選挙における投票を可能とする内容の法律案を国会に提出していたことからすると，同法案が廃案となった後も，「国会が，10年以上の長きにわたって在外選挙制度を何ら創設しないまま放置し」たことに「やむを得ない事由があったとは到底いうことができない」とし，改正前の公選法が在外国民であった原告の投票を全く認めていなかったことは，憲法15条1項および3項，43条1項ならびに44条ただし書に違反するものであったとした。

また，改正後の公選法が選挙区選出議員の選挙について在外国民の投票を認めていないことについては，通信手段が地球規模で目覚ましい発達を遂げていること等からすれば，「遅くとも，本判決言渡し後に初めて行われる衆議院議員の総選挙又は参議院議員の通常選挙の時点においては」，選挙区選出議員の選挙について在外国民に投票を認めないことについて「やむを得ない事由があるということはできず」，公選法附則8項の規定のうち，在外選挙制度の対象となる選挙を当分の間両議院の比例代表選出議員の選挙に限定する部分は，憲法15条1項および3項，43条1項ならびに44条ただし書に違反するとし，原告は，次回の国政選挙の選挙区選出議員の選挙において「在外選挙人名簿に登録されていることに基づいて投票をすることができる地位にある」ことを認めた。

さらに，在外国民の国政選挙での投票を可能とする内容の法案が内閣によって提出され，廃案となった後，10年以上の長きにわたって何らの立法措置も執られなかったという「著しい不作為」は，「国民に憲法上保障されている権利行使の機会を確保するために所要の立法措置を執ることが必要不可欠であり，それが明白であるにもかかわらず，国会が正当な理由なく長期にわたってこれを怠る場合」に当たり，こうした「例外的な場合」には，国会の立法行為または立法不作為は，国家賠償法1条1項の規定の適用上，違法の評価を受けるとし，原告に対する損害賠償を命じた。

このように，同判決は，①自ら選挙の公正を害する行為をした者等の選挙権について一定の制限をすることは別として，②国民の選挙権またはその行

使を制限することは原則として許されない。③国民の選挙権またはその行使を制限するためには，そのような制限をすることがやむを得ないと認められる事由がなければならないが，そのような制限をすることなしには選挙の公正を確保しつつ選挙権の行使を認めることが事実上不能ないし著しく困難であると認められる場合でない限り，やむを得ない事由があるとはいえない，とする。選挙権の保障が具体的な投票の保障までをも含むことを前提に，選挙権またはその行使の制限について，厳格な審査を要求するものである。

(2) **選挙権またはその行使の制限が許される場合**

(ｱ) 選挙犯罪　判例は，選挙犯罪による処刑者に対して，一般犯罪の処刑者より厳しく選挙権，被選挙権を停止する処遇をすることは，不当に国民の参政権を奪うものとは言えないとする（最大判昭和30・2・9刑集9巻2号217頁）。選挙運動の総括主宰者等が選挙犯罪を行った場合に候補者の当選を無効とし，候補者が5年間，公職の選挙に立候補することを禁止する規定も本条に違反しない（最大判昭和37・3・14民集16巻3号537頁，最判平成8・7・18判時1580号92頁）。選挙運動の組織的選挙運動管理者が特定の選挙犯罪を行い禁錮以上の刑に処せられたときに，候補者の当選を無効とし，5年間立候補を禁止する公選法の規定も本条に違反しない（最判平成9・3・13民集51巻3号1453頁）。また，連座の対象者として公職の候補者等の秘書を掲げる公選法の規定も本条に違反しない（最判平成10・11・17判時1662号74頁）。在外邦人選挙権訴訟上告審判決（→**判例1**／）も，自ら選挙の公正を害する行為をした者等の選挙権について一定の制限をすることは，選挙権またはその行使の制限が許容されるか否かに関する一般原則は妥当しないと述べており，むしろ選挙権の内在的制約に相当するものと性格づけているように思われる。

(ｲ) 受刑者　大阪高裁平成25年9月27日判決（判時2234号29頁）は，懲役刑に処せられて服役中であったため，公選法11条1項2号に該当するとして，平成22年7月11日に実施された参議院選挙において選挙権の行使を否定された者が，国に対して慰謝料の支払を求めた事案について，当該選挙実施当時において受刑者の選挙権制限規定を廃止すべきことが明白な状況にあったとは認め難いとして賠償請求は棄却しながらも，「単に受刑者であるということのみから，直ちにその者が著しく遵法精神に欠け，公正な選挙

権の行使を期待できないとすることはできない」し,「未決収容者が現に不在者投票を行っており,また,憲法改正の国民投票については受刑者にも投票権があるとされていること」等からすれば,受刑者の選挙権を一律に制限することにやむを得ない事由があるとはいえず,公選法11条1項2号は,本条等に違反して違憲であると述べている。

ヨーロッパ人権裁判所は,Hirst v. United Kingdom (No 2), [2005] ECHR 681 で,受刑者の選挙権を一律に否定する英国の法制度が比例原則に反し,欧州人権条約第一議定書3条に違反するとした。他方,アメリカ連邦最高裁は,Richardson v. Ramirez, 418 U.S. 24 (1974) で,修正14条2節の規定を根拠に,犯罪 (crime) を犯した者の選挙権を州が制限することについて厳格審査は妥当しないとし,広範な裁量を認めている。

受刑者に対する「一律」の制限を違憲とするならば,いずれの受刑者が投票に適するかについての実質的な評定を行わざるを得ない。そうした制度の恣意的・差別的運用を避けるには,ここでもある程度の過剰包摂および過少包摂のリスクは許容せざるを得ないであろう。

㈢ 非定住者　選挙権を有する者であっても,投票を許されるためには,一定の場所に一定期間居住することが要件とされている(公選21条・22条・30条の4・42条1項)。東京高裁平成25年2月19日判決(判時2192号30頁)は,公選法21条1項の求める3か月の居住要件は,限定された期間における選挙権の行使の制限にとどまるため **判例1/** の提示する厳格な審査基準は当てはまらないとし,当該要件は国会に委ねられた裁量権を逸脱した合理性を欠く許し難いものではないとする。

アメリカ連邦最高裁の判例は,投票に関する定住要件について合理性の基準を用いており,1年の定住要件は違憲としたものの,50日の要件は合憲としている (Dunn v. Blumstein, 405 U.S. 330 (1972); Marston v. Lewis, 410 U.S. 679 (1973))。

㈣ 身体的・精神的障害による投票困難者　在外邦人選挙権訴訟判決は,在宅投票制度廃止事件の上告審判決(最判昭和60・11・21民集39巻7号1512頁)について,これを変更する趣旨のことを述べていない。当時の在宅投票制度については,選挙の公正を確保しつつ,この制度を通じて選挙権の行使

を認めることが著しく困難であったとの認識がとられているとの推察も成り立ち得る。

　他方，最高裁平成18年7月13日判決（判時1946号41頁）は，精神的原因による投票困難者に対して選挙権行使の機会を確保する立法措置を執らなかったという立法不作為が違憲であるとして国に慰謝料の支払を求めた事案について，「精神的原因による投票困難者については，その精神的原因が多種多様であり，しかもその状態は必ずしも固定的ではな」く，「身体に障害がある者のように，既存の公的な制度によって投票所に行くことの困難性に結び付くような判定を受けているものではない」ことから，問題とされた「立法不作為について，国民に憲法上保障されている権利行使の機会を確保するために所要の立法措置を執ることが必要不可欠であり，それが明白であるにもかかわらず，国会が正当な理由なく長期にわたってこれを怠る場合などに当たるということはできない」として，請求を棄却した。

　この判決では，身体的障害を原因とする投票困難者の置かれた状況との相違を理由として，精神的原因による投票困難者からの請求を棄却しており，身体障害者を対象とする何らかの在宅投票制度の設営に対する憲法上の要請は強いとの判断に立脚しているものとの理解が可能である。投票困難者のための積極的立法措置の必要性を示すには，困難性の判断を一律になし得ることが求められることが含意されていると見る余地もある。

　なお，現在の公選法48条は，選挙人が心身の故障その他の事由により，自ら候補者の氏名，政党名等を記載することができない選挙人について，投票管理者に申請した上で代理者が代わって投票用紙に記載する代理投票の方法を認めている。選挙権の行使を他者に委ねるという意味の「代理」ではなく，代筆投票である。

　(オ)　成年被後見人　　東京地裁平成25年3月14日判決（判時2178号3頁）は，平成19年に後見開始の審判を受けたことから，公選法11条1項1号（平成25年法律21号による改正前）により，選挙権を有しないとされた原告が，次回の衆議院議員選挙および参議院議員の選挙において投票することのできる地位にあることの確認を求めた訴訟において，成年被後見人から選挙権を剥奪することなしには，選挙の公正を確保しつつ選挙を行うことが事実上不

能ないし著しく困難であると解すべき事実は認め難いし，選挙権を行使するに足る能力を欠く者を選挙から排除するという目的のためであれば，制度趣旨の異なる成年後見制度を借用せず，端的にそうした規定を設けることも可能であるから，そうした目的のために成年被後見人の選挙権を一律に剥奪することに「やむを得ない」事由はなく，公選法11条1項1号のうち，成年被後見人は選挙権を有しないとした部分は本条等に違反して無効であるとした（同旨の学説としてすでに，野中ほか・憲法Ⅰ〔5版〕541-542頁〔高見〕があった）。

　国会はこの判決を受けて，被選挙権に関する部分も含めて公選法11条1項1号を削除する改正を行った。年齢に基づく選挙権の制限にも当てはまることであるが，選挙事務の管理・執行者による恣意的な権限行使を排除するためには，選挙権を行使するに足る能力の有無に関する規定は，過剰包摂および過少包摂のリスクを伴いつつも，一律の規定内容とせざるを得ない（長谷部恭男「漠然性の故に有効」高橋和之先生古稀記念『現代立憲主義の諸相(上)』451頁（有斐閣，2013））。成年被後見人について，国会は一律に選挙権・被選挙権の制限を廃止するとの選択をしたことになる。

(3)　国籍による限定
→第3章前注Ⅱ1(4)

Ⅳ　被選挙権の性格と制限

　被選挙権について，かつては「選挙人団によって選定されたとき，これを承諾し，公務員となりうる資格」（清宮・憲法Ⅰ142頁）とされるように，一種の資格ないし権利能力とする理解が一般的であった。資格としての側面を否定することはできないものの，現在では，憲法によって保障される基本権の一つとして捉えられている（芦部・憲法〔6版〕263頁，野中ほか・憲法Ⅰ〔5版〕543頁〔高見〕，樋口ほか・注解Ⅰ337頁〔中村〕，初宿・憲法(2)〔3版〕475頁）。被選挙権の憲法上の根拠について，学説では憲法13条に根拠を求める見解（佐藤(幸)・憲法論194-195頁），14条1項による政治的不差別の保障が含意するとの見解（小嶋・概説340頁），選挙権と一体をなすものとして憲法15条1

項に求める見解(伊藤・憲法111頁,奥平・憲法Ⅲ400頁)等がある。

最高裁の判例は,「被選挙権を有し,選挙に立候補しようとする者がその立候補について不当に制約を受けるようなことがあれば」,「選挙人の自由な意思の表明を阻害することとなり,自由かつ公正な選挙の本旨に反する」とし,「この意味において,立候補の自由は,選挙権の自由な行使と表裏の関係にあり,自由かつ公正な選挙を維持するうえで,きわめて重要である」とした。そして,「このような見地からいえば,憲法15条1項には,被選挙権者,特にその立候補の自由について,直接には規定していないが,これもまた,同条同項の保障する重要な基本的人権の一つと解すべきである」としている(最大判昭和43・12・4刑集22巻13号1425頁《三井美唄炭鉱事件》**判例2**/)。つまり,立候補の自由が保障されていることが,選挙権の自由な行使と表裏の関係にあることを根拠として,15条1項によって被選挙権が保障される。

地方公共団体の首長について,多選制限制度を導入すべきであるとの提言がなされることがあるが,被選挙権が憲法上保障された基本的人権であるとの判例の趣旨を前提にすれば,慎重に検討されるべき事柄であると言えよう。

判例2 /《三井美唄炭鉱事件》
最大判昭和43・12・4刑集22巻13号1425頁

被告人らは同じ労働組合に属する組合員Aに対し,市議会議員選挙への立候補を断念するよう説得したが聞き入れられなかったため,組合の機関決定により処分される旨を告げ,組合機関紙にAが統制違反者として処分される旨を記載した上,議員に当選したAに対して,統制違反者として1年間組合員としての権利を停止する旨を通告し,職場に公示した。これらの行為が選挙の自由妨害罪(公選225条)に当たるとして起訴された。

最高裁は,労働組合が労働者の経済的地位の向上を目的とするために必要な政治活動や社会活動を行うことが妨げられるものではないとしながらも,組合が組合員に対して行使し得べき統制権には一定の限界があり,公職選挙における立候補の自由に対する制約は,特に慎重でなければならないとして,「組合員に対し,勧告または説得の域を超え,立候補を取りやめることを要求し,これに従わないことを理由に当該組合員を統制違反者として処分するがごときは,

組合の統制権の限界を超えるものとして，違法といわなければならない」とした。

公選法92条は公職への立候補者について供託制度を定め，法定得票数に達しない候補者については供託金を没収することとしている。都道府県議会の議員の選挙に立候補し，供託金60万円を没収された者が，この制度が立候補の自由に対する違憲の制約だと主張した裁判で，大阪高等裁判所は，この制度は真に選挙を争う意思がなく，選挙の妨害や売名等，不正な目的で立候補しようとする者の立候補を防止ないし抑制しようとするもので，必要最小限度の規制を超えているということはできないとした（大阪高判平成9・3・18訟月44巻6号910頁）。

アメリカ連邦最高裁は，立候補に1000ドルの供託を要求するテキサス州の法制の合憲性が争われた訴訟で，供託制度は有権者による選択の幅を狭めるもので，選挙権に直接かつ明白な影響を与えるため厳格審査に服するとし，当該制度を違憲としている（Bullock v. Carter, 405 U.S. 134 (1972)）。

連座制による立候補の禁止については，→V 5 (3)(キ)。

V 選挙の諸原則

1 普通選挙

本条3項は，公職の選挙については成年者の普通選挙が保障される旨を明らかにしている。普通選挙は制限選挙に対比される概念で，狭義では納税額や財産を選挙権の要件としないものを言うが，今日では，人種，信条，身分，性別，教育なども含めて広く制限のない選挙と捉えられている（清宮・憲法 I 138頁，樋口ほか・注解 I 338頁［中村］，野中ほか・憲法 II〔5版〕16-17頁［高見］）。憲法44条ただし書は国会議員の選挙人の資格について，「人種，信条，性別，社会的身分，門地，教育，財産又は収入によつて差別してはならない」と定め，普通選挙の原則を確認している。

フランス革命時の国民公会（convention nationale）議員の選出は，21歳以

第 3 章　国民の権利及び義務

上の男子（1年以上定まった住所を持ち，他者の使用人でない者）の普通選挙によって行われたが，その後は，教養と財産を有する市民階層のメンバーであってはじめて社会全体の中長期的な利益について理性的な判断をなし得るとの前提から，各国の選挙人の資格は，財産や学歴等によって制限または差別された。7月王政下で首相を務めたフランソワ・ギゾーが政治参加を求める人々に言ってのけた「金持ちにおなりなさい Enrichissez-vous」という忠言はよく知られる。フランスでは2月革命時に21歳以上の男子による普通選挙が導入されたが（1848年憲法25条），他のヨーロッパ各国に男子の普通選挙が導入されたのは，19世紀終わりから20世紀始めにかけてのことである（アメリカでは1870年，イギリスでは1918年）。普通選挙原則の普及は，徴兵制を通じて国民を長期間兵役に服せしめ，戦争に動員する体制が一般化したことと無縁ではない。古典古代のギリシャにおける民主政の展開に見られるように，戦争への参加と政治への参加は連動している。

　日本では1925年（大正14年）に25歳以上のすべての男子に選挙権が認められ，1945年（昭和20年）には女子に選挙権が与えられるとともに，年齢資格が25歳から20歳に引き下げられた。年齢資格はさらに，2015年の公選法改正（平成27年法律43号）によって満18歳に引き下げられた（公選9条1項2項）。年齢による限定が，選挙事務管理者による恣意的権限運用を回避するには，過剰包摂および過少包摂のリスクを必然的に伴わざるを得ない点については，→Ⅲ2(2)(オ)。憲法改正の国民投票については日本国憲法の改正手続に関する法律制定時から，満18歳以上の日本国民に投票権が認められており（憲改22条），選挙権に関する年齢制限等，他の法制との均衡を図るため，必要な措置を講ずることが国に要請されていた（平成26年法律75号附則3項）。なお，今回の18歳への年齢資格の引下げに関連して，民法，少年法その他の法令に関しても，必要な法制上の措置を講ずることが国に要請されている（平成27年法律43号附則11条）。

　韓国の憲法裁判所は2013年7月25日の決定で，精神的・社会的成熟度を理由に19歳以上の国民にのみ選挙権を認める公職選挙法の規定は，不合理とは言えないとしている。

2 平等選挙

　平等選挙の原則は、選挙人の財産・納税額・教育等によって一票のみを有する者と複数の投票をなし得る者とを区別する複数投票制や、選挙人をいくつかの等級に区分し、各等級の投票価値（被選出議員数と有権者数の比）に差異を設ける等級選挙と対比される観念である。等級選挙の否定は、投票価値の差異一般への否定的評価を意味するはずである。

　最高裁の判例は、複数投票制のみならず、投票価値について合理的理由のない較差を設けることも憲法に違反するとする（最大判昭和51・4・14民集30巻3号223頁等）。この点については、→§14 Ⅲ 6。

　なお、最高裁の判例は、投票価値の平等、つまり「各投票が選挙の結果に及ぼす影響力」の平等を憲法上の要求とするが、「選挙人数と人口数とはおおむね比例するとみてよい」ことを理由に、「人口数を基準とすることも許される」とする（前掲最大判昭和51・4・14）。同様に、本来は有権者数を基準とすべきだが、人口数が有権者数に比例している限りにおいて後者を基準とすることも許されるとの論理は、ドイツ連邦憲法裁判所にも見られる（赤坂幸一「人口比例と有権者数比例の間」論ジュリ5号42頁以下（2013））。他方、アメリカの判例では、人口比が問題とされることが通例である（下院議員を各州の人口に比例して配分するとの連邦憲法1条2節3項および修正14条2節参照）。

　衆議院議員選挙区画定審議会設置法3条は、衆議院小選挙区選出議員の選挙区の改定案の作成にあたっては、各選挙区の日本国民の人口のうち、「その最も多いものを最も少ないもので除して得た数が2以上とならないように」すべきことを定めている。

3 直接選挙

　直接選挙とは、選挙人が公務員を直接に選挙する制度を言う。選挙人が選挙委員を選任し、選挙委員が公務員を選挙する間接選挙制や、既に選挙された公務員がさらに公務員を選挙する複選制は直接選挙の原則に反する。つまり、どの候補者が選出されるかに選挙人以外の者の意思が介在し、選挙人の

第3章 国民の権利及び義務

選択が直接に反映されない選挙は，直接選挙の原則に反する。

ドイツのボン基本法は連邦議会の議員が直接に選挙されるべきことを定めているが（38条1項），本条には直接選挙に関する明示の規定はない（93条が地方公共団体の長および議会の議員の直接選挙を定めている）。

しかし，最高裁の判例は，衆議院小選挙区比例代表並立制の下での拘束名簿式比例代表選挙および重複立候補制について，拘束名簿式比例代表制の下でも，「投票の結果すなわち選挙人の総意により当選人が決定される点において，選挙人が候補者個人を直接選択して投票する方式と異なるところはな」く，また重複立候補制の下でも，「結局のところ当選人となるべき順位は投票の結果によって決定されるのであるから，このことをもって比例代表選挙が直接選挙に当たらないということはでき」ない（最大判平成11・11・10民集53巻8号1577頁）とし，さらに，参議院の非拘束名簿式比例代表制による比例代表選挙についても直接選挙に当たらないということはできず憲法43条1項に違反するとはいえない（最大判平成16・1・14民集58巻1号1頁）として具体の選挙制度の合憲性について判断を下しており，直接選挙の原則が憲法上の要請であることを前提としているかに見える。

学説では，15条1項・3項，44条等が直接選挙を要請しているとの立場（伊藤・憲法116頁，佐藤(幸)・憲法論405頁，市川・基本講義271頁）と，要請していないとの立場（佐藤(功)・ポケ註下640-641頁，芦部・憲法〔6版〕266頁）がある。他方，衆議院の優越を認める両院制の下では，直接選挙が要請されるのは衆議院に限られるとの立場もある（樋口ほか・注解Ⅲ48-49頁〔樋口〕，大石・講義Ⅰ〔3版〕104頁・133頁，野中ほか・憲法Ⅱ〔5版〕32頁〔高見〕，初宿・憲法(2)〔3版〕473頁）。両院制の実を挙げようとする意図は理解できなくもないが，間接選挙制は徒に制度を複雑化させるだけではないかとの懸念がある上（これらの論者も複選制——地方議会の議員等，選挙された公務員がさらに公務員を選挙する制度——を容認するわけではない），43条1項の文言自体には両院で差異を設ける根拠が乏しいという難点がある。

日本新党繰上補充事件の最高裁判決（最判平成7・5・25民集49巻5号1279頁）は，1992年（平成4年）の参議院議員選挙の比例代表選出選挙において次点となった候補者Ａがその後除名されたため，名簿の第1位および第2

位の者が参議院議員を辞職して衆議院議員選挙に立候補した後に，選挙会がAの下位に登載されていた候補者2名を繰上当選者とした事例について，「政党等が組織内の自律的運営として党員等に対してした除名その他の処分の当否については，原則として政党等による自律的な解決にゆだねられて」おり，選挙会が当選人を定めるにあたって当該除名の存否ないし効力を審査することを公選法は予定していないとし，「名簿届出政党等による名簿登載者の除名が不存在又は無効であることは，除名届が適法にされている限り，当選訴訟における当選無効の原因とはならない」とした。

しかし，投票の結果によって決定されるべき候補者の順位が政党の意思によって事後的に変更されることは，直接選挙の原則に反する疑いがあり，こうした公選法の解釈には疑義が提起され得る（高田篤〔判批〕百選Ⅱ〔6版〕343頁）。

4 秘密投票

本条4項は投票の秘密を保障する。投票は有権者が社会全体の利益の実現を目指す観点からなされるべきだとすると，秘密投票はむしろ個々の私的な利害に基づく投票を助長し，一般意思の集積ではなく特殊意思の集積たる全体意思（volonté de tous）を帰結するものだとの批判もあり得る（シュミット（尾吹善人訳）『憲法理論』302-303頁（創文社，1972））。憲法による秘密投票の保障には，有権者の投票に他者からの不当な圧力が加えられることを防ぐ狙いがある。19世紀後半以降，経済的に必ずしも自律していない大衆にまで政治参加が拡大すると，経済的強者からの圧力や干渉を遮断し，政治腐敗を防止するために投票を秘密とすべきだとの主張が強まった。

投票の秘密を保障するため，公職選挙法は無記名投票主義をとり（公選46条4項），投票用紙への他事記載は投票の無効原因となる（公選68条1項6号・2項6号・3項8号）。また，何人にも，選挙人の投票した被選挙人の氏名または政党その他の政治団体の名称等を陳述する義務はなく（公選52条），公務員が選挙人に対し，投票しようとしたまたは投票しようとした被選挙人の氏名等の表示を求めたとき（公選226条2項）や公務員が選挙人の投票した被選挙人の氏名等を表示したとき（公選227条）は，罰せられる。

判例は，選挙権のない者の投票についても，その投票が何人に対してなされたかを，議員の当選の効力を定める手続において，取り調べてはならないとする（最判昭和25・11・9民集4巻11号523頁）。選挙犯罪に関する刑事手続においても，「何人が何人に投票したかの審理をすることは許されない」とされる（最大判昭和24・4・6刑集3巻4号456頁，最判昭和45・12・15刑集24巻13号1738頁）。

本条4項後段の言う「公的に」「責任を問はれない」とは，その選択に関して処罰その他の制裁を受けること，賠償責任を問われることがないだけでなく，国家機関からの質問に答える義務もないことを意味する（宮沢・全訂227頁）。「私的に」「責任を問はれない」とは，選挙人の選択を理由として不利益を被らせる内容の法律行為を無効とすることを意味する（宮沢・全訂227頁）。つまり，同項後段は，私人間の行為に直接に効果を及ぼす（佐藤(功)・ポケ註上262頁，芦部・憲法学Ⅱ291頁）。もっとも，民法90条等を通じて間接的に効力を及ぼすとの論理を経たとしても，趣旨や効果にさして違いがあるわけではない。

同項後段は「私的関係そのものを規定するのではなく」，国家は，私的関係において私人が責任を問われるようなことの生じないよう，法律その他の国家的行為をなさねばならず，そうした行為をとることを国民は国家に対して求める権利があるとの説もあるが（佐々木・憲法論457頁），そこで言う「国家的行為」が裁判をも含むのであれば，私人間の行為に直接に効果を及ぼすということに他ならないし，含まないとするといかなる内容の権利を国民が有するのか，はなはだ不分明である。

5　自由選挙

(1)　自由選挙の意義

自由選挙の原則は，強制投票制度が許されないこと，つまり任意投票制を採用すべきことを意味するとの理解と，それに加えて選挙運動の自由をも含める理解とがある。

他方，公選法は225条で，選挙人，公職の候補者，公職の候補者となろうとする者，選挙運動者または当選人に暴行もしくは威力を加える行為，選挙

運動を不正の方法をもって妨害する行為等を「選挙の自由妨害罪」として刑罰の対象としている。そこで観念されている「選挙の自由」は，投票の自由，立候補の自由，選挙運動の自由等，選挙に関わる多様な自由の総体である。なお，個々の有権者による自発的届出を前提として選挙人名簿を調製する国もあるが，日本の公選法は選挙人名簿を市町村の選挙管理委員会が職権で調製することとしており（公選22条），有権者として登録しようとする国民の自由が暴力や威迫によって妨害されることはない。

(2) 任意投票制

選挙権に公務としての側面があることを理由に強制投票制も可能との見解（佐藤（幸）・憲法論406頁，野中俊彦『選挙法の研究』46-47頁（信山社，2001））と，憲法19条の存在等を理由に強制投票制は許されないとの見解（野中ほか・憲法Ⅱ〔5版〕24頁［高見］，初宿・憲法(2)〔3版〕475頁，市川・基本講義273頁）とがある。強制投票制をとる国としては，ベルギーとオーストラリアが知られる。

(3) 選挙運動の自由とその制限

㋐　概説　選挙は主権者たる国民の意思を国政に反映させる重要な場であり，有権者が正確で十分な情報に基づいて，候補者あるいは政党を選択する場でなければならない。そのための手段としては，選挙運動の規制を撤廃して候補者および政党の自由な競争に任せるという方向性と，選挙運動について一定のルールを定め，その枠内において，候補者および政党の競争が公平・公正に行われるよう保障するという方向性が考えられる。選挙運動が憲法の保障する表現の自由の一環をなすことを考慮すると，前者が本来の姿とも考えられるが，公選法は，選挙運動の期間，主体，方法，資金等につき厳しい規制をおいている。

判例は，戸別訪問の禁止（公選138条・239条），文書図画頒布の制限（公選142条・243条）および事前運動の禁止（公選129条・239条）に関し，いずれも合憲と判断している（戸別訪問の禁止について最大判昭和25・9・27刑集4巻9号1799頁，文書図画頒布の制限について最大判昭和30・4・6刑集9巻4号819頁，事前運動の禁止について最大判昭和44・4・23刑集23巻4号235頁）。

かつての判例は，選挙運動の規制について，さしたる理由も述べずに「公

共の福祉のため，憲法上許された必要且つ合理的の制限」(前掲最大判昭和30・4・6等)と結論づける態度をとっていたが，近年の最高裁はよりきめ細かな正当化の論理を展開している。そのうちに2つの類型を区別することができる。

(イ) **間接的・付随的制約**　第1は，選挙運動の規制は一見したところとは異なって表現内容に着目した規制ではなく，当該選挙運動から派生する間接的弊害を除去するための付随的制約にすぎないことを理由として，厳格審査ではなく，中間審査がふさわしいとするものである。公選法による戸別訪問の一律禁止が，意見表明そのものの制約を目的とするものではなく，戸別訪問が買収等，利益誘導の温床となり，選挙人の生活の平穏を害する等の様々な弊害の防止を目的とするものであるとの前提に基づき，この目的と戸別訪問一律禁止という立法手段との間の合理的関連性，さらに禁止によって得られる利益と失われる利益の衡量の3点から，戸別訪問の一律禁止を正当化する議論はその例である(最判昭和56・6・15刑集35巻4号205頁)。

しかし，公務員による政治的意見表明の広範な禁止を一律に合憲とした猿払事件最高裁判決にも当てはまるように，これらの規制は内容に着目した規制ではないかとの疑いが拭えない上(佐藤(幸)・憲法論414頁，長谷部・憲法〔6版〕340頁)，中間審査として見ても審査の在り方が緩やかに過ぎないかとの点でも，また，次に紹介する伊藤正己裁判官の補足意見が指摘するように(最判昭和56・7・21刑集35巻5号568頁)，間接的・付随的規制の法理を表現活動一般に広く適用することにも疑問がある(→§21 Ⅳ 4(2))。

(ウ) **選挙運動を構成するルール**　第2に，選挙運動に関する規制は，選挙運動という公平な競争を成り立たせている構成的ルールであり(つまりチェスのルールに従わないチェスがあり得ないように，これらのルールに従わない「選挙運動」なるものはあり得ない)，そのルールの設定が憲法47条によって国会に委ねられている以上，ルールの内容が合理的とは考えられないような特段の事情がない限り，各候補者は国会の制定したルールを尊重すべきであるとする伊藤正己裁判官の議論がある(前掲最判昭和56・7・21に付された補足意見。また，文書図画頒布規制に関する最判昭和57・3・23刑集36巻3号339頁に付された同裁判官の補足意見も参照)。これは，選挙運動に関する規制を調整問題を解

決するルールの一種として理解しようとする試みである。しかし，取引のルール設定や交通規則のような典型的な調整問題と異なり，選挙運動については，規制のない自由な活動という憲法が想定するベースラインが存在するのではないかとの疑問は残る（佐藤（幸）・憲法論415頁，長谷部・憲法〔6版〕341頁）。

(エ) 報道・評論等の規制　公選法148条1項は，新聞紙または雑誌が，選挙に関して報道・評論する自由を，「虚偽の事項を記載し又は事実を歪曲して記載する等表現の自由を濫用して選挙の公正を害し」ない限りにおいて認めている。ただし，選挙運動期間中および選挙の当日については，①新聞紙については毎月3回以上，雑誌については毎月1回以上，「号を逐つて定期に有償頒布する」もので，②第三種郵便物の承認があり，かつ，③選挙期日の公示または告示の日前1年（時事に関する事項を掲載する日刊新聞紙にあっては6月）以来，①および②の要件を満たすとともに引き続き発行されたものか，または，これらの要件を満たす新聞紙または雑誌を発行する者が発行する新聞紙または雑誌であって，①および②の要件を満たすもののみについて，選挙に関する報道および評論の自由が認められる（公選148条3項）。特定の候補者の当落を目当てとした新聞紙，雑誌の乱発によって選挙の公正が害されることの防止を目的とする制限である。

最高裁昭和54年12月20日判決（刑集33巻7号1074頁）は，同項に関する罰則規定である235条の2第2号について，同号にいう選挙に関する「報道又は評論」とは，「当該選挙に関する一切の報道・評論を指すのではなく，特定の候補者の得票について有利又は不利に働くおそれがある報道・評論をいうものと解するのが相当」だとし，さらに同規定の構成要件に形式的に該当する場合であっても，「もしその新聞紙・雑誌が真に公正な報道・評論を掲載したものであれば，その行為の違法性が阻却される」と判示している。

(オ) 政見放送　公選法150条は政見放送に関して，放送事業者は録音しもしくは録画した政見を「そのまま放送しなければならない」と規定する。1983年（昭和58年）6月に行われた参議院議員比例代表選出議員選挙に関連して，録画された候補者の政見中，差別的表現に当たると判断される部分の音声を放送事業者が削除して放送したため，候補者が不法行為として放送事

業者を訴えた事件に関する最高裁判決は，政見放送における品位の保持を要求する公選法150条の2の規定は，テレビ放送が「直接かつ即時に全国の視聴者に到達して強い影響力を有していること」に鑑み，政見放送の品位を損なう言動を禁止したものであるから，政見放送を「そのまま放送しなければならない」との同法150条の規定にもかかわらず，そのような言動を放送事業者が削除した上で放送したとしても，不法行為法上，法的利益の侵害があったとはいえないとした（最判平成2・4・17民集44巻3号547頁《政見放送削除事件》）。

(カ)　候補者届出政党による選挙運動　　現在の公選法は，衆議院議員の小選挙区選挙に関して，候補者のほか候補者届出政党にも選挙運動を認めており（公選141条2項・142条2項・149条1項・161条1項等），また候補者本人がすることのできない政見放送を候補者届出政党がすることができることとしている（公選150条1項）。

このことが候補者届出政党に所属する候補者と所属しない候補者との間に，不合理な差別をもたらしているとの主張について，最高裁平成11年11月10日大法廷判決（民集53巻8号1704頁）は，選挙制度を政策本位，政党本位のものとするという国会が正当に考慮し得る政策目的からすれば，候補者届出政党にも選挙運動を認めることには十分合理性を認めることができるし，そうである以上は，候補者届出政党に所属する候補者とそうでない候補者との間で選挙運動上の差異が生ずることは避け難いところであるから，その差異が「一般的に合理性を有するとは到底考えられない程度」に達していない限りは，国会の裁量の逸脱を認めることはできないとし，現行制度は，憲法に違反するとは認め難いとした。もっとも，法廷意見は，政見放送の影響の大きさを考慮すると，候補者届出政党のみにこれを認めることに十分な合理性があると言い得るかについて「疑問を差し挟む余地がある」と指摘している。この判示に対しては，河合伸一等5人の裁判官が，小選挙区選挙における選挙運動上の差異は質量ともに大きな較差であって合理性を有するとは到底いえない程度に達しているとの反対意見を述べている。

この点は，以後の判例でも取り上げられている（最大判平成19・6・13民集61巻4号1617頁に付された藤田宙靖裁判官の意見ならびに泉徳治裁判官および田原

睦夫裁判官の反対意見参照。田原反対意見は、現行制度は立法目的の下で「合理性を認められる限度をはるかに超えている」とする。泉反対意見は選挙制度について国会に広い裁量を認めること自体に否定的で、現行制度を違憲と断ずる）。

最高裁平成23年3月23日大法廷判決（民集65巻2号755頁）は、公選法の規定が候補者届出政党に属さない候補者との間で不合理な差別となっているとともに、選挙人がすべての候補者について情報を均等に受け取ることを妨げ、選挙権の適正な行使を阻害しているとの主張に対し、①選挙制度を政策本位、政党本位のものとするという現制度の理念に照らせば、候補者と並んで候補者届出政党にも選挙運動を認めることには相応の合理性が認められるし、②それによって不可避的に生ずる差異も国会の裁量の範囲を超えるものではないとした。さらに、候補者届出政党のみに政見放送が認められることも「合理性を有するとは考えられない程度に達しているとまで断ずることはでき」ないとしている。②については、ぎりぎりの判断であったかに見える。なお、同判決には、①②のいずれの点についても、候補者になろうとする者の被選挙権の平等を妨げるとともに選挙人の選挙権の適正な行使を妨げるもので、憲法に違反するとの田原睦夫裁判官の反対意見が付されている。

(キ) 連座制　公選法は、当選人がその選挙に関して一定の選挙犯罪を犯し刑に処せられた場合に当選を無効とするだけでなく（公選251条）、候補者・当選人と一定の関係にある者（選挙運動総括主宰者、出納責任者、組織的選挙運動管理者等）が買収・利害誘導、新聞雑誌の不当利用等の一定の選挙犯罪につき刑に処せられた場合にも当選人の当選を無効とし、かつ、当該選挙に係る選挙区において行われる当該公職に係る選挙について立候補を禁止する等の連座制の規定を設けている（公選251条の2・251条の3）。

判例は、連座制の規定は公職選挙の公明、適正を厳粛に保持するという極めて重要な法益を実現するための必要かつ合理的な手段であって憲法に違反しないとしている（最判平成8・7・18判時1580号92頁、最判平成9・3・13民集51巻3号1453頁）。

VI 全体の奉仕者

本条2項が,公務員が全体の奉仕者であって一部の奉仕者ではないとするのは,公務員が社会全体の中長期的な利益に奉仕する者であって,自身の私益はもちろん,一部の党派,団体,階層等のために奉仕する者であってはならないことを意味する。

ここで言う公務員について,制憲帝国議会では,選挙される公務員(国会議員,地方議会議員),一般職の公務員の他,各種の委員会の委員をも含むとの説明がなされていた(→I)。ただし,国会議員については43条1項が全国民の代表であることを定めており,趣旨が重複する。本項については,選挙によらずにその地位に就く公務員が全体の奉仕者たるべきことに着目して議論が展開されることが多い。

国家公務員法96条1項は,本条2項を受けて,「すべて職員は,国民全体の奉仕者として,公共の利益のために勤務」すべきことを定めており,82条1項3号は,「国民全体の奉仕者たるにふさわしくない非行のあつた」職員を懲戒の対象としている。地方公務員法30条は,「すべて職員は,全体の奉仕者として公共の利益のために勤務」すべきことを定めているが,ここでの「全体の奉仕者」とは,当該地域住民全体の奉仕者であることを意味する。同法29条1項3号は,「全体の奉仕者たるにふさわしくない非行のあつた」職員を懲戒の対象とする。

公務員が全体の奉仕者であることが,公務員による政治的意見表明の自由や労働基本権を制限する正当化根拠の一つとして挙げられることがある。かつての特別権力関係法理の下では,公務員としての地位に伴う権利および義務について基本権の保障は原則として及ばないと考えられていたが,日本国憲法の下では,公務員としての地位に伴う権利および義務についても,基本権の保障が及び,その制限には具体の事例ごとに相応の正当化根拠が必要となる。公務員が「『全体の奉仕者』であるということからして当然に,公務員はその基本的人権につき如何なる制限をも甘受すべきである,といったレヴェルの一般論により,具体的なケースにおける権利制限の可否を決めることができないこと」は「明らかである」(最判平成19・2・27民集61巻1号291

§15 Ⅵ

頁の藤田宙靖裁判官反対意見《ピアノ伴奏拒否事件》)。

　公務員の政治的意見表明の禁止については**第三章前注Ⅲ 2(3)**および**§21 Ⅳ 4(2)(ア)**に，労働基本権の制限については**§28**に譲る。

［長谷部恭男］

第16条【請願権】

何人も，損害の救済，公務員の罷免，法律，命令又は規則の制定，廃止又は改正その他の事項に関し，平穏に請願する権利を有し，何人も，かかる請願をしたためにいかなる差別待遇も受けない。

Ⅰ　総　説 ……………………240
　1　概　説 ……………………240
　2　本条成立の経緯 …………241
Ⅱ　請　願　権 ………………241
　1　請願権の意義 ……………241
　2　請願権の内容 ……………242
　3　請願権の主体 ……………243
Ⅲ　請願制度 …………………243

[宍戸常寿]

Ⅰ　総　説

1　概　説

　請願権は，国民の広汎な政治参加が認められていなかった時代には，統治者に対し，被治者の意見を伝え，また，その権利利益を回復するための重要な手段であった（芦部・憲法〔6版〕256頁）。1689年のイギリス権利章典が，国王に対し請願する権利を明文で保障したのも，このためである。近代的な議会制度や司法制度の発達に加え，普通選挙制の確立や表現の自由の拡大によって，その重要性は低下したと考えられてはいるが，請願権は，伝統的な国民の権利としていまなお多くの憲法で保障されている（アメリカ合衆国憲法修正1条，ボン基本法17条等）。

　請願権は，伝統的には，国務請求権ないし受益権に分類されてきた（芦部・憲法学Ⅱ81頁等）。しかし，請願権に参政権ないしそれに準ずる位置づけを与える見方も増えている（長谷部・憲法〔6版〕299頁，佐藤（幸）・憲法論382-383頁，高橋・立憲主義〔3版〕292頁）。進んで，「能動的直接参政権」として請願権を位置づける見解（渡辺久丸『請願権』121頁（新日本出版社，1995））や，公職者の責任追及の手段として請願権を捉える見解（吉田栄司「請願権の意

義」大石 = 石川編・争点173頁）も説かれている。

2 本条成立の経緯

明治憲法は，「日本臣民ハ相当ノ敬礼ヲ守リ別ニ定ムル所ノ規程ニ従ヒ請願ヲ為スコトヲ得」と定め（明憲30条），請願令でその詳細を定めていた。また帝国議会の各議院に対する請願について，「両議院ハ臣民ヨリ呈出スル請願書ヲ受クルコトヲ得」（明憲50条）として，議院法でその詳細を定めていた。ただし，皇室典範および憲法の変更に関する事項，裁判に関与する請願は許されない等，請願の内容および方法に制限があった。

GHQ草案は，「何人モ損害ノ救済，公務員ノ罷免及法律，命令又ハ規則ノ制定，廃止又ハ改正ニ関シ平穏ニ請願ヲ為ス権利ヲ有ス又何人モ右ノ如キ請願ヲ主唱シタルコトノ為ニ如何ナル差別的待遇ヲモ受クルコト無カルヘシ」（15条）との規定を置き，若干の字句修正を経て本条が成立した。

II 請 願 権

1 請願権の意義

請願とは，公の機関に対し，ある事項に関する希望を陳述する行為である（法協・註解上376頁）。本条前段で保障される請願権とは，公の機関に対し，適法な請願すなわち希望の陳述を受理するよう求める権利であって，請願の内容について真理を求め，法的な効果を持つ判定を求めることまでは含まない。それゆえ，請願を受けた機関は，請願を受理すれば足り，請願内容に応じた措置をとるべき義務まで負うものではないと解される（佐藤(功)・ポケ註上264頁）。進んで請願法5条は，請願の誠実な処理を公の機関に義務づけている。

なお，両議院に対して一定の立法をなすべきことを求める請願がなされ，請願にかかる立法が憲法上義務づけられているにもかかわらず，両議院の委員会が審査の上で本会議に付するのを留保すると決定したことは，国会が憲法上義務づけられた立法行為を故意に放置したものであって違憲と判断した

裁判例がある（札幌高判昭和53・5・24高民集31巻2号231頁）。今後，立法不作為の国家賠償法上の違法性の判断枠組み（最大判平成17・9・14民集59巻7号2087頁等。→§17Ⅳ）の中で，立法府に対する請願権の行使の有無が考慮される可能性は，否定できないように思われる（芹沢ほか編・新基本コメ137頁［宮地基］参照）。

2 請願権の内容

請願は，すべての国または地方公共団体の機関に対してなすことができる。請願の対象について，本条は「損害の救済，公務員の罷免，法律，命令又は規則の制定，廃止又は改正その他の事項」とするが，これは例示であって，当該機関の職務に関するすべての事項を含む。裁判に関する請願事項について，司法権の独立に反し許されないとの見解もあるが（法協・註解上377頁），後述するとおり，請願が希望の陳述にすぎないことからすれば，これを除外して解すべきではない（佐藤（功）・ポケ註上263頁，樋口ほか・注解Ⅰ352頁［浦部］）。「平穏に請願する権利」とは，暴力の行使や脅迫威嚇による請願が憲法上の権利としての保護を受けないという当然の理を確認するにとどまり，例えば大衆的デモ行進を伴うというだけで，その請願は憲法上の保護範囲の外にある，と解すべきではない（樋口ほか・注解Ⅰ352-353頁［浦部］参照）。

本条後段は，本条前段の保障を実質的に確保するために，請願による差別待遇を禁止する。本条後段は，公権力による差別を禁止するだけでなく，前条4項後段と同様に，私法上の関係においても，差別待遇を内容とする法律行為を無効とする規定と解される（宮沢・全訂229頁。→§15Ⅴ4）。

請願の提出を受けた町の職員が，個々の署名者や署名収集者を戸別訪問して署名の内容・経緯を質す等したことについて，請願権が「国民の政治参加のための重要な権利」であって「将来の請願行為をしにくくすることや請願をした者を萎縮させること」は許されず，請願権の制約には「その目的の正当性や手段の相当性について厳格な審査を受けその要件を充たすことが必要である」と判示した上で，国家賠償を命じた裁判例がある（名古屋高判平成24・4・27判時2178号23頁，上告棄却により確定）。

3　請願権の主体

　本条は,「何人も」と規定しており，また，権利の性質から考えて，外国人および法人が請願権を享有することに，異論はない。参政権を認められていない未成年者，外国人が享有することに，請願権の現代的意味を認める見解もある（長谷部・憲法〔6版〕299頁）。

Ⅲ　請　願　制　度

　一般の官公署に対する請願の方法については，請願法が定めている。請願は，請願者の氏名および住所を記載し，文書でこれをしなければならない（請願2条）。

　請願書は請願の事項を所管する官公署に提出しなければならない（請願3条1項前段）。国政に対する権能を有していない天皇に対しても（憲法4条参照），内閣を通じて請願書を提出することが認められている（請願3条1項後段）。官公署は，適法な請願を受理し誠実に処理する義務を負う（請願5条）。

　請願書の氏名が「大統領」と記載されていたため東京都の特別区長が不受理とした処分の適法性について，請願法2条の規定は「請願権の実質的保障の見地から，請願を広く認めるとともに，請願として受理されるために必要な最低限の方式を明らかにする趣旨である」と解した上で，請願書の氏名の記載が戸籍上の氏名である必要はないとした裁判例がある（東京地判平成14・5・21判時1791号53頁。ただし控訴審である東京高判平成14・10・31判時1810号52頁により破棄）。

　両議院に対する請願については国会法79～82条，衆議院規則171～180条，参議院規則162～172条が，地方議会に対する請願については地方自治法124条・125条が，それぞれ定めている。

〔宍戸常寿〕

第3章　国民の権利及び義務

第17条【国及び公共団体の賠償責任】
　何人も，公務員の不法行為により，損害を受けたときは，法律の定めるところにより，国又は公共団体に，その賠償を求めることができる。

Ⅰ　総　　説 …………………244	2　賠償責任の主体……………249
1　概　　説 …………………244	3　請求権の主体………………250
2　本条成立の経緯……………245	Ⅲ　国家賠償請求権の制約と正当化
3　本条の法的性格……………246	…………………………250
Ⅱ　国家賠償請求権の内容 ……247	Ⅳ　憲法訴訟としての国家賠償訴訟
1　公務員の不法行為…………247	…………………………252
⑴　不法行為 ………………247	［宍戸常寿］
⑵　公務員の意義 …………248	

Ⅰ　総　　説

1　概　　説

　近代国家成立の当初は，「国王は悪をなし得ず」との法諺に見られるように，公務員は違法行為を行う権限を与えられていないからその責任は国に帰属しないという，国家無答責の原則が支配的であった。この原則の下でも，被害者が，実際の行為を行った公務員に対して，民法などの規定により法的責任を追及することは，必ずしも排除されていなかったが，被害者の救済という観点からは，限界があった。そこで，国家活動の範囲が拡大した19世紀末以降，大陸法の国々は国の賠償責任を認めるようになった。1919年には，ドイツのワイマール憲法131条が，公権力の発動としてなされた不法行為に基づく国の賠償責任を一般的に認めた。またアメリカでは1946年の連邦不法行為請求権法により，イギリスでは1947年の国王訴追法により，国の不法行為責任を原則的に承認することになった（樋口ほか・注解Ⅰ356頁以

下〔浦部〕）。

　本条の定める国家賠償制度について，現在では，被害者の損害を救済する機能に加えて，公権力の適法性を維持する機能が，認められている（宇賀克也『国家補償法』5-6頁（有斐閣，1997））。本条の委託を受けて，1947年（昭和22年）に成立した国家賠償法は，「公権力の行使に基づく損害の賠償責任」（国賠1条），「公の営造物の設置管理の瑕疵に基づく損害の賠償責任」（国賠2条）を定めるとともに，これら以外の原因によって生じた損害については民法が適用されることを定めている（国賠4条）（同法の成立過程については，宇賀克也「国家賠償法案の立法過程」同編著『日本立法資料全集42　国家賠償法〔昭和22年〕』3-25頁（信山社，2015）参照）。

　公権力による国民の損害を補填する制度として，憲法は，本条のほか，損失補償請求権（29条3項），刑事補償請求権（40条）を定めている。後二者が国の適法行為による損害を衡平の理念から補償するものであるのに対し，本条の定める国家賠償請求権は，公務員の不法行為を原因とするものである点が異なる（→§29・§40）。

2　本条成立の経緯

　明治憲法には，国家賠償制度に関する規定はなく，また行政裁判法16条が「行政裁判所ハ損害要償ノ訴訟ヲ受理セス」と定めていた。ただし，非権力的な行政作用については，大審院の判例が，民法の不法行為（民715条・717条等）の規定による救済を認めていた。例えば，市立小学校の遊動円木が腐っていたために児童が死亡した事件では，市の損害賠償が認められた（大判大正5・6・1民録22輯1088頁《徳島遊動円木事件》）。学説も，権力行政については，特別の規定がない限り，国家賠償責任は認められない，との立場を採っていた。また，公権力の行使に関する公務員個人の不法行為責任について，判例は例外的に職権濫用の場合にのみそれを認めていたが，学説は次第に故意重過失を要件として公務員の個人責任を認めるようになっていた（宇賀克也『国家補償法』7-10頁（有斐閣，1997））。

　本条に相当する規定は，GHQ内部で検討されたことがあるものの（高柳ほか編・過程Ⅱ159-160頁），マッカーサー草案にも政府草案にも存在しない。

本条は，40条とともに，衆議院特別委員会の提案により，追加されたものである（清水編・審議録(2) 372頁）。明治憲法下の経緯を踏まえれば，権力的な行政作用についても国の賠償責任を認めたところに，本条の積極的な意味を見いだすことができる（佐藤（功）・ポケ註上276頁）。

3 本条の法的性格

本条の法的性格については，かつては，法律による具体化を待たなければ，国家賠償請求権を行使できないとするプログラム規定説が説かれることもあったが（法協・註解上387頁），現在では，本条は法規範性を有しており，無条件に国の賠償責任を否定する等の本条の保障の趣旨を没却するような法律は違憲無効となり，その意味で本条は抽象的権利を定めたものと解するのが一般的である（佐藤（功）・ポケ註上281頁，樋口ほか・注解Ⅰ358頁［浦部］）。さらに，およそ国家賠償制度の核心に関わる領域については，法律の定めがなくても，本条から具体的な賠償請求権が直接発生すると説く見解もある（佐藤（幸）・憲法論356頁以下）。

この点，郵便法判決（最大判平成14・9・11民集56巻7号1439頁 **判例1/**）は，本条の性格について，「国又は公共団体が公務員の行為による不法行為責任を負うことを原則とした上，公務員のどのような行為によりいかなる要件で損害賠償責任を負うかを立法府の政策判断にゆだねたものであって，立法府に無制限の裁量権を付与するといった法律に対する白紙委任を認めているものではない」と述べている。

憲法が施行された1947年（昭和22年）5月3日から国家賠償法が施行される同年10月27日の間，権力的作用に基づく損害について，国の責任を認めるべきかが問題になったことがある。この点，本条の性格が純然たるプログラム規定にとどまるとすれば，「この法律施行前の行為に基づく損害については，なお従前の例による」と定める国家賠償法附則6項も合憲であり，上記事例において国の責任は否定されることになる（東京高判昭和29・9・30下民集5巻9号1646頁等）。本条による国家無答責の法理の否定を重く見れば，民法の適用ないし類推適用により国の責任を肯定すべきであったと解される（東京高判昭和32・10・26高民集10巻12号671頁，樋口ほか・注解Ⅰ359頁［浦

また、第二次世界大戦中の日本軍の行為による被害の賠償を求める裁判で、国家賠償法附則6項の違憲性がしばしば主張されるが、裁判例は、本条が憲法施行前の損害に対して国に遡及的に賠償責任を負わせるかどうかを立法府の裁量に委ねているとして、請求を棄却している（東京高判平成12・12・6判時1744号48頁等）。

II 国家賠償請求権の内容

1 公務員の不法行為

(1) 不法行為

本条にいう「不法行為」の意義については、帝国議会の審議において、「公務員が国の機関としてその職務を行うに当りまして、故意又は過失に依って、不法に損害を加えた場合には、被害者は国に対して賠償請求権を有することになった」との説明がなされたことがあるが（清水編・審議録(2) 388頁）、民法上の「不法行為」の概念を前提としつつ必ずしも厳密に一致する必要はないとの見解（佐藤(功)・ポケ註上273頁）、あるいは「ひろく違法な行為」をいい、民法にいう不法行為の意味に限られない（宮沢・全訂230-231頁）等の見解がある。いずれの立場を採るにしても、本条は無過失責任主義を排除するものではないと解するとともに、国家賠償法1条が過失責任主義を採用したことを許容する点で、大きな違いはない。また、被害者救済の観点から無過失責任や結果責任を認めるように民法の不法行為理論が発展している場面では、そのような方向で国家賠償法1条を解釈すべきだとの見解もある（樋口ほか・注解I 362-363頁［浦部］）。

国が負う賠償責任の性格については、公務員の行為に基づく責任を被害者救済のために国が代わって負うと考える立場（代位責任説）と、国の活動に伴う危険責任を国が直接自らの責任として負担するものであると考える立場（自己責任説）の対立がある。公務員の故意過失を要件として要求する国家賠償法1条は代位責任説に基づくものと理解されるが（最判昭和28・11・10民

集7巻11号1177頁等，佐藤(功)・ポケ註上283頁)，複数の公務員による組織的行為の場合等については，自己責任説的観点をも踏まえながら国家賠償法1条を解釈する必要があるように思われる（最判昭和57・4・1民集36巻4号519頁等，さらに樋口ほか・注解I 360頁［浦部］，佐藤(幸)・憲法論357頁参照）。

なお，国家賠償法2条の営造物責任は自己責任かつ無過失責任である。

(2) 公務員の意義

本条にいう「公務員」は，15条および99条と同じく，国および公共団体の作用ないし事務を担当し，権限を行使する者のすべてを含み，公務員法上の一般職の公務員はもちろん，特別職の公務員をも含む。さらに，広く公法人の職員をも含む（佐藤(功)・ポケ註上266頁）。

合議制機関の行為ないし作用により損害を受けた場合には，これを本条にいう「公務員の不法行為」として，損害賠償を求めることができる（佐藤(功)・ポケ註上267頁）。

国会議員の立法行為も国家賠償の対象となる（→Ⅳ）。国会議員の委員会質疑における名誉毀損的発言に対して国家賠償が求められた事件で，最高裁平成9年9月9日判決（民集51巻8号3850頁）は，国会議員の質疑等における政治的な裁量を広く認め，また，免責特権（51条）の趣旨を援用した上で，国の賠償責任が肯定されるには，「当該国会議員が，その職務とはかかわりなく違法又は不当な目的をもって事実を摘示し，あるいは，虚偽であることを知りながらあえてその事実を摘示するなど，国会議員がその付与された権限の趣旨に明らかに背いてこれを行使したものと認め得るような特別の事情があることを必要とする」と述べている（→§51）。

内閣総理大臣および国務大臣を構成員とする内閣の行為も国家賠償の対象となるが，郵便貯金目減り訴訟判決（最判昭和57・7・15判時1053号93頁）は，内閣の経済政策は，「事の性質上専ら政府の裁量的な政策判断に委ねられている事柄」であり，「仮に政府においてその判断を誤り，ないしはその措置に適切を欠いたため右目標を達成することができず，又はこれに反する結果を招いたとしても，これについて政府の政治的責任が問われることがあるのは格別，法律上の義務違反ないし違法行為として国家賠償法上の損害賠償責任の問題を生ずるものとすることはできない」としている。

裁判所の司法行為も国家賠償の対象となるが，確定判決による損害の賠償が求められた事件で，最高裁昭和57年3月12日判決（民集36巻3号329頁）は，裁判官の裁判に訴訟法上の違法の瑕疵が存在使途としても，当然に国の損害賠償責任が生じるものではなく，「当該裁判官が違法又は不当な目的をもって裁判をしたなど，裁判官がその付与された権限の趣旨に明らかに背いてこれを行使したものと認めうるような特別の事情がある」場合に限り国の責任が認められるとした。さらにいわゆる法廷メモ訴訟判決（最大判平成元・3・8民集43巻2号89頁）は，裁判長の判断を尊重する立場から，法廷警察権に基づく裁判長の措置は，「法廷警察権の目的，範囲を著しく逸脱し，又はその方法が甚だしく不当であるなどの特段の事情のない限り，国家賠償法1条1項の規定にいう違法な公権力の行使ということはできない」としている。

2　賠償責任の主体

賠償責任の主体は，国または公共団体である。公共団体は，広く公法人を含む。

国が賠償責任を負う場合に，それとは別に加害公務員が個人責任を負うかどうかについて，本条は明文で定めておらず，立法に委ねているところと解される。この点，国家賠償法1条1項の責任の性格を代位責任と捉える立場から，公務員の個人責任を否定するのが，確立した判例（最判昭和30・4・19民集9巻5号534頁，最判平成9・9・9民集51巻8号3850頁等）および多数説である。公務員に故意重過失がある場合には，公務員の個人責任を認める見解もある（樋口ほか・注解Ⅰ362頁［浦部］）。

他方，国家賠償法1条2項は，公務員に故意重過失がある場合の国の求償権を定めているが，この規定はほとんど用いられていないといわれている。なお，在宅投票制度事件第2審判決（札幌高判昭和53・5・24高民集31巻2号231頁）は，憲法51条により，国会議員が故意重過失によって違法に他人に損害を加えたとしても，国から求償権を行使されることはないとしている。

3 請求権の主体

本条の定める国家賠償請求権を，個人および内国の法人が享有することについて，争いはない。これに対して，外国人が賠償請求権の主体として認められるかについては，いわゆる権利性質説（→第3章前注Ⅱ1(1)）により考えるべきことになる。この点，国家賠償法6条は「この法律は，外国人が被害者である場合には，相互の保証があるときに限り，これを適用する。」と定めており，この相互保証主義については本条が「何人も」と規定することを重く見て，違憲の疑いを指摘する見解もあるが（宮沢・全訂230頁，奥平・憲法Ⅲ393頁），多数説は本条の権利がいわゆる前国家的権利ではないことも考慮して，国家賠償法6条の規定はやむを得ない合理的規制として合憲であると解している（佐藤(功)・ポケ註上265頁，佐藤(幸)・憲法論359頁等）。

また，裁判例（東京地判平成14・6・28判時1809号46頁）も，本条が「外国人による国家賠償請求について，我が国の国民による国家賠償請求とは異なる事情が認められる場合に，法律により特別の定めを設けて制約を加えることも，その内容が不合理なものでない限り，同条の規定に反しないものと解される」とした上で，「我が国の国民に対して国家賠償による救済を認めない国の国民に対し，我が国が積極的に救済を与える必要がないという，衡平の観念に基づくもの」であるとして，国家賠償法6条は本条および憲法14条1項に反しないとしている。もっとも，この問題を郵便法判決（→**判例1**／）が採用した裁量統制の枠組みで判断するならば，より厳格な違憲審査が必要であるとの指摘もされている（芹沢ほか編・新基本コメ140-141頁〔渡辺康行〕）。

Ⅲ 国家賠償請求権の制約と正当化

本条は「法律の定めるところにより」として，不法行為の内容，賠償責任の要件・範囲等が，法律により具体化されることを予定している。さらに，本条を受けた国家賠償法5条は，「国又は公共団体の損害賠償の責任について民法以外の他の法律に別段の定があるときは，その定めるところによる。」

としている。特別法による「別段の定」としては、郵便法旧68条以下が代表的な規定であったが、郵便法判決は、これらの規定を違憲と判断した。

> **判例1** 《郵便法判決》
> 最大判平成14・9・11民集56巻7号1439頁

郵便法（平成14年法律121号による改正前）は、郵政事業庁長官は「郵便物が次の各号のいずれかに該当する場合に限り、その損害を賠償する」として、「書留とした郵便物の全部又は一部を亡失し、又はき損したとき」等と列挙し（68条1項）、その場合の賠償金額を一定またはそれ以下の額と定め（68条2項）、賠償請求権者を「当該郵便物の差出人又はその承諾を得た受取人」としていた（73条）。

郵便事業の民営化以前、Xは、Aに対して有する債権について弁済を求めるため、AがB銀行（C支店扱い）に対して有する預金債権、AがDに対して有する給与債権について債権差押命令の申立てを行い、神戸地裁尼崎支部は債権差押命令を行い、特別送達の方法により正本を送達したが、郵便業務従事者が誤ってC支店の私書箱に郵便物を投函したため、Aは既に預金を引き出していた。Xは、送達が遅滞し差押債権の券面額相当の損害を被ったとして、国に対して損害賠償を請求した。

最高裁は、本条の趣旨について述べた上で（一I3）、「公務員の不法行為による国又は公共団体の損害賠償責任を免除し、又は制限する法律の規定が同条に適合するものとして是認されるものであるかどうかは、当該行為の態様、これによって侵害される法的利益の種類及び侵害の程度、免責又は責任制限の範囲及び程度等に応じ、当該規定の目的の正当性並びにその目的達成の手段として免責又は責任制限を認めることの合理性及び必要性を総合的に考慮して判断すべきである。」との判断枠組みを示した。

次に最高裁は、郵便法がユニバーサルサービスの確保という観点から郵便物に関する損害賠償の対象・範囲を限定した目的は、正当であるとした。しかし、書留郵便物について、郵便業務従事者の故意重過失により損害が生ずるという、書留制度に対する信頼を著しく損なう例外的な場合にまで、国の賠償責任を免除制限することには合理性が認められないとして、書留郵便物について郵便業務従事者の故意重過失によって損害が生じた場合に国の賠償責任を免除制限する規定の部分は本条に反するとした。

さらに最高裁は，特別送達郵便物について，適正な手順に従い確実に受送達者に送達されることが特に強く要請されることから，郵便業務従事者の軽過失による不法行為に基づき損害が生じた場合に，国家賠償法に基づく国の損害賠償責任を免除制限している部分は，本条に反するとした。

本判決は，本条の具体化に一定の立法裁量を認めつつも，立法目的の正当性と目的達成手段の合理性・必要性の審査という枠組みで総合利益考量を厳格に行ったものと捉えられ，他の事由によって国の責任を免除・制限する立法についても通用するものと考えられる。

具体的な判断においては，書留郵便物については他の運送事業者の責任は故意重過失の場合に免責されないこと（商581条・739条等），特別送達郵便物については執行官等による交付送達の場合に軽過失でも免責されないこととの整合性が，目的達成手段としての合理性・必要性を否定する決め手とされている。この点は，「ベースラインとなる一般的な法制度からの乖離が，主張されている目的によって正当化されうるか否かが判断の分かれ目となっている」と指摘されている（長谷部・憲法〔6版〕307頁）。

結果として，本判決は，公務員の過失を要件とするという意味での具体的権利性を本条に認めたものと評価する余地もある（安西文雄「郵便法の責任免除・制限規定の合憲性審査」論ジュリ1号73頁以下（2012））。

Ⅳ 憲法訴訟としての国家賠償訴訟

国会議員も本条にいう「公務員」に含まれ，国会議員の立法行為もまた本条の「公務員の不法行為」に当たる。そして，訴訟要件について厳格な規律のある行政事件訴訟に比べて，国家賠償訴訟はそのような法律上の要件がないため，法律および立法不作為の合憲性を争うなどといった憲法訴訟のために提起されることが多い（芹沢ほか編・新基本コメ141-142頁〔渡辺康行〕）。しかし在宅投票制度事件判決以来の判例は，このような憲法訴訟としての国家賠償訴訟の活用にとって，大きなハードルとなってきた。

§17 Ⅳ

判例 2 《在宅投票制度事件》
最判昭和60・11・21民集39巻7号1512頁

　1952年（昭和27年）の公職選挙法改正により在宅投票制度が廃止されたため，歩行困難者であるXは，計8回の国政・自治体の選挙に際して投票できなかった。Xは，国会議員が在宅投票制度を廃止して復活しない行為は，選挙権を侵害する等と主張して，国家賠償を請求した。

　最高裁は，「国家賠償法1条1項は，国又は公共団体の公権力の行使に当たる公務員が個別の国民に対して負担する職務上の法的義務に違背して当該国民に損害を加えたときに，国又は公共団体がこれを賠償する責に任ずることを規定するものである。したがって，国会議員の立法行為（立法不作為を含む。以下同じ。）が同項の適用上違法となるかどうかは，国会議員の立法過程における行動が個別の国民に対して負う職務上の法的義務に違背したかどうかの問題であって，当該立法の内容の違憲性の問題とは区別されるべきであり，仮に当該立法の内容が憲法の規定に違反する廉があるとしても，その故に国会議員の立法行為が直ちに違法の評価を受けるものではない。」と述べた。

　そして最高裁は，議会制民主主義の下において国会議員の立法行為が政治的なものであるということから，「国会議員は，立法に関しては，原則として，国民全体に対する関係で政治的責任を負うにとどまり，個別の国民の権利に対応した関係での法的義務を負うものではないというべきであって，国会議員の立法行為は，立法の内容が憲法の一義的な文言に違反しているにもかかわらず国会があえて当該立法を行うというごとき，容易に想定し難いような例外的な場合でない限り，国家賠償法1条1項の規定の適用上，違法の評価を受けないものといわなければならない。」と述べて，請求を棄却した。

　判例2/ は，国家賠償法1条1項の違法性についていわゆる職務行為基準説を採り，立法内容の違憲性と立法行為における国家賠償法上の違法性を区別した。そして，多元的民主政論を展開し，「法的義務」と「政治的責任」の二元論に立って，立法行為が国家賠償法上違法と評価される場合を極限まで限定したものであった。

　これに対して，下級審では，**判例2/** にいう「例外的な場合」をより広く捉え，人権侵害の重大性と救済の高度の必要性が認められ，しかも一定の合

[宍戸]

第3章　国民の権利及び義務

理的期間を経過しても国会がこれを放置した場合にも国の賠償責任を認められるとするもの（山口地下関支判平成10・4・27判時1642号24頁），選挙権が問題になった在宅投票事件と事案を区別し，ハンセン病患者に対する立法不作為による人格権侵害について国の賠償責任を認めたもの（熊本地判平成13・5・11判時1748号30頁）が見られた。こうした流れを受けて，立法行為に対する国家賠償請求が認められる範囲を拡大したのが，在外邦人選挙権訴訟判決である（→§15 Ⅲ 2(1)）。

判例3　《在外邦人選挙権訴訟》
最大判平成17・9・14民集59巻7号2087頁

　在外国民であるXらは，選挙人名簿に登録されていないため衆議院議員総選挙に投票できなかったことについて，国家賠償訴訟を提起した。
　最高裁は，立法不作為による選挙権の侵害が違憲であることを認めた上で，「立法の内容又は立法不作為が国民に憲法上保障されている権利を違法に侵害するものであることが明白な場合や，国民に憲法上保障されている権利行使の機会を確保するために所要の立法措置を執ることが必要不可欠であり，それが明白であるにもかかわらず，国会が正当な理由なく長期にわたってこれを怠る場合などには，例外的に，国会議員の立法行為又は立法不作為は，国家賠償法1条1項の規定の適用上，違法の評価を受ける」と述べた。そして，在外国民の投票を可能にする政府法案が提出されてから国会が10年以上の長きにわたって何らの立法措置も執らなかったことは例外的な場合に当たり，過失も認められるとして，国の賠償責任を認めた。

　判例3/ は，**判例2/** は異なる趣旨をいうものではないとするが，**判例2/** の射程を実質的に限定したものと解される（長谷部・憲法〔6版〕308頁等）。
　さらに最高裁は，再婚禁止期間違憲訴訟において，立法行為に対する国家賠償請求について新しい定式を示した。

| **判例 4** | 《再婚禁止期間違憲訴訟》
最大判平成 27・12・16 民集 69 巻 8 号 2427 頁

　女性にのみ離婚後 6 月の間再婚を禁止する民法 733 条を国会が廃止しなかったことについて，国家賠償請求が提起された。

　最高裁は，民法 733 条のうち 100 日を超える部分が憲法 14 条 1 項・24 条 2 項に違反すると判断した後に（→§14 Ⅲ 3），立法行為に対する国家賠償請求の判断枠組みについて，**判例 3** を引用しつつ，次のような定式を示した。

　「法律の規定が憲法上保障され又は保護されている権利利益を合理的な理由なく制約するものとして憲法の規定に違反するものであることが明白であるにもかかわらず，国会が正当な理由なく長期にわたってその改廃等の立法措置を怠る場合などにおいては，国会議員の立法過程における行動が上記職務上の法的義務に違反したものとして，例外的に，その立法不作為は，国家賠償法 1 条 1 項の規定の適用上違法の評価を受けることがあるというべきである」。

　そして，民法 733 条の規定は制定当初は合憲であったが医療や科学技術の発達および社会状況の変化等により違憲となったものであること等から，本件訴訟における違憲判断の基準である 2008 年当時に，国会にとってその違憲性が明白であったとはいえないとして，請求を棄却した。

　事案の相違に由来する微妙な定式化の差異があるものの，**判例 3** と **判例 4** は実質的に異なる基準を採るものではないと考えられる。法律の合憲性判断を，国家賠償法上の違法性の判断の枠内に押し込めず独立に示すという判例の流れが定着することで，憲法訴訟としての国家賠償訴訟の意義が高められてきたと評価できよう。

〔宍戸常寿〕

第3章　国民の権利及び義務

第18条【奴隷的拘束及び苦役からの自由】
　何人も，いかなる奴隷的拘束も受けない。又，犯罪に因る処罰の場合を除いては，その意に反する苦役に服させられない。

Ⅰ　総　　説 …………………………256　　Ⅲ　意に反する苦役 …………………258
Ⅱ　奴隷的拘束からの自由 …………257　　　　　　　　　　　　　　　　　［長谷部恭男］

Ⅰ　総　　説

　本条は奴隷的拘束からの自由を保障する前段と，意に反する苦役からの自由を保障する後段からなる。いずれも，人が自律的主体として生きる上で不可欠の権利であり，人身の自由が意味をなすための最低限の構成要素である。

　大日本帝国憲法に，本条と対応する規定はなく，直接には総司令部案（マッカーサー草案）第17条「何人も，奴隷，農奴，その他いかなる種類にせよ奴隷的拘束を受けない。また，犯罪に因る処罰の場合を除いては，その意に反する苦役に服させられない」に由来する。さらには，アメリカ合衆国憲法修正13条1節「奴隷制および自らの意に反する苦役は，犯罪に対する処罰としてその当事者に対し適正に有罪判決がなされた場合を除き，合衆国またはその権限に服するいっさいの地において，存在してはならない」に遡ることができる。日本政府の作成した3月2日案で，「奴隷，農奴，その他」という文言が削除された（高柳ほか編・過程Ⅱ161頁，佐藤(達)・成立史(3)120頁）。

　帝国議会での審議過程で，金森徳次郎国務大臣は，日本には過去を通じて，「本当の奴隷と云うものは恐らくない」としつつ，「自己の立場を自由人の状況に移すことの出来ないと云う社会的な現実さを持って居る人々は，今日範囲は少いと存じまするけれども実在する」とし，奴隷的拘束からの自由を規定する意義を説明している（清水編・審議録(2)394頁）。審議過程では奴隷的拘束の実例として，鉱山労働者の「監獄部屋」や娼妓が議論の対象とされて

いる（清水編・審議録(2)394-396頁）。

　本条の趣旨を具体化した立法として，労働基準法5条，職業安定法63条1号，人身保護法等がある。

II　奴隷的拘束からの自由

　(1)　「奴隷的拘束」とは，自由な人格者であることと両立しない程度に身体が拘束されている状態をいう（宮沢・全訂233頁，芦部・憲法〔6版〕243頁）。労役を強いられていることは要件ではない（法協・註解上394頁，佐藤(功)・ポケ註上284頁）。

　(2)　本条前段は公権力に対して奴隷的拘束を禁止するにとどまらず，私人間にも適用されると考えられている（反対する少数説として制憲議会での金森徳次郎国務大臣の答弁（清水編・審議録(2)395頁）参照）。奴隷的拘束を内容とする契約は無効である。ただ，それが民法90条等の私法上の一般条項の解釈適用において本条前段の趣旨が勘案されることを意味するか（民法90条を援用する宮沢・全訂234頁，法協・註解上394頁，浅野＝杉原監・答弁集225頁〔角田礼次郎答弁〕），あるいは本条前段が私人間に直接適用されることを意味するか（芦部・憲法学II 292頁，樋口ほか・注解I 368頁〔浦部〕）について見解が分かれるが，通説は後者の立場をとる。合衆国憲法修正13条1節も，直接私人を拘束する例外的規定と理解されている（In re Civil Rights Cases, 109 U.S. 3 (1883)）。

　直接適用の結果，奴隷的拘束を内容とする義務の履行を裁判を通じて強制しようとして，当事者間の契約の存在をその正当化根拠として援用することは，本条前段に基づいて排除される。人身保護請求手続において，拘束の正当性の根拠として奴隷的拘束を内容とする契約の存在を援用することもできない。

　(3)　奴隷的拘束は絶対的に禁止されており，被拘束者が自ら進んで拘束されていることや，慈愛に富む拘束者の下で被拘束者が多額の報酬を得つつ幸福に生活していることをもってしても，拘束を正当化することはできない。また，社会公共の利益を理由とする奴隷的拘束の正当化もあり得ない（樋口

ほか・注解Ⅰ368頁［浦部］）。欧州人権条約15条2項は，戦争等の緊急事態においても，奴隷的拘束を禁止する同条約4条1項からの逸脱が許されない旨を規定している。

⑷　都道府県知事による各種の入院措置が奴隷的拘束に当たるかについては，→Ⅲ⑸。

Ⅲ　意に反する苦役

⑴　通説は，「意に反する苦役」とは，本人の意に反して強制される労役一般を意味するとする。本人が精神的・肉体的苦痛を感じていることは必要としない（宮沢・全訂234頁，佐藤（功）・ポケ註上285頁，浅野＝杉原監・答弁集227頁［政府答弁書］。苦痛を要件とする反対説として法協・註解上394-395頁）。「苦役」の内容を肉体的労務に限定することに理由はないであろう（佐藤（功）・ポケ註上284頁）。本人の意に反するデスク・ワークを想定することは容易である。もっとも判例は，後述⑷に見るように，「苦役」の範囲を通説より限定的に捉えているようにも見受けられる。

「犯罪に因る処罰の場合」が，意に反する苦役が認められる例外として明示されている。判例は，刑法18条の定める罰金および科料の換刑処分としての労役場留置は，本条に反しないとする（最判昭和33・5・6刑集12巻7号1351頁）。犯罪による処罰の場合以外に「意に反する苦役」を課すことが正当化される場合があるか否かについては，これを否定する立場（芦部編・憲法Ⅲ264-265頁［杉原泰雄］，野中ほか・憲法Ⅰ〔5版〕406頁［高橋］）と，肯定する立場（浅野＝杉原監・答弁集227頁［政府答弁書］，長谷部・憲法〔6版〕254頁）がある。

⑵　本条との関係で合憲性が問題となる具体的制度として，まず，非常の災害その他の緊急時において地域住民等に課される応急の労務負担がある（災害対策基本法65条・71条，災害救助法7条・8条，消防法29条5項，水防法24条，道路法68条2項，河川法22条2項）。

これらの労務負担については，緊急の公益上の目的を達成するために必要不可欠であるとともに，課される労務も応急的一時的なものにとどまること

を根拠に,「意に反する苦役」に当たらないとする説明も見られるが(宮沢・憲法Ⅱ334-335頁, 佐藤(功)・ポケ註上286頁), 上記のように「意に反する苦役」の概念を広く理解する以上は, これらがすべて「意に反する苦役」に当たらないとすることは困難である。かりに労務に従事しないことに罰則が科される場合に対象を限ったとしても(災害対策基本法113条1号, 災害救助法31条1号), 罰則を担保に応急の労務負担を課す余地を全く認めないことは非現実的であるように思われる(罰則の担保があるときは違憲とする説として樋口ほか・注解Ⅰ370頁[浦部])。むしろ, 真にやむを得ない公益上の目的のため, 必要不可欠な労務を課すことは, 意に反する苦役であっても正当化される場合があると考えるべきであろう。

　なお, 欧州人権条約4条3項(c)は, 共同体の存立または福利を脅かす緊急事態または災害の場合に要求される役務は, 同条2項の禁止する「強制労働」に含まれないとする。

　(3) 政府は徴兵制を違憲とする根拠の一つとして, これが本条にいう「意に反する苦役」に当たることを挙げており(浅野＝杉原監・答弁集227頁[政府答弁書]), 学説の多くも同じ立場をとる(宮沢・全訂234頁, 法協・註解上395頁, 佐藤(功)・ポケ註上289頁)。9条が存在する以上, 正当化も困難である。

　(4) 最近,「意に反する苦役」に当たるため違憲となるかが論議された制度として, 裁判員制度がある。最高裁(→**判例1**/)は, この制度が国民へ司法参加の機会を与える意味で参政権の付与と同様の意義を有すること, また, 裁判員の辞退について柔軟な制度を設けていること等からして, 裁判員の職務等が, 本条後段が禁ずる苦役に当たらないことは明らかであるとした。

判例1

最大判平成23・11・16刑集65巻8号1285頁

　被告人は覚せい剤を含む違法薬物を輸入しようと企てたが, 成田空港の税関職員に発見され, 覚せい剤取締法違反および関税法違反で起訴された。一審の千葉地裁判決は被告人を懲役9年および罰金刑に処した。被告人は控訴および

第3章 国民の権利及び義務

上告に際して，裁判員制度の様々な違憲性を主張し，論点の一つとして裁判員制度が国民に意に反する苦役に服させる制度であり，憲法18条に違反すると主張した。

最高裁は，「裁判員の職務等は，司法権の行使に対する国民の参加という点で参政権と同様の権限を国民に付与するものであり，これを『苦役』ということは必ずしも適切ではない」とした上で，「裁判員法16条は，国民の負担を過重にしないという観点から，裁判員となることを辞退できる者を類型的に規定し，さらに同条8号及び同号に基づく政令においては，個々人の事情を踏まえて，裁判員の職務等を行うことにより自己又は第三者に身体上，精神上又は経済上の重大な不利益が生ずると認めるに足りる相当な理由がある場合には辞退を認めるなど，辞退に関し柔軟な制度を設けている。加えて，出頭した裁判員又は裁判員候補者に対する旅費，日当等の支給により負担を軽減するための経済的措置が講じられている（11条，29条2項）」ことを指摘しつつ，「これらの事情を考慮すれば，裁判員の職務等は，憲法18条後段が禁ずる『苦役』に当たらないことは明らか」であるとした。→§37。

判決の文面を見る限り，最高裁は本人の意に反して強制される労役のすべてが本条後段にいう「意に反する苦役」に当たるとは考えていないかにも見える。ただし，本人の意に反する労役の強制も，強制の程度および目的となる公益を実現する上での必要性の衡量を経て正当化し得るとの結論を，「憲法18条後段が禁ずる『苦役』に当たらない」と表現しているとの理解も十分可能であろう。

なお，欧州人権条約4条3項(d)は，「市民としての通常の義務とされる作業または役務」は，同条2項の禁止する「強制労働」に含まれないとする。

(5) 精神保健及び精神障害者福祉に関する法律（同法29条〜29条の5），麻薬及び向精神薬取締法（同法58条の8〜58条の12）や感染症の予防及び感染症の患者に対する医療に関する法律（同法19条〜22条）に基づく都道府県知事による入院措置は，本人の福祉および社会公共への害悪を防ぐ上で緊急かつやむを得ない必要性と合理性が認められ，本条後段には反しないと考えられる（樋口ほか・注解Ⅰ371頁［浦部］）。

これらの入院措置が，絶対的に禁止される奴隷的拘束に当たらないか否か

は，興味深い問題を提起する。本条後段に反しない以上，奴隷的拘束でもないとの応答も考えられないではないが，意に反する苦役と異なり，奴隷的拘束は正当化の余地がない。入院に本人が同意しない，または同意が期待できないからこその措置であり，かつ，拘束しなければ意味がない。奴隷的拘束に当たらないとするためには，前掲Ⅱ(1)でいう自由な人格者を，その時々に移ろい行く現象的な意思のままに行動する人格としてではなく，人一般に妥当する行動の枠付けを理性的に了解し得る人格として捉える必要があるように思われる。

[長谷部恭男]

第 3 章　国民の権利及び義務

第19条【思想及び良心の自由】
　思想及び良心の自由は，これを侵してはならない。

Ⅰ　総　　説 …………………262
　1　本条の独自性？ ……………262
　2　本条の意義 …………………264
Ⅱ　保障内容（総論）……………266
　1　「思想及び良心」の意味と射程
　　　　　　　　　　　　………266
　　(1)　思想と良心の異同 ………266
　　(2)　内心作用の階層化 ………267
　2　「内心の自由」の絶対的保障 …268
　3　制限態様に応じた保障内容の諸
　　類型 ………………………269
　4　主観法的権利と客観法的原則 …271
Ⅲ　保障内容（各論）……………273
　1　「侵してはならない」の意味
　　（その1）──思想・良心を持つ
　　ことを強制・否定することの禁
　　止 …………………………273
　2　「侵してはならない」の意味
　　（その2）──思想・良心の表明
　　を強制すること，内心を推知す

　　ることの禁止 ………………273
　　(1)　概　　要 …………………273
　　(2)　内心調査 …………………275
　　(3)　内申書 ……………………276
　　(4)　謝罪広告，ポスト・ノーティ
　　　ス ………………………278
　3　「侵してはならない」の意味
　　（その3）──思想・良心に反す
　　る外的行為を強制することの禁
　　止 …………………………280
　　(1)　概　　要 …………………280
　　(2)　「君が代」のピアノ伴奏 ……282
　　(3)　国旗国歌起立斉唱 ………285
　4　「侵してはならない」の意味
　　（その4）──思想教育・思想宣
　　伝の禁止 ……………………291
Ⅳ　団体の活動と個人の思想 ………292
　1　概　　要 ……………………292
　2　強制加入団体 ………………295
　　　　　　　　　　　［駒村圭吾］

Ⅰ　総　　説

1　本条の独自性？

　本条をめぐる解釈論は，果たしてこの条文は独自の意味を持つものなのか，という問いから説き起こされることがある。しかし，その問いかけは半ば修辞的疑問であり，独自の意義があり得ることを強調する反語形式をとるのが特徴的である。例えば，次のような語られ方がそれである。「この自由は，

……，外部に向かって表現されるに至るときは『表現の自由』（21条）の問題となり，基本的に内面的精神作用にとどまる場合でも，宗教的方面に向かえば『信教の自由』（20条）の問題となり，論理的・体系的知識の方面に向かえば『学問の自由』（23条）の問題となる」のであるから，「既に『信条』による『差別』が禁止されていること（14条1項）と相まって，19条が妥当すべき余地はほとんどないのではないか，という疑問も生じうる」．が，しかし，本条は「およそ精神的自由の源泉として精神史的意義をもつのみならず，なお法的には……『表現の自由』などには解消し尽くされない独自の意義をもっていると解される」（佐藤(幸)・憲法論216頁．他に，芦部・憲法〔6版〕149-150頁，小嶋＝大石・概観〔7版〕94頁，高橋・立憲主義〔3版〕166-167頁，樋口ほか・注解Ⅰ374-375頁〔浦部〕，等も参照）．

本条がその固有の意義を疑問視されたのは，上に挙げた諸権利条項はもちろんのこと，プライバシーや黙秘権などを含め，それら個別の権利の前提ないし延長として内面世界の自由を構想すれば十分であるという解釈姿勢が取られていたからであるが，それに加えて，次のような理由によるものでもあった．

第1に，沿革的理由が挙げられる．つまり，人々の思想や良心に対する最大の脅威は教会権力であったため，歴史的には，それと対抗する信仰の自由が思想・良心の自由の役割を回収してきたと考えられる（とりわけ，キリスト教国においては「良心」と「信仰」はほぼ同義であった）．やがて教会権力からの解放がかなりの程度達成されるに至って，世俗的基本権（säkulares Grundrecht）として「良心の自由」が認識されることとなった．このような経緯もあって，比較憲法的に見た場合，思想・良心の自由を固有の権利条項として規定する例は多くなかったのである．

第2に，論理的理由が挙げられる．これは，内心の精神世界に対しては権力の干渉が論理的に不可能であるとするものであり，典型的には，「思想および良心が純然たるそれにとどまるかぎり，内心の問題として，もともと権力による干渉の不可能な領域に属する」と説かれるのがそうである（小嶋＝大石・概観〔7版〕94頁，大石・講義Ⅱ〔2版〕137頁）．なお，思想・良心が内心にとどまる限り，外部社会との接触もないわけであるから，他の利益と衝

突する可能性も皆無であり、結局、人畜無害であるので、権力がこれを規制する理由は存在しない、との見方がある。これは、かかる無害性を根拠に19条上の自由の絶対的保障を説くものであるが（野中ほか・憲法Ⅰ〔5版〕309頁〔中村〕）、内心領域と外部社会の断絶を前提に、規制すべき害悪がそもそも発生しないことを理由にするものであれば、この見方も権力による干渉の論理的不可能性を説く立場と同類のものになる。いずれにしても、内心と外界の断絶を前提にした場合、思想・良心に象徴される内心領域を憲法が保障する意味はほとんどない、という疑義が本条の存在に向けられてきたのである。

2 本条の意義

にもかかわらず、日本国憲法が新たに19条を定めたのはなぜか。

第1に、旧体制における思想弾圧の経験に対する根本的反省が挙げられよう。治安維持法およびその他関連法の下での思想弾圧が過酷であったことは周知のとおりであり、敗戦後、現行憲法の母体であるところのポツダム宣言（1945年7月26日）10項には、実際、「言論、宗教及思想ノ自由並ニ基本的人権ノ尊重ハ確立セラルベシ」と定められ、思想の自由の確立が日本改造の到達目標の一つに明確に掲げられていた。この歴史的経緯はもちろん日本固有のものであるが、同時に、国際人権規約（1966年国連総会採択、79年批准）のB規約18条1項に「すべての者は、思想、良心及び宗教の自由についての権利を有する」とあるのを見るとき、思想ないし良心の権利保障は、世界的潮流になったと言えるだろう。

なお、このような我が国の沿革や世界的潮流は、思想および良心という内心の作用ないし営みには、他の精神作用には還元できない固有のはたらきがあることを示唆している。つまり、思想や良心は、国家にとって放置しておくことが危険である一方、動員できれば内心世界に国民統合の共通意識を醸成することが可能となり、むしろ国家統治にとって好都合なものとなる。実際、上に見た歴史的沿革は、思想や良心が国家の規制衝動・操作衝動を強く挑発する精神作用であったことを例証していると言ってよい。先に、思想・良心が内心にとどまる限り、権力の干渉は不可能な領域にあり、また、外部

社会の利益と衝突しない無害なものである、との見解を紹介した。これはある程度正しい分析であるが、だからと言って、保障が無意味となるわけではなく、むしろ逆に、手が出せないからこそ、あるいは、規制のきっかけとなる合理的弊害を見つけにくいからこそ、規制衝動を強力にくすぐるのであって、国家はあの手この手で操作的な干渉を画策してくる危険があると言えよう。後述するように、通説は「思想」や「良心」の固有性を強く意識せず、むしろ他の精神作用をも包摂して理解する傾向にあるが、憲法19条の解釈にあたっては、上記のような「思想」・「良心」の固有性を意識する必要があると思われる。

　第2に、思想・良心の自由が果たす総則的役割を確認する意味があったことが挙げられよう。しばしば、思想・良心の自由は、他の精神的自由権にとっての「母体」、「基礎法」と呼ばれることがある（佐藤(幸)・憲法論216頁）。実際、19条は、20条（信教の自由）、21条（表現の自由）、23条（学問の自由）と続く精神的自由権のリストの劈頭に掲げられており、それらを束ね支える総則的地位を占めている。明治憲法においても、既に信教の自由（明憲28条）や言論の自由（明憲29条）等の外面的な精神活動の自由が規定されていたが、新憲法において思想・良心の自由が新規導入されたのは、前述のごときその固有性が認識されるに至ったと同時に、その総則的地位の確認が現行憲法において必要であったからだとされている。すなわち、旧体制下において外面的精神活動の自由が抑圧され総崩れ状態であったからこそ、単にそれらの条項を再掲するだけでなく、「戦後日本において外面的な精神活動の自由の保障規定が期待通りに現実化されるためにこそ、憲法典上にそもそもの原理原則から説き起こし、内面的な精神活動の自由の保障規定を独立しておくことが必要だと考えられたのではないか」（芹沢ほか編・新基本コメ145頁[佐々木弘通]）。

　なお、19条の総則的・基礎法的性格は、この条項が、単に憲法上の主観的権利の規定であるだけでなく、国家運営の客観的原則の規定としても機能することを強く期待させる（→Ⅱ4）。

[駒村]

第3章 国民の権利及び義務

II 保障内容（総論）

1 「思想及び良心」の意味と射程

(1) 思想と良心の異同

本条の保障対象である「思想」および「良心」とはどのようなものか。

先にも指摘したように，キリスト教圏において「良心の自由」は「信仰の自由」とほぼ同義と観念されてきたが，かと言って，それは，西欧諸国の沿革に照らしても，「良心の自由」の概念を「信仰の自由」に限定しようとするものではなかった（樋口ほか・注解I 375頁［浦部］）。また，日本国憲法においては「信仰の自由」が別途20条で保障されているから，「良心」と「信仰」を同義のものとして見るのは困難である。

思想と良心の異同については，思想を「人間精神の論理的側面」として，また，良心を「その倫理的側面」として区別して理解する方向も示されたが，結局のところ，両者の明瞭な区別は困難であるし，そもそも同一の条文で双方とも保障されているのであるから，区別の必要ないし実益もないとされ，両者を一体のものとして理解する方向が通説となった（宮沢・全訂235頁，宮沢・憲法II 338頁，芦部・憲法学III 103頁，佐藤（幸）・憲法論217頁）。

確かに，これら2つを相互に区別する実益は少ないかもしれないが，少なくともこれら2つが他の精神作用から区別されることは，19条の保護範囲の画定のために必要である。そこで，両者の別を曖昧にしたまま，「思想＋良心」をセットで捉え，それらを，①「人の内心におけるものの見方ないし考え方を広く意味する」として，思想と良心を水平的地平において理解する「内心説」，②（①の内心的精神作用のうち）「信仰に準ずべき世界観，人生観等個人の人格形成の核心をなすもの」に限定した上で，それとの遠近関係において思想・良心の内実を立体的に構造化して理解する「信条説」（あるいは「人格核心説」），が唱えられることになった（以上の諸説につき，芦部・憲法学III 103頁，佐藤（幸）・憲法論217頁。人格核心説に立脚するものとして，NHK受信料支払に関する，東京高判平成22・6・29判時2104号40頁，札幌高判平成24・12・21判時2178号33頁がある）。いずれにしても，本条の保障対象である「思想及

び良心」につき，両者を一体的に理解し，それらを「内心」に集約させる思考方法，すなわち「思想及び良心の自由」を「内心の自由」として理解する仕方，が定着することになったのである。

(2) 内心作用の階層化

思想と良心が「内心」に一括されたとしても，信条説（人格核心説）が示唆するように，「内心」の中身が再編成される余地はある。この点に関する議論の素材となったのは，謝罪広告事件判決（最大判昭和31・7・4民集10巻7号785頁）における少数意見であった。その分岐を整理すると，田中耕太郎裁判官の補足意見は，19条の「良心」につき，①「宗教上の信仰に限らずひろく世界観や主義や思想や主張をもつこと」と②「謝罪の意思表示の基礎としての道徳的の反省とか誠実さというもの」を区別し，後者は同条の保護範囲には含まれない，と述べた。対して，藤田八郎裁判官の反対意見は，「良心」は，③「自己の行為を非行なりとする倫理上の判断」ないし「事物に関する是非弁別」を含むと解している（結局，田中補足意見は，道徳性と合法性を峻別し，謝罪広告の強制は，後者の充足（「行為が内心の状態を離れて外部的に法の命ずるところに適合すること」）をもって満足すべきものであるから19条とは無関係であると判断し，他方，藤田反対意見は，事物に関する是非弁別の内心的自由は，それを外部に表明する（しない）自由を含むとして，「憲法19条の保障する良心の外的自由を侵犯するもの」と断じている）。こうした最高裁判事の見解に加えて，④「事実に関する知識」も内心に蓄えられるが，学説はこれを，①や②と不可分の事実である場合はいざ知らず，それ自体としては，19条の保護範囲から外す傾向にある（宮沢・憲法Ⅱ340頁，樋口ほか・注解Ⅰ377頁［浦部］，高橋・立憲主義〔3版〕167頁）。

このように判例・学説は，内心の作用あるいは中身を，①のように信仰をはじめとする包括的教説の類，②および③のような倫理的・道徳的な是非弁別の判断，④のような事実認識ないし知識，に大別してきた。こういった内心の諸作用を，先に触れた信条説（人格核心説）のように"人格形成"との遠近で階層化することもできるだろう。また，田中補足意見のように，①とその他の間に劇的な差異を認め，①のみを19条の保護対象とする見解もあり得よう。が，国語的にも沿革的にも，20条の保障する「信仰」を除いて

考えると，①は「思想」として，②・③は「良心」として理解され得るものであり，19条に並列されている以上，①・②はともに同条の保護範囲に属し，かつ同じ水準での保護を受けると解すべきである。そして，④は，①ないし③との関連性をどのくらい有するかで保護の度合いを判断すべきであるが，とりあえず安全のために19条の保護射程に置いておくことが適当であろう。

2 「内心の自由」の絶対的保障

「思想及び良心の自由」を「内心の自由」に集約させた通説は，それが内心にとどまる限り，絶対的に保障されると説いてきた（芦部・憲法〔6版〕150頁，伊藤・憲法257頁・259頁，野中ほか・憲法Ⅰ〔5版〕309頁〔中村〕）。その理由を通説は，①「人格形成のための内心の精神活動は，人間としての本質に基づく最高の価値をもつものであり，その活動の自由についての規律はあくまでも個人の自律に委ねるべきものである」こと，②「精神活動が外部に現われるときは他の利益と衝突することはありえても，内心にとどまる限り他の利益と抵触することはない」ことの2点において説明してきた（伊藤・憲法260頁）。

しかし，既にこの理由づけの中に19条の保障水準が相対化される契機が見て取れる。①については，「人格形成」あるいは「人間の本質」との距離関係で保障が多段階化される可能性が秘められている。②は，内心作用の無害論であるが，果たして，内心作用は内心世界にとどまり続けるものだろうか。内心作用は多かれ少なかれ外部的行為へと連動するものである（②が示唆するように，「外部に現れるときは他の利益と衝突すること」があり得るはずである。また，**判例1**／も参照）。だからこそ，国家にとって，外部的行為の規制を通じて内心世界を操作することが可能になるのであり，かつ効果的なのである。先に若干触れたように，国家は思想・良心に対して強い干渉衝動を有するため，外部的行為に照準した操作に強いインセンティブを持つと見るのが自然である。その場合，内心と外部的行為を切断し内心の聖域性を維持するのか，あるいは，両者の連関を認め，19条の保障を外部的行為にも拡張しつつ，他方で，内心作用の絶対的保障を一定程度譲歩する道を選択するのか，

が問われることになろう。初期学説が，内心と外部的行為の連関について必ずしも十分に議論してこなかった理由の一つは，内心の自由の絶対的保障論にあったと思われる。つまり，内心と連動する外部的行為にもその絶対的保障を及ぼせば，社会秩序が成立しなくなる，という懸念である（かかる懸念を表明するものとして，小嶋＝大石・概観〔7版〕95頁，大石・講義Ⅱ〔2版〕138頁）。

判例1 《三菱樹脂事件判決》
最大判昭和48・12・12民集27巻11号1536頁

「労働者を雇い入れようとする企業者が，労働者に対し，その者の在学中における右のような団体加入や学生運動参加の事実の有無について申告を求めることは，上告人も主張するように，その者の従業員としての適格性の判断資料となるべき過去の行動に関する事実を知るためのものであって，直接その思想，信条そのものの開示を求めるものではないが，さればといって，その事実がその者の思想，信条と全く関係のないものであるとすることは相当でない。元来，人の思想，信条とその者の外部的行動との間には密接な関係があり，ことに本件において問題とされている学生運動への参加のごとき行動は，必ずしも常に特定の思想，信条に結びつくものとはいえないとしても，多くの場合，なんらかの思想，信条とのつながりをもっていることを否定することができないのである。」「本件において上告人が被上告人の団体加入や学生運動参加の事実の有無についてした上記調査も，そのような意味では，必ずしも上告人の主張するように被上告人の政治的思想，信条に全く関係のないものということはできない。しかし，そうであるとしても，上告人が被上告人ら入社希望者に対して，これらの事実につき申告を求めることが許されないかどうかは，おのずから別個に論定されるべき問題である。」（傍点筆者）

3 制限態様に応じた保障内容の諸類型

19条の具体的な保障内容は，以上のような保護対象たる内心作用の階層化のみならず，これに加えられる制限態様の種類に応じても分類できる。典型的には，①思想・良心を持つことを強制したり否定したりすることの禁止，

②思想・良心の表明強制や推知の禁止（いわゆる「沈黙の自由」の保障），③思想・良心に反する外的行為の強制の禁止，④思想教育・思想宣伝の禁止，といった諸類型が提示されてきた（→ **判例2/**）。

それぞれの保障内容にまつわる判例や関連論点の詳細は，Ⅲで論ずる。

なお，19条の保障内容のバラエティを，制限態様に応じた類型化ではなく，「解釈論」の特徴に応じたそれとして構想する見解がある。それによれば，19条の保障内容には，公権力が外面的行為の害悪ではなく内心の中身を理由に規制を行うことを問題とする「意図」型の論理と，被害者の側が外部的行為の規制によって内心を損なわれていることを問題にする非「意図」型の論理とがあり，前者は，《「不利益取扱い」型の解釈論》（つまり，「公権力が，特定内容の内心を侵害する意図をもって，その特定内容の内心を保持する個人を，まさにそれを内心に保持するという理由に基づいて，不利益に取り扱うことは，絶対的に禁止される」とする解釈論）につながり，後者は，《「外面的行為の強制」型の解釈論》（つまり，諸個人の外面的行為を等しく制限する法規制が，ある特定の個人が有する深いレベルの内心と衝突するとき，非常に重要な公益的理由がなければ，その個人に免除を与えるべきだ，とする解釈論）に結び付くとされる。さらに，非「意図」型の解釈論には《「自発的行為の強制」型の解釈論》（外面的行為の中でも，行為者の自発性・自主性に基づいてはじめて意味を持つ自発的行為を個人に強制することは絶対に許されない，とする解釈論）が加わる（以上につき，芹沢ほか編・新基本コメ147頁・150頁・153頁・155頁［佐々木弘通］）。明瞭な整理であり，注目に値する。

判例2　《国旗国歌起立斉唱事件判決》
最判平成23・6・21判時2123号3頁④

最高裁もこのような4つの保障内容を認めていると解される。本文での①から④の類型に対応させて確認すると次のようになる。「したがって，本件各職務命令は，上告人らに対して，【①】特定の思想を持つことを強制したり，これに反する思想を持つことを禁止したりするものではなく，【②】特定の思想の有無について告白することを強要するものともいえず，生徒に対して【④】一方的な理想や理念を教え込むことを強制するものとみることもできない」が，

もっとも,「『日の丸』や『君が代』に対して敬意を表明することには応じ難いと考える者が,これらに対する敬意の表明の要素を含む行為を求められることは,……【③】個人の歴史観ないし世界観に由来する行動（敬意の表明の拒否）と異なる外部的行動（敬意の表明の要素を含む行為）を求められることとなり,……その者の思想及び良心の自由についての間接的な制約となる面があることは否定し難い。」（傍点・番号筆者）

4 主観法的権利と客観法的原則

本条の「……自由は,これを侵してはならない」の意味はまずもって"自由権の保障"であることは間違いがない。思想・良心の自由こそは,典型的な自由権であり,つまりは主観法たる憲法上の権利として理解される。

他方で,既に言及したように,19条は精神的自由権の「基礎法」であるとか,「原理的規定」であるだとかの評価が加えられてきた。このことは,19条が主観法としての権利だけではなく,一定の客観法的原則としても機能することを特に期待されていることを示唆するように思われる。かかる構成の代表例としてすぐに思い浮かぶのが,信教の自由と政教分離原則との関係である（20条・89条）。良心の自由と信仰の自由を同視する理解が存在したように,思想・良心の自由と信教の自由の相同性を考えると,思想・良心の自由にも政教分離原則と同じく,国家の思想・良心的中立性のごとき客観法的原則が想定できるのではないか。

仮にそうであるとしてもいくつか問題点がある。第1に,条文上明文の規定を有する政教分離と,そうではない国家の思想・良心的中立性には,その分離や中立性の度合いにおいて差異があるのではないか,政教の分離については思想・良心のそれらより厳格な分離・中立性が求められるのではないか（例えば,政教に関しては,目的ないし理由づけの中立性のみならず,帰結ないし効果の中立性も要請される,等）との問題が提起されよう。第2に,果たして国家はあらゆる思想から中立的であるべきなのか。この点,有力学説は,「日本国憲法は,あらゆる政治思想に対して完全に無色な中立的態度をとっているわけではな」く,「憲法に一定の政治理念が内在していることは明らかで

ある」とした上で,「しかし,この政治理念を否定し憲法の基本原理に反するような思想であっても,それが内心の領域にとどまっているかぎり,絶対に自由であ」る,と説く(芦部・憲法学Ⅲ 106 頁。また,伊藤・憲法 261 頁参照)。

なお,思想・良心の自由は,具体的権利であるばかりでなく,個人が主張し得る法的利益を生み出す母胎としても機能することがある。この点,公立図書館が収蔵図書の著作者の思想や意見を公衆に伝達する公的な場として理解されていることから,著作者がその思想・意見を公衆に伝達する利益を有するとの命題を導き出し,さらに,憲法が思想の自由や表現の自由を基本的人権として保障した趣旨を加味して,かかる利益を「法的保護に値する人格的利益」と位置づけた判例が注目される (→ **判例 3**/)。

判例 3 《船橋市西図書館事件判決》
最判平成 17・7・14 民集 59 巻 6 号 1569 頁

公立図書館の職員が除籍基準によらず特定の図書を廃棄したことが当該図書の著作者の人格的利益の侵害に当たり,国家賠償法上違法であるとされた判決において,最高裁は次のような理路で,かかる人格的利益を法的保護に値するものとして承認した。「公立図書館が,……住民に図書館資料を提供するための公的な場であるということは,そこで閲覧に供された図書の著作者にとって,その思想,意見等を公衆に伝達する公的な場でもあるということができる。したがって,公立図書館の図書館職員が閲覧に供されている図書を著作者の思想や信条を理由とするなど不公正な取扱いによって廃棄することは,当該著作者が著作物によってその思想,意見等を公衆に伝達する利益を不当に損なうものといわなければならない。そして,著作者の思想の自由,表現の自由が憲法により保障された基本的人権であることにもかんがみると,公立図書館において,その著作物が閲覧に供されている著作者が有する上記利益は,法的保護に値する人格的利益であると解するのが相当であ」る。

III　保障内容（各論）

1　「侵してはならない」の意味（その1）
　　——思想・良心を持つことを強制・否定することの禁止

　公権力が，個人に対して特定の思想・良心を持つことを強制したり，否定したりするような過酷な制限を行う例は歴史上しばしば散見されるところである。そもそも特定の思想・良心を持つことを個人に強制ないし否定することが本当にできるのかどうかは疑わしいが，仮にできないとしても，まさにそれゆえに，思想・良心の自由に対するこの種の侵害はいったんそれが許されれば過酷を極めるかもしれない。とは言え，今日，このような露骨な直接的制限の具体例を我が国で見つけることは難しい。

　なお，この点，尊属殺重罰規定事件判決（最大判昭和48・4・4刑集27巻3号265頁）が，刑法旧200条の立法目的の背後には「尊属に対する尊重報恩」という「社会生活上の基本的道義」があると述べ，「このような自然的情愛ないし普遍的倫理の維持は，刑法上の保護に値するもの」と断定していたことに注意すべきである。同判決は，かかる「道義」を刑罰によって強制することを，自然ないし普遍に訴えて正当化せんとしているようであるが，この点，田中二郎裁判官意見が，かかる道義を「一種の身分制道徳の見地に立つもの」あるいは「旧家族制度的倫理観に立脚するもの」と評しているように，尊属殺重罰規定は，およそ普遍化できない偏った思想・良心の刑事的強制であったと見ることも可能かもしれない。もっとも，多数意見が尊属報恩という特定の道義や思想の刑事的強制に一定の合理性を見出しているのは憲法14条に基づく違憲審査の文脈においてであって，19条の思想・良心の自由との関係で判断を下しているわけではない（長谷部・憲法〔6版〕189頁）。

2　「侵してはならない」の意味（その2）
　　——思想・良心の表明を強制すること，内心を推知することの禁止

(1)　概　　要

　思想・良心の告白や表明を強制されないことの保障は，一般に「沈黙の自

由」の保障と理解されており，それは内心世界に実在する思想や良心を告白・表明を強制されないことはもちろん，内心と異なる思想や良心の告白・表明を強制されないことも含み，後者は思想・良心に反する外的行為の強制に類型化することもできるとされる（芹沢ほか編・新基本コメ150頁［佐々木弘通］）。思想・良心の推知の禁止とは，一定の外的行為から個人の内心世界を推知されない自由の保障を指す。資本論を愛読しているからマルキストであるとか，教会で結婚式を挙げる以上クリスチャンであるといった推知の禁止であり，かつてキリシタン弾圧に用いられた「踏み絵」が代表的な実例である。

　学説は，表明の強制を物理的強制のみならず広く不利益の賦課も含むと解している。また，表明や推知が制度的な制裁や不利益を随伴しないとしても，表明を求めることや推知をすることそれ自体を19条は禁止する趣旨であると解される。

　さて，沈黙の自由は，19条だけでなく，21条の表現の自由にも根拠を有すると言われることがある（「言いたくないことを言わない」という消極的表現の自由）。が，表現の自由の一環として沈黙の自由を捉える場合，本来は公表の文脈に置き得る情報を特定の文脈において公表しないことの保障であって（佐藤(幸)・憲法論218頁），19条の場合は，本来的に公表になじまない思想・良心についての沈黙である点で性質を異にする。21条の沈黙の自由に対しては，刑事訴訟法や民事訴訟法等によって一定の証言義務が課されることで制限される可能性があるが，19条のそれについては告白義務を課すことはできないものと解される。他方，19条の保護する思想や良心に関連性のない事実や知識についても，21条の観点から憲法上の保護が及ぶことがあり得る（→**判例4**/）。また，38条1項が保障するいわゆる自己負罪拒否権も沈黙の自由と呼ばれることがあるが，これは自己に刑事責任が及ぶことを回避するためのものであって，19条のそれとは性質を異にする。

判例 4 《石井記者事件判決》
最大判昭和 27・8・6 刑集 6 巻 8 号 974 頁

　沈黙の自由に関して，新聞記者等の報道関係者が取材源を秘匿するために証言を拒絶できるかどうかが問題となる。最高裁判例が「思想の表明の自由とならんで，事実の報道の自由は，表現の自由を規定した憲法 21 条の保障のもとにあることはいうまでもない」と述べたこと（最大決昭和 44・11・26 刑集 23 巻 11 号 1490 頁《博多駅テレビフィルム提出命令事件決定》(傍点筆者))，ならびに，取材源秘匿が報道関係者の職責の一つとして位置づけられることから，取材源にかかる「事実や知識」についても沈黙の自由の一環として 21 条の保護を認めるべきであろう。しかし，かつて最高裁は石井記者事件判決において，憲法 21 条の保障につき，それは「公の福祉に反しない限り，いいたいことはいわせなければならないということであ」り，「未だいいたいことの内容も定まらず，これからその内容を作り出すための取材に関しその取材源について，公の福祉のため最も重大な司法権の公正な発動につき必要欠くべからざる証言の義務をも犠牲にして，証言拒絶の権利までも保障したものとは到底解することができない」と判断した。そして，「論旨では新聞記者の特種の使命，地位等について云為するけれども，憲法の右保障は一般国民に平等に認められたものであり，新聞記者に特別の権利を与えたものでない」から，「国民中の或種特定の人につき，その特種の使命，地位等を考慮して特別の保障権利を与うべきか否かは立法に任せられたところであって，憲法 21 条の問題ではない」と述べている（→§21 Ⅴ 2・3 ⑵）。

⑵　内心調査

　内心の表明を強制されない自由との関連で問題となるのは，内心調査である（なお，国家による非強制的な内心調査の多くは，むしろプライバシーの問題であるとする見解がある（高橋・立憲主義〔3 版〕172 頁))。

　内心調査に関するリーディング・ケースとしては三菱樹脂事件判決（最大判昭和 48・12・12 民集 27 巻 11 号 1536 頁）がある。本件では，企業が労働者の雇入れに際して思想・信条を調査することの可否と，特定の思想・信条を有することを理由に労働者の雇入れを拒否することの可否が争われた。最高裁は，19 条の権利に言及して，労働者に対し在学中の団体加入や学生運動参

加の事実の有無について申告を求めることは,「従業員としての適格性の判断資料となるべき過去の行動に関する事実を知るためのものであって, 直接その思想, 信条そのものの開示を求めるものではない」としつつも,「元来, 人の思想, 信条とその者の外部的行動との間には密接な関係があり, ことに本件において問題とされている学生運動への参加のごとき行動は, 必ずしも常に特定の思想, 信条に結びつくものとはいえないとしても, 多くの場合, なんらかの思想, 信条とのつながりをもっていることを否定することができない」と述べ, かかる内心調査は「必ずしも上告人の主張するように被上告人の政治的思想, 信条に全く関係のないものということはできない」とした（→判例1／）。が, そのことと, 企業が入社希望者に対して事実の申告を求めることの可否は別個に論定されるべきであるとして, ①本件が私人間における問題であるため, 憲法上の基本規定は直接それを規律しないこと, ②憲法22条・29条の趣旨から企業は「契約締結の自由」を有するので, いかなる者をいかなる条件で雇い入れるかは法律等に別の制限がない限り, 原則として自由にこれを決定することができることを理由に, 雇入れが自由にできる以上,「企業者が, 労働者の採否決定にあたり, 労働者の思想, 信条を調査し, そのためその者からこれに関連する事項についての申告を求めること」も違法ではないと判断した（ただし, いったん雇用された場合は, 採用時と異なり企業による解雇の自由は制限されるとの判断も示した。本件では解約権が特約で留保された試用期間中の雇用関係が問題となったのであるが, 通常の解雇よりも企業の自由度は大きいとしても, 雇用関係に入った者の機会費用を考慮すると合理的で社会通念に従った解約権行使が求められるとした）。

かかる本判決の19条論について一言すると, 判決は本件調査が「被上告人の思想, 信条そのものについてではなく, 直接には被上告人の過去の行動についてされたものであり, ただその行動が被上告人の思想, 信条となんらかの関係があることを否定できないような性質のものであ〔ママ〕というにとどまるとすれば, なおさらこのような調査を目して違法とすることはできないのである」と付言して論旨を補強している。この点,「過去の行動」という事実の申告ではなく, 直接に思想・信条に触れる調査である場合には別の判断があり得たのかもしれない。いずれにせよ, "内心"調査に基づく労働者

の地位の変動を一定程度規律する「公序」を構築していくことが肝要であるように思われる（芹沢ほか編・新基本コメ152頁［佐々木］参照）。

(3) 内 申 書

内申書は，基本的には，生徒の学力，ならびにその性格，行動に関して客観的事実を公正に記載し，入学選抜の際の一資料として提供されるものである。調査書とも呼ばれるように，実施方法によっては生徒の内心調査につながり得るが，むしろ，生徒の外的行動を観察する過程でそこに一定の思想や信条を推知し，さらに，それを記載した内申書を高等学校等に通知することを通じて，他者に推知させることにつながり得る点が問題となる。

公立中学校長が作成する内申書の「行動及び性格の記録」欄に生徒の全共闘活動への参加やビラ配付などの活動を記載したことが当該生徒の思想信条の自由や表現の自由を侵害するとして争われた麹町中学内申書事件判決（最判昭和63・7・15判時1287号65頁）がここでのリーディング・ケースである。本判決は，①本件内申書は当該生徒の外部的行為を記載したものであり，思想・信条を記載したものでないことは「明らか」であり，②本件記載にかかる外部的行為によっては当該生徒の思想・信条を了知し得るものではなく，③当該生徒の思想・信条自体を高等学校に資料として供したものではない，と判断した。その上で，同判決は，生徒の性格や行動に関しても，「それを把握し得る客観的事実を公正に調査書に記載すべきである」と述べて含みを持たせている（傍点筆者）（→ **判例5/**）。

記載事項が思想・信条を直接叙述したものでないとしても，かかる記載事項が有する含意は当時において広く社会的に共有されていたとも考えられる。その場合は，客観的事実であっても一定の思想・信条の了知につなげることは可能であり，かつそれらを記載する特段の理由もない場合には，記載の「公正」が疑われることになろう。その場合，外的行動からする思想等の推知が疑われると同時に，高等学校に推知を促すことの可能性は否定しきれないだろう。

なお，本事案で問題となった記載事項の多くは，政治的表現の自由の一端として行われた行為であって，そもそもそれらを許可対象等としていた学校の措置が21条の観点からどう評価されるかも問題になる。上の判決は，21

条侵害を退けている。

判例5 《麹町中学内申書事件判決》
最判昭和63・7・15判時1287号65頁

「原審の適法に認定したところによると，本件調査書の備考欄及び特記事項欄にはおおむね『校内において麹町中全共闘を名乗り，機関紙『砦』を発行した。学校文化祭の際，文化祭粉砕を叫んで他校生徒と共に校内に乱入し，ビラまきを行った。大学生ML派の集会に参加している。学校側の指導説得をきかないで，ビラを配ったり，落書をした。』との記載が，欠席の主な理由欄には『風邪，発熱，集会又はデモに参加して疲労のため』という趣旨の記載がされていたというのであるが，右のいずれの記載も，上告人の思想，信条そのものを記載したものでないことは明らかであり，右の記載に係る外部的行為によっては上告人の思想，信条を了知し得るものではないし，また，上告人の思想，信条自体を高等学校の入学者選抜の資料に供したものとは到底解することができないから，所論違憲の主張は，その前提を欠き，採用できない。

　なお，調査書は，学校教育法施行規則59条1項の規定により学力検査の成績等と共に入学者の選抜の資料とされ，その選抜に基づいて高等学校の入学が許可されるものであることにかんがみれば，その選抜の資料の一とされる目的に適合するよう生徒の学力はもちろんその性格，行動に関しても，それを把握し得る客観的事実を公正に調査書に記載すべきであって，本件調査書の備考欄等の記載も右の客観的事実を記載したものであることは，原判決の適法に確定したところであるから，所論の理由のないことは明らかである。」

(4) **謝罪広告，ポスト・ノーティス**

　名誉毀損の救済（民法723条の名誉回復のための「適当な処分」）として新聞等に謝罪広告の掲載を義務付けることが19条に違反するか否かが争われた謝罪広告事件判決（最大判昭和31・7・4民集10巻7号785頁）は，謝罪者の意思を尊重し強制執行ではなく間接強制によるべき場合もあり得るとしつつも，「単に事態の真相を告白し陳謝の意を表明するに止まる程度のものにあっては，これが強制執行も代替作為として民訴733条〔現・民事執行法171条〕の手続によることを得るものといわなければならない」と判断している（→

<u>判例6</u>/）。本判決は，内心作用である良心について立ち入った言及をするものではないが，その点についての少数意見のレベルでの対立は，既にⅡ1(2)で触れたのでそちらを参照されたい。

さて，本件で問題となった謝罪広告は，「右放送及記事は真相に相違しており，貴下の名誉を傷け御迷惑をおかけいたしました。ここに陳謝の意を表します」というものであった。判旨の言うように「事態の真相」の告白とともに「陳謝の意」も表明されているが，やはり陳謝である以上，そこには一定の道徳的反省が推知されるはずであって，その点，疑問が残る。もっとも，謝罪と異なり，陳謝という言葉には謝罪者の人格に関わる重大・深刻なものが欠けており，慣例化した決まり文句程度に見られているふしがある。そうであれば，そもそもこれを要求することの意味も乏しいように思われる。

また，不当労働行為に対する救済として労働委員会が会社にポスト・ノーティスを命ずることがあるが（労働組合法27条の12），これが19条に反するか否かも問題となる。一例を挙げると，「誓約書」という題の下に，「当社団が行った次の行為は，神奈川県地方労働委員会により不当労働行為と認定されました。当社団は，ここに深く反省するとともに今後，再びかかる行為を繰り返さないことを誓約します。」との文言を墨書した白色木板を同社団が経営する病院の建物入口附近に掲示するよう命じることがそれである。この掲示文が問題となった事案について最高裁（最判平成2・3・6判時1357号144頁）は，ポスト・ノーティス命令が労働委員会によって認定された不当労働行為を「関係者に周知徹底させ，同種行為の再発を抑制しようとする趣旨のものであることは明らかである」と述べ，また，上記掲示文には「深く反省する」，「誓約します」という文言が見られ，それらは「ポストノーティス命令の趣旨，目的に照らし，適切さを欠く面があるが，原審の適法に確定した事実関係の下においては，右命令が，上告人の不当労働行為により補助参加人らの受けた不利益に対する救済方法として行き過ぎたものとまではいえ」ない，と判断している。反省や誓約の実質的意義をめぐって，ここでも，謝罪広告事件判決と同様の問題が垣間見られる。

なお，以上の謝罪広告やポスト・ノーティスの強制は，ここでもそうしたように，沈黙の自由に関わる事案として紹介されるのが通例である（宮沢・

全訂 236-237 頁，佐藤(幸)・憲法論 219 頁)。この点，一定の外的行為を強制することを通じて思想・良心が間接的に制限される事案と見ることも可能であるが，それは，外的行為の強制と内心の制限との関連性をどのように見るかに依存した問題である。「謝罪」や「誓約」という行為の本質が倫理的な反省と結びついていると考える場合は，間接的制限と見るのではなく，思想等の表明の強制と見て，厳格な審査に付すべきであろう。

> **判例 6** 《謝罪広告事件判決》
> 最大判昭和 31・7・4 民集 10 巻 7 号 785 頁
>
> 「民法 723 条にいわゆる『他人の名誉を毀損した者に対して被害者の名誉を回復するに適当な処分』として謝罪広告を新聞紙等に掲載すべきことを加害者に命ずることは，従来学説判例の肯認するところであり，また謝罪広告を新聞紙等に掲載することは我国民生活の実際においても行われているのである。尤も謝罪広告を命ずる判決にもその内容上，これを新聞紙に掲載することが謝罪者の意思決定に委ねるを相当とし，これを命ずる場合の執行も債務者の意思のみに係る不代替作為として民訴 734 条〔現・民事執行法 172 条〕に基き間接強制によるを相当とするものもあるべく，時にはこれを強制することが債務者の人格を無視し著しくその名誉を毀損し意思決定の自由乃至良心の自由を不当に制限することとなり，いわゆる強制執行に適さない場合に該当することもありうるであろうけれど，単に事態の真相を告白し陳謝の意を表明するに止まる程度のものにあっては，これが強制執行も代替作為として民訴 733 条〔現・民事執行法 171 条〕の手続によることを得るものといわなければならない。」

3 「侵してはならない」の意味（その 3）
—— 思想・良心に反する外的行為を強制することの禁止

(1) 概　要

特定の思想・信条を操作することとは無関係に，正当な公益に基づいて一定の外的行動をとることが一般的に強制されることがあるが，既に触れたように，「元来，人の思想，信条とその者の外部的行動との間には密接な関係

があ」る以上（→**判例1**/），かかる措置が思想・信条に反する外的行為の強制に当たることもあり得る。

　最高裁は，信教の自由との関連において，信仰に反する外的行為の強制が問題となるケースがあり得ることを認めているが（→**判例7**/），思想・良心の自由との関連においても，いわゆる間接的制約として，思想に反する行為の強制を認め，それを総合衡量という緩やかな審査手法で処理している（→(3)）。

判例7　《エホバの証人剣道受講拒否事件判決》
最判平成 8・3・8 民集 50 巻 3 号 469 頁

「被上告人が剣道実技への参加を拒否する理由は，被上告人の信仰の核心部分と密接に関連する真しなものであった。……被上告人は，信仰上の理由による剣道実技の履修拒否の結果として，他の科目では成績優秀であったにもかかわらず，原級留置，退学という事態に追い込まれたものというべきであり，その不利益が極めて大きいことも明らかである。また，本件各処分は，その内容それ自体において被上告人に信仰上の教義に反する行動を命じたものではなく，その意味では，被上告人の信教の自由を直接的に制約するものとはいえないが，しかし，被上告人がそれらによる重大な不利益を避けるためには剣道実技の履修という自己の信仰上の教義に反する行動を採ることを余儀なくさせられるという性質を有するものであったことは明白である。」なお，本判決においても，上に見られるように，信教の自由に対する直接的制約は認定されていない。間接的制約と理解されているように思われる（→§20 Ⅲ (3)）。

　もっとも，外的行為の強制のすべてが間接的制約にとどまるとは限らない。外的行為の強制が内心の自由に関わりのない一般的な正当目的によるものではなく，特定の思想や信条を操作するために一定の外的行為を要求したり，外的行為の履行を通じて内心の表明を強いる等の挙に出る場合は，思想・良心の否定やそれらの表明強制に該当し，19 条の権利の直接的制約になる。かかる直接的制約は言うまでもなく原則として違憲となるであろう。

　なお，外的行為の中には，本人が自発的になさなければ意味のない種類の

第3章　国民の権利及び義務

行為があり，それに該当する行為として謝罪行為，献金行為，国歌斉唱行為を挙げて，かかる行為の強制は絶対に禁止される，と説く見解がある（「自発的行為の強制」型の解釈論（→Ⅱ3）。芹沢ほか編・新基本コメ155-159頁［佐々木弘通］）。謝罪行為については2(4)で触れた。献金行為についてはⅣで後述する。ここでは，国歌や国旗をめぐるピアノ伴奏行為と起立斉唱行為に以下で触れておきたい。

(2)　「君が代」のピアノ伴奏

市立小学校の音楽専科の教諭が，入学式の国歌斉唱の際に「君が代」のピアノ伴奏を行うことを内容とする校長の職務上の命令に従わなかったことを理由に東京都教育委員会から戒告処分を受けたため，本件職務命令は憲法19条に違反するとして同処分の取消しを求めた事案で，最高裁は，君が代が日本の侵略と結びついている等の当該教諭の評価は，「上告人自身の歴史観ないし世界観及びこれに由来する社会生活上の信念等」と言えると述べて，かかる君が代の評価が憲法19条の保護の範囲に入ることを認めた。しかし，①ピアノ伴奏の拒否は，上告人にとっては歴史観・世界観に基づく一つの選択ではあろうが，「一般的には，これと不可分に結び付くものということはでき」ないから，本件職務命令は「直ちに上告人の有する上記の歴史観ないし世界観それ自体を否定するものと認めることはできない」とし，また，②伴奏は，客観的に見て，音楽専科の教諭に通常想定されるものであるから，「特定の思想を有するということを外部に表明する行為」ではない，と判断した（最判平成19・2・27民集61巻1号291頁《君が代ピアノ伴奏拒否事件判決》**判例8/**）（傍点筆者）。

要するに，最高裁は，本件事案の職務命令は，特定の思想を持つことを強制したり，あるいはこれを禁止したりするものではなく（→上述①），また，特定の思想の有無について告白することを強要するものでもない（→上述②）として，19条の代表的な2つの保障類型には制限が加えられていないと判断したのである（なお，さらに，児童に対して一方的な思想や理念を教え込むことを強制するものとみることもできない，とする）（→**判例8/**）。

これに対して，藤田宙靖裁判官の反対意見（→**判例8/**）は，多数意見が憲法19条の保障内容である上述の①②についてそれぞれ消極的に判断したの

は，君が代（の歴史）に対する否定的評価という「歴史観ないし世界観」と伴奏拒否行為との間に密接な関係を認めなかった点にあると捉えた上で，本件の「真の問題」は，「むしろ，入学式においてピアノ伴奏をすることは，自らの信条に照らし上告人にとって極めて苦痛なことであり，それにもかかわらずこれを強制することが許されるかどうか」（傍点筆者）にあるとし，①②ではなく，思想に反する行為強制の禁止（→Ⅱ3）というもう一つ別の保障類型を前面に打ち出している。藤田裁判官は，上記引用箇所の傍点部が示唆するように，かかる行為強制を主観的な法益侵害と見ている点には留意が必要である。すなわち，同裁判官は，上記部分に続けてこれをパラフレーズし，「『君が代』の斉唱をめぐり，学校の入学式のような公的儀式の場で，公的機関が，参加者にその意思に反してでも一律に行動すべく強制することに対する否定的評価（従って，また，このような行動に自分は参加してはならないという信念ないし信条）」こそが本件では重要であると述べている。これは個人の主観的法益（個々の参加者の信条）を離れて，公的儀式における一律の行為強制という制度運用の在り方自体を問題にする言説である。このように，藤田反対意見には，「やりたくないから，やらない」という個人の信条ないし主観的権利の地平を超えて，（君が代等に対して否定的評価を抱いているか否かとは独立に）「やるべきではないから，やらない」という（教師の）職責論ないし客観違憲論から制度の在り方を問い直そうとする契機が垣間見られる（駒村圭吾「国家・教師・生徒──国旗国歌起立斉唱事件『意見書』補遺」法学研究87巻2号（2014）参照。また，外形的な行為に関わる制度の約束事を憲法上の権利問題と関連付けて問い直そうとする契機を藤田反対意見に見出そうとするものとして，安西文雄ほか『憲法学の現代的論点〔2版〕』431-435頁〔小島慎司〕（有斐閣，2009），参照）。

なお，本事案を19条以外の権利条項から立論する可能性を示すものも多い（憲法21条の表現の自由からのアプローチを説くものとして，安西ほか・前掲書〔小島〕，淺野博宣〔判批〕平成19年度重要判例解説（ジュリ臨時増刊1354号）(2008)，憲法14条の平等（差別禁止）からのアプローチを説くものとして，木村草太「表現内容規制と平等条項──自由権から〈差別されない権利〉へ」ジュリ1400号（2010）などがある。加えて，国旗国歌起立斉唱に関する次項(3)も参照のこと）。

判例8　《君が代ピアノ伴奏拒否事件判決》
最判平成19・2・27民集61巻1号291頁

「学校の儀式的行事において『君が代』のピアノ伴奏をすべきでないとして本件入学式の国歌斉唱の際のピアノ伴奏を拒否することは，上告人にとっては，上記の歴史観ないし世界観に基づく一つの選択ではあろうが，一般的には，これと不可分に結び付くものということはできず，上告人に対して本件入学式の国歌斉唱の際にピアノ伴奏を求めることを内容とする本件職務命令が，直ちに上告人の有する上記の歴史観ないし世界観それ自体を否定するものと認めることはできないというべきである。」

「他方において，本件職務命令当時，公立小学校における入学式や卒業式において，国歌斉唱として『君が代』が斉唱されることが広く行われていたことは周知の事実であり，客観的に見て，入学式の国歌斉唱の際に『君が代』のピアノ伴奏をするという行為自体は，音楽専科の教諭等にとって通常想定され期待されるものであって，上記伴奏を行う教諭等が特定の思想を有するということを外部に表明する行為であると評価することは困難なものであり，特に，職務上の命令に従ってこのような行為が行われる場合には，上記のように評価することは一層困難であるといわざるを得ない。」

本件職務命令は，上記のように，公立小学校における儀式的行事において広く行われ，Ａ小学校でも従前から入学式等において行われていた国歌斉唱に際し，音楽専科の教諭にそのピアノ伴奏を命ずるものであって，上告人に対して，特定の思想を持つことを強制したり，あるいはこれを禁止したりするものではなく，特定の思想の有無について告白することを強要するものでもなく，児童に対して一方的な思想や理念を教え込むことを強制するものとみることもできない。」

これに対して，藤田宙靖裁判官の反対意見は次のように述べている。

「しかし，私には，まず，本件における真の問題は，校長の職務命令によってピアノの伴奏を命じることが，上告人に『「君が代」に対する否定的評価』それ自体を禁じたり，あるいは一定の『歴史観ないし世界観』の有無についての告白を強要することになるかどうかというところにあるのではなく（上告人が，多数意見のいうような意味での『歴史観ないし世界観』を持っていること自体は，既に本人自身が明らかにしていることである。そして，『踏み絵』の場合のように，このような告白をしたからといって，そのこと自体によって，

処罰されたり懲戒されたりする恐れがあるわけではない。)、むしろ、入学式においてピアノ伴奏をすることは、自らの信条に照らし上告人にとって極めて苦痛なことであり、それにもかかわらずこれを強制することが許されるかどうかという点にこそあるように思われる。そうであるとすると、本件において問題とされるべき上告人の『思想及び良心』としては、このように『「君が代」が果たしてきた役割に対する否定的評価という歴史観ないし世界観それ自体』もさることながら、それに加えて更に、『「君が代」の斉唱をめぐり、学校の入学式のような公的儀式の場で、公的機関が、参加者にその意思に反してでも一律に行動すべく強制することに対する否定的評価（従って、また、このような行動に自分は参加してはならないという信念ないし信条）』といった側面が含まれている可能性があるのであり、また、後者の側面こそが、本件では重要なのではないかと考える。そして、これが肯定されるとすれば、このような信念ないし信条がそれ自体として憲法による保護を受けるものとはいえないのか……は、仮に多数意見の上記の考えを前提とするとしても、改めて検討する必要があるものといわなければならない。」「この考え方は、それ自体、上記の歴史観ないし世界観とは理論的には一応区別された一つの信念・信条であるということができ、このような信念・信条を抱く者に対して公的儀式における斉唱への協力を強制することが、当人の信念・信条そのものに対する直接的抑圧となることは、明白であるといわなければならない。そしてまた、こういった信念・信条が、例えば『およそ法秩序に従った行動をすべきではない』というような、国民一般に到底受け入れられないようなものであるのではなく、自由主義・個人主義の見地から、それなりに評価し得るものであることも、にわかに否定することはできない。本件における、上告人に対してピアノ伴奏を命じる職務命令と上告人の思想・良心の自由との関係については、こういった見地から更に慎重な検討が加えられるべきものと考える。」（藤田宙靖裁判官反対意見）

(3) 国旗国歌起立斉唱

ここでは、国旗国歌起立斉唱事件判決（最判平成23・5・30民集65巻4号1780頁、等）を取り上げる。同種の事案についてすべての小法廷の判決が出そろっており、判例は多数に上るが、どれも、公立学校の教諭が、卒業式等において国旗に向かって起立し国歌を斉唱すること（「起立斉唱行為」）を命ずる校長の職務命令に従わなかったところ、職務命令違反を理由に不利益処分

等を受けたため，同命令が憲法19条に違反するとして争われた点で共通している。

　最高裁は，君が代ピアノ伴奏拒否事件と同様に，起立斉唱の強制は，教諭の思想・良心を否定するものではなく，また，特定の思想・良心の表明を強制するものではないと判断した。すなわち，「起立斉唱行為は，一般的，客観的に見て，これらの式典における慣例上の儀礼的な所作としての性質を有するものであり，かつ，そのような所作として外部からも認識されるものというべきである」から，「上告人の有する歴史観ないし世界観を否定することと不可分に結び付くものとはいえず」，かかる行為を要求する職務命令は，「上記の歴史観ないし世界観それ自体を否定するもの」ではないし，また，起立斉唱行為は，「特定の思想又はこれに反する思想の表明として外部から認識されるものと評価することは困難であり，職務上の命令に従ってこのような行為が行われる場合には，上記のように評価することは一層困難である」から，以上を総合すると，「本件職務命令は，特定の思想を持つことを強制したり，これに反する思想を持つことを禁止したりするものではなく，特定の思想の有無について告白することを強要するものということもでき」ず，「個人の思想及び良心の自由を直ちに制約するものと認めることはできない」（傍点筆者）と結論したのである。このように本判決も君が代ピアノ伴奏拒否事件と同じく，思想・良心の自由の代表的保障類型に対する直接的制約の存在を認めなかった。

　ところが，これに続けて，最高裁は，起立斉唱行為は，「一般的，客観的に見ても」，国旗・国歌への「敬意の表明」を含む行為であるから，国旗・国歌に対する否定的評価ゆえに敬意の表明はしたくない個人にとっては，「特定の思想の表明に係る行為」ではないにしても，個人の思想に由来する行為とは異なる外部的行為を求めることになり，その限りで，思想・良心の自由に対する「間接的制約」になる，と判断したのである（→**判例9**/）。思想に反する行為強制の禁止という保障類型（→Ⅱ3）において問題を捉えようとした点では，君が代ピアノ伴奏拒否事件判決における藤田反対意見（→**判例8**/）と類似した構成である。

　ここにおいて，最高裁は，起立斉唱行為の有する意味を，行為者の主観的

評価だけではなく，その一般的・客観的な意味（社会の意味秩序が当該行為に付与する意味）に重きをおいて解釈し，そこから引き出された「敬意の表明」を媒介項に外的行為と内心を間接的に結びつけ，制限のあったことを認定している。起立斉唱行為の要求が内心そのものを直接的に制約するものでないとしても，起立斉唱行為に対する社会的意味付け（「敬意の表明」）を連結素とすることによって，当該行為の命令と"内心に由来する行動"の間接的衝突を浮かび上がらせるという構成である。

さて，間接的制約の違憲審査はどのように行われたのか。内心にとどまらず，内心に由来する作為・不作為という外部的行動についても19条の保障を及ぼそうとすれば，内心の自由を絶対的に保障すると説いてきた学説を内心由来行為にいかに適用するかが問題となるが，もし絶対保障をそのまま適用するとなると，社会は無秩序・混沌と化しかねない（須藤正彦裁判官補足意見は「社会一般の規範等に基づく外部的行為の要求が間接的制約を生ずるがゆえに絶対的に許されないのであれば，結局社会が成り立たなくなってしまうと思われ」る，とする）。この点，本判決は，内心に由来する外的行為が「社会一般の規範等と抵触する場面」を想定しており，その場合，かかる外部的行為を制限する目的や内容も様々であり，また，制限の態様（≒手段）も多様であることから，総合衡量という緩やかな審査枠組みを採用した。その結果，本判決は，学校教育法・同施行規則，学習指導要領，国旗及び国歌に関する法律等の法令上の根拠が存在すること，ならびに，地方公務員は「住民全体の奉仕者」（憲15条2項等）なので法令と上司の職務命令に従うべきであること，を理由に職務命令の必要性と合理性をあっさり認めている。

国旗国歌起立斉唱事件は本判決を皮切りに，同種事案について同趣旨の判示を内容とするすべての小法廷判決が下されたが（→**判例9**/），いくつか注目に値する少数意見も付されている。

起立斉唱行為の強制に強い違憲の疑いを投げかける宮川光治裁判官の反対意見（最判平成23・6・6民集65巻4号1855頁）は，不起立不斉唱行為が上告人らの思想・良心の核心と少なくとも密接に関連する真摯なものであった点を重視する姿勢を取り（エホバの証人剣道受講拒否事件判決を彷彿とさせる），「上告人らの内面において現実に生じた矛盾，葛藤，精神的苦痛等を踏まえ」

［駒村］

て，厳格な基準を適用すべきであったとする（同裁判官の提案する審査基準については，→**判例9**／）。また，田原睦夫裁判官の反対意見（最判平成23・6・14民集65巻4号2148頁）は，「起立行為」と「斉唱行為」を分け，後者に内心の核心を侵害する可能性を強く認めるアプローチをとる。さらに，須藤正彦裁判官の補足意見（前掲最判平成23・5・30）は，職務命令についての憲法論とは別に，不利益処分に対する裁量統制論について言及し，①国家のことを考える契機を与えるために起立斉唱がどれほど必要なのか，②卒業式はそれを行う機会としてふさわしいのか，③不起立によってどのような影響が生じ，その程度はいかほどか，④不利益処分に出ることは行き過ぎではないか，といった点を考量した上で，当該処分が裁量の範囲を逸脱して違法となることもあり得る，とした。同じく裁量権統制に言及する，岡部喜代子裁判官の補足意見（前掲最判平成23・6・14）は，本件職務命令は憲法違反とまでは言えないが，思想・良心の自由が憲法上の保障である点に鑑みると，不利益処分を課す段階では慎重な衡量が求められると言う。その際，①当該命令の必要性の程度，②不履行の程度，態様，③不履行による損害など影響の程度，④代替措置の有無と適否，⑤課せられた不利益の程度とその影響等，諸般の事情を勘案する，とする。

　職務命令の合憲性については最高裁判事の中に広いコンセンサスが出来上がっていると解されるが，上述の少数意見にも示唆されているように，命令違反を理由とする不利益処分については違法判断がいくつか示されているのが注目に値しよう（最判平成24・1・16判時2147号127頁①（過去に処分歴のない者に対してなされた戒告処分は違法とはいえないが，過去に式の際の服装等に係る職務命令違反による戒告1回の処分歴のみを理由としてした減給処分は，減給の期間の長短および割合の多寡にかかわらず，重きに失し違法であるとされた），最判平成24・1・16判時2147号127頁②（過去3回の不起立行為による懲戒処分歴を理由とした停職処分は，停職期間の長短にかかわらず，重きに失するものとして違法とされ，他方，積極的な妨害行為による複数の懲戒処分等を理由とする停職処分は違法ではないとされた））。

　なお，複数の最高裁判事が，起立斉唱強制や懲戒処分の合憲性・合法性に関する意見とは別に，このような措置を今後も採り続けることに対して，教

育現場の対立激化等を理由に強い憂慮が示されている点にも留意が必要である（大谷剛彦裁判官（前掲最判平成23・6・14），金築誠志裁判官（前掲最判平成23・6・6），櫻井龍子裁判官（前掲最判平成24・1・16），須藤正彦裁判官（前掲最判平成23・5・30），千葉勝美裁判官（同），等）。これらは，起立斉唱強制が合憲であるとしても，やはりその"合理性"や"必要性"が相当程度疑わしいことを示唆するものとして受け止めるべきであろう。

さて，国旗国歌起立斉唱事案は憲法19条の問題として理解されたが，前項(2)でも指摘したように，主観的権利とは位相を異にする，教師の職責論ないし制度の客観違憲論として構成することもできるだろう。その意味で，上告人らが本件を，個人の良心でもなく，また，個人の自由でもなく，「教師としての良心が許さない」と述べていた点は注目に値しよう。なお，起立斉唱強制に対する抵抗の理由が，「当該国歌が象徴する憲法秩序が教育者として教育すべき現行憲法と矛盾するという公的問題にかかわる場合，それを抑圧することは，公務員の意見表明の自由（表現の自由）の制約として正当化しうるかという別の問題を引き起こすことになる」とする見解がある（長谷部・憲法〔6版〕190頁）。

判例9 《国旗国歌起立斉唱事件判決》
最判平成23・5・30民集65巻4号1780頁

「もっとも，上記の起立斉唱行為は，……一般的，客観的に見ても，国旗及び国歌に対する敬意の表明の要素を含む行為であるということができる。そうすると，自らの歴史観ないし世界観との関係で否定的な評価の対象となる『日の丸』や『君が代』に対して敬意を表明することには応じ難いと考える者が，これらに対する敬意の表明の要素を含む行為を求められることは，その行為が個人の歴史観ないし世界観に反する特定の思想の表明に係る行為そのものではないとはいえ，個人の歴史観ないし世界観に由来する行動（敬意の表明の拒否）と異なる外部的行為（敬意の表明の要素を含む行為）を求められることとなり，その限りにおいて，その者の思想及び良心の自由についての間接的な制約となる面があることは否定し難い。」

「そこで，このような間接的な制約について検討するに，個人の歴史観ない

し世界観には多種多様なものがあり得るのであり，それが内心にとどまらず，それに由来する行動の実行又は拒否という外部的行動として現れ，当該外部的行動が社会一般の規範等と抵触する場面において制限を受けることがあるところ，その制限が必要かつ合理的なものである場合には，その制限を介して生ずる上記の間接的な制約も許容され得るものというべきである。そして，職務命令においてある行為を求められることが，個人の歴史観ないし世界観に由来する行動と異なる外部的行為を求められることとなり，その限りにおいて，当該職務命令が個人の思想及び良心の自由についての間接的な制約となる面があると判断される場合にも，職務命令の目的及び内容には種々のものが想定され，また，上記の制限を介して生ずる制約の態様等も，職務命令の対象となる行為の内容及び性質並びにこれが個人の内心に及ぼす影響その他の諸事情に応じて様々であるといえる。したがって，このような間接的な制約が許容されるか否かは，職務命令の目的及び内容並びに上記の制限を介して生ずる制約の態様等を総合的に較量して，当該職務命令に上記の制約を許容し得る程度の必要性及び合理性が認められるか否かという観点から判断するのが相当である。」

なお，宮川光治裁判官による反対意見は次のようなものであった。

「本件各職務命令の合憲性の判断に関しては，いわゆる厳格な基準により，本件事案の内容に即して，具体的に，目的・手段・目的と手段との関係をそれぞれ審査することとなる。目的は真にやむを得ない利益であるか，手段は必要最小限度の制限であるか，関係は必要不可欠であるかということをみていくこととなる。結局，具体的目的である『教育上の特に重要な節目となる儀式的行事』における『生徒等への配慮を含め，教育上の行事にふさわしい秩序を確保して式典の円滑な進行を図ること』が真にやむを得ない利益といい得るか，不起立不斉唱行為がその目的にとって実質的害悪を引き起こす蓋然性が明白で，害悪が極めて重大であるか（式典が妨害され，運営上重大な支障をもたらすか）を検討することになる。その上で，本件各職務命令がそれを避けるために必要不可欠であるか，より制限的でない他の選び得る手段が存在するか（受付を担当させる等，会場の外における役割を与え，不起立不斉唱行為を回避させることができないか）を検討することとなろう。」（宮川光治裁判官反対意見）

本件と類似事案について最高裁が下した判決には以下のように多数存在し，そこで示された判示はおおむね同内容である。そうなると，これら判決は小法廷判決の集合ではあるが，大法廷に匹敵するプレゼンスを持つと言ってよいだ

ろう（最判平成23・6・6民集65巻4号1855頁，最判平成23・6・14民集65巻4号2148頁，最判平成23・6・21判時2123号3頁④）。

4 「侵してはならない」の意味（その4）
―― 思想教育・思想宣伝の禁止

　既にⅡ4で述べたように，思想・良心の自由は，主観的権利としてだけではなく，国家に思想的中立性を求める客観的原則としても存在している。したがって，公権力が特定の思想・良心を宣伝したり，教化・誘導することは禁止される。

　もっとも，これは信教の自由にとっての政教分離原則と同じように，国家と特定思想が過度のかかわり合いを持ったとしても，そのことが直ちに権利侵害になるものではない。が，宣伝や教化等のやり方によっては権利侵害に当たる場合もあり得る。例えば，教育現場や軍事訓練の場など，閉ざされた空間での思想宣伝は，「囚われの聴衆（captive audience）」を対象とするものであり，具体的な宣伝・教化等の態様によっては権利侵害に該当することも考えられよう。

　また，果たして国家はあらゆる思想から中立的であるべきなのか，が問題となる。この点，Ⅱ4で触れたように，有力学説は，「日本国憲法は，あらゆる政治思想に対して完全に無色な中立的態度をとっているわけではな」く，「憲法に一定の政治理念が内在していることは明らかである」と述べている（芦部・憲法学Ⅲ106頁。また，伊藤・憲法261頁参照）。日本国憲法が"近代立憲主義"と呼ばれる思想に立脚し，それから派生する諸原理に特別な重みを付与しているものであることは，広く学説に共有されている発想であろう。「思想」という言葉の意味や「原理」と「思想」の異同にも依存する問題であるが，日本国憲法は近代立憲主義という思想に中立的ではない。しかし，それは近代立憲主義という「特定の偏った思想」を国家が依怙贔屓しているという事態とは異なる。近代立憲主義とその基礎にある近代思想は，特定の生き方にコミットした構想ではなく，あらゆる多様な生を可能にするのに必要な基本原則であり，普遍的に正当化可能なものとして理解されている。そ

の意味では，近代立憲主義は，思想というよりも普遍原理であり，これを国家が特別に扱うことには理由がある。

なお，近代立憲主義を否定する思想を禁止することができるかという問題がある。いわゆる「たたかう民主主義」が提供した論点に関わる問いである（芦部・憲法学Ⅲ 109-110頁）。この点，上に引いた有力学説は，「この政治理念を否定し憲法の基本原理に反するような思想であっても，それが内心の領域にとどまっているかぎり，絶対に自由であ」る，としている。

Ⅳ 団体の活動と個人の思想

1 概　要

しばしば団体の活動とその内部構成員の思想・良心は衝突する。この点，法人の人権享有主体性に関し，学説には有力な否定説があるものの，判例は，「憲法第3章に定める国民の権利および義務の各条項は，性質上可能なかぎり，内国の法人にも適用されるものと解すべきである」と述べてきたところである（最大判昭和45・6・24民集24巻6号625頁《八幡製鉄事件判決》）。そうである以上，上記の衝突問題は，構成員の人権と法人の人権の相克問題として理解されることになる。また，判例は，法人にもしばしば自然人と同様のレベルの人権保障があり得ることを示唆してきたので，この相克問題の解決は，両者の利益の比較衡量を通じてなされることになろう。

とは言え，19条の権利にも広く関連し得る判例を眺めてみると，当事者となった法人の性質によって上記の審査枠組みも一様ではない（いわゆる「強制加入団体」については，→2）。

まず，八幡製鉄事件は，一般の企業が当事者であり，それが行った政治献金が取締役の忠実義務に違反するとして株主代表訴訟が提起された事案であるが，そこでの争点は，政治献金が定款所定の目的の範囲内にあるか否かを問う，法人の権利能力の限界画定問題であった。判例は，必ずしも法人の権利と構成員の権利の衝突を直接調整する構成を採用していないが，法人が社会的実在として世の期待に応じて行動することをいわば所与として承認した

上で,「会社の構成員が政治的信条を同じくするものでないとしても」,寄付が特定の構成員の利益を図るためではなく,社会の一構成単位たる会社への期待に応えるものである限りで,その権利能力は承認されると述べている。構成員の政治的信条における多様性を前提としても,社会的期待に応えた会社自体の政党選択が優位するという論理であるが,本判決のこの論旨は,本事案が,会社の「政治的行為をなす自由」の問題であるのみならず,構成員の(加えて,法人の?)政治的信条の自由(≒思想の自由)の問題でもあり得ることを示唆している。

他方,労働組合については,団体と構成員双方の権利利益を比較衡量する手法が取られている。

まず,地方議会議員選挙に際し労働組合が統一候補を擁立したにもかかわらず,独自に立候補しようとした組合構成員がいたので,これに対して統制処分を行ったことが公職選挙法の定める選挙の自由妨害罪に該当するとして争われた事案において,最高裁は,労働組合には憲法28条に由来する内部統制権が組合の設立目的にとって必要かつ合理的な範囲で認められるとし,目的達成の手段として政治活動や社会活動を行うことも場合によっては妨げられないとした。他方,組合員には憲法15条に由来する立候補の自由が与えられており,この自由は,憲法15条1項の趣旨に照らせば憲法の保障する重要な基本的人権のひとつであるから,「これに対する制約は,特に慎重でなければならず,組合の団結を維持するための統制権の行使に基づく制約であっても,その必要性と立候補の自由の重要性とを比較衡量して,その許否を決すべきであ」るとしている(最大判昭和43・12・4刑集22巻13号1425頁《三井美唄炭鉱労組事件判決》)。なお,本判決は,労働組合と組合員の間の紛争になかば当然に人権が適用されるかのような構成を用いているが,それは本件が公選法の選挙の自由妨害罪規定に関わるものであったため,同規定の背後にある憲法的な衡量を示したものと理解すべきであろう。

次に,労働組合が安保資金(安保反対闘争で民事刑事上の不利益処分を受けた組合員を救援するための資金)ならびに政治意識昂揚資金(組合出身の議員の所属政党に寄付するための資金)等に充てるための臨時組合費を徴収することが組合員の政治的自由を侵害するかどうか等が争われた事案で,最高裁は,脱

退の自由が確保されている以上，組合の決定に反対である組合員も一定の協力義務を免れないとの前提に立ちつつも，今日労働組合からの脱退の自由は事実上大きく制約されていることを根拠に，組合員の協力義務を無条件に肯定することはできないとして，いわゆる強制加入団体の法理（→**2**）を想起させるかのような論旨に立つ（最判昭和 50・11・28 民集 29 巻 10 号 1698 頁《国労広島地本事件判決》）。そして，上述の三井美唄炭鉱労組事件判決と同様に，比較衡量の手法が採用され，それを通じて，多数決原理に基づく組合活動の実効性と組合員個人の基本的利益との調和を図るべきであるとされた（→**判例 10**／）。なお，本判決は，労働組合の政治活動に対する組合員の協力義務に関し，一般論として，政治活動を「一定の政治的思想，見解，判断等に結びついて行われるもの」と捉える理解に立ち，労働組合の政治的活動の基礎にある政治的思想等は必ずしも個々の組合員のそれと一致するものではないとして，「もともと団体構成員の多数決に従って政治的行動をすることを予定して結成された政治団体とは異なる労働組合としては，その多数決による政治的活動に対してこれと異なる政治的思想，見解，判断等をもつ個々の組合員の協力を義務づけることは，原則として許されない」との判断を示した。したがって，「かかる義務を一般的に認めることは，組合員の個人としての政治的自由，特に自己の意に反して一定の政治的態度や行動をとることを強制されない自由を侵害することになる」と本判決は考えている。このような原則論の下，判決は，本件安保資金については，共済活動の一種と見て被処分者の政治的思想を積極的に支持する意味を持たないとして協力義務を肯定し，政治意識昂揚資金についてはそれを否定している。

なお，労働組合からの脱退の自由を制限する合意の効力につき，最高裁は，労働組合の統制権は脱退の自由が確保されていることを前提とするものであるから，かかる自由を制限する合意は「脱退の自由という重要な権利を奪い，組合の統制への永続的な服従を強いるもの」となり，公序良俗に反し無効であると判断している（最判平成 19・2・2 民集 61 巻 1 号 86 頁《東芝事件判決》）。

§19 Ⅳ

判例 10 《国労広島地本事件判決》
最判昭和 50・11・28 民集 29 巻 10 号 1698 頁

　判決は次のように述べて，労働組合の統制権と組合員の権利自由との調整につき，比較衡量の手法を採用することを明らかにしている。「しかし，このように労働組合の活動の範囲が広く，かつ弾力的であるとしても，そのことから，労働組合がその目的の範囲内においてするすべての活動につき当然かつ一様に組合員に対して統制力を及ぼし，組合員の協力を強制することができるものと速断することはできない。労働組合の活動が組合員の一般的要請にこたえて拡大されるものであり，組合員としてもある程度まではこれを予想して組合に加入するのであるから，組合からの脱退の自由が確保されている限り，たとえ個々の場合に組合の決定した活動に反対の組合員であっても，原則的にはこれに対する協力義務を免れないというべきであるが，労働組合の活動が前記のように多様化するにつれて，組合による統制の範囲も拡大し，組合員が一個の市民又は人間として有する自由や権利と矛盾衝突する場合が増大し，しかも今日の社会的条件のもとでは，組合に加入していることが労働者にとって重要な利益で，組合脱退の自由も事実上大きな制約を受けていることを考えると，労働組合の活動として許されたものであるというだけで，そのことから直ちにこれに対する組合員の協力義務を無条件で肯定することは，相当でないというべきである。それゆえ，この点に関して格別の立法上の規制が加えられていない場合でも，問題とされている具体的な組合活動の内容・性質，これについて組合員に求められる協力の内容・程度・態様等を比較考量し，多数決原理に基づく組合活動の実効性と組合員個人の基本的利益の調和という観点から，組合の統制力とその反面としての組合員の協力義務の範囲に合理的な限定を加えることが必要である」。

2　強制加入団体

　団体の活動と構成員の思想の自由との相克問題に関しては，いわゆる強制加入団体が問題になるが，最高裁は，かかる団体の特性に照らして，前述（一1）のような会社や労働組合等とは異なる扱いをしている。

　この問題のリーディング・ケースは，南九州税理士会事件判決（最判平成

8・3・19民集50巻3号615頁)であるが,同判決は,税理士会につき,①法令によって設立が義務付けられ,所管大臣に対する一定の報告義務等,行政の関与が留保されるなどの特質があること,②税理士の入会が間接的に強制されるいわゆる強制加入団体であり,法令上原則として,税理士であって,かつ,税理士会に入会している者でなければ税理士業務を行うことができないこと,をその特徴として理解し,それに照らせば,税理士会は,(設立目的を遂行する上で直接・間接に必要な行為はすべてなし得る)民法上の法人とその性質を異にし,「その目的の範囲を判断するに当たっては,会員の思想・信条の自由との関係で,……考慮が必要である」とする。すなわち,強制加入団体にあっては,様々な思想信条の持ち主が集まっているはずであるから,構成員に要請し得る協力義務にも限界があると言うのである。そして,政党など政治資金規正法上の政治団体への寄付は,投票の自由と表裏をなすものであって,本来,各構成員が市民としての個人的な政治的思想等に基づいて自主的に判断すべきことであり,それを多数決によって団体の意思として構成員に協力を義務付けることはできないとした(→**判例11**/)。

他方,阪神淡路大震災で被災した司法書士会に復興支援のための拠出金を支弁するために,群馬司法書士会が会員に対して特別負担金の支払を求めた事案について,最高裁は,かかる拠出金の目的は,司法書士の公的機能回復にあり,また,支援金額(3000万円)も被害の甚大さや支援の緊急性を考慮すれば妥当であるから,当該司法書士会の権利能力の範囲内にあると判断した(最判平成14・4・25判時1785号31頁《群馬司法書士会事件判決》)。そして,同判決は,特別負担金の徴収が司法書士会の目的の範囲内にあることを前提にした場合,それが公序良俗に反するなどの特段の事情のない限り,多数決原理に基づいて自ら決定できるとした。この点,司法書士会が強制加入団体であることを考慮したとしても,本件負担金の徴収は「会員の政治的又は宗教的立場や思想信条の自由を害するものではなく」,また,負担の額も「会員に社会通念上過大な負担を課するものではない」から,上記の特段の事情は認められないと判断した。

また,下級審判決ではあるが,日弁連のスパイ防止法案反対決議の有効性と一般会費からの反対運動への費用充当が争われた日弁連スパイ防止法反対

決議事件判決（東京地判平成4・1・30判時1430号108頁）は，社団たる法人は構成員個々人から離れた別個独立の存在であることを強調して，団体として意見を述べることが当然に構成員個々人の思想なり信条なりと同視されるわけではなく，それらを強制的に外部に開示させることにはならないとした。本判決は，日弁連の強制加入団体性に言及しつつも，団体の意思と構成員個々の意思を多数決によって媒介している以上，両者が必ずしも一致しないものであることは「周知のこと」と割り切っている。さらに，納入を強制される一般会費からの支出については，**1** で見た国労広島地本事件判決（**判例10**）に触れて，特定の具体的な活動への資金を拠出するための費用徴収であれば，会員に対し「当該活動にあらわされる一定の意見，立場等に対する支持の表明を強制するに等しいものとして許され」ず，会員の「思想，良心の自由」を侵害する，と本判決は示唆する。もっとも，本判決は，一般会費からの支出であれば，「特定の個別的，具体的な目的ないし活動の費用に充てるための拠出金とは基本的にその性質を異に」し，また，資金拠出については定期総会で承認された予算に基づくものであったことから，会員の拠出と本件反対運動の間には「直接的な結び付きは全く認められない」と判断した。

判例11 《南九州税理士会事件判決》
最判平成8・3・19民集50巻3号615頁

「税理士会は，法人として，法及び会則所定の方式による多数決原理により決定された団体の意思に基づいて活動し，その構成員である会員は，これに従い協力する義務を負い，その一つとして会則に従って税理士会の経済的基礎を成す会費を納入する義務を負う。しかし，法が税理士会を強制加入の法人としている以上，その構成員である会員には，様々な思想・信条及び主義・主張を有する者が存在することが当然に予定されている。したがって，税理士会が右の方式により決定した意思に基づいてする活動にも，そのために会員に要請される協力義務にも，おのずから限界がある。

特に，政党など規正法〔政治資金規正法〕上の政治団体に対して金員の寄付をするかどうかは，選挙における投票の自由と表裏を成すものとして，会員各

第3章　国民の権利及び義務

人が市民としての個人的な政治的思想，見解，判断等に基づいて自主的に決定すべき事柄であるというべきである。なぜなら，政党など規正法上の政治団体は，政治上の主義若しくは施策の推進，特定の公職の候補者の推薦等のため，金員の寄付を含む広範囲な政治活動をすることが当然に予定された政治団体であり（規正法3条等），これらの団体に金員の寄付をすることは，選挙においてどの政党又はどの候補者を支持するかに密接につながる問題だからである。」

「そうすると，前記のような公的な性格を有する税理士会が，このような事柄を多数決原理によって団体の意思として決定し，構成員にその協力を義務付けることはできないというべきであり（最高裁昭和48年（オ）第499号同50年11月28日第3小法廷判決・民集29巻10号1698頁参照），税理士会がそのような活動をすることは，法の全く予定していないところである。税理士会が政党など規正法上の政治団体に対して金員の寄付をすることは，たとい税理士に係る法令の制定改廃に関する要求を実現するためであっても，法〔税理士法〕49条2項所定の税理士会の目的の範囲外の行為といわざるを得ない」。

〔駒村圭吾〕

第20条【信教の自由】

① 信教の自由は，何人に対してもこれを保障する。いかなる宗教団体も，国から特権を受け，又は政治上の権力を行使してはならない。
② 何人も，宗教上の行為，祝典，儀式又は行事に参加することを強制されない。
③ 国及びその機関は，宗教教育その他いかなる宗教的活動もしてはならない。

- I　本条の概要 ……………………299
- II　国家と宗教 ……………………302
  - 1　歴史的展開と制度類型………302
    - (1) 歴史的展開 ……………302
    - (2) 政教関係の制度類型 ………303
  - 2　近代立憲主義と宗教…………303
  - 3　日本における政教関係の特殊事情………304
    - (1) 国家神道 ………………304
    - (2) 宗教的雑居性 …………306
- III　信教の自由の保障 ………………307
  - 1　保障の内容……………………307
  - 2　信教の自由の制限——合憲性判定の基本的な考え方——308
    - (1) 保護範囲からの排除 ………308
    - (2) 内面的信仰と外部的行為の二分論 ………………308
    - (3) 直接的制限と間接的制限 …310
  - 3　宗教上の人格権………………313
  - 4　宗教団体と信教の自由………314
    - (1) 憲法上の「宗教団体」………314
    - (2) 宗教団体の活動制限 ………315
- IV　政教分離 ………………………317
  - 1　概　要…………………………317
    - (1) 基本的性格 ……………317
    - (2) 制度的保障，相対分離 ……318
    - (3) 分離の根拠 ……………319
  - 2　政教分離違反の判定——津地鎮祭事件判決——………320
    - (1) 判断の基本枠組み ………320
    - (2) 目的・効果基準 …………321
  - 3　殉職自衛官合祀事件判決，箕面市忠魂碑事件判決………………324
  - 4　愛媛県玉串料事件判決………326
    - (1) 判決の概要 ……………326
    - (2) 考　察 …………………327
    - (3) 89条との関係 …………328
  - 5　空知太神社事件判決…………330
    - (1) 判決の概要 ……………330
    - (2) 考　察 …………………332
- V　政教分離と信教の自由の相克 …335

[駒村圭吾]

I　本条の概要

日本国憲法は，宗教・国家・団体・個人の関係につき，実に多彩な条文を

配置している。まず，20条1項は，憲法上の権利としての「信教の自由」を保障する。そして，同じ条項の後段で，宗教団体が国から「特権」を受けることと「政治上の権力」を行使することを禁じているが，この禁止要求は，宗教団体に対する行為規範であると同時に，国家の行為規範としても機能し得る。次に，同条2項は，宗教上の各種行為・行事等への参加強制を広く禁止することを通じて，1項の信教の自由を別の角度から裏書している。また，同条3項は，国は「いかなる宗教的活動」も行ってはならないという国家の行為規範を定めている。さらに，14条1項が，宗教的信条を想起させる「信条」の文言を用いて差別を禁止しており，89条は，「宗教上の組織若しくは団体の使用，便益若しくは維持のため」に公金等を提供することを禁じており，宗教組織等との関係において特別の財政規律を定めているところである。

このように，現行憲法は，主観法としての自由権と客観法としての国家行為規範を包括的・複合的に規定している。後者の，国家と宗教のかかわり方に関する行為規範の体系は「政教分離原則」あるいは「国教樹立禁止原則」等と呼ばれるのが通例である。日本国憲法が主観法・客観法の両面にわたり，これほど多面的かつ詳細に規定を用意している領域は，刑事手続の保障を除けば，他に見当たらない。

さて，このような多彩な条文配置の中でその中心を占める概念は，言うまでもなく，「信教」ないし「宗教」である。両者を同義のものとして一元的に理解する立場もあるが，区別する考えも有力である（例えば，芦部・憲法〔6版〕156頁，佐藤(幸)・憲法論224-225頁参照）。宗教の概念については，津地鎮祭事件控訴審判決（→判例1/）が広義の定義を試みているところであり，学説も信教ないし宗教を広く捉える点では一致していると言ってよい。一般に，憲法上の宗教の概念を広く捉えれば，自由の範囲は拡大され，政教接触が問題になる局面も広汎になるが，他方で，国民の宗教活動に対する国家の便宜供与等の余地は限定されることになる。また，狭く定義すれば，自由の範囲は縮小されると同時に，政教接触が問題になる局面も狭まり，国民の宗教活動に対する便宜供与の余地は広まることになろう。

20条1項が「信教」と定めつつも，他の条項では「宗教」の語が用いら

れていること，また，「宗教」についてもさらに，「宗教上の行為」，「宗教教育」，「宗教的活動」などの別個の表現が採用されていることを考えれば，これらの多様な概念に異なる内実と射程を与え，信教の自由の保障範囲と政教分離原則の妥当範囲の棲み分けを図ることも可能であろう。が，大勢は，宗教と信教を厳密に区別せず，ともに広義に解釈する傾向にあると言ってよい。なお，津地鎮祭事件の上告審判決（→**判例2**）は，20条2項の「宗教上の行為」等と3項の「宗教的活動」を峻別する立場を明確にしている。信教の自由における「宗教」の意義と政教分離におけるそれを異なるものとして理解する例と言えよう。

判例1 《津地鎮祭事件控訴審判決》
名古屋高判昭和46・5・14判時630号7頁

「敢えて定義づければ，憲法でいう宗教とは『超自然的，超人間的本質（すなわち絶対者，造物主，至高の存在等，なかんずく神，仏，霊等）の存在を確信し，畏敬崇拝する心情と行為』をいい，個人的宗教たると，集団的宗教たると，はたまた発生的に自然的宗教たると，創唱的宗教たるとを問わず，すべてこれを包含するものと解するを相当とする。従って，これを限定的に解釈し，個人的宗教のみを指すとか，特定の教祖，教義，教典をもち，かつ教義の伝道，信者の教化育成等を目的とする成立宗教のみを宗教と解すべきではない」。

判例2 《津地鎮祭事件判決》
最大判昭和52・7・13民集31巻4号533頁

「なお，憲法20条2項の規定と同条3項の規定との関係を考えるのに，両者はともに広義の信教の自由に関する規定ではあるが，2項の規定は，何人も参加することを欲しない宗教上の行為等に参加を強制されることはないという，多数者によっても奪うことのできない狭義の信教の自由を直接保障する規定であるのに対し，3項の規定は，直接には，国及びその機関が行うことのできない行為の範囲を定めて国家と宗教との分離を制度として保障し，もって間接的に信教の自由を保障しようとする規定であって，前述のように，後者の保障にはおのずから限界があり，そして，その限界は，社会生活上における国家と宗

教とのかかわり合いの問題である以上，それを考えるうえでは，当然に一般人の見解を考慮に入れなければならないものである。右のように，両者の規定は，それぞれ目的，趣旨，保障の対象，範囲を異にするものであるから，2項の宗教上の行為等と3項の宗教的活動とのとらえ方は，その視点を異にするものというべきであり，2項の宗教上の行為等は，必ずしもすべて3項の宗教的活動に含まれるという関係にあるものではなく，たとえ3項の宗教的活動に含まれないとされる宗教上の祝典，儀式，行事等であっても，宗教的信条に反するとしてこれに参加を拒否する者に対し国家が参加を強制すれば，右の者の信教の自由を侵害し，2項に違反することとなるのはいうまでもない。それ故，憲法20条3項により禁止される宗教的活動について前記のように〔あらゆる政教接触を指すのではなく，目的と効果の点において相当な限度を超えるものと限定して〕解したからといって，直ちに，宗教的少数者の信教の自由を侵害するおそれが生ずることにはならないのである」。

II　国家と宗教

1　歴史的展開と制度類型

(1)　歴史的展開

信教の自由の史的位置づけについて，芦部信喜は，次のような整理を行っている。すなわち，「近代自由主義は，その起源を中世の宗教的な圧迫に対する反抗に発し，その後血ぬられた殉教の歴史を経て発達したものである。それだけに，信教（宗）の自由を確保しようとする要求は，思想・学問・言論出版など，あらゆる精神活動の自由を獲得するための大きな推進力となったもので，歴史上きわめて重要な意義をもつ」（芦部・憲法学III 116頁）。

中世の宗教的迫害，そしてより直接的には宗教改革後の激越な宗派間対立が，自由そのものに対する決定的な危機をもたらした。このような過酷な状況から抜け出すために，信教の自由の確立が痛切に求められたわけである。したがって，信教の自由こそは「あらゆる精神的自由権を確立するための推進力」であったのであり，時として「人権宣言の花形」（芦部・憲法〔6版〕154頁）と呼ばれる所以である。

もっとも、国教制度を採用する場合であっても、ある種の宗教的寛容を求めることを通じて、一定の信教の自由を承認する途もあり得るし、実際世界にはそのような政治体制が存在している。しかし、信教の自由を含む自由一般の保障を徹底し、近代立憲主義を確立するには、単に信教の自由を保障するだけではなく、国家と教会の一体性を解体し、神ではなく法の論理による統治が可能になる合理的な政治空間を開く必要があり、結局、政教分離原則の導入が不可避になろう。これは、近代立憲主義や自由主義の確立だけでなく、合理的な統治システムの成立それ自体にとっても不可欠の条件であろう（他方で、宗教を完全な私事として扱い、公的生活から切り離すことが、「立憲主義の普遍的原理として理想化すべきものかどうかは、必ずしも明らかではない」とする見解もある（大石・講義Ⅱ〔2版〕156頁））。

(2) 政教関係の制度類型

国家と宗教の関係は、国や時代によって様々であるが、国教制度を採用し、あからさまに神権政治や国教優位政治を行う政教一致体制を除けば、およそ以下の3つに分類するのが通例である（芦部・憲法学Ⅲ 143-146頁）。

第1に、国教制度を前提としつつも、他の宗教には寛容の精神をもって臨み、信教の自由その他の精神的自由権の実質的保障を図る体制が挙げられる（例、イギリス、デンマーク）。第2に、国教制度はとらないものの、特定の教会に公法人としての地位を与え、その内部事項については自律的運営を認めるが、国家との競合事項については政教条約（Konkordat）を締結し、協働関係をとり結ぶ体制が挙げられる（例、ドイツ、イタリア）。第3に、宗教と国家を分離し、両者の接触を原則として禁止する体制が挙げられる（例、アメリカ、フランス、日本）。

2 近代立憲主義と宗教

個人の「善き生の構想（conception of the good life）」を構成する価値の中でも、宗教は、各自のアイデンティティにとって特別の意義を有するものであり、時には人生そのものを賭してでも死守すべき絶対的なものとしてある。

このような特質を宗教が持つとすると、信教の自由と政教分離は近代立憲主義の諸要素（個人の尊重、公私の領域区分、近代的合理性に基づく統治、等）と

深く結びついていると言える。

　すなわち，まず，個人の尊重の観点からは，上述のように個人の人格的生存にとって決定的意味を持つ宗教は，その選択と実行を各個人の自由な判断に委ねるべきものの筆頭に挙げられよう。次に，人は自らがコミットする「善き生の構想」を他者にも共有してほしいと考えるものであり，いきおい自分にとって善きものを公共化しようとするが，宗教はそのような「善き生の構想」の中でも人が全人生を賭けて絶対的にコミットしているものだけに，他の宗教と公共化を争う過程で，それらが衝突した場合には，調停不能な絶対的対立（神々の争い）を招来しかねない。したがって，公的領域では自己の信仰を持ち出さずに，宗教をあくまでも私的領域に閉じ込めておく必要がある。このように宗教は公私の領域区分を破壊しやすいので，かかる領域区分を保全するには政教分離を要請することが不可欠となる。また，近代国家を人為的に創設するには，政教一致を解体し，政治を宗教的信念から解放して，合理性や論理に基づく統治を可能にする空間を開かなければならないことは，先に若干言及した。このように，信教の自由と政教分離は近代立憲主義にとって重要な意味を持つ。

　ちなみに，そもそも，政教一致は，宗教と政治双方に堕落をもたらす体制である。つまり，本来，教義体系の真理性と信者の真摯な布教によって人の心の扉を開くべき宗教が，政治権力を借りて勢力を増進させるのは，明らかに堕落であろう。また，合理的な計算と適切な利益調整の下に公共政策を企画・実施すべき政治が，超自然的な力を頼りにしてそれをやられたのではたまったものではない。

　以上のように，信教の自由と政教分離は様々な理由に支えられて，広く受容されているのである（政教分離の根拠を，「共和主義」，「政治的多元主義」，「宗教＝公益」の諸点から検討し，それぞれの分離の射程を示すものとして，長谷部・憲法〔6版〕195-196頁参照）。

3　日本における政教関係の特殊事情

(1)　国家神道

　我が国の政教関係について特徴的なのは，やはり，明治憲法体制下におけ

§20 Ⅱ

る国家神道とその下での圧政の経験であろう。

　明治憲法28条は「日本臣民ハ安寧秩序ヲ妨ケス及臣民タルノ義務ニ背カサル限ニ於テ信教ノ自由ヲ有ス」と定めていた。本条は「法律の留保」を伴わない条文であるものの、「安寧秩序」と「臣民タルノ義務」に反しない限りでという条件を憲法に直接盛り込んでいる。これは、立法権をしっかりと規律する趣旨にも読めるが、逆に、行政による信教の自由の制限を憲法の直接執行として容認する途を開くものであった（美濃部・精義398頁）。

　神社神道と皇室祭祀を国家の管理下に置く、いわゆる国家神道の制度と体系が成立すると、神社神道は実質的な国教となり、天皇はその祭祀を司る祭主の地位を与えられ、かかる神権的統治が日本の国体とみなされるようになった。これが戦時体制下での国粋主義・軍国主義の台頭に伴って、過酷な圧政を推進したことは周知のとおりである（樋口・憲法〔3版〕222-223頁）。

　第二次世界大戦の敗戦によって、我が国は根本的な国家改造を求められることになったが、その直接の契機・根拠になったポツダム宣言は、その第10項において「……言論、宗教及思想ノ自由並ニ基本的人権ノ尊重ハ確立セラルベシ」（一部略）と定め、宗教の自由の樹立を国家改造要求の柱の一つに据えている。これに基づいて、連合国総司令部は、国家神道の解体を含む国教分離の命令（いわゆる神道指令）を発出した（1945年12月15日）。これに次いで、翌46年元日に天皇がいわゆる人間宣言を行い、自ら天皇とその祖先の神格を否定するに至った。この一連の動きに続いて、日本国憲法が成立するのである。

　最高裁は、明治憲法下での国家神道の経験につき、「明治維新以降国家と神道が密接に結び付き……種々の弊害を生じたことにかんがみ、新たに信教の自由を無条件に保障することとし、更にその保障を一層確実なものとするため、政教分離規定を設けるに至ったのであ」り、このような経緯から「憲法は、政教分離規定を設けるに当たり、国家と宗教との完全な分離を理想とし……たものと解すべきである」と述べて、信教の自由の厚い保障を完全分離という理想の背景的根拠に位置づけている（最大判平成9・4・2民集51巻4号1673頁《愛媛県玉串料事件判決》）。

［駒村］

(2) 宗教的雑居性

最高裁が指摘するもう一つの我が国固有の宗教事情は，宗教意識の雑居性である。**判例3**が示唆するように，この雑居性は，日本国民の宗教的無関心・宗教的寛容性と結び付けられ，ややもすると，政教分離の違反の判定を甘いものにしてしまっているきらいがある。宗教意識の雑居性についての評価は最高裁判事の間で評価が分かれてきており（→**判例4**），今後の社会意識の推移と合わせて，注視しておくべきであろう。

> **判例3** 《津地鎮祭事件判決》
> 最大判昭和52・7・13民集31巻4号533頁
>
> 「元来，わが国においては，多くの国民は，地域社会の一員としては神道を，個人としては仏教を信仰するなどし，冠婚葬祭に際しても異なる宗教を使いわけてさしたる矛盾を感ずることがないというような宗教意識の雑居性が認められ，国民一般の宗教的関心度は必ずしも高いものとはいいがたい。」「このような事情と前記のような起工式に対する一般人の意識に徴すれば，建築工事現場において，たとえ専門の宗教家である神職により神社神道固有の祭祀儀礼に則って，起工式が行われたとしても，それが参列者及び一般人の宗教的関心を特に高めることとなるものとは考えられず，これにより神道を援助，助長，促進するような効果をもたらすことになるものとも認められない」。

> **判例4** 《愛媛県玉串料事件判決》
> 最大判平成9・4・2民集51巻4号1673頁
>
> 県の公金が靖國神社の例大祭等への玉串料として支出されたことの政教分離違反性が争われた事件において，判決に付された下記の2つの意見①②がかかる対照をなす一例である。①〔尾崎行信裁判官の意見〕「〔国家神道の復活など杞憂だとする見解類似の主張として〕我が国における宗教の雑居性，重層性を挙げ，国民は他者の宗教的感情に寛大であるから，本件程度の問題は寛容に受け入れられており，違憲などといってとがめ立てする必要がないとするものもある。しかし，宗教の雑居性などのために，国民は，宗教につき寛容であるだけでなく，無関心であることが多く，他者が宗教的に違和感を持つことに理解を

示さず，その宗教的感情を傷付け，軽視する弊害もある。信教の自由は，本来，少数者のそれを保障するところに意義があるのであるから，多数者が無関心であることを理由に，反発を感ずる少数者を無視して，特定宗教への傾斜を示す行為を放置することを許すべきでない」，②〔三好達裁判官の反対意見〕「すなわち，我が国においては，多くの国民の宗教意識にも，その日常生活にも，異なる宗教が併存し，その併存は，調和し，違和感のないものとして，肯定されているのであって，我が国の社会においては，一般に，特定の宗教に対するこだわりの意識は希薄であり，他に対してむしろ寛容であるといってよい。このような社会の在り方は，別段批判せらるべきものではなく，一つの評価してよい在り方であり，少なくとも『宗教的意識の雑居性』というような『さげすみ』ともとれる言葉で呼ばれるべきものではない。このような社会的事情も考慮に入れられなければならず，特定の宗教のみに深い信仰を持つ人々にも，本件のような問題につきある程度の寛容さが求められるところである」。

III　信教の自由の保障

1　保障の内容

　本条1項は「信教の自由は，何人に対してもこれを保障する」と定めている。この信教の自由の保障内容について，従来，学説は，①内心における信仰の自由，②宗教的行為の自由，③宗教的結社の自由，に大別してきた。これらは，それぞれ，憲法19条の思想・良心の自由，憲法21条1項の表現の自由，同項の結社の自由等と保障を競合させながらも，先述したような宗教の特殊性・重要性に鑑みて，（政教分離という客観法的原則と合わせて）憲法が特に定めをおいたものと考えられる。なお，信仰が外部的な行為として現れてくる②③を包括して「礼拝の自由」と総称されることがある。

　①は，内心における信仰の自由を意味するが，その保護範囲は，信仰を持つ自由，信仰告白の自由，信仰に反する行為の強制からの自由，信仰を理由にする別異取扱いの禁止（14条の信条による差別の禁止と保障が競合する），等を包含する幅広いものである。なお，子供に対する親の宗教教育の自由が，この信仰の自由ないし②③の自由から派生するとされるが，子供の宗教的自

己決定との関係で問題をはらむ。

②は，信仰者が単独または集団で，宗教上の祝典，儀式，行事，布教等を行う自由を指す。なお，本条2項は，「何人も，宗教上の行為，祝典，儀式又は行事に参加することを強制されない」と定めて，宗教的行為の強制禁止を特に重ねて強調している。

③は，特定の宗教を信仰し，それを宣伝・普及させ，②の行為を集団で遂行することを目的とする団体を結成・運営する自由を指す。本条1項にいう「宗教団体」の意味については，4で後述する。

なお，言うまでもなく，自由にはおよそ「する自由」と「しない自由」の積極・消極両面があるが，以上の諸自由も当然その両面を有するものである。

2　信教の自由の制限——合憲性判定の基本的な考え方——

(1)　保護範囲からの排除

当事者にとっては信仰に基づく宗教的行為であっても，そもそも本条の保護の範囲外にあるとされ，信教の自由の問題として扱われないケースがある。精神疾患の平癒を目的としながらも，疾患者を死に至らしめた加持祈禱行為が傷害致死罪に当たるかどうかが争われた事件で，最高裁は，当該行為が一種の宗教行為としてなされたとしても，それが「他人の生命，身体等に危害を及ぼす違法な有形力の行使に当るものであり，これにより被害者を死に致したものである以上」，著しく反社会的なものであって，「憲法20条1項の信教の自由の保障の限界を逸脱したものというほかはな」いと判示している（最大判昭和38・5・15刑集17巻4号302頁《加持祈禱事件判決》）。

(2)　内面的信仰と外部的行為の二分論

裁判例の中には，宗教の営みを内面的信仰と外部的行為に二分し，前者の制限は原則として禁じられるが，後者の制限は比較衡量によってその合憲性が判定される，との枠組みを採用するものがある。この思考方法は，エホバの証人剣道受講拒否事件の第1審判決および同事件の控訴審判決（→**判例5/**）でとられたものである。学説もおおむねこのような思考を共有していると思われる。なお，この二分法に立つとしても，両者を機械的・硬直的に適用することは避けるべきで，外部的行為に対する規制も，場合によっ

ては内面的信仰に対する制約を構成する可能性があることに留意する必要があろう。この点，後述するエホバの証人剣道受講拒否事件の上告審判決は，かかる二分論を明示的に採用していないものの，信仰の核心に密接に関わる真摯な理由によって一定の外部的行為を拒絶する信者に対し，重大な不利益を課すことを通じて，かかる外部的行為をなさしめようとすることを，「自己の信仰上の教義に反する行動を採ることを余儀なくさせられる」事態と捉えていることから，外部的行為を強制する場合でも内面的信仰の核心に触れる場合には，事案を内面的信仰に対する制限の問題と見る余地があることを示したものと思われる。

なお，判例は，宗教活動について世俗的側面と精神的・宗教的側面を区別し，後者に規制が及ぶ場合のみを信教の自由の問題と捉える思考方法に立つものもある（宗教法人法の解散命令制度に関する最決平成8・1・30民集50巻1号199頁《オウム真理教解散命令事件決定》）。信教の自由の妥当範囲を画定しようとするこの二分論と，妥当範囲に属する営みを内面と外部的行為に内分しようとする内面的信仰／外部的行為の二分論とは，一応区別が可能である。しかし，世俗的側面に対する制限が内面的信仰に対する制限に該当する場合も考えられる点に注意が必要である（この点，→4(2)）。

判例5 《エホバの証人剣道受講拒否事件控訴審判決》
大阪高判平成6・12・22行集45巻12号2069頁

「憲法が保障する信教の自由は，それが内心の信仰にとどまる限りは，これを制約することは許されないが，信仰が外部に対し積極的又は消極的な形で表される場合に，それによって他の権利や利益を害するときは，常にその自由が保障されるというものではない。そして，このような場合には，信教の自由を制約することによって得られる公共的利益とそれによって失われる信仰者の利益について，それぞれの利益を法的に認めた目的，重要性，各利益が制限される程度等により，その軽重を比較考量して，信教の自由を制限することが適法であるか否かを決すべきである」。なお，第1審判決も同様の思考枠組みを採用している（神戸地判平成5・2・22判タ813号134頁）。加えて，京都地裁昭和59年3月30日判決（行集35巻3号353頁）《古都保存協力税条例事件第1審判

決》も参照されたい。

(3) 直接的制限と間接的制限

　内面的信仰や宗教的行為を直接狙い撃ちするような規制（直接的制限）は，よほどの公共的理由を提示しなければ，原則として，違憲となるだろう。このような露骨な規制はめったに見当たらないが，他方で，ある行為がはらむ宗教性とは無関係な公益的理由に基づいて行われる制限が，結果的に信教の自由を制限するような規制は，しばしば散見できる。これをさしあたり間接的制限と呼ぶとすると，かかる間接的制限の違憲審査の在り方が問題となる。判例は，直接的制限と間接的制限の二分論を必ずしも採用していないが，信教の自由の重要性に鑑み，直接的でない制限に対しても一定の慎重な審査を行うと述べた上で，制限の間接性を理由に，侵害の度合いを軽く見積もるという論法をとる例がある。宗教法人法 81 条に基づく解散命令が問題となったオウム真理教解散命令事件決定がそれに当たる（→**判例6**／）（本決定の詳細については，→ 4(2)）。

　信教の自由の重要性に思いを致すのであれば，間接的制限に見えるものであっても，内面的信仰や行為の精神的・宗教的側面に対する影響を考慮して，そもそも当該制限が本当に間接的なものなのか，信仰に対する直接の制限と見る余地はないのかは疑ってかかる必要があろう。その際，事案によっては厳格な審査の可能性を開いておくことが肝要である。

判例6 ／《オウム真理教解散命令事件決定》
　　　　／最決平成 8・1・30 民集 50 巻 1 号 199 頁

　　オウム真理教解散命令事件決定は，解散命令は専ら宗教団体の世俗的側面だけを対象としているのだから，信者の信教の自由に介入しようとするものではないため，法人格を剥奪しても「信者の宗教上の行為を禁止したり制限したりする法的効果を一切伴わないのである」と述べた。しかし，その上で，解散が確定すると清算手続に入り財産等が処分されるので，信者たちの宗教上の行為の継続も何らかの支障を来すことを認め，間接的制限であるかのような認識を示した。その場合は，「憲法の保障する精神的自由の一つとしての信教の自由

の重要性に思いを致し、憲法がそのような規制を許容するものであるかどうかを慎重に吟味しなければならない」(傍点筆者)との観点を示した。このように、本決定は、事案が信教の自由の制限事例である可能性を認め、厳格な審査をほのめかしたが、結局、当該「支障」を「間接的で事実上のものであるにとどまる」(傍点筆者)として、制限の度合いを軽く見積もり、解散命令は「必要でやむを得ない」と判断している。

さて、間接的制限の事案においては、信教の自由の制限とは全く無関係に存在する法令上の一般的義務が、たまたま偶然に、ある特定の信仰上の義務と衝突し、結果的に信教の自由を制限することになる。このように、法令上の義務と信仰上の義務が衝突した場合、信教の自由あるいは政教分離を理由に、法令上の義務の減免・代替を要請することは可能なのか、が問題になる。学説は、直接的な不利益を課すのでない限り、法令上の義務賦課は信教の自由を侵害するものではなく、それまでも免除するとなると、平等原則や政教分離に反すると見る「平等取扱説」と、間接的・偶然的な不利益の賦課についても信教の自由が問題になり、真摯な信仰に対する重大な制約になる場合には、法令上の義務の減免等がなされなければならないと見る「義務免除説」に分かれてきた(安念潤司「信教の自由」樋口陽一編『講座憲法学(3)』193-200頁(日本評論社、1994)。また、渡辺康行ほか『憲法Ⅰ 基本権』178-180頁(日本評論社、2016)、参照)。

この点、ある裁判例は、犯罪行為を行った者をそれとは知りながら牧会活動の一環として教会内にかくまった牧師の行為につき、「魂への配慮」を通じた社会奉仕である牧会を「牧師の神に対する義務即ち宗教上の職責である」と見て、これを信仰上の義務と捉えた。その上で、本件牧会を正当業務行為と認定し、その違法性は阻却されると判断している(神戸簡判昭和50・2・20判時768号3頁《牧会事件判決》)。同裁判例は、以上を手段の相当性や法益の均衡など通常の刑法理論の枠内で処理したものと解されるが、他方で、「本件の場合、国家は信教の自由を保障した憲法の趣旨に照らし、右牧会活動の前に一歩踏み止まるべきもの」(傍点筆者)と指摘している点が興味深い。事案の特性に応じた刑法理論の適用であれば平等取扱説に、信教上の義務で

あることを重視する後者であれば義務免除説に傾く。

　本論点に関する最高裁のリーディングケースは，《エホバの証人剣道受講拒否事件判決》である。信仰上の理由から必修科目の一部を成す剣道の受講を拒絶した市立高専学生に対してなされた退学処分等を争った事件で，最高裁は，剣道実技の履修は必須のものとまでは言い難く代替可能であることを前提に，①拒否理由が「信仰の核心部分と密接に関連する真しなもの」であり，また他の成績では優秀であるにもかかわらず，②かかる理由に基づく履修拒否の結果，退学などの極めて大きな不利益を課せられるならば，③かかる不利益処分は，重大な不利益を回避するために自己の信仰上の教義に反する行動を強制されるに等しい性質を有する，との論理を展開した（→**判例7**／）。本判決は，本件処分がかかる性質を有する以上，相応の代替措置を考慮する必要があったとして，判断過程審査的な手法を用い，同処分を違法と判断している。

　なお，本事案は信教の自由に対する直接的制限ではないため，判決は，事案を，退学処分等に関する学校長の教育裁量権をめぐる法律問題として構成しており，必ずしも憲法問題としては構成していない。信教の自由は行政法上の統制法理である判断過程審査における一考慮要素として顔を出しているにすぎない点に注意が必要である。もっとも，本件の原告はそもそも，高専はエホバの証人を排除するために剣道を必修科目として導入したと主張しており，そうであるとすると，本事案を間接的制限ではなく直接的制限の事案と見立てることもあり得ないではない。

判例7　《エホバの証人剣道受講拒否事件判決》
　　　　　最判平成8・3・8民集50巻3号469頁

　「被上告人が剣道実技への参加を拒否する理由は，被上告人の信仰の核心部分と密接に関連する真しなものであった。」「被上告人は，信仰上の理由による剣道実技の履修拒否の結果として，他の科目では成績優秀であったにもかかわらず，原級留置，退学という事態に追い込まれたものというべきであり，その不利益が極めて大きいことも明らかである。また，本件各処分は，その内容それ自体において被上告人に信仰上の教義に反する行動を命じたものではなく，

その意味では，被上告人の信教の自由を直接的に制約するものとはいえないが，しかし，被上告人がそれらによる重大な不利益を避けるためには剣道実技の履修という自己の信仰上の教義に反する行動を採ることを余儀なくさせられるという性質を有するものであったことは明白である。」

3 宗教上の人格権

いわゆる宗教上の人格権として「静謐な宗教的環境の下で信仰生活を送るべき利益なるもの」が主張される場合があるが，殉職自衛官合祀事件判決（最大判昭和63・6・1民集42巻5号277頁）において最高裁は「直ちに法的利益として認めることができない性質のものである」としている。自衛官として殉職した夫を隊友会によって護国神社に合祀されてしまうことが，キリスト教信者である遺族の静謐な宗教的環境を害し，そこから発生したとされる「不快の感情」について，同判決は，そのようなことがないよう望むことは「その心情として当然である」けれども，かかる「感情」を被侵害利益として，直ちに損害賠償請求や差止請求の根拠とすると，「かえって相手方の信教の自由を妨げる結果となるに至る」と述べている。そして，「信教の自由の保障は，何人も自己の信仰と相容れない信仰をもつ者の信仰に基づく行為に対して，それが強制や不利益の付与を伴うことにより自己の信教の自由を妨害するものでない限り寛容であることを要請している」とし，このことは「死去した配偶者の追慕，慰霊等に関する場合においても同様である」と判断した。「強制や不利益の付与」という契機をどのように理解するかにもよるが，宗教上の人格権侵害の主張は，そのような契機のない限り，同情には値するが所詮は感情問題にとどまるということになろう。もっとも，殉職自衛官の合祀そのものは原告たるその遺族の宗教的行為に「強制や不利益の付与」を伴うものではないにしても，「被上告人〔原告〕の篤志により神楽料が奉納された」との事実に反する通知が原告のもとに届けられたことは，人格権の侵害に当たる可能性があろう（伊藤正己裁判官の反対意見参照）。

なお，戦没者を追悼・祭祀しその死の意味を回顧することを公式参拝等によって妨げられない権利が，宗教的人格権あるいは信教の自由そのものとし

て主張される場合があるが、裁判例はこれに消極的であり、最高裁も、首相の靖國神社公式参拝の権利侵害性が争われた事案について、「人が神社に参拝する行為自体は、他人の信仰生活等に対して圧迫、干渉を加えるような性質のものではないから、他人が特定の神社に参拝することによって、自己の心情ないし宗教上の感情が害されたとし、不快の念を抱いたとしても、これを被侵害利益として、直ちに損害賠償を求めることはできない」としている（最判平成18・6・23判時1940号122頁《靖國公式参拝第1次大阪訴訟上告審判決》）。この点、公式参拝が政教分離に違反することを認めつつも、参拝行為による法益侵害性を否定し、損害賠償請求を棄却した下級審裁判例が、「本件各参拝は、被控訴人靖國神社の宗教を助長、促進したものであるけれども、それ以上に控訴人らに対し、靖國神社への信仰を奨励したり、靖國神社の祭祀に賛同するよう求めるなどの働きかけ等をしたものと認めることはできない」（傍点筆者）として、法益侵害性を帯び得るケースを例示している点が興味深い（大阪高判平成17・9・30訟月52巻9号2979頁《靖國参拝第2次大阪訴訟控訴審判決》）。

4 宗教団体と信教の自由

(1) 憲法上の「宗教団体」

20条1項は明文で「宗教団体」に言及している。これは、宗教的結社の自由が、同項で保障される信教の自由の一部を成していることの証左である。最高裁は、箕面市忠魂碑事件判決（最判平成5・2・16民集47巻3号1687頁）において、同項の「宗教団体」（および89条の「宗教上の組織若しくは団体」）につき、憲法の政教分離原則に抵触し得る団体ないし組織という視点から、「特定の宗教の信仰、礼拝又は普及等の宗教的活動を行うことを本来の目的とする組織ないし団体を指すものと解するのが相当である」と定義した上で、日本遺族会およびその支部である市遺族会、地区遺族会は、いずれも、そのような意味での宗教団体ないし組織に該当しないと判示した（なお、89条の「宗教上の組織若しくは団体」該当性に関しては、靖國神社・護國神社につきそれを認めた愛媛県玉串料事件判決（最大判平成9・4・2民集51巻4号1673頁）、および、氏子集団につきそれを認めた空知太神社事件判決（最大判平成22・1・20民集64巻1

号1頁)をそれぞれ参照のこと。→Ⅳ4・5)。

この点,宗教法人法は,その2条において,宗教団体を「宗教の教義をひろめ,儀式行事を行い,及び信者を教化育成することを主たる目的とする」もので,①「礼拝の施設を備える神社,寺院,教会,修道院その他これらに類する団体」と,②(①で挙げた団体を包括する)「教派,宗派,教団,教会,修道会,司教区その他これらに類する団体」と定義しており,判例の定義する憲法上の宗教団体よりも狭く理解している。したがって,憲法上の宗教団体であっても宗教法人法上の法人格を取得できない団体が出てくる可能性があるが,かかる法人格が与えられないからと言って,当該団体の宗教活動に憲法上の保護が及ばないわけではない。

なお,最高裁は,法人たる宗教団体も個人と同様に信教の自由を享受することを前提にしていると思われる(例えば,前記の殉職自衛官合祀事件最高裁判決は,県護国神社による殉職自衛官の合祀につき,「まさしく信教の自由により保障されているところとして同神社が自由になし得るところであ」るとしている)。

しかし,20条1項は,宗教団体に対して「国から特権を受け」ることと「政治上の権力を行使」することをあらかじめ明文で禁じている。

「特権」とは,一般の国民や団体と比較して,また,他の宗教団体と比較して,特別とみなされるような地位や利益を指す。現行税法上の宗教法人に対する免税措置や,文化財保護の観点からする宗教団体への補助金交付が問題となるが,いずれも合憲説が有力である(詳細な検討は,芦部・憲法学Ⅲ154-157頁参照。また,野中ほか・憲法Ⅰ〔5版〕329-330頁[中村]も参照。)。

「政治上の権力」とは,国または地方公共団体の独占する統治権力を指すとするのが通説である。この点,本文言をより広義に捉え,例えば,①政治的な権威とする説,あるいは,②政党を組織するなど積極的な政治活動を通じての政治的影響力の行使と見る説,があるが,少数説にとどまっている(野中ほか・憲法Ⅰ〔5版〕330-331頁[中村])。

(2) 宗教団体の活動制限

例えば,宗教法人法1条・4条は,宗教団体が法律上の能力を得るために法人格を取得することができると定めているが,他方,同法81条は,解散命令の制度を定めており,一定の要件に該当する場合,宗教法人の法人格を

剥奪することを予定している。サリンの生成により殺人予備等を企てたため，宗教団体の目的から著しく逸脱したことを理由に，オウム真理教に対してなされた解散命令が争われた事件において，判例は，かかる宗教法人法は，専ら宗教団体の世俗的側面だけを対象とし，その精神的・宗教的側面を対象外としているのであって，信者の信教の自由に介入しようとするものではないから，解散命令によって法人格を剥奪しても，それは信者の宗教上の行為を禁止したり制限したりする法的効果を一切伴わない，と判示した（最決平成8・1・30民集50巻1号199頁《オウム真理教解散命令事件決定》）。ただし，同決定は，解散が確定すると清算手続に入るため，宗教法人に帰属していた財産等が処分されるので，信者たちの宗教上の行為の継続に何らかの支障を来すことを認め，その場合は，「憲法の保障する精神的自由の一つとしての信教の自由の重要性に思いを致し，憲法がそのような規制を許容するものであるかどうかを慎重に吟味しなければならない」との観点を提示している（もっとも，既に述べたように，支障は「間接的で事実上のものであるにとどま」り，したがって，本件解散命令は「必要でやむを得ない」と判断された）。

また，宗教法人アレフに対する観察処分等の取消しが求められた事件で，ある裁判例は，観察処分とそれに基づく報告義務の履行や立入検査それ自体は宗教上の行為や活動を「直接的に禁止したり制限したりする法的効果を伴うものではない」としつつも，「信教の自由に事実上の支障を生じさせることがあるとするならば」，同自由の重要性に鑑み，「憲法がそのような規制を許容するものであるかどうかを慎重に吟味しなければならない」とする（東京地判平成13・6・13判時1755号3頁《宗教法人アレフ観察処分取消請求事件判決》）。その上で，観察処分は，当該宗教団体の構成員を特定し得る情報ならびに組織・資産状況等のすべてを公安調査庁に報告する義務を課すのであるから，「当該構成員の宗教的行為の自由の一内容である消極的信仰告白の自由，すなわち自己の信仰を外部的に明らかにしない自由」と「宗教的結社の自由の一内容である，当該結社の自律的な活動に関わる情報を開示しない自由」の双方が侵害されることは「明らかである」と述べる。このように，本裁判例は間接的制限論（一2(3)）を採用していると思われるが，上述のように侵害されることが「明らかである」ならば，直接的制限に等しいのではな

いか。(なお,本裁判例は,観察処分の前提となる「再び無差別大量殺人行為の準備行為を開始する」という危険性について,一般的,抽象的なそれでは足りず,「具体的な危険があることが必要であり,かつ,その場合においても,観察処分による制限の程度は,右の危険の発生の防止のために必要かつ合理的な範囲にとどまるべきもの」との解釈を提示して,本件規制を合憲と結論している)。

Ⅳ 政教分離

1 概　　要

(1) 基本的性格

日本国憲法は,信教の自由という憲法上の権利を保障するだけでなく,国家と宗教のあるべき関係性も種々規定している。現行憲法が想定する政教の関係性は,通常,政教分離と呼称され,一般的には「国家の宗教的中立性」の維持を要請する。Ⅰの冒頭で概説したように,20条3項は,国家に「いかなる宗教的活動」も行ってはならないという行為規範を定めているが,加えて,89条で,「宗教上の組織若しくは団体の使用,便益若しくは維持のため」に公金等の提供を禁じており,宗教組織等との関係において特別の財政規律を定めているところである。また,「信教の自由」を保障する20条1項は,その後段で,宗教団体が国から「特権」を受けることと「政治上の権力」を行使することを禁じており,20条2項は,宗教上の各種行為・行事等への参加強制を広く禁止し,1項の信教の自由を別の角度から裏書しているが,これらの定めは,憲法上の権利の保障ないし制限としての側面を有するだけでなく,国家と宗教の関係性に対する客観的な行為規範としても機能している。

このように政教分離は多様な憲法条文にその根拠を有するものであるが,中軸となるのは20条3項である(最高裁は2項と3項を共に「広義の信教の自由に関する規定」とおいた上で,2項を「狭義の信教の自由を直接保障する規定」として,3項を「国家と宗教との分離を制度として保障し,もって間接的に信教の自由を保障しようとする規定」として理解しているが,この点については**判例2/**を参照)。

[駒村]

なお，20条3項は「国及びその機関は，宗教教育その他いかなる宗教的活動もしてはならない」と定め，「宗教教育」を禁じられる行為の筆頭に挙げているが，一般にこれはあらゆる宗教教育の排除を要請するものではないと解されている。この点，教育基本法15条1項は「宗教に関する寛容の態度，宗教に関する一般的な教養及び宗教の社会生活における地位は，教育上尊重されなければならない」と定めており，かかる視点からすれば，宗教現象を研究教育することは世俗の営みであるのみならず重要な活動でもあるので，公権力による「宗教的活動」に包摂して理解されるべきものではない。ただし，同法15条2項が定めるように，「国及び地方公共団体が設置する学校は，特定の宗教のための宗教教育その他宗教的活動をしてはなら」ず，さらに，一般に信仰を持つことを推奨するような教育も，20条3項の禁ずるところであろう。

(2) 制度的保障，相対分離

判例は，政教分離を，権利保障ではなく，制度的保障と理解してきた。この点，学説では，制度説（宮沢・憲法Ⅱ204頁，等）と人権説（浦部・教室〔3版〕148-149頁，等）の対立が見られたものの，政教分離をいわゆる制度的保障の水準で捉える方向性が支配的であると言えよう。しかし，政教分離を制度的保障と位置づける理解については，制度的保障論の「出自」から見て疑わしいこと（佐藤(幸)・憲法論233頁），自由と制度のつながりを切断する逆機能が懸念されること（芦部・憲法学Ⅲ149頁），等の批判が加えられてきた。制度的保障という術語にどのような意味を持たせるのかは一旦措くとして（制度保障（制度的保障）の詳細については，→第3章前注Ⅰ4），政教分離は，憲法上の権利たる信教の自由の保障を確実にする，いわば権利補完的な側面と，政治的分断の回避や合理的統治システムの確立などを可能にする，いわば客観的制度の側面の両面から構成されるものと理解できよう（この点，安西文雄ほか『憲法学の現代的論点〔2版〕』365頁［安西文雄］（有斐閣，2009）参照）。

いずれにしても，判例は政教分離を制度的保障と見ており，それは「信教の自由そのものを直接保障するものではなく，国家と宗教との分離を制度として保障することにより，間接的に信教の自由の保障を確保しようとするもの」（最大判昭和52・7・13民集31巻4号533頁《津地鎮祭事件判決》）と理解され

ている。そうなると，政教分離違反は，直ちに憲法上の権利である信教の自由を侵害するものではないから，主観訴訟にはなじまず，住民訴訟などの客観訴訟においてその是正を模索するほかない。

また，判例・学説ともに，政教分離は完全分離を要求するものではなく，相対分離を求めるにとどまるものと理解している。上に引いた津地鎮祭事件判決では，事実上の国教制と見られる国家神道やそれに由来する迫害の経験に照らし完全分離を理想としつつも，宗教が人の内心にとどまらず，「極めて多方面にわたる外部的な社会事象としての側面を伴う」ため，国家は，規制施策・福祉施策の両面で「宗教とのかかわり合いを生ずることを免れえない」のであって，両者の完全な分離は「実際上不可能」であり，それを無理に貫徹しようとすれば，「かえって社会生活の各方面に不合理な事態を生ずる」と述べている（なお，同判決は，政教分離が，信教の自由そのものではなく，制度的保障である点も，分離を相対化する理由の一つとしているように思われる）。もっとも，相対分離に立つとしても，政教接触が広く認められるわけではなく，分離の強弱はなお問題になる。個人の尊重の観点からすれば，国家は，宗教のみならず，趣味，生き方，思想・良心，学問等々に対して中立的でなければならないはずだが，憲法が宗教に関して特に明文で分離中立を要求している点に鑑みると，宗教的中立性の要請は単に「理由の中立性」ではなく，政府活動や国家施策の具体的帰結において厳格な宗教との分離を求めていると見ることも理論上は可能であろう（「結果の中立性」）。

(3) **分離の根拠**

政教分離の歴史的背景・類型・根拠については，既にⅡ1・2で述べた。ここでは，判例との関係で一言しておきたい。最高裁は，政教分離の目的につき，現行憲法が「新たに信教の自由を無条件に保障することとし，更にその保障を一層確実なものとするため，政教分離規定を設けるに至ったのである」と述べて，それが信教の自由の保障の確実化にあることを明らかにしている（最大判昭和52・7・13民集31巻4号533頁《津地鎮祭事件判決》）。学説の中には，これを「根拠単一論」と呼び，政教分離を限定的に捉える最高裁の姿勢との連関を問うものがある（安西文雄「政教分離と最高裁判所判例の展開」ジュリ1399号58-59頁（2010））。

II 2 で見たように，政教分離については多様で複合的な根拠を設定することが可能であり，また，個々の根拠に応じて分離の程度や射程を異にした構成をとることもできよう。アメリカの政教分離判例では，政教癒着がもたらす「政治的分断（political divisiveness）」などがその根拠としてたびたび言及されてきた歴史がある。「政治的分断」の回避の観点からすれば，政教分離が問題となる局面は，信教の自由の保障の観点からするそれよりも広く設定することが可能になろう。

もっとも，我が国の判例が純粋な根拠単一論なのかどうかは議論の余地がある。津地鎮祭事件判決において，最高裁は，「昭和21年11月3日公布された憲法は，明治維新以降国家と神道とが密接に結びつき前記のような種々の弊害を生じたことにかんがみ，新たに信教の自由を無条件に保障することとし，更にその保障を一層確実なものとするため，政教分離規定を設けるに至った」と述べている。つまり，政教分離の根拠である「信教の自由の保障」それ自体が，「種々の弊害」に対する反省を根拠に導入されたと述べられているわけであるから，政教分離の根拠もそれら「種々の弊害」の除去にあると解釈できよう。要するに，国家神道の経験がもたらした弊害は多様であり，したがって，我が国の政教分離についてもその根拠は多様に構想することが可能である。

2　政教分離違反の判定——津地鎮祭事件判決——

(1)　判断の基本枠組み

先述のように，学説・判例ともに，完全分離説を排し，相対分離説に立つのが現在の支配的傾向であると言ってよい。では，政教分離違反の有無はどのような判断枠組みと基準によるのだろうか。この領域におけるランドマーク判決である津地鎮祭事件判決において最高裁は，相対分離説に立つことを明らかにした上で，①国家と宗教が一定のかかわり合いを持たざるを得ないことを前提に，そのようなかかわり合いが，②「信教の自由の保障の確保という制度の根本目的との関係で」，③「宗教とのかかわり合いをもたらす行為の目的及び効果にかんがみ」，④「国の社会的・文化的諸条件に照らし」，⑤「相当とされる限度を超えるものと認められる場合にこれを許さない」と

の判断枠組みを示した（→**判例8**／）。この枠組みの中に，相当とされる限度を超えたか否かを判定する基準として広く受容されることになる目的・効果基準のアイディアが見て取れる。

(2) **目的・効果基準**

これを受けて，津地鎮祭事件判決は，20条3項によって禁止される「宗教的活動」の意味を，上記の政教分離原則の意義に照らして解釈し，その結果，いわゆる目的・効果基準を採用することを明らかにした（→**判例9**／）。すなわち，同項で禁じられる「宗教的活動」とは，①目的において「宗教的意義をもち」，②効果において「宗教に対する援助，助長，促進又は圧迫，干渉等になるような」，行為を指す。同判決は，かかる「宗教的活動」の「典型」として，同項が例示する宗教教育のような「宗教の布教，教化，宣伝等の活動」を挙げつつ，それ以外の「宗教上の祝典，儀式，行事等」（20条2項例示事項）であっても上述の①②を充たせば，「宗教的活動」に当然属すると言う（3項の「典型」事案については目的・効果基準を適用せずとも直ちに違憲となるという趣旨かもしれない）。

加えて，同判決は，上記の目的・効果基準を適用して事案を検討する際に，主宰者や順序作法などの宗教性といった「外形的側面」のみならず，行為の行われる場所，行為に対する一般人の宗教的評価，行為者の意図・目的および宗教的意識の有無・程度，当該行為の一般人に与える効果・影響，等の諸般の事情を考慮し，「社会通念」に従って「客観的に」判断しなければならないと述べている（→**判例9**／）。

以上の枠組みと基準を事案に適用して，最高裁は，建築着工の際に土地の平安堅固や工事の無事安全等を祈願する儀式である起工式は，宗教的な起源をもつ儀式であったが，時代の推移とともに，その宗教性が次第に稀薄化してきていることは疑いがないとして，本件起工式の目的は「社会の一般的慣習に従った儀礼を行うという専ら世俗的なもの」と認定した。また，日本国民の「宗教意識の雑居性」などを理由に，起工式は「参列者及び一般人の宗教的関心を特に高めることとなるものとは考えられ」ないとして，効果の点でも問題がない，と結論した。

さて，本判決が採用した目的・効果基準は，アメリカ判例法理であるレモ

ン・テストに範をとったものであるとされている（Lemon v. Kurtzman, 403 U.S. 602 (1971)）。同テストは，目的要件と効果要件に加え，「過度のかかわり合い」要件の計3要件から成るテストである。「過度のかかわり合い」要件の意味するところは必ずしも明らかではないが，政治的分断の回避という要請が含意されていると見られている（芦部・憲法学Ⅲ 169-170頁）。

このようなアメリカの先例との対比において，アメリカでは，「過度のかかわり合い」という第3の判断要件があり，それが政教分離の判例を厳格なものにしていること，また，上記3つの要件はそれらのうち一つでもクリアできなければ違憲になるのに対して，日本の目的・効果基準は，目的と効果の二要件を総合的に判断するあいまいな適用が行われていることなどが批判されている（目的・効果基準をめぐる日米の差異については，長谷部恭男『続・Interactive憲法』第15章（有斐閣，2011）参照）。また，目的・効果の要件を適用する際に最高裁が示した「諸般の事情」の考慮に対しては，本来少数異端者に配慮すべき政教分離問題を「一般人の宗教的評価」や「社会通念」によって判断するというのは矛盾ではないか，という趣旨の批判も加えられているところである。この点，本判決は，20条2項は，宗教上の行為等に参加を強制されない自由を「多数者によっても奪うことのできない狭義の信教の自由」として直接保障する規定であると見つつ，他方で，同条3項は，「間接的に信教の自由を保障しようとする規定」であり，「社会生活上における国家と宗教とのかかわり合い」を問題にする以上，「当然に一般人の見解を考慮に入れなければならない」と判示している。

このように多くの批判があるものの，津地鎮祭事件判決の論旨は，包括的な判断枠組みをさらに合憲性判定基準たる目的・効果基準に定式化し，加えて，その適用に際して具体的事実との照合をしやすいように考慮要素を指示しているので，それなりに構造化されていると言えよう。

判例8 《津地鎮祭事件判決》
最大判昭和52・7・13民集31巻4号533頁

基本的判断枠組み：「政教分離規定の保障の対象となる国家と宗教との分離

にもおのずから一定の限界があることを免れず，政教分離原則が現実の国家制度として具現される場合には，それぞれの国の社会的・文化的諸条件に照らし，国家は実際上宗教とある程度のかかわり合いをもたざるをえないことを前提としたうえで，そのかかわり合いが，信教の自由の保障の確保という制度の根本目的との関係で，いかなる場合にいかなる限度で許されないこととなるかが，問題とならざるをえないのである。右のような見地から考えると，わが憲法の前記政教分離規定の基礎となり，その解釈の指導原理となる政教分離原則は，国家が宗教的に中立であることを要求するものではあるが，国家が宗教とのかかわり合いをもつことを全く許さないとするものではなく，宗教とのかかわり合いをもたらす行為の目的及び効果にかんがみ，そのかかわり合いが右の諸条件に照らし相当とされる限度を超えるものと認められる場合にこれを許さないとするものであると解すべきである。」

判例9 《津地鎮祭事件判決》
最大判昭和52・7・13民集31巻4号533頁

相当限度の判定基準：「ここにいう宗教的活動とは，……およそ国及びその機関の活動で宗教とのかかわり合いをもつすべての行為を指すものではなく，そのかかわり合いが右にいう相当とされる限度を超えるものに限られるというべきであって，当該行為の目的が宗教的意義をもち，その効果が宗教に対する援助，助長，促進又は圧迫，干渉等になるような行為をいうものと解すべきである。その典型的なものは，同項に例示される宗教教育のような宗教の布教，教化，宣伝等の活動であるが，そのほか宗教上の祝典，儀式，行事等であっても，その目的，効果が前記のようなものである限り，当然，これに含まれる。そして，この点から，ある行為が右にいう宗教的活動に該当するかどうかを検討するにあたっては，当該行為の主宰者が宗教家であるかどうか，その順序作法（式次第）が宗教の定める方式に則ったものであるかどうかなど，当該行為の外形的側面のみにとらわれることなく，当該行為の行われる場所，当該行為に対する一般人の宗教的評価，当該行為者が当該行為を行うについての意図，目的及び宗教的意識の有無，程度，当該行為の一般人に与える効果，影響等，諸般の事情を考慮し，社会通念に従って，客観的に判断しなければならない。」

3 殉職自衛官合祀事件判決，箕面市忠魂碑事件判決

　津地鎮祭事件判決の枠組み・基準は，後続の判例によって基本的に踏襲されていく。自衛隊職員および自衛隊外郭の私的団体が殉職自衛官を共同して県護国神社に合祀申請したことが殉職者の遺族の宗教上の人格権を侵害し，政教分離に反するか否かが争われた，殉職自衛官合祀事件判決（最大判昭和63・6・1民集42巻5号277頁），ならびに，市が忠魂碑の存する公有地の代替地を買い受けて右忠魂碑の移設・再建をした行為，ならびに右代替地を忠魂碑の維持管理にあたる地元戦没者遺族会に対し無償貸与した行為の合憲性が争われた，箕面市忠魂碑事件判決（最判平成5・2・16民集47巻3号1687頁）は，政教分離原則違反の判断枠組み・基準ともに津地鎮祭事件判決のそれらを踏襲している。

　しかし，微妙なニュアンスの違いを示唆するところもあり，注意を要する。

　箕面市忠魂碑事件判決を例にとってみると，同判決は，本件忠魂碑を「元来，戦没者記念碑的な性格のもの」と認定し，したがって，本件土地売買行為，忠魂碑移設・再建行為，無償貸与行為のいずれも，その目的において専ら世俗的なものとし，かつ，その効果も「特定の宗教を援助，助長，促進し又は他の宗教に圧迫，干渉を加えるものとは認められない」と判断した。この判断過程で，「本件忠魂碑と神道等の特定の宗教とのかかわりは，少なくとも戦後においては希薄であ」ることが随所で強調されている（いずれも傍点筆者）。津地鎮祭事件の目的・効果基準は，宗教一般に対する援助，助長等も問題になり得るように定式化されており，したがって，非宗教ないし無神論等との対比においても政教分離違反が争われる余地が開かれているが，本判決における同基準の適用局面では，「特定の宗教」とのかかわりが問題視されており，最高裁の問題意識が「特定の宗教」との関係性，つまり宗派間差別等に照準しつつあることを物語っている（このような傾向は既に殉職自衛官合祀事件判決でも示唆されている（→**判例10**/））。

　また，津地鎮祭事件判決では，20条3項問題に関して目的・効果基準を用いて下した判断をそのまま89条問題にも転用するかのような方向が示唆されていた（大阪市地蔵像事件判決（最判平成4・11・16判時1441号57頁）も参

照）。地鎮祭の目的と効果に照らせば，本件費用支出は「特定の宗教組織又は宗教団体に対する財政援助的な支出」に当たらないとしたのである。「特定の宗教」という視点へのこだわりは箕面市忠魂碑事件判決にも顕著であり，忠魂碑，遺族会，市の参列行為の宗教性判断において決定的な役割を果たしている（→4⑵）。他方で，同判決は，89条・20条1項問題を，20条3項問題とは区別して審査しており，それぞれ固有の憲法判断があり得る構成をとっている（→4⑶）。

判例10 《殉職自衛官合祀事件判決》
最大判昭和63・6・1民集42巻5号277頁

私的団体（隊友会）の行った合祀申請行為に対する自衛隊の関与が惹起する政教分離違反の論点について判決は，津地鎮祭事件判決の枠組みと基準を踏襲することを前提に，次のように言う。「合祀は神社の自主的な判断に基づいて決められる事柄であることは前記のとおりであって，何人かが神社に対し合祀を求めることは，合祀のための必要な前提をなすものではなく，本件において県護国神社としては既に昭和46年秋には殉職自衛隊員を合祀する方針を基本的に決定していたことは原審の確定するところである。してみれば，本件合祀申請という行為は，殉職自衛隊員の氏名とその殉職の事実を県護国神社に対し明らかにし，合祀の希望を表明したものであって，宗教とかかわり合いをもつ行為であるが，合祀の前提としての法的意味をもつものではない。そして，本件合祀申請に至る過程において県隊友会に協力してした地連職員の具体的行為は前記のとおりであるところ，その宗教とのかかわり合いは間接的であり，その意図，目的も，合祀実現により自衛隊員の社会的地位の向上と士気の高揚を図ることにあったと推認されることは前記のとおりであるから，どちらかといえばその宗教的意識も希薄であったといわなければならないのみならず，その行為の態様からして，国又はその機関として特定の宗教への関心を呼び起こし，あるいはこれを援助，助長，促進し，又は他の宗教に圧迫，干渉を加えるような効果をもつものと一般人から評価される行為とは認め難い。したがって，地連職員の行為が宗教とかかわり合いをもつものであることは否定できないが，これをもって宗教的活動とまではいうことはできないものといわなければならない」。ここにおいても，「特定の宗教への関心を呼び起こし，あるいはこれを

援助，助長，促進し」との文脈で特定性が意識された法理の適用が行われている。なお，本判決が指摘する上記の特定宗教への関心の喚起は，のちに愛媛県玉串料事件判決においてより詳細に言及されることになる（→**判例11**／）。

4　愛媛県玉串料事件判決

(1)　判決の概要

愛媛県が靖國神社あるいは護国神社の例大祭やみたま祭等に際し，県の公金から玉串料や献灯料等を支出して奉納したことを20条3項および89条に違反するとした愛媛県玉串料事件判決（最大判平成9・4・2民集51巻4号1673頁）は，20条3項問題のみならず89条問題にも，津地鎮祭事件判決以来の判断枠組みと目的・効果基準を用いることを明言している。しかし，以下に見るように，本判決のたどった論証過程には目的・効果基準がきちんと適用された形跡が見られない。

まず，第1に，本判決は，①宗教法人である靖國神社や護國神社が20条1項の「宗教団体」に当たることは「明らか」であること，②神社神道においては「祭祀」がその中心的な宗教上の活動に当たることは「公知の事実」であること，③例大祭等は「恒例の祭祀中でも重要な意義を有する」ものであり，みたま祭は「祭祀中最も盛大な規模で行われるもの」であることが「公知の事実」であること，④玉串料や献灯料等は，これらの祭祀で行われる宗教上の儀式に用いられるものであって，いずれも各神社が宗教的意義を認めていることが「明らか」であること，を認定している。

したがって，第2に，上記①～④に照らせば，「県が特定の宗教団体の挙行する重要な宗教上の祭祀にかかわり合いを持ったということが明らかである」との中間総括を本判決は行っている。そして今度は，かかる行為の宗教的意義を，最高裁が当初より判断要素としてきた「一般人」の側面から評価し直すとともに，県が他の宗教団体に同様の支出をしていないことも加味し，「県が特定の宗教団体との間にのみ意識的に特別のかかわり合いを持ったことを否定することができない」とのだめ押しを加える。これら2つの判断を総合し，最高裁は，「一般人に対して，……，それらの宗教団体が他の宗教

§20 Ⅳ

団体とは異なる特別のものであるとの印象を与え，特定の宗教への関心を呼び起こすものといわざるを得ない」とした。アメリカ判例法理におけるエンドースメント・テスト（endorsement test）を彷彿とさせよう（→**判例11**）。

その上で，第3に，本判決は，「本件支出は，遺族援護行政の一環として，戦没者の慰霊及び遺族の慰謝という世俗的な目的で行われた社会的儀礼にすぎない」との被上告人の主張を，戦没者慰霊・遺族慰藉それ自体は「特定の宗教と特別のかかわり合いを持つ形でなくてもこれを行うことができる」等の理由で退け，たとえそれが支出の「直接の目的」であっても，それだけでは憲法違反を免れるものではないとした。

こうして，本判決は，「以上の事情を総合的に考慮して判断すれば」と述べて，本件奉納は「その目的が宗教的意義を持つことを免れず，その効果が特定の宗教に対する援助，助長，促進になると認めるべきであり，これによってもたらされる県と靖國神社等とのかかわり合いが我が国の社会的・文化的諸条件に照らし相当とされる限度を超えるものであって，憲法20条3項の禁止する宗教的活動に当たると解するのが相当である」と結論した。

(2) 考　察

以上のように，本判決は津地鎮祭事件判決以来の判断枠組みと目的・効果基準を踏襲しているものの，具体的な適用の場面では結論部において言及しているにすぎず，目的と効果を要件ごとに適用した痕跡が見えない論証となっている。本判決に付された高橋久子裁判官意見や尾崎行信裁判官意見においても指摘されているように，目的・効果基準は多くの批判にさらされてきた。したがって，本判決を契機に同基準はその役割を実は終えつつあるのではないか，との読解もあり得るところであろう。が，この点，本判決の勝負は，前述(1)の論証過程の第1点で行われた①から④の諸判断で，実はほぼ決まっていたと言ってよい。そこでは，かかわりをもった団体の宗教団体性や，祭祀とそこで行われた行為の宗教上の重要性（その認定自体，神社神道の本質を司法が決定づけるものであり議論の余地はあるものの）が「明らか」であり，「公知の事実」であるとの判断がなされた。次に，これを「一般人の宗教的評価」の観点から捉え直し，判決は，県が特定の宗教とのみ，その重要な宗教上の祭祀にかかわる等，意識的に特別なかかわり合いを持ったことが認定

［駒村］

できるとした。目的・効果基準の具体的なあてはめが見られないのは，おそらく，特定の宗教とのみ意識的に特別なかかわり合いを持ったことが明らかである場合は，政教分離のコアに反することは自明であり，同基準を適用するまでもない，という思考方法があるものと思われる。要するに，本件は，目的・効果基準の前提となっている基本的判断枠組みそのもの，つまり政教のかかわり合いが我が国の文化的諸条件に照らし相当とされる限度を超えるものか否か，について同基準を用いるまでもなくその抵触が明らかであった事案と言うことができよう。その意味では，目的・効果基準が具体的に適用されるのは，目的の世俗性・宗教性の判別が容易でないケース等に限られるのかもしれない。

なお，本判決に付された三好達裁判官の反対意見は，戦没者の追悼・慰霊は，「遺族や戦友に限らず，国民一般としての当然の行為」であり，「国や地方公共団体，あるいはそれを代表する立場にある者としての当然の礼儀であり，道義の上からは義務ともいうべきものであ」って,「人間自然の普遍的な情感である」とする。その上で，靖國神社等は明らかに神道の宗教的施設であるけれども，「多くの国民の意識からすれば，右各神社は，戦没者を偲び，追悼し，慰霊する特別の施設，追悼，慰霊の中心的施設となっているといえるのであって，国民の多くからは，特定の宗教にかかる施設というよりも，特定の宗教を超えての，国に殉じた人々の御霊を象徴する施設」と受け取られていることを理由に，本件行為は20条3項や89条に違反するものではない，と述べている。種々の議論を喚起した三好反対意見であったが，このような靖國神社例外論が出てくるのは，政教分離違反の判定枠組みが，当初から，「それぞれの国の社会的・文化的諸条件」を参照することを前提に組み立てられてきたからであって，その限りでは自然なことであったと思われる。

(3) 89条との関係

本判決は，靖國神社等が「憲法89条にいう宗教上の組織又は団体に当たることが明らかである」ことを前提に，それまで展開してきた20条3項にかかる審査の結果をそのまま転用するかのような論法を用い，その流れで，本件奉納によってもたらされる県と靖國神社等とのかかわり合いが相当の限

度を超えることを理由に，本件支出を違法な公金支出であると判断している。この点，箕面市忠魂碑事件判決は89条独自の審査の可能性を示唆するところがあったが，本判決はそれには乗らず，むしろ先例の主流，すなわち，89条の争点についても20条3項にかかる審査をそのまま転用するアプローチを踏襲するものであった。もっとも，本件は公金支出制限が問題になるケースではあったが，箕面市忠魂碑事件と異なり，公金支出そのものよりもそれを通じて県自らが宗教性の明らかな行為に出た事案であって，その点で，89条よりも20条3項の問題に重点をおいて「行為」の宗教性を争点化しようとしたのかもしれない。

なお，この点に関して，園部逸夫裁判官の意見が，従来の最高裁判例が，89条の解釈についても20条3項の解釈に関する目的・効果基準が適用されるとしている点について，同基準の客観性，正確性および実効性について疑義を示しつつも，同基準の評価とは関係なく，「本件において，憲法89条の右規定の解釈について，右基準を適用する必要はない」と述べている。園部裁判官は，「当該支出が憲法89条の右規定に違反することが明らかである以上，憲法20条3項に違反するかどうかを判断する必要はない」とするのである。この点，前述のように，多数意見は，第三者の宗教活動を間接に支える公金支出よりも，県の直接的な行為である奉納の宗教性を問おうとしたものと思われる。

判例11　《愛媛県玉串料事件判決》
最大判平成9・4・2民集51巻4号1673頁

「これらのことからすれば，県が特定の宗教団体の挙行する重要な宗教上の祭祀にかかわり合いを持ったということが明らかである。そして，一般に，神社自体がその境内において挙行する恒例の重要な祭祀に際して右のような玉串料等を奉納することは，建築主が主催して建築現場において土地の平安堅固，工事の無事安全等を祈願するために行う儀式である起工式の場合とは異なり，時代の推移によって既にその宗教的意義が希薄化し，慣習化した社会的儀礼にすぎないものになっているとまでは到底いうことができず，一般人が本件の玉串料等の奉納を社会的儀礼の一つにすぎないと評価しているとは考え難いとこ

ろである。そうであれば，玉串料等の奉納者においても，それが宗教的意義を有するものであるという意識を大なり小なり持たざるを得ないのであり，このことは，本件においても同様というべきである。また，本件においては，県が他の宗教団体の挙行する同種の儀式に対して同様の支出をしたという事実がうかがわれないのであって，県が特定の宗教団体との間にのみ意識的に特別のかかわり合いを持ったことを否定することができない。これらのことからすれば，地方公共団体が特定の宗教団体に対してのみ本件のような形で特別のかかわり合いを持つことは，一般人に対して，県が当該特定の宗教団体を特別に支援しており，それらの宗教団体が他の宗教団体とは異なる特別のものであるとの印象を与え，特定の宗教への関心を呼び起こすものといわざるを得ない。」(傍点筆者)

なお，エンドースメント・テストとは，1984年のアメリカ連邦最高裁判例，Lynch v. Donnelly 事件判決（465 U.S. 668）に付されたオコナー裁判官補足意見で示された考え方である。これは，政府が，宗教との象徴的結合を通じて特定宗教に対する是認のお墨付き（エンドースメント）を与えてしまうことを，政教分離違反の判定基準として重視するものであり，当時，政教癒着の慣行の伝統性や歴史性を根拠に骨抜きにされつつあった目的・効果基準論を補完するものとして注目された。このテストは，レモン・テストにおける「過度のかかわり」要件を制度的かかわりに限定し，上記の象徴的な結合を「目的」と「効果」の要件における重要な判断要素として定位させようとするものである（詳しくは，芦部・憲法学Ⅲ 171-175頁参照）。

5 空知太神社事件判決

(1) 判決の概要

市が連合町内会に対し市有地を無償で神社施設の敷地としての利用に供している行為が憲法89条，20条1項後段に違反するとされた空知太神社事件判決（最大判平成22・1・20民集64巻1号1頁）は，政教分離に関する重要な最高裁判決として多くの議論を呼んだ。

まず，本判決は，89条問題の判断枠組みを明らかにしている。それによれば，89条の趣旨は，「国家が宗教的に中立であることを要求するいわゆる

政教分離の原則を，公の財産の利用提供等の財政的な側面において徹底させるところにあり，これによって，憲法20条1項後段の規定する宗教団体に対する特権の付与の禁止を財政的側面からも確保し，信教の自由の保障を一層確実なものにしようとした」点にあるとして，89条違反が20条1項後段違反に連動し得ることが示唆されている。そして，例によって完全分離的発想を退けた上で，「憲法89条も，公の財産の利用提供等における宗教とのかかわり合いが，我が国の社会的，文化的諸条件に照らし，信教の自由の保障の確保という制度の根本目的との関係で相当とされる限度を超えるものと認められる場合に，これを許さないとするものと解される」と述べて，従来の政教分離の趣旨や論理を踏襲し，それを89条の適用にも持ち込んでいる。

以上のような基本枠組みの下，本判決は，「国又は地方公共団体が国公有地を無償で宗教的施設の敷地としての用に供する行為」は，一般的には，宗教団体等に対する便宜の供与として，89条との抵触が問題となる行為であるとの認識を示す。もっとも，かかる利用提供行為の来歴，経緯，態様には様々なものがあり得るから，「一般人の目から見て特定の宗教に対する援助等と評価されるか否かに影響するものと考えられる」いくつかの事情を，当該行為と政教分離の関係を検証する際に，重要な考慮要素として吟味すべきであると指摘している（これは，従来の政教分離判例法理が「一般人の評価」を重要な判断要素としてきたことにならったのであろう）。こうして，本判決は，①当該宗教的施設の性格，②当該土地が無償で当該施設の敷地としての用に供されるに至った経緯，③当該無償提供の態様，④これらに対する一般人の評価，といった諸般の事情を考慮し，社会通念に照らして総合的に判断すべきものであるとの審査要素を定式化した（→**判例12**／）。

このように本判決は，先例の判断枠組みを踏襲しつつも，国有地の宗教団体への利用提供行為がもたらす89条事案につき，目的・効果基準ではなく，諸般の事情を考慮する総合的判断の手法を採用したのである。

この手法を事案に当てはめて，本判決は，「もともとは小学校敷地の拡張に協力した用地提供者に報いるという世俗的，公共的な目的から始まったもので，本件神社を特別に保護，援助するという目的によるものではなかったことが認められるものの」（→②），「明らかな宗教的施設といわざるを得な

い本件神社物件の性格」(一①），および，「これに対し長期間にわたり継続的に便益を提供し続けていることなどの本件利用提供行為の具体的態様等」(一③) に鑑みると，上記の世俗目的は事態の評価を左右せず，また，本件神社物件を管理し祭事を行っているのは，町内会とは別に社会的に実在している氏子集団であるが，この集団は宗教的行事等を行うことを主たる目的としている宗教団体であって，89条にいう「宗教上の組織若しくは団体」に当たるものと解されるから，本件利用提供行為は，その直接の効果として，氏子集団の宗教的活動を容易にさせていると言わざるを得ず，「一般人の目から見て，市が特定の宗教に対して特別の便益を提供し，これを援助していると評価されてもやむを得ない」(一④) とした。

以上から，本判決は，本件利用提供行為は，89条の禁止する公の財産の利用提供に当たり，ひいては20条1項後段の禁止する宗教団体に対する特権の付与にも該当すると判断したのである。

(2) 考　察

本判決の評価については，やはり目的・効果基準が採用されなかった点に関心が集中した。20条3項の審査と89条ないし20条1項後段の審査を区別する思考方法を最高裁が採用したとの見方もあり得るが，従来，20条3項問題と89条問題で審査の基準を特段分けてこなかった先例との整合をどのように保つのかがやはり論点として残るだろう (総括的な議論として，安西文雄ほか「日本国憲法研究(8) 政教分離」ジュリ1399号65頁以下 (2010) 参照)。

可能性の一つは，目的・効果基準をかたちばかり援用し，内実は，「特定宗教団体のみと意識的に特別なかかわり合いを持ったこと」が政教分離のコアに触れることを理由に違憲判断を導いたと思われる愛媛県玉串料事件判決と同様の思考様式が本判決にも表れていると見ることである。

この点，藤田宙靖裁判官の補足意見は，従来の判例を整理して，目的・効果基準の適用場面を，問題となる行為が宗教性と世俗性を同居させており，その優劣の判定が微妙な場合などに限定するアイディアを提示している点が興味深い。その上で，本件神社施設がこれといった文化財等としての世俗的意義を有するものではなく，一義的に宗教施設 (神道施設) であって，そこで行われる行事もまた宗教的な行事であることは明らかであると見て，本件

利用提供行為が特定の純粋な宗教施設と行事を利することは否定できないとする。かかる見地から藤田裁判官は,「本件における憲法問題は,本来,目的効果基準の適用の可否が問われる以前の問題であるというべきである」と述べるに至っている(→**判例13**/)。

なお,本判決の6か月後に下された,白山ひめ神社事件判決(最判平成22・7・22判時2087号26頁)では,目的・効果基準が使われている。本件は,市長が同神社の大祭奉賛会の発会式に出席して祝辞を述べた行為が20条1項後段・3項,89条に違反するか否かが争われたが,最高裁は,市長の行為が宗教とのかかわり合いを有することを認めつつ,他方で,①本件奉賛会は「観光振興的な意義を相応に有する事業の奉賛を目的とする団体の発会に係る行事であること」,②本件行為は,「来賓として招かれたのに応じて,これに対する市長としての社会的儀礼を尽くす目的で行われたもの」であること,③したがって,本件行為は「宗教的色彩を帯びない儀礼的行為の範囲にとどまる態様のものであって,特定の宗教に対する援助,助長,促進になるような効果を伴うものでもなかった」こと,を理由に合憲と判断した。

判例12 《空知太神社事件判決》
最大判平成22・1・20民集64巻1号1頁

「国又は地方公共団体が国公有地を無償で宗教的施設の敷地としての用に供する行為は,一般的には,当該宗教的施設を設置する宗教団体等に対する便宜の供与として,憲法89条との抵触が問題となる行為であるといわなければならない。もっとも,国公有地が無償で宗教的施設の敷地としての用に供されているといっても,当該施設の性格や来歴,無償提供に至る経緯,利用の態様等には様々なものがあり得ることが容易に想定されるところである。例えば,一般的には宗教的施設としての性格を有する施設であっても,同時に歴史的,文化財的な建造物として保護の対象となるものであったり,観光資源,国際親善,地域の親睦の場などといった他の意義を有していたりすることも少なくなく,それらの文化的あるいは社会的な価値や意義に着目して当該施設が国公有地に設置されている場合もあり得よう。また,我が国においては,明治初期以来,一定の社寺領を国等に上知(上地)させ,官有地に編入し,又は寄附により受

け入れるなどの施策が広く採られたこともあって，国公有地が無償で社寺等の敷地として供される事例が多数生じた。このような事例については，戦後，国有地につき『社寺等に無償で貸し付けてある国有財産の処分に関する法律』（昭和22年法律第53号）が公布され，公有地についても同法と同様に譲与等の処分をすべきものとする内務文部次官通牒が発出された上，これらによる譲与の申請期間が経過した後も，譲与，売払い，貸付け等の措置が講じられてきたが，それにもかかわらず，現在に至っても，なおそのような措置を講ずることができないまま社寺等の敷地となっている国公有地が相当数残存していることがうかがわれるところである。これらの事情のいかんは，当該利用提供行為が，一般人の目から見て特定の宗教に対する援助等と評価されるか否かに影響するものと考えられるから，政教分離原則との関係を考えるに当たっても，重要な考慮要素とされるべきものといえよう。

　そうすると，国公有地が無償で宗教的施設の敷地としての用に供されている状態が，前記の見地から，信教の自由の保障の確保という制度の根本目的との関係で相当とされる限度を超えて憲法89条に違反するか否かを判断するに当たっては，当該宗教的施設の性格，当該土地が無償で当該施設の敷地としての用に供されるに至った経緯，当該無償提供の態様，これらに対する一般人の評価等，諸般の事情を考慮し，社会通念に照らして総合的に判断すべきものと解するのが相当である。」

判例13　《空知太神社事件判決》
最大判平成22・1・20民集64巻1号1頁（藤田宙靖裁判官補足意見）

「私の見るところ，過去の当審判例上，目的効果基準が機能せしめられてきたのは，問題となる行為等においていわば「宗教性」と「世俗性」とが同居しておりその優劣が微妙であるときに，そのどちらを重視するかの決定に際してであって（例えば，津地鎮祭訴訟，箕面忠魂碑訴訟等は，少なくとも多数意見の判断によれば，正にこのようなケースであった。），明確に宗教性のみを持った行為につき，更に，それが如何なる目的をもって行われたかが問われる場面においてではなかったということができる（例えば，公的な立場で寺社に参拝あるいは寄進をしながら，それは，専ら国家公安・国民の安全を願う目的によるものであって，当該宗教を特に優遇しようという趣旨からではないから，憲法にいう「宗教的活動」ではない，というような弁明を行うことは，上記目的

効果基準の下においても到底許されるものとはいえない。例えば愛媛玉串料訴訟判決は、このことを示すものであるともいえよう。)。

本件の場合、原審判決及び多数意見が指摘するとおり、本件における神社施設は、これといった文化財や史跡等としての世俗的意義を有するものではなく、一義的に宗教施設（神道施設）であって、そこで行われる行事もまた宗教的な行事であることは明らかである……。従って、本件利用提供行為が専ら特定の純粋な宗教施設及び行事（要するに「神社」）を利する結果をもたらしていること自体は、これを否定することができないのであって、地鎮祭における起工式（津地鎮祭訴訟）、忠魂碑の移設のための代替地貸与並びに慰霊祭への出席行為（箕面忠魂碑訴訟）、さらには地蔵像の移設のための市有地提供行為等（大阪地蔵像訴訟）とは、状況が明らかに異なるといわなければならない（これらのケースにおいては、少なくとも多数説は、地鎮祭、忠魂碑、地蔵像等の純粋な宗教性を否定し、何らかの意味での世俗性を認めることから、それぞれ合憲判断をしたものである。)。その意味においては、本件における憲法問題は、本来、目的効果基準の適用の可否が問われる以前の問題であるというべきである。」

V　政教分離と信教の自由の相克

前述の空知太神社事件判決で争われたもう一つの争点は、政教分離と信教の自由の相克問題であった。同事件で被上告人たちは、政教分離に違反する土地の現状について、市がかかる違憲状態を解消するために使用貸借契約を解除し神社施設の撤去を求める措置を執るべきであるのに、それを怠っていることが財産管理上違法であると主張していた。これに対して、同判決は、①「違憲状態の解消には、神社施設を撤去し土地を明け渡す以外にも適切な手段があり得る」こと（例えば、当該土地の譲与、有償での譲渡、または、適正な時価での貸付け、等）、②「直ちに本件神社物件を撤去させるべきものとすることは、……地域住民らによって守り伝えられてきた宗教的活動を著しく困難なものにし、氏子集団の構成員の信教の自由に重大な不利益を及ぼすものとなることは自明であるといわざるを得ない」こと等を理由に、違憲状態解消のための他の手段の存否を何ら審理判断せずに上述の怠る事実を違法と判

［駒村］

断した原判決を職権で破棄し，差し戻した（なお，差戻し後の再上告審判決（最判平成24・2・16民集66巻2号673頁）は，本件土地の一部を神社施設の敷地として氏子総代長に適正価格で貸し付けることは89条・20条1項後段に反するものではないとした。なお，空知太神社事件判決と同時に下された富平神社事件判決（最大判平成22・1・20民集64巻1号128頁）では，市が町内会に対し無償で神社施設の敷地としての利用に供していた市有地を同町内会に譲与したことは，20条3項，89条に違反しないとされている）。

　このように，政教分離を実現するために，政教の接触を広く遮断しようとすると，その結果，国民の宗教活動が阻害され，信教の自由に重大な不利益をもたらす場合がある（日曜参観事件やエホバの証人剣道受講拒否事件も，このような相克問題の例である（→**判例14**/））。一般に，政教分離を厳格に解釈すれば，それに応じて，信教の自由に対する不利益も拡大すると考えられる。この点，最高裁判例は一貫して，政教分離の「根本目的」を「信教の自由の保障の確保」においてきた。この流れに沿えば，相克問題は，信教の自由の側に重きをおいて処理する方向が予想されるところである。

　この点，空知太神社事件判決で最高裁が目的・効果基準を用いなかったのも，同基準を適用すると，富平神社事件のように，地域の氏子集団に公有財産を譲渡することで，特定宗教を助長することになるため，違憲状態を解消する途が塞がれてしまうこととなり，神社施設の除却という氏子集団の信教の自由を否定する形の解決しか残されなくなることを懸念したによるものと考えることが許されよう（長谷部・憲法〔6版〕198-199頁）。出口の審査基準を緩めるために目的・効果基準を用いない以上は，政教分離違反か否かを判断する入口の基準についても，同基準を用いないことが自然となる。ここにも，信教の自由の確保を根本目的として重視する最高裁の態度が表れている。

判例14　《エホバの証人剣道受講拒否事件判決》
　　　　　　最判平成8・3・8民集50巻3号469頁

　エホバの証人剣道受講拒否事件では，高等専門学校が学生の信教の自由に配慮して代替措置を採用することは，政教分離に反する可能性があるとの法的障

害の有無が論点にのぼった。この点，最高裁判決は「信仰上の真しな理由から剣道実技に参加することができない学生に対し，代替措置として，例えば，他の体育実技の履修，レポートの提出等を求めた上で，その成果に応じた評価をすることが，その目的において宗教的意義を有し，特定の宗教を援助，助長，促進する効果を有するものということはできず，他の宗教者又は無宗教者に圧迫，干渉を加える効果があるともいえないのであって，およそ代替措置を採ることが，その方法，態様のいかんを問わず，憲法20条3項に違反するということができないことは明らかである」とした。代替措置を認めないと神のたたりがあるからといった理由であるなら格別，ここに述べられた理由は，信教の自由の保障という「世俗目的」に出たものであり，問題はなかろう。なお，上記判示部分では，効果の判定において「無宗教者」へのそれも考慮されている。

　さて，上記判示部分では，代替措置の「方法，態様のいかん」が問われる場合があり得ることを示唆しているが，この点，本判決は「公立学校において，学生の信仰を調査せん索し，宗教を序列化して別段の取扱いをすることは許されないものであるが，学生が信仰を理由に剣道実技の履修を拒否する場合に，学校が，その理由の当否を判断するため，単なる怠学のための口実であるか，当事者の説明する宗教上の信条と履修拒否との合理的関連性が認められるかどうかを確認する程度の調査をすることが公教育の宗教的中立性に反するとはいえないものと解される」と言い切っている。大筋において常識的な判断ではあるものの，信仰上の拒否理由の「核心性」「真摯性」，さらに宗教上の信条と拒否理由の合理的関連性の判断は，実に微妙な問題をはらみうる点が留意されるべきであろう。

［駒村圭吾］

第3章　国民の権利及び義務

第21条【集会・結社・表現の自由，通信の秘密】
① 集会，結社及び言論，出版その他一切の表現の自由は，これを保障する。
② 検閲は，これをしてはならない。通信の秘密は，これを侵してはならない。

Ⅰ 総　説 …………………… 340
　1 歴　史 …………………… 340
　2 「表現」の意味と対象 …… 343
　3 知る権利と表現の自由の保障の性格 …………………… 344
　　(1) 「知る権利」の成立 …… 344
　　(2) 「知る権利」の多義性 … 345
　　(3) 積極的な権利としての「知る権利」…………………… 345
　　　(ア) 情報開示請求権 （345）
　　　(イ) アクセス権 （348）
　4 表現の自由と国家による給付 … 350
　5 政府言論 ………………… 353
Ⅱ 表現の自由の価値 ………… 354
　1 表現の自由の「優越的地位」… 354
　　(1) 表現の自由の「優越的地位」の正当化 ……………… 354
　　(2) 民主的な政治過程の維持 … 355
　　(3) 思想の自由市場論 …… 356
　　(4) 表現の自由を保障することの個人にとっての意義 …… 356
　　(5) 公共財としての表現の自由 …………………………… 357
　2 高価値表現と低価値表現 … 358
Ⅲ 表現の自由の保護範囲と定義づけ衡量 ………………………… 360
　1 範疇化アプローチと定義づけ衡量 …………………………… 360

　2 違法行為のせん動 ……… 362
　　(1) 犯罪や違法行為のせん動を処罰する法令 ……………… 362
　　(2) 様々な基準 …………… 364
　3 名誉毀損 ………………… 366
　　(1) 名誉の意義 …………… 366
　　(2) 名誉の保護と表現の自由の調整 …………………………… 368
　　　(ア) 4段階の調整 （368）　(イ) 配信サービスの抗弁 （370）
　　　(ウ) 「現実の悪意」の法理 （372）
　　　(エ) 意見による名誉毀損 （373）
　4 プライバシー侵害 ……… 375
　　(1) プライバシー侵害に対する救済の要件 ………………… 375
　　(2) 前　科 ………………… 376
　　(3) 推知報道 …………… 378
　　(4) モデル小説 ………… 379
　　(5) リベンジポルノ ……… 381
　5 性表現の規制 …………… 381
　　(1) わいせつ ……………… 381
　　　(ア) 「わいせつ」性の判断 （382）
　　　(イ) わいせつ表現規制の根拠 （384）
　　(2) 青少年保護育成条例，児童ポルノ規制など ……………… 385
　　　(ア) 青少年保護育成条例 （385）
　　　(イ) 児童ポルノ （387）　(ウ)

青少年のインターネット利用
　　　（388）
　　6　営利的言論……………………388
　　7　差別的表現（ヘイトスピーチ）
　　　………………………………390
Ⅳ　表現の自由の制約形式 …………391
　1　事前抑制・検閲………………391
　　（1）表現行為の事前規制が特に警
　　　戒されるべき理由 ……………391
　　（2）「検閲」の定義………………392
　　（3）出版物の事前差止め ………394
　2　明確性の法理，過度の広汎性の
　　法理……………………………397
　　（1）明確性の法理と過度の広汎性
　　　の法理の異同 …………………397
　　（2）明確性の判断基準と限定解釈
　　　………………………………398
　　（3）広島市暴走族追放条例事件
　　　………………………………400
　　（4）2つの法理と第三者の権利主
　　　張適格 …………………………401
　3　表現の内容に基づく規制と内容中
　　立的規制の区別………………404
　4　表現の内容中立的規制………405
　　（1）表現行為の時・場所・方法の
　　　規制 ……………………………406
　　　㋐　街頭演説の規制 （406）
　　　㋑　ビラ貼りの規制 （407）
　　　㋒　ビラ配りの規制 （408）
　　（2）付随的規制 …………………410
　　　㋐　公務員の政治的意見表明の禁
　　　止 （411）　　㋑　選挙における
　　　戸別訪問の規制 （414）
Ⅴ　知る権利と報道の自由 …………418
　1　知る権利とマスメディアの位置づ
　　け………………………………418
　2　取材の自由……………………419
　3　取材活動の制約………………420

　　（1）情報へのアクセスの制約 …420
　　　㋐　国家秘密に関する取材への制
　　　約 （420）　　㋑　法廷における
　　　取材への制約 （421）
　　（2）取材源秘匿権 ………………422
Ⅵ　放送と通信 ………………………424
　1　放　　送………………………424
　2　インターネット………………427
　　（1）インターネットが表現の自由
　　　に及ぼす影響 …………………427
　　（2）インターネット上の名誉毀損
　　　………………………………427
　　　㋐　プロバイダの削除義務 （427）
　　　㋑　プロバイダの発信者情報開示
　　　義務 （428）　　㋒　対抗言論の
　　　原則 （429）　　㋓　忘れられる
　　　権利 （431）
　3　通信の秘密……………………432
　　（1）通信の意義 …………………432
　　（2）通信の秘密の保護の対象 …433
　　（3）「侵してはならない」の意義
　　　………………………………434
　　（4）通信傍受 …………………435
Ⅶ　集会の自由 ………………………438
　1　総　　説………………………438
　2　集会の自由とパブリック・フォー
　　ラムの法理……………………439
　3　道路上での集団行動に関する規制
　　………………………………444
　　（1）公安条例による規制 ………444
　　（2）道路交通法による規制 ……445
　4　公園・市民会館での集会の規制
　　………………………………446
　5　公共施設の目的外使用………448
　6　個別法による集会の自由の規制
　　………………………………449
Ⅷ　結社の自由 ………………………451
　1　結社の自由の意義……………451

2　結社の自由と近代立憲主義……452
　3　結社の自由の保護範囲……452
　　(1)　結社しない自由 ……452
　　(2)　特定の結社に所属していることを理由とした不利益を与えられないこと ……454
　　(3)　構成員名簿の開示・提出を義務付けられないこと ……454
　　(4)　公権力による干渉を受けないこと ……455
　4　結社の自由の限界……455
　　(1)　構成員の差別 ……455
　　(2)　無差別大量殺人団体規制法による規制 ……455
　　(3)　破壊活動防止法による規制 ……456

［阪口正二郎］

I　総　説

1　歴　史

　「表現の自由は最も広範に保障された憲法上の権利に属する」（Adrienne Stone, 'The Comparative Constitutional Law of Freedom of Expression', in *Comparative Constitutional Law*, eds. Tom Ginsburg and Rosalind Dixon（Edward Elgar Pub., 2011）, p. 406）と言われるように，今日，表現の自由は大半の国家において憲法レベルの保障を受けている。

　一般的なのは，日本のように，憲法典で明示的に表現の自由を保障するやり方であるが，たとえ憲法典における明示的な表現の自由の保障規定を欠く場合であっても，オーストラリアのように，裁判所が表現の自由を民主主義にとって不可欠な権利として憲法レベルの保障を与えている場合もある。少なくとも，リベラル・デモクラシーを採用する国家において，表現の自由を憲法レベルで保障することは，自己がリベラル・デモクラシーを採用していることの最低限の証明であり，その意味で，表現の自由の保障はリベラル・デモクラシーにとって「標準装備」を構成していると言っても過言ではない。

　1776年のヴァージニア権利宣言12条が「言論出版の自由は，自由の有力なる防塞の一つであって，これを制限するものは専制政府といわなければならない」としたり，1789年のフランス人権宣言11条が「思想および意見の自由な伝達は，人の最も貴重な権利の一つである」としているように，表現

§21 I

の自由は18世紀の市民革命期からその意義が認められていた。

　しかし，近代市民革命期に表現の自由として認められていたのは，現在一般に表現の自由と理解されているものよりははるかに限定的なものであった。もともと西欧近代における表現の自由は，出版物に対する検閲制度との対抗から生まれたものである。印刷技術が発明されて情報の流通が容易になると，当時の国家権力は表現物が広く伝播することは社会の道徳や安定性，権力の正統性を脅かす可能性があると考えて，検閲制度を設けた。この場合，一般的に検閲とは，国王勢力（＝行政権）が，出版物が市場に出される前にチェックし，望ましくないと思われる表現を禁止し，市場に出ないようにすることであった。

　したがって，この時点での表現の自由とは検閲からの自由を求めるものとして主張された。1644年に表現の自由を擁護する目的で著された『アレオパジティカ』においてジョン・ミルトンが展開した議論も，表現行為の規制を一般に許されないとするものではなく，表現行為を事前に規制することは許されないというものであった。また，18世紀後半に著され，長い間イギリス法の最も権威ある解説書であると評価されたウィリアム・ブラックストンの『英法釈義』においても，「出版の自由」とは専ら「出版に先立っていかなる制約も受けない」ことにあり，「出版された後に刑事責任を免れる自由」ではないとされていた（William Blackstone, Commentaries on the Laws of England (1769), vol. 4, pp. 151-152）。

　やがて検閲制度自体は多くの国で廃止されたが，検閲制度が廃止されたからといって，政府を批判するような表現行為が事後的に厳しく処罰されれば専制を防ぐことができるわけではない。民主主義を実現するためには表現の自由の保障は検閲からの自由を超えて，事後規制の領域においても自由を求めるようになり，民主主義の進展とともに表現の自由の保障領域も拡大されるようになった。検閲との闘いに勝利し，検閲という形での事前規制は許されないことを前提に，次に表現の自由を求める闘争が向かったのは，事後規制についての議会制定法との闘いであった。そこでは，事後規制を対象に，たとえ議会による規制であっても，表現の自由が民主主義を成立させる前提を形成するものである以上，表現の自由を規制することは民主主義からは許

[阪口]

されないのではないか、ということが問われるようになった。

大日本帝国憲法29条は、「日本臣民ハ法律ノ範囲内ニ於テ言論著作印行集会及結社ノ自由ヲ有ス」と定めて表現の自由を保障していたが、表現の自由は法律の範囲内で保障される自由にすぎなかったため、政府を批判する表現や風俗を害する表現は法律によって厳しく制約されていた。また、大日本帝国憲法の下では、不定期刊行物を対象とする出版法（明治26年法律15号）と定期刊行物を対象とする新聞紙法（明治42年法律41号）によって、①皇室の尊厳を冒瀆する文書図画、②政体を改変する文書図画、③秩序（「安寧秩序」、「国憲」）を乱す文書図画、④風俗を害する文書図画に関しては、内務省への事前納本と内閲を受けることが義務付けられていた。これらは「検閲」に他ならなかったが、当時の政府は内務大臣による発禁処分は発売頒布の禁止であって発行の禁止ではないから「検閲」には該当しないとの立場をとっていた。

アメリカ合衆国憲法のように「検閲」の禁止を明文で定めない憲法も多いが、その場合も表現の自由の保障は当然に「検閲」の禁止を含んでいると解されている。本条2項が「検閲は、これをしてはならない」として明示的に検閲を禁止する旨定めているのは、戦前の検閲制度への反省に基づく。

また、ドイツ連邦共和国基本法のように、言論・出版の自由（5条）、集会の自由（8条）、結社の自由（9条）をそれぞれ別個に規定することもあるが、日本の場合は、アメリカ合衆国憲法の場合と同様に、大日本帝国憲法も日本国憲法の場合も言論・出版の自由と並べて集会の自由、結社の自由を保障している。マッカーサー草案では、結社の自由は「一般の福祉に反しない限り」という条件付きで、居住・移転の自由とともに定められていたが、日本側が大日本帝国憲法29条に倣って3月2日案で結社の自由を言論・出版の自由、集会の自由と一緒に規定する形に改め、それが憲法改正草案要綱以降の諸案に引き継がれ、現行の形式に至っている。

ただし、3月2日案では、これらの自由に「安寧秩序ヲ妨ゲザル限ニ於テ」という限定が付されていたが、これは総司令部側によって「基本的な自由については、憲法上に除外例を設けることなく、無条件で保障する規定としなければならない」として拒否された（高柳ほか編・過程Ⅱ165頁）。比較憲

法的に見れば、ヨーロッパではドイツやイタリアのように、表現の自由を保障することに併せて、それを制限する理由を規定する場合も珍しくないが、本条は、アメリカ合衆国憲法修正1条の場合と同様に、規定の上ではそうした制限を設けておらず、一見するとこれらの自由は絶対的な保障を受けるように見えるが、アメリカの場合と同様に、これらの自由も絶対的な保障を受けるわけではなく、必要な場合には制約を受けることになる。

2 「表現」の意味と対象

「表現の自由」とは、人の内面的な精神作用を、方法のいかんを問わず、外部に公表する精神活動の自由をいう（佐藤（幸）・憲法論248頁）。「表現」は、思想・信条・意見の伝達に限られず、事実の伝達を含む情報一般だと考えられる。もっとも、後述するように、表現行為の価値との関係で、あらゆる表現行為が表現の自由の保障を受けるわけではないし、また保障を受けるとしてもひとしなみ同じ程度の保障を受けるわけではない（→Ⅱ・Ⅲ）。

表現の方法は情報化社会の進展に伴って多様であり、口頭での言論や印刷物のほか、音楽、映画、絵画、演劇、写真、彫刻、SNSやネットを用いての方法もあり、「表現の自由」は広くこうした方法による情報の伝達を保障している。したがって、芸術的表現や、政府の政策に反対する意思を表明するために自己が所有する国旗を焼却する行為などのいわゆる「象徴的表現」も本条が保障する「表現」に含まれる（芦部・憲法学Ⅲ240頁、佐藤（幸）・憲法論248-249頁）。

アメリカにおいて「象徴的表現」として問題になった例としては、ヴェトナム戦争への参戦に抗議をするために徴兵カードを焼却した事例（United Stetes v. O'Brien, 391 U.S. 367 (1968)）や公立高校の生徒がヴェトナム戦争に抗議するために黒い腕章を着用して登校した事例（Tinker v. Des Moines Independent Community School District, 393 U.S. 503 (1969)）、共和党の政策に反対するために党大会が行われていた市の市庁舎前で国旗を焼却した事例（Texas v. Johnson, 491 U.S. 397 (1989)）などがある。

日本においては、沖縄国体のソフトボール会場で「日の丸」の掲揚に反対するために、掲揚されていた「日の丸」を引き下ろして焼却した行為が威力

業務妨害罪になるかどうかが争われた事例で，当該行為が「象徴的表現」に該当し正当行為として違法性が阻却されるかどうかが問われたが，福岡高裁那覇支部は，「象徴的表現行為とは，通常の文字又は言語による表出方法に代えて，通常は表現としての意味を持たない行為によって自己の意思・感情等を表出すること」だとし，そのためには「(1) 行為者が表出する主観的意図を有し，(2) その表出を第三者（情報受領者）が表現としての意味を持つものと理解することを必要とする」とした。そのうえで判決は「象徴的表現行為が処罰されるかどうかの限界については，当該処罰による規制の目的が自由な表現の抑圧に関係するもの（表現効果規制）か，それとも表現の抑圧に無関係なもの（非表現効果規制）かによって結論を異にする。前者の場合には，表現の内容の規制に関するいわゆる厳格な基準によって処罰の合憲性が判断される。それに対し，後者の場合には，いわゆるオブライエン・テスト（規制する側の利益と規制される側の不利益との利益較量）によって判断され，その際，① 規制目的・対象が表現効果に向けられていないこと，② 当該規制が重要であること，③ 当該規制が表現行為を不当に制約していないこと，④ 代替の表現手段があることなどが考慮されなければならない」とした。もっとも，この事件で裁判所は，当該「日の丸」の焼却行為について(2)の要件が充足されているかどうかが疑わしく，仮に「象徴的表現行為」だとしてもオブライエン・テストに照らして判断すれば，処罰は合憲であるとしている（福岡高那覇支判平成7・10・26判時1555号140頁）。

なお，表現の自由とは，単に情報を発信する自由にとどまらず，その前提となる情報収集の自由，そして情報を受領する自由（広い意味での知る権利）を含めてコミュニケーションの全過程を保障するものと一般に解されている（佐藤（幸）・憲法論249頁）。

3　知る権利と表現の自由の保障の性格

(1)　「知る権利」の成立

表現の自由は，あらゆる人に平等に保障されているが，個人が十分な情報を効果的に集めたり，自己のメッセージを効果的に社会に伝達したりすることには限界がある。現代のように，情報が政府や社会的に大きな影響力を有

する一部のマスメディアなどに集中すると，それらのメディアが専ら言論市場における情報の「送り手」となり，個人は専ら情報の「受け手」の地位に固定される危険性が生じる。そうしたことから，「受け手」の地位から表現の自由を再構成し，場合によっては単に個人を情報の「受け手」としての地位にとどめるのではなく，必要な情報の提供を積極的に要求するための概念として，いわゆる「知る権利」が注目されるようになっている。世界人権宣言は19条で「意見及び表現の自由」を保障しているが，同条が「干渉を受けることなく自己の意見をもつ自由」と並んで「情報及び思想を求め，受け，及び伝える自由を含む」と規定しているのも，そうした背景による。

(2) 「知る権利」の多義性

「知る権利」なる概念は多義的であり，様々な場面で用いられるため注意を要する。一つは，「知る権利」はそれ自体が権利ではなく，マスメディアの報道の自由が憲法上保障されるべきであるとの根拠として用いられる場合があることである。もう一つは，「知る権利」が権利として主張される場合も，いくつかの異なった意味で用いられることである。第1に情報受領権を意味するものとして用いられる。たとえば，外国の出版物が税関検査により善良な風俗を害するものとして輸入を禁止された場合や，受刑者が新聞閲読について制限を受ける場合などに知る権利が侵害されたと主張されることがある。第2に，情報を収集する権利を意味するものとして用いられることもある。第3に，政府が保有する情報の公開を求める権利（＝情報開示請求権）を意味するものとして用いられることもある（松井・憲法〔3版〕477頁，芹沢ほか編・新基本コメ195-196頁〔市川正人〕）。このように「知る権利」は多義的な概念であり，中には，税関検査との関係で主張される「知る権利」のように，先に述べたような言論市場をめぐる現代的な状況とは無関係で，むしろ古典的な国家による規制を問題にする場合に用いられることもある。

(3) 積極的な権利としての「知る権利」

言論市場をめぐる現代的な状況との関係で「知る権利」が問題になる場合，表現の自由は単に妨害排除権を超えて何らかの国家の積極的な措置を求めるものとなる。

(ア) 情報開示請求権　　その第1は，国家に対して国家が保有する情報の

第3章　国民の権利及び義務

公開を求める情報開示請求権の場合である。国民は主権者であり，主権者として国民が適切に国家の活動を監視し，コントロールするためには，政府がどのような情報を有しているのか国民に明らかにされる必要がある。政府情報開示請求権は，政府に対してその保有する情報の開示という積極的な行為を求めるものであるため，いつ，誰が，いかなる情報をどのような手続で請求し得るかを具体的に定めた法令がない限り，憲法21条を根拠にして直接，裁判所に対して具体的な開示請求はなすことはできないと解されている（芦部・憲法〔6版〕176頁）。

日本においては1980年代から地方公共団体が次々と情報公開条例を制定し，情報公開制度は地方自治体が先行する形で整備されたが，国レベルでも1999年（平成11年）に「行政機関の保有する情報の公開に関する法律」（情報公開法）が制定され，2001年（平成13年）4月1日から施行されている。この法律は，「知る権利」を明記してはいないものの，「国民主権」の理念と「政府の有するその諸活動を国民に説明する責務」という観点から情報公開制度を位置付けており（同法1条），「何人」に対しても行政機関の保有する情報の開示請求権を認める（同法3条）ものである。同法は公開を原則としつつも，5条において，公開することにより個人を識別できる情報や，公開することにより国の安全が脅かされたりする情報，公共の安全と秩序の維持に支障を及ぼすおそれがある情報など，一定の情報を「不開示情報」としている。

最高裁は，大阪府の公文書公開等条例を対象としてではあるが，知事の交際費の公開請求がなされた事例（最判平成6・1・27民集48巻1号53頁）において，「知事の交際事務には，懇談，慶弔，見舞い，賛助，協賛，餞別などのように様々なものがあると考えられるが，いずれにしても，これらは，相手方との間の信頼関係ないし友好関係の維持増進を目的として行われるものである。そして，相手方の氏名等の公表，披露が当然予定されているような場合等は別として，相手方を識別し得るような前記文書の公開によって相手方の氏名等が明らかにされることになれば，懇談については，相手方に不快，不信の感情を抱かせ，今後府の行うこの種の会合への出席を避けるなどの事態が生ずることも考えられ，また，一般に，交際費の支出の要否，内容等は，

府の相手方とのかかわり等をしん酌して個別に決定されるという性質を有するものであることから、不満や不快の念を抱く者が出ることが容易に予想される。そのような事態は、交際の相手方との間の信頼関係あるいは友好関係を損なうおそれがあり、交際それ自体の目的に反し、ひいては交際事務の目的が達成できなくなるおそれがあるというべきである。さらに、これらの交際費の支出の要否やその内容等は、支出権者である知事自身が、個別、具体的な事例ごとに、裁量によって決定すべきものであるところ、交際の相手方や内容等が逐一公開されることとなった場合には、知事においても前記のような事態が生ずることを懸念して、必要な交際費の支出を差し控え、あるいはその支出を画一的にすることを余儀なくされることも考えられ、知事の交際事務を適切に行うことに著しい支障を及ぼすおそれがあるといわなければならない。したがって、本件文書のうち交際の相手方が識別され得るものは、相手方の氏名等が外部に公表、披露されることがもともと予定されているものなど、相手方の氏名等を公表することによって前記のようなおそれがあるとは認められないようなものを除き、懇談に係る文書については本件条例8条4号又は5号により、その余の慶弔等に係る文書については同条5号により、公開しないことができる文書に該当するというべきである」としている。

　なお、個人情報保護条例が制定されていない中で県の情報公開条例に基づいて病院から県に提出される診療報酬明細書（いわゆるレセプト）の公開を請求した事例（最判平成13・12・18民集55巻7号1603頁）において、最高裁は、情報公開制度と個人情報保護制度の「2つの制度は、本来、異なる目的を有するものであって、公文書を公開ないし開示する相手方の範囲も異なり、請求を拒否すべき場合について配慮すべき事情も異なるもの」であり、情報公開制度によって「そこに記録されている情報が自己の個人情報であることを理由に、公文書の開示を特別に受けることができるものではない」としながらも、「情報公開制度が先に採用され、いまだ個人情報保護制度が採用されていない段階においては、被上告人らが同県の実施機関に対し公文書の開示を求める方法は、情報公開制度において認められている請求を行う方法に限られて」おり、「情報公開制度と個人情報保護制度は、……異なる目的を有する別個の制度ではあるが、互いに相いれない性質のものではなく、むしろ、

相互に補完し合って公の情報の開示を実現するための制度ということができる」として、「個人情報保護制度が採用されていない状況の下において、情報公開制度に基づいてされた自己の個人情報の開示請求については、そのような請求を許さない趣旨の規定が置かれている場合等は格別、当該個人の上記権利利益を害さないことが請求自体において明らかなときは、個人に関する情報であることを理由に請求を拒否することはできないと解するのが、条例の合理的な解釈というべきである」としている。情報公開制度が、国民主権の理念に基づいて主権者である国民が政府が保有している情報を公開させるものであるのに対して、個人情報保護制度はプライバシー権である自己情報コントロール権に基づいて、政府や民間企業など他者が保有する自己情報へのアクセスを認めるものであり、両者は目的を異にする別個の制度であると考えるべきである。本判例は、個人情報保護条例が未制定であったという特殊な状況において例外的に情報公開条例に基づいて個人情報の開示を認めたものと理解すべきであろう。

　また、在監者に対する取材の自由が問題となった事例として、死刑判決を受けて上告中の刑事被告人に対して取材目的での接見を拘置所長に申し出、これが拘置所長による不許可とされたことを争った事例（東京高判平成7・8・10判時1546号3頁）があり、東京高裁は、「取材の自由等は、何らの制約も受けないというものではなく、本件におけるような、本来一般人が自由に立ち入ることを許されていない施設である拘置所に在監中の被勾留者に報道関係者が直接面会して取材を行う自由や被勾留者が報道関係者と直接面会して接触を持つ自由といったものまでが、憲法21条の趣旨に照らして保障されているものとすることは困難である」としている。この判決は、取材の自由はあくまで「国家からの自由」としての防御権であり、拘置所のような特殊な空間までのアクセスを求める積極的な権利ではないと解しているように思える。

　(イ)　アクセス権　　言論市場をめぐる現代的な状況との関係で「知る権利」が問題になる場合に表現の自由が国家の何らかの積極的措置を求めることになる第2の場合が、マスメディアに対して主張される、いわゆる「アクセス権」の場合である。「アクセス権」も多義的であるが、特に問題となる

のは，一般市民がマスメディアに対して自己の意見や見解の発表の場の提供を，意見広告や反論文の掲載という形で求める場合である。

フランス（1881年7月29日法13条）やドイツの各州においては，定期刊行物について反論権を認める立法があり，アメリカにおいては印刷メディアについての反論権は認められないものの（Miami Herald v. Tornillo, 418 U.S. 241 (1974)），放送メディアについては，公共的重要性を帯びる論争点に関して意見を表明した者に対する人格攻撃への反論権が2000年までは認められていた。

日本においても，戦前の新聞紙法は，17条において「新聞紙ニ掲載シタル事項ノ錯誤ニ付」き，「其ノ事項ニ関スル本人又ハ直接関係者」が「正誤又ハ正誤書，弁駁書ノ掲載ヲ請求」できると定めており，反論権を認めていたが，新聞紙法は戦後廃止された。現在では，フランスやドイツのような形で反論権を認めた実定法は存在しない。

最高裁は，「サンケイ新聞」事件（最判昭和62・4・24民集41巻3号490頁）において，「反論権の制度は，……名誉あるいはプライバシーの保護に資するものがあることも否定し難い」が，「この制度が認められるときは，新聞を発行・販売する者にとっては，原記事が正しく，反論文は誤りであると確信している場合でも，あるいは反論文の内容がその編集方針によれば掲載すべきでないものであっても，その掲載を強制されることになり，また，そのために本来ならば他に利用できたはずの紙面を割かなければならなくなる等の負担を強いられるのであって，これらの負担が，批判的記事，ことに公的事項に関する批判的記事の掲載をちゅうちょさせ，憲法の保障する表現の自由を間接的に侵す危険につながるおそれも多分に存する」とし，「反論権の制度は，民主主義社会において極めて重要な意味をもつ新聞等の表現の自由……に対し重大な影響を及ぼすものであ」り，「不法行為が成立する場合にその者の保護を図ることは別論として，反論権の制度について具体的な成文法がないのに，反論権を認め」ることはできないとした。

この判決は「不法行為が成立する場合にその者の保護を図ることは別論」としているので，マスメディアによって名誉を毀損された者が，不法行為としての名誉毀損が成立した場合には反論文の掲載を要求することは認めてい

るようにも読めるが判然とはしない。それ以外の場合には具体的な立法がないことを根拠にしてアクセス権を否定しているものと思われる。そうだとすれば次に法律でアクセス権を認めるべきかどうかが問題になるが，その場合，マスメディアが有する編集権とどのように調整するか，批判的な記事を掲載することに対する萎縮的効果が働かないかどうかがが問題となる（芦部・憲法〔6版〕179頁）。こうしたことから学説はおおむねこうした法律を制定することには慎重な姿勢を示している（高橋・立憲主義〔3版〕199-200頁，松井・憲法〔3版〕488頁）。

ただし，印刷メディアと区別された放送メディアについては，電波の希少性や国民に対する特殊な影響力など放送メディアの特殊性を根拠に，法律でアクセス権を認める余地があるとする立場もある。本判決は，放送法4条1項〔現9条1項〕の訂正放送制度について，放送事業者は「限られた電波の使用の免許を受けた者であって，公的な性格を有するもの」であることを理由に，同制度は新聞に対する反論権の根拠とはならないとしている。また，最高裁は別の事件（最判平成16・11・25民集58巻8号2326頁）で，訂正放送制度を定める放送法の規定は，「放送事業者に対し，自律的に訂正放送等を行うことを国民全体に対する公法上の義務として定めたもの」で，「被害者に対して訂正放送等を求める私法上の請求権を付与する趣旨の規定ではない」としている。

4 表現の自由と国家による給付

表現の自由は，原則的には「国家からの自由」として国家による妨害の排除を求める権利であるが，見てきたように，一定の場合に国家による積極的措置を求める場合がある。この場合，そうした表現の自由はあくまで抽象的権利にとどまり，国家による特定の具体的な施策を求めるためには，そうしたことを定める法律が必要であると解されている。

今日，国家は様々な形で国家が管理する資源を国民の利用の用に供しており，そこでの国家のありようが表現の自由との関係で問題となる。たとえば，国家による文化に対する財政援助はその典型である。文化や芸術を維持・普及するためには一定の資源が必要であり，私人がそれを担うには限界がある

一方で，優れた芸術や文化の存在は個人が新しい価値や情報に出会い，豊かな生を生きるためには不可欠である。そのため文化や芸術を支えるために国家が大きな役割を果たすことになる。しかしながら，国家による給付が問題となっているにすぎないという理由で，国家がその給付に関して思いのままに様々な条件を付すことができるということを認めると，言論市場は著しく歪曲されることになる。

　国家による給付の場面で，表現の自由の保障の観点から国家の行為をどのように統制すべきかは喫緊の課題である。一般論として言えば，当該給付の内容によって統制の仕方は異なることになろう。後述するパブリック・フォーラムのような場面では，国家に対して内容に基づく選別の禁止を原則的に求めることができる（→Ⅶ 2）。これに対して，芸術や文化活動への援助の場面では，何が優れた芸術・文化であるかは内容や観点に基づく判断によらざるを得ない以上，厳格な形で内容や観点に基づく選別の禁止を求めることは不可能であろう。この場合には，国家に一定の裁量の余地を認めながら，それが国家による言論市場の歪曲にならないように文化や芸術の政治からの自律性を担保し得るようなシステムを構築することが求められることになろう。芸術や文化に対する援助の場面で国家に基本的な援助の方針の策定を認める一方で，個々の作品に援助するかどうかの判断は学芸員や図書館司書などのいわゆる文化専門職の判断に委ねるというやり方は一つの方法である。

　富山県立近代美術館において，展覧会において展示された作品が，展覧会終了後，県議会の委員会で当該作品に不快感を覚えた議員から作品の選考意図等について質問が出され，それが新聞で大きく報道されたことを契機に，美術館側が当該作品とそれを含む図録を非公開とし，その後作品を売却し，図録を焼却したことに対して，一部の住民と作品の作者らが損害賠償等を求めた事例（名古屋高金沢支判平成 12・2・16 判時 1726 号 111 頁）において，裁判所は，作者については，①「芸術家が作品を製作して発表することについて公権力がこれを妨げることは許されないが，公権力に対し，芸術家が自己の製作した作品を発表するための作為，たとえば，展覧会での展示，美術館による購入等を求める憲法上の権利を有するものではない」とし，住民に関しては，②「県立美術館についての右の美術品の特別観覧に係る条例等の規定

は，美術館の開設趣旨やその規定の仕方，内容に照らしても，……憲法21条が保障する表現の自由あるいはそれを担保するための『知る権利』を具体化する趣旨の規定とまで解することは困難である」が，③「県立美術館は地方自治法244条1項にいう公の施設に当たり，県立美術館が所蔵する美術品を住民が特別観覧することは，公の施設を利用することにほかならないから，県教育委員会は，地方自治法244条2項に定める正当な理由がない限り，作民〔ママ〕のした特別観覧許可申請を不許可とすることは許されないと解すべきである」とし，④「美術館という施設の特質からして，利用者が美術作品を鑑賞するにふさわしい平穏で静寂な館内環境を提供・保持することや，美術作品自体を良好な状態に保持すること（破損・汚損の防止を含む。）もその管理者に対して強く要請されるところであ」り，「県立美術館の管理運営上の支障を生じる蓋然性が客観的に認められる場合には，管理者において，右の美術品の特別観覧許可申請を不許可とし，あるいは図録の閲覧を拒否しても，公の施設の利用の制限についての地方自治法244条2項の『正当な理由』があるものとして許される」としている。

これに対して，市の公立図書館の司書が作者や作者に賛同する者やその著作に対する否定的評価と反感に基づいて，作者らの著作を市の図書館資料の除籍基準に該当しないにもかかわらず，独断で廃棄したことに対して作者が損害賠償を求めた事例（最判平成17・7・14民集59巻6号1569頁）において，最高裁は，①公立図書館は，地方公共団体が「国民の文化的教養を高め得るような環境を醸成するための施設」として設置した「公の施設」であるとし，また図書館法，社会教育法などから見て，「公立図書館は，住民に対して思想，意見その他の種々の情報を含む図書館資料を提供してその教養を高めること等を目的とする公的な場ということができる」としたうえで，②「公立図書館の図書館職員は，公立図書館が上記のような役割を果たせるように，独断的な評価や個人的な好みにとらわれることなく，公正に図書館資料を取り扱うべき職務上の義務を負うものというべきであり，閲覧に供されている図書について，独断的な評価や個人的な好みによってこれを廃棄することは，図書館職員としての基本的な職務上の義務に反するものといわなければならない」とし，作者については，③「公立図書館が，上記のとおり，住民に図

書館資料を提供するための公的な場であるということは，そこで閲覧に供された図書の著作者にとって，その思想，意見等を公衆に伝達する公的な場でもあるということができる」とし，④「公立図書館の図書館職員が閲覧に供されている図書を著作者の思想や信条を理由とするなど不公正な取扱いによって廃棄することは，当該著作者が著作物によってその思想，意見等を公衆に伝達する利益を不当に損なうものといわなければならない。そして，著作者の思想の自由，表現の自由が憲法により保障された基本的人権であることにもかんがみると，公立図書館において，その著作物が閲覧に供されている著作者が有する上記利益は，法的保護に値する人格的利益であると解するのが相当であり，公立図書館の図書館職員である公務員が，図書の廃棄について，基本的な職務上の義務に反し，著作者又は著作物に対する独断的な評価や個人的な好みによって不公正な取扱いをしたときは，当該図書の著作者の上記人格的利益を侵害するものとして国家賠償法上違法となる」とした。

この事件の差戻控訴審（東京高判平成17・11・24判時1915号29頁）も，「公立図書館において，その著作物が閲覧に供されることにより，著作者は，その著作物について，合理的な理由なしに不公正な取扱いを受けないという上記の利益を取得するのであり，この利益は，法的保護に値する人格的利益であると解するのが相当であ」るとしているので，裁判所は，いかなる図書を購入するかについては図書館側に広い裁量があるとしても，いったん購入した図書の管理に関しては裁量の幅は狭まるとの理解に立っているように思われる（芦部・憲法〔6版〕177-178頁）。

なお，これら2つの事例は，日本では文化専門職が政治から自律していなければならないという認識が不十分であるか，あるいは専門職としての判断ではなく個人の判断で動く可能性があるという意味で，いずれにせよ文化専門職たりえていない危険性を示すものでもあることに注意を要する。

5　政府言論

表現の自由に関する新たな問題として，いわゆる政府言論の問題がある。従来の表現の自由に関する問題が，政府が言論市場に対して外側から規制を加えるという問題であったのに対して，これは政府自らが言論市場に参入す

ることに伴って生じる問題である。政府言論には，首相の記者会見や政府広報のように政府が直接言論行為をなす場合と，政府が何らかの形で私人を介して間接的に話す場合——先の国家による文化や芸術への財政援助の場合もここに含まれることがある——の2つの類型が考えられる。

政府が「話し手」として言論市場に参入してくる場合，政府は，①様々な資源（財的資源，人的資源，そして情報という資源など）において私人に比べて相対的に優位な立場にあるだけでなく，②民主主義の下での正統性という私人にはない固有の優位性を有している。言論市場をめぐる現代的な状況において，マスメディアなど一部の私人に「話し手」の地位が独占されていることが問題だとすれば，言論市場に政府が自ら「話し手」として参入してくれば，場合によって市場は著しく歪曲され，国民が洗脳される危険すらある。そのことは第二次世界大戦中の「大本営発表」の例を考えてみれば明らかである。

他方で，政府言論に関しては，①そもそも政府は一定の問題について自己の立場を表明せざるを得ないこと，②また民主主義の下で国民は政府の立場を知る必要があるため，政府言論を全面的に禁止することは望ましくもないこと，③リベラル・デモクラシーの下でそうした体制を維持するための政府言論に一定の役割を期待し得ることもあると考えられる。政府が「政府言論」を通じて言論市場に自己に都合の良い言論を投入することで市場を操作しようとすることに対しては，市民の側から政府が保有する情報の公開を求める情報公開制度が一つの有力な対抗策として機能し得る。それ以外の場面で，いかにして危険な政府言論を統制してゆくべきかは表現の自由をめぐる最も新しい課題である。

II 表現の自由の価値

1 表現の自由の「優越的地位」

(1) 表現の自由の「優越的地位」の正当化

学説においては，表現の自由は，他の憲法上の権利との関係において「優

越的地位」にあると言われ、その結果、いわゆる「二重の基準」論が広く支持されており、表現の自由を典型とする精神的自由は「優越的地位」を占めるとされ、違憲審査に際して、表現の自由を制約する立法の合憲性審査には、経済的自由を制約する立法の合憲性審査に関して適用される「合理性の基準」よりも厳格な審査基準が用いられるべきであるとされている。

表現の自由の「優越的地位」を正当化する議論として、大別して表現の自由を保障することの積極的意義を説く積極的正当化と、表現の自由は他の自由に比べて規制を受けやすいことを説く消極的正当化（そうした議論の典型として、浦部・教室〔3版〕158-160頁）があるが、多くの議論は積極的正当化を提示している。

(2) 民主的な政治過程の維持

積極的正当化としていくつかの議論がある。第1は、表現の自由を保障することが民主的な政治過程の維持にとって不可欠なものであるという議論である。民主政の下では国民が主権者である。主権者である国民は、多様で広範な情報や意見に接することで、自らの意思を形成し、それを政治に反映させることが可能になる。特に、主権者として国民が、政府の行動をきちんと監視しチェックするためには、国民が政府の行動に関する情報や批判に接することが決定的に重要となる。政府の行動に対する批判的な見解が規制され、政府の行動に対する好意的な見解にのみ接することが許される国民は、同意を強いられる客体であって主権者ではない。最高裁も、「北方ジャーナル」事件において、「主権が国民に属する民主制国家は、その構成員である国民がおよそ一切の主義主張等を表明するとともにこれらの情報を相互に受領することができ、その中から自由な意思をもって自己が正当と信ずるものを採用することにより多数意見が形成され、かかる過程を通じて国政が決定されることをその存立の基礎としているのであるから、表現の自由、とりわけ、公共的事項に関する表現の自由は、特に重要な憲法上の権利として尊重されなければならないものであり、憲法21条1項の規定は、その核心においてかかる趣旨を含むものと解される」（最大判昭和61・6・11民集40巻4号872頁）としている。

第3章　国民の権利及び義務

(3)　思想の自由市場論

　第2の議論は，表現の自由の最も古典的な正当化論である，思想の自由市場論である。この議論によれば，真理は市場における思想の自由な競争を通じて発見されるものであり，思想の自由市場を維持するためには表現の自由を保障する必要がある。表明される意見が真理である場合，表現の自由を規制することは市場における自由な競争をゆがめ，真理の発見を妨げるし，また表明される意見が虚偽であっても，真理は市場において虚偽と対決することによってより一層確固としたものとなる。古典的には，J・S・ミルやJ・ミルトンがイギリスにおいて「検閲」に対抗して表現の自由を擁護するためにこの議論を展開したが，この議論の典型例を，「希求されるべき究極の善は思想の自由な交換によってこそより良く達成される。すなわち，真理の最良のテストとは，その思想が，市場における競争において自らを受け入れさせるその力にあり，真理こそが人々が望むことを安全に実現させる唯一の基盤なのである」という，Abrams v. United States（250 U.S. 616, 630 (1919)）におけるホームズ裁判官の反対意見の一節に見出すことができる。

(4)　表現の自由を保障することの個人にとっての意義

　これらの議論が，表現の自由を保障することの社会的意義を強調するのに対して，第3の議論は表現の自由を保障することの個人にとっての意義を強調し，個人が自らの有する可能性や人格を十分に発展させたり，自分自身の人生の作者となって自律的な生を生きるためには，自ら意見を自由に表明したり，多様な情報やものの見方や考え方に接したりする必要があるとする。

　しかし，しばしば一括りにして同視されがちではあるが，厳密に言えば，個人の「自己充足」や「自己実現」と，個人の「自律」は同じではない。「自律」と結びつかない「自己充足」や「自己実現」を考えることができる。たとえば，ある人が，厳格な父親に強制されて嫌々ながら鍛錬をした結果，自己の特定の才能を開花させた場合，その人は「自己充足」や「自己実現」をしていると言えるかもしれないが，その人は「自律」した生を生きているとは考えにくい。「自律」した生とは，自分自身の選択に基づく生を意味する。「自律」とは結びつかない「自己充足」や「自己実現」を強く保障すべき理由はない。表現の自由を手厚く保障すべき根拠となるのは，単なる個人

の「自己充足」や「自己実現」ではなく，個人の「自律」と結びついた「自己充足」や「自己実現」であることに注意しておく必要がある（長谷部・テレビ5頁）。

(5) 公共財としての表現の自由

また，最近の議論として表現の自由を一種の公共財と捉える議論がある。思想の自由市場論によれば，言論も基本的には市場で交換される財の一種である。しかし，言論はその他の財とは異なっており，したがって国家の対応も異なっていてしかるべきであると考えることができるかもしれない。経済学の議論によれば，通常の財に関しては，対価を支払って財を獲得した者だけがその財の便益を独占的に享受できるという「消費の排除性」と，対価を支払って財を獲得した者がその財を消費すれば，その分だけ他の人が消費できる財の量が減少するという「消費の競合性」が働く。その結果，通常の財に関しては十分な需要と供給が発生し，市場が成立する。ところが，国防や清浄な空気といった財の場合，対価を支払わない者にもその便益が及び，ある人の消費量が増加しても他の人の消費できる財の量が減少しないため，「消費の排除性」，「消費の競合性」が機能しない。こうした財については，誰かが対価を支払って当該財を購入するまで待ち，自分はその便益に「ただ乗り」することが個人にとっては経済的に合理的な行動となる。しかし，誰もが合理的な「フリー・ライダー」になろうとすれば，こうした財は市場を通じて適切には供給されないことになる。経済学においては，こうした財を「公共財（public goods）」と呼んで通常の財と区別し，「公共財」は市場に委ねておいたのでは適切に供給されないため，国家が提供すべきであるとされる。

ある種の議論によれば，表現の自由も公共財である。たとえば，政治的な表現の場合，それをなしても個人が得られる利益は多くなく（投票活動と同様，個人の言論が政治を左右する可能性は極めて低い），こうした表現行為をなそうとするインセンティブは大きくなく，逆に規制されるとインセンティブが小さいだけに萎縮しやすくなる。他方で表現行為の利益は表現者以外の多くの人に及ぶことになる。したがって，ここでも「フリー・ライダー」になろうとするインセンティブが働くが，そうなれば民主的な政治過程の維持は困

難となる。表現の自由がこうした公共財だとすれば、それでなくても市場において適切に供給されない表現行為に対して、国家が規制をかければますます表現行為はなされなくなる。表現の自由が公共財だとすれば、国家の役割は、できる限り自由な表現の領域を多く確保することであるということになる（長谷部・テレビ12-15頁）。

この議論は、表現の自由の規制には特別な危険性があるという表現の自由の「優越的地位」の消極的な正当化論として理解することも可能である。しかしながら、実際には、この議論は、民主的な政治過程の維持論という積極的な正当化論を補強する形で用いられることが多い。その理由は、「公共財」としての性格を帯びるのは、政治的な表現の自由など公共的な価値を有する表現行為だからである。前述したように、経済学において「公共財」となるのは「消費の排除性」、「消費の競合性」が機能しないような種類の財である。憲法学の観点から見た場合、「消費の排除性」、「消費の競合性」が機能しないのは、まさに他者に働きかけて社会を変えようとする政治的な表現の自由のような公共的な価値を有する表現行為である。営利的言論など私的な利益を追求することを目的とする表現行為の場合には、経済的な利益の追求を動機として表現行為がなされるため、政府によって規制されても政治的な表現行為とは異なって簡単には萎縮しない。このように、公共財としての表現の自由論は、そもそも政治的な表現の自由は民主的な政治過程を維持する上で不可欠なものであり、その意味で表現行為が「特別な価値」を有するが、それだけでなく政治的な表現の自由は公共財としての側面を有するがゆえに規制されると「萎縮的効果（chilling effect）」が働きやすいという規制の「特別な危険性」があるので、なお一層手厚く保障されるべきであるという形で、積極的な正当化論と消極的な正当化論が組み合わせられて用いられることになる。

2　高価値表現と低価値表現

憲法21条は「一切の表現の自由」を保障しているにもかかわらず、あらゆる表現行為がひとしなみ「優越的地位」にふさわしい保障を受けるとは考えられているわけではない。そもそも表現の自由の保障を受けない表現行為

§21 Ⅱ

があり得る。たとえば、「脅迫」は言論を用いてなされるのが一般的だが、これを表現の自由に関わる問題と考えることは稀である。

　アメリカにおいて、表現の自由の保障があらゆる表現行為に及ぶわけではないことを示した有名な最高裁判決として1942年のChaplinsky v. New Hampshire がある。これは、エホバの証人である被告人が公道上で他の宗教を信じるものは「ペテン師」であるなどと罵ったことを理由に起訴された事例であり、いわゆる「けんか言葉（fighting words）」の規制の合憲性が問題となった事例である。マーフィ裁判官の法廷意見は、「当該言論の阻止と処罰が何ら憲法問題を生ぜしめるものではないと考えられてきた、厳密に定義され狭く限定された言論の種類が存在する。これらは、——発言自体が他者を侵害するか、直ちに治安紊乱を引き起こす——みだらでわいせつな言論、神を冒瀆する言論、名誉毀損的な言論、侮辱的な言論、もしくは『けんか言葉』を含むものである」（315 U.S. 571-572）とした。ここに示されているのは、仮に表現の自由が「優越的地位」にあるにしても、表現行為の中には、それとは別に表現の自由の保障を全く受けない表現行為も存在するとの考え方である。同じような考え方は実は日本の最高裁判例の中にも見出すことができる。たとえば、謝罪広告の合憲性を認めた最高裁判決は、問題となった名誉毀損行為は、「憲法の保障する言論の自由の範囲内に属すると認めることはできない」（最大判昭和31・7・4民集10巻7号785頁）としている。

　また、表現の自由の保障を受けると考えられる場合にも、すべての表現が「優越的地位」にふさわしい保障を受けるわけではない。営利的言論は、一般に政治的表現ほどの保護を受けないと言われている。そうした理由として、しばしば①営利的言論は政治的言論ほどの価値を持たないことや、②営利的言論というのは表現行為というよりも経済的行為に近いこと、③営利的言論は営利目的でなされるため政治的言論より規制に対する耐性がある、つまり萎縮的効果が働きにくいこと、④営利的言論は政治的言論とは異なってその内容の真実性や正確性について判断が容易であることなどが挙げられる。

　このように、表現行為の中には表現の自由の保障をそもそも受けないものや、表現の自由の保障を受けるとしても、低い程度の保障しか受けない表現行為も存在する。こうした場合には、内容に基づく規制であっても、いわゆ

る厳格審査の基準はそもそも妥当しないか，少なくともそのままの形では妥当しないと考えられている。たとえそれが内容に基づく規制であっても，低い価値しかない表現行為の規制についてまでいちいち厳格審査の基準を適用して規制の合憲性を判断しようとすれば，厳格審査の基準は切れ味を失うことになりかねない。表現の自由の「優越的地位」論や，それに基づく内容に基づく規制については厳格審査の基準を適用してその合憲性を厳しく判断すべきだとする通説は，こうした前提があってはじめて成立していることを見逃すべきではない。

　ある表現行為が表現の自由の保障を受けるかどうか，表現の自由の保障を受けるとしてもどの程度の保障を受けるかどうかを決める方法としては，2つの方法が主張されている。第1は，当該表現行為の持つ価値に注目する方法である。これは，「自己統治」や「自己実現」など表現の自由の「優越的地位」論を支える価値と，当該表現行為の結び付きの程度で当該表現行為の価値を考える方法である（芦部・憲法学Ⅲ 248頁）。第2は，当該表現行為がもたらす社会的弊害に注目する方法である（高橋・立憲主義〔3版〕210頁）。この2つのアプローチを排他的なものとして考える必要はない。

　いずれにせよ，表現の自由の「優越的地位」論を論じる意味は，表現の自由によって保護される表現行為の範囲を確定するとともに，当該表現行為が保護を受けるとしてもどの程度の保護を受けるべきかを確定するためのものである。

Ⅲ　表現の自由の保護範囲と定義づけ衡量

1　範疇化アプローチと定義づけ衡量

　後述するように，学説上，表現行為の内容に基づく規制については一般に厳格な違憲審査に服せしめられるべきだと考えられているが，わいせつ表現の規制や名誉毀損などの一定の限られたカテゴリーの表現行為については，憲法における表現の自由の保護を受けないか，あるいは保護を受けるにしても低い程度の保護しか受けないものとして，厳格な違憲審査の例外として取

り扱うべきだと考えられている（芦部・憲法学Ⅲ 410 頁，長谷部・憲法〔6版〕207 頁）。こうした考え方は一般に「範疇化（categorical）」アプローチと呼ばれる。

　上記のような一定の限られたカテゴリーの表現行為の規制の合憲性を判断する場合には，一般に「定義づけ衡量（definitional balancing）」という手法が用いられるべきであるとされている。これは，「保護されるべき人権の範囲あるいは人権としては保護されない範囲を明確に定義し，具体的事例がこの定義に該当するかどうかを判断する」（高橋・立憲主義〔3版〕129 頁），あるいは「憲法が当該行為類型についてどのような定義を要求しているかを判断したうえで，問題となった規制が，その行為類型の定義に該当するもののみを規制の対象としているか否か」（長谷部・憲法〔6版〕207 頁）を判断する手法である。「定義づけ衡量」の手法がうまくいけば，保護されるべき表現行為と保護されない表現行為が区別されることになる。

　また，「定義づけ衡量」は「個別的衡量（ad hoc balancing）」と対置される利益衡量の方法である。「個別的衡量」とは，事例ごとに，裁判所が表現の自由と対立する政府利益の衡量を行うものであり，個々の事例の状況の影響を受けやすく，裁判官の主観に左右された衡量になりがちで，表現の自由に対する萎縮的効果を生ぜしめる危険がある。これに対して，「定義づけ衡量」は，個々の事例以前に，規制を正当化する利益と表現の自由の衡量を行い，憲法上保護されるべき表現行為とそうでない表現行為を厳密に定義し，裁判官は，個々の事例において，この定義に当てはめて規制が憲法上保護されない表現行為のみを規制するものであるかどうかを判断することになる。その意味で「定義づけ衡量」は保護範囲を確定すると同時に「正当化」の作業も行っていることになる。「定義づけ衡量」のポイントは，こうした形で「ルール」を提示することで，個別具体的な事例を処理する裁判官の裁量を統制することにある。

　しかし，「定義づけ衡量」のアプローチを試みても，実際には明確に定義づけることが困難で裁判官による事件ごとの衡量の余地が残る場合が多く，個別的利益衡量と定義づけ衡量の中間で，類型ごとに大まかな方向づけを与える基準を設定する類型的なアプローチになることが多い（高橋・立憲主義

〔3 版〕129 頁）。

　以下，「範疇化」アプローチの下で処理されてきたいくつかのカテゴリーの表現行為について説明を試みる。

　なお，本書で詳しくは扱わないが，著作権法は，30 条以下において個別に著作権の制限を認めているが，これらの個別的制限を超えて著作物を利用した場合に表現の自由の保障との関係が問題となる。アメリカにおいては，①著作物の使用目的，②著作物の性質，③使用される部分が著作物全体において占める量と比重，④著作物の市場や価値に対して当該使用が及ぼす効果という 4 つの要因に照らして，著作物の当該使用態様が「公正な使用（fair use)」といえる場合には著作権の効力を否定する「公正な使用」の法理が一般的な原則として確立されている。日本の場合も，著作権法が 1 条において，著作権を認めると同時に，「文化的所産の公正な利用」に留意することを認めており，これを「公正な使用」の法理を定めたものだとすれば，同法理を著作権と表現の自由を調整する一種の定義づけ衡量として理解することが可能となるかもしれない（「公正な使用」の法理と定義づけ衡量の関係について，詳しくは，山口いつ子『情報法の構造』233-252 頁（東京大学出版会，2010），大日方信春『著作権と憲法理論』43-48 頁（信山社，2011）を参照のこと）。

2　違法行為のせん動

(1)　犯罪や違法行為のせん動を処罰する法令

　現行法上，犯罪や違法行為のせん動を処罰するものとして，たとえば，破壊活動防止法 38 条 1 項・39 条・40 条が，内乱や外患行為，政治目的での建造物の放火，殺人，騒乱などの犯罪行為のせん動を規制しているほか，国税犯則取締法 22 条 1 項や地方税法 21 条 1 項は税金の不納行為のせん動を規制している。

　破壊活動防止法 4 条 2 項が，「この法律で『せん動』とは，特定の行為を実行させる目的をもつて，文書若しくは図画又は言動により，人に対し，その行為を実行する決意を生ぜしめ又は既に生じている決意を助長させるような勢のある刺激を与えることをいう」と規定しているように，「せん動」とは，他者に対して一定の行為を行うようあおる行為を意味する。判例も，同

様な「せん動」の定義を用いている（最大判昭和37・2・21刑集16巻2号107頁）。

　こうした犯罪や違法行為のせん動の規制は，せん動が表現行為によってなされる以上，表現の自由との関係で問題になる可能性があるが，それが表現の自由との関係で慎重に取り扱うべき理由となるのは，主として以下の2つの理由による。

　第1の理由は，刑法における「教唆」と「せん動」の違いに関わる。刑法上「教唆」の場合には，被教唆者が実際に犯罪を実行することが必要とされるのに対して，「せん動」の場合には，被せん動者による犯罪行為の実行行為の着手はおろか，場合によってはその意思が生じたことすら必要とされず，それ自体が「独立犯」として処罰される。これは，表現行為が，具体的な法益を侵害しなくても，表現行為それ自体が危険であるという理由で処罰されることになる可能性がある。

　第2の，より重要な理由は，しばしば犯罪や違法行為のせん動は，内容から見れば，憲法上最大限の保護を与えられるべき政治的表現である場合が多いことである。たとえば，徴兵制を採用している国家が戦争を行う際に，それに対抗して政府による徴兵政策に応じるべきではないとの演説がなされる場合，その演説は，高度に政治的表現であると考えるべきであり，それが徴兵忌避という意味での違法な行為をせん動しているという理由だけで政府が演説者を処罰することを認めれば，表現の自由を保障する意味は失われる。

　最高裁は，「主要食糧ノ政府ニ対スル売渡ヲ為サザルコトヲ煽動シタル者」を罰する食糧緊急措置令11条違反が問題となった事例で，「現今における貧困なる食糧事情の下」で，「主要食糧の政府による売渡に関し，これを為さざることを煽動するが如きは，……政府の政策を批判し，その失政を攻撃するに止るものではなく，国民として負担する法律上の重要な義務の不履行を慫慂し，公共の福祉を害するものである」から，「言論の自由の限界を逸脱し」ているとした（最大判昭和24・5・18刑集3巻6号839頁）。また，沖縄返還協定批准阻止のためには武装闘争が必要であり，機動隊をせん滅しようと演説し，破壊活動防止法39条・40条違反として起訴された事例において，最高裁は，「せん動」の意味を前述の破壊活動防止法4条2項の「せん動」

とほぼ同義に解したうえで,「せん動は,公共の安全を脅かす現住建造物等放火罪,騒擾罪等の重大犯罪をひき起こす可能性のある社会的に危険な行為であるから,公共の福祉に反し,表現の自由の保護を受けるに値しないものとして,制限を受けるのはやむを得ない」としている(最判平成2・9・28刑集44巻6号463頁)。

(2) 様々な基準

アメリカにおいて,現代的な意味での表現の自由法理の出発点となったのは第一次世界大戦期の政府を批判するような表現行為を規制したせん動規制との対抗であった。

連邦最高裁は,当初,規制された表現行為が違法行為を引き起こす可能性があれば,それだけで規制は正当化されるとする「危険な傾向(bad tendency)」の基準を用いて規制を合憲とすることが多かった。これに対抗すべく,表現の自由を擁護しようとする側からは2つの異なったアプローチが提唱された。

一つは,ホームズ判事やブランダイス判事が提唱した,いわゆる「明白かつ現在の危険(clear and present danger)」の基準に示されるアプローチである(Abrams v. United States, 250 U.S. 616 (1919); Whitney v. California, 274 U.S. 357 (1927))。「明白かつ現在の危険」の基準とは,表現行為を制約するためには,①当該表現行為がもたらす「弊害」が重大なものであり,②当該表現行為がそうした「弊害」をもたらす危険性が明白であり,③しかもその「弊害」の発生が時間的に切迫している必要があるというものである。「明白かつ現在の危険」の基準は,表現行為の帰結に注目する点では,「危険な傾向」の基準と同じであるが,表現行為を当該行為の帰結を理由に規制するためには,帰結の重大性,帰結をもたらす明白性,切迫性を要求する点で「危険な傾向」の基準よりもはるかに表現行為の保護につながるものであった。

もう一つは,当時連邦地裁の判事であったハンド判事が提唱したものであり,これは表現行為の帰結ではなく表現行為の内容を問題にするものであり,犯罪や違法行為の「せん動」として表現行為を規制できるのは,当該表現行為の内容が犯罪や違法行為を直接せん動する場合に限られるというアプローチであった(Masses Publishing Co. v. Patten, 244 Fed. 535 (S.D.N.Y. 1917))。ハン

ドのアプローチは，犯罪や違法行為の「せん動」として規制される表現行為の中には，民主主義の下で手厚い保護を受けるべき政治的表現行為が少なからず存在することを前提に，憲法における表現の自由の保障を受けられないのは犯罪や違法行為を直接せん動する表現行為に限られるとする点で「定義づけ衡量」の考え方の先駆けであると言える。

第一次世界大戦期のアメリカにおいては，せん動表現の規制に関して，こうした2つの異なったアプローチが，当時支配的であった「危険な傾向」の基準との対抗において登場したが，1930年代から40年代にかけて，アメリカにおいて「危険な傾向」の基準をしりぞけて優位に立つようになったのは「明白かつ現在の危険」基準に示される表現行為の帰結に注目する第1のアプローチであった。当初，刑法における未遂罪の可罰性の判定基準として考え出された「明白かつ現在の危険」の基準は，表現の自由の分野に転用されて「危険な傾向」の基準をしりぞけただけでなく，1940年代には表現の自由規制立法の合憲性を判断する基準となった。

しかしながら，「明白かつ現在の危険」の基準は，たしかに表現の自由保護的なものではあるが，それが専ら表現行為の帰結に注目する点で，1950年代に冷戦の下で弱点を露呈することになった。冷戦下で，「明白かつ現在の危険」基準は，表現行為のもたらす弊害が重大なものであれば，弊害の発生は差し迫ったものでなくとも規制は正当化されるという，割り引かれた形で用いられるようになった（Dennis v. United States, 341 U.S. 494 (1951)）。こうした事態に対して，それは「明白かつ現在の危険」の基準の誤った理解であると批判することは可能であるが，「明白かつ現在の危険」の基準は，表現行為の帰結に注目するものであるだけに，表現行為を取り巻く状況や時代の影響を受けやすいという問題を抱えていることも否定し難い。

こうしたことを受けて，1960年代後半に連邦最高裁が犯罪や違法行為のせん動を規制する場合の判断基準として示したのが，いわゆる「ブランデンバーグ法理（原則）」である（Brandenburg v. Ohio, 395 U.S. 444 (1969)）。これは，違法行為の唱道の規制が合憲と言えるのは，①それが差し迫った違法な行為を引き起こそうとするものであり，②そのような結果が生じる蓋然性がある場合に限定される，という法理である。この「ブランデンバーグ法理（原

則)」は，表現行為の内容を問題にするハンドのアプローチと表現行為の帰結を問題にするホームズやブランダイスのアプローチを合成したもので，「明白かつ現在の危険」基準よりもより表現保護的な基準であると言える。ハンドのアプローチの影響を受けた部分は「定義づけ衡量」であり，「明白かつ現在の危険」の基準の影響を受けた部分は「個別的衡量」で，「ブランデンバーグ法理（原則）」も「定義づけ衡量」と「個別的衡量」の中間を行くものだと考えられる。

　日本でも「明白かつ現在の危険」基準の「近年の定式化」（長谷部・憲法〔6版〕208頁）として，「ブランデンバーグ法理（原則）」は「せん動」表現の規制の合憲性を判断する基準として好意的に紹介されている。なお，下級審であるが破防法のせん動罪規定の合憲性が争われた，いわゆる「沖縄デー破防法事件」の控訴審判決（東京高判昭和62・3・16高刑集40巻1号11頁）は，①「ブランデンバーグ原則」は「きわめて示唆的」だとし，②破防法40条によるせん動罪は「実質的に理解される抽象的危険の発生を必要とする危険犯と解すべき」だとし，「表現行為がなされた当時の具体的事情のもとで，一般的ないし定型的に見て公共の安全を害する抽象的危険（具体的危険まで至らないその前段階の危険）を感じさせるような場合には，その行為は……優に可罰性をもち得る」としたうえで，③そのように解すれば「ブランデンバーグ原則と結果的にさほど逕庭あるものではないと思われる」としているが，②はブランデンバーグ法理（原則）のように違法行為の発生の切迫性を求めるものではない点でブランデンバーグ法理（原則）とはほど遠いものだと考えられる。

3　名誉毀損

(1)　名誉の意義

　名誉とは何かという点については，①内部的名誉（他者や自己の評価を超える真実の名誉），②外部的名誉（人に対する社会的評価），③名誉感情（個人の主観的な自己評価）が通常区別されるが，①は他者から侵害されるようなものではないため問題にならず，表現の自由との関係で問題になるのは②と③である。②が名誉の本質をなすことについて争いはなく，③については個人の

主観的な感情であるため，刑法や民法で問題になる名誉は②を意味するとの考え方が一般的であるが，刑法においては一部に③は名誉毀損罪（刑230条）の保護法益ではなく，侮辱罪（刑231条）の保護法益であるとする説もある（たとえば，団藤重光『刑法綱要各論〔3版〕』512頁（創文社，1990），福田平『全訂刑法各論〔3版増補〕』188頁（有斐閣，2002）など）。

最高裁は，民法723条にいう名誉とは「人がその品性，徳行，名声，信用等の人格的価値について社会から受ける客観的な評価，すなわち社会的名誉を指すものであって，人が自己自身の人格的価値について有する主観的な評価，すなわち名誉感情は含まない」（最判昭和45・12・18民集24巻13号2151頁）としているが，「石に泳ぐ魚」事件（最判平成14・9・24判時1802号60頁）において，名誉感情の侵害が人格権の侵害として民法上の不法行為の対象となるとの理解を示している。

なお，最高裁は，テレビ放送による名誉毀損に関しても，新聞記事等による名誉毀損の場合と比較して，「テレビジョン放送をされた報道番組の内容が人の社会的評価を低下させるか否かについても，同様に，一般の視聴者の普通の注意と視聴の仕方とを基準として判断すべきである」とし，さらに「テレビジョン放送をされた報道番組によって摘示された事実がどのようなものであるかという点についても，一般の視聴者の普通の注意と視聴の仕方とを基準として判断するのが相当である。テレビジョン放送をされる報道番組においては，新聞記事等の場合とは異なり，視聴者は，音声及び映像により次々と提供される情報を瞬時に理解することを余儀なくされるのであり，録画等の特別の方法を講じない限り，提供された情報の意味内容を十分に検討したり，再確認したりすることができないものであることからすると，当該報道番組により摘示された事実がどのようなものであるかという点については，当該報道番組の全体的な構成，これに登場した者の発言の内容や，画面に表示されたフリップやテロップ等の文字情報の内容を重視すべきことはもとより，映像の内容，効果音，ナレーション等の映像及び音声に係る情報の内容並びに放送内容全体から受ける印象等を総合的に考慮して，判断すべきである」としている（最判平成15・10・16民集57巻9号1075頁）。

名誉が保護されなければ個人は自律した尊厳を有する存在とは言えないた

め，学説において名誉権は憲法13条によって保護されていると解するのが一般的である。この点に関して，「北方ジャーナル」事件判決（最大判昭和61・6・11民集40巻4号872頁）は「人格権としての個人の名誉の保護（憲法13条）」ということを語っているので，最高裁も名誉を13条の保護する人格権として保護の対象と考えていることは間違いない。こうしたことを受けて刑法230条1項は，「公然と事実を摘示し，人の名誉を毀損した者は，その事実の有無にかかわらず」処罰されるとしており，また民法においても名誉毀損は不法行為として損害賠償の対象となる（民709条・710条）。

(2) 名誉の保護と表現の自由の調整

名誉を毀損する行為は表現行為を通じてなされることが多いが，それが表現行為であるからといって，ただちに表現の自由の手厚い保障の対象となるわけではない。謝罪広告の合憲性を認めた最高裁判決は，問題となった名誉毀損行為は，「憲法の保障する言論の自由の範囲内に属すると認めることはできない」（最大判昭和31・7・4民集10巻7号785頁）としている。しかし，政府のありようを批判する表現行為が，一見すると国会議員その他の公務員の名誉毀損となり得ることは容易に想像可能であり，こうした場合に当該表現行為が名誉毀損に該当するという理由だけで規制可能となれば，表現の自由を保障する意味は失われる。ここに，表現の自由の保障と名誉の保護を調整する必要性が生じる。

(ア) 4段階の調整　憲法における表現の自由の保障を受けて，刑法230条の2第1項は，「前条第1項の行為が公共の利害に関する事実に係り，かつ，その目的が専ら公益を図ることにあったと認める場合には，事実の真否を判断し，真実であることの証明があったときは，これを罰しない」としており，たとえ当該表現が名誉毀損に該当する行為であっても，それが①公共の利害に関する事実に係り，②その目的が専ら公益を図るものである場合には，③それが真理であるかどうかを判断し，真理であるとされる場合には処罰しないとしている。さらに，同条2項によれば，「公訴が提起されるに至っていない人の犯罪行為に関する事実」については，①の推定が働き，同条3項によれば，「公務員又は公選による公務員の候補者に関する事実」については，①だけでなく②の推定までが働くとの調整がなされている。また，

§21 Ⅲ

「夕刊和歌山時事」事件最高裁判決（最大判昭和44・6・25刑集23巻7号975頁）によれば，「刑法230条ノ2第1項にいう事実が真実であることの証明がない場合でも，行為者がその事実を真実であると誤信し，その誤信したことについて，確実な資料，根拠に照らし相当な理由があるときは，犯罪の故意がなく，名誉毀損の罪は成立しない」。

最高裁は，「民事上の不法行為たる名誉毀損については，その行為が公共の利害に関する事実に係りもっぱら公益を図る目的に出た場合には，摘示された事実が真実であることが証明されたときは，右行為には違法性がなく，不法行為は成立しないものと解するのが相当であり，もし，右事実が真実であることが証明されなくても，その行為者においてその事実を真実と信ずるについて相当の理由があるときには，右行為には故意もしくは過失がなく，結局，不法行為は成立しないものと解するのが相当である」（最判昭和41・6・23民集20巻5号1118頁，最大判昭和61・6・11民集40巻4号872頁《北方ジャーナル」事件》）としているので，こうした調整は民事の損害賠償が問題になる場合にも及ぶことになる。

最高裁は，こうした形の名誉権と表現の自由との調整を，「人格権としての個人の名誉の保護と，憲法21条による正当な言論の保障との調和をはかったもの」（最大判昭和44・6・25刑集23巻7号975頁）として説明している。したがって，現行法上，民事・刑事の違いを超えて，表現の自由と名誉毀損に関しては，人の名誉を毀損する表現であっても，①それが公共の利害に関する事実に関わり，②目的が主として公益を図るもの（刑法230条の2は「その目的が専ら公益を図ることにあったと認める場合」としているが，判例上はこの要件は緩やかに解釈されている。たとえば東京地判昭和58・6・10判時1084号37頁参照）であり，③内容が真実であることが証明されるか，④あるいは内容の真実性が立証できない場合でも，真実であると誤信したことについて相当な理由がある場合には，免責される（「誤信相当性」の法理と呼ばれる）という4段階の調整がなされていることになる。

①の「公共の利害に関する事実」とは，(1)政府や公職者に関する報道，(2)犯罪や裁判に関する報道，(3)それ以外の社会的な関心事項である。(3)については，多くの人が好奇心を有することと社会の関心事項は異なると考えるべ

きである。(3)の対象となるのは，社会が関心を持つことが正当であるような事項であると考えられるが，何がそれに該当するかは個別的に判断されることになる。原則として私人の私生活の事実は「公共の利害に関する事実」とは言えないが，最高裁は「月刊ペン」事件判決（最判昭和56・4・16刑集35巻3号84頁）において，「私人の私生活上の行状であっても，そのたずさわる社会的活動の性質及びこれを通じて社会に及ぼす影響力の程度などのいかんによっては，その社会的活動に対する批判ないし評価の一資料」として「公共の利害に関する事実」に該当する場合があるとしている。④の「誤信相当性」の法理については，具体的にどの程度の根拠があれば相当性が認められるかが問題となるが，判例は，捜査当局の公式発表や判決の事実認定に基づく報道については相当性があると認めているが，それ以外については情報源の確実性，裏付け取材の程度など個別的に判断している（松井・メディア法〔5版〕119-125頁）。

(イ) 配信サービスの抗弁　④の「誤信相当性」との関係で問題になるものとして，「配信サービスの抗弁」を認めるかどうかという問題がある。これは，報道機関が定評ある通信社から配信された記事を実質的な変更を加えずにそのまま掲載した場合に，その掲載記事が他人の名誉を毀損するものであっても，配信記事の文面上一見してその内容が真実でないことが分かる場合や，掲載紙自身が誤報であることを知っている等の特別な事情が存在しない限り，定評ある通信社からの記事を載せただけであるというだけで，相当性の要件を充たし損害賠償義務を免れることができるかどうかという問題である。一方では，いくら定評の高い報道機関からの記事であってもそれをただ「垂れ流し」にするのは無責任であり，この配信サービスの抗弁をあまり認めるべきでないという立場があるが，他方では，十分な取材体制を持たない地方新聞の現実を考えれば，この抗弁を認めないと，かえって地方新聞が自己検閲を行うようになってしまうのではないか，という意見がある。

この問題について，最高裁平成14年1月29日判決（民集56巻1号185頁）は，「少なくとも，本件配信記事のように，社会の関心と興味をひく私人の犯罪行為やスキャンダルないしこれに関連する事実を内容とする分野における報道については，通信社からの配信記事を含めて，報道が加熱する余り，

取材に慎重さを欠いた真実でない内容の報道がまま見られるのであって，取材のための人的物的体制が整備され，一般的にはその報道内容に一定の信頼性を有しているとされる通信社からの配信記事であっても，我が国においては当該配信記事に摘示された事実の真実性について高い信頼性が確立しているということはできないのである。したがって，現時点においては，新聞社が通信社から配信を受けて自己の発行する新聞紙に掲載した記事が上記のような報道分野のものであり，これが他人の名誉を毀損する内容を有するものである場合には，当該掲載記事が上記のような通信社から配信された記事に基づくものであるとの一事をもってしては，記事を掲載した新聞社が当該配信記事に摘示された事実に確実な資料，根拠があるものと受け止め，同事実を真実と信じたことに無理からぬものがあるとまではいえないのであって，当該新聞社に同事実を真実と信ずるについて相当の理由があるとは認められないというべきである」として配信サービスの抗弁を否定していた。

　ただし，本判決は，「配信サービスの抗弁」が認められない場合を，「社会の関心と興味をひく私人の犯罪行為やスキャンダルないしこれに関連する事実を内容とする分野における報道」に限定している。しかし，この限定は「少なくとも」という話なので，それ以外がどうなるかは未決着であったと考えられる。なお，最高裁平成14年3月8日判決（判時1785号38頁）も「掲載記事が一般的には定評があるとされる通信社から配信された記事に基づくものであるという理由によっては，記事を掲載した新聞社において配信された記事に摘示された事実を真実と信ずるについての相当の理由があると認めることはできない」として配信サービスの抗弁を否定したものの，理由づけについては，「掲載記事に通信社から配信を受けた記事に基づく旨の表示……が付されていない場合には，記事を掲載した新聞社は，掲載記事が通信社から配信を受けた記事に基づくものであることを理由とするいかなる抗弁も主張することができない」とする立場（福田博裁判官ほか意見）と，通信社とその配信記事を掲載した新聞社の間に報道主体としての実質的一体性があり，通信社に配信記事について相当性が認められて名誉毀損に関する過失責任が否定される場合には，配信された記事を掲載した新聞社もそれを援用して損害賠償責任を免れることができるが，当該事例については，そもそも

通信社に誤信相当性が認められないので配信サービスの抗弁は認められないとする立場（北川弘治裁判官意見）に分かれていた。これに対して最高裁平成23年4月28日判決（民集65巻3号1499頁）は，「新聞社が，通信社からの配信に基づき，自己の発行する新聞に記事を掲載した場合において，少なくとも，当該通信社と当該新聞社とが，記事の取材，作成，配信及び掲載という一連の過程において，報道主体としての一体性を有すると評価することができるときは，当該新聞社は，当該通信社を取材機関として利用し，取材を代行させたものとして，当該通信社の取材を当該新聞社の取材と同視することが相当であって，当該通信社が当該配信記事に摘示された事実を真実と信ずるについて相当の理由があるのであれば，当該新聞社が当該配信記事に摘示された事実の真実性に疑いを抱くべき事実があるにもかかわらずこれを漫然と掲載したなど特段の事情のない限り，当該新聞社が自己の発行する新聞に掲載した記事に摘示された事実を真実と信ずるについても相当の理由があるというべきである。そして，通信社と新聞社とが報道主体としての一体性を有すると評価すべきか否かは，通信社と新聞社との関係，通信社から新聞社への記事配信の仕組み，新聞社による記事の内容の実質的変更の可否等の事情を総合考慮して判断するのが相当である」との判断を示している。この判決は，基本的には，平成14年3月判決の後者の理由付けの線に沿うことを最高裁として示し，極めて限定的な形で配信サービスの抗弁を認めたものだと考えられる。

㈦　「現実の悪意」の法理　　ところで，名誉権と表現の自由の対立に関する上記の4段階の調整は，名誉毀損的な表現行為が時として政治的表現の自由の行使としてなされることを考慮に入れたものであり，表現の自由と名誉権の調整は，公共性のある表現，すなわち民主的政治過程を機能させるために必要な表現行為については，真実性を厳密に求めると萎縮的効果が働き妥当ではないとの認識の下に表現の自由を優先させる形で利益衡量を行おうとするものであると理解すべきである。

アメリカにおいては，公共性のある争点に関する討論はなるだけ活発であることが民主主義の観点からは必要であり，そのためには，誤謬を含んだ叙述も，自由な討論には不可避であり，表現の自由が息をつく空間（breathing space）を保障するためには誤謬を含んだ叙述も保障されねばならないという観点から，公人（public figure）に対する名誉毀損については，表現者が，それが虚偽であることを知りながらなしたか，または虚偽であるか否かを何ら気にもしないでなしたかどうかを，名誉を毀損された側（民事の場合。刑事の場合には政府の側）で立証しなければならないとの「現実の悪意（actual malice）」の法理が確立している（New York Times Co. v. Sullivan, 376 U.S. 254 (1964)）。この法理は日本の法理と比較すると，実体的には，日本の法理が「公共の利害に関する事実」かどうかという形で情報が対象とする事柄の性質に着目するものであるのに対して，アメリカの法理は「公人」かどうかという形で情報が対象とする人の性質に着目している点で違いがあり，また証明責任の点で，日本の場合は名誉を毀損した側が自己が免責される理由を立証しなければならないのに対して，アメリカの場合には名誉を毀損された側が名誉を毀損した側に「現実の悪意」があったことを立証しなければならないという違いがあり，これらの点をみれば「現実の悪意」の法理の方がより表現の自由の保護に厚いと言えるため，日本においても「現実の悪意」の法理を採用すべきだとする考え方もある（たとえば，松井・メディア法〔5版〕104-106頁）。しかしながら，アメリカにおいて「現実の悪意」の法理が適用される背景には名誉毀損訴訟において，懲罰的損害賠償を含めて高額の損害賠償が認められ，そのことが表現行為に対する萎縮的効果として働いているという事情がある。これに対して日本における名誉毀損訴訟で認められる損害賠償額の水準は徐々に上がりつつあるとはいえまだアメリカに比べて低いことから，少なくとも現時点では同法理を日本に輸入することには消極的な見解が支配的である（高橋・立憲主義〔3版〕215頁，長谷部・憲法〔6版〕155頁）。また，日本にはディスカバリー制度がないため「現実の悪意」の法理を機能させることには困難があろう。

　㈐　意見による名誉毀損　　なお，刑法上の名誉毀損罪は「公然と事実を摘示し」とあるように事実の摘示についてしか成立しない（もっとも侮辱罪については事実の摘示は犯罪の構成要件ではなく，意見による論評についても成立する可能性があるが，ただし侮辱罪の場合は，名誉毀損の場合より，はるかに軽い処罰〔拘留又は科料のみ〕である）が，民法上の不法行為については事実の摘示だけ

でなく意見による論評によっても成立すると解されている。意見による名誉毀損の場合は，事実の摘示を欠くため，論評が公共の利害に係り，公益を図ることが主たる目的でなされたとしても，真実性の要件や誤信相当性の法理といった免責要件は問題としにくく，意見による名誉毀損について表現の自由との調整をどのように図るかが問題となる。

　アメリカでは，意見が公正なものであれば不法行為責任を負わないとの「公正な論評」の法理が適用されている。最高裁は長崎教師批判ビラ事件（最判平成元・12・21民集43巻12号2252頁）において，「公共の利害に関する事項について自由に批判，論評を行うことは，もとより表現の自由の行使として尊重されるべきものであり，その対象が公務員の地位における行動である場合には，右批判等により当該公務員の社会的評価が低下することがあっても，その目的が専ら公益を図るものであり，かつ，その前提としている事実が主要な点において真実であることの証明があったときは，人身攻撃に及ぶなど論評としての域を逸脱したものでない限り，名誉侵害の不法行為の違法性を欠くものというべきである」としている。また最高裁は，後の判決（最判平成9・9・9民集51巻8号3804頁）において，上記要件に加えて「仮に右意見ないし論評の前提としている事実が真実であることの証明がないときにも，事実を摘示しての名誉毀損における場合と対比すると，行為者において右事実を真実と信ずるについて相当の理由があれば，その故意又は過失は否定されると解するのが相当である」としている。したがって，意見による名誉毀損の場合も，①それが公共の利害に係るもので，②公益を図ることが主たる目的で，③論評の前提となる事実が主要な点において真実であるか，④真実でなくとも真実であると信じたことについて相当な理由があれば免責されることになる。

　「事実の摘示」と「意見・論評」をどのように区別するかが問題となるが，「新・ゴーマニズム宣言」事件（最判平成16・7・15民集58巻5号1615頁）によれば，問題となる表現の内容が「証拠等をもってその存否を決することが可能な」場合には「事実の摘示」であり，「証拠等による証明になじまない物事の価値，善悪，優劣についての批評や論議など」は，意見ないし論評の表明に当たることになる。

4　プライバシー侵害

　もともとプライバシー権は，19世紀末のアメリカにおいて，イエロー・ジャーナリズムと呼ばれる私生活を暴露する報道との対抗から生み出されたように表現の自由と対立することが多い。一般に名誉権もプライバシー権も人格権とされており，私的事項の摘示によって社会的評価が低下する場合には同じ訴訟の中で名誉毀損とプライバシー侵害の両方が問題になることも多いが，名誉毀損の保護法益が個人の社会的評価であるのに対して，プライバシー侵害の保護法益は社会的評価から自由な私的領域を確保することにあり，名誉毀損の場合には真実性の証明があれば免責されるのに対して，プライバシー侵害の場合には真実であっても免責されないという違いがある。

(1)　プライバシー侵害に対する救済の要件

　「私事をみだりに公開されないという保障が，今日のマスコミュニケーションの発達した社会では個人の尊厳を保ち幸福の追求を保障するうえにおいて必要不可欠なものである」とみなされており，その「不法な侵害に対しては法的救済が与えられる」として，日本でプライバシーを権利として認めた初めての判決は「宴のあと」事件（→**判例1**）である。

> **判例1**　《「宴のあと」事件》
> 東京地判昭和39・9・28下民集15巻9号2317頁
>
> 　事案は，三島由紀夫の小説『宴のあと』の単行本出版に関し，元外務大臣の原告Xが，小説の中でXを想起させる人物と有名料亭の女将である人物が出会ってから結婚し離婚する過程やXが東京都知事選に立候補して敗れるまでの過程が描かれており，それはXをモデルとするもので，私生活を「のぞき見」したかのような不快感をおぼえ，プライバシーを侵害されたとして，Yら（著者，発行者，出版社）に対して謝罪広告と損害賠償を求めたものである。東京地裁は，Xの主張するプライバシーの侵害を認め，Yらに対し謝罪広告は認めなかったものの損害賠償を認めた。その後，Yらが控訴したが，Xが死亡したため，控訴審でXの遺族とYらの間で和解が成立した。

第3章　国民の権利及び義務

判例1は，プライバシー侵害に対して法的救済が与えられるための要件として，公開された内容が，①私生活上の事実または事実らしく受け取られるおそれのあること，②一般人の感受性を基準にして当該私人の立場に立つ場合公開を欲しないであろうと認められる事柄であること，③一般の人々にいまだ知られていない事柄であり，公開によって当該私人が実際に不快，不安の念を覚えたこと，を挙げている。

この判決が，①において「私生活上の事実」だけでなく「私生活上の事実らしく受け取られるおそれ」を挙げたのは，本件で問題になったモデル小説のように，実際には私生活上の事実とは異なっているにもかかわらず，それがあたかも私生活上の事実であるかのように受け取られ，当該個人についての虚像が形成されることもプライバシー侵害になり得ることを示したものである。アメリカにおいても，これは「誤った光を当てること（false light）」としてプライバシー侵害の一類型として認められている。また，この判決が，②で「一般人の感受性」を基準としたのも，プライバシーかどうかが個人の主観によって左右されることを防ぐためであると考えられる。

(2) 前　　科

前科がプライバシーに該当するどうかについて，区長が弁護士法23条の2に基づく弁護士からの照会に応じて前科および犯罪経歴を開示したことが争われた前科照会事件（最判昭和56・4・14民集35巻3号620頁）において，最高裁は「前科及び犯罪経歴（以下『前科等』という。）は人の名誉，信用に直接かかわる事項であり，前科等のある者もこれをみだりに公開されないという法律上の保護に値する利益を有する」としたが，ノン・フィクション作品で実名を用いて前科を公表することがプライバシー侵害に当たるかどうかが争われた「逆転」事件最高裁判決（最判平成6・2・8民集48巻2号149頁）においても，前科等に関わる事実は「その者の名誉あるいは信用に直接かかわる事項であるから，その者は，みだりに右の前科等にかかわる事実を公表されないことにつき，法的保護に値する利益を有する」としている。両方の判決とも，プライバシーという概念は用いてはいないものの，前科等に関わる事実を法的保護に値する利益とみなしている。

前科等に関わる事実は一般に知られた事実であり，それがなぜ法的保護に

値するのかという点についてはいくつかの異なった説明があり得る。第1は，前掲の前科照会事件における伊藤正己裁判官の補足意見のように，「前科等は，個人のプライバシーのうちで最も他人に知られたくないものの一つ」であるとして，前科それ自体がプライバシーに該当するとする説明である。「逆転」事件地裁判決（東京地判昭和62・11・20判時1258号22頁）は，前科は「まさに原告の私生活上の事実であ」るとしている。しかしながら，この説明には，犯罪に関する情報は一般にプライバシーではなく公共情報であることを考えると困難がある。第2は，罪を犯した時点では公的情報であったものも一定の時間の経過により私的事項としてプライバシーになり得るとする説明である（「時の経過」説）。第3は，犯罪者の「社会復帰」の利益を強調する説明である「逆転」事件最高裁判決は，「その者が有罪判決を受けた後あるいは服役を終えた後においては，一市民として社会に復帰することが期待されるのであるから，その者は，前科等にかかわる事実の公表によって，新しく形成している社会生活の平穏を害されその更生を妨げられない利益を有する」としている。第2の説明がプライバシー権の論理内在的に前科等の事実がプライバシーに含まれ得ることを説明するものであるのに対して，第3の説明は「社会復帰」の利益というプライバシー権に外在的な利益を持ち出して前科等の事実を法的保護に値するものと説明するものとも考えられる。

　プライバシー侵害と表現の自由が対立する場合に，その調整方法が問題になるが，「逆転」事件最高裁判決は，「前科等にかかわる事実については，これを公表されない利益が法的保護に値する場合があると同時に，その公表が許されるべき場合もあるのであって，ある者の前科等にかかわる事実を実名を使用して著作物で公表したことが不法行為を構成するか否かは，その者のその後の生活状況のみならず，事件それ自体の歴史的又は社会的な意義，その当事者の重要性，その者の社会的活動及びその影響力について，その著作物の目的，性格等に照らした実名使用の意義及び必要性をも併せて判断すべきもので，その結果，前科等にかかわる事実を公表されない法的利益が優越するとされる場合には，その公表によって被った精神的苦痛の賠償を求めることができるものといわなければならない」としており，プライバシー権の表現の自由が対立する場合に事件ごとに個別の利益を衡量する形で処理する

(3) 推知報道

この手法は，実名と類似した仮名を用いながらも，被告人の法廷での様子，犯行態様の一部，経歴，交友関係等を記載した週刊誌の記事が，推知報道を禁止している少年法61条との関係でプライバシー侵害に該当するかどうかが争われた長良川リンチ殺人事件最高裁判決（最判平成15・3・14民集57巻3号229頁）に引き継がれている。同判決は，「逆転」事件最高裁判決を引用して，「プライバシーの侵害については，その事実を公表されない法的利益とこれを公表する理由とを比較衡量し，前者が後者に優越する場合に不法行為が成立する」としたうえで，「本件記事が週刊誌に掲載された当時の被上告人の年齢や社会的地位，当該犯罪行為の内容，これらが公表されることによって被上告人のプライバシーに属する情報が伝達される範囲と被上告人が被る具体的被害の程度，本件記事の目的や意義，公表時の社会的状況，本件記事において当該情報を公表する必要性など，その事実を公表されない法的利益とこれを公表する理由に関する諸事情を個別具体的に審理し，これらを比較衡量して判断することが必要である」と述べている。

少年法61条は，「家庭裁判所の審判に付された少年又は少年のとき犯した罪により公訴を提起された者については，氏名，年齢，職業，住居，容ぼう等によりその者が当該事件の本人であることを推知することができるような記事又は写真を新聞紙その他の出版物に掲載してはならない」として，罰則はないものの推知報道を禁じている。犯罪報道は，公共の関心事であり，公共情報として成人による犯罪の場合には，名誉毀損に関する上述の4要件を満たすものである限り実名報道することさえ許されていることを考えれば，少年の犯罪の場合に推知報道を禁止している同条の背後には，大人の場合とは異なった考慮が働いていると考えられる。この点に関して，堺市通り魔殺人事件訴訟大阪高裁判決（大阪高判平成12・2・29判時1710号121頁）は，「少年法61条は，少年の健全育成を図るという少年法の目的を達成するという公益目的と少年の社会復帰を容易にし，特別予防の実効性を確保するという刑事政策的配慮に根拠を置く規定であると解すべき」であり，同条が「少年時に罪を犯した少年に対し実名で報道されない権利を付与していると解する

ことはできない」としている。

これに対して長良川リンチ殺人事件訴訟の控訴審判決（名古屋高判平成12・6・29判時1736号35頁）は，少年法61条は，少年の名誉・プライバシーとともに，「成長発達過程にあり，健全に成長するためにより配慮した取扱いを受けるという基本的人権」（＝成長発達権）をも保障しているとの理解を示している。長良川リンチ殺人事件訴訟の最高裁判決（前掲最判平成15・3・14）は，この点に関して判断を示していない。

少年法61条の下での表現の自由の制約について，堺市通り魔殺人事件訴訟大阪高裁判決は，「少年法61条の存在を尊重しつつも，なお，表現行為が社会の正当な関心事であり，かつその表現内容・方法が不当なものでない場合には，その表現行為は違法性を欠き，違法なプライバシー権等の侵害とはならない」との立場を示している。これに対して長良川リンチ殺人事件訴訟の名古屋高裁判決は，少年法61条に関する前述のような理解を前提に，「少年法61条に違反する実名等の推知報道については，報道の内容が真実で，それが公共の利益に関する事項に係り，かつ，専ら公益を図る目的に出た場合においても，成人の犯罪事実報道の場合と異なり，違法性を阻却されることにはならないが，ただ，右のとおり保護されるべき少年の権利ないし法的利益よりも，明らかに社会的利益を擁護する要請が強く優先されるべきであるなどの特段の事情が存する場合に限って違法性が阻却され，免責される」としている。しかし最高裁は，前述のように，名誉毀損，プライバシー侵害として不法行為が成立するかは「被侵害利益ごとに違法性阻却事由の有無等を審理し，個別具体的に判断すべきものである」とし，原審の名古屋高裁判決は「個別具体的な事情を何ら審理判断することなく，上告人の不法行為責任を肯定」しているとして，破棄差戻しとしている。

(4) モデル小説

日本には私小説という小説の分野があることもあって，モデル小説によるプライバシー侵害が問題になることが多く，下級審も含めれば相当な裁判例がある。モデルがいるとはいえ，小説は一般にはフィクションである。モデル小説によるプライバシー侵害が認められるかどうかが問題になるが，「宴のあと」事件東京地裁判決以来，裁判所はモデル小説によってもプライバシ

ー侵害は成立すると解している。「宴のあと」事件でモデルとなったのは元外務大臣とその妻であったが，作家の柳美里が生まれつき顔面に大きな腫瘍があるモデルと自分との関係を書いた「石に泳ぐ魚」事件でモデルとされたのは市井に暮らす一般人であった。しかし，それでも裁判所は小説を読んだ読者がモデルを特定できる限りプライバシー侵害は成立するとしている（最判平成14・9・24判時1802号60頁）。また小説の場合には，作品の芸術的価値による違法性の阻却が問題になるが，「宴のあと」事件東京地裁判決はプライバシーと作品の芸術的価値は異質なものであり，作品の芸術的価値が「当然にプライバシー侵害の違法性を阻却するものとは考えられない」としている。「名もなき道を」事件東京地裁判決（東京地判平成7・5・19判時1550号49頁）は，モデルが同定可能であってもデフォルメされていて読者がフィクションにすぎないと受け取るほど芸術的な昇華の度合いが高い場合には，そもそもプライバシー侵害にはならないとしているが，裁判所が作品の芸術性の程度を判断することについては批判的な意見もある。「石に泳ぐ魚」事件の控訴審判決（東京高判平成13・2・15判時1741号68頁）は，小説が「現実に題材を求めた場合も，これを小説的表現に昇華させる過程において，現実との切断を図り，他者に対する視点から名誉やプライバシーを損なわない表現の方法をとることができないはずはない。このような創作上の配慮をすることなく，小説の公表によって他人の尊厳を傷つけることになれば，その小説の公表は，芸術の名によっても容認されない」としている。

「石に泳ぐ魚」事件では，顔の腫瘍という隠しようのない事柄が問題となったため，「宴のあと」事件でプライバシー侵害の救済の要件とされた③の非公知性の要件が充足されるのかどうかも争われたが，控訴審判決は，「個人の障害や病気の事実は，個人に関する情報のうちでも最も他人に知られたくない類のものである。特に外貌に関わる障害の事実は，その障害が本件のように類症例が少ないものである場合，その人物の他の属性等と合わせて公表されれば，それ自体が周囲の好奇の対象となる」として，本件のような特殊な場合にはプライバシーに該当すると判断している。

「石に泳ぐ魚」事件では，プライバシー侵害だけでなく，それに基づく出版物の差止めも肯定されたが，それについては後述する（→Ⅳ1(3)）。

(5) リベンジポルノ

なお,最近では,離婚した一方の相手や別れた一方の交際相手が,離婚したことや別れたことを恨んで,相手方の公開するつもりのない私的な性的画像を無断でネットの掲示板などに公開する,いわゆるリベンジポルノが問題となっている。インターネットの普及により,いったん写真や挿画がネット上に流出し拡散すると削除が困難で,半永久的にネットに存在する危険性がある。そのため法的な規制が各国でなされている。日本でも2013年に発生した三鷹ストーカー殺人事件を契機に新たな立法による法的規制が問題となり,2014年(平成26年)に「私事性的画像記録の提供等による被害の防止に関する法律」(リベンジポルノ被害防止法)が制定された。同法によれば,第三者が撮影対象者を特定することができる方法で,電気通信回線を通じて私事性的画像記録を不特定または多数の者に提供した者は,3年以下の懲役または50万円以下の罰金に処せられる(性的画像被害3条)。

また,「特定電気通信役務提供者の損害賠償責任の制限及び発信者情報の開示に関する法律」(プロバイダ責任制限法)に基づくネット上の画像削除に関し,私事性的画像記録に関しては特例を設けて,発信者に照会し反論がない場合に削除するまでの照会期間を,通常の7日間から2日間に短縮している(性的画像被害4条3号)。

5 性表現の規制

(1) わいせつ

刑法175条は,1項において「わいせつな文書,図画,電磁的記録に係る記録媒体その他の物を頒布し,又は公然と陳列した者」「電気通信の送信によりわいせつな電磁的記録その他の記録を頒布した者」を,2項において「有償で頒布する目的」で,これらの物を所持,保管した者を処罰する旨定めている。また,わいせつ表現は関税法69条の11第1項7号によって「風俗を害すべき」ものとして輸入が禁止されている。これ以外にも,電波法108条などがわいせつ表現を規制している。

刑法175条はその源流を大日本帝国憲法下における刑法の規定に遡ることができるが,戦前にはわいせつ表現の取締りは,主として新聞紙法,出版法

の下で「風俗ヲ害スル」もの,「風俗ヲ壊乱スル」ものとして行われていた。戦後,新聞紙法,出版法が廃止されたことによって,刑法175条がわいせつ表現規制の主役の地位に躍り出ることになった。

　刑法175条のわいせつ文書等の頒布,販売規制は,表現の内容に基づく規制として表現の自由との関係で問題が生じるが,問題は大きく分けて2つある。第1は,仮にわいせつ表現を規制することが憲法上許されるとしても,規制されるわいせつ表現とはいかなるもので,それをどのように判断するのかという問題である。第2は,そもそもわいせつ表現はなぜ規制されるべきなのか,という問題である。

> **判例2** 《チャタレー事件》
> 最大判昭和32・3・13刑集11巻3号997頁
>
> 　出版社の社長であるY₁がD・H・ロレンスの『チャタレー夫人の恋人』の翻訳を著名な文学者であるY₂に依頼し,これを出版したところ,翻訳者であるY₂と出版社社長Y₁が刑法175条のわいせつ文書頒布販売罪で起訴された事例。第一審判決(東京地判昭和27・1・18判時1057号7頁)はY₁のみを有罪としたが,第二審判決(東京高判昭和27・12・10高刑集5巻13号2429頁)はY₂も有罪とし,両名が上告。最高裁は,『チャタレー夫人の恋人』の翻訳はわいせつ文書に該当するとして,翻訳者と出版社社長の上告を棄却した。

(ア)　「わいせつ」性の判断　　第1の点に関して,最高裁はこの分野のリーディング・ケースであるチャタレー事件(→**判例2**)において,大審院時代の判例を踏襲して,刑法175条で規制される「わいせつ文書」とは「徒らに性欲を興奮又は刺戟せしめ,且つ普通人の正常な性的差恥心を害し,善良な性的道義観念に反するもの」と定義している。同判決によれば,このように定義される「わいせつ文書」にある文書が該当するかどうかは社会通念によって判断され,文書の有する思想性や芸術性とわいせつ性は次元を異にする問題であり,当該表現がいかに芸術的,思想的価値を有するものであろうと,そのことは当該表現が「わいせつ」作品として法的に規制されることを妨げるものではない。

§21 Ⅲ

　その後，この点に関して，最高裁は，チャタレー事件判決における「わいせつ文書」の定義を維持しながらも，ある文書が「わいせつ」に該当するかどうかの判断方法を精緻化してきた。「悪徳の栄え」事件（最大判昭和44・10・15刑集23巻10号1239頁）において，最高裁は，文書のわいせつ性の判断は，文書の個々の部分のみを取り出してそれ自体が「わいせつ物」の定義に該当するかどうかによる（部分的考察方法）のではなく，個々の部分が「わいせつ物」に該当するかどうかは文書全体との関連において判断する（全体的考察方法），という方向を示した。

　この点に関する現時点での到達点は，「四畳半襖の下張」事件判決（最判昭和55・11・28刑集34巻6号433頁）に示されており，同判決は，ある表現がチャタレー事件における「わいせつ文書」の定義を満たすかどうかは，「当該文書の性に関する露骨で詳細な描写叙述の程度とその手法，右描写叙述の文書全体に占める比重，文章に表現された思想等と右描写叙述との関連性，文書の構成や展開，さらには芸術性・思想性等による性的刺激の緩和の程度，これらの観点から該文書を全体としてみたときに，主として，読者の好色的興味にうったえるものと認められるか否かなどの諸点を検討することが必要であり，これらの事情を総合し，その時代の健全な社会通念に照らして」判断するとの方向を示している。

　こうした手法が最高裁では引き継がれており，アメリカの写真家ロバート・メイプルソープの写真集が関税定率法21条1項4号〔現・関税法69条の11第1項7号に相当〕において輸入を禁止された「風俗を害すべき書籍，図画」に該当するかどうかが争われた事例で，問題となった写真は「性器そのものを強調し，その描写に重きを置くもの」だとしながらも，写真集の芸術性，写真集全体に占める比重の低さなどを理由に該当しないとの判断を示している（最判平成20・2・19民集62巻2号445頁）。最高裁はこの事件よりも9年前に，本件で問題となった写真の一部を収録していた展覧会のカタログをわいせつ表現と判断し，輸入禁止を適法と判断していた（最判平成11・2・23判時1670号3頁）ことに照らすと，「四畳半襖の下張」事件で示された6つの要素を総合考慮してわいせつ性を判断するという手法に変わりはないものの，その背後にはヘア・ヌード写真集が規制を受けずにふつうに市場に出回

るようになったことなどわいせつ表現に関する社会の寛容性が高まっていることが影響している可能性がある。

　第1の点に関する最高裁のこうした方向は評価するには値するものの，「定義づけ衡量」とまでは評価できない可能性がある。なぜなら，「四畳半襖の下張」事件判決は，ある文書がチャタレー事件判決の示した「わいせつ文書」の定義に該当するかどうかを判断するに際して考慮すべき具体的な要素を示したにとどまり，それらは事件ごとのアド・ホックな衡量を避けようとする「定義づけ衡量」とは逆に，事件ごとにアド・ホックに考慮されるべき要素を示したにすぎないからである。「定義づけ衡量」を示したものとしては，いわゆるハード・コア・ポルノと準ハード・コア・ポルノを区別し，前者を社会的価値を欠いているか，法的に評価できる価値をほとんど持たないとして表現の自由の保障の範囲外とした最高裁昭和58年3月8日判決（刑集37巻2号15頁）の伊藤正己裁判官の補足意見がある（宍戸・応用と展開〔2版〕30-31頁）。したがって，「わいせつ」に関する最高裁のアプローチも「定義づけ衡量」と「個別的衡量」の中間の方向を模索するものだと思われる。

　なお，「蜜室」事件において東京地裁平成16年1月13日判決（判時1853号151頁）は，漫画本でもわいせつ表現になり得ることを示している。

　アメリカにおいても，わいせつ表現に該当すれば表現の自由の保障の範囲外とされるが，「わいせつ」に該当するかどうかは，①通常人にとってその時代の共同体の基準を適用して，その作品が全体として好色的な興味に訴えるものであるか，②その作品が州法によって特定的に定義された性行為を明らかに不快な仕方で描いているか，③その作品が全体として重大な文学的，芸術的，政治的または科学的な価値を欠いているかという3つの基準によって判断されている（Miller v. California, 413 U.S. 15 (1973)）。

　(イ)　わいせつ表現規制の根拠　　第2のわいせつ表現の規制根拠という点に関して，チャタレー事件判決は，「人間性に由来する」「羞恥感情の当然の発露」としての「性行為の非公然性」を語り，これを最小限の性道徳，性秩序だとして，これを維持することが刑法175条の趣旨で，これは表現の自由の規制を正当化するものであるとしている。「悪徳の栄え」事件判決も同様

に，「性生活に関する秩序および健全な風俗を維持する」ことに規制の根拠を求めている。しかし，こうした立場に対しては学説からの批判が目立っている。性道徳，性秩序の維持ということで性犯罪などの増加の防止というわいせつ表現の直接的な弊害を意味しているのだとすれば，わいせつ表現が性犯罪を誘発するという実証的な根拠が示されないといけないはずだが，そうした根拠は乏しいか，少なくとも当該根拠に関して規制を正当化するだけの意見の一致は存在しない。そうだとすれば，この議論は，結局のところ，チャタレー事件の言うように，社会には「性行為の非公然性の原則」といった原則があり，善良な性道徳を維持するためにわいせつ表現物は規制する必要があるという議論になろう。しかし，刑法174条によって公然わいせつ行為が禁止されているとしても，「性行為の非公然性の原則」によって，行為を超えて表現の領域まで規制することを正当化できるかどうかは別問題のはずである（佐藤(幸)・憲法論264頁）。

　最高裁昭和58年10月27日判決（刑集37巻8号1294頁）における団藤重光裁判官の補足意見は，「社会環境としての性風俗を清潔に保つこと」という根拠を示したが，精神的な事柄に関する社会環境を国家が維持するという考え方は，思想・表現の領域においては当該思想・表現の是非は，原則として，公権力ではなく市場における市民の判断に委ねられるべきであるという，表現の自由の保障の根底にある「思想の自由市場」という考え方と根本的に相容れない。国家が表現内容の是非を判断して規制するというのは表現の受け手である市民の自律性を無視したものであるとの批判がある。

　こうしたことから学説においては，わいせつ表現の規制根拠となり得るのは，子供の保護と見たくない人の保護くらいであり，そうだとすれば現在の規制は広汎にすぎ，方法や場所などの規制で十分であるという立場が有力である（佐藤(幸)・憲法論264頁，高橋・立憲主義〔3版〕212-213頁，長谷部・憲法〔6版〕210頁，渋谷・憲法〔2版〕376-377頁など）。

(2)　**青少年保護育成条例，児童ポルノ規制など**

(ア)　**青少年保護育成条例**　　青少年の保護という観点からは，青少年（18歳未満）の保護ないし健全育成という目的で，刑法175条の「わいせつな文書」だけでなく，それに該当しない場合であっても性表現が規制を受けるこ

とがある。

　地方公共団体による青少年保護育成条例は，青少年の健全な育成を根拠に青少年に有害と考えられる図書類の販売，頒布，貸付け，自動販売機への収納を規制している。条例によって違いはあるが，一般的には，「著しく性的感情を刺激し，又は著しく残虐性を助長し，青少年の健全な成長を阻害するおそれがある」と認められる場合には，当該図書類は知事によって「有害図書」と指定され，有害図書と指定された場合には，これを青少年に販売，頒布，または貸し付けること，自動販売機への収納が禁止され，違反者には刑罰が課されることが多い。緊急を要する場合を除いて，青少年保護育成審議会など第三者機関の意見を聞いて，知事が「有害」指定を行うことが多いが，書籍などに性描写の占める割合が一定の割合を超える場合には，上記指定がなくても有害図書とする「みなし規定」がある場合もある（包括的指定方式）。

　最高裁は，岐阜県青少年保護育成条例事件（最判平成元・9・19刑集43巻8号785頁）において，こうした「有害図書」規制について，「本条例の定めるような有害図書が一般に思慮分別の未熟な青少年の性に関する価値観に悪い影響を及ぼし，性的な逸脱行為や残虐な行為を容認する風潮の助長につながるものであって，青少年の健全な育成に有害であることは，既に社会共通の認識になっているといってよい。さらに，自動販売機による有害図書の販売は，売手と対面しないため心理的に購入が容易であること，昼夜を問わず購入ができること，収納された有害図書が街頭にさらされているため購入意欲を刺激し易いことなどの点において，書店等における販売よりもその弊害が一段と大きいといわざるをえない。しかも，自動販売機業者において，前記審議会の意見聴取を経て有害図書としての指定がされるまでの間に当該図書の販売を済ませることが可能であり，このような脱法的行為に有効に対処するためには，本条例6条2項による指定方式も必要性があり，かつ，合理的であるというべきである。そうすると，有害図書の自動販売機への収納の禁止は，青少年に対する関係において，憲法21条1項に違反しないことはもとより，成人に対する関係においても，有害図書の流通を幾分制約することにはなるものの，青少年の健全な育成を阻害する有害環境を浄化するための規制に伴う必要やむをえない制約であるから，憲法21条1項に違反するも

のではない」としている。同判決における伊藤正己裁判官の補足意見は、わいせつ表現に該当しないものを内容に基づいて規制している青少年保護育成条例の合憲性を審査するにあたって厳格な審査を行う必要がない理由を、青少年も「知る自由」を有するが、青少年は一般に精神的に未熟であり、成人と同程度の「知る自由」を享受するわけではなく、むしろその精神的未熟さに由来する害悪から保護される必要があるとして、「ある表現が受け手として青少年にむけられる場合には、成人に対する表現の規制の場合のように、その制約の憲法適合性について厳格な基準が適用されない」とし、「青少年保護のための有害図書の規制が合憲であるためには、青少年非行などの害悪を生ずる相当の蓋然性のあることをもって足りる」と説明している。また、青少年の保護育成を目的として「有害図書」規制がなされる結果、成人の知る権利が制約されることになるが、この点に関して伊藤補足意見は、「青少年の保護の目的からみて必要とされる規制に伴って当然に附随的に生ずる効果であって、成人にはこの規制を受ける図書等を入手する方法が認められている場合には、その限度での成人の知る自由の制約もやむをえない」としている。

　㈦　児童ポルノ　　なお、子供を被写体とする「児童ポルノ」については、「児童買春、児童ポルノに係る行為等の処罰及び児童の保護等に関する法律」〔現・児童買春、児童ポルノに係る行為等の規制及び処罰並びに児童の保護等に関する法律〕が、「児童」を「18歳に満たない者」（同法2条1項）、「児童ポルノ」を、写真、電磁的記録に係る記録媒体その他の物で、①児童を相手方とするまたは児童による性交または性交類似行為に係る児童の姿態、②他人が児童の性器等を触る行為または児童が他人の性器等を触る行為に係る児童の姿態であって性欲を興奮させまたは刺激するもの、③衣服の全部または一部を着けない児童の姿態であって、殊更に児童の性的な部位（性器もしくはその周辺部、臀部または胸部をいう）が露出されまたは強調されているものであり、かつ、性欲を興奮させまたは刺激するもの、と定義し（同法2条3項）、こうした児童ポルノの所持、提供、製造、運搬、輸入等の行為を処罰している（同法7条）。同法7条1項によれば、「自己の性的好奇心を満たす目的」で所持する行為も処罰の対象となる。なお、最高裁は、「児童ポルノ」を提供する

目的で製造・所持等を処罰することは，先例を引用して簡単に表現の自由に反しないとしている（最判平成 14・6・17 裁判集刑 281 号 577 頁）。

アメリカにおいても，連邦最高裁は，児童ポルノは子供を保護するためのもので児童ポルノは表現の自由の保護を受けないとの立場をとり，わいせつ表現の定義に該当しなくても規制は可能であるとの立場に立っている（New York v. Ferber, 458 U.S. 747 (1982)）。しかし児童ポルノというカテゴリーを拡張することには慎重な姿勢を示しており，成人が子供に扮したり，コンピュータ・グラフィックを用いて子供に見えるようにした「ヴァーチャル・チャイルド・ポルノ」を規制しようとした連邦法を違憲としている（Ashcroft v. The Free Speech Coalition, 535 U.S. 234 (2002)）。

(ウ)　青少年のインターネット利用　　また，「青少年が安全に安心してインターネットを利用できる環境の整備等に関する法律」は，17 条 1 項で，携帯電話インターネット接続役務提供事業者に対して，使用者が青少年である場合には，青少年の保護者による不要であるとの申出がない限り，青少年有害情報フィルタリングサービスの利用を条件として，接続役務を提供しなければならないことを定めている。

6　営利的言論

憲法上問題となる営利的言論とは，経済的利益を得ることを目的としてなされる表現行為一般を指すのではなく，人々に対して特定の商品やサービスの購入を促す目的でなされる表現行為，典型的には営利広告を指す。

かつてはこうした営利的言論は，そもそも表現の自由の保障の対象外とする傾向が強かった。最高裁は，「あん摩師、はり師、きゆう師及び柔道整復師法」〔現・あん摩マッサージ指圧師、はり師、きゆう師等に関する法律〕7 条が，適応症の広告を禁止していたことが問題となった事件で，「もしこれを無制限に許容するときは，患者を吸引しようとするためややもすれば虚偽誇大に流れ，一般大衆を惑わす虞があり，その結果適時適切な医療を受ける機会を失わせるような結果」を招来する危険性があるという「国民の保険衛生上の見地」を強調して，規制を合憲としている（最大判昭和 36・2・15 刑集 15 巻 2 号 347 頁）。この判決が，広告を表現の自由の保障の範囲内としているのかど

うかについては定かでない（芦部・憲法学Ⅲ 321 頁，佐藤（幸）・憲法論 255 頁）。これに対して同判決の垂水克己裁判官の補足意見は，広告は経済的活動であり本件は財産権の制限の問題としている。他方で奥野健一裁判官の少数意見は，「広告が商業活動の性格を有するからといって同条の表現の自由の保障の外にあるものということができない」として，本件は表現の自由の制限の問題だと見ている。

　現在では，営利的言論を表現の自由の保障の範囲外とする学説はほとんど存在しない。今日，問題となるのは，原則として営利的言論も表現の自由の保障を受けることを前提にどの程度の保護を及ぼすべきか，という点である。営利的言論が表現の受け手である消費者にとっては重要な情報を含んでいることを重視する，あるいはそもそも表現の行為の価値については国家が判断するのではなく受け手の判断に委ねるべきである（浦部・教室〔3 版〕166-167 頁，松井・憲法〔3 版〕465 頁）とする立場から営利的言論にも政治的表現と同様の強力な保護を与えるべきで，規制の合憲性は厳格審査の基準を用いて判断すべきだとする議論もあるが，営利的言論が政治的価値を欠くこと（芦部・憲法〔6 版〕193 頁），営利的言論の中には国民の健康や日常的経済生活に直接影響するものが多いこと（佐藤（幸）・憲法論 255-256 頁），営利的言論の場合には政治的表現と比べてその真実性・正確性の判断が容易であり，政府の規制権限が濫用される危険性が小さいこと（長谷部・憲法〔6 版〕211 頁），営利的言論は経済的動機に基づいてなされるため，規制に対する耐性が強く規制の萎縮的効果が少ないこと（長谷部・憲法〔6 版〕211 頁）などを理由に，営利的言論については政治的表現と同程度の保護を与える必要はなく，したがって規制の合憲性は，いわゆる中間審査基準を用いて規制を審査すれば足りるとする立場が有力である。

　アメリカにおいて，連邦最高裁は，虚偽や人を誤導する広告や違法行為の広告は表現の自由の保障の範囲外だとしながらも，それ以外の営利的表現については，①規制利益が重要なものか，②規制手段が規制利益を直接促進するものであるか，③規制手段が必要以上に広汎ではないか，を審査すべきだとしている（Central Hudson Gas & Electric Corp. v. Public Service Comm'n, 447 U.S. 557（1980））。この点に関して，虚偽や人を誤導する広告や違法行為の広告を

表現の自由の保障の範囲外とする部分は「定義づけ衡量」であり，①以下の部分は，一般に中間審査基準の適用を示したものだと理解されている。なお，アメリカにおいては，過度広汎性の法理は，主として表現の自由に対する萎縮的効果を根拠にして成立するものだと考えられているので，規制に対して萎縮的効果が働きにくい営利的言論については過度広汎性の法理の適用はないとされている（たとえば，Village of Hoffman Estates v. Flipside, Hoffman Estates, Inc., 455 U.S. 489 (1982)) ことにも注意しておく必要がある。

7 差別的表現（ヘイトスピーチ）

差別的表現とは，特定の人種，性別，民族に属したり，特定の性的志向を有するマイノリティ集団に対して，憎悪や嫌悪などを表明したり，そうした集団に対する差別行為などをあおる表現行為のことを言う。ヘイトスピーチとも呼ばれる。特定の個人や団体を対象にこうした表現行為がなされる場合には名誉毀損や侮辱罪など既存の法制で対応がある程度可能であるが（そうした例として，「在日特権を許さない会」が朝鮮初級学校の前で同校による児童公園の不正使用があったとして示威活動を行うとともに，その状況を撮影して動画サイトに投稿した行為が名誉毀損に当たるとして損害賠償を命じた京都地判平成25・10・7判時2208号74頁，大阪高判平成26・7・8判時2232号34頁がある。平成26年12月9日最高裁で確定した），対象が特定されない形で表現がなされる場合には既存の法制では対応できない。

差別的表現は，差別や差別意識を温存・助長するだけでなく，その表現が向けられた集団に属する人々の尊厳を著しく傷つけることが多い。そのため，表現の自由を特に手厚く保障するアメリカでは規制には消極的な向きが支配的だが，ユダヤ人差別の歴史を有するヨーロッパにおいては規制を肯定する傾向が見られる。人種差別撤廃条約4条は，「(a) 人種的優越又は憎悪に基づく思想のあらゆる流布，人種差別の扇動，いかなる人種若しくは皮膚の色若しくは種族的出身を異にする人の集団に対するものであるかを問わずすべての暴力行為又はその行為の扇動及び人種主義に基づく活動に対する資金援助を含むいかなる援助の提供も，法律で処罰すべき犯罪であることを宣言すること」，「(b) 人種差別を助長し及び扇動する団体及び組織的宣伝活動その

他のすべての宣伝活動を違法であるとして禁止するものとし，このような団体又は活動への参加が法律で処罰すべき犯罪であることを認めること」を締約国に義務付けている。日本政府は，これらの条項は表現の自由などの保障に抵触しない限度において履行するという留保を付して1995年にこの条約を批准しており，現在に至るまで人種差別的表現を禁止する法律を制定していない。

　表現の自由との関係で差別表現の規制が可能かどうかについて，学説は意見が分かれている。禁止される差別的表現行為を限定すれば刑事規制も許されると考える立場もある（たとえば，内野正幸『差別的表現』167-179頁（有斐閣，1990））が，規制が濫用される危険性や思想の自由市場における対抗言論に信頼して規制に消極的な立場を示すものも少なくない（渋谷・憲法〔2版〕380-381頁，松井・メディア法〔5版〕166-170頁，芹沢ほか編・新基本コメ188-189頁〔市川正人〕）。

　差別的表現は，文脈によっては政治的表現となり得るが一般的には保護すべき根拠に乏しく，他方でその弊害は大きいことが多い。規制が許されると考えるかどうかは，この問題について思想の自由市場がどの程度機能すると考えるか，政府の恣意を排除できるような明確で限定的な規制をなすことが可能か，この問題について政府を信頼することが可能かどうかによって変わってくるだろう。

IV　表現の自由の制約形式

1　事前抑制・検閲

(1)　表現行為の事前規制が特に警戒されるべき理由

　表現の自由にとって，表現行為が思想の自由市場に現れる前にこれを規制することは最も厳しい制約である。表現行為の事前規制が特に警戒されるべき理由は2つある。第1は，歴史的理由である。もともと表現の自由の歴史的起源は，16，17世紀のイギリスにおける国家や教会による出版物の事前許可制度を禁止したことにある。日本でも明治憲法下において出版法，新聞

紙法を通じて実質的に検閲が行われてきた。第2は，理論的な理由である。表現行為の事前規制は，事後規制とは異なって，表現が思想の自由市場に登場する以前の段階で表現行為を禁止するため，表現の自由に対する最も厳しい制約となる。公権力にとって，自己が望ましくないと考える表現行為を最も効果的に規制する方法は，当該表現行為を市場に出さないことである。公権力が事前規制を好む理由もここにある。しかし，表現行為の事前規制は表現の自由に対する最も厳しい制約であり，またそれは表現内容の是非は公権力がパターナリスティックに判断すべき事柄ではなく，市場における各人の判断に委ねるべきであるとの立場に反する。ただし，事前規制が表現行為に対する最も厳しい規制となると言えるのは，主として「受け手」から見た場合の話である。一部の「送り手」からすれば，事前にチェックを受けて出版した方が，後で刑事罰や損害賠償請求の対象になるよりもましだとの判断があり得る。しかし，それでは結局，「受け手」は公権力にとって都合のいい情報しか受け取れないことになってしまう。また，表現行為の事前規制は，表現行為がなされる前に迅速に行われることが多く，手続的な保障が十分ではなく，規制機関による恣意が働きやすい。

(2) 「検閲」の定義

本条2項前段の禁止する「検閲」の定義，またその定義に当たるものは絶対的に禁止されるのかどうかについては，学説上争いがある。

第1は，「検閲」を広く解釈して，裁判所による差止めの場合も含めて公権力による表現行為の事前規制はすべて「検閲」に該当するとしたうえで，検閲の禁止は原則的な禁止にすぎず，名誉毀損やプライバシー侵害などの場合には例外的に厳格かつ明確な要件の下で検閲も許されるとする，いわゆる広義説である（芦部・憲法〔6版〕198-199頁，高橋・立憲主義〔3版〕206-208頁）。第2は，「検閲」を狭く行政権によって行われる事前規制のみを意味すると解釈する一方で，これを絶対的な禁止として例外を認めず，裁判所による事前差止めは21条2項の「検閲」との関係ではなく，1項に含まれる表現の自由の事前抑制の原則的禁止との関係で問題になるとする，いわゆる狭義説である（佐藤（幸）・憲法論256-257頁）。

広義説であれ狭義説であれ，名誉毀損やプライバシー侵害が問題になる場

合，一定の厳格な要件の下で，裁判所による表現の事前差止めが認められることに変わりはない。広義説の場合には，これらの場合の差止めは「検閲」には該当するものの，「検閲」の禁止は絶対的なものではなく例外が認められるということになる。狭義説の場合には，これらの場合の差止めは裁判所によるものなので，もともと「検閲」には該当せず，21条1項の表現行為の事前抑制の禁止との関係で問題になるだけであり，しかもこの禁止は原則的禁止にとどまるので，裁判所による差止めは一定の厳格な要件の下で許される例外に属するということになる。

最高裁は，税関検査事件判決（→ 判例3 ）で，「憲法21条2項にいう『検閲』とは，行政権が主体となって，思想内容等の表現物を対象とし，その全部又は一部の発表の禁止を目的として，対象とされる一定の表現物につき網羅的一般的に，発表前にその内容を審査した上，不適当と認めるものの発表を禁止することを，その特質として備えるものを指すと解すべきである」としたうえで，「検閲がその性質上表現の自由に対する最も厳しい制約となるものであることにかんがみ，これについては，公共の福祉を理由とする例外の許容……をも認めない趣旨を明らかにしたものと解すべきである」として狭義説に近い立場を示したが，「検閲」の定義が極端に狭く，狭義説だとしても極めて特異な立場に立っていると考えられる。

判例3 《税関検査事件》
最大判昭和59・12・12民集38巻12号1308頁

原告が外国の商社から8ミリフィルム，書籍，雑誌等を郵便で輸入しようとしたところ，税関から当該物件は男女の性器，性行為等を描写したもので関税定率法21条1項3号〔昭和55年法律7号による改正前のもの。現・関税法69条の11第1項7号に相当〕で輸入を禁止された「公安又は風俗を害すべき書籍，図画，彫刻物その他の物品」に該当するとの通知を受け，異議申立てをなしたが，棄却されたため，通知と異議申立棄却決定の取消しを求めて出訴した。

最高裁は，憲法が禁止する「検閲」について，上述のような定義を採用したうえで，税関検査は「検閲」には当たらないという判断を示した。最高裁が税関検査は「検閲」に当たらないとした理由は，①輸入が禁止される表現物は国

外で発表済みのものであって，発表の機会が全面的に奪われるわけではない，②検査は関税徴収手続の一環として行われるもので，思想内容等を網羅的に審査し規制することを目的とするものではない，③輸入禁止処分には司法審査の機会が与えられているというものである。

本条との関係では，学校教育法に基づく文部科学大臣による教科書検定が「検閲」に該当するかどうかが問題になるが，最高裁は，税関検査事件の「検閲」の定義を前提に，検定は一般教科書としての発行を妨げるものではないので「検閲」には該当しないとしている（最判平成5・3・16民集47巻5号3483頁）。

(3) 出版物の事前差止め

名誉やプライバシーが侵害される場合，事前救済の手段として裁判所による出版物の差止め命令を求めることがあるが，どのような場合に裁判所が差止め命令を発し得るかについては争いがある。たとえば，①権利侵害の違法性が高度である場合にのみ差止めを認める「高度の違法性」論（東京地決昭和45・3・14下民集21巻3＝4号413頁），②「具体的事案について，被害者が排除ないし予防の措置がなされないままで放置されることによって蒙る不利益の態様，程度と，侵害者が右の措置によってその活動の自由を制約されることによって受ける不利益のそれとを比較衡量して決すべきである」とする「個別的比較衡量」論（東京高決昭和45・4・13高民集23巻2号172頁），③「表現にかかる事実が真実に反し虚偽であることを知りながらその行為に及んだとき又は虚偽であるか否かを無謀にも無視して表現行為に踏み切った場合」にのみ差止めを認めるとする，いわゆる「現実の悪意」の法理の適用を主張する「北方ジャーナル」事件最高裁判決（最大判昭和61・6・11民集40巻4号872頁）における谷口正孝裁判官の意見などがある。

この点に関して，最高裁は，「北方ジャーナル」事件（→**判例4**／）において，「表現行為に対する事前抑制は，表現の自由を保障し検閲を禁止する憲法21条の趣旨に照らし，厳格かつ明確な要件のもとにおいてのみ許容されうる」とし，「とりわけ，その対象が公務員又は公職選挙の候補者に対する評価，批判等の表現行為に関するものである場合には，そのこと自体から，

一般にそれが公共の利害に関する事項であるということができ」るので，「その表現が私人の名誉権に優先する社会的価値を含み憲法上特に保護されるべきであることにかんがみると，当該表現行為に対する事前差止めは，原則として許されない」との原則を示した。その上で，同判決は，①「その表現内容が真実でなく，又はそれが専ら公益を図る目的のものではないことが明白であって」，かつ②「被害者が重大にして著しく回復困難な損害を被る虞があるとき」は，「当該表現行為はその価値が被害者の名誉に劣後することが明らかであるうえ，有効適切な救済方法としての差止めの必要性も肯定される」ので「例外的に事前差止めが許される」としている。

判例 4 《「北方ジャーナル」事件》
最大判昭和61・6・11民集40巻4号872頁

被告 Y_1 は，元旭川市長であり，北海道知事選への立候補を予定していたが，知事選の直前に原告 X の発行する雑誌に掲載された「ある権力主義者の疑惑」と題する記事で，「嘘と，ハッタリと，カンニングの巧みな少年」であり，「言葉の魔術者であり，インチキ製品を叩き売っている（政治的な）大道ヤシ」などとされ，知事選への立候補も「知事になり権勢をほしいままにするのが目的である」等とされた。記事の掲載を知った Y_1 が，名誉毀損を理由に記事の掲載の頒布の禁止を求める仮処分を申請し，無審尋でこれを相当とする裁判所の仮処分決定がなされ，原告 X は，仮処分およびその申請が違法であるとして損害賠償請求をなした。第一審（札幌地判昭和55・7・16民集40巻4号908頁）は請求を棄却し，第二審（札幌高判昭和56・3・26民集40巻4号921頁）も請求を棄却した。上告審において，最高裁は，①仮処分による差止めが憲法が禁止する「検閲」に当たらないとし，②一定の厳格な条件の下で記事の出版の事前差止めを命ずる裁判所の仮処分は憲法21条に反しないとした。

その後，最高裁は，いわゆるモデル小説による名誉，プライバシー侵害を理由に小説の差止め命令が求められた「石に泳ぐ魚」事件において，「どのような場合に侵害行為の差止めが認められるかは，侵害行為の対象となった人物の社会的地位や侵害行為の性質に留意しつつ，予想される侵害行為によ

って受ける被害者側の不利益と侵害行為を差し止めることによって受ける侵害者側の不利益とを比較衡量して決すべきである。そして，侵害行為が明らかに予想され，その侵害行為によって被害者が重大な損失を受けるおそれがあり，かつ，その回復を事後に図るのが不可能ないし著しく困難になると認められるときは侵害行為の差止めを肯認すべきである」（最判平成14・9・24判時1802号60頁）としている。

この要件自体は，出版物に限らず，一般に害悪を生み出す不法行為を差し止めるための要件とそれほど違いはなく，「北方ジャーナル」事件判決が示した要件よりもかなり緩やかである。この判決と「北方ジャーナル」事件判決との関係をどのように理解するかが問題となる。一つの有力な理解は，「北方ジャーナル」事件判決で問題となったのは公職の候補者に関する表現であり，それ自体をとれば公共性の高い表現であるのに対して，「石に泳ぐ魚」事件で問題となったのはあくまで私人に関する表現であり，こうした表現行為の公共性の有無ないし多寡が差止めの要件に影響を与えているとするものである（たとえば，長谷部・憲法〔6版〕157頁）。

もっとも，「石に泳ぐ魚」事件以降もプライバシー侵害の場合の差止めの要件は必ずしも確定しているとは言えない状況にある。「週刊文春」事件の異議審決定（東京地決平成16・3・19判時1865号18頁）は，「北方ジャーナル」事件判決と「石に泳ぐ魚」判決を引きつつ，「プライバシー侵害を理由とする出版物の印刷，製本，販売，頒布等の事前差止めは，当該出版物が公務員又は公職選挙の候補者に対する評価，批評等に関するものでないことが明らかで，ただ，当該出版物が『公共の利害に関する事項』に係るものであると主張されているにとどまる場合には，当該出版物が公共の利害に関する事項に係るものといえるかどうか，『専ら公益を図る目的のものでないこと』が明白であって，かつ，『被害者が重大にして著しく回復困難な損害を被るおそれがある』といえるかどうかを検討し，当該表現行為の価値が被害者のプライバシーに劣後することが明らかであるかを判断して，差止めの可否を決すべきである」としている。同事件の保全抗告審決定（東京高決平成16・3・31判時1865号12頁）は，「名誉権に関するものをプライバシーの権利に関するものに直ちに推し及ぼすことができるかどうかについては疑問がないわけ

ではない」との疑問を提示しながらも，基本的には地裁の示した要件に従って判断している。

なお，名誉毀損の場合には事後的な損害賠償や名誉回復処分（民723条）によってある程度までは名誉の回復が可能であるのに対して，プライバシー侵害の場合には，いったんプライバシーが侵害されるとおよそ事後的な回復は困難であり，事前差止めによる救済の必要性が高く，したがって差止めの要件を緩和して考える必要性があるとの指摘（たとえば，駒村圭吾『ジャーナリズムの法理』263頁（嵯峨野書院，2001），野坂泰司『憲法基本判例を読み直す』184-185頁（有斐閣，2011））があることにも注意しておく必要がある。

2 明確性の法理，過度の広汎性の法理

(1) 明確性の法理と過度の広汎性の法理の異同

表現の自由の「優越的地位」からは，一定の場合に，法令の文面上違憲が導かれることがある。そうした法理が明確性の法理（漠然性のゆえに無効の法理）と過度の広汎性の法理の2つである。

人の行為を規制，処罰する場合には，デュープロセスとそれに基づく罪刑法定主義の観点から31条により，いかなる行為が禁止されているかを事前に告知し，さらには法適用者による恣意的な適用を防ぐために，規制の基準については明確性が要求される。徳島市公安条例事件判決も，およそ，刑罰法規の定める犯罪構成要件があいまい不明確のゆえに31条に違反し無効であるとされるのは，「その規定が通常の判断能力を有する一般人に対して，禁止される行為とそうでない行為とを識別するための基準を示すところがなく，そのため，その適用を受ける国民に対して刑罰の対象となる行為をあらかじめ告知する機能を果たさず，また，その運用がこれを適用する国又は地方公共団体の機関の主観的判断にゆだねられて恣意に流れる等，重大な弊害を生ずるからである」としている（最大判昭和50・9・10刑集29巻8号489頁）。

表現の自由が規制される場合には，規制が刑罰によるものでなくとも，不明確な規制によって萎縮的効果（chilling effect）が働き，本来市場に出されるべき表現行為が自制されることになりかねない。文言上の規制が本来規制されるべきでない表現行為まで規制している場合にも同様に萎縮的効果が働

く。こうした場合に，萎縮的効果を取り除く機能を果たすのが明確性の法理と過度の広汎性の法理である。漠然とした規制の多くは同時に過度に広汎な規制である可能性があり，一見すると明確に見える過度に広汎な規制も多くの場合実際には不明確であり得ることを考えると，漠然性と過度の広汎性はしばしば重なることが多く，訴訟においても両方が問題にされることがある。しかしながら，漠然としていても過度に広汎とは言えない規制もあり得るので両者は一応区別可能である。たとえば，「何人に対しても空港のターミナルエリアで表現の自由によって保障されるあらゆる行為を行うことを禁止する」という法令が存在する場合，当該法令は「表現の自由によって保障されるあらゆる行為」を禁止する点で過度に広汎な規制であると言えるが，必ずしも不明確な規制とは言えない。他方でこの法令を「表現の自由によって保護されないあらゆる行為を禁止する」と書き換えれば，過度に広汎な規制とは言えないが，しかし何が「表現の自由によって保護されない」行為なのかが通常の判断能力を備えた人間に分からなければ，当該法令は漠然とした規制だと言える。広島市暴走族追放条例について，最高裁は，同条例の規定の文言が不明確であるとは言えないとし，不明確性の主張を簡単にしりぞけながら，後述するように，過度の広汎性の有無について判断を加えている。

また，不明確性の法理が，法令の文言が不明確で法令の規制対象が分からないという点を問題にするのに対して，過度の広汎性の法理は，法令の規制目的からすると，規制されるべきではない行為まで規制されてしまうという点を問題にする点でも異なっている。

(2) 明確性の判断基準と限定解除

規制は，ある程度の一般性，抽象性が要請され，また立法技術の限界もあることから見て完全に明確であることはおよそ不可能である。ここで立法者はある種のジレンマに直面することになる。あまりにも狭く特定的な規制をなすと立法目的は達成できなくなる一方で，あまりにも広汎で一般的な規制をなすと萎縮的効果が働きすぎて自由が脅かされるため，どこかで線引きする必要性が生じる。

最高裁は，徳島市公安条例事件判決において，「ある刑罰法規があいまい不明確のゆえに憲法31条」に反する可能性を認め，その判断基準として

「通常の判断能力を有する一般人の理解において、具体的場合に当該行為がその適用を受けるものかどうかの判断を可能ならしめるような基準が読み取れるかどうか」というものを示した。そのうえで同判決は、問題となった「交通秩序を維持すること」という規定について、文言が抽象的で「立法措置として著しく妥当を欠く」としながらも、同規定は「道路における集団行進等が一般的に秩序正しく平穏に行われる場合にこれに随伴する交通秩序阻害の程度を超えた、殊更な交通秩序の阻害をもたらすような行為を避止すべきことを命じているものと解され」、「通常の判断能力を有する一般人が、具体的場合において、自己がしようとする行為が右条項による禁止に触れるものであるかどうかを判断するにあたっては、その行為が秩序正しく平穏に行われる集団行進等に伴う交通秩序の阻害を生ずるにとどまるものか、あるいは殊更な交通秩序の阻害をもたらすようなものであるかを考えることにより、通常その判断にさほどの困難を感じることはないはずであり」、「だ行進、うず巻行進、すわり込み、道路一杯を占拠するいわゆるフランスデモ等の行為が、秩序正しく平穏な集団行進等に随伴する交通秩序阻害の程度を超えて、殊更な交通秩序の阻害をもたらすような行為にあたるものと容易に想到することができる」として規定を不明確ではないと判断した。

　その後最高裁は、税関検査事件判決（最大判昭和59・12・12民集38巻12号1308頁）において、表現行為の規制についても明確性の要請が働くことを認め、表現の自由を規制する立法について合憲限定解釈が許されるのは、①「その解釈により、規制の対象となるものとそうでないものとが明確に区別され、かつ、合憲的に規制し得るもののみが規制の対象となることが明らかにされる場合」で、②しかも「一般国民の理解において、具体的場合に当該表現物が規制の対象となるかどうかの判断を可能ならしめるような基準をその規定から読み取ることができる」場合であるとの立場を示した。この判決は関税定率法21条1項3号〔現・関税法69条の11第1項7号に相当〕が輸入を禁ずる「風俗を害すべき書籍、図画」等との規定について、「風俗」という文言は「文言自体から直ちに一義的に明らかであるといえない」としながらも、合理的に解釈すれば輸入を禁じられるのは「性的風俗を害すべきもの、すなわち猥褻な書籍、図画等を意味するものと解することができる」として

規定を不明確ではないとした。これに対して，伊藤正己裁判官らの反対意見は，「『風俗』という用語の意味内容は性的風俗，社会的風俗，宗教的風俗等多義にわたるものであり，これを多数意見のいうように性的風俗に限定し，『風俗を害すべき書籍，図画』等を猥褻表現物に限ると解すべき根拠はな」く，同規定は「残虐な表現物をも規制の対象とするものと解される余地があるが，残虐な表現物という場合にそれがいかなる物を包含するかは必ずしも明確でないばかりでなく，憲法上保護されるべき表現までをも包摂する可能性があるというべきであって，右規定は不明確であり，かつ，広汎に過ぎるものといわなければならない」としている。

(3) 広島市暴走族追放条例事件

広島市暴走族追放条例が，「公共の場所において，当該場所の所有者又は管理者の承諾又は許可を得ないで，公衆に不安又は恐怖を覚えさせるような い集又は集会を行うこと」を禁止するとともに，「市の管理する公共の場所において，特異な服装をし，顔面の全部若しくは一部を覆い隠し，円陣を組み，又は旗を立てる等威勢を示すことにより行われたときは，市長は，当該行為者に対し，当該行為の中止又は当該場所からの退去を命ずることができる」と規定して，また同条例が「暴走族」を「暴走行為をすることを目的として結成された集団又は公共の場所において，公衆に不安若しくは恐怖を覚えさせるような特異な服装若しくは集団名を表示した服装で，い集，集会若しくは示威行為を行う集団をいう」と定義していたことに対し，最高裁は，規定はその文言どおり適用されると，規制の対象が広範囲に及び憲法 21 条 1 項および 31 条との関係で問題があることを認めながらも，条例全体の趣旨や条例施行規則の規定等を総合すれば，条例が規制の対象とする「暴走族」とは，「暴走行為を目的として結成された集団である本来的な意味における暴走族の外には，服装，旗，言動などにおいてこのような暴走族に類似し社会通念上これと同視することができる集団に限られる」と解釈することが可能であり，そのように限定解釈すれば，これらの規定は「弊害を防止しようとする規制目的の正当性，弊害防止手段としての合理性，この規制により得られる利益と失われる利益との均衡の観点に照らし，いまだ憲法 21 条 1 項，31 条に違反するとまではいえない」としている（最判平成 19・9・18 刑

集 61 巻 6 号 601 頁）。

　これに対して同判決の藤田宙靖裁判官の反対意見は，合憲限定解釈の限界に関する税関検査事件判決の基準を援用したうえで，「通常人の読み方からすれば，ある条例において規制対象たる『暴走族』の語につき定義規定が置かれている以上，条文の解釈上，『暴走族』の意味はその定義の字義通りに理解されるのが至極当然というべきであり」，それを前提にすれば「多数意見がいうような社会的通念上の暴走族及びそれに準じる者のみを対象とするものではないという解釈を行うことも，充分に可能なのであ」るとしている。

　このように，現在までのところ，最高裁は明確性の法理と過度の広汎性の法理をそれ自体としては肯定しながらも，それらを理由に法令を文面上違憲と判断したことはなく，これらの法理は最高裁判例においては専ら合憲限定解釈を導くものとして機能してきたと考えられる。

　アメリカの最高裁判例において，過度の広汎性の法理は，具体的な適用関係を問題にすることなく法令を文面上違憲とする結論を導くものであるため，同法理は「強い薬（strong medicine）」とされ，同法理を用いるためには，当該法令の広汎性が「相当程度なもの（substantial）」でなければならないとされている（Broadrick v. Oklahoma, 413 U.S. 601 (1973)）。したがって，同法理の適用を主張するためには，当該法令が憲法上保障された表現行為にまで適用される相当数の状況を立証しなければならないとされている。

⑷　2つの法理と第三者の権利主張適格

　なお，アメリカの最高裁判例において過度の広汎性の法理と不明確性の法理は，ともに表現行為に対する萎縮的効果を除去するために用いられる法理であるにもかかわらず，過度の広汎性の法理の場合には，たとえ自身が憲法上保障された行為を行っておらず，したがってより狭く明確な法令の下で自己の行為が処罰されても何の文句も言えない者が，当該法令が自己とは異なる第三者の憲法上の権利を侵害しているがゆえに無効であると主張する適格が一種の「褒美」――その主張が認められれば，その者も救済されることになる――として例外的に認められるが，不明確性の法理の場合には第三者の権利侵害の主張適格は認められないとされている（芦部・憲法学Ⅲ 390頁，高橋和之『憲法判断の方法』133-136頁（有斐閣，1995），長谷部・憲法〔6版〕205頁）。

この点に関して，学説の中には，両方の法理の根拠が表現の自由に対する萎縮的効果にある以上，不明確性の法理の場合にも第三者の権利の主張適格を認めるべきだとする議論もある（芦部・憲法学Ⅲ 393 頁）。

　第三者の権利を主張する適格に関する不明確性の法理と過度の広汎性の法理に関するこの取扱いの違いについては，アメリカの憲法学者のローレンス・トライブによる説明が参考になる。トライブによれば，不明確性の法理を用いて法令の違憲性を主張する場合に，①当該法令はあまりにも不明確で，規制対象が何であるのか一般市民が規定の文言からは読み取れず，法令は適用され得るあらゆる場合に不明確であると主張するか，あるいは②少なくとも自己の行為に適用される限り当該法令は不明確であると主張することになる。前者の場合には，法令がいかなる基準も持たずあらゆる場合に不明確であるという話なので，その者は実際には第三者の権利ではなく自己の権利の侵害を主張していることになるため，そもそも第三者の権利主張の適格を問題にする必要はない。これに対して後者の場合には，当該法令はコアの部分においては明確だが，周辺部分においては不明確な場合であり，少なくとも当該法令が適用されるコアの部分の行為を行っている者は，当該法令が他者に適用される場合には不明確であることを理由に当該法令の違憲性は攻撃できないはずである。なぜならその者は自らの行為が処罰される行為であるとの告知をあらかじめ受けているからである。

　他方で，トライブによれば，過度の広汎性の法理を適用して裁判所が当該法令を文面上違憲とする場合には，広汎性が「相当な程度」であるために，①当該法令について合憲的適用部分と違憲的適用部分を切り分ける合憲限定解釈が不可能であり，そして②強いて合憲限定解釈を行うと，今度はそうした解釈は法令の文言とはあまりにもかけ離れたものとなって文言が適用の有無に関する判断基準とはなり得なくなり，過度に広汎な法令は完全に不明確なゆえに違憲の法令となってしまう，という2つの前提が存在する。後者の場合は，憲法上保護されていない行為を行っている者に対してすら当該法令は完全に不明確な法になってしまう。この場合は，先の不明確性の法理の場合の①の問題と同じことになる。このためトライブは，合憲限定解釈が不可能な場合には，結局のところ，過度の広汎性の法理の場合にも第三者の権利

の主張適格を問題にする必要はないとしている。したがって，過度の広汎性の法理を援用して文面上の無効を主張できるかどうかは，当該法令を合憲限定解釈できるかどうか，つまり合憲的適用部分と違憲的適用部分を切り分けることが可能かどうかによることになる（Laurence Tribe, American Constitutional Law, 2d. ed., pp. 1035-1037。なお，長谷部・憲法〔6版〕205頁には簡略化した形でのトライブの考えの説明がある）。

　こうした理解に立つならば，そもそも当該法令が自己の行為に対して合憲的に適用されることが明らかな者は，原則として，当該法令が第三者に適用される場合には不明確であり違憲であるから，当該法令は文面上違憲であり，したがって自己にも適用されないはずだと主張することは許されず，例外的に文面上違憲であるとの主張が可能になるのは，当該法令はあまりにも不明確で，適用され得るいかなる場面においても行動の指針を示せないような極めて例外的な場合に限られることになる。ただし，上述のとおり，その場合には自己の権利を主張しているのと変わりはない。

　広島市暴走族追放条例事件判決において，多数意見，堀籠幸男裁判官の補足意見，そして藤田裁判官の反対意見が，被告人が社会通念上の暴走族に所属しており，本来であればその行為が規制されても何の憲法上の問題も生じないという認識を共有しながらも，堀籠裁判官の補足意見が「被告人の本件行為は，本条例が公共の平穏を維持するために規制しようとしていた典型的な行為であり，本条例についてどのような解釈を採ろうとも，本件行為が本条例に違反することは明らかであり，被告人に保障されている憲法上の正当な権利が侵害されることはないのであるから，罰則規定の不明確性，広範性を理由に被告人を無罪とすることは，国民の視点に立つと，どのように映るのであろうかとの感を抱かざるを得ない」との疑問を提示しているのに対して，藤田裁判官の反対意見が「被告人が処罰根拠規定の違憲無効を訴訟上主張するに当たって，主張し得る違憲事由の範囲に制約があるわけではなく，またその主張の当否（すなわち処罰根拠規定自体の合憲性の有無）を当審が判断するに際して，被告人が行った具体的行為についての評価を先行せしむべきものでもない。そして，当審の判断の結果，仮に規律対象の過度の広範性の故に処罰根拠規定自体が違憲無効であるとされれば，被告人は，違憲無

効の法令によって処罰されることになるのであるから，この意味において，本条例につきどのような解釈を採ろうとも被告人に保障されている憲法上の正当な権利が侵害されることはないということはできない」としているのは，多数意見の示すような合憲限定解釈が可能かどうか，可能でない場合に，たとえ本件被告人のように立法府が適切な文言を用いて立法してさえいれば規制されても何の憲法上の文句も言えない者にまで，萎縮的効果を取り除くことに貢献しているという理由で一種の「褒美」として文面上の違憲主張を認めるべきかどうかについての判断の違いによる。藤田裁判官の反対意見は，上述のように，多数意見の示す限定解釈はあまりにも無理があるとするもので，本件のような被告人にも第三者の権利主張の適格を認めて本件規制の文面上無効の主張を認めるべきだとするものである（長谷部恭男〔判批〕自治百選〔4版〕46頁）。

3 表現の内容に基づく規制と内容中立的規制の区別

表現の自由の事後規制としては，学説上，それを表現の内容に基づく規制と表現内容に中立的な規制とに区別して取り扱うべきだとの見解が一般的である。この場合，両者の区別の指標は，ある表現をそのメッセージを理由に制限する，すなわち規制が当該表現の伝達効果（communicative impact）に向けられた規制かどうかということに求められる（芦部・憲法学Ⅲ 431頁）。

内容に基づく規制は，広く特定の主題を内容とする表現を禁止する「主題」に基づく規制と，特定の主題について特定の観点をとる表現を規制する「観点」に基づく規制とに区別することが可能だが，「主題」に基づく規制も容易に「観点」に基づく規制として機能し得るため両方とも内容に基づく規制として同じように取り扱うべきだとするのが一般的である（長谷部・憲法〔6版〕206頁）。

内容中立的規制の典型は，表現の時・場所・方法による規制であるが，表現活動の規制を直接の目的とはせず表現活動のもたらす何らかの弊害を理由に表現活動を規制した結果，付随的に表現活動が規制される，いわゆる付随的規制も内容中立的規制と考える説もある（高橋・立憲主義〔3版〕219頁，長谷部・憲法〔6版〕138-139頁）。

内容に基づく規制と内容中立的な規制の区別を前提に，両者を異なって取り扱うべきかどうかについては争いがある。支配的な学説は，表現の自由の内容に基づく規制については表現内容中立的な規制よりも厳格な審査基準を用いて審査すべきだとする（芦部・憲法〔6版〕195-197頁，高橋・立憲主義〔3版〕208頁，長谷部・憲法〔6版〕205-206頁，松井・憲法〔3版〕447-449頁）。その根拠としては，①内容に基づく規制は特定の見解やメッセージを市場から排除することになり，言論市場を歪曲する効果を有すること，②内容に基づく規制の場合に「誤った思想」の抑止という許されない政府の規制動機が働く危険性が高いこと，③②とも関連するが，内容に基づく規制は，特定のメッセージの受け手に対する伝達効果を理由とした規制である可能性が高いことが挙げられる。

これに対して，両者を区別して取り扱うべきでないとする説（市川正人『表現の自由の法理』207-232頁（日本評論社，2003））は，①市場に表出される表現の総量が減り，情報の自由な流れを阻害する点では内容に基づく規制も内容中立的規制も同じであること，②表現の時，場所，方法ないし手段が持つ意義を軽視すべきではないこと，③公権力は内容中立的規制を装って内容規制を行う可能性があること，④そもそもしばしば内容に基づく規制か内容中立的規制か区別困難な場合があることを根拠とする。

最高裁は，こうした区別にこだわらず，表現活動の規制一般について，「制限が必要とされる程度と，制限される自由の内容及び性質，これに加えられる具体的制限の態様及び程度等を較量して」，「公共の福祉による必要かつ合理的な制限」か否かを判断する姿勢を示すことがあり（たとえば，最大判平成4・7・1民集46巻5号437頁。最判平成5・3・16民集47巻5号3483頁も同旨），また内容中立的規制については中間審査基準よりも緩やかな審査で規制を合憲とすることがある（たとえば，最大判昭和43・12・18刑集22巻13号1549頁，最判昭和56・6・15刑集35巻4号205頁など）。

4　表現の内容中立的規制

表現行為の規制が，内容に基づく規制であるか，内容中立的規制であるかは，基本的には，ある表現をそのメッセージを理由に制限する，すなわち規

制が当該表現の伝達効果（communicative impact）に向けられた規制かどうかということに求めるのが一般的である（芦部・憲法学Ⅲ 431頁）。

表現行為の内容中立的規制としては，大別して，表現行為の，①時，場所，方法による規制と，②いわゆる付随的規制の2類型が考えられる（高橋・立憲主義〔3版〕219頁）。

(1) 表現行為の時・場所・方法の規制

マスメディアを通じて自己の信条や見解を表明しにくい一般の人々にとって，ビラ配りやビラ貼り，集会，集団での行進などは，彼・彼女らに残された重要な表現手段である。後述する大分県屋外広告物条例事件判決（最判昭和62・3・3刑集41巻2号15頁）の伊藤正己裁判官の補足意見は，「政治的な意見や情報を伝えるビラ，ポスター等」を「公衆の眼にふれやすい場所，物件に掲出することは，極めて容易に意見や情報を他人に伝達する効果をあげうる方法であり，さらに街頭等におけるビラ配布のような方法に比して，永続的に広範囲の人に伝えることのできる点では有効性にまさり，かつそのための費用が低廉であって，とくに経済的に恵まれない者にとって簡便で効果的な表現伝達方法であるといわなければならない」としているのは，こうした認識の表れだと考えることができる。しかし，これらの手段による表現行為が規制されることも珍しくなく，その場合に最高裁はこうした点にあまり配慮してはいない。

集会の自由は別に取り扱う（一Ⅶ）ので，ここではそれ以外の規制を取り扱う。

(ア) 街頭演説の規制　道路交通法77条1項4号は，「一般交通に著しい影響を及ぼすような通行の形態若しくは方法により道路を使用する行為又は道路に人が集まり一般交通に著しい影響を及ぼすような行為で，公安委員会が，その土地の道路又は交通の状況により，道路における危険を防止し，その他交通の安全と円滑を図るため必要と認めて定めたものをしようとする者」は，所轄警察署長から道路使用の許可を得なければならないと定めている。

この点に関して，道路交通取締法（当時）の下で街頭演説の許可制が争われた最高裁昭和35年3月3日判決（刑集14巻3号253頁）で，最高裁は「憲

法21条は表現の自由を所論のいうように無条件に保障したものではなく，公共の福祉の為め必要あるときは，その時，所，方法等につき合理的に制限できるものであることは当裁判所の夙に判例……とするところであって，今これを変更する要を見ない。そして，道路において演説その他の方法により人寄せをすることは，場合によっては道路交通の妨害となり，延いて，道路交通上の危険の発生，その他公共の安全を害するおそれがないでもないから，演説などの方法により人寄せをすることを警察署長の許可にかからしめ，無許可で演説などの為め人寄をしたものを処罰することは公共の福祉の為め必要」であるとしていた。

しかし，その後，最高裁は，道交法の改正を前提に，道交法77条1項4号の下で所轄警察署長によるデモ行進の許可制を合憲としながらも，デモ行進の許可を拒否できるのは，「当該集団行進の予想される規模，態様，コース，時刻などに照らし，これが行われることにより一般交通の用に供せられるべき道路の機能を著しく害するものと認められ」，しかも，「警察署長が条件を付与することによっても，かかる事態の発生を阻止することができないと予測される場合」に限られるとしている（最判昭和57・11・16刑集36巻11号908頁）。

(イ) ビラ貼りの規制　　ビラ貼りを規制する法令としては，地方公共団体による屋外広告物条例と軽犯罪法1条33号前段による規制が問題となる。前者は多くの場合，美観風致の維持と公衆に対する危害の防止を目的とし，後者は多くの場合，他人の家屋その他工作物に対する財産権，管理権の保護を目的とする。

最高裁は，橋柱や電柱にビラ貼りをして大阪市屋外広告物条例により起訴された事例において，都市の美観風致を維持することは公共の福祉を保持するためのものであり，この程度の規制は必要かつ合理的な制限であるとした（最大判昭和43・12・18刑集22巻13号1549頁）。またその後最高裁は，街路樹2本の支柱に，政党の演説会のポスターをくくりつけたことで，大分県屋外広告物条例違反で起訴された事例において，やはり都市の美観風致を維持することは公共の福祉を保持するためのものであり，規制は必要かつ合理的なものであるとした（最判昭和62・3・3刑集41巻2号15頁）。なお，後者の判決

には,「本条例は,表現の内容と全くかかわりなしに,美観風致の維持等の目的から屋外広告物の掲出の場所や方法について一般的に規制しているものであ」り,「この場合に……厳格な基準を適用することは必ずしも相当ではない」が,「それぞれの事案の具体的な事情に照らし,広告物の貼付されている場所がどのような性質をもつものであるか,周囲がどのような状況であるか,貼付された広告物の数量・形状や,掲出のしかた等を総合的に考慮し,その地域の美観風致の侵害の程度と掲出された広告物にあらわれた表現のもつ価値とを比較衡量した結果,表現の価値の有する利益が美観風致の維持の利益に優越すると判断されるときに,本条例の定める刑事罰を科することは,適用において違憲となるのを免れない」とする伊藤正己裁判官の補足意見が付されている。この伊藤裁判官の補足意見は,結論としては,条例を合憲とし,さらには本件への適用も合憲とするものの,屋外広告物条例についてその適用によっては違憲となり得る可能性があることを示唆したものである。

軽犯罪法1条33号前段は,「みだりに他人の家屋その他の工作物にはり札を」する行為を禁止しているが,電柱の所有者または管理者の承諾を得ずに原水爆禁止世界大会の成功を呼びかけるビラを貼り付けたことで起訴された事例において,最高裁は,「思想を外部に発表するための手段であっても,その手段が他人の財産権,管理権を不当に害するごときものは,もとより許されないところであるといわなければならない。したがって,この程度の規制は,公共の福祉のため,表現の自由に対し許された必要かつ合理的な制限であ」るとしている(最大判昭和45・6・17刑集24巻6号280頁)。

㈡ ビラ配りの規制　　ビラ配りが規制された事例としては,私鉄の駅構内で,駅係員の許諾を受けないで政治的な内容のビラを配布し演説を繰り返した行為が,鉄道営業法35条違反として起訴された事例で,最高裁は「たとえ思想を外部に発表するための手段であっても,その手段が他人の財産権,管理権を不当に害するごときものは許されないといわなければならないから,原判示井の頭線吉祥寺駅構内において,他の数名と共に,同駅係員の許諾を受けないで乗降客らに対しビラ多数枚を配布して演説等を繰り返したうえ,同駅の管理者からの退去要求を無視して約20分間にわたり同駅構内に滞留した被告人4名の本件各所為につき,鉄道営業法35条及び刑法130条後段

の各規定を適用してこれを処罰しても憲法21条1項に違反するものでない」とした（最判昭和59・12・18刑集38巻12号3026頁）。

なお，この判決における伊藤正己裁判官の補足意見は，アメリカ最高裁判例に由来するいわゆる「パブリック・フォーラム」論を展開するものである。同意見は，「駅前広場のごときは，その具体的状況によってはパブリック・フォーラムたる性質を強くもつことがありうる」ことを認めながらも，本件において「被告人らの所為が行われたのは，駅舎の一部であり，パブリック・フォーラムたる性質は必ずしも強くなく，むしろ鉄道利用者など一般公衆の通行が支障なく行われるために駅長のもつ管理権が広く認められるべき場所であるといわざるをえ」ないとしている（パブリック・フォーラムの法理については，→Ⅶ2)。

自衛隊のイラク派兵に反対する団体が，防衛庁〔現・防衛省〕の管理する宿舎に無断で立ち入り，イラク派兵に反対する内容のビラを投函し，刑法130条の建造物不法侵入罪で起訴された事例において，最高裁はビラの配布行為は憲法21条の保障する表現の自由の保護を受けることを前提にしつつも，「本件では，表現そのものを処罰することの憲法適合性が問われているのではなく，表現の手段すなわちビラの配布のために『人の看守する邸宅』に管理権者の承諾なく立ち入ったことを処罰することの憲法適合性が問われているところ，本件で被告人らが立ち入った場所は，防衛庁の職員及びその家族が私的生活を営む場所である集合住宅の共用部分及びその敷地であり，自衛隊・防衛庁当局がそのような場所として管理していたもので，一般に人が自由に出入りすることのできる場所ではない。たとえ表現の自由の行使のためとはいっても，このような場所に管理権者の意思に反して立ち入ることは，管理権者の管理権を侵害するのみならず，そこで私的生活を営む者の私生活の平穏を侵害するものといわざるを得ない。したがって，本件被告人らの行為をもって刑法130条前段の罪に問うことは，憲法21条1項に違反するものではない」としている（最判平成20・4・11刑集62巻5号1217頁）。

管理組合名義でチラシやパンフレット等の投函を禁止する旨の貼り紙を無視して，マンション内で政党のビラを住戸のドアポストに配布して刑法130条により起訴された事例においても，最高裁は，「本件では，表現そのもの

を処罰することの憲法適合性が問われているのではなく，表現の手段すなわちビラの配布のために本件管理組合の承諾なく本件マンション内に立ち入ったことを処罰することの憲法適合性が問われているところ，本件で被告人が立ち入った場所は，本件マンションの住人らが私的生活を営む場所である住宅の共用部分であり，その所有者によって構成される本件管理組合がそのような場所として管理していたもので，一般に人が自由に出入りすることのできる場所ではない。たとえ表現の自由の行使のためとはいっても，そこに本件管理組合の意思に反して立ち入ることは，本件管理組合の管理権を侵害するのみならず，そこで私的生活を営む者の私生活の平穏を侵害するものといわざるを得ない」として規制を合憲としている（最判平成21・11・30刑集63巻9号1765頁）。

(2) 付随的規制

表現行為の付随的規制とは，表現行為の規制を直接の目的とするのではなく，当該表現行為から生じる弊害をそれ自体は正当な理由で規制しようとした結果，たまたま表現行為が規制される場合をいう。アメリカでは，この種の付随的規制は，表現内容中立的規制とみなされ，裁判所は，その合憲性を，中間審査を用いて判断すべきだとされている。アメリカにおいてその典型は，徴兵カードを焼却し，徴兵制度の円滑な運用のために徴兵カードの携帯を義務付ける法律に反したことで起訴されたことが問題になった事例である (United States v. O'Brein, 391 U.S. 367 (1968))。

この事例は，ヴェトナム戦争の是非が問われている中で生じた事例であり，規制が反戦的な表現行為を規制することを目的としていた可能性があり，付随的規制の典型と見るべきかどうかについては疑問もある。しかし，表現行為が規制を受けることは珍しくなく，その中には表現行為を規制することを目的としない規制も十分考えられる。たとえば，道路交通法で定められた時速制限は表現行為の規制を目的とするものではないが，政府のスキャンダルという「特ダネ」を得た記者がいち早くそれを報道するために時速制限に違反することがあるかもしれない。この場合，そもそも当該規制は表現の自由に対する制約だと解されない可能性もあるが，仮に表現の自由に対する制約だと解しても，それを裁判所による厳格な審査に服せしめるべきだとする議

論はないだろう。したがって，表現行為の付随的規制は，中間審査に服せしめるべきだとする議論には理由がある。

　日本の最高裁判例も，規制を付随的規制として語ることがある。一つは公務員の政治的意見表明の規制の文脈であり，もう一つは選挙運動における戸別訪問の規制の文脈である。

　㈦　**公務員の政治的意見表明の禁止**　　国家公務員法102条１項は，一般職の国家公務員について，「職員は，政党又は政治的目的のために，寄附金その他の利益を求め，若しくは受領し，又は何らかの方法を以てするを問わず，これらの行為に関与し，あるいは選挙権の行使を除く外，人事院規則で定める政治的行為をしてはならない」と規定し，これを受けて人事院規則14—7（政治的行為）が国公法が禁止する政治的行為の内容を定めている。猿払事件（→**判例5**／）では，この点が問題となった（公務員という特殊な法律関係については，→第3章前注Ⅲ 2⑶）

判例5　／《猿払事件》
　　　　　／最大判昭和49・11・6刑集28巻9号393頁

　北海道にある猿払村の郵便局に勤務し，猿払地区労働組合協議会事務局長を務めていた被告人が，1967年の衆議院選挙に際し，同協議会の決定に従い，ある政党を支持する目的で，政党の公認候補者の選挙用ポスター6枚を自ら公営掲示場に掲示し，ポスター184枚の掲示を他者に依頼したことで，国公法102条１項，110条１項19号，人事院規則14—7第5項3号（「特定の政党その他の政治的団体を支持し又はこれに反対すること」の禁止），6項13号（「政治的目的を有する署名」等の掲示・配布等の禁止）に違反して起訴された事例。第一審の旭川地裁の判決（旭川地判昭和43・3・25下刑集10巻3号293頁）は，国公法110条１項19号は，同法102条１項に規定する政治的行為の制限に違反した者という文字を使っており，「制限解釈を加える余地は全く存しない」として合憲限定解釈の手法が使えないとしたうえで，「法がある行為を禁じその禁止によって国民の憲法上の権利にある程度の制約が加えられる場合，その禁止行為に違反した場合に加えられるべき制裁は，法目的を達成するに必要最小限度のものでなければならないと解される。法の定めている制裁方法よりも，より

狭い範囲の制裁方法があり，これによってもひとしく法目的を達成することができる場合には，法の定めている広い制裁方法は法目的達成の必要最小限度を超えたものとして，違憲となる場合がある」として，いわゆる「より制限的でない他の選び得る手段（LRA）」の基準を適用し，「非管理者である現業公務員でその職務内容が機械的労務の提供に止まるものが勤務時間外に国の施設を利用することなく，かつ職務を利用し，若しくはその公正を害する意図なしで」行った行為にまで刑事罰を科す形で国公法110条1項19号を適用することは違憲となるとした。これに対して最高裁は，下級審が用いた限定解釈という手法について，「右各判決は，また，被告人の本件行為につき罰則を適用する限度においてという限定を付して右罰則を違憲と判断するのであるが，これは，法令が当然に適用を予定している場合の一部につきその適用を違憲と判断するものであって，ひっきょう法令の一部を違憲とするにひとしく，かかる判断の形式を用いることによっても，上述の批判を免れうるものではない」としたうえで，国公法による規制を下記のような論理で合憲とした。

最高裁は，①公務員は全体の奉仕者であり，「行政の中立的運営が確保され，これに対する国民の信頼が維持されることは，憲法の要請にかな」い，「国民全体の重要な利益」であり，②「公務員の政治的中立性を損うおそれのある公務員の政治的行為を禁止することは，それが合理的で必要やむをえない限度にとどまるものである限り，憲法の許容するところである」としたうえで，③「国公法102条1項及び規則による公務員に対する政治的行為の禁止が右の合理的で必要やむをえない限度にとどまるものか否かを判断するにあたっては，(ア)禁止の目的，(イ)この目的と禁止される政治的行為の関連性，(ウ)政治的行為を禁止することにより得られる利益と禁止することにより失われる利益の均衡の3点から検討することが必要である」とした（((ア)～(ウ)の記号は筆者）。

猿払事件判決は，この③の中の(ウ)の文脈で，問題となった規制は，「公務員の政治的中立性を損うおそれのある行動類型に属する政治的行為を，これに内包される意見表明そのものの制約をねらいとしてではなく，その行動のもたらす弊害の防止をねらいとして禁止するときは，同時にそれにより意見表明の自由が制約されることにはなるが，それは，単に行動の禁止に伴う限度での間接的，付随的な制約に過ぎ」ないとした。

猿払事件判決の付随的規制論に対しては，政治的行為は通常は表現活動と

して理解されていること(高橋・立憲主義〔3版〕220-221頁)や,公務員による意見表明の内容そのものが公務員の政治的中立性に対する国民の信頼を損なうとされている以上,表現活動自体の直接の効果を対象とした典型的な直接規制であり(長谷部・憲法〔6版〕138-139頁),規制を間接的・付随的規制とするのは困難であるとの批判が強い。

その後,国家公務員によるビラ配布行為が国公法102条1項・110条1項19号〔平成19年法律108号による改正前のもの〕,人事院規則14―7第6項7号・13号の規制との関係が問題となった2つの事件(最判平成24・12・7刑集66巻12号1337頁《堀越事件》,最判平成24・12・7刑集66巻12号1722頁《世田谷事件》)において最高裁は猿払事件判決の射程を大幅に限定している。最高裁は,①国公法102条1項にいう「政治的行為」とは,「公務員の職務の遂行の政治的中立性を損なうおそれが,観念的なものにとどまらず,現実的に起こり得るものとして実質的に認められるものを指」すと限定的に解釈し,そうした「おそれが実質的に認められるかどうかは,当該公務員の地位,その職務の内容や権限等,当該公務員がした行為の性質,態様,目的,内容等の諸般の事情を総合して判断するのが相当である」とし,②罰則規定の合憲性は,猿払事件判決の示した「合理的関連性の基準」ではなく,よど号ハイジャック記事抹消事件判決の示した,「自由に対する制限が必要かつ合理的なものとして是認されるかどうかは,……目的のために制限が必要とされる程度と,制限される自由の内容及び性質,これに加えられる具体的制限の態様及び程度等を較量して決せられるべきものである」(最大判昭和58・6・22民集37巻5号793頁)とする比較衡量論によって決すべきだとした。そのうえで,最高裁は,③本件罰則規定の目的である「公務員の職務の遂行の政治的中立性を保持することによって行政の中立的運営を確保し,これに対する国民の信頼を維持すること」は,「議会制民主主義に基づく統治機構の仕組みを定める憲法の要請にかなう国民全体の重要な利益」であり,禁止の対象が「公務員の職務の遂行の政治的中立性を損なうおそれが実質的に認められる政治的行為に限られ」るため,「その制限は必要やむを得ない限度にとどま」っていて合憲であるとしている。休日に職場とは関係のないところで政党の機関誌を配布した堀越事件については,当該ビラ配布行為は「管理職的

地位になく，その職務の内容や権限に裁量の余地のない公務員によって，職務と全く無関係に，公務員により組織される団体の活動としての性格もなく行われたものであり，公務員による行為と認識し得る態様で行われたものでもないから，公務員の職務の遂行の政治的中立性を損なうおそれが実質的に認められるものとはいえない」として，被告人を無罪とした。他方で，本省官房の課長補佐の地位にあった被告人の行為が問題となった世田谷事件では，被告人が「指揮命令や指導監督等を通じて他の多数の職員の職務の遂行に影響を及ぼすことのできる地位にあった」ことなどに触れて，被告人の行為は，公務員の職務の遂行の政治的中立性を損なうおそれが実質的に生じていたとして，被告人を有罪としている。

(イ) 選挙における戸別訪問の規制　　公職選挙法は，129条において，一定の期間を選挙運動の期間と定め，それ以外の期間における選挙運動を禁止している。さらに，公職選挙法は，142条で法定されたビラ以外の文書図画の頒布を禁止し，143条で法定されたポスター以外の文書図画の掲示を禁止し，146条ではこれらを免れる行為を禁止している。戸別訪問については，138条と239条で禁止している。こうした選挙運動の規制は他国に例を見ない規制である。選挙は主権者である国民が政治の在り方について自分たちの意見を表明し，政治の在り方を決定する，民主主義にとって決定的に重要な機会である。しかし有権者が正確で十分な情報を有していなければ主権者が選挙権を有していても無意味である。選挙を通じて民主主義がきちんと機能するためには，有権者が正確で十分な情報に基づいて一票を投じることが必要であり，そのためには選挙運動が自由でなければならないはずである。欧米において選挙運動は積極的に評価され，自由なのが通例である。しかし，日本では，前述のように，選挙運動は厳しく規制されている。

しかし，最高裁はこうした規制を早くから合憲としている。最高裁昭和25年9月27日大法廷判決（刑集4巻9号1799頁）は，「選挙運動としての戸別訪問には種々の弊害を伴うので衆議院議員選挙法98条，地方自治法72条及び教育委員会法28条〔いずれも当時のもの——筆者〕等は，これを禁止している。その結果として言論の自由が幾分制限せられることもあり得よう。しかし憲法21条は絶対無制限の言論の自由を保障しているのではなく，公共

の福祉のためにその時，所，方法等につき合理的制限のおのずから存することは，これを容認するものと考うべきであるから，選挙の公正を期するために戸別訪問を禁止した結果として，言論自由の制限をもたらすことがあるとしても，これ等の禁止規定を所論のように憲法に違反するものということはできない」としている。下級審では，戸別訪問の禁止を違憲とする判決も見られた（たとえば，松江地出雲支判昭和54・1・24判時923号141頁，福岡地柳川支判昭和54・9・7判時944号133頁，盛岡地遠野支判昭和55・3・25判時962号130頁など）が，最高裁はこれ以降一貫して戸別訪問の規制を合憲としている。最高裁が，戸別訪問の規制を合憲とする理由は戸別訪問が「選挙の公正」を害するという理由であるが，最高裁昭和43年11月1日判決（刑集22巻12号1319頁）は，戸別訪問の具体的な弊害として，①「選挙人の居宅その他一般公衆の目のとどかない場所で，選挙人と直接対面して行なわれる投票依頼等の行為は，買収，利害誘導等選挙の自由公正を害する犯罪の温床となり易」いこと，②「選挙人にとっても，居宅や勤務先に頻繁に訪問を受けることは，家事その他業務の妨害となり，私生活の平穏も害せられることになる」こと，③「戸別訪問が放任されれば，候補者側が訪問回数を競うことになって，その煩に耐えられなくなる」ことの3つを挙げている。

しかし，戸別訪問の規制が表現行為の内容に基づく規制だとすれば，これらの理由で規制を合憲とし得るかどうかは疑わしい。①についてはそうしたことが実証できるかどうか疑わしいし，②については受け手の自律性を無視した話であるし，不退去罪など普通の規制で十分ではないかとかの疑問があるからである。

そうしたことを考慮してか，最高裁昭和56年6月15日判決（刑集35巻4号205頁）が用いたのが，戸別訪問の規制はそもそも表現行為の付随的規制にすぎないという議論である。同判決で，最高裁は，「戸別訪問の禁止は，意見表明そのものの制約を目的とするものではなく，意見表明の手段方法のもたらす弊害，すなわち，戸別訪問が買収，利害誘導等の温床になり易く，選挙人の生活の平穏を害するほか，これが放任されれば，候補者側も訪問回数等を競う煩に耐えられなくなるうえに多額の出費を余儀なくされ，投票も情実に支配され易くなるなどの弊害を防止し，もって選挙の自由と公正を確

保することを目的としている」ものであることに注目して，この目的との関係で戸別訪問の禁止という規制が「合理的な関連性」があるかどうかを審査し，さらに戸別訪問の禁止という規制によって得られる利益と失われる利益を比較衡量して，最終的に規制を「合理的で必要やむをえない限度を超えるものとは認められ」ないとして合憲とした。この判決は猿払事件判決とは異なって，規制を付随的規制とすることで，規制に対する審査基準を緩和しようとするものであると考えられる。すなわち，個別訪問の規制は，選挙運動という特定の内容の言論を規制することを直接の狙いとするものではなく，選挙運動という表現行為から生じる間接的な弊害を規制しようとした結果，付随的に表現活動を抑圧するという結果がもたらされるにすぎないのだから厳格に審査する必要はないというものである。

しかしながら，この正当化に関しては，猿払事件において問題となった公務員の政治的意見表明と同様に，戸別訪問は通常は表現活動として理解されている以上，その規制は表現の直接的規制として理解されるべきであり（高橋・立憲主義〔3版〕220頁），アメリカにおいてほぼ性表現に関するゾーニング規制の分野に限定して用いられている間接的・付随的規制論の適用領域を無批判的に拡大するのは望ましくないとの批判（長谷部・憲法〔6版〕138-139頁）が当てはまることになろう。また，仮に最高裁が言うように，規制が表現の内容に基づく規制でなく，間接的・付随的な規制だとしても，それは表現の自由の規制である以上，厳格な合理性の基準など中間審査基準による審査を必要とするはずであり（芦部・憲法学Ⅲ 461頁・464-465頁），最高裁が採用している「合理的な関連性」の基準はこれよりはるかに緩やかな審査基準であるように思われる。

戸別訪問規制を表現行為の間接的・付随的規制とする見方は，戸別訪問の規制を表現の自由の規制としたうえで，それが表現行為の間接的・付随的規制であるがゆえにいわゆる厳格審査基準による審査に服すべき領域にはないものであるということを主張する議論だとすれば，戸別訪問規制はそもそも表現の自由の規制に関する議論が及ばない領域であるとする議論も考えることができる。

そうした議論を示すものとして，最高裁昭和56年7月21日判決（刑集35

巻5号568頁)における伊藤正己裁判官の補足意見がある。伊藤意見は,「当裁判所の合憲とする判断の理由のもつ説得力が多少とも不十分である」ことを率直に認め,先に見た最高裁が挙げる戸別訪問の種々の弊害について,逐一検討を加え「それらをもって直ちに十分な合憲の理由とするに足りないと思われる」としている。そのうえで伊藤意見は,個別訪問の禁止には,最高裁が挙げる弊害ではなく,「むしろ他の点に重要な理由がある」とする。伊藤裁判官にとって,この「重要な理由」とは,「選挙運動においては各候補者のもつ政治的意見が選挙人に対して自由に提示されなければならないのではあるが,それは,あらゆる言論が必要最少限度の制約のもとに自由に競いあう場ではなく,各候補者は選挙の公正を確保するために定められたルールに従って運動するものと考えるべきである。法の定めたルールを各候補者が守ることによって公正な選挙が行なわれるのであり,そこでは合理的なルールの設けられることが予定されている。このルールの内容をどのようなものとするかについては立法政策に委ねられている範囲が広く,それに対しては必要最少限度の制約のみが許容されるという合憲のための厳格な基準は適用されないと考える。憲法47条は,国会議員の選挙に関する事項は法律で定めることとしているが,これは,選挙運動のルールについて国会の立法の裁量の余地の広いという趣旨を含んでいる」というものである。

この伊藤意見は,「両議院の議員の選挙に関する事項は,法律でこれを定める」憲法47条を挙げているが,47条がそのように定めているから国会には広範な裁量があるという単純な議論ではない。伊藤の意見はもっと巧妙なものである。この伊藤の議論は,選挙はもともと一種のゲームであり,ゲームである以上,それは一定のルールを前提にしてはじめて成立するものであり,憲法はこのルールをどう定めるかについて47条によって一切を議会に委ねているのであり,したがってルールをどのように決めるかは議会の裁量によるのであって,それは余程のことがない限り違憲とはならない,との立場を示しているように思われる(長谷部・憲法〔6版〕341頁)。ゲームは確かにルールがあってはじめて成立するものであり,ルールを無視することは,そもそもゲームに参加していないことを意味するだけのことである。たとえば,将棋において,あらゆる将棋の駒の動きは,将棋のルールで厳密に定め

られている。そして将棋の場合，ルールについて疑問を差し挟む余地はない。このルールを無視する者が現れる場合，それはそもそも「将棋」をしていないと言えるだろう。将棋のルールそれ自体の合理性を問うことはそもそも無意味である。

　伊藤裁判官の議論は，これをそのまま選挙運動に適用すべきであるというものである。しかしながら，将棋と選挙運動は同じかという疑問がある。将棋の場合にはゲームのルールを設定しようとする場合に何らかのベースラインが存在するわけではない。ルールの内容は問題にはならず，とにかく一定のルールが定まっていることが重要である。しかし選挙運動の場合は異なるのではないだろうか。将棋とは異なって，選挙運動については，そもそも規制せずにこれを自由に行わせることこそが，民主主義や表現の自由を保障する憲法の想定するベースラインであり，憲法がベースラインを示している以上，立法裁量もこれに厳格に拘束されると考えるのが妥当であろう（長谷部・憲法〔6版〕341頁）。

V　知る権利と報道の自由

1　知る権利とマスメディアの位置づけ

　前述したように，今日，表現の自由を情報の受け手の側の「知る権利」を中心に再構成する必要性が説かれている（→ I 3）。いわゆる博多駅事件決定（最大決昭和44・11・26刑集23巻11号1490頁）において最高裁は，「報道機関の報道は，民主主義社会において，国民が国政に関与するにつき，重要な判断の資料を提供し，国民の『知る権利』に奉仕するものである。したがって，思想の表明の自由とならんで，事実の報道の自由は，表現の自由を規定した憲法21条の保障のもとにあることはいうまでもない。また，このような報道機関の報道が正しい内容をもつためには，報道の自由とともに，報道のための取材の自由も，憲法21条の精神に照らし，十分尊重に値いするものといわなければならない」と判示している。

　問題は，マスメディアが国民の知る権利に奉仕することを理由にマスメデ

ィアに一定の特権を認めるべきかどうかである。一つの理解は，マスメディアは，個人ではない以上，個人と同じ理由で表現の自由の保障を享受するわけではなく，マスメディアが表現の自由の保障を享受する根拠を，国民の知る権利に求める理解であり，この場合，マスメディアには国民の知る権利に奉仕する限りにおいて報道や取材の場面で個人には認められないような特権が認められるとするものである（長谷部・憲法〔6版〕215-216頁）。もう一つの理解は，これとは対照的に，マスメディアが国民の知る権利に仕えるものであることは認めつつも，そのことを理由にマスメディアに対して一般国民には認められない特権を付与すべきではなく，マスメディアが有する表現の自由は原則として一般の国民が有する表現の自由と異なるものではないとするものである（松井・憲法〔3版〕444-445頁，松井・メディア法〔5版〕28-30頁）。

2 取材の自由

報道を行うためには，事実・意見などの情報を探索，収集するための取材の自由が不可欠である。

最高裁は，いわゆる石井記者事件（最大判昭和27・8・6刑集6巻8号974頁。→§19 判例4／）において，「憲法の右規定〔21条〕の保障は，公の福祉に反しない限り，いいたいことはいわせなければならないということである。未だいいたいことの内容も定まらず，これからその内容を作り出すための取材に関しその取材源について，公の福祉のため最も重大な司法権の公正な発動につき必要欠くべからざる証言の義務をも犠牲にして，証言拒絶の権利までも保障したものとは到底解することができない」として，取材の自由に関して極めて消極的な姿勢を示していた。しかし，いわゆる「北海タイムス」事件（最大決昭和33・2・17刑集12巻2号253頁）においては，「およそ，新聞が真実を報道することは，憲法21条の認める表現の自由に属し，またそのための取材活動も認められなければならないことはいうまでもない」と判示するに至った。さらに，前述の博多駅事件決定において，最高裁は，「報道機関の報道が正しい内容をもつためには，報道の自由とともに，報道のための取材の自由も，憲法21条の精神に照らし，十分尊重に値いするものといわなければならない」と判示している。

第3章　国民の権利及び義務

　取材の自由が「保障される」とは明言せず,「憲法 21 条の精神に照らし,十分尊重に値いする」との博多駅事件決定における判示の仕方を見る限り,最高裁の立場が取材の自由を積極的に肯定したものかどうかは定かではないが,少なくとも取材の自由をいちおう憲法上の保障を受ける権利として理解していることは確かである。

3　取材活動の制約

(1)　情報へのアクセスの制約

　(ア)　国家秘密に関する取材への制約　　取材活動の制約が問題になる場面として,情報へのアクセスを制約するいくつかの規制がある。第 1 は,国家秘密の保護との関係における制約である。国家公務員法は,公務員が「職務上知ることのできた秘密」を漏示することを,在職中にとどまらず公務員の職を退いた後まで含めて禁止する(国公 100 条 1 項)とともに,漏示行為の「そそのかし」行為を禁じている(国公 111 条)。取材の自由との関係でこれが問題になったのが外務省秘密電文漏洩事件(→**判例6**/)である。

判例6　《外務省秘密電文漏洩事件》
　　　　　最決昭和 53・5・31 刑集 32 巻 3 号 457 頁

　　毎日新聞政治部記者であった Y は,日米間で沖縄返還をめぐる外交交渉が進行中であった 1971 年 5 月から 6 月にかけて,外務省の女性事務官 A をホテルに誘って男女関係となったうえで,A に対して上記外交交渉の秘密電文を持ち出して見せるよう依頼し,A はこの依頼に応えて秘密電文を Y に提供した。それを受けて,沖縄返還に伴い米国から日本に支払われるべき軍用地復元補償金の財源を日本政府が肩代わりするという密約に関わる電信文案等を根拠に野党の国会議員がこの密約の存在を国会で暴露する形の追及をなしたことから,A は国家公務員法の守秘義務違反として秘密漏示罪で,Y は秘密漏示のそそのかし罪で起訴された。最高裁は,「報道機関の国政に関する取材行為は,国家秘密の探知という点で公務員の守秘義務と対立拮抗するものであり,時としては誘導・唆誘的性質を伴うものであるから,報道機関が取材の目的で公務員に対し秘密を漏示するようにそそのかしたからといって,そのことだけで,

直ちに当該行為の違法性が推定されるものと解するのは相当ではなく、報道機関が公務員に対し根気強く執拗に説得ないし要請を続けることは、それが真に報道の目的からでたものであり、その手段・方法が法秩序全体の精神に照らし相当なものとして社会観念上是認されるものである限りは、実質的に違法性を欠き正当な業務行為というべきである」としながらも、「報道機関といえども、取材に関し他人の権利・自由を不当に侵害することのできる特権を有するものでないことはいうまでもなく、取材の手段・方法が贈賄、脅迫、強要等の一般の刑罰法令に触れる行為を伴う場合は勿論、その手段・方法が一般の刑罰法令に触れないものであっても、取材対象者の個人としての人格の尊厳を著しく蹂躙する等法秩序全体の精神に照らし社会観念上是認することのできない態様のものである場合にも、正当な取材活動の範囲を逸脱し違法性を帯びる」としている。

なお、2013年（平成25年）に「特定秘密の保護に関する法律」（特定秘密保護法）が制定された。同法は、①防衛に関する事項、②外交に関する事項、③外国の利益を図る目的で行われる安全脅威活動の防止に関する事項、④テロリズムの防止に関する事項という4つの分野を対象に、日本の安全保障上秘匿性の高い情報を所轄行政機関の長が「特定秘密」に指定し（同法3条1項・別表）、その漏洩と取得行為を公務員の守秘義務に関する既存の処罰規定よりも重く処罰する（同法23〜27条）。「特定秘密」に指定し得る範囲が明確かどうか、指定の有効期限が原則5年以下とされているものの、場合によっては長期にわたって延長可能となっており（同法4条）、国民の知る権利を不当に制約しないかどうかが懸念されている。

(ｲ)　法廷における取材への制約　　第2は、法廷における取材の制約である。刑事訴訟規則215条、民事訴訟規則77条は、公判廷における写真の撮影、録音、放送は裁判所の許可を必要とする旨規定している。この点が写真撮影との関係で問題になったのが前述の「北海タイムス」事件（最大決昭和33・2・17刑集12巻2号253頁）である。同事件において最高裁は、「公判廷における写真の撮影等は、その行われる時、場所等のいかんによっては、……好ましくない結果を生ずる恐れがあるので、刑事訴訟規則215条は写真撮影の許可等を裁判所の裁量に委ね、その許可に従わないかぎりこれらの行為を

することができないことを明らかにした」もので合憲であるとしている。

写真撮影のように明文の禁止規定はないものの，法廷における傍聴人のメモの採取も長い間禁止されてきたが，この点が争われたのが，いわゆる法廷メモ（レペタ）訴訟（最大判平成元・3・8民集43巻2号89頁）である。最高裁は，裁判の公開を定める憲法82条1項の規定によって「各人は，裁判を傍聴することができることとなるが，右規定は，各人が裁判所に対して傍聴することを権利として要求できることまでを認めたものでないことはもとより，傍聴人に対して法廷においてメモを取ることを権利として保障しているものでない」としたが，「情報等に接し，これを摂取する自由」も表現の自由の「派生原理」として認められ，それを補助するものとしてのメモを取る自由も「尊重に値し，故なく妨げられてはならない」としている。そのうえで最高裁は，「情報等の摂取を補助するためにする筆記行為の自由といえども，他者の人権と衝突する場合にはそれとの調整を図る上において，又はこれに優越する公共の利益が存在する場合にはそれを確保する必要から，一定の合理的制限を受けることがあることはやむを得ないところである。しかも，右の筆記行為の自由は，憲法21条1項の規定によって直接保障されている表現の自由そのものとは異なるものであるから，その制限又は禁止には，表現の自由に制約を加える場合に一般に必要とされる厳格な基準が要求されるものではないというべきである」とし，「メモを取る行為がいささかでも法廷における公正かつ円滑な訴訟の運営を妨げる場合には，それが制限又は禁止されるべきことは当然である」としている。

(2) 取材源秘匿権

取材活動の制約が問題になる第2の場面として，取材源秘匿権を否定して，取材源それ自体を明らかにすることが求められる場合や，取材テープなどの取材資料が裁判や捜査のために提出を求められる場合がある。取材の自由は，将来における取材が著しく困難になることのない保障を含んでいると考えるべきである。取材対象者はしばしば記者が取材源を明らかにしないことを条件に，取材に応じ必要な情報を提供することがある。この場合に記者に取材源秘匿権を認めないと，取材対象者と記者の信頼関係が崩壊し，将来の取材に著しい困難を生ぜしめることになる。また，取材テープなど取材の資料が

安易に押収されると取材に対する萎縮的効果が働くことになる。

　刑事訴訟との関係で取材源秘匿権が問題になった事例（最大判昭和 27・8・6 刑集 6 巻 8 号 974 頁。→§19 **判例 4**／）において，最高裁は，医師や弁護士，宗教の職に在る者などに証言拒絶権を認める刑事訴訟法 149 条を新聞記者に類推適用することができるかどうかという点に関して，「一般国民の証言義務は国民の重大な義務である点に鑑み，証言拒絶権を認められる場合は極めて例外に属するのであり，また制限的である。従って，前示例外規定は限定的列挙であって，これを他の場合に類推適用すべきものでない」とした。

　しかし，その後最高裁は，民事訴訟との関係で取材源秘匿権が問題となった事例（最決平成 18・10・3 民集 60 巻 8 号 2647 頁）において，「報道関係者の取材源は，一般に，それがみだりに開示されると，報道関係者と取材源となる者との間の信頼関係が損なわれ，将来にわたる自由で円滑な取材活動が妨げられることとなり，報道機関の業務に深刻な影響を与え以後その遂行が困難になると解されるので，取材源の秘密は職業の秘密に当たるというべきである。そして，当該取材源の秘密が保護に値する秘密であるかどうかは，当該報道の内容，性質，その持つ社会的な意義・価値，当該取材の態様，将来における同種の取材活動が妨げられることによって生ずる不利益の内容，程度等と，当該民事事件の内容，性質，その持つ社会的な意義・価値，当該民事事件において当該証言を必要とする程度，代替証拠の有無等の諸事情を比較衡量して決すべきことになる」とし，「当該報道が公共の利益に関するものであって，その取材の手段，方法が一般の刑罰法令に触れるとか，取材源となった者が取材源の秘密の開示を承諾しているなどの事情がなく，しかも，当該民事事件が社会的意義や影響のある重大な民事事件であるため，当該取材源の秘密の社会的価値を考慮してもなお公正な裁判を実現すべき必要性が高く，そのために当該証言を得ることが必要不可欠であるといった事情が認められない場合には，当該取材源の秘密は保護に値すると解すべきであり，証人は，原則として，当該取材源に係る証言を拒絶することができると解するのが相当である」として，取材源の秘密は民事訴訟法 197 条 1 項 3 号の「職業の秘密」に該当するとしている。

　取材テープなど取材資料が裁判や捜査のために提出を求められる場合，こ

れに対する拒否権がメディアの側に認められるかどうかが問題になる。この点について博多駅事件最高裁決定（最大決昭和44・11・26刑集23巻11号1490頁）は，公正な刑事裁判の実現のために取材フィルムの提出を命ずることができるかどうかは，「審判の対象とされている犯罪の性質，態様，軽重および取材したものの証拠としての価値，ひいては，公正な刑事裁判を実現するにあたっての必要性の有無」と，「取材したものを証拠として提出させられることによって報道機関の取材の自由が妨げられる程度およびこれが報道の自由に及ぼす影響の度合その他諸般の事情を比較衡量して決せられるべきであり，これを刑事裁判の証拠として使用することがやむを得ないと認められる場合においても，それによって受ける報道機関の不利益が必要な限度をこえないように配慮されなければならない」として比較衡量によって決するという判断枠組みを提示した。

その後，最高裁は，2つの事件において，捜査機関によるテレビ局の取材テープの差押えを認めているが，その際にも比較衡量という手法を踏襲している（最決平成元・1・30刑集43巻1号19頁，最決平成2・7・9刑集44巻5号421頁）。最高裁が裁判所への取材フィルムの提出と捜査機関による取材テープの差押えを同一視したことについては，後者の場合には公正な刑事裁判の実現以外の目的で用いられる可能性もあるため批判がある（長谷部・憲法〔6版〕217頁）。

Ⅵ　放送と通信

1　放　送

「放送」とは，放送法2条によれば，「公衆によつて直接受信されることを目的とする電気通信の送信」であるが，こうした放送による表現行為も憲法21条の表現の自由の保障を受けることになる。しかし，放送については印刷メディアとは異なった規制がなされている。第1に，電波法4条により，無線局を開設するには総務大臣の免許を受けなければならない。第2に，放送法4条1項は，「政治的に公平であること」（同項2号），「意見が対立して

いる問題については，できるだけ多くの角度から論点を明らかにすること」（同項4号）という「公平原則」と呼ばれるような番組編集準則を定めている。第3に，同法6条は，放送番組の適正を図るための放送番組審議機関の設置を義務付けている。第4に，同法9条により，真実でない事項の放送をした場合には訂正放送をしなければならない。第5に，同法93条1項4号・同条2項により，基幹放送事業者については，放送局の複数支配の禁止などマスメディア集中排除原則を定めている。

このうち，第4の訂正放送について，最高裁は，「放送事業者に対し，自律的に訂正放送等を行うことを国民全体に対する公法上の義務として定めたもの」で，「被害者に対して訂正放送等を求める私法上の請求権を付与する趣旨の規定ではない」としている（最判平成16・11・25民集58巻8号2326頁）。

第2の「公平原則」などは表現の内容に基づく規制に他ならず，通常の表現の自由論からすれば容易に正当化することは困難である。

このように放送が，印刷メディアとは異なって特別な規制の下に置かれることの正当化根拠として，従来は電波周波数の有限稀少性と放送が有する特殊な影響力が挙げられてきた。先に取り上げた「サンケイ新聞」事件において（→Ⅰ3(3)(イ)），最高裁は新聞に対する反論権を認めると新聞社に負担をかけ，「批判的記事，ことに公的事項に関する批判的記事の掲載をちゅうちょさせ，憲法の保障する表現の自由を間接的に侵す危険につながるおそれも多分に存する」として反論権を認めなかったが，その際に「放送事業者は，限られた電波の使用の免許を受けた者であって，公的な性格を有するものであ」るとしている（最判昭和62・4・24民集41巻3号490頁）。また，政見放送削除事件において最高裁は，他人の名誉を傷つけ善良な風俗を害する等政見放送としての品位を損なう言動を禁止した公職選挙法150条の2の規定は，「テレビジョン放送による政見放送が直接かつ即時に全国の視聴者に到達して強い影響力を有していることにかんがみ，そのような言動が放送されることによる弊害を防止する目的で政見放送の品位を損なう言動を禁止したものである」ということを根拠にして，「右規定に違反する言動がそのまま放送される利益は，法的に保護された利益とはいえ」ないとしている（最判平成2・4・17民集44巻3号547頁）。さらに最高裁はテレビ報道による名誉毀損が

問題になった事例においても,「テレビジョン放送をされる報道番組においては,新聞記事等の場合とは異なり,視聴者は,音声及び映像により次々と提供される情報を瞬時に理解することを余儀なくされる」ことを指摘している(最判平成15・10・16民集57巻9号1075頁)。

しかしながら,もともと市場における財は稀少であるし,近年の放送技術の進歩により,周波数帯の利用は高度化し,ケーブルテレビや衛星放送などの新しい多様なメディアの出現により,もはや周波数帯が有限稀少であるとは言いにくい。また,放送の有する特殊な影響力というものは科学的に証明されていないし,仮にそうしたものがあるとしても相対的なものにすぎないのではないかと考えられるようになっている(芦部・憲法〔6版〕187頁,佐藤(幸)・憲法論283-284頁,高橋・立憲主義〔3版〕198頁)。

こうしたことを受けて,印刷メディアと放送を特に区別して取り扱う必要はないのではないかという関心が生じ,アメリカでは1987年に連邦通信委員会(FCC)による「公平原則」が廃止され,日本でも「公平原則」は憲法21条に反するとする見解(松井・憲法〔3版〕485頁)も登場してきている。しかし,他方では印刷メディアと放送を区別する新たな規制根拠を見出す動きもある。それは,アメリカの憲法学者のリー・ボリンジャーが提唱している「部分的規制論」と呼ばれる考え方である(See, Lee C. Bollinger, Freedom of the Press and Public Access: Toward a Theory of Partial Regulation of the Mass Media, in *Michigan Law Review* Vol. 75 No. 1 (1976))。「部分的規制論」によれば,希少性や社会的影響力は新聞と放送で取扱いを変える理由にはならないが,それにもかかわらず一方に規制されたメディアを設けて多様な情報を社会に提供させ,他方で規制されない自由なメディアを設けることでそれが自由のモデルとして機能し他方のメディアに対する過剰な規制を防止することができる。このように「部分的規制論」は,一方に規制されたメディアを設け,他方に自由なメディアを設けることで豊かな言論市場がもたらされると考えるのである。日本では,新聞と放送とが資本の面,人的な面で分離していることを条件にこの「部分的規制論」を支持する議論も有力である(長谷部・憲法〔6版〕221頁,長谷部・テレビ96-101頁,山口いつ子『情報法の構造』第5章(東京大学出版会,2010))。

2 インターネット

(1) インターネットが表現の自由に及ぼす影響

インターネットの出現とその急速な発展は，表現の自由をめぐる状況を変化させる可能性がある。前述したように，現代における言論市場に関しては，マスメディアなど一部の者が圧倒的な情報の「送り手」の地位に君臨する一方で，多数の市民は情報の「受け手」の地位に固定される傾向が見られ，こうした状況にどのように対応するかが表現の自由論の大きな課題であった。インターネットの発展により，ネット環境さえ整えれば，比較的安価で，誰でもが瞬時にして世界中に情報を発信する「送り手」になり，また世界で起きている出来事に関する情報の「受け手」にもなり得る。また，いわゆる「アラブの春」においてTwitterやFacebookなどのソーシャル・ネットワーキング・サービス（SNS）が果たした役割を考えれば，インターネットは民主主義のありようを大きく左右する可能性を有している。

他方で，サイバースペースにおけるコミュニケーションは，匿名の場合が多く，またいったんなされると時間が経過しても容易にアクセス可能であり，容易に拡散されてゆくため，インターネット上での名誉毀損，プライバシー侵害，著作権侵害，わいせつなどに当たる表現をどのように有効に規制すればいいのかが問題となる。その際に，国境を超えて情報が拡散するため，一国による規制では有効に対処できず，どのように国際的な規制の枠組み，すなわち「グローバル・ガバナンス」を構築するかも問題になる。

(2) インターネット上の名誉毀損

(ア) プロバイダの削除義務　インターネット上でなされた名誉毀損等については，第1にプロバイダ（インターネット接続業者）などの媒介者がどのような削除義務を負うのかが問題となる。この点が問題となったニフティサーブ事件において，東京高裁は，標的にされた人間自らが問題となった発言を削除できず，システム・オペレーター（シスオペ）だけが削除できるが，当時の事情から見るとシスオペはそれを本業とするわけではなく，他に本業を持っており，会員の発言内容を逐一検討することはできないこと，問題は「標的とされた者から当該発言をした者に対する民事上の不法行為責任の追

及又は刑事責任の追及により，本来解決されるべきものである」こと，「誹謗中傷等の問題発言は，議論の深化，進展に寄与することがないばかりか，これを阻害し，標的とされた者やこれを読む者を一様に不快にするのみで，これが削除されることによる発言者の被害等はほとんど生じない」ことなどの諸事情を総合考慮して，「会員による誹謗中傷等の問題発言については，フォーラムの円滑な運営及び管理というシスオペの契約上託された権限を行使する上で必要であり，標的とされた者がフォーラムにおいて自己を守るための有効な救済手段を有しておらず，会員等からの指摘等に基づき対策を講じても，なお奏功しない等一定の場合，シスオペは，フォーラムの運営及び管理上，運営契約に基づいて当該発言を削除する権限を有するにとどまらず，これを削除すべき条理上の義務を負うと解するのが相当である」とした（東京高判平成13・9・5判時1786号80頁）。

2001年（平成13年）に制定され2002年（平成14年）から施行されている「特定電気通信役務提供者の損害賠償責任の制限及び発信者情報の開示に関する法律」（プロバイダ責任制限法）は，3条1項において，「当該関係役務提供者が当該特定電気通信による情報の流通によって他人の権利が侵害されていることを知っていたとき」（同項1号），「当該関係役務提供者が，当該特定電気通信による情報の流通を知っていた場合であって，当該特定電気通信による情報の流通によって他人の権利が侵害されていることを知ることができたと認めるに足りる相当の理由があるとき」（同項2号）を除いては，「特定電気通信による情報の流通により他人の権利が侵害されたときは，当該特定電気通信の用に供される特定電気通信設備を用いる特定電気通信役務提供者（以下この項において「関係役務提供者」という。）は，これによって生じた損害については，権利を侵害した情報の不特定の者に対する送信を防止する措置を講ずることが技術的に可能な場合であって」も「賠償の責めに任じない」と定めており，これによって権利侵害情報に関するプロバイダ等の媒介者の民事上の責任問題については一定の解決を見ている。

(イ) プロバイダの発信者情報開示義務　インターネット上でなされた名誉毀損等については，第2に被害者はプロバイダに対して加害者の氏名や住所の公開を求めることができるかどうかという問題があるが，この点につい

てプロバイダ責任制限法は，一定の場合にプロバイダに発信者に関する情報の被害者への開示を認めている。同法4条1項によれば，被害者は，①「侵害情報の流通によって当該開示の請求をする者の権利が侵害されたことが明らかで」（同項1号），かつ②「当該発信者情報が当該開示の請求をする者の損害賠償請求権の行使のために必要である場合その他発信者情報の開示を受けるべき正当な理由がある」（同項2号）場合には，プロバイダに対して「保有する当該権利の侵害に係る発信者情報（氏名，住所その他の侵害情報の発信者の特定に資する情報であって総務省令で定めるものをいう。……）の開示を請求することができる」。ただし，同条2項は，発信者の利益の不当な侵害を防止するため，その場合にプロバイダに対して，発信者情報を被害者に開示するかどうかについて発信者の意見を聴かなければならないとしており，被害者の利益と発信者の利益の調整を図っている。

　㈦　対抗言論の原則　　インターネット上でなされた名誉毀損等については，第3に，そもそもインターネット上では利用者が対等に言論を取り交わすことが可能なため，言論にはあくまで言論で対抗すべきであり規制は例外であるとする対抗言論の原則が働く可能性があり，こうしたインターネットの特質が名誉毀損の成否にいかなる影響を及ぼすかが問題となる。この点に関して，先のニフティサーブ事件の東京高裁判決は，「フォーラムにおいては，批判や非難の対象となった者が反論することは容易であるが，言葉汚く罵られることに対しては，反論する価値も認め難く，反論が可能であるからといって，罵倒することが言論として許容されることになるものでもない」としている。

　これに対して，個人がインターネット上に開設したウェブページにおいて，ある会社がカルト教団と深い関係にあると記載した文書を掲載し，それが名誉毀損に当たるとして起訴された事例である平和神軍観察会事件の第一審判決（東京地判平成20・2・29判時2009号151頁）は，①「インターネットの利用者は相互に情報の発受信に関して対等の地位に立ち言論を応酬し合える点において，これまでの情報媒体とは著しく異なった特徴をもっているのである。したがって，インターネット上での表現行為の被害者は，名誉毀損的表現行為を知り得る状況にあれば，インターネットを利用できる環境と能力が

ある限り,容易に加害者に対して反論することができる。インターネット上の名誉毀損的表現は,これまでの情報媒体による場合に比べ,その影響力が大きくなりがちであるが,インターネットを使ったその反論も同程度に影響力を行使できるのである。そうであるとすれば,加害者からの一方的な名誉毀損的表現に対して被害者に常に反論を期待することはもちろん相当とはいえないものの,被害者が,自ら進んで加害者からの名誉毀損的表現を誘発する情報をインターネット上で先に発信したとか,加害者の名誉毀損的表現がなされた前後の経緯に照らして,加害者の当該表現に対する被害者による情報発信を期待してもおかしくないとかいうような特段の事情があるときには,被害者による反論を要求しても不当とはいえないと思われる」こと,②「インターネット上で発信される情報の信頼性についての受け取られ方についてみると,インターネットを利用する個人利用者に対し,これまでのマスコミなどに対するような高い取材能力や綿密な情報収集,分析活動が期待できないことは,インターネットの利用者一般が知悉しているところであって,マスコミや専門家などがインターネットを使って発信するような特別な場合を除くと,個人利用者がインターネット上で発信した情報の信頼性は一般的に低いものと受けとめられている」ことを根拠に,「加害者が,摘示した事実が真実でないことを知りながら発信したか,あるいは,インターネットの個人利用者に対して要求される水準を満たす調査を行わず真実かどうか確かめないで発信したといえるときにはじめて同罪〔名誉毀損罪〕に問擬するのが相当」であるとした。

　これに対して同事件の上告審判決において最高裁(最決平成22・3・15刑集64巻2号1頁)は,②について「個人利用者がインターネット上に掲載したものであるからといって,おしなべて,閲覧者において信頼性の低い情報として受け取るとは限らないのであって,相当の理由の存否を判断するに際し,これを一律に,個人が他の表現手段を利用した場合と区別して考えるべき根拠はない」とし,①についても「インターネット上に載せた情報は,不特定多数のインターネット利用者が瞬時に閲覧可能であり,これによる名誉毀損の被害は時として深刻なものとなり得ること,一度損なわれた名誉の回復は容易ではなく,インターネット上での反論によって十分にその回復が図られ

る保証があるわけでもない」として、第一審判決を否定し、「インターネットの個人利用者による表現行為の場合においても、他の場合と同様に、行為者が摘示した事実を真実であると誤信したことについて、確実な資料、根拠に照らして相当の理由があると認められるときに限り、名誉毀損罪は成立しないものと解するのが相当であって、より緩やかな要件で同罪の成立を否定すべきものとは解されない」としている。学説においては、インターネットの特質を理由に最高裁の立場に対して批判的な反応を示す例もある（高橋・立憲主義〔3版〕216頁、芹沢ほか編・新基本コメ195頁〔市川正人〕）。

　(エ)　忘れられる権利　　なお、インターネットにおけるプライバシーの保障に関して、最近、「忘れられる権利（right to be forgotten）」なる概念が問題とされることが多い。この権利の具体的な内容や保護範囲はいまだ不明確であるが、インターネット上にある自己に関する情報が、適切な時を経た後も残されている場合に、これを削除することを要求する権利として主張されている。これは、情報は現実世界においては通常一定の時が経過すれば関心が失われてゆくのに対して、インターネット上では情報は半永久的に残されるため、その分プライバシーが侵害される可能性が高くなることに原因がある。その場合、特に問題になるのは、「グーグル」などの、いわゆる検索エンジンによってそうした情報へのアクセスが容易に可能になることである。こうしたことを受けて、欧州委員会は、2012年1月に1995年の個人データ保護指令を改正し、「一般データ保護規則」を提案する際に、その17条に「忘れられること及び削除に対する権利」を明記した。その後、最終的に欧州議会で2014年3月に可決された修正案では、「忘れられる権利」という文言は削除されたものの、「削除に対する権利」は明記されている。また、2014年5月13日にEU司法裁判所は、グーグル・スペイン社事件における先決裁決において、1995年の個人データ保護指令の解釈として、グーグル・スペイン社に対して検索エンジンにおける検索リストから自己に関する過去の情報の削除を義務付けることを可能とする判断を示した。日本においても、平成26年10月9日に東京地裁は、「グーグル」で自分の名前を検索すると、過去に犯罪行為をなしたかのように思わせる投稿記事が多数表示され、それによって人格権が侵害されたとして日本人の男性がアメリカの「グーグル」社

に対して検索結果の削除を求める仮処分を申請した事案で仮処分を認める決定を下している（判例集未登載）。また平成27年12月22日には、さいたま地裁が、「グーグル」を用いたインターネット検索で過去の自分の逮捕報道が現在も表示されるのは人格権侵害であるとしてアメリカの「グーグル」社に検索結果の削除を求めた事例で、やはり削除を命じる仮処分命令を「忘れられる権利」に基づいて認容する決定を下している（さいたま地決平成27・12・22判時2282号78頁）。しかし、平成28年7月12日に、東京高裁は「忘れられる権利」は法的に定められたものではなく、要件や効果も明確ではないとして、さいたま地裁の決定を取り消した（東京高決平成28・7・12判タ1429号112頁。これらの問題につき、詳しくは、山口いつ子「EU法における『忘れられる権利』と検索エンジン事業者の個人データ削除義務――グーグル・スペイン社事件EU司法裁判所2014年5月13日先決裁定を手掛かりにして」別冊NBL153号181頁以下（2015）、宍戸常寿ほか「鼎談　インターネットにおける表現の自由とプライバシー」ジュリ1484号ⅱ頁以下（2015）参照）。

　インターネットは新たに登場してきた表現媒体であり、その技術の発展も日進月歩である。そこにおける自律的な秩序形成のありようや技術の発展の行方を見ながら、従来の表現の自由法理をどのように応用可能か考えてゆく必要がある。

3　通信の秘密

(1)　通信の意義

　憲法21条2項はその後段で「通信の秘密は、これを侵してはならない」と定めている。比較法的に見れば、通信の秘密は表現の自由とは別個の規定で保障する場合が多く（たとえば、イタリア共和国憲法15条、ドイツ連邦共和国基本法10条など）、通信の秘密を表現の自由の保障条項の中で規定する例は珍しい（芦部・憲法学Ⅲ540頁）。日本においても明治憲法は表現の自由を29条で規定していたのに対して、信書の自由としての通信の自由は別に26条で規定していた。

　21条2項でいう「通信」とは、郵便、電話、電子メールなどの手段を通じて「特定の差出人・発信人と特定の受取人・受信人との間で行われるコミ

ュニケーション行為」をいう（芦部・憲法学Ⅲ 544頁）。インターネット上でなされるものでも電子メールはここにいう「通信」に含まれるが，掲示板やウェブページなど不特定あるいは多数の人が情報を交換する場合には，公然性，公開性が前提となるためここにいう「通信」には含まれないと解されている（佐藤(幸)・憲法論 321頁）。

通信の秘密を保護する意義については，通信も表現行為の一形態でありコミュニケーションの過程の一部であることから表現の自由の保障の一つであるとしながらも，同時にその主たる意義を私生活・プライバシーの保護と見る理解が一般的である（芦部・憲法〔6版〕221頁，野中ほか・憲法Ⅰ〔5版〕397頁〔中村〕，佐藤(幸)・憲法論 321頁，高橋・立憲主義〔3版〕236頁）。しかしながら，一方では，上記のように憲法21条の表現の自由の規定の中で通信の秘密が保障されている以上，通信の自由は端的に表現の自由の保障の一環であると理解すべきであるとする立場（阪本・理論Ⅲ 140頁）があり，他方では，通信の秘密を保護する趣旨は何よりも「プライバシー」である（長谷部・憲法〔6版〕229頁，松井・憲法〔3版〕514頁），あるいは「個人の私的な秘密領域の保護」であるとする理解（初宿・憲法(2)〔3版〕365頁，大石・講義Ⅱ〔2版〕126頁）が有力になりつつある。

(2) 通信の秘密の保護の対象

通信の秘密の保護の対象は，「通信の内容」のみならず，「通信に関わるすべての事実」，すなわち，信書であれば，その差出人・受取人の氏名・住所，差出個数，差し出した年月日等，電報・電話であれば，その発信人・通話者・受信人の氏名・住所，発信・配達の日時，発信回数，発信場所に広く及ぶものと理解されるのが一般である（芦部・憲法学Ⅲ 544-545頁，佐藤(幸)・憲法論 321頁）。この点に関して，下級審の裁判例であるが，大阪高裁は，郵便法にいう「信書には封緘した書状のほか開封の書状，葉書も含まれ，秘密には，これらの信書の内容のほか，その発信人や宛先の住所，氏名等も含まれると解すべきである」としている（大阪高判昭和41・2・26高刑集19巻1号58頁）。

近時，通信の秘密の保護の対象を，このように通信に関する外形的事項まで及ぼすべきではなく，通信の内容に限定すべきだとする見解も主張されている（たとえば，高橋郁夫＝吉田一雄「『通信の秘密』の数奇な運命」情報ネットワ

ーク・ローレビュー5巻44頁以下（2006））が，外形的事項を知られることによってプライバシーが害される場合があることも十分に考えられる。ただし，電気通信については，受信人の生活の平穏というプライバシーを保護するために，電話における発信者番号表示装置のように，発信人が受信に先立って受信人に発信者の同一性を示すような制度をとることも憲法上許されるとする見解（長谷部・憲法〔6版〕230頁）もある。

(3) 「侵してはならない」の意義

通信の秘密を「侵してはならない」ということの意味については，①公権力が通信の内容や通信の存在自体に関する事実を知得することの禁止（積極的知得行為の禁止），②通信業務事業者が職務上知り得た通信に関する情報を私人や他の公権力に漏洩することの禁止（漏洩行為の禁止）という2つのことを意味する（芦部・憲法学Ⅲ 545頁，佐藤(幸)・憲法論321-322頁，野中ほか・憲法Ⅰ〔5版〕398頁〔中村〕）。①については，21条2項前段の検閲の禁止とは異なって，事前だけでなく事後の知得行為も禁止される。最近では，これらに加えて通信の秘密は，通信という制度の存在も保障したものと理解すべきであり，通信制度を，公的にか私的にかは別にして維持する責務を国に負わせたものだとする理解（高橋・立憲主義〔3版〕236頁）も出てきている。この見解によるならば，電気通信事業法などの通信関係の法律の少なくとも基本的な部分については，単に立法政策に基づくものではなく憲法上の要請に基づくものだと理解されることになろう。

こうしたことを受けて，たとえば郵便法は，7条で「郵便物の検閲は，これをしてはならない」とし，8条1項において「〔日本郵便株式〕会社の取扱中に係る信書の秘密は，これを侵してはならない」とし，2項で「郵便の業務に従事する者は，在職中郵便物に関して知り得た他人の秘密を守らなければならない。その職を退いた後においても，同様とする」と定めている。郵便以外の信書便に関しては，「民間事業者による信書の送達に関する法律」の4条，5条が同様の規定を置いているし，電気通信事業法も3条，4条で同様の規定を置いている。なお税関検査事件最高裁判決は，「憲法21条2項後段の規定は，郵便物については信書の秘密を保障するものである」が，「郵便物に関する税関検査は，信書以外の物についてされるもの」であるか

ら，信書の秘密を侵害するものではないとしている（最大判昭和59・12・12民集38巻12号1308頁　**判例3**／）。

通信の秘密の保障は，検閲の禁止とは異なって絶対的な保障を受けるものではなく必要最小限度の制約を受けると考えられている（芦部・憲法〔6版〕222頁，芦部・憲法学Ⅲ546頁）。実際にも，通信の秘密は多くの法律によって制約されている。具体的な制約例としては，①刑事手続上の制約としての郵便物等の押収（刑事訴訟法100条・222条），②刑事収容施設関係上の制約としての収容者の信書に対する検査，発受の禁止など（刑事収容施設及び被収容者等の処遇に関する法律127条以下），③破産手続上の制約としての破産者に対する破産管財人による郵便物等の開披（破産法82条），④郵便法に定められた日本郵便株式会社による郵便物の開示要求（郵便法31条・32条），⑤関税法に定められた税関職員による郵便物等の差押え（関税法122条）などの例がある。

これらの具体的な制約については，それが必要最小限度の制約と言えるかどうかについては学説上疑問が提示されている場合もある。たとえば，①について，刑事訴訟法は，100条1項で，「裁判所は，被告人から発し，又は被告人に対して発した郵便物，信書便物又は電信に関する書類で法令の規定に基づき通信事務を取り扱う者が保管し，又は所持するものを差し押え，又は提出させることができる」と定め，同条2項は，1項に該当しない郵便物等については，「被告事件に関係があると認めるに足りる状況のあるものに限り」差し押さえ，または提出させることができるとしているが，同法が，99条において一般の差押えの対象である「証拠物又は没収すべき物と思料するもの」よりも対象が広く，またその場合には裁判官の発する令状を求めていることに比べて要件を緩和している点についてその合憲性が疑問視されている（芦部・憲法学Ⅲ547頁，佐藤（幸）・憲法論322-323頁，野中ほか・憲法Ⅰ〔5版〕398-399頁〔中村〕）。また，②についても，武器などが入っていないかを確認する検査は許されるが，私信の内容まで検査することについても疑問視する見解（松井・憲法〔3版〕514頁）がある。

(4) **通信傍受**

通信の秘密との関係においては，犯罪捜査のために電話の盗聴など通信傍

受が許されるかどうかが問題となる。この点については，第1に，従来は憲法35条の令状主義との関係で議論されてきたが，現在では35条にいう「押収」は歴史的沿革から見て「有体物」に限られるとして，本条の「通信の秘密」との関係で議論すべきだとの見解が有力である（佐藤(幸)・憲法論323頁，松井・憲法〔3版〕515頁）。第2に問題になるのは，その場合，通信の秘密の保障からすると通信傍受は原則として許されないものの，犯罪捜査の必要から例外的に許されることはあるか，許されるとすればどのような条件の下で許されるかということである。

この点について，学説においては，犯罪手口が巧妙になっているなどの現代における組織犯罪の実態から見て，通信傍受は例外的な場合には許されるとして，①重大な犯罪，とりわけ人の生命・身体に危害を生ぜしめる犯罪に限定すること，②特に傍受によらなければならない特殊な事情が存在すること，③ⓐある特定の犯罪が既に犯されまたは犯されつつあること，ⓑその犯罪に関係するある特定の事柄をある特定の人物が話すであろうこと，ⓒその会話がある特定の電話または特定の場所で行われるであろうこと，を信ずるに足る相当な根拠が存在することを令状発布の具体的な条件とし，その他に傍聴の許容期間や令状発布後の措置などについても特別な配慮を求める立場（佐藤(幸)・憲法論323頁）が有力である。

それに対して最高裁は，犯罪捜査目的での通信傍受について，「電話傍受は，通信の秘密を侵害し，ひいては，個人のプライバシーを侵害する強制処分であるが，一定の要件の下では，捜査の手段として憲法上全く許されないものではない」としたうえで，「重大な犯罪に係る被疑事件について，被疑者が罪を犯したと疑うに足りる十分な理由があり，かつ，当該電話により被疑事実に関連する通話の行われる蓋然性があるとともに，電話傍受以外の方法によってはその罪に関する重要かつ必要な証拠を得ることが著しく困難であるなどの事情が存する場合において，電話傍受により侵害される利益の内容，程度を慎重に考慮した上で，なお電話傍受を行うことが犯罪の捜査上真にやむを得ないと認められるときには，法律の定める手続に従ってこれを行うことも憲法上許されると解するのが相当である」として，より緩やかな要件の下に通信傍受を認めている（最決平成11・12・16刑集53巻9号1327頁）。

なおこの判決と前後して1999年（平成11年）に制定された「犯罪捜査のための通信傍受に関する法律」（通信傍受法）は，薬物関連犯罪，銃器関連犯罪，集団密航に関連する犯罪，組織的な殺人罪という4種類の犯罪を対象にして，①それらの犯罪が犯された，または犯されると疑うに足りる十分な理由がある場合などに，②当該犯罪の実行，準備または証拠隠滅等の事後措置に関する謀議，指示その他の相互連絡その他当該犯罪の実行に関連する事項を内容とする通信が行われると疑うに足りる状況があり，③他の方法によっては，犯人を特定し，または犯行の状況もしくは内容を明らかにすることが著しく困難であるときには，裁判官の発する傍受令状により電気通信の傍受を認めるものである（同法3条）。また通信傍受法は，手続として，傍受を実施する際に電気通信事業者または地方公共団体の職員の立会いを求めている（同法12条〔平成28年法律54号7条による改正後は13条〕）。

通信傍受法が定める要件は先の最高裁決定の要件よりも厳格なものではあるが，①傍受令状に記載すべき「傍受すべき通信」（同法6条）がどの程度具体的なものでなければならないのかが明らかではないこと，②立会人は傍受される通信の内容を聞くことができず，対象外と思われる通話内容の傍受を切断する権限が付与されていないこと，③同法13条〔同改正後14条〕1項が「検察官又は司法警察員は，傍受の実施をしている間に行われた通信であって，傍受令状に記載された傍受すべき通信……に該当するかどうか明らかでないものについては，傍受すべき通信に該当するかどうかを判断するため，これに必要な最小限度の範囲に限り，当該通信の傍受をすることができる」として該当性判断のための傍受を認め，また同法14条〔同改正後15条〕が「検察官又は司法警察員は，傍受の実施をしている間に，傍受令状に被疑事実として記載されている犯罪以外の犯罪であって，別表に掲げるもの又は死刑若しくは無期若しくは短期1年以上の懲役若しくは禁錮に当たるものを実行したこと，実行していること又は実行することを内容とするものと明らかに認められる通信が行われたときは，当該通信の傍受をすることができる」として別件傍受を認めていることに対して，通信傍受が行われ犯罪と無関係だと判明した通信は，傍受終了後に作成される傍受記録に記録されず，傍受されても記録されなかった通信の当事者には通知されず，事後的救済措置が

講じられていないことなどから通信の秘密を過剰に侵害している疑いがあるとの指摘（市川正人『ケースメソッド憲法〔2版〕』193-194頁（日本評論社，2009），鈴木秀美「通信の秘密」大石＝石川編・争点137頁）がなされている。なお，下級審ではあるが，東京地裁は先の最高裁決定を引用して通信傍受法は「憲法21条2項その他の憲法の一義的な文言に違反しているということはできない」としている（東京地判平成13・8・31判時1787号112頁）。

　なお，通信傍受法は2016年（平成28年）に改正され，対象犯罪について，いずれも組織的な事案に限られるものの，殺人，窃盗，詐欺等新たに9つの犯罪を加え，傍受の方法についても，暗号技術を活用し，記録の改変等ができない機器を用いることにより，通信事業者の立会いを不要とする傍受が可能になった。

Ⅶ　集会の自由

1　総　説

　日本国憲法は，表現の自由と並んで，集会・結社の自由を保障している。「集会」とは特定または不特定の人々が共通の目的をもって一定の場所に集まることを意味する。この場合，「一定の場所」といっても，それはある場所に固定的に人が集まる場合もあれば集団行進（デモ行進）のように，場所を移動する場合もある。これに対して「結社」は，必ずしも場所を前提にしない代わりに，継続的な団体を構成する行為を意味する（芦部・憲法学Ⅲ 479頁，佐藤(幸)・憲法論284頁，高橋・立憲主義〔3版〕227-228頁）。「集会・結社の自由」を「表現の自由」と切り離して理解する考え方もあり得る（宮沢・憲法Ⅱ 362頁）が，「集会」や「結社」は，集団としての意思を形成し，それを対外的に表明するためのものだと考えれば，「集会・結社の自由」を「表現の自由」から切り離して理解すべきではない。

　「集会・結社の自由」を保障する意義も，表現の自由を保障する意義と重なる。個人は社会的存在であり，様々な集会・結社に参加したり，帰属することで自己の人格を発展させる。また，民主主義社会にあって，個人が自己

の見解を効果的に表明するためには，同じ目的を共有する他者と集会や結社をなすことによって見解を表明することが重要である。最高裁も，「現代民主主義社会においては，集会は，国民が様々な意見や情報等に接することにより自己の思想や人格を形成，発展させ，また，相互に意見や情報等を伝達，交流する場として必要であり，さらに，対外的に意見を表明するための有効な手段であるから，憲法21条1項の保障する集会の自由は，民主主義社会における重要な基本的人権の一つとして特に尊重されなければならないものである」（最大判平成4・7・1民集46巻5号437頁）としている。また特に，現代社会にあって，マスメディアを通じて自己の主張を表明し得ない普通の人々にとって，集会，デモ行進は，ビラ配り，ビラ貼りと並んで，残された有効な表現手段であることに配慮する必要がある。

2　集会の自由とパブリック・フォーラムの法理

　人が何かを他者に伝えようとするためには媒体——表現媒体——が必要となる。集会という手段によって何かを表現し，相手に伝えようとする場合，決定的に重要なものが「場所」ないし「空間」である。

　この場所が，自己が所有ないし管理する場所である場合には憲法における集会の自由の保障は万全の効力を発揮するだろう。人が，自己が所有ないし管理する場所で集会を開催しようとする場合，原則として公権力を含めた他者の介入を受けることはない。個人が自分の家でホーム・パーティを主催する場合に，誰を当該パーティに招待するかは，当該個人が決めるべき問題であって，公権力を含めた他者によって指示されるいわれはない。そうした当たり前のことを憲法がわざわざ「集会の自由」として保障しているとは考えにくい。

　憲法が，集会の自由を保障していることの意味は，別のところにある。それは，憲法との関係で集会の自由が問題になる場所が，道路，公園，市民会館など，その利用を求める個人や集団が自身で所有・管理する場所ではないことに関わる。

　こうした場合，道路，公園，市民会館などの所有権・管理権は，そこで集会を開催しようとする個人や集団ではなく，国や地方公共団体にある。憲法

が表現の自由を保障しているとしても，それは，あくまで「国家からの自由」であって，自らのメッセージを伝達するために他者の財産を当然に利用する権利まで含んでいるとは考えにくいとの理解がここから生じる。しかも，国や地方公共団体が当該財産の所有者・管理者であって，その場合に国や地方公共団体を私人と同一視できるのであれば，国や地方公共団体には，その所有権・管理権に基づいて私人の利用を自由に排除できそうである。こうした理屈を徹底すれば，道路，公園，市民会館の所有権・管理権を有する国や地方公共団体は，それらが自己の所有・管理に属する財産である以上，そもそも私人による利用を拒んでもよく，また仮に私人による利用を認める場合も，誰に対していかなる条件でその利用を認めるか決める権限を有すると考えるのが自然であることになろう。

　しかしながら，そうした理解は誤っている。第1に，そもそも憲法が保障する集会の自由を問題にする以前に，国家ないし政府が所有・管理する公共財産の運営については，私人が所有・管理する私的財産の運営とは異なった制約に服するはずである。社会契約論を前提とする近代国家にあっては，もともと，「私人」は前国家的な権利を有しているのに対し，国家や政府はそうした「私人」の前国家的な権利を確実に保障すると同時に，「私人」が協働して達成し得る公共の利益を実現するために設立された人為的な存在にすぎない。国家ないし政府が公共財産を所有・管理することは当然かもしれないが，それは，私人が私有財産を所有・管理することと同じではなく，国家ないし政府は公共の福祉を達成するために公共財産を所有・管理しているにすぎず，私有財産の所有者・管理者とは異なって好き勝手に管理できるわけではない。

　第2に，判例もそうした理解を採用してはいない。戦後いち早く公共財産における集会の自由が争われた皇居前広場使用不許可事件（最大判昭和28・12・23民集7巻13号1561頁）において，最高裁は，皇居前広場は国有財産法3条2項2号でいう「公共福祉用財産」であり，その管理権は厚生大臣にあるとしながらも，「その利用の許否は，その利用が公共福祉用財産の，公共の用に供せられる目的に副うものである限り，管理権者の単なる自由裁量に属するものではな」いとし，さらに「厚生大臣が管理権の行使として本件不

許可処分をした場合でも，管理権に名を藉り，実質上表現の自由又は団体行動権を制限するの目的に出でた場合は勿論，管理権の適正な行使を誤り，ために実質上これらの基本的人権を侵害したと認められうるに至った場合には，違憲の問題が生じうる」としている。

また，地方自治法244条1項にいう「公の施設」における集会の自由が問題となった泉佐野市民会館事件（最判平成7・3・7民集49巻3号687頁）で最高裁は，「地方自治法244条にいう普通地方公共団体の公の施設として，本件会館のように集会の用に供する施設が設けられている場合，住民は，その施設の設置目的に反しない限りその利用を原則的に認められることになるので，管理者が正当な理由なくその利用を拒否するときは，憲法の保障する集会の自由の不当な制限につながるおそれが生ずることになる。したがって，本件条例7条1号及び3号を解釈適用するに当たっては，本件会館の使用を拒否することによって憲法の保障する集会の自由を実質的に否定することにならないかどうかを検討すべきである」としている。もしも憲法の保障する集会の自由について先のような狭い理解に立つのであれば，地方公共団体が公の施設について正当な理由なくその利用を拒否したとしても，それは「普通地方公共団体は，正当な理由がない限り，住民が公の施設を利用することを拒んではならない」と定めた地方自治法244条2項違反とはなるにしても，憲法21条違反となる可能性はないはずである。したがって，この判決で最高裁が，「管理者が正当な理由なくその利用を拒否するときは，憲法の保障する集会の自由の不当な制限につながるおそれが生ずることになる」と述べているのは，先のような集会の自由に関する狭い理解をしりぞけたものと理解すべきである。

こうした点から見て注目に値するのが，アメリカ合衆国の連邦最高裁が，人が公共財産を用いて表現活動をなす場合に，公共財産の管理権を有する政府に対して憲法が保障する表現の自由が及ぼし得る規律の意味を明らかにすべく，展開してきた「パブリック・フォーラム」の法理である。泉佐野市民会館事件最高裁判決に関する調査官解説も，注においてではあるが「本判決がパブリック・フォーラムの法理を念頭に置いていることは疑いがない」（『最高裁判所判例解説　民事篇　平成7年度（上）』282頁・295頁（注1）［近藤崇

晴〕(法曹会, 1998))としている。学説においては, この法理を参考にすべきだとの立場が支配的である(高橋・立憲主義〔3版〕228-229頁, 長谷部・憲法〔6版〕222-225頁)。

日本の最高裁判例において, 多数意見において「パブリック・フォーラム」の法理が言及されたことはないものの, 私鉄の駅構内でのビラ配布等の行為が鉄道営業法違反および刑法上の建造物侵入との関係で問題となった最高裁昭和 59 年 12 月 18 日判決(刑集 38 巻 12 号 3026 頁)と, 商店街の街路樹に立看板をくくりつけた行為が屋外広告物条例との関係で問題になった最高裁昭和 62 年 3 月 3 日判決(刑集 41 巻 2 号 15 頁《大分県屋外広告物条例事件》)における伊藤正己裁判官の補足意見において同法理への言及がなされている。

伊藤裁判官のパブリック・フォーラム論は, 「ある主張や意見を社会に伝達する自由を保障する場合に, その表現の場を確保することが重要な意味をもっている。特に表現の自由の行使が行動を伴うときには表現のための物理的な場所が必要となってくる。この場所が提供されないときには, 多くの意見は受け手に伝達することができないといってもよい。一般公衆が自由に出入りできる場所は, それぞれその本来の利用目的を備えているが, それは同時に, 表現のための場として役立つことが少なくない。道路, 公園, 広場などは, その例である。これを『パブリック・フォーラム』と呼ぶことができよう。このパブリック・フォーラムが表現の場所として用いられるときには, 所有権や, 本来の利用目的のための管理権に基づく制約を受けざるをえないとしても, その機能にかんがみ, 表現の自由の保障を可能な限り配慮する必要があると考えられる」とするものである。

アメリカ合衆国連邦最高裁における「パブリック・フォーラム」の現時点での到達点を示したものとされているのが, 1983 年の Perry Education Association v. Perry Local Educators' Association 判決 (460 U.S. 37) である。同判決は, 表現の自由の保障にとって場所が有する意義を重視して, 政府の所有・管理している場所を類型化して, 一定の場所については, 財産権や管理権よりも表現活動が優先されることを示している。具体的には, 政府が保有する公共財産を, ①道路, 歩道, 公園などの伝統的パブリック・フォーラム (traditional public forums), ②公会堂や市民会館など国ないし地方公共団

体が自発的に公衆の表現行為の場所としてその利用に供してきた，指定的パブリック・フォーラム（designated public forums），③それ以外の非パブリック・フォーラム（nonpublic forums）に区別し，区別に応じて，それぞれの場において，憲法が保障する表現の自由の観点からする規制に対する規律が異なることを示した。

具体的には，①の伝統的パブリック・フォーラムと②の指定的パブリック・フォーラムとでは，②の指定的パブリック・フォーラムについては，政府はこれを開設する義務を負わず，開設しないこともできるが，いったん開設して表現の用に供した場合には，①の伝統的パブリック・フォーラムの場合と同様に，当該表現行為が憲法上の保護を受けない特定のカテゴリーに属するものでない限り，内容に基づいて，集会やデモ行進を規制する場合には規制はいわゆる厳格審査に服し，利用者の競合の調整や施設の管理・保全といった観点からの内容中立的な規制の場合には，いわゆる中間審査基準に服すことになる。ただし，②の指定的パブリック・フォーラムの中には，一定の集団や一定の主題の討論のためにのみ表現の用に供される限定的パブリック・フォーラム（limited public forums）があり，その場合には例外的に人や主題に関する制限も許される。③の非パブリック・フォーラムの場合には，規制が観点による区別に基づくものでない限り，規制の合憲性は当該フォーラムの設置されている目的に照らして規制が合理性なものかどうかで判断される，とするものである。

「パブリック・フォーラム」の法理とは，私人の表現行為が公共財産を用いてなされる場合の規制に関して，場合によっては私人に対して公共財産を利用する資格を与えられるという意味で，政府による助成を受けている場面での問題であることを前提に，それにもかかわらず当該規制を憲法上の統制に服せしめるための理論装置として機能するものである。つまり，本来は「給付」の文脈であるものに一定の場合には「規制」の論理（＝内容に基づく規制は厳格審査に服する）を及ぼすための変換装置が「パブリック・フォーラム」論であると考えられる。「パブリック・フォーラム」の「法理」の背景には，①今日，資源を有しない人々にとっての集会やデモ行進が有する重要性，②公園や市民会館など公共施設における集会の許諾の判断を完全な政府

の裁量におくことの危険性，すなわち，政府が好む集会しか許可されないことによる公共討論の歪曲の危険性，③一定の公共財産は集会の開催に用いられることを前提としているか，あるいは集会の開催に使用しても問題はない，といった認識がある。

3 道路上での集団行動に関する規制

道路上での集団行動の規制としては，大別して，公安条例による規制と道路交通法による規制がある。

(1) 公安条例による規制

地方公共団体における公安条例は，「公共の安寧」や「公共の安全」の保持を目的として，冠婚葬祭等の非政治的なものを除いて，集会，デモ行進について一般的に，あらかじめ定められた一定期間内に公安委員会に「届出」すること，または公安委員会による「許可」を受けるよう要求し，届出の受理または許可に際して集団行動の実施に関して様々な条件を付する権限を公安委員会に認めていることが多い。

公安条例の合憲性が問題となった新潟県公安条例事件（最大判昭和29・11・24刑集8巻11号1866頁）において，最高裁は，①「行列行進又は公衆の集団示威運動……は，公共の福祉に反するような不当な目的又は方法によらないかぎり，本来国民の自由とするところであるから，条例においてこれらの行動につき単なる届出制を定めることは格別，そうでなく一般的な許可制を定めてこれを事前に抑制すること」は違憲であるとしたうえで，②「これらの行動といえども公共の秩序を保持し，又は公共の福祉が著しく侵されることを防止するため，特定の場所又は方法につき，合理的かつ明確な基準の下に，予め許可を受けしめ，又は届出をなさしめてこのような場合にはこれを禁止することができる旨の規定を条例に設けても」違憲ではないとし，③「公共の安全に対し明らかな差迫った危険を及ぼすことが予見されるとき」は禁止することもできるとしている。学説は，こうした①〜③の判断基準については，概ね好意的である（佐藤(幸)・憲法論289-291頁，高橋・立憲主義〔3版〕230頁）。

しかし，これに対して，規制対象が広範で，許可基準も明確でなく，新潟

県公安条例が定める許可推定条項（集団行動を行う旨の届出をなした場合に、一定の期間内に公安委員会が意思表示しない場合は、「許可があった」ものとみなす規定）を欠くなど、新潟県条例に比べて問題の多い（芦部・憲法学Ⅲ 510-511 頁、佐藤（幸）・憲法論 291 頁）東京都の公安条例の合憲性が問題となった、東京都公安条例事件（最大判昭和 35・7・20 刑集 14 巻 9 号 1243 頁）において、最高裁は、「集団行動による思想等の表現は、単なる言論、出版等によるものとはことなって、現在する多数人の集合体自体の力、つまり潜在する一種の物理的力によって支持されていることを特徴と」し、「かような潜在的な力は、あるいは予定された計画に従い、あるいは突発的に内外からの刺激、せん動等によってきわめて容易に動員され得る性質のものである。この場合に平穏静粛な集団であっても、時に昂奮、激昂の渦中に巻きこまれ、甚だしい場合には一瞬にして暴徒と化し、勢いの赴くところ実力によって法と秩序を蹂躙し、集団行動の指揮者はもちろん警察力を以てしても如何ともし得ないような事態に発展する危険が存在すること、群集心理の法則と現実の経験に徴して明らかである」とする、いわゆる「集団（行動）暴徒化論」を展開して、条例を簡単に合憲としたことに対しては、「あまりにも集団行動の自由が民主主義社会において持つ意義、果たす役割について、無理解でありすぎる」（芦部・憲法学Ⅲ 514 頁）という評価を含めて、学説からは批判が多い。

この東京都公安条例事件判決以降、公安条例が合憲であることは、判例上は確立したと言える。その後は、憲法問題の主たる関心は、公安条例の特定の許可条件や運用の実態の合憲性の問題に移っている。そうした例として、たとえば、国会周辺でのデモの進路の変更を条件にデモ行進を許可した処分について、それを違法とした東京地裁昭和 42 年 6 月 9 日決定（行集 18 巻 5=6 号 737 頁）、公安条例の全体としての運用実態を検討したうえで、当該条件付不許可処分を違憲とした東京地裁昭和 42 年 5 月 10 日判決（下刑集 9 巻 5 号 638 頁）がある。

(2) **道路交通法による規制**

道路交通法 77 条 1 項は、道路工事、道路への工作物の設置、露天等の設置のほか、「道路において祭礼行事をし、又はロケーションをする等一般交通に著しい影響を及ぼすような通行の形態若しくは方法により道路を使用す

る行為又は道路に人が集まり一般交通に著しい影響を及ぼすような行為で，公安委員会が，その土地の道路又は交通の状況により，道路における危険を防止し，その他交通の安全と円滑を図るため必要と認めて定めたものをしようとする」場合（同項4号）は，所轄の警察署長の許可を受けなければならないと規定している。

公安条例による規制と道路交通法による規制の競合という問題があるが，この点に関して，最高裁は，徳島市公安条例事件（最大判昭和50・9・10刑集29巻8号489頁）において，「道路交通法は道路交通秩序の維持を目的とするのに対し，本条例は道路交通秩序の維持にとどまらず，地方公共の安寧と秩序の維持という，より広はん，かつ，総合的な目的を有するのであるから，両者はその規制の目的を全く同じくするものとはいえない」としている。

そのうえで道路交通法によるデモの規制に関して，最高裁は，警察署長が同法77条1項の定める要件に従ってデモ行進を不許可とすることができるのは，「当該集団行進の予想される規模，態様，コース，時刻などに照らし，これが行われることにより一般交通の用に供せられるべき道路の機能を著しく害するものと認められ，しかも，同条3項の規定に基づき警察署長が条件を付与することによっても，かかる事態の発生を阻止することができないと予測される場合に限られる」としている（最判昭和57・11・16刑集36巻11号908頁）。

4　公園・市民会館での集会の規制

皇居前広場使用不許可事件判決には既に触れた（一2）。地方自治法244条は，「正当な理由がない限り，住民が公の施設を利用することを拒んではならない」（同条2項）と定め，また住民による利用にあたって「不当な差別的取扱いをしてはならない」（同条3項）と規定している。泉佐野市民会館事件（最判平成7・3・7民集49巻3号687頁）において，最高裁は，「地方自治法244条にいう普通地方公共団体の公の施設として，本件会館のように集会の用に供する施設が設けられている場合，住民は，その施設の設置目的に反しない限りその利用を原則的に認められることになるので，管理者が正当な理由なくその利用を拒否するときは，憲法の保障する集会の自由の不当な制限

につながるおそれが生ずることになる。したがって，本件条例7条1号及び3号を解釈適用するに当たっては，本件会館の使用を拒否することによって憲法の保障する集会の自由を実質的に否定することにならないかどうかを検討すべきである」としている。

こうした観点から最高裁は，地方公共団体が「公の施設」の利用を拒否し得る「正当な理由」となるのは，①公共施設の種類に応じ，また当該施設の規模，構造，設備等を勘案したうえでの適正な管理権の行使による場合，②利用の希望が競合する場合，③施設をその集会のために利用させることによって，他の基本的人権が侵害され，公共の福祉が損なわれる危険がある場合に限られるとした。そして最高裁は，③の場合について，求められる「危険」について，「単に危険な事態を生ずる蓋然性があるというだけでは足りず，明らかな差し迫った危険の発生が具体的に予見されることが必要である」としている。

また，同判決は，「主催者が集会を平穏に行おうとしているのに，その集会の目的や主催者の思想，信条に反対する他のグループ等がこれを実力で阻止し，妨害しようとして紛争を起こすおそれがあることを理由に公の施設の利用を拒むことは，憲法21条の趣旨に反する」としていたが，この点について最高裁は，上尾市福祉会館事件判決（最判平成8・3・15民集50巻3号549頁）において，より具体的に，「主催者が集会を平穏に行おうとしているのに，その集会の目的や主催者の思想，信条等に反対する者らが，これを実力で阻止し，妨害しようとして紛争を起こすおそれがあることを理由に公の施設の利用を拒むことができるのは，前示のような公の施設の利用関係の性質に照らせば，警察の警備等によってもなお混乱を防止することができないなど特別な事情がある場合に限られる」としている。

この点に関しては，アメリカ憲法判例における「敵意ある聴衆（hostile audience）」の法理の影響がうかがわれる。「敵意ある聴衆」の法理とは，ある人々が集会を開催しようとする場合に，当該集会の目的や集会を主催する人々の思想に反対し対立する集団が存在することのみを理由に集会を禁止することはできない，という法理である。これは，政治的・社会的な争点を取り上げて集会が開催される場合には，それに敵対する人々がいるのが普通で

あり，そうした人々が集会の開催を阻止する行動を起こすという威嚇をなすことが容易に想像され，それを理由に集会の開催を禁止すれば，それはそうした敵対する集団に集会の開催を拒否する権限を与えることになり，それでは集会の自由を保障することの意味が失われてしまうとの理解に基づく法理である。集会の自由が民主主義にとって有する意義を考えれば，仮にそうした敵対集団が存在している場合であっても，まずはその妨害行為を警察などの警備によって阻止することが原則であり，警察の警備によってもなお防ぎきれない場合にはじめて集会の開催の禁止が認められるべきであるということになる。警察の警備には税金が充当される。したがって，税金を投入してでも集会を保護すべきであるという考えがこの法理の背後には存在していることに注意すべきである。

5　公共施設の目的外使用

一口に公共施設といっても多様であり，一般公衆の利用を前提としないものも存在する。たとえば，学校の図書館や教室は，あくまで当該学校の教育目的での使用を前提にして設置されていると言える。こうした施設は非パブリック・フォーラムとされる可能性がある。

最高裁は，広島県教組教研集会事件判決（最判平成18・2・7民集60巻2号401頁）において，第1に，「地方公共団体の設置する公立学校は，地方自治法244条にいう『公の施設』として設けられるものであるが，これを構成する物的要素としての学校施設は同法238条4項にいう行政財産である。したがって，公立学校施設をその設置目的である学校教育の目的に使用する場合には，同法244条の規律に服することになるが，これを設置目的外に使用するためには，同法238条の4第4項に基づく許可が必要である」としている。そのうえで第2に，「地方自治法238条の4第4項，学校教育法85条の上記文言に加えて，学校施設は，一般公衆の共同使用に供することを主たる目的とする道路や公民館等の施設とは異なり，本来学校教育の目的に使用すべきものとして設置され，それ以外の目的に使用することを基本的に制限されている（学校施設令1条，3条）ことからすれば，学校施設の目的外使用を許可するか否かは，原則として，管理者の裁量にゆだねられているものと解す

るのが相当である。すなわち，学校教育上支障があれば使用を許可することができないことは明らかであるが，そのような支障がないからといって当然に許可しなくてはならないものではなく，行政財産である学校施設の目的及び用途と目的外使用の目的，態様等との関係に配慮した合理的な裁量判断により使用許可をしないこともできるものである。学校教育上の支障とは，物理的支障に限らず，教育的配慮の観点から，児童，生徒に対し精神的悪影響を与え，学校の教育方針にもとることとなる場合も含まれ，現在の具体的な支障だけでなく，将来における教育上の支障が生ずるおそれが明白に認められる場合も含まれる」としている。最高裁判決は，第3に，「管理者の裁量判断は，許可申請に係る使用の日時，場所，目的及び態様，使用者の範囲，使用の必要性の程度，許可をするに当たっての支障又は許可をした場合の弊害若しくは影響の内容及び程度，代替施設確保の困難性など許可をしないことによる申請者側の不都合又は影響の内容及び程度等の諸般の事情を総合考慮してされるものであり，その裁量権の行使が逸脱濫用に当たるか否かの司法審査においては，その判断が裁量権の行使としてされたことを前提とした上で，その判断要素の選択や判断過程に合理性を欠くところがないかを検討し，その判断が，重要な事実の基礎を欠くか，又は社会通念に照らし著しく妥当性を欠くものと認められる場合に限って，裁量権の逸脱又は濫用として違法となるとすべきものと解するのが相当である」としている。

この判決が示した裁量統制の判断の手法は，いわゆる判断過程統制と呼ばれるものであり，泉佐野市民会館事件判決や上尾市福祉会館事件判決で示された実体判断代置型の手法とは異なっている。本件で問題になったのが，学校の教室という一般公衆の使用を前提にしない場所であり，そうした場所については，一口に「目的外使用」といっても様々な使用の仕方や形態が想定されるからかもしれない。ただし，本判決が厳密に判断過程統制を行って市教委による使用不許可処分を違法と判断した点が注目される。

6　個別法による集会の自由の規制

なお，集会の自由の規制としては個別法による規制もある。たとえば，破壊活動防止法5条1項は，「公安審査委員会は，団体の活動として暴力主義

第3章　国民の権利及び義務

的破壊活動を行つた団体に対して，当該団体が継続又は反覆して将来さらに団体の活動として暴力主義的破壊活動を行う明らかなおそれがあると認めるに足りる十分な理由があるときは，左に掲げる処分を行うことができる」とし，「左に掲げる処分」の一つとして，「当該暴力主義的破壊活動が集団示威運動，集団行進又は公開の集会において行われたものである場合においては，6月をこえない期間及び地域を定めて，それぞれ，集団示威運動，集団行進又は公開の集会を行うことを禁止すること」（同項1号）と定めている。

　また，「新東京国際空港の安全確保に関する緊急措置法」〔現・成田国際空港の安全確保に関する緊急措置法〕の3条1項は，「運輸大臣〔現・国土交通大臣〕は，規制区域内に所在する建築物その他の工作物について，その工作物が次の各号に掲げる用に供され，又は供されるおそれがあると認めるときは，当該工作物の所有者，管理者又は占有者に対して，期限を付して，当該工作物をその用に供することを禁止することを命ずることができる」と定め，1号で「多数の暴力主義的破壊活動者の集合の用」を，2号で「暴力主義的破壊活動等に使用され，又は使用されるおそれがあると認められる爆発物，火炎びん等の物の製造又は保管の場所の用」を，そして3号で「新東京国際空港〔現・成田国際空港〕又はその周辺における航空機の航行に対する暴力主義的破壊活動者による妨害の用」を挙げていた。この点が争われた成田新法事件で最高裁は，工作物使用禁止命令によって保護される利益は，「新空港若しくは航空保安施設等の設置，管理の安全の確保並びに新空港及びその周辺における航空機の航行の安全の確保であり，それに伴い新空港を利用する乗客等の生命，身体の安全の確保」であり，「これらの安全の確保は，国家的，社会経済的，公益的，人道的見地から極めて強く要請される」とし，他方で，「禁止命令により制限される利益は，多数の暴力主義的破壊活動者が当該工作物を集合の用に供する利益にすぎない」として，禁止措置は，「公共の福祉による必要かつ合理的なもの」であるとした（最大判平成4・7・1民集46巻5号437頁）。

　なお，最近の個別法による規制に関する最高裁判決としては，広島市暴走族追放条例事件判決（最判平成19・9・18刑集61巻6号601頁）があるが，これについては既に触れた（→Ⅳ2(3)）。

Ⅷ 結社の自由

1 結社の自由の意義

　憲法21条は，表現の自由と並んで結社の自由を保障している。結社の自由が問題になる場合の「結社」とは，通常，特定の多数人が，共通の目的をもって継続的に結合することを意味し，場所を前提としない点，また継続性を必要とする点で「集会」と区別される（佐藤(功)・ポケ註上324頁，芦部・憲法学Ⅲ 479頁）。

　個人といえども，通常他者から隔絶し孤立した形で生活しているわけではなく，一定の集団の中で生活している社会的存在であり，そうした他者との関わりの中での自己を発見し，自己のアイデンティティを形成している以上，個人にとって，そうした集団の存在は不可欠なはずである。この観点からは，結社の自由は，「人的結合の自由」として理解されることになる（初宿・憲法(2)〔2版〕284頁）。また，個人が自己の思想的，政治的信条を広く世に伝えるためにも，集団として行動することが有意義である。とりわけ，公権力や社会的権力など，個人に比べて大きな権力を有するものに対して，異議を申し立てようとする場合，集団として行動することが有効である。こうした意味で，「結社の自由」は，個人の自律と民主主義を可能にするために不可欠なものであるといえる。憲法が「結社の自由」を保障していることの意味もここにあると考えられる。

　もっとも，このように理解しても，「結社」には様々なものがあり，そのすべてが憲法21条の「結社の自由」の対象となるわけではない。構成員の経済的利益の実現を目的とした商法上の会社などの結社は，本条の対象でなく，憲法22条または29条の保護対象だと考えればよい。宗教団体についても，憲法20条の保障する信教の自由は，宗教的結社の自由を含むと一般に理解されているので，本条ではなく信教の自由によって保護されると考えれば足りる。また，最近では，表現活動を目的とせず，単に個人の親密な交わりを目的として結社する場合には，それは21条の保護の対象でなく，13条前段の保護の対象となるとする見解もある（長谷部・憲法〔6版〕226頁）。

ただし，これらの見解は，結社の種類によって，憲法のどの条項によって保護の対象となるかを区別するだけであって，そのように区別された結社の保護の程度を決めようとするものではないことには注意しておく必要がある。

2 結社の自由と近代立憲主義

近代立憲主義と結社の自由の関係は単純ではない。近代立憲主義の象徴的文書とでもいうべき1789年のフランス人権宣言は「結社の自由」の保障規定を欠いている。しかし，これはうっかりして「結社の自由」を書き落としたわけではない。フランスの市民革命は，封建的な中間団体を国家の力によって解体し，そこから個人を取り出すことで国家と個人が向き合う「二極構造」（樋口・憲法〔3版〕155頁）を生み出すことを課題としていた。したがって，そこでは「結社の自由」ではなく，個人の「結社からの自由」が求められた。これに対して，アメリカ合衆国憲法の修正1条は，明文で結社の自由を規定するものではないものの，結社の自由を保障するものと一般に理解されている。19世紀前半にアメリカを旅したトクヴィルがアメリカにおける結社の活発な活動に驚いたのは上記のような事情による。アメリカにおいても「フェデラリスト」においては派閥（faction）の弊害という形で結社の危険性に言及されることがあるが，フランスとは異なったアメリカにおける「結社の自由」の概して肯定的な受け止め方は，封建制がなく，最初から個人の自由な結合としての結社を語ることができたという事情による。

日本国憲法は，21条において明文で「結社の自由」を定めている。しかし，このことはフランス的な問題意識の否定を意味するものではない。個人の尊厳（13条）を規定する日本国憲法の下では，個人が主役であって結社は主役ではない。結社は個人のために存在するものであり，憲法が結社の自由を保障するのもまた個人の自由をよりよく保障するための手段としての役割を結社に認めているからであると考えられる。

3 結社の自由の保護範囲

(1) 結社しない自由

第1に，結社の自由は結社する自由と結社しない自由（消極的結社の自由）

を含む。結社しない自由の制約として問題になるものとしては，第1に，現行法上，弁護士や税理士，司法書士など一定の職業について，結社の強制設立・強制加入制がとられていることが問題となる（弁護士法32条・45条〔設立〕，8条・9条・36条〔加入〕，税理士法49条・49条の13〔設立〕，18条・19条・49条の6〔加入〕，司法書士法52条・62条〔設立〕，8条・9条・57条〔加入〕，公認会計士法43条〔設立〕，17条・18条・46条の2〔加入〕）。第2に，こうした強制加入団体において，当該団体が行う行為が構成員の支持しない主義・主張への支持を求めることになる場合が問題となる。後者の問題については，思想・良心の自由のところで扱われるのでここでは省略する（→§19 Ⅳ 2）。

前者の問題については，強制加入制度と結社の自由の関係について判断した事例は存在しない。しかし，最高裁は弁護士会における強制加入制度について，職業選択の自由との関係について，「所論の弁護士に関する規制は，公共の福祉のため必要なものというべきであって，憲法22条に違反しないことは，最高裁昭和……34年7月8日大法廷判決（刑集13巻7号1132頁）の趣旨に徴して明らかであ」るとしている（最判平成4・7・9判時1441号56頁）。最高裁が公共の福祉の内容を明らかにしなかったことも問題であるが，そこで引用された先例は，歯科技工士法が，歯科医師の資格をもたない歯科技工士について，たとえ総義歯の作り換えに伴うものであっても，印象採得・咬合採得・試適・嵌入をすることはできないとしていることが憲法22条との関係で争われた事例であって，何らかの組織への強制加入制度の合憲性が争われた事例ではない。

学説においては，こうした一定の職業に関する団体の強制設立・団体への強制加入について，一部に違憲とする説もある（阪本・理論Ⅲ 151-152頁）が，こうした職業が高度の専門技術性・公共性を必要とするものであり，それを維持確保するために必要であり，その団体の目的および活動範囲が職業倫理の確保と事務の改善等を図ることに限定されている限り，合憲とするものが多い（芦部・憲法〔6版〕219-220頁，佐藤(幸)・憲法論293頁）。しかし，これだけで強制加入制度を合憲とできるかどうかは定かではない。この点に関しては，本件の原審判決（東京高判平成元・4・27行集40巻4号397頁）が，「このような強制加入制は，法が，弁護士の職務の公共性からその適正な運用を確

保するという公共の福祉の要請にもとづき，弁護士に対して弁護士会と日本弁護士連合会への二重の強制加入制を採用しその監督を通じて弁護士自治の徹底を期し，その職務の独立性を確保することとしたものであって，憲法22条1項の保障する職業選択の自由も無制限のものではなく，右のような公共の福祉に制約されるものであるから，弁護士会の強制加入制が憲法22条に違反するということはでき」ないとしている点が注目される（傍点筆者）。弁護士は基本的人権の擁護と社会正義の実現を使命とする（弁護士法1条）が，この使命を果たすためには，時として国家権力と対抗することが要請されることがあり，そのためには弁護士自治を保障しておく必要があることを加味して考えるべきであると思われる。

(2) **特定の結社に所属していることを理由とした不利益を与えられないこと**

第2に，結社の自由は，特定の結社に所属していることを理由として不利益を与えられないことの保障を含む。国家公務員法38条5号および地方公務員法16条5号は，「日本国憲法施行の日以後において，日本国憲法又はその下に成立した政府を暴力で破壊することを主張する政党その他の団体を結成し，又はこれに加入した者」を公務員の欠格事由と規定しているが，具体的な行為を問うことなく特定の団体に所属していたことのみをもって機械的に欠格理由とすることは，運用次第では結社の自由を脅かす可能性がある。

(3) **構成員名簿の開示・提出を義務付けられないこと**

第3に，結社の自由は，不要に結社に対して構成員名簿の開示や提出を義務付けられないことの保障を含む。これらは構成員のプライバシー権侵害とも構成し得るが，構成員名簿の開示や提出の強制は，そうすることで当該結社への参加を萎縮させるのが目的であることが多く，その場合規制は政治的な規制の性格を有する。アメリカにおいて，公民権運動が盛んだった時代に公民権運動団体に構成員の名簿の開示を強制した事例はまさにそうした事例であり，合衆国最高裁はこれを結社の自由の侵害として違憲とした（NAACP v. Alabama, 357 U.S. 449 (1958))。ただし，法人格の付与等，一定の便宜供与のために必要な限度で構成員の名簿の開示や提供を求めることは許される。税務調査など，行政調査権の行使に関して，それが一定の場合には，調査権の濫用に該当し，結社の自由の侵害となるとした事例として，中野民

商事件（東京地判昭和43・1・31下民集19巻1＝2号41頁）がある。

(4) 公権力による干渉を受けないこと

　第4に，結社の自由は，結社の構成員が結社の意思を決定し，その意思を実現するための行動について，公権力による干渉を受けないことの保障を含む。したがって，結社は内部統制権を有するが，統制権には限界もある。たとえば，労働組合が特定の候補者を支持する政治活動を行うことは認められるが，それに対抗して立候補した組合員を，勧告または説得の域を超えて処分することは許されない（最大判昭和43・12・4刑集22巻13号1425頁）。結社の個別的な決定や構成員に対する処分は，その違法性について裁判で争われる場合が多いが，この場合どの程度司法審査が及ぶかが問題（いわゆる「部分社会」論の問題）になることがあるが，この点は司法権に関する章で取り上げられる。

4　結社の自由の限界

(1) 構成員の差別

　結社について，誰と結社を作り，誰を構成員として迎えるかは自由であり，基本的には私人相互間の問題にとどまる。しかし，結社の種類や性格，その有する影響力のいかんによって，それが差別として不法行為となる場合があり得る。一般に営利団体が職務と関連性のない人種・性別・信条等に基づく差別を行うことは許されるべきではないが，営利団体であっても当該団体が一定の信条と結びついて形成されている場合には，結社の性格を有し，場合によっては差別が許されることもある（大阪地判昭和44・12・26労民集20巻6号1806頁《日中旅行社事件》）。

(2) 無差別大量殺人団体規制法による規制

　「無差別大量殺人行為を行った団体の規制に関する法律」（無差別大量殺人団体規制法）は，「団体の活動として役職員（代表者，主幹者その他いかなる名称であるかを問わず当該団体の事務に従事する者をいう。以下同じ。）又は構成員が，例えばサリンを使用するなどして，無差別大量殺人行為を行った団体につき，その活動状況を明らかにし又は当該行為の再発を防止するために必要な規制措置を定め」（同法1条）るものである。同法の定める規制措

置としては,「観察処分」(同法5条)と「再発防止処分」(同法8条)がある。「観察処分」は,「団体の役職員又は構成員が当該団体の活動として無差別大量殺人行為を行った団体」がそこに定める一定の要件を充たし,「その活動状況を継続して明らかにする必要があると認められる場合には,当該団体に対し,3年を超えない期間を定めて,公安調査庁長官の観察に付する処分を行うことができる」とするもので,具体的には,当該団体の役職員・構成員の氏名・住所,当該団体の活動の用に供されている土地・建物の所在・規模・用途,当該団体の資産などの公安調査庁長官への報告を義務付けている。「再発防止処分」は,土地・建物の取得や使用の禁止,財産上の利益の贈与を受けることの禁止等である。この法律は,1条で「例えばサリンを使用するなどして」としているように,事実上オウム真理教を対象とした法律であり,同法に基づいてオウム真理教は3年間の観察処分の対象とされ,オウム真理教の解散後も後継団体と分裂して形成された新たな団体に対して3年ごとに観察処分が更新されている。

(3) 破壊活動防止法による規制

占領下の団体等規正令を引き継ぐ形で制定された破壊活動防止法は,「団体の活動として暴力主義的破壊活動を行つた団体に対する必要な規制措置を定めるとともに,暴力主義的破壊活動に関する刑罰規定を補整し,もつて,公共の安全の確保に寄与することを目的とする」(同法1条)。同法は,「団体の活動として暴力主義的破壊活動を行つた団体」に関しては,公安審査委員会が,当該「団体が継続又は反覆して将来さらに団体の活動として暴力主義的破壊活動を行う明らかなおそれがあると認めるに足りる十分な理由があるとき」は,6か月を超えない期間および地域を定めて集団示威運動,集団行進,公開の集会を禁止し,6か月を超えない期間を定めて機関誌紙の印刷と頒布を禁止することができると定める(同法5条)と同時に,こうした処分によっても「そのおそれを有効に除去することができないと認められるときは,当該団体に対して,解散の指定を行うことができる」(同法7条)と規定している。

この法律に対しては,学説からは,規制の対象が包括的すぎないか,要件が不明確ではないか,結社の解散指定については,裁判所ではなく公安審査

§21 Ⅷ

委員会にその権限を与えることは妥当かなど多くの疑問点が提示されている（芦部・憲法〔6版〕220-221頁，佐藤(幸)・憲法論295頁，高橋・立憲主義〔3版〕234頁，長谷部・憲法〔6版〕228頁など）。学説の多くは，破防法による規制が適用違憲となる可能性を指摘するものだが，中には破防法それ自体が法令違憲であるとするものもある（樋口ほか・注解Ⅱ41頁〔浦部〕）。

　破防法による解散指定制度は制定後永らく発動されてはこなかった。1995年に初めてオウム真理教に関して，公安調査庁が，同法7条に基づく教団の解散指定を公安審査委員会に対して請求したが，1997年1月公安審査委員会は，この請求を棄却した。なお，オウム真理教解散命令事件（最決平成8・1・30民集50巻1号199頁。→§20 **判例6**／）は，宗教法人法81条1項に基づく解散命令の合憲性が争われた事例であって，破防法による解散指定の合憲性が争われた事例ではない。

〔阪口正二郎〕

第22条【居住・移転及び職業選択の自由，外国移住及び国籍離脱の自由】

① 何人も，公共の福祉に反しない限り，居住，移転及び職業選択の自由を有する。

② 何人も，外国に移住し，又は国籍を離脱する自由を侵されない。

- Ⅰ 総　説 ……………………… 459
  - 1 概　説 ……………………… 459
  - 2 本条成立の経緯 …………… 459
- Ⅱ 職業選択の自由 ……………… 460
  - 1 職業選択の自由の意義 …… 460
    - (1) 職業選択の自由の性格 … 460
    - (2) 「営業の自由」の位置づけ … 460
    - (3) 職業選択の自由の主体 … 462
  - 2 職業選択の自由の保護範囲 … 462
    - (1) 職業の概念 ……………… 462
    - (2) 狭義の職業選択の自由 … 462
    - (3) 職務遂行の自由 ………… 463
  - 3 職業選択の自由の制約 …… 464
    - (1) 狭義の職業選択の自由の制約 …………………… 464
    - (2) 職業遂行の自由の制約 … 464
  - 4 職業の自由の制約の正当化 … 465
    - (1) 法律の留保 ……………… 465
    - (2) 公共の福祉 ……………… 465
    - (3) 立法裁量論 ……………… 466
    - (4) 規制目的二分論 ………… 467
    - (5) 規制目的二分論に対する批判と読替え ……………… 469
  - (6) 狭義の職業選択の自由の制約の正当化に関する判例 ……… 470
  - (7) 職業遂行の自由の制限における目的・手段審査 ………… 471
- Ⅲ 居住移転の自由 ……………… 473
  - 1 意　義 ……………………… 473
  - 2 保護範囲 …………………… 473
  - 3 制約と正当化 ……………… 474
    - (1) 違憲審査基準 …………… 474
    - (2) 居住移転の自由の内在的制約 …………………… 474
    - (3) 居住移転の自由の直接的制約 …………………… 475
    - (4) 居住移転の自由の間接的・付随的制約 ………………… 475
- Ⅳ 外国移住・国籍離脱の自由 …… 476
  - 1 外国移住の自由 …………… 476
    - (1) 保護範囲 ………………… 476
    - (2) 制約と正当化 …………… 477
    - (3) 外国人の出入国の自由 … 478
  - 2 国籍離脱の自由 …………… 479

［宍戸常寿］

I 総　説

1 概　説

　本条は，①職業選択の自由，②居住移転の自由（1項），③外国移住・国籍離脱の自由（2項）の3つの自由を保障する。

　②が，財産権（29条）と並ぶ経済的自由である①と同一の条項に収められているのは，封建体制が人を土地に束縛するものであり，①②の獲得によって近代社会が形成され資本主義が発達した，という沿革による。しかし，ボン基本法（11条1項・12条1項）や世界人権宣言（13条1項・23条1項）のように，第二次世界大戦後の憲法・人権宣言は，①②を別条で保障するようになっている。本条の解釈としても，②は，経済的自由にとどまらない，複合的な自由として捉えられている（→Ⅲ1）。

　③にいう海外移住の自由は，国境を越えた国民の自主的活動を認めるものであるが，広い意味では②の一部ともいえる。国籍離脱の自由は，世界人権宣言15条2項（「何人も，ほしいままにその国籍を奪われ，又はその国籍を変更する権利を否認されることはない」）とも軌を一にするものであるとともに，日本国憲法の拠って立つ，「個人の精神の独立に究極の価値をおいて国家を捉える立場の帰着点」と考えられる（佐藤(幸)・憲法論298頁）。

2 本条成立の経緯

　明治憲法は，「日本臣民ハ法律ノ範囲内ニ於テ居住及移転ノ自由ヲ有ス」（明憲22条）と定め，学説は，この保障が外国移住の自由にまで及ぶと解していた（美濃部・精義355頁）。さらに，「営業するの自由」にも同条の保障が及ぶと伊藤博文『憲法義解』（岩波書店，1940）は説明していたが（52頁），判例はこれを否定し（大判大正5・11・15刑録22輯1774頁），多数説も一般的自由として法律の留保が妥当すると解するにとどまった（法協・註解上436頁）。

　GHQ草案は，「結社，運動及住居選定ノ自由ハ一般ノ福祉ト抵触セザル範囲内ニ於テ何人ニモ之ヲ保障ス　何人モ外国ニ移住シ又ハ国籍ヲ変更スル自由ヲ有ス」（21条），「学究上ノ自由及職業ノ選択ハ之ヲ保障ス」（22条）とし

ていた。3月2日案はこれを,「凡テノ国民ハ公共ノ福祉ニ牴触セザル限ニ於テ居住,移転及生業選択ノ自由ヲ有ス。国民ハ外国ニ移住シ又ハ国籍ヲ離脱スルノ自由ヲ侵サルルコトナシ。」(26条)と改め,この案が本条のもととなっている。

II 職業選択の自由

1 職業選択の自由の意義

(1) 職業選択の自由の性格

職業選択の自由は,人権カタログの中では経済的自由権に分類されるのが通例であるが(芦部・憲法〔6版〕224頁等),精神的自由権と同じく「個人の生き方の選択にかかわる側面を持つ」(長谷部・憲法〔6版〕236頁)ことも,忘れてはならない。判例によれば,「職業は,人が自己の生計を維持するためにする継続的活動であるとともに,分業社会においては,これを通じて社会の存続と発展に寄与する社会的機能分担の活動たる性質を有し,各人が自己のもつ個性を全うすべき場として,個人の人格的価値とも不可分の関連を有する」(最大判昭和50・4・30民集29巻4号572頁《薬事法事件判決》**判例2**/)。

このような個人の生き方の選択に関わる側面に加えて,「自由な経済活動を保障することが社会全体の利益(公共の福祉)を促進する」という観点からも,職業選択の自由の意義を考えることができる(長谷部・憲法〔6版〕236頁)。判例も,「憲法が,個人の自由な経済活動を基調とする経済体制を一応予定している」と述べている(最大判昭和47・11・22刑集26巻9号586頁《小売市場事件判決》**判例1**/)。この意味で,憲法22条は「自由な競争秩序という客観的価値決定を含む」と指摘されることもある(小山剛『『憲法上の権利』各論12」法セ719号68頁(2014))。

(2) 「営業の自由」の位置づけ

職業選択の自由は,「営業の自由」を含むと解される(最大判昭和47・11・22刑集26巻9号586頁**判例1**/)。しかし,営業の自由と職業遂行の自由および財産権との関係や,営業の自由の性格とも関連して,そもそも「営業の自

由」にいう「営業」とは何かについて，様々な議論がある。

ひとつの考え方は，「営業」を「職業を行う」の意味で理解するものであるが（法協・註解上442頁等），この場合には営業の自由は「職業遂行の自由」に吸収され，独立の自由として観念する意味はない。これに対して，「営業をすることの自由」と「営業活動の自由」を区別し，前者は人格的価値と結びつくものであって本条により保障されるが，後者は私有財産制と結びつくもので憲法29条により保障される，と説く見解がある（今村成和「『営業の自由』の公権的規制」ジュリ460号41頁（1970））。しかしこのように解する場合，突き詰めれば営業の自由を独自の権利として観念すべきかどうか，そもそも疑わしい（高橋・立憲主義〔3版〕241頁）。

近時では，現代社会における営利事業の担い手の多くが法人であることに着目して，法人（団体）の職業選択・遂行の自由として「営業の自由」を観念する見解が主張されている（赤坂・講義（人権）139頁）。この見解は，法人・団体は，本来的な憲法上の権利の享有主体である個人とは異なり，「公共の福祉に基づいて保障される権利」のみを享有し得るとする立場（→第3章前注Ⅱ2⑴）とも親和的であろう。この最後の立場に立つ場合には，個人の「営業の自由」は，職業選択・遂行の自由に吸収されると考えることになる。

「営業の自由」の性格に関して，人権の一つではなく，「公序」（public policy）として理解すべきである，とする経済史学からの指摘がある。この指摘によれば，独占禁止法等の公正な競争秩序のための規制は，自由の「制約」ではなく，自由回復の措置と捉えるべきだ，ということになる（岡田与好『経済的自由主義』19頁等（東京大学出版会，1987））。この指摘は「営業の自由」論争へと展開し，自由と秩序の関係や，自由の前提を創出するという近代国家の役割を，憲法学に再認識させることになった。しかし，この理解をそのまま憲法上の権利の解釈論に持ち込むことは難しいといわざるを得ない（高橋・立憲主義〔3版〕242頁，毛利ほか・憲法Ⅱ256頁［松本］）。むしろ，これらの規制もひとまず職業選択の自由の「制約」と位置づけ，その正当化を検討するという一般的枠組みの中で（→第3章前注Ⅳ），その視点を踏まえた具体的判断をすれば足りる。また，営業の自由の保障は，あらゆる職業活動が営

利活動として成り立つよう配慮する義務を国家に負わせるものではない（長谷部・憲法〔6版〕236-237頁）。

(3) 職業選択の自由の主体

外国人は，在留資格に応じ認められた活動以外の収入を伴う事業を運営する活動等が原則として禁止されるほか（入管19条），日本国民とは異なる特別の制限が加えられる例が多い（公証人法12条1項1号，電波法5条1項，特許法25条等。→第3章前注Ⅱ 1 (3)）。

法人も営業の自由を有するが（→第3章前注Ⅱ 2 (2)），その営利活動に対する公正な競争秩序のための制限の合理性・必要性は，個人の自己実現に密接に関わる職業選択・遂行の自由の制限と比較して，より緩やかに判断されるべきであろう。

未成年者が職業を営むには親権者の許可が必要とされ（民823条），また，未成年者であることが資格制における欠格事由とされる例が多い（医師法3条等。→第3章前注Ⅱ）。

2　職業選択の自由の保護範囲

(1) 職業の概念

本条1項にいう「職業」とは，人が社会において，通常は生計を得ることを目的に，一定の継続性をもって行う活動である。自ら事業を営む場合だけでなく，私人に雇用される場合を含むと解される。もっとも，常習的な強盗行為や窃盗行為等，公共の福祉に明らかに反するものは本条の保護範囲外にある（→第3章前注Ⅳ(1)）。

判例によれば，本条1項は「狭義における職業選択の自由のみならず，職業活動の自由の保障をも包含しているものと解すべきである」（最大判昭和50・4・30民集29巻4号572頁 **判例2**／）。以下では，狭義の職業選択の自由と職業遂行の自由に分けて説明する。

(2) 狭義の職業選択の自由

職業を「選択」する自由とは，「職業の開始，継続，廃止において自由である」ことを意味する。職業選択の自由の保障は，国会に不作為義務を課すにとどまり，個人に望む職業を提供する積極的義務を国家に負わせるもので

はない。

　公務員への就職は，従来，「公務就任権」として，参政権の一部またはそれに準ずるものとして理解されていた。しかし，公務員にも，国会や地方議会の議員，国務大臣や地方公共団体の長，裁判官のような直接公権力を行使する者から，機械的な労務に従事する者まで様々な職種があり，それらに就任する権利を一律に参政権またはそれに準じたものと捉えるべきではない。今日では，一般職の公務員への就職は職業選択の自由に含まれる，と解する見解も有力である（渋谷・憲法〔2版〕292-293頁）。また，公務就任を権利としてではなく，平等なアクセスの観点から捉える見解もある（→第3章前注Ⅱ1(3)）。

　なお，東京都定住外国人管理職事件判決（最大判平成17・1・26民集59巻1号128頁）は，既に地方公務員として雇用されていた定住外国人が，管理職への昇進について差別されたことが平等違反ではないかを論じたものであって，公務就任権がどの憲法条文によって保護されるか，外国人に公務就任権が保障されるか等の論点には答えていない。

(3) 職務遂行の自由

　本条は職務遂行の自由，すなわち「選択した職業の遂行自体，すなわちその職業活動の内容，態様においても，原則として自由であること」を保障する（最大判昭和50・4・30民集29巻4号572頁 **判例2**／）。

　職業遂行の一環としての広告活動の自由が，本条と21条のいずれによって保護されるかを，あんま師等法事件判決（最大判昭和36・2・15刑集15巻2号347頁）は明らかにしていないが，多数説はこれを営利的表現の自由の問題として考える（→§21Ⅲ6）。

　なお，職業遂行の自由（企業の営業の自由）には，勤労者を雇用する自由も含まれる。雇用される勤労者の職務は，職業遂行の自由（企業の営業の自由）によって国家権力から保護されるが，勤労者個人の職業遂行の自由の問題ではない。勤労者と企業の法関係は，勤労者の職業遂行の自由ではなく，勤労者の労働基本権と，企業の営業の自由の調整の問題である（→§28）。また，公務は法令の規制の下で公共の福祉の実現のためになされるものであり，公務員の公務遂行は職業遂行の自由として本条の保護を受けるものではない。

3 職業選択の自由の制約

(1) 狭義の職業選択の自由の制約

職業選択の自由の制約には，以下のように多様なものが含まれる。仮に反社会的職業もひとまず職業選択の自由の保護を受けると解するならば，当該職業の禁止（売春防止法3条等）もここに数え入れることができる。

① 登録制・届出制は，職業・営業の開始等に際して，公簿への登録ないし行政への届出を義務づけるものである（旅行業・理容業等）。

② 許可制は，職業・営業の開始等を一般的に禁止した上で，行政機関による個別の許可を得た場合に禁止が解除されるという規制である。「自然的自由」に対する警察許可を典型とするもので，職業の規制としては一般的な規制である（風俗営業・飲食業等）。

③ 資格制は，専門職能（profession）として一定の像が観念されてきた職業について，国家試験等の合格者にのみ職業を許すものである（医師・弁護士等）。

④ 特許制は，行政による事業免許の交付を受けた者のみに営業を許す規制である（電気・ガス・放送事業等）。一般に②よりも強度の制限であり，免許交付の審査にあたって，技術的・政策的観点からの行政裁量がより広汎に認められる場合が多い。

⑤ 国家独占は，国営企業以外の者に当該営業を許さないという規制であり，強度の職業の自由の規制である。経営の非効率性等を理由に，市場原理を導入する「民営化（Privatisierung）」によって，この種の規制は消滅する傾向にある。わが国でも，電信電話事業，たばこ専売事業に加えて，郵便事業が民営化された。もっともこれらの事業は現在もなお，電気・ガス・水道等の公益事業と同様，強い政府監督の下に置かれている。

(2) 職業遂行の自由の制約

職業遂行の自由の制約は，特定の職業遂行の内容・場所・方法等の規制である。判例では，歯科技工士が総義歯の入換えに伴い歯科医業に属する「印象採得，咬合採得，試適，嵌入」を行うことを禁止する歯科医師法等の規定（最大判昭和34・7・8刑集13巻7号1132頁）や，司法書士以外の者が，他人の

嘱託を受けて，登記に関する手続について代理する業務等を行うことを禁止する司法書士法の規定（最判平成12・2・8刑集54巻2号1頁）等が，職業遂行の自由の制約に当たるとされている。他方，世田谷区清掃・リサイクル条例事件判決（最決平成20・7・17判時2050号156頁）は，自治体の定めるごみステーションから家庭系一般廃棄物を収集等する行為の規制が，職業選択の自由の侵害に当たるとの古紙回収業者の主張を，「所論のいう各権利とは直接関連を有するものではな〔い〕」との理由で排斥している。

4　職業の自由の制約の正当化

(1) 法律の留保

職業選択の自由を制約するには，法律の根拠を要する。医薬品ネット販売規制事件判決（最判平成25・1・11民集67巻1号1頁）は，薬事法の規制の具体化には厚生労働大臣の医学的・薬学的知見に相当程度依拠する必要があることを認めつつ，憲法上の職業活動の自由の保障からすれば，省令が法律の趣旨に適合し，委任の範囲を逸脱していないといえるためには，立法過程における議論をもしんしゃくした上で，法律の規定から郵便等販売を規制する内容の省令の制定を委任する授権の趣旨が規制の範囲や程度等に応じて明確に読み取れることを要すると述べて，第一類医薬品・第二類医薬品の郵便等販売を一律に禁止する旨の省令改正を，薬事法の趣旨に適合せず委任の範囲を逸脱したものと判断している（→§41）。

(2) 公共の福祉

職業選択の自由は，本条項が明文で「公共の福祉に反しない限り」との留保を付けているとおり，精神的自由と比べて，より強度の制約を許容するものと解されてきた。判例でも，有料職業紹介を禁止する職業安定法の規定を，まさに「公の福祉」のためという理由で，簡単に合憲と判断したものがある（最大判昭和25・6・21刑集4巻6号1049頁，最判昭和36・4・11刑集15巻4号716頁）。

他方，「公共の福祉」に関する一元的内在制約説によれば，各人に対して基本的人権を公平に保障するために必要最小限度においての制約が許される「自由国家的公共の福祉」だけでなく，社会権を実質的に保障するために必

要な限度での介入・干渉を認める「社会国家的公共の福祉」にも，職業選択の自由は服することになる（宮沢・全訂201-202頁・254頁）。同旨が，職業選択の自由は内在的制約に加えて，外在的・政策的制約が妥当する場合があり，そのことを本条の「公共の福祉」は示している，という形で説かれる場合もある（佐藤（幸）・憲法論133頁・301頁，芦部・憲法学Ⅱ197頁。→§13 Ⅳ 3(4)）。

こうした「公共の福祉」の分析は，職業選択の自由を制約する事由やその許される程度について一般的に妥当な方向性を与えるものといえる。もっとも，権利制約の正当化を具体的に判断するためには，他の憲法上の権利と同様，具体的な判断枠組みによる必要がある。

(3) 立法裁量論

現在の判例の多くは，抽象的な公共の福祉論によらずに，職業の自由の制限の正当化判断を行っている。例えば薬事法事件判決によれば，職業は「本質的に社会的な，しかも主として経済的な活動であって，その性質上，社会的相互関連性が大きい」ため，「職業の自由は，それ以外の憲法の保障する自由，殊にいわゆる精神的自由に比較して，公権力による規制の要請がつよ〔い〕」。そして職業，その規制理由および規制態様も多種多様であるから，制限の合憲性は，「具体的な規制措置について，規制の目的，必要性，内容，これによって制限される職業の自由の性質，内容及び制限の程度を検討し，これらを比較考量したうえで慎重に決定されなければならない」。こうした検討・考量は「第一次的には立法府の権限と責務」であり，裁判所は「規制の目的が公共の福祉に合致するものと認められる以上，そのための規制措置の具体的内容及びその必要性と合理性については，立法府の判断がその合理的裁量の範囲にとどまるかぎり，立法政策上の問題としてその判断を尊重すべきものである」が，「右の合理的裁量の範囲については，事の性質上おのずから広狭がありうるのであって，裁判所は，具体的な規制の目的，対象，方法等の性質と内容に照らして，これを決すべき」である（最大判昭和50・4・30民集29巻4号572頁 **判例2**/）。

このとおり，職業選択の自由の制約の正当化は，立法裁量の統制という枠組みによって判断されることになる。また上記説示は，現在の通説である二重の基準論に理解を示したものと解されている（芦部・憲法〔6版〕104-105

(4) 規制目的二分論

　最高裁は，職業の自由の制限の合憲性について，規制の目的に応じて異なる違憲審査基準を用いている，と理解されてきた。

　まず，小売市場事件判決は，職業選択の自由の積極目的規制の合憲性を，緩やかな審査で認めている。

判例 1 《小売市場事件判決》
最大判昭和 47・11・22 刑集 26 巻 9 号 586 頁

　会社 X_1 およびその代表者 X_2（被告人・上告人）が，大阪府知事の許可を受けないで，建物を小売商の店舗のように供するため貸し付けたとして，小売商業調整特別措置法違反で起訴された事件で，最高裁は，「積極的に，国民経済の健全な発達と国民生活の安定を期し，もって社会経済全体の均衡のとれた調和的発展を図るため」，「必要かつ合理的な範囲にとどまる限り」経済的自由の規制が許されるが，かかる規制措置の適切妥当性の判断には立法事実の「正確な基礎資料」が必要であり，「広く社会経済政策全体との調和を考慮する等，相互に関連する諸条件についての適正な評価と判断」が必要である。したがって裁判所は「立法府の政策的技術的な裁量」を尊重し，「立法府がその裁量権を逸脱し，当該法的規制措置が著しく不合理であることの明白である場合に限って，これを違憲として，その効力を否定することができる」と述べ，本法所定の小売市場の許可制は，目的において一応の合理性を認めることができ，規制の手段・態様においても著しく不合理であることが明白であるとは認められない，とした。

　この小売市場事件判決よりも厳格な審査を行い，職業選択の自由の消極目的規制を違憲と判断したのが，次の薬事法事件判決である。

判例 2 《薬事法事件判決》
最大判昭和 50・4・30 民集 29 巻 4 号 572 頁

　株式会社 X（原告・上告人）は，広島県 A 市の商店街で経営する店舗におけ

る医薬品の一般販売業の許可を申請したが，Y（広島県知事）から薬事法および県条例が定める配置基準に適合しないことを理由とした不許可処分を受けたため，薬事法の開設距離制限規定等が本条に違反すると主張して，処分の取り消しを求めた。

　最高裁は，(3)で紹介した説示に続けて，「一般に許可制は，単なる職業活動の内容及び態様に対する規制を超えて，狭義における職業の選択の自由そのものに制限を課するもので，職業の自由に対する強力な制限であるから，その合憲性を肯定しうるためには，原則として，重要な公共の利益のために必要かつ合理的な措置であることを要〔する〕」，と述べる。そして，規制が「社会政策ないしは経済政策上の積極的な目的のための措置ではなく，自由な職業活動が社会公共に対してもたらす弊害を防止するための消極的，警察的措置である場合には，許可制に比べて職業の自由に対するよりゆるやかな制限である職業活動の内容及び態様に対する規制によっては右の目的を十分に達成することができないと認められることを要する」との基準を示す。

　薬事法の距離制限規定の主たる目的は，「一部地域における薬局等の乱設による過当競争のために一部業者に経営の不安定を生じ，その結果として施設の欠陥等による不良医薬品の供給の危険が生じるのを防止すること」であるが，「予防的措置として職業の自由に対する大きな制約である薬局の開設等の地域的制限が憲法上是認されるためには，……このような制限を施さなければ右措置による職業の自由の制約と均衡を失しない程度において国民の保健に対する危険を生じさせるおそれのあることが，合理的に認められることを必要とする」。医薬品の乱売がスーパーマーケットにおける低価格販売や過剰生産に原因があり得ることなどからすると，「競争の激化-経営の不安定-法規違反という因果関係に立つ不良医薬品の供給の危険が，薬局等の段階において，相当程度の規模で発生する可能性があるとすることは，単なる観念上の想定にすぎず，確実な根拠に基づく合理的な判断とは認めがたい」ため，開設距離制限規定は本条に反し無効である。

　小売市場事件，薬事法事件ともに開設距離制限の合憲性が問題であったにもかかわらず，最高裁は前者では立法裁量を尊重して合憲判決を下し，後者では違憲の結論を導いている。そこで学説は，「社会政策ないしは経済政策上の積極的な目的のための措置」に対しては広汎な立法裁量を認め，当該規

制措置が著しく不合理であることの明白である場合に限って違憲とする「明白の原則」が用いられる一方,「自由な職業活動が社会公共に対してもたらす弊害を防止するための消極的,警察的措置」に対しては,規制の必要性・合理性および同じ目的を達成できるより緩やかな規制手段の有無を立法事実に基づいて審査する「厳格な合理性の基準」が用いられる,と理解したのである（規制目的二分論）。

(5) 規制目的二分論に対する批判と読替え

しかしその後は,最高裁自身が消極目的・積極目的の言葉を用いることが少なくなった上,規制目的二分論に対する批判も強まっている。

第1に,具体的な規制において,消極目的と積極目的の区別が困難であったり,いずれが主たる目的かの判断が困難であったりすることがある。例えば,公衆浴場の開設の距離制限については,公衆衛生の保障という消極目的で理解するのか（最大判昭和30・1・26刑集9巻1号89頁），それとも零細事業者の保護という積極目的と見るのか（最判平成元・1・20刑集43巻1号1頁），それとも両者の複合的なものとして捉えるのか（最判平成元・3・7判時1308号111頁），判例の立場も分かれている（毛利ほか・憲法Ⅱ 265-266頁[松本]）。また,環境の保護を目的とする規制を消極目的か積極目的かのいずれかに区別することも,実際には困難であろう。

第2に,消極・積極目的のほかにも,職業の自由を規制する正当な目的が考えられるのではないか（反対,芹沢ほか編・新基本コメ204頁[棟居快行]）という論点がある。例えば,酒税法事件判決（最判平成4・12・15民集46巻9号2829頁）では,経営の基礎が薄弱であることを理由に,酒類販売業の免許を拒否できるとの規定（酒税法10条10号）の合憲性が争われた。最高裁は,租税に様々な機能があり,「財政・経済・社会政策等の国政全般からの総合的な政策判断」や「課税要件等を定めるについて,極めて専門技術的な判断」が必要であるため,租税法の定立について立法府の裁量的判断を尊重すべきである,とした。その上で,「租税の適正かつ確実な賦課徴収を図るという国家の財政目的のための職業の許可制による規制については,その必要性と合理性についての立法府の判断が,右の政策的,技術的な裁量の範囲を逸脱するもので,著しく不合理なものでない限り,これを憲法22条1項の規定

に違反するものということはできない」との考えを示した。消極・積極目的のほかに財政目的による規制を認める点，また最終的な基準が「明白の原則」とも「厳格な合理性の基準」とも異なっている点で，規制目的二分論では説明が難しいものである。

　第3に，そもそも，立法者が積極目的を規制理由として掲げれば，なぜ審査基準が緩やかになるのかについて，十分な説明が難しい。規制される経済的自由の側から見れば，規制目的が消極的か積極的かの違いによって，同じ規制が緩やかに審査されたり厳しく審査されたりするのは理由に乏しい。また，積極目的規制の際に用いられる明白の原則は，裁判所が合憲性の審査を実質的には放棄することを意味するから，既得権保護のための経済的自由の規制を実際には野放しにすることにならないか，という指摘もある。

　これに対して近時，規制目的二分論の背後に，次のような説明を想定する見解が注目されている。すなわち，国会が正面から特定の業界の保護をうたって参入を規制する場合は，国会が本来果たすべき交渉と妥協による利害調整の結果であって裁判所の審査は緩やかでよい。これに対して，あたかも国民一般の福祉に貢献する消極目的規制であるかのように仮装して特定の業界を保護する立法が制定された場合には，裁判所の立ち入った審査が必要だ，というものである（長谷部・憲法〔6版〕248-249頁）。

(6) **狭義の職業選択の自由の制約の正当化に関する判例**

　また，**判例2/** は，規制目的だけではなく，許可制が狭義の職業選択の自由の制約であるという制約態様も重視して厳格に比例原則を適用した事例として見ることも可能である（石川健治「営業の自由とその規制」大石＝石川編・争点148頁以下）。比例原則は目的の正当性を前提に，①目的と手段の適合性，②手段の必要性，③得られる利益と失われる利益との均衡（狭義の比例性）の観点から，権利制約の正当化を判断する枠組みである（→**第3章前注Ⅳ(3)**）。上記のとおり「競争の激化－経営の不安定－法規違反という因果関係に立つ不良医薬品の供給の危険」が立法事実に裏付けられないとして，①を否定した点が，**判例2/** における違憲判断の核心である。それに加えて，開設距離制限のほかに立入検査体制の強化等の方策にも言及しており（②），さらに「職業の自由の制約と均衡を失しない程度において国民の保健に対する危険

を生じさせるおそれ」(③)を要求している点からも，比例原則を厳格に適用した判決として **判例2** を再構成するのは，素直な理解といえよう。

もっとも，**判例2** がこのように比例原則を厳格に適用した理由が，ドイツの三段階審査（Drei Stufen Theorie. 小山・作法〔3版〕77-78頁）にならって，職業選択の自由の規制であり，しかも客観的制限（既存薬局の存在は，新規参入者の努力ではどうにもならないか，それとは無関係の事由である）であることによると考えるのは，小売市場事件判決に照らしてみれば，なお早計である（長谷部・憲法〔6版〕251-252頁参照）。別の判例は，製造たばこの小売販売業について許可制および適正配置規制を採ることを，小売市場事件判決を引用しながら，「著しく不合理であることが明白であるとは認め難い」と判断している（最判平成5・6・25判時1475号59頁）。このような緩やかな審査密度が採用された理由は，たばこ小売販売業者に零細経営者が多いこと，身体障害者等について特別の配慮が加えられてきたことなどの事情によるものと考えられる。

結局のところ，判例法理を図式的・機会的に捉えることはできず（戸松・憲法325頁），職業選択の自由の制約の態様・重大性，制約目的の内容・性質，裁判所による立法事実の把握の正確性（前掲最判平成4・12・15における園部逸夫裁判官の補足意見，高橋・立憲主義〔3版〕249頁）等を総合的に考慮しながら，立法裁量の範囲と比例原則の適用の厳格度を決定している，と理解しておくのが適当であろう。

(7) 職業遂行の自由の制限における目的・手段審査

小売市場事件・薬事法事件判決以後に，職業遂行の自由の制限の合憲性が争われた判例としては，次のようなものがある。

①織物業者が，生糸の一元輸入措置や生糸価格安定制度の導入によって損害を被ったとして，繭糸価格安定法の規定の合憲性を争った事例で，最高裁は，本件規定が営業の自由に対する制限に当たることを認めつつも，国会の立法行為が国家賠償法上違法との評価を受ける場合に当たらないとした（最判平成2・2・6訟月36巻12号2242頁）。

②司法書士以外の者が，他人の嘱託を受けて，登記に関する手続について代理する業務等を行うことを禁止する司法書士法の規定について，最高裁は，

簡単に「公共の福祉に合致した合理的なもので憲法22条1項に違反するものでない」としている（最判平成12・2・8刑集54巻2号1頁）。司法書士についての資格制を前提に，緩やかに正当化判断をしたものと考えられる。

③米の生産者について農業共済組合への当然加入を義務づける農業災害補償法の規定の合憲性が争われた事例で，最高裁は，規制は「公共の福祉に合致する目的のために必要かつ合理的な範囲にとどまる措置ということができ，立法府の政策的，技術的な裁量の範囲を逸脱するもので著しく不合理であることが明白であるとは認め難い」として，規制を合憲と判断とした（最判平成17・4・26判時1898号54頁）。

④判例は，病院の開設の中止の勧告（医療法30条の7）を受けたにもかかわらずこれに従わず開設された病院について，良質かつ適切な医療の効率的提供および医療保険の運営の効率化の観点から保険医療機関の指定を拒否することは，「公共の福祉に適合する目的のために行われる必要かつ合理的な措置」であるとして，健康保険法43条の3第2項の規定を適用上合憲と判断した（最判平成17・9・8判時1920号29頁）。積極目的規制であることも加味しながら緩やかに正当化を判断したものと解されるが，保険医療機関の指定の拒否が，実質的な病院開設の拒否すなわち職業選択の自由の制限たり得ることからすると，より立ち入った手段審査が必要であったように思われる。

⑤市議会議員の2親等以内の親族が経営する企業が市の工事等の請負契約等を辞退しなければならない等と定める広島県府中市議会議員政治倫理条例の規定について，議員の職務執行の公正を確保するとともに，議員の職務執行の公正さに対する市民の疑惑や不信を招くような行為の防止を図り，もって議会の公正な運営と市政に対する市民の信頼を確保するという規制目的が正当なものであること，2親等内親族企業であっても入札資格は制限されるものでなく，契約辞退を法的に強制することも締結した契約を私法上無効とするものでないこと等の事情も考慮して，目的達成手段として必要性や合理性に欠けるものとはいえないから，市議会の判断は合理的な裁量の範囲を超えるものではない，とした（最判平成26・5・27判時2231号9頁）。

上記①③④⑤判決は，小売市場事件判決を先例として引用しており，薬事法事件判決を先例として引用する②判決を含めて，最高裁は，おおむね緩や

かな目的・手段審査によって，職業遂行の自由の制限の合憲性を認めてきた，といえる。

Ⅲ　居住移転の自由

1　意　義

　居住移転の自由が，職業選択の自由と結びつく経済的自由の性格を有することは明らかである。しかし，居住移転の自由は，身体の拘束からの解放という点で人身の自由と結びつき，また，他者との精神的交流が物理的移動を前提とする場合には，精神的自由と関わる（芦部・憲法〔6版〕230頁）。さらに，居住移転が人格形成に及ぼす影響からすれば，居住移転の自由は個人の尊厳にも直結する。このように現代社会において数々の機能を果たし得ることから，居住移転の自由は「民主制における本質的自由の性格」を有すると解されている（伊藤・憲法357頁）。

　熊本ハンセン病訴訟判決（熊本地判平成13・5・11判時1748号30頁）は，らい予防法によるハンセン病患者の強制隔離措置の違憲性が争われた事件において，「居住・移転の自由は，経済的自由の一環をなすものであるとともに，奴隷的拘束等の禁止を定めた憲法18条よりも広い意味での人身の自由としての側面を持つ。のみならず，自己の選択するところに従い社会の様々な事物に触れ，人と接しコミュニケートすることは，人が人として生存する上で決定的重要性を有することであって，居住・移転の自由は，これに不可欠の前提というべきものである」と述べている。

2　保護範囲

　居住とは生活の本拠たる定住の住所および一時的な滞在地たる居所を定めること，移転とはある程度の期間（時間）の滞在を前提に居場所を移動することである。旅行のような短期間の滞在・移動も含まれる（樋口ほか・注解Ⅱ105頁〔中村〕等）。海外渡航の自由については，→Ⅳ 1 (1)。

　居住移転の自由とは，各人が自己の好むところに居住し移転するについて，

公権力による干渉・妨害等がないことを意味する（芦部・憲法学Ⅲ 563 頁）。

国内における移動の自由は，日本国に在留する外国人にも保障される（最大判昭和 32・6・19 刑集 11 巻 6 号 1663 頁）。

3　制約と正当化

(1)　違憲審査基準

居住移転の自由は，条文上は「公共の福祉」による制限に服するとされており，かつては政策的制約も許されると説かれていた（法協・註解上 443-444 頁）。しかし，居住移転の自由の複合的性格からすれば，その制限の合憲性は，常に立法裁量を前提とした緩やかな審査で足りるとするのではなく，個別具体的な検討が求められる（芦部・憲法学Ⅲ 567 頁）。一般には，経済活動の規制立法の場合より厳しい審査が要請されるといえよう（長谷部・憲法〔6版〕252 頁）。

西宮市営住宅条例事件判決（最判平成 27・3・27 民集 69 巻 2 号 419 頁）は，暴力団員の市営住宅の入居制限は公共の福祉による必要かつ合理的なものであることが明らかであり合憲であると判示した。その際，暴力団員に対する規制であるというだけでなく，社会福祉的観点から供給する住宅の入居者の基準について地方公共団体がもともと裁量を有することが強調されている点に，留意が必要である。

(2)　居住移転の自由の内在的制約

懲役刑に処せられた者の刑事収容施設への収容（刑 12 条）は，懲役刑を認めることの論理的帰結であり，居住移転の自由の内在的制約に当たる。

これに対して，精神障害・感染症等の特定の疾患の患者を保護・治療したり，社会に害を及ぼすおそれを防止するために，公権力が強制入院・強制隔離を行ったりすること（精神保健及び精神障害者福祉に関する法律，心神喪失等の状態で重大な他害行為を行った者の医療及び観察等に関する法律，感染症の予防及び感染症の患者に対する医療に関する法律）については，害悪発生の蓋然性，制約の緊急性，必要性から合憲と解されてきた（樋口ほか・注解Ⅱ 106 頁［中村］）。しかし，これらの措置が身体に対する権利（→§13 Ⅱ 7(2)）に対する侵害を伴うことにも鑑みれば，立法目的達成手段としての必要性を要求するととも

に，個々の処分が対象者の個別の状況に照らして必要な限度を超えるものでないか，また，入院中の処遇や入退院の判断が適正な手続でなされているか，慎重な検討が必要であろう（→§18 Ⅲ(5), §33）。

(3) **居住移転の自由の直接的制約**

(2)の他，居住移転の自由そのものの直接的制約は，制約の程度が強く，厳格にその合憲性を審査すべきだと解されている。成田新法事件最高裁判決（最大判平成4・7・1民集46巻5号437頁）は，いわゆる成田新法に基づく工作物使用禁止命令による居住の制限が，「新空港の設置，管理等の安全を確保するという国家的，社会経済的，公益的，人道的見地からの極めて強い要請に基づき，高度かつ緊急の必要性の下に発せられるものであるから，右工作物使用禁止命令によってもたらされる居住の制限は，公共の福祉による必要かつ合理的なものである」と判断した。

第二次世界大戦後の一時期にとられた，都会地転入抑制法による制限は戦争直後の例外的状況への対応としてその合憲性が認められるが（芦部・憲法学Ⅲ 567頁），通常時に，自治体が財政確保等の政策的目的によって受入拒否等を行うことは，原則として許されないと解される。災害時に個人の生命・身体に対する危険を防止するための警戒区域への立入り制限・禁止（災害対策基本法63条）は合憲と解されるが，とりわけ制限が長期にわたる場合には，特別の必要性の存否が慎重に判断される必要があろう。

(4) **居住移転の自由の間接的・付随的制約**

一定の政策目的を達成するため，居住移転の自由が間接的・付随的に制約される場合がある。例えば，住民基本台帳法が市町村への転入・転出等の際に届出義務を課すこと（住民台帳22条以下）は，十分な公共の利益を達成する反面，制約の程度が緩やかであり，合憲と解される。なお，最高裁は，元オウム真理教信者の転入届を受理しなかった自治体による，「地域の秩序が破壊され住民の生命や身体の安全が害される危険性が高度に認められるような特別の事情がある場合には，転入届を受理しないことが許される」との主張を，「実定法上の根拠を欠く」として退けている（最判平成15・6・26判時1831号94頁）。

最高裁は，都市公園内に不法に設置されたキャンプ用テントの所在地を住

所とした転入届に対する市の不受理処分について,テントの所在地が客観的に生活の本拠としての実体を具備しているとはいえないとして,適法と判断した(最判平成20・10・3判時2026号11頁)。

また,在留外国人に対し,居住地の市町村に一定事項の登録を命じたり,登録証明書の常時携帯を要求したりする外国人登録法の規定も,合憲と解される(外国人登録令につき,最大判昭和28・5・6刑集7巻5号932頁,最判昭和29・4・16刑集8巻4号517頁)。なお,最高裁昭和42年12月21日判決(刑集21巻10号1441頁)は,宿泊者に氏名,住所,職業等を旅館営業者に告知する義務を宿泊者に課す旅館業法の規定は,居住移転の自由の制約に当たらないとするが,むしろ間接的・付随的制約とみるべきであろう。

Ⅳ 外国移住・国籍離脱の自由

1 外国移住の自由

(1) 保護範囲

本条2項前段にいう海外移住は,まず,住所を外国に設定するため国外に移ることを含む。これに対して,一時的な海外渡航の自由も「移住」に含まれるのか,それとも,居住移転の自由(1項)により保障されるのかについては,争いがある。判例は,海外渡航の自由は2項により保護されると解しており(最大判昭和33・9・10民集12巻13号1969頁),学説上も,国内の居住・移転は1項で,外国に関連する移動の自由は2項で保障されると解する見解が多い(佐藤(功)・ポケ註上398頁,樋口ほか・注解Ⅱ110頁 [中村],佐藤(幸)・憲法論298頁,渋谷・憲法 [2版] 229頁)。これに対して,一時的な旅行と「移住」には性質上の相違があるとして,海外渡航の自由は国内旅行の自由と並んで,1項により保障されるとの見解も有力である(最判昭和60・1・22民集39巻1号1頁における伊藤正己裁判官補足意見,長谷部・憲法 [6版] 253頁等)。なお,海外渡航の自由は,当然帰国(入国)の自由を含む(高橋・立憲主義 [3版] 244頁)。

そのほか,旅行の自由を一般的自由ないし幸福追求権の一部として,13

§22 Ⅳ

条により保障されると解する見解もある(前掲最大判昭和33・9・10における田中耕太郎・下飯坂潤夫裁判官補足意見)。

(2) 制約と正当化

　海外への移住ないし渡航の自由は,国際関係の見地からの特別の制限があり得るが,その反面,精神的自由と関わり,また個人の尊厳とも直結し得るものであることは,居住移転の自由と同様である。それゆえ,海外への移住ないし渡航の自由の制約の合憲性は,制約目的の正当性および目的達成手段の合理性・必要性を,個別・具体的に検討することによって判断されるべきであり,広汎な立法裁量を前提とした緩やかな審査によるべきではない。

　移住と一時渡航とを問わず,日本人は,有効な旅券を所持し,入国審査官から出国の確認を受けなければ出国できない(入管60条)。したがって,入国審査官による出国の証印拒否はもちろん(入管則53条),外務大臣による旅券法の発給拒否等も,海外への移住ないし渡航の自由の制約に当たる。旅券法の定める旅券の発給拒否事由のうち,「外務大臣において,著しく,かつ,直接に日本国の利益又は公安を害する行為を行うおそれがあると認めるに足りる相当の理由がある者」(旅券13条1項7号)の合憲性については,争いがある。最高裁は,「外国旅行の自由に対し,公共の福祉のために合理的な制限を定めたもの」であり,「漠然たる基準を示す無効のものであるということはできない」として,同規定の合憲性を認めている(前掲最大判昭和33・9・10)。

　この判決に対しては,同規定が政府の自由裁量を認めるものであり,漠然ゆえに無効とすべきであるとの批判が強く(野中ほか・憲法Ⅰ〔5版〕466頁〔高見〕),占領下の事案であり判例としての意義は限定されたものと見るべきであろう(佐藤(幸)・憲法論299頁)。同規定が法令としては違憲でないとしても,海外渡航の自由の重要性に鑑み,その適用が常に合憲であるとは限らず,同規定の定める害悪発生の相当の蓋然性が客観的に存しない場合には,外務大臣の旅券発給拒否処分は適用違憲となると解すべきである(前掲最判昭和60・1・22における伊藤正己裁判官補足意見,芦部・憲法〔6版〕231頁,長谷部・憲法〔6版〕253頁)。

(3) 外国人の出入国の自由

出国の自由は，外国人にも保障される。外国人は入国審査官から出国の確認を受けなければ出国できないが（入管 25 条），かかる制限は「出国それ自体を法律上制限するものではなく，単に，出国の手続に関する措置を定めたものであり」，出入国の公正な管理という目的を達成する公共の福祉のためのものとして合憲である（最大判昭和 32・12・25 刑集 11 巻 14 号 3377 頁〔旧・出入国管理令 25 条について〕）。この判例は出国の自由の根拠を本条 2 項に求めているが，これに対して，出国の自由は国際慣習法上認められたものであり（人権 B 規約 12 条 2 項 4 項参照），憲法上の保障の根拠は 98 条 2 項に求めるべきだとの見解も有力である（芦部・憲法学 II 140 頁）。

他方，最高裁昭和 32 年 6 月 19 日大法廷判決（刑集 11 巻 6 号 1663 頁）は，「憲法 22 条は外国人の日本国に入国することについてはなにら規定していないものというべきであって，このことは，国際慣習法上，外国人の入国の許否は当該国家の自由裁量により決定し得るものであって，特別の条約が存しない限り，国家は外国人の入国を許可する義務を負わないものであることと，その考えを同じくするものと解し得られる」と述べて，外国人の入国の自由の憲法的保障を否定する（最大判昭和 53・10・4 民集 32 巻 7 号 1223 頁等も参照）。学説も，同様に解するのが多数である（芦部・憲法学 II 139 頁等。→第 3 章前注 II 1(2)）。外国人の入国手続については，出入国管理及び難民認定法 3 条以下を参照。

さらに判例は，在留外国人は「憲法上，外国へ一時旅行する自由を保障されているものでない」と述べ，したがって，再入国の自由の保障を否定する（最判平成 4・11・16 裁判集民 166 号 575 頁）。しかし学説では，外国人の出国の自由が認められる以上，入国と再入国とでは事情が異なり，著しくかつ直接に我が国の利益を害することのない限り，再入国が許されるべきだとする見解が，有力である（芦部・憲法〔6 版〕95 頁等）。出入国管理及び難民認定法 26 条は，在留外国人の一時海外旅行に伴う再入国を法務大臣の許可にかからしめているが，それは広汎な自由裁量を認めるものではないと解すべきであろう。なお 2012 年 7 月より，在留カードを所持する在留外国人で，出国後 1 年以内の再入国する見込みがある者について，原則として再入国許可が

不要とされた（みなし再入国許可制度。入管26条の2）。

2　国籍離脱の自由

本条2項後段は，国籍離脱の自由を保障する。国籍法11～13条が外国の国籍を有することを日本の国籍離脱の条件としていることは，国籍離脱の自由の制約に当たらない。国際法において，無国籍の防止が望まれていること，国籍唯一の原則が理想とされていることから，本条2項後段も，無国籍になる自由を保障するものではないと解されるからである（佐藤(功)・ポケ註上400頁，樋口ほか・注解Ⅱ116頁[中村]等。→§10 Ⅱ 2）。

[宍戸常寿]

第3章　国民の権利及び義務

第23条【学問の自由】
学問の自由は，これを保障する。

I　総　説 …………………480
　1　制定の経緯……………480
　2　学問の自由の根拠と特質………481
　3　学問の自由と表現の自由………483
　　(1)　内容に関する自律的規制…483
　　(2)　取材の自由との類比………485
II　学問の自由の保障内容………485
　1　概　説…………………485
　2　普通教育における教育の自由…486
　　(1)　旭川学テ事件判決…………486
　　(2)　教科書検定…………………487
　3　大学の自治……………………487
　　(1)　大学の自治の意義…………487
　　(2)　大学の自治の内容…………489
III　学問の自由の制約……………492
　1　保護範囲………………………492
　2　制約の態様……………………492
　3　学外での研究成果の公表……493
IV　学問の自由の将来……………493

　　　　　　　　　　　　　　　　　　　　　　　［長谷部恭男］

I　総　説

1　制定の経緯

　日本政府に手交された総司令部案では，「大学の自由および職業の選択は，保障される（Academic freedom and choice of occupation are guaranteed）」との条文が置かれていた。日本政府が作成した3月2日案では，職業選択の自由が分離されて「凡ての国民は研学の自由を冒さるることなし」（22条）との条文が置かれ，憲法改正草案（4月13日草案）では，現在と同じ「学問の自由は，これを保障する」（21条）となっている。学術研究教育機関での自由である academic freedom に相当することばとして，「学問の自由」が当てられていることが分かる（高柳ほか編・過程 I 277頁，同・過程 II 167頁）。

　もっとも，帝国議会での審議過程において，金森徳次郎国務大臣および田中耕太郎文部大臣はいずれも，本条は大学の構成員の自由に限る趣旨ではなく，「総ての教育機関に関係する」（清水編・審議録(2) 474頁），あるいは学問それ自体を保障するもので，「それが大学教授がやられようと道端の乞食が

やろうと」区別はない（清水編・審議録(2) 468頁）等，高等教育研究機関に限定して保護する趣旨ではないとの理解を示している。

大日本帝国憲法には対応する条文のない本条が置かれた理由の一つとして，1933年の滝川事件や1935年の天皇機関説事件等，政府が学説を公定し，それに反する学説を排斥する等して自由な学問研究活動を阻害した先例が言及されることがある。しかし，これらの事件は，一般市民に十分な基本権が保障されていなかった状況で，特権的な学問研究の自由を享受していた人々に対する政府の抑圧の例であることに留意する必要があろう（高柳信一『学問の自由』47頁（岩波書店，1983））。

2　学問の自由の根拠と特質

本条の保障する学問の自由については，①それが人一般の生まれながらの人権を保障するものか，それとも②高等研究教育機関の構成員の権利を保障するものかが争われている。前者であれば，私人による研究活動にも保護の範囲が及ぶが，後者であれば原則としては及ばないこととなる。学説では，沿革的には高等研究教育機関の構成員の自由を意味したものの，本条に関しては人一般の人権としての学問の自由を意味するとの立場をとるものもあるが（法協・註解上459頁，佐藤(功)・ポケ註上401頁，佐々木・憲法論410-411頁，芦部・憲法〔6版〕168頁，初宿・憲法(2)〔3版〕246頁），一般市民の研究やその公表の活動は，21条，19条および13条によって既に保障されているはずであるし，この理解では，判例・通説によって本条の保障の内容として認められている大学の自治との内在的な関連性を説明することができない。

学問研究の最も重要な部分は学問研究を主たる使命とする研究者によって遂行されるが，彼（女）らは多くの場合，研究手段を自ら保有するわけではなく，また学問を生活の手段とする被用者の立場にある（高柳信一『学問の自由』62-68頁（岩波書店，1983），柳瀬良幹『人権の歴史』280頁（明治書院，1949））。しかも現代社会において，学術研究は多くの場合，厖大な費用の投入を不可欠としており，そのため，外部の政治的・経済的・社会的圧力に抗して，各学問分野の伝統に立脚した研究・教育の自律性を保護する必要はさらに高まっている。学問研究の成果がしばしば社会生活を支える既成の価値観への批

判とその破壊・革新を招くこと，そのため社会の側からの敵対的対応を招きがちであることも，こうした保護の必要性を基礎付ける（宮沢・全訂260頁，高柳・前掲書89頁）。他方で，最先端の科学・技術の成果は，将来世代を含めた社会全体に深刻で甚大な損害をもたらすリスクをはらんでおり，それに対応するため，ときには予防的な規制を施す必要があることも認識されている。本条の規定に独自の意義を認めるとすれば，高等研究教育機関の置かれたこうした特殊な状況に即した学問の自由を保障することにあると考えるべきであろう（宮沢・憲法Ⅱ396頁，伊藤・憲法282頁，佐藤(幸)・憲法論240-241頁，長谷部・憲法〔6版〕231-232頁）。

　なぜ，高等研究教育機関の構成員のみにこうした自律的な活動が保障されるべきかと言えば，彼（女）らの産み出す成果が政治過程での審議・決定に貢献する重要な資料を提供し，新たな経済活動を促進し，しかも通念や周囲の順応主義に囚われることなく生きる途を自ら切り拓く自律的個人のロール・モデルとなる等，社会全体の中長期的な利益に大きく資することを根拠として提示することができるからである。こうした議論の筋道はacademic freedomに関する近年の国際的な学界の動向とも即応する（Ronald Dworkin, *Freedom's Law* (Harvard University Press, 1996), Ch. 11; Eric Barendt, *Academic Freedom and the Law* (Hart Publishing, 2010), pp. 57-63; Robert Post, *Democracy, Expertise, Academic Freedom* (Yale University Press, 2012), p. 62参照。高柳・前掲書121頁は学問の自由と市民的自由の「同質性」を強調するが，その真意は高等研究教育機関の構成員による自由な研究活動が「民主的な政治原理が機能しうるための基本条件」であるとともに，「社会進歩の知的リーダーシップ」をとり，かつ，「未知の困難な諸課題に主体的に取り組み，これを克服しうる独立的思考と創造的精神という無形の力を育成」する使命を帯びる点で（高柳・前掲書128-129頁），市民的自由と相互依存の関係にあることを指摘する点にあると考えられる）。すべての個人が生まれながらにして平等に享有する人権が根拠となるわけではない。むしろ，裁判官の身分保障を含む司法の独立の保障と類比されるべき点が多い。

　もっとも，学問の自由が市民一般に保障されるとの立場をとる学説（①説）の中にも，大学等の高等研究教育機関が学問研究の中心であって，とくにその自由を保障する必要性が高いことはこれを認めているものがあり（法

協・註解上462頁，佐藤(功)・ポケ註上401-402頁，初宿・憲法(2)〔3版〕246頁），そうした立場と②との違いはわずかである。結局は，大学等の高等研究教育機関が果たす社会的役割の大きさを学問の自由を保障すべき根拠とすることにならざるを得ないからである。ポポロ事件大法廷判決が，本条について「一面において，広くすべての国民に対してそれらの自由を保障するとともに，他面において，大学が学術の中心として深く真理を探求することを本質とすることにかんがみて，特に大学におけるそれらの自由を保障することを趣旨としたものである」とするのも同旨と考えられる（最大判昭和38・5・22刑集17巻4号370頁）。一般市民の研究活動が他の条項によって保護されている以上，本条の実際上の意義と保護範囲はおのずと高等研究教育機関のそれへと限られると考えることもできよう（後述3(1)でのドイツの大学改革判決に関する記述をも参照）。

もっとも，普通教育の場での教育の自由が本条の保護範囲に含まれるか否かという論点はある（→Ⅱ2）。

3 学問の自由と表現の自由

学問の自由の特殊な性格は，典型的な精神的自由である表現の自由と比較することで，より明らかとなる。

(1) 内容に関する自律的規制

第1に，表現の自由は内容に基づく規制が原則として禁止される（制約の正当化には厳格審査が妥当する）のに対し，学問の自由について想定可能な制約は，内容に基づく規制である。最先端の科学研究に関して，外部環境からの遮断等，安全性を確保するための特殊な研究施設の使用が義務付けられることがあるが（→Ⅲ），これも研究内容に基づく規制であって，内容と関わりのない中立的な規制ではない。もちろん，学問の自由に対する内容規制には，それを正当化する十分な根拠が必要であるが，社会に及ぼす影響の甚大さによっては，予防原則が当てはまること，つまり確実な知見に基づく必要不可欠な規制のみが目的と厳格に適合する枠内のみで正当化されるわけではないこともあり得るであろう。

第2に，学術活動は多くの内容に関わる規制があってはじめて成立するこ

とに留意する必要がある。数学の授業で政党支持に関する言明や討議を行うことは，通常想定されていない。学生や教員の選別・評価は何よりも表現内容に基づいてなされるし，それが表現者の見解（viewpoint）に基づくこともしばしばある。また，研究活動の面でも，当該学問分野の伝統に基づく実験・観察・論証等の規律に即した研究であり，公表であってはじめて，研究活動として認められるのであり，何らの制約もなく，また誰が公表したものであってもすべて，真理を追求する活動として平等の地位が認められるわけではない。

その限りで，表現の自由の保障根拠としてしばしば言及される「思想の自由市場論」は，学問の自由の保障根拠とはなり得ない。科学的な真理は，自由市場での競争の結果として得られる多数決では発見され得ない。もちろん，多数決の結果を「真理」として定義すれば，自由市場の帰結はトートロジカルに「真理」であると言えるが，なぜそうした「真理」を得るために表現の自由を保障しなければならないか，根拠は全く不明である。「思想の自由市場論」は，結論の真偽が明確には判明しない思想や意見について，むしろ典型的に妥当するものと考えるべきであろう（Gertz v. Robert Welch, Inc., 418 U.S. 323（1974）での，「第一修正の下では『誤った思想』なるものは存在しない。いかに有害な意見であろうとも，その矯正は裁判官や陪審ではなく，他の思想との競争に委ねられる」とするパウエル裁判官の指摘を参照）。J.S. ミル『自由論』第2章は，迫害にも打ち克った真理の実例として，ソクラテスの哲学とともにキリスト教を挙げている。

学術活動は多くの内容に関わる規制があってはじめて成り立つし，社会に貢献し得る成果を産み出すこともできる。学問の自由の意味は，そうした学術活動に対する内在的規制が，当該学術機関とそのメンバー自身（さらには彼らを包括するより広い範囲の研究者集団）の自律的な規制でなければならない点に存する（法協・註解上 460-461 頁）。学問の自由の重要な内容として大学の自治がとりあげられる理由もそこにある。

ドイツの憲法裁判所は大学改革判決（BVerfGE 35, 79（1973））において，学問の自由が真理を探求する真摯で系統的な試みのすべてに及ぶとしたが，他方で，第二次大戦は連合国によってドイツに強制されたとの著作の出版には，

意見表明の自由の保護が及ぶとしても、学問の自由の保護は及ばないとする (BVerfGE 90, 1 (1994)。ドイツ憲法判例研究会編『ドイツの憲法判例Ⅱ〔2版〕』197頁以下〔日笠完治〕（信山社、2006））。学問の自由の保護範囲に関する制度的な限定をはずすと、裁判所が内容に踏み込んで保護範囲を画定する必要が生ずることを示唆する。

(2) 取材の自由との類比

第3に、表現の自由は、表現されるべき内容を形成する活動をも保護するか否か、明らかでない。判例は報道の自由の前提となる取材の自由について、「憲法21条の精神に照らし、十分尊重に値いする」と述べるが（最大決昭和44・11・26刑集23巻11号1490頁《博多駅事件決定》等）、これは高い公共性を有する報道機関の取材活動に対して認められた特権として理解する余地がある（法廷警察権の行使にあたって報道機関の取材の自由に配慮することは、「裁判の報道の重要性に照らせば当然であり、……司法記者クラブ所属の報道機関の記者に対してのみ法廷においてメモを取ることを許可することも、合理性を欠く措置ということはできない」とする最大判平成元・3・8民集43巻2号89頁《法廷メモ訴訟》参照）。学術研究活動それ自体を成果の公表や教授とは独立に保障する学問の自由を、社会的公共性を根拠として高等研究教育機関およびそのメンバーに対して特に保障されたものとする見方は、報道機関の取材の自由の尊重と、ある程度の並行関係を有するものと理解することができよう。

Ⅱ 学問の自由の保障内容

1 概　説

学問の自由の保障内容として、従来から、①学問研究の自由、②学問研究成果の発表の自由、③大学における教授の自由、④大学の自治が挙げられてきた。

ポポロ事件大法廷判決は、学問の自由が「学問的研究の自由とその研究結果の発表の自由とを含むもの」とするが、「教育ないし教授の自由は、学問の自由と密接な関係を有するけれども、必ずしもこれに含まれるものではな

い」としつつ,「大学において教授その他の研究者がその専門の研究の結果を教授する自由は,これを保障されると解するのを相当とする」として,①②③が本条の保護範囲に含まれることを指摘する。また,同判決は後述するように,大学の自治も本条によって保障されているとする。

最高裁昭和41年2月8日判決(民集20巻2号196頁)は,「国家試験における合格,不合格の判定も学問または技術上の知識,能力,意見等の優劣,当否の判断を内容とする行為であるから,……その判断の当否を審査し具体的に法令を適用して,その争を解決調整できるものとはいえない」とし,合否の判定の誤りを理由とする損害賠償の訴えを却下した下級審の結論を維持した。これは当該争訟が法令の適用によっては最終的に解決することができないことを理由とするものではあるが,学問研究の自律性(前述の①)を尊重し,司法判断がそれに干渉することを抑制すべきことを実質的理由とするものと理解することができる。

2 普通教育における教育の自由

(1) 旭川学テ事件判決

大学以外の場での教授の自由ないし教育の自由の憲法上の保護に消極的であったポポロ事件大法廷判決の立場は,その後,旭川学力テスト事件判決(最大判昭和51・5・21刑集30巻5号615頁)によって実質的に修正された。同判決は,「憲法の保障する学問の自由は,単に学問研究の自由ばかりでなく,その結果を教授する自由をも含むと解されるし,更にまた,専ら自由な学問的探求と勉学を旨とする大学教育に比してむしろ知識の伝達と能力の開発を主とする普通教育の場においても,例えば教師が公権力によって特定の意見のみを教授することを強制されないという意味において,また,子どもの教育が教師と子どもとの間の直接の人格的接触を通じ,その個性に応じて行われなければならないという本質的要請に照らし,教授の具体的内容及び方法につきある程度自由な裁量が認められなければならないという意味においては,一定の範囲における教授の自由が保障されるべきことを肯定できないではない」とした。ただし,大学と異なり,普通教育における教師に「完全な教授の自由を認めることは,とうてい許されない」理由として同判決は,①

「大学教育の場合には，学生が一応教授内容を批判する能力を備えていると考えられるのに対し，普通教育においては，児童生徒にこのような能力がなく，教師が児童生徒に対して強い影響力，支配力を有すること」，②「普通教育においては，子どもの側に学校や教師を選択する余地が乏しく，教育の機会均等をはかる上からも全国的に一定の水準を確保すべき強い要請があること」を挙げている。

普通教育における教師の教育の自由については，子どもの学習権を担保するものとして，これを積極的に評価する学説（佐藤(功)・ポケ註上402-404頁，兼子仁『教育法〔新版〕』288-289頁（有斐閣，1978），樋口ほか・注解Ⅱ125頁［中村］）と，教師の教育活動は学問研究活動と不可分とは言い難いことや，教師の教育権は制度的な制約の下においてのみ成立し得る「職務権限」として観念すべきことから，これを憲法上の権利として捉えることに懐疑的な立場（芦部編・憲法Ⅱ392-393頁［種谷春洋］，芦部編・憲法Ⅲ417頁［奥平康弘］，奥平・憲法Ⅲ206頁）とがある。教師の教育の自由の捉え方については，現在では権利としての側面と職務権限としての側面とが併存しているとの説が有力とされる（この点については，→§26）。

(2) 教科書検定

第一次家永教科書事件上告審判決（最判平成5・3・16民集47巻5号3483頁）は，「いまだ学界において支持を得ていなかったり，あるいは当該学校，当該教科，当該科目，当該学年の児童，生徒の教育として取り上げるにふさわしい内容と認められないときなど」に，普通教育の「教科書の形態における研究結果の発表を制限するにすぎない」教科書検定は，憲法23条の規定に違反しないとしている。

3 大学の自治

(1) 大学の自治の意義

ポポロ事件大法廷判決は，「大学における学問の自由を保障するために，伝統的に大学の自治が認められている」とし，大学の自治の内容として，「この自治は，とくに大学の教授その他の研究者の人事に関して認められ，大学の学長，教授その他の研究者が大学の自主的判断に基づいて選任される。

また，大学の施設と学生の管理についてもある程度で認められ，これらについてある程度で大学に自主的な秩序維持の権能が認められている」とする。

判決の文面からすれば，信教の自由と政教分離との関係と同様に，大学における学問の自由を間接的に保障する手段として，大学の自治という制度が保障されていると最高裁は理解しているかに見える。もっとも，ドイツにおける制度保障の本来の意義からすれば，当該社会において伝統的に重要な価値を有するとされてきた制度に憲法レベルの保障を与える制度保障の一例として，大学の自治を捉える可能性も残されている（芦部編・憲法Ⅱ 394 頁［種谷］。制度保障については，→**第 3 章前注Ⅰ 4**。なお，ドイツの大学改革判決が大学自治に関する伝統的な制度保障論を否定したと解されている点については，徳本広孝『学問・試験と行政法学』5-6 頁（弘文堂，2011）参照）。

大学の自治は，司法の独立がそうであるように，大学それ自体が外部からの干渉を受けないことと同時に，大学の構成員たる教育・研究者集団の自律をも意味する。大学の自治が学問の自由を保障する目的を持つことからすれば，後者の保障こそが眼目であり，前者はその手段である（高柳信一『学問の自由』82-97 頁（岩波書店，1983），常本照樹「大学の自治と学問の自由の現代的課題」公法 68 号 8 頁（2006））。university の語源は，構成員が入れ替わりつつもそれ自体は永遠に変わることなく続く諸学者の集合体，つまり universitas scholarium にある（Ernst Kantorowicz, *The King's Two Bodies* (Princeton University Press, 1957), p. 309）。大学経営の「効率化」を図るために学長の権限強化が提唱されることがあるが，均衡を失した経営陣の権限強化は，各大学の個性の平準化や現場の実情を軽視した拙速なトップダウン型経営をもたらし，大学の自治の核心を損なうリスクをはらむ。

2014 年（平成 26 年）6 月の学校教育法改正で 93 条に次の第 2 項および第 3 項が加えられた（2015 年 4 月 1 日施行）。

② 教授会は，学長が次に掲げる事項について決定を行うに当たり意見を述べるものとする。
　一　学生の入学，卒業及び課程の修了
　二　学位の授与

三　前二号に掲げるもののほか，教育研究に関する重要な事項で，教授会の意見を聴くことが必要なものとして学長が定めるもの
③　教授会は，前項に規定するもののほか，学長及び学部長その他の教授会が置かれる組織の長（以下この項において「学長等」という。）がつかさどる教育研究に関する事項について審議し，及び学長等の求めに応じ，意見を述べることができる。

　一見したところ，学長等の決定に「意見を述べる」ことに教授会の権限を限定しようとするかに見えるこれらの条項についても，各大学の個性を尊重しつつ，「効率的」大学経営を追求するあまり研究者集団の自律性を損なうことのないよう，教授会の意見を尊重する運用を行うことが本条の趣旨に適う。とりわけ多様な研究分野の研究者集団によって構成される総合大学では，学長をはじめとする執行部は個々の研究教育現場の実情を知悉してはいない。学問の世界で追求されるべき「効率性」は投入される費用と産出される成果の比率という意味での効率性ではなく，社会全体の中長期的利益から見て最適な資源配分になるという意味での効率性である。学長の決定による強い統率は，順応主義に抗する自律的個人像を提供する研究者の役割とも相容れない（一Ⅰ2）。

　私立大学の場合，各大学に独自の校風に基づく自治の余地のあることを前提としつつも（最判昭和49・7・19民集28巻5号790頁《昭和女子大事件》），教授その他の研究者の活動を不当に制約する行為については，学校教育関連法規や各大学の規則の憲法の趣旨に沿った解釈・適用や私法上の概括条項を通じた間接適用が求められる（芦部編・憲法Ⅱ388頁［種谷］）。

(2)　大学の自治の内容

　大学の自治の範囲について，通説は，①学長，教授その他の研究者の人事，②大学の施設の管理，③学生の管理，を挙げる（法協・註解上462頁，宮沢・全訂259頁，芦部・憲法〔6版〕171頁）。ポポロ事件大法廷判決が，この中で人事の自治をとくに重く見たことは前述のとおりである。以上に加えて予算管理における自治を挙げる学説もある（芦部編・憲法Ⅱ398頁［種谷］，佐藤（幸）・憲法論245頁）。なお，教育・研究活動を自主的に企画し遂行する権限

が教育・研究者集団としての大学に認められるべきことは，当然のことであろう。

国立大学法人法は，学長人事を学外者を含む学長選考会議の選考に委ねているが（国大法人12条2項），大学の自治の眼目が教育・研究者集団の自律にあることからすれば，教職員の意向投票を活用する等，教員団の自律性を生かす方向での運用が目指されるべきである（芹沢ほか編・新基本コメ210頁〔松田浩〕）。2014年（平成26年）6月の学校教育法改正で，「学長選考会議が定める基準により」学長の選考が行われるべきことが定められたが（国大法人12条7項），意向投票の活用やその結果の尊重がこの規定と齟齬を来すとは言えないであろう。

ポポロ事件大法廷判決（→**判例1**）では，大学の施設の管理と警察作用との関係が問題となった。最高裁は，大学の公認した学生団体が大学の許可を得て学内で行った集会であっても，その内容が実社会の政治的社会的活動に当たるものであれば，大学の自治は享有しないとした。

判例1 《ポポロ事件大法廷判決》
最大判昭和38・5・22刑集17巻4号370頁

本件では，大学公認の劇団が大学構内において開催した演劇発表会の会場に立ち入った警察官が，学生に発見され，暴行を加えられたことが暴力行為等処罰に関する法律違反に問われた。最高裁は，大学の自治の主体は教授その他の研究者であり，「大学の施設と学生は，これらの〔研究者が享受する〕自由と自治の効果として，施設が大学当局によって自治的に管理され，学生も学問の自由と施設の利用を認められる」とする。つまり，学生が一般市民と同様の立場で学問の自由を享受することはともかく，「大学の学生としてそれ以上に学問の自由を享有し，また大学当局の自治的管理による施設を利用できるのは，大学の本質に基づき，大学の教授その他の研究者の有する特別な学問の自由と自治の効果としてである」。「大学における学生の集会も，右の範囲において自由と自治を認められるものであって，大学の公認した学内団体であるとか，大学の許可した学内集会であるとかいうことのみによって，特別な自由と自治を享有するものではない。学生の集会が真に学問的な研究またはその結果の発表の

§23 Ⅱ

ためのものでなく，実社会の政治的社会的活動に当る行為をする場合には，大学の有する特別の学問の自由と自治は享有しない」とする。

その上で判決は，本件の劇団ポポロ演劇発表会は，実社会の政治的社会的活動に当たる行為にほかならず，真に学問的な研究と発表のためのものではないし，また，本件集会は特定の学生のみの集会ではなく，公開の集会か少なくともそれに準ずるものであって，大学の学問の自由と自治はこれを享有しないとして，たとえ警察官が本件集会に立ち入ったとしても，大学の学問と自治を犯すものではないとした。

本件判旨に対しては，学生集会が学問的な研究またはその結果の発表のためのものか，あるいは実社会の政治的社会的活動であるかの区別は容易ではない場合が多いにもかかわらず，大学により公認された団体が，大学当局の許可を得て行った学内集会について，大学管理者の自律的判断を尊重していない点や（「よど号」新聞記事抹消事件最高裁判決（最大判昭和58・6・22民集37巻5号793頁）での拘置所長の裁量に関する判旨と対比せよ），警察による長期にわたる学内での情報収集活動があった事情を勘案していない点が，学説による批判の対象となっている（芦部編・憲法Ⅱ440-441頁〔種谷〕，芦部・憲法〔6版〕173頁，佐藤（幸）・憲法論247-248頁，樋口ほか・注解Ⅱ128-129頁〔中村〕，樋口・憲法〔3版〕248頁，市川・基本講義135頁）。

このほか，大学構内での警察による情報収集活動が問題とされた事例として，大阪学芸大学事件（大阪地判昭和37・5・23下刑集4巻5＝6号455頁）および愛知大学事件（名古屋高判昭和45・8・25判時609号7頁）がある。警察官といえども，特別の事情がない限り，他人の管理する土地・建物に管理権者の同意なく立ち入って情報収集をすることができないことは，憲法を持ち出すまでもなく，当然のことである。

[長谷部]

III 学問の自由の制約

1 保護範囲

学術に関わる活動であっても、他者の名誉・プライバシーを侵害したり生命・身体に危害を及ぼすような行為が許されないことは当然であって、こうした他者の権利侵害あるいはその具体的危険をはらむ行為は、そもそも学問の自由の保護範囲に含まれていないと考えるべきであろう。

2 制約の態様

I 2および3で述べたように、学問の自由は学術活動自体を成り立たせるための内在的な制約のほか、社会全体に及ぼし得るリスクを勘案した外在的制約をも受ける可能性があるが、いずれについても（とくに内在的制約については）高等研究教育機関とそのメンバーによる（場合によってはより広い範囲を包括する研究者集団の）自律的な制約であることを原則とする点に特色がある。個別分野の学術研究において遵守すべき手続や規律が何か（逆に言えば何が研究不正に当たるか）、また、急速に進展する研究活動がはらむリスクが何かは、当該分野の研究者でなければ理解できないことも多いであろうこと、学術研究が外部からの圧力に晒されやすいことからすれば、研究者集団による真摯な討議の結果を反映した研究分野ごと、特定の目的ごとのガイドライン（行政指針）にまずは頼るべき理由がある（芹沢ほか編・新基本コメ207頁［松田浩］。最近のガイドラインの例として、「研究活動における不正行為への対応等に関するガイドライン」2014年（平成26年）8月26日文部科学大臣決定があるが、同ガイドラインは研究不正の定義の明確性や制裁の比例性の点で批判を受けている）。

当然のことながら、当該分野の学術研究の性格と無関係な政治的・社会的考慮要素（人種、性別、社会的身分等）に基づく制約は、行為規制のみならず、研究資金の配分に関しても、正当化され得ない。また、特定の思想・信条をあたかも普遍的な価値であるかのごとくに掲げて学術研究を規制することや研究資金の配分規準とすることも（牛は神聖な動物であるから医薬品開発のための実験に用いてはならない等）、多様な価値観・世界観の公平な共存を目指す近

代立憲主義という憲法の根本原理に反するものとして斥けられねばならない。

　研究活動を直接に規制する法律は限られている。たとえば，2000年12月に制定された「ヒトに関するクローン技術等の規制に関する法律」は，ヒトクローン個体の産生を罰則をもって禁止する一方（3条・16条），個体を産み出さないヒトクローン胚の研究について，文部科学大臣による指針の作成（4条），取扱いの事前届出（6条），実施制限（8条），研究施設の立入検査（15条）など，適正な取扱い確保のための措置を定めている。また，2013年（平成25年）11月27日に制定された「再生医療等の安全性の確保等に関する法律」は，特定細胞加工物の製造について厚生労働省令で定める規準に適合した細胞培養加工施設ごとに厚生労働大臣許可を受けることや，製造の一時停止にかかる緊急命令，立入検査等の制度について定めている。

3　学外での研究成果の公表

　高等研究教育機関の構成員が研究活動を通じて得た知見に基づき政治的・社会的影響を持ち得る発言を学外において行う自由は，学問の自由の問題ではなく，表現の自由の問題として整理することも可能である。しかしながら，学問研究の成果の発表が学内外を問わず一定の影響力を持つことはあり得ることで，実際にはこうした明確な線引きは難しいであろう。前述のとおり（一 I 2），学問の自由が高等研究教育機関の構成員にとくに保障されるべき主要な根拠の一つが，学問研究の成果が民主的政治過程に必要な資料を供与することにあるのであれば，学外での研究成果の公表も含めて学問の自由の保障が（表現の自由の保障と並んで）及ぶと考えることには十分な理由がある。

　なお，国家公務員法102条およびそれを受けた人事院規則14―7の定める政治的行為の禁止は，大学教授には適用されないとの了解の下に制定された経緯がある（宮沢・憲法 II 399頁）。

IV　学問の自由の将来

　研究機関および研究者集団による自律を旨とする学問の自由が，学術を資金等によって支える社会の信任を得つつ，今後も学問伝統の継承を支えてい

第3章 国民の権利及び義務

くことができるかは,必ずしも定かとは言えない。アラステア・マッキンタイアが指摘するように((篠崎榮訳)『美徳なき時代』第14章(みすず書房,1993)),人々の集団が享有する価値には,外的善と内的善とがある。組織の活動やメンバーの生活を支える資金,活動の成果がもたらす名声や栄誉等は外的善である。他方,組織の伝統を継承しつつ,活動方針について仲間同士で議論を重ね,各自がその持ち場で責任を果たしながら組織全体の活動を力を尽くして支えることが内的善を構成する。

　研究者集団について言えば,各自が内的善を自覚し,共同体全体の維持と運営に協力している状況では,研究不正や社会に及ぼすリスクが顕在化することは考えにくい。問題は,資金・名声・栄誉等の外的善なしにはいかなる集団の活動も維持し得ないこと,そして研究組織が大規模化するとともに研究活動自体も多額の費用を必要とするようになればなるほど,外的善への顧慮が内的善へのそれを圧倒しかねないことである。競争的資金を求めようとすれば目に見える研究成果(栄誉)の産出を要求され,外部からの圧力がもたらす士気の低下を埋め合わせようと,さらなる研究資金の獲得競争が生まれ,「効率化」の名の下,現場の研究者集団の自主性を損なう形で経営陣への権限集中が進行する。この悪循環が学術活動における内的善の空洞化を招くとき,研究者集団の自律に基づく学問の自由の意義も空洞化する。内的善が失われたとき,いかなる外部からのハードな規制によっても,学術活動が蘇生することはない。

　学問を突き動かすのは知への愛である。効率性や表彰や当世流行の価値観への愛ではない。

［長谷部恭男］

第24条【家族生活における個人の尊厳と両性の平等】
① 婚姻は，両性の合意のみに基いて成立し，夫婦が同等の権利を有することを基本として，相互の協力により，維持されなければならない。
② 配偶者の選択，財産権，相続，住居の選定，離婚並びに婚姻及び家族に関するその他の事項に関しては，法律は，個人の尊厳と両性の本質的平等に立脚して，制定されなければならない。

Ⅰ　総　説 ……………………… 495
Ⅱ　制定の経緯と意義 …………… 497
　1　制定の経緯 ………………… 497
　2　制定の意義 ………………… 498
Ⅲ　婚姻関係における個人の尊厳と両性の平等 …………………… 499
　1　「両性の合意のみに基いて成立」…………………………… 499
　2　婚姻の実質的要件 ………… 500
　3　夫婦同氏制 ………………… 504
　4　結婚退職制 ………………… 507
　5　事実婚 ……………………… 508
　6　同性婚 ……………………… 509
　7　夫婦の同等の権利 ………… 510
　8　離婚の自由 ………………… 512
Ⅳ　家族に関するその他の事項 … 512
　1　相　続 ……………………… 512
　2　強制的親族関係の否定 …… 513
　3　リプロダクティヴ・ライツと親子関係 ………………… 514
　　(1)　関連判例 ……………… 514
　　(2)　リプロダクティヴ・ライツ ……………………… 516
　　(3)　親子関係 ……………… 517

［川岸令和］

Ⅰ　総　説

　本条は，家族をめぐる法制度について，個人の尊厳と男女の平等に基づいて設計されるべきことを宣言している。つまり，日本国憲法の中核的価値である「個人の尊厳」(13条)と「両性の平等」(14条)が，家庭生活の局面で，法律を通じて具体化されなければならないことを示している。
　近代憲法は必ずしも婚姻や家族について規定することはなかったが，20世紀に入って様相は変わった。1919年のワイマール憲法は，婚姻・家族・母性の保護（119条），子どもの教育（120条），非嫡出子の保護（121条），児

第3章　国民の権利及び義務

童の保護（122条）を宣言し，現代的な憲法の在り方の一つの型を示した。1946年のフランス第4共和国憲法前文10項，1948年のイタリア共和国憲法29〜31条，1949年のドイツ連邦共和国基本法6条などがそれに続く例である。家族の在り方を定める法制は実は政治体制にも深く関係することの認識が広がってきたからであろう。民主主義的社会生活は民主主義的な家庭共同体によってはじめて実現されるといえる（宮沢・全訂268頁）。実際，トクヴィルは，アメリカが平等に基づく本質的に民主的な社会を展開させてきたことの一つの要因として，均分相続制の効果をつとに指摘していた（トクヴィル（松本礼二訳）『アメリカのデモクラシー　第1巻（上）』第1部第3章（岩波書店，2005）参照）。さらに福祉国家の展開は，社会の基礎である家族にも当然注意が払われるようになってくる。

　今日では家族の在り方は国際的な関心事ともなっている。国際人権規約自由権規約23条は，「家族は，社会の自然かつ基礎的な単位であり，社会及び国による保護を受ける権利を有する」（1項）と宣言した後，婚姻について規定している（2項・3項）。また国際人権規約社会権規約10条は，より積極的に「家族の形成のために並びに扶養児童の養育及び教育」に保障が及ぶべきであるとする。さらに女性差別撤廃条約16条は「婚姻及び家族関係に係るすべての事項について」「男女の平等を基礎」とした女性差別の禁止をうたっている。

　日本の場合も，19世紀の時代的背景を反映してか，大日本帝国憲法には家族に関する規定は存在しなかった。つまり，家族制度設計は法律に大きく委ねられていた。だが，憲法は平等について限定的にしか言及しておらず，むしろ身分制が前提とされていた。1890年（明治23年）にフランス民法に範をとった旧民法人事編が制定されたが，民法出デテ忠孝亡ブというスローガンに代表される反対論により実施が延期され，結局，ドイツ民法に倣った新民法第4編・第5編が制定され施行された（1898年（明治31年））。個人主義的な結びつきに基づく親密圏の構想ではなく，封建的な大家族制の形態がとられ，男性優位が顕著であった。家族制度は「家」制度と呼ばれた。「家」は戸主と家族からなる集団で，戸籍上一家として登録された親族団体であった。各人はいずれかの「家」に属するものとされた。戸主は家族を統率し，

家族に対して身分上の監督権を有していた。婚姻・離婚・住所の選定など家族の身分上の行為には戸主の同意が必要であった。そうした戸主の有する権利の総称を戸主権といった。「家」の財産も原則として戸主に帰属した。その戸主の地位・権利と財産は，一般に長男単独相続である家督相続で伝えられた。また，妻は財産取引上無能力とされ，親権の行使も父が単独で行うことになっていた。離婚に関して，妻の姦通は離婚原因であったが，夫の姦通はそうではなかった。このように，旧民法に体現された家族をめぐる法制度は，個人の尊厳と両性の平等とはほど遠いものであった。本条はそうした当時の状況を剋服するための処方箋となっている。

家族の構成は法の問題でもあるが，親密な人間的結合である限り社会的な実態に影響を受ける。価値観やライフスタイルの多様化そして医療技術の発達によって，伝統的な核家族観に変容が及んでいる。新しい社会的状況に本条がどのように対応できるのかが今日的課題となっている。

Ⅱ 制定の経緯と意義

1 制定の経緯

本条の原型は，いわゆるマッカーサー草案23条「家族ハ人類社会ノ基底ニシテ其ノ伝統ハ善カレ悪シカレ国民ニ滲透ス婚姻ハ男女両性ノ法律上及社会上ノ争フ可カラサル平等ノ上ニ存シ両親ノ強要ノ代リニ相互同意ノ上ニ基礎ツケラレ且男性支配ノ代リニ協力ニ依リ維持セラルヘシ此等ノ原則ニ反スル諸法律ハ廃止セラレ配偶ノ選択，財産権，相続，住所ノ選定，離婚並ニ婚姻及家族ニ関スル其ノ他ノ事項ヲ個人ノ威厳及両性ノ本質的平等ニ立脚スル他ノ法律ヲ以テ之ニ代フヘシ」に認められる（佐藤（達）・成立史（3）36頁参照。なお現在では，その起草にあずかったのはベアテ・シロタであったことが明らかになっている。シロタはワイマール憲法やソ連憲法を参照し，家族をめぐって社会権的な保障を含む詳細な原案を作成したが，多くは民政局内での議論で，法律事項であるとして削除された。ベアテ・シロタ・ゴードン『1945年のクリスマス』156頁（柏書房，1995））。日本側の第1案では，「婚姻ハ男女相互ノ合意ニ基キテノミ成立シ，

且夫婦ガ同等ノ権利ヲ有スルコトヲ基本トシ相互ノ協力ニ依リ維持セラルベキモノトス。」(37条。佐藤(達)・成立史(3) 97頁)とあっさりしたものとなった。「家族ハ人類社会ノ基底ニシテ其ノ伝統ハ善カレ悪シカレ国民ニ滲透ス」の一文は日本の法制の体裁に合わないという理由で削除された。第2案(3月5日案)では，本条の表現と類似してくる(22条。佐藤(達)・成立史(3) 166頁。この時点では，「両性」ではなく「男女」，「尊厳」ではなく「威厳」(3月6日案では「権威」)という語が用いられていた。4月13日案でほぼ本条と同じ言葉遣いになるが，「尊厳」と表記されるのは衆議院での修正によってである)。

　第90回帝国議会で憲法改正案が議論されたが，本条をめぐっては，伝統的な家族制度が維持されることになるのかが論点となった。一方で保守的な立場からは，家族制度は天皇制に密接に関連する旧慣制度であることや日本の醇風美俗であることを指摘し，家督相続や戸主権などの維持が主張された。他方で民主的変革を求める立場からは，家族の成員の個人としての人格の自由な発達や幸福追求の権利を実現するためにさらに進んで，母子や寡婦の保護が求められた。資本主義の矛盾を乗り越えるための「家庭生活の保護」や共同体主義的な「家族生活の尊重」という修正の要求は，結局，日の目を見ることはなかった(清水編・審議録(2) 481-545頁，辻村・ジェンダー第6章)。

2　制定の意義

　近代憲法が旧体制を剋服するため中間団体を解体したなかにあって，家族は例外的に個人の自律と両立できるものと捉えられた(樋口・憲法〔3版〕278頁)。ただしそこでの家族は性別役割分業を前提とした近代的な家父長制に基づくものであった。日本では，大日本帝国憲法下では，家族国家観に基づき，家族も国家の権力組織に組み込まれていたが，本条はまず何よりも，国家権力から個人を保護する防波堤として家族を位置づけることになる(法協・註解上 471-472頁，安念潤司「憲法問題としての家族」ジュリ 1022号 46-51頁(1993))。

　本条が特に婚姻の規定から始められていることは，家族の構成が夫婦関係を基礎とすることを示している。婚姻関係を基にして親子関係が築かれるとする点で，親子関係を基軸に家族を構成する旧民法の思想を否定し，家族を対等な人的結びつきによるとするものである(佐藤(功)・ポケ註上 413頁)。そ

§24 Ⅲ

して婚姻の自由と両性の平等を宣言した点で，近代家族の理念を「憲法上の公序」として設定するものである（樋口・憲法〔3版〕278頁）。さらに進んで，個人の尊重を徹底することで，多様な結びつきを肯定する現代的な家族像をも許容する本条の時代先取り性が指摘される場合もある（辻村・ジェンダー233頁）。それにとどまらず，13条に加えて再度個人の尊厳に言及することで，家族の解体の論理をも含意したものとして理解されることもある（樋口・憲法〔3版〕278頁）。こうした基本的認識の違いは，同性婚などの現代的問題に対して異なる結論を導く可能性がある。なお本条を自由権規定と解しても，積極的な家族の保護が社会権規定を通じてなされることは排除されない（芹沢ほか編・新基本コメ212頁〔武田万里子〕）。

本条に基づき，まず，「日本国憲法の施行に伴う民法の応急的措置に関する法律」（昭和22年4月19日法律74号）が制定され，そして民法第4編・5編が全面的に改正された（昭和22年12月22日法律222号，昭和23年1月1日施行）。あわせて，この改正において民法の解釈原理を明らかにする，「本法ハ個人ノ尊厳ト両性ノ本質的平等ヲ旨トシテ之ヲ解釈スヘシ」という条項（民1条ノ2〔現2条〕）が挿入されたことは注目に値する。

最高裁は，近時，本条1項が，「婚姻をするかどうか，いつ誰と婚姻をするかについては，当事者間の自由かつ平等な意思決定に委ねられるべきであるという趣旨を明らかにしたもの」であり，また同条2項が，「具体的な制度の構築を第一次的には国会の合理的な立法裁量に委ねるとともに，その立法に当たっては，同条1項も前提としつつ，個人の尊厳と両性の本質的平等に立脚すべきであるとする要請，指針を示すことによって，その裁量の限界を画したもの」であるとの理解を示している（最大判平成27・12・16民集69巻8号2586頁《夫婦同氏制違憲訴訟》**判例2**／）。

Ⅲ 婚姻関係における個人の尊厳と両性の平等

1 「両性の合意のみに基いて成立」

婚姻が有効に成立するためには，両性当事者の合意のみを要件とするとい

〔川岸〕

う趣旨である。つまり，自己の意思に反する婚姻は強制されることはなく，また，両当事者以外の第三者の意思の介入によって婚姻の成否が左右されることはないという意味で，婚姻の自由を保障したものである。戦前の民法によれば，婚姻にあたっては，戸主の同意が必要であり，戸主の同意のない婚姻について戸主は1年以内に離籍させることができた（民旧750条）。また子が男性の場合30歳未満，女性の場合25歳未満であれば，家にある父母の同意を得なければ婚姻はできなかった（民旧772条）。本条はこうしたかつての婚姻上の要件を違憲とするので，民法の改正が行われ，削除された。ただ未成年者の婚姻については，現行民法は，父母の少なくとも一方の同意を要件としている（民737条）。婚姻による成年擬制が生じることもあり（民753条），未成年者の保護を図るため，その規定は本条に反しない。ただ選挙権年齢が18歳に引き下げられているので，それとの整合性が問われることになろう（辻村・憲法〔5版〕171頁）。また天皇および皇族男子の婚姻については，特に皇室会議の議を経ることが必要であるが（皇室典範10条），世襲制に基づく天皇制は憲法自体が認めた13条や14条の例外であるので，その制度の設計にあたっては一般国民を対象とする原則からの離脱も許される。ただその必要性については疑問も呈されている（宮沢・全訂261頁）。

　現行の民法は，婚姻の形式的要件として，届出を必要としている（法律婚主義）（民739条）。婚姻が両性の合意のみによって成立するということは，何らかの方式を求めることと必ずしも両立しないわけではない。届出は合意の公示の意味合いがあり，合意自体を実質的に制約するわけではない（樋口ほか・注解Ⅱ133頁［中村］）。

2　婚姻の実質的要件

(1)　婚姻の実質的要件としては，婚姻の意思に加えて，民法731条～741条の要件の具備が必要である。まず婚姻適齢に関して，男性は18歳であるのに対して，女性は16歳と差異が設けられている（民731条）。かつては，男女の間の身体的・生理的条件の違いに由来する成熟度の差異を理由にして不合理とはいえないとされてきた（法協・註解上479頁，宮沢・全訂262頁，佐藤(功)・ポケ註上414頁）。しかし最近では，その合理性に疑問が呈されるよ

うになっている。身体的・生理的成熟は個人差が大きいだけでなく、社会的な成熟という視点からは性差はほとんど関係ないといえる。そして複雑化する現代社会ではこの成熟度がますます求められるようになっているからである。上述のように、選挙権年齢の18歳への引き下げとの整合性も問題となる（辻村・憲法〔5版〕171頁）。1996年2月26日の法制審議会総会で決定された「民法の一部を改正する法律案要綱」（以下単に民法改正案要綱という）では、婚姻年齢を男女の区別なく一律18歳とすることが提案されているが、20年を経過した現在も改正に至っていない。

(2) 重婚の禁止（民732条、刑184条）は配偶者の選択の範囲を制限することになるが、一夫一婦制の維持という観点から合理的な規制とされている（法協・註解上476頁、宮沢・全訂263頁、佐藤（功）・ポケ註上414頁、樋口ほか・注解Ⅱ132頁［中村］）。また一定の範囲の近親婚の禁止（民734～736条）も同様の効果を有するが、優生学的・倫理的配慮によるもので理にかなっているとされる（法協・註解上476頁、宮沢・全訂263頁、佐藤（功）・ポケ註上414頁、樋口ほか・注解Ⅱ132頁［中村］）。ただ血縁関係のない姻族間や養子縁組に基づく親族間の婚姻の禁止（民735条・736条）には疑義も提示されている（法協・註解上476-477頁）。

(3) 女性のみに6か月の再婚禁止期間（民733条）が課されていたことについて、従来は男女の生理的肉体的条件の差異の反映として、一般に合憲と考えられていた（法協・註解上479頁、宮沢・全訂210頁）。最高裁も、かつて本規定を「父性の推定の重複を回避し、父子関係をめぐる紛争の発生を未然に防ぐ」という合理的な目的に基づく制度と解し、合憲と判示していた（最判平成7・12・5判時1563号81頁。なお最高裁は立法の不作為についての国家賠償法上の違法性の問題として議論した）。だが、医療科学技術の著しい進歩によって今日では妊娠の有無や父子関係が容易に極めて正確に確認できるようになっており、婚姻の自由を6か月もの長い期間にわたり女性に対してだけ制限することについて、概して厳しい批判が向けられるようになってきていた。特に本制度が依拠する父性優位のイデオロギーへの疑問が提示されたり、手段が必要最小限度ではないとされたりして、再婚禁止期間自体の撤廃を求める主張も有力となってきていた（君塚正臣『性差別司法審査基準論』178頁以下

(信山社, 1996), 渋谷・憲法〔2版〕464-465頁)。またたとえ父性の推定の重複を回避するという立法目的は正当であり，現行の嫡出推定規定(民772条2項)をそのまま受け入れたとしても，そのためには，再婚禁止期間は100日で足りるはずであった。6か月の再婚禁止期間の設定は内縁関係を増加させ，合法的な再婚を妨げる点で規制が過度に広範であるといえた(長谷部・憲法〔6版〕172頁)。再婚禁止期間の対象となる女性と婚姻しようとする男性の婚姻の自由や子どもの福祉の観点からも，当該規定に疑問を呈する立場も示されてきていた(辻村・ジェンダー218-220頁)。なお，「民法改正案要綱」は，100日に短縮する形で女性の再婚禁止期間を存置していた。

2015年12月16日に，最高裁大法廷は，民法733条1項の規定のゆえに再婚の成立が遅れたことについての精神的損害等の賠償が求められた事件で，本規定のうち再婚禁止期間100日超過部分は憲法14条1項および24条2項に違反するが，国会による改正等をしなかった立法不作為は国家賠償法1条1項の適用上違法の評価を受けないと判示した(最大判平成27・12・16民集69巻8号2427頁《再婚禁止期間一部違憲判決》**判例1**/)。違憲の判断については，15名の裁判官全員一致であるが，そのうち2名の裁判官は，再婚禁止期間の設定自体が違憲であるとする。この違憲判断を受けて，法務省は直ちに再婚禁止期間を100日として取り扱うことを全国の各自治体に通知した。そして最高裁の判断に沿って女性の再婚禁止期間を100日に短縮する民法改正が，2016年(平成28年)6月1日に可決成立し，同年6月7日に公布・施行された(法律71号)。この禁止期間は，女性が，「前婚の解消又は取消しの時に懐胎していなかった場合」，または，「前婚の解消又は取消しの後に出産した場合」には適用されない(民733条2項1号・2号)。改正法は，施行後3年を目途に，再婚禁止に係る制度の在り方について検討するとしている(附則2項)。100日間とはいえ女性だけに再婚を禁止することが本当に合理的かは，男女の平等・婚姻の自由・子の福祉・国際法上の要請などの観点から，今日の社会的状況に照らして冷静に再検討してみる必要があろう。

§24 Ⅲ

判例1 《再婚禁止期間一部違憲判決》
最大判平成27・12・16民集69巻8号2427頁

　最高裁によれば，民法733条1項（本件規定）は再婚する際の要件に関し男性と女性とを区別しているので，その区別が事柄の性質に応じた合理的な根拠に基づくものと認められない場合には，憲法14条1項に違反することになる。

　婚姻および家族に関する事項の詳細は，憲法が一義的に定めるのではなく，法律によって具体化されることが望ましいとし，憲法24条2項は，婚姻・家族に関する事項についての具体的な制度構築を第一次的には国会の合理的な立法裁量に委ねるが，立法が個人の尊厳と両性の本質的平等に立脚すべきであるとする要請・指針を示し，立法裁量の限界を画したものと解釈する。そして「婚姻をするについての自由は，憲法24条1項の規定の趣旨に照らし，十分尊重に値するものと解することができる」とする。そして当該規定による男女の区別が，「立法目的に合理的な根拠があり，かつ，その区別の具体的内容が上記の立法目的との関連において合理性を有するものであるかどうかという観点から憲法適合性の審査を行うのが相当である」とする。

　法廷意見は，民法上の嫡出推定の規定（民772条1項）を前提に，本件規定の立法目的を，上述の平成7年最高裁判決に依拠し，「女性の再婚後に生まれた子につき父性の推定の重複を回避し，もって父子関係をめぐる紛争の発生を未然に防ぐことにある」と解し，「父子関係が早期に明確となることの重要性に鑑みると」，立法目的には合理性を認めることができるとする。

　その上で，父性の推定の重複を避けるため100日について一律に女性の再婚を制約することは，国会の合理的な立法裁量の範囲を超えず，上記の立法目的との関連において合理性を有する。しかし，医療や科学技術が発達した今日においては，再婚禁止期間を厳密に父性の推定が重複することを回避するための期間に限定せず，一定の期間の幅を設けることを正当化することは困難で，100日超過部分は合理性を欠いた過剰な制約を課すことになっていると断じた。

　この法廷意見には，父性の推定の重複を回避する必要がない場合には本件規定の適用除外を認めることは許容されているとする6裁判官の補足意見が付されている。

　これに対して，全部無効とする少数意見は2種類存する。第1の少数意見は，法廷意見の認定する立法目的を共有しながら，父性の推定の重複が生じるごく例外的な場合に対応するため，100日とはいえ一律に再婚禁止期間を設定する

[川岸]

ことは，婚姻をする自由への過度の負担であり，また，万一父性推定の重複状況があった場合，父を定めることを目的とする訴え（民773条）の類推適用で対応できると主張する。第2の少数意見は，戦後民法改正でも本件規定は維持されたことから，規定の趣旨を血統の混乱を防止するという目的を達成するための手段として離婚した女性に対し再婚を禁止することと理解し，立法当時生まれてくる子の利益の保護といった考え方は存在しなかったことを強調する。そしてこの少数意見は，「DNA検査技術の進歩により生物学上の父子関係を科学的かつ客観的に明らかにすることができるようになった段階」では，血統の混乱防止の目的で再婚禁止期間を設定する必要性は完全に失われたとする。そしてごく例外的な父性の推定の重複が生じる場合，法律上の父を確定できない状態がしばらく継続する不利益も今日ではそれほど大きくないのであって，形式的な基準で法律上の父を前夫とすることがより子の利益になるかは疑問であるとする。

3　夫婦同氏制

　民法は，婚姻の効果として，夫婦が同一の氏を名のることを求める夫婦同氏制（民750条）を定めている。ただ事務手続では，婚姻届に婚姻後に名のる氏を特定しなければならないので，実際上は婚姻の要件として機能する。その規定自体は「夫又は妻の氏を称する」というのであるから，性差に対して中立的であるが，実際には96%以上の夫婦が夫の氏を名のっていることから，規定の効果は差別的であるといえる。夫婦の氏の選択にあたって社会の一般的な意識や慣行が影響を及ぼしていると考えられる。一方配偶者に氏の放棄を強制するのは，婚姻に対する実質的な制限になり行き過ぎであるという主張もされていたが（法協・註解上474頁），夫妻の協議の結果であるので一般的には違憲の問題は生じないと解されてきた。平等の問題として捉えると，間接差別への憲法上の対応が問われる場面となり，社会構造への介入として解釈論では困難な側面は否めない。近時，婚姻の自由や氏を保持する人格的利益の観点から，夫婦同氏制の強制がそうした利益の侵害に当たるとする指摘がなされている（辻村・ジェンダー245-247頁）。なお，「民法改正案要綱」では，「夫婦は，婚姻の際に定めるところに従い，夫若しくは妻の氏

を称し，又は各自の婚姻前の氏を称する」とする選択的夫婦別氏制の導入が提案されているが，現在まで成立を見ていない。

　国立大学の教員が婚姻後婚姻前の氏を通称として使用することの大学側の対応をめぐって争われた事件で，東京地裁は，夫婦同氏制は，主観的に夫婦の一体感を高め，客観的には第三者に夫婦である事実を示すことを容易にするので，合理性を備えていると判示した（東京地判平成5・11・19判時1486号21頁）。また，選択的夫婦別氏制度を導入しない立法不作為により精神的損害を被ったとして国家賠償を請求した最近の訴訟で，東京地裁および東京高裁は請求を棄却した（東京地判平成25・5・29判時2196号67頁，東京高判平成26・3・28民集69巻8号2741頁）。氏名に人格的利益が認められるとしても（最判昭和63・2・16民集42巻2号27頁参照），婚姻によっても婚姻前の氏名を保持する権利が具体的に憲法上保障されているかは，必ずしも判然とはしないからである。この事件は上告され，2015年12月16日に，最高裁は10名の裁判官の多数で，夫婦同氏制を定める民法750条（本件規定）は憲法13条，14条1項，24条に違反しないと判示した（最大判平成27・12・16民集69巻8号2586頁《夫妻同氏制違憲訴訟》**判例2**／）。ただ残りの5名の裁判官（3名の女性裁判官全員を含む）は，夫婦同氏制を憲法24条に違反するとの反対意見・意見を表明した。

判例2　／　《夫婦同氏制違憲訴訟》
最大判平成27・12・16民集69巻8号2586頁

　最高裁大法廷の法廷意見は，まず，憲法13条が保障する人格権の一内容としての氏の変更を強制されない自由の侵害という主張に対して，婚姻・家族法制度の一部として法律が氏の具体的内容を規律しているので，氏に関するそのような自由も憲法上一義的に捉えられるべきではなく，具体的な法制度のなかで論じられるべきであるとする。その上で，家族は社会の自然かつ基礎的な集団単位であるから，個人の呼称の一部である氏をその個人の属する集団を想起させるものとして一つに定めることにも合理性があり，また現行制度では婚姻に際して自らの意思に関わりなく氏を改めることが強制されているわけではないとし，そうした自由を憲法上の人格権の一内容ではないとした。

第 3 章　国民の権利及び義務

　次に，同氏制によってほとんどの夫婦が夫の氏を選択することから，本件規定にはほとんど女性のみに不利益を負わせる効果があり，平等違反であるとの主張も退けた。本件規定は文言上性別に基づく法的な差別的取扱いを定めているわけではなく，あくまでも夫婦となろうとする者の間の協議によるので，夫の氏を選択する夫婦が圧倒的多数であるとしても，本件規定の在り方自体から生じた結果であるとはいえないからである。

　最後に憲法 24 条違反の主張も退けた。法廷意見は，本件規定は，婚姻の効力の一つとして夫婦が夫または妻の氏を称することを定めたものであり，婚姻をすることについての直接的制約を定めたものではないと理解する。むしろ，婚姻をすることが事実上制約されることになっているので，それは，婚姻・家族法制度の内容を決定する際の国会の立法裁量の範囲を超えるか否かの検討時に考慮すべき事柄とする。そして，憲法 24 条は，「憲法上直接保障された権利とまではいえない人格的利益をも尊重すべきこと，両性の実質的な平等が保たれるように図ること，婚姻制度の内容により婚姻をすることが事実上不当に制約されることのないように図ること」にも十分な配慮を求め，立法裁量に限定的な指針を与えるとする。しかし，婚姻・家族に関する事項は，「国の伝統や国民感情を含めた社会状況における種々の要因を踏まえつつ，それぞれの時代における夫婦や親子関係についての全体の規律を見据えた総合的な判断によって定められるべきものである」。したがって，婚姻・家族法制度を定めた法律の規定が憲法 13 条・14 条 1 項に違反しない場合には，24 条適合性は，「当該法制度の趣旨や同制度を採用することにより生ずる影響につき検討し，当該規定が個人の尊厳と両性の本質的平等の要請に照らして合理性を欠き，国会の立法裁量の範囲を超えるものとみざるを得ないような場合に当たるか否かという観点から判断すべき」であるとした。そして，夫婦同氏制は日本社会に定着してきており，また氏は，家族の呼称として意義があるので，その呼称を一つに定めることには合理性があり，そして嫡出性を示すため子が両親双方と同氏である仕組みを確保することにも一定の意義があり，さらに同氏制により家族の一体感を得る意義もあるとの理解を示す。そして氏の変更はあくまでも夫婦の氏は夫婦になろうとする者の間の自由な選択の結果であり，改氏配偶者のアイデンティティの喪失感や個人の社会的な信用・評価・名誉感情等の維持の困難性など不利益を被ることはあっても，同氏制も婚姻前の氏を通称使用することを排除しないので，そうした不利益は緩和されるとする。そうした点を総合し

て，法廷意見は，夫婦同氏制は個人の尊厳と両性の本質的平等の要請に照らして合理性を欠く制度であるとは認められないと結論づけた。

これに対して少数意見は，夫婦が家から独立し各自が独立した法主体として協議してどちらかの氏を称するかを決定する形式的平等を規定した点に本件規定の意義があり，制定当時においては憲法24条に適合していたが，女性の社会進出が進んだ今日その適合性を喪失しているとする。婚姻の前後にかかわらず稼働する女性が増えており，婚姻前の氏の使用により当該個人の同一性識別に支障の及ぶことを回避しようとするのは十分に合理的理由があるとする。また，「96％もの多数が夫の氏を称することは，女性の社会的経済的な立場の弱さ，家庭生活における立場の弱さ，種々の事実上の圧力など様々な要因のもたらすところであるといえるのであって，夫の氏を称することが妻の意思に基づくものであるとしても，その意思決定の過程に現実の不平等と力関係が作用している」ので，「多くの場合妻となった者のみが個人の尊厳の基礎である個人識別機能を損ねられ，また，自己喪失感といった負担を負うこととなり，個人の尊厳と両性の本質的平等に立脚した制度とはいえない」と断じる。さらに，現行制度では，夫婦が称する氏は婚姻届の必要的記載事項（戸籍法74条1号）であるので，夫婦が称する氏の選択は婚姻成立に不合理な要件を課し婚姻の自由を制約していると論じる。家族形態の多様化している現在，氏が果たす家族の呼称という意義や機能を多数意見が強調するほどには重視できなくなっており，通称使用の広まりは婚姻によって変動した氏では当該個人の同一性の識別に支障があることを示す証左であると批判する。

また，別の少数意見は，ここでの問題は，夫婦同氏制の合理性ではなく，同氏制に例外を許さないことの合理性であると指摘する。そして夫婦同氏の効用は限定的で，例外を許さないことに合理性があるとはいえないとする。

4　結婚退職制

私人間の問題であるが，女性のみに対して課せられる結婚退職制が公序良俗違反で無効であると判示した地裁判決がある（東京地判昭和41・12・20労民集17巻6号1407頁《住友セメント結婚退職制解雇事件》）。東京地裁は，女性のみに結婚を退職事由とすることは，性別を理由とする差別であるだけでなく，結婚の自由も制限するとする。というのも，女性労働者をめぐる実情から，

「結婚によりその意に反して労働賃金収入を全部失うか又は運がよくてもその相当部分を失う」ことになり，女性「労働者に対し結婚するか，又は自己の才能を生かしつつ社会に貢献し生活の資を確保するために従前の職に止まるかの選択を迫る結果に帰着し，かかる精神的，経済的理由により配偶者の選択，結婚の時期等につき結婚の自由を著しく制約する」からである。そして，「適時に適当な配偶者を選択し家庭を建設し，正義衡平に従った労働条件のもとに労働しつつ人たるに値する家族生活を維持発展させることは人間の幸福の一つ」であり，「かような法秩序の形成並びに幸福追求を妨げる政治的経済的社会的要因のうち合理性を欠くものを除去することも，また法の根本原理」であるとする。この根本原理は，憲法13条，24条，25条，27条によって示され，公序をなすと判断したのであった。この立場は，男女共同参画社会基本法にいう「家庭生活における活動と他の活動の両立」（同法6条）の理念を先取りしたものといえるであろう（芹沢ほか編・新基本コメ212頁〔武田万里子〕）。

5 事実婚

民法は法律婚主義を採用しており，所定の届出をすることで婚姻が成立する。その届出をしない事実婚を選択した夫婦は法律婚に基づく法的保護を受けることができない。ただ今日では，社会保障関係では，事実婚の配偶者にも法律婚の配偶者と同様の権利を認めている場合もある（国民年金法5条7項，厚生年金保険法3条2項）。他方，民法は相続を法律婚に限定している（民890条）。最高裁も，一方配偶者の死亡により事実婚関係が解消した際，財産分与の規定（民768条）の類推適用を否定する決定のなかで，「相続の開始した遺産につき財産分与の法理による遺産清算の道を開くことは，相続による財産承継の構造の中に異質の契機を持ち込むもので，法の予定しないところである」とする（最決平成12・3・10民集54巻3号1040頁）。ただし，嫡出性に基づく子の間の法定相続分の差異については（民旧900条4号ただし書前段），従前の法律婚の保護という立場を変更し，子の個人の尊重の観点から憲法14条1項に違反するとした（最大決平成25・9・4民集67巻6号1320頁《嫡出性に基づく法定相続分差別事件2013年大法廷決定》）（→§14 Ⅲ 4(3)）。婚姻届を出す

§24 Ⅲ

かどうかはカップルの自主的な判断に基づくのであるから，本来的には事実婚を選択する帰結を当事者がよく理解しているはずである。ただ現在の婚姻法が，上述のように，夫婦同氏の強制など必ずしも婚姻の自由を十全に保障しているわけではないので，その点も考慮して具体的に判断することが重要であろう。

6 同 性 婚

　20世紀の終わり頃から欧米諸国で同性間での婚姻類似制度（civil union, domestic partnershipsなど）や婚姻が認められるようになっている。伝統的な異性間の婚姻制度に法律上同性間のカップルを包含するようにしたのは2001年4月のオランダを嚆矢とする。ゲイの権利をめぐって注目されてきたアメリカ合衆国では，まず，2013年6月に合衆国最高裁が，州政府が同性婚を認めている場合，連邦政府が連邦の法制度でそれを否定することは修正5条によって保護されている自由を剥奪し違憲と判示した（United States v. Windsor, 570 U.S._, 133 S.Ct. 2675 (2013)）。合衆国最高裁は，続いて2015年6月には，婚姻を人の自由に本来的な根本的な権利とし，同性婚カップルについても州政府によるその剥奪はデュープロセスおよび平等保護を保障する修正14条に違反すると判示した（Obergefell v. Hodges, 576 U.S._, 135 S.Ct. 2584 (2015)）。その結果，婚姻制度自体を設定する州政府は同性婚を合法化しなければならなくなった。また，2015年5月にアイルランドでは，憲法に同性婚を承認する条項を加えることが国民投票によって承認された。

　日本ではどうであろうか。個人の尊厳を重視した婚姻の自由の観点からは同性婚の否定は望ましいことではないであろう。ただ本条1項は「両性の合意のみに基いて成立」する婚姻という概念を明文で採用しており，そのことをどう理解するかがポイントになる。文言を重視した解釈によれば，憲法は同性婚を容認していないということになろう。この立場からは，同性婚は幸福追求権（13条）の解釈に委ねられ，それでも難しい場合には憲法改正が必要ということになる。これに対して本条項の経緯を重視した解釈では，「両性の合意」の強調は戦前の家制度の否定にすぎず，当時広く問題と認識されていなかった同性婚についてはことさら排除する趣旨ではないと理解するこ

ともできよう。そうだとすれば、同性婚を認めても違憲とはいえないことになろう。日本国憲法の予定する家族像が近代的な枠にとどまるのか、あるいはそれを超えるものをも含意しているのか、その理解によって帰結が異なってこよう。現時点で、憲法が同性婚を異性婚と同程度に保障しなければならないと命じているわけではないとの理解が大方のところであろうと思われる（長谷部・憲法〔6版〕184頁、渋谷・憲法〔2版〕463頁）。

なお、性同一性障害者の性別の取扱いの特例に関する法律（2003年（平成15年））によると、性別の取扱いの変更の審判ができるための要件として、「現に婚姻をしていないこと」（同法3条2号）を求めている。これは同性婚の状態を回避するためであると理解されている（芹沢ほか編・新基本コメ214頁〔武田万里子〕）。

2015年3月31日東京都渋谷区は「渋谷区男女平等及び多様性を尊重する社会を推進する条例」を制定し、性的少数者の人権を尊重する社会を推進するとの目的から、「パートナーシップ証明」を発行することになった（同条例10条）。この証明書は、区在住の20歳以上の同性カップルに夫婦と同等の関係を認めるものである。区民および事業者はパートナーシップ証明を最大限配慮しなければならないとされている（同条例11条）。区民や事業者は区長に対して、区が実施する男女平等と多様性を尊重する社会を推進する施策について相談や苦情の申立てができる。そして区長は、そうした相談もしくは苦情の申立ての相手方・相手方事業者に対して、助言や指導ができ、さらに勧告もできる。その勧告に相手方・相手方事業者が従わない場合、区長は関係者名などを公表できる（同条例15条）。法律との整合性など課題もあるが、行政が同性カップルを支援する制度的な初めての試みであり、多様な生き方の共存を図る施策として今後の展開が注目される。

7 夫婦の同等の権利

夫婦の同等の権利の保障は、性別に基づく差別の禁止（14条1項）を夫婦間に適用したものである。民法の旧規定では妻は夫に従うものとしてその主体的行為を否定されていた（妻の無能力（民旧14条）、妻の夫との同居義務（民旧789条）、夫による妻の財産の管理（民旧801条1項）、父の単独親権（民旧877条

1項)など)。しかし,それらの規定は本条との抵触が明らかであり,戦後の民法改正で廃止された。夫婦の「相互の協力」の具体化として,民法は同居・協力義務(民752条),婚姻費用の分担(民760条),日常家事債務の連帯責任(民761条),親権の共同行使(民818条)などを規定している。

　最高裁は,夫婦が同等の権利を有することに関して,「継続的な夫婦関係を全体として観察した上で,婚姻関係における夫と妻とが実質上同等の権利を享有することを期待した趣旨の規定と解すべく,個々具体の法律関係において,常に必らず同一の権利を有すべきものであるというまでの要請を包含するものではない」と解している(最大判昭和36・9・6民集15巻8号2047頁)。

　夫婦の財産について,現行民法は夫婦財産契約制を認めている(民755条)。団体主義ではなく個人主義の思想に基づき,契約による夫婦間の財産関係を規律することが可能となっている。しかし実際にそうした契約をする夫婦はほとんど存在せず(1999年から2008年の10年間に新規にされた登記は合計43件であり,最小は2000年の0件,最大は2007年の8件,2008年は6件であった。「登記統計　その他の登記(年次表)20-00-74種類別夫婦財産契約の登記の件数(平成11年～20年)」(2009年6月30日公表)),法定の制度が重要となる。

　民法は夫婦別産制を採用する(民762条1項)。「婚姻中自己の名で得た財産」はその特有財産となるこの制度は,夫婦がともに財産を得る機会に恵まれている場合,合理的に機能するであろう。だが,日本に多い専業主婦という形態の夫婦関係にあっては,夫婦の協力は財産関係において夫の名で対外的に表示されることが一般的であろうから,夫婦の同等の権利が維持されていないようにも見える。この点,最高裁は,別産制を前提に生計を一にする夫婦の所得を計算する所得税法が争われた事件において,別産制の規定は夫婦双方に平等に適用されること,また,配偶者の一方の財産取得に他方の協力や寄与が常にあるとしても,財産分与請求権,相続権ないし扶養請求権等の権利が民法上規定されているので,その協力や寄与はそれらの権利の行使でバランスがとれるので,「結局において夫婦間に実質上の不平等が生じないよう立法上の配慮がなされている」ことを指摘し,合憲と判示した(前掲最大判昭和36・9・6)。論理的には確かにそのとおりであろうが,性別役割分業の観念や実態が根強く残る社会的現実には必ずしもそぐわないであろう。

第3章　国民の権利及び義務

専業主婦が圧倒的に多く家事労働は社会的評価を受けることが少ないので，別産制は妻に不利に作用する傾向は否定できない（渋谷・憲法〔2版〕465-466頁）。ワーク・ライフ・バランスの適切化など男女共同参画社会の形成への一層の努力が必要となろう（男女共同参画社会基本法3条・4条・6条）。

8　離婚の自由

婚姻の自由は消極的な側面，つまり離婚の自由をも含んでいる。民法の旧規定では，協議離婚であっても，25歳未満の者がする場合，父母の同意が必要であった（民旧809条）。本条1項の「両性の合意のみ」の要件に抵触するので，当事者の協議だけで離婚ができるように改正されている（民763条）。次の問題は，当事者間で離婚の意思が合致しない場合，裁判上の離婚をどのような制度にするかである。かつては，妻は不貞行為をすれば離婚原因となった一方で，夫は姦通罪で刑に処された場合にのみ離婚原因とされていたが（民旧813条2号3号），「両性の本質的平等」の要件に反するので改正され，配偶者双方の不貞行為が離婚原因となった（民770条1項1号）。配偶者の一方の意思で婚姻を終了させることになりかねない裁判上の離婚は相手方配偶者の，さらに未成年の子がいる場合にはその子の，個人の尊厳に十分配慮した制度であることが必要である（渋谷・憲法〔2版〕464頁）。

Ⅳ　家族に関するその他の事項

1　相　　続

(1)　相続の能力や順位についても，個人の尊厳と両性の本質的平等に従って，設計されなければならない。かつての家督相続制度では，法定推定家督相続人が原則として単独で相続し，法定推定家督相続人の決定にあたっては，長子および男子が幼子および女子に優先するとされており，結果的に長男の単独相続が一般であった（民旧964～991条）。このような制度は本条に違反するとして，家督相続制度自体が廃止され，遺産相続のみが相続となり，その順位や相続分の決定に関しても年齢性別による差別が廃された（民887条以

下)。なお，法定相続分に関して嫡出でない子が嫡出子の2分の1であったことは（民900条4号ただし書前段〔平成25年法律94号による改正前のもの〕），かつては婚姻を重視した結果として合憲と理解されることが多かったし（法協・註解上478頁，宮沢・全訂264頁），最高裁も法律婚の尊重と非嫡出子の保護を理由に合憲としていた（最大決平成7・7・5民集49巻7号1789頁《嫡出性に基づく法定相続分差別事件1995年大法廷決定》)。しかし，2013年になって最高裁は，子を個人として尊重するという考え方の拡大を強調し，社会の変動とともに当初の立法事実に変化があり，嫡出子と嫡出でない子の法定相続分を区別する合理的な根拠はもはや失われているとし，違憲と判断するに至っている（最大決平成25・9・4民集67巻6号1320頁《嫡出性に基づく法定相続分差別事件2013年大法廷決定》)。→§14 Ⅲ 4(3)。

(2) 個人の尊厳に基づき個人の意思を尊重する立場からは，法定相続権や遺留分制度（民1028条以下）は被相続人の遺言の自由を阻害していると考えられるかもしれない。しかし，私有財産も公共の福祉に適合すべきこと（憲29条2項），家族という共同体にあっては，被相続人の財産が被相続人1人だけによって形成されることは少ないはずであること，また相互の協力が望ましいことなどから，被相続人の自由な財産の処分の権利と家族の保護との調整が図られていると理解することができる（法協・註解上477頁，宮沢・全訂265頁，樋口ほか・注解Ⅱ136頁［中村］)。

(3) 「系譜，祭具及び墳墓の所有権」については，民法は一般的な相続の効力とは別に，「慣習に従って祖先の祭祀を主宰すべき者が承継する」とする（民897条）。祖先の祭祀や系譜などの家制度との関連を問題視すれば，旧来の道徳に法律上の支えを残すことになり，個人の尊厳や法の下の平等に違反するとの疑いを排除できない（法協・註解上478頁，宮沢・全訂264頁）。憲法はそのような慣習を認容しているとする可能性もあり得るが（宮沢・全訂264頁），本条の理念からは，慣習の自主的な存立や民主的な改革が期待されていると思われる。

2　強制的親族関係の否定

かつての民法の下では，継親子関係，嫡母庶子関係は実親子関係と同様の

親族関係が生じた（民旧728条）。個人が生まれながらの血縁によらず，その意思とは無関係に強制的に，他人と血族に準ずる身分関係が生じ，あるいはそれと同様な取扱いを受けることは，個人の尊厳を侵害し，本条に違反する。現行民法はこのような人為的な親子関係を廃止している。

3 リプロダクティヴ・ライツと親子関係

　家族の在り方をめぐる今日的な最重要課題の一つが，医療技術の発達に伴う新しい事態への法的対応である。生殖をめぐっては，かつては単に想像にすぎなかったことが，新規の医療技術によって可能となっている。夫婦が第三者の精子や卵子，そして子宮の提供を受けて子をもうける場合に，その親子関係は現行民法が予定するものとはいえない。遺伝的なつながりと法的な親子関係との間の齟齬をどのように調整するのかが明示的に問われるようになってきている。法的には，生殖補助医療をどの程度まで認容するのか，つまり行為自体の規制という問題と，生殖補助医療を利用した結果，生まれてきた子の親子関係をどのように決めるのかという問題に区別できる。もちろん両者は関連し合っているが，例えば生殖補助医療を法的に禁止したとしても，外国で夫婦が当該医療を受けて子が生まれてきた場合には，それでも親子関係は決定されなければならないから，やはり両者は別個の問題である。

(1) 関連判例

　生殖補助医療の利用は実際には多数に及んでおり，法的親子関係の確定が裁判で争われる事件も発生し，耳目を集めている。まず，死後懐胎子事件は，夫の凍結保存精子を利用して夫の死亡後に行われた人工生殖によって女性が懐胎し出産したところ，その子が当該男性の子であることの死後認知を求めた事案である。原審は「認知を認めることを不相当とする特段の事情が存しない限り，子と事実上の父との間に自然血縁的な親子関係が存在することに加えて，事実上の父の当該懐胎についての同意が存することという要件を充足することが必要であり，かつ，それで十分である」と解して，法律上の父子関係を認めた（高松高判平成16・7・16家月56巻11号41頁）。しかし，最高裁は，死後懐胎子と亡父との間には現行民法の定める「法律上の親子関係における基本的な法律関係が生ずる余地のないもの」であるとの認識に立ち，

「その両者の間の法律上の親子関係の形成に関する問題は，本来的には，死亡した者の保存精子を用いる人工生殖に関する生命倫理，生まれてくる子の福祉，親子関係や親族関係を形成されることになる関係者の意識，更にはこれらに関する社会一般の考え方等多角的な観点からの検討を行った上，親子関係を認めるか否か，認めるとした場合の要件や効果を定める立法によって解決されるべき問題であるといわなければならず，そのような立法がない以上，死後懐胎子と死亡した父との間の法律上の親子関係の形成は認められない」と判断し，請求を棄却した（最判平成18・9・4民集60巻7号2563頁）。

また，代理懐胎事件では，直接的には外国の裁判所の裁判が民事訴訟法118条3号にいう公の秩序に反するかが問題となったが，実質的には代理懐胎の場合の親子関係が争われた。事案は以下のとおりである。日本人夫婦のそれぞれの精子と卵子を用いた生殖補助医療を通じて，合衆国ネヴァダ州在住のアメリカ人女性が懐胎し双子を出産した。当該夫婦は，居住地行政長に対し，双子につき自らを父母とする出生届を提出したところ，受理しない旨の処分がなされた。そこで，当該夫婦が出生届の受理を命ずることを申し立てた。東京家裁は，母子関係決定の従来のルールに従い分娩者を母とする考え方によることを相当とした（東京家審平成17・11・30民集61巻2号658頁）。だが東京高裁は別の結論に達した。東京高裁は，「法制度制定時に，自然懐胎以外の方法による懐胎及び子の出生が想定されていなかったことをもって，人為的な操作による懐胎又は出生のすべてが，わが国の法秩序の中に受け容れられないとする理由にはならないというべき」であり，「民法上，代理出産契約があるからといってその契約に基づき親子関係を確定することはないとしても，外国でなされた他の人為的な操作による懐胎又は出生について，外国の裁判所がした親子関係確定の裁判については，厳格な要件を踏まえた上であれば十分受け容れる余地はある」として，当該夫婦と子との血縁関係の存在，代理出産女性の尊厳を毀損していないこと，当該夫婦が子の両親として養育をし，さらにその継続を望んでいるのに対して，代理出産女性は親子関係も養育も望んでいないことなどを理由に，ネヴァダ州裁判所の裁判を承認することは公序良俗に反しないとして，出生届の受理を行政長に命じた（東京高決平成18・9・29判時1957号20頁）。その際，東京高裁は，厚生科学審

議会生殖補助医療部会が代理懐胎を一般的に禁止する結論をとる理由として挙げる子らの福祉の優先，人を専ら生殖の手段として扱うことの禁止，安全性，優生思想の排除，商業主義の排除，人間の尊厳という6原則（「精子・卵子・胚の提供等による生殖補助医療制度の整備に関する報告書」2003年4月28日）に，本件の事情は抵触しないとする。また，本件のような場合に，法制審議会生殖補助医療関連親子法制部会は，代理懐胎契約は日本の公序良俗に反するため，外国裁判所の裁判の効力は認められないとする結論を得ているが，東京高裁の判断は代理出産契約のみを根拠にしているのではないと指摘していた。

　これに対して最高裁は，現行民法の原則に戻って判断した。「実親子関係が公益及び子の福祉に深くかかわるものであり，一義的に明確な基準によって一律に決せられるべきであることにかんがみると，現行民法の解釈としては，出生した子を懐胎し出産した女性をその子の母と解さざるを得ず，その子を懐胎，出産していない女性との間には，その女性が卵子を提供した場合であっても，母子関係の成立を認めることはできない」と判示した（最決平成19・3・23民集61巻2号619頁）。そして，最高裁は，民法の想定しない代理出産という事態が現実に生じており今後も継続すると予想される以上，代理出産について法制度としてどう取り扱うかの検討が必要であり，「立法による速やかな対応が強く望まれる」とする。その際，「医学的な観点からの問題，関係者間に生ずることが予想される問題，生まれてくる子の福祉などの諸問題につき，遺伝的なつながりのある子を持ちたいとする真しな希望及び他の女性に出産を依頼することについての社会一般の倫理的感情を踏まえて，医療法制，親子法制の両面にわたる検討が必要になる」と指摘する。

(2) リプロダクティヴ・ライツ

　リプロダクティヴ・ライツとは，一般に，性をめぐる自己決定を享受する権利をいう。1994年カイロで開催された国際人口開発会議では，その権利は，「すべてのカップルと個人が，自分たちの子どもの数，出産間隔，ならびに出産する時を，責任をもって自由に決定でき，そのための情報と手段を得ることができるという基本的権利，ならびに最高水準の性に関する健康およびリプロダクティブ・ヘルスを得る権利を認めることにより成立している。

その権利には，人権文書に述べられているように，差別，強制，暴力を受けることなく，生殖に関する決定を行える権利も含まれる」と宣言され（辻村・ジェンダー 260-261 頁），爾後，人口に膾炙するようになっている。

この権利をめぐる実定法上の問題は父・母・子・第三者・医師などの主体が関与し，複雑多岐にわたる利益状況の分析・考察を必要とするので，以下では簡潔に検討すべき課題についてのみ言及することにする。まず，生殖補助医療行為の享受については，リプロダクティヴの権利が憲法上認められるのか，認められるとしてそれは本条を根拠にするのか，あるいは自己決定や幸福追求の権利（13条）によるのかが問題となる。さらに，抽象的にリプロダクティヴの権利が存在するとしても，様々存在するなかの特定の生殖補助医療行為を受ける具体的権利があるといえるのか。生殖補助医療は科学技術を駆使して生命を生み出すこととなり，人間の尊厳に反する可能性もあり，また代理懐胎のように生命や身体への危険性を伴った行為であることからその危険性を排除することは公共の福祉に合致するとも考えられる。自己決定や幸福追求は個人の尊厳を根拠にするであろうが，それは同様に生まれてくる子にも当てはまる。個人の尊厳が人間の尊厳と同趣旨であると解釈すれば，その人間の尊厳という観念は自己決定や幸福追求を拡張する方向にも制約する方向にも作用し得る。子を持ちたいという希望は，実は，核家族が標準的な家族のあるべき姿であるという社会的圧力から生じている可能性もあり，何が自己決定なのかの見極めも重要であろう。子の出自を知る権利は，子どもの権利条約（児童の権利に関する条約）にも言及があり（同条約7条1項），制度設計にあっては，事実的なつながりと遺伝的なつながりの微妙なバランスをどのように保つか困難な選択が迫られる（青柳幸一「生殖補助医療における自己決定と憲法」法時79巻11号25頁（2007），水野紀子「生殖補助医療と子の権利」同31頁，辻村・ジェンダー第7章）。

(3) 親子関係

次に親子関係の法的決定についてである。現行民法は血縁を基礎にして親子関係を決定しているように思われるが，嫡出推定制度（民772条）による嫡出否認の限定（民774条・777条）に見られるように，遺伝的つながりだけではなく事実的な親子関係を保護することもなされている。嫡出否認の訴え

[川岸]

の出訴を1年間に限定していること（民777条）が憲法13条や14条に違反すると争われた事件で，最高裁は，嫡出否認のための訴訟手続の設計は立法政策に属する事項であり，「身分関係の法的安定を保持する上から合理性を持つ制度」であるとして違憲の主張を5名の裁判官の全員一致で退けている（最判平成26・7・17【平成26（オ）226】）。そして，最高裁は，性同一性障碍により男性への性別の取扱いの変更の審判を受けた者の妻が婚姻中に懐胎した子は夫の子と推定されると判示している（最決平成25・12・10民集67巻9号1847頁。反対意見あり）。また夫と嫡出推定を受ける子との間に生物学上の父子関係が認められないことが科学的証拠により明らかであり，かつ，夫と妻が既に離婚して別居し，子が親権者である妻の下で監護されているという事情があっても，また，同様の科学的証拠があり，かつ，子が現時点において妻および生物学上の父の下で順調に成長しているという事情があっても，親子関係不存在確認の訴えをもって父子関係の存否を争うことはできないとしている（最判平成26・7・17民集68巻6号547頁，最判平成26・7・17判時2235号14頁②。ともに反対意見あり）。

　親子関係の決定に憲法上のベースラインがあるのであろうか。分娩者＝母とするルールは，一般に，子を懐胎し出産するという事実を通じて，その負担や愛着から生まれてくる子の養育を引き受けることになる蓋然性が非常に高く，合理性があろう。しかし，代理懐胎事件のような例外的な場合に，そこからの乖離をどのように認めるのかが問題となる。その場合，子の個人の尊厳を最大限尊重擁護できる者が親となるというルールも考えられる。自然分娩で生まれた子との間の平等な取扱いという視点も重要となろう。ただ生まれたばかりの子は自らの養育を訴えることはできないので，子の憲法上の利益を代わって主張するのは一般的に親になろうとする者であろうから，そうした主張がどのような場合に的確であるのかも問われなければならない（井上典之「憲法学からみた生殖補助医療の問題」ジュリ1379号54頁（2009），井上典之ほか「座談会」同68頁。窪田充見「実子法」ジュリ1384号22頁（2009））。

〔川岸令和〕

事項索引

*判例項目のページについては，太字で示す。
*事件名は，本文中と異なる場合がある。

あ 行

愛知大学事件 …………………………491
アイヌ文化の振興並びにアイヌの伝統等に
　関する知識の普及及び啓発に関する法律
　………………………………………167, 175
アクセス権………………………………22, 348
「悪徳の栄え」事件……………………383, 384
上尾市福祉会館事件……………………447
旭川学力テスト事件……………………486
新しい人権………………………………54
アファーマティブ・アクション ………166
アメリカ合衆国憲法……………240, 256, 257
アメリカ独立宣言………………………51, 162
アリストテレス…………………………38, 43
あんま師等法事件………………………463
安楽死……………………………………109
家制度……………………………………496
家永教科書事件（第一次）……………487
イェリネク………………………………4, 5
イギリス権利章典………………………240
違憲審査基準論…………………………157
遺言の自由………………………………513
石井記者事件……………………………**275**, 419
「石に泳ぐ魚」事件控訴審……………380
「石に泳ぐ魚」事件上告審
　………………………119, 367, 380, 395, 396
萎縮的効果………350, 358, 359, 389, 397, 398, 401,
　　　　　　　　　　　　　402, 423, 454
泉佐野市民会館事件……………………441, 446
イタリア共和国憲法……………………496
一般意思…………………………………231
一般的自由………………………………8, 9
一般的自由説……………………………102

一夫一婦制………………………………501
意に反する苦役…………………………258
医薬品ネット販売規制事件……………465
入会権資格事件…………………………211
遺留分……………………………………186
遺留分制度………………………………513
インフォームド・コンセント…………110
　──の法理……………………………110
ヴァジニア権利章典……………………51, 340
疑わしい分類……………………………173
「宴のあと」事件 ………83, 116, 123, **375**, 380
営業の自由………………………………460
栄　典……………………………………161, 213
営利的言論………………………………359, 388
愛媛県玉串料事件……305, **306**, 314, 326, **329**, 332
エホバの証人剣道受講拒否事件第1審……308
エホバの証人剣道受講拒否事件控訴審
　………………………………………308, **309**
エホバの証人剣道受講拒否事件上告審
　………………………………10, 281, **312**, **336**
エホバの証人輸血拒否事件……………**111**
エンドースメント・テスト……………327, 330
オウム真理教解散命令事件抗告審……18
オウム真理教解散命令事件特別抗告審
　………………………………309, **310**, 316, 457
大分県屋外広告物条例事件……………406, 442
大阪学芸大学事件………………………491
大阪市地蔵像事件………………………324, 335
沖縄デー破防法事件……………………366
小樽公衆浴場事件………………………175, 211
オブライエン・テスト…………………344

か 行

海外渡航の自由…………………………476

事項索引

外見的人権宣言……51
外国移住の自由……476
外国人……211
　　——の人権享有主体性の問題……176
外在的制約……142, 146
外的善……494
ガイドライン……492
外務省秘密電文漏洩事件……**420**
学習権……487
加持祈禱事件……308
華族……212
家族……498
家族国家観……498
家族生活……213
華族制度……212
家督相続……497, 498
家督相続制度……512
過度のかかわり合い……322
過度の広汎性の法理……390, 397
髪型の自由……112
間接差別……166, 182, 504
間接的安楽死……109
間接的制限……311, 312, 316
　　直接的制限と——……310
間接的制約……281, 286, 287
間接的・付随的制約……30, 31, 234
間接適用……489
間接適用説……21, 22
間接民主制……191
完全分離……319, 320
カント……5, 43
寛容……307
機会の平等……168
危険な傾向の基準……364, 365
規制加入団体……453
規制目的二分論……467
ギゾー……228
貴族制度……161, 212
岐阜県青少年保護育成条例事件……386
基本権競合……95
基本権侵害の正当化……37

基本権の規律領域……94
基本権の制約・侵害……36
基本的人権……51
　　——の意義……53
　　——の享有主体性……55
　　——の固有性……54
　　——の私人間効力……84
　　——の特質……54
　　——の不可侵性……54
　　——の普遍性……55
君が代ピアノ伴奏拒否事件
　　……37, 239, 282, **284**, 286
義務免除説……311, 312
「逆転」事件地裁判決……377
「逆転」事件最高裁判決……119, 376, 377, 378
客観訴訟……195
教育の機会均等……213
教育の自由……486
教科書検定……487
狭義説（社会的身分）……184
教師の職責論……283, 289
強制加入団体……295
強制投票制……233
供託制度……227
京都市前科照会事件……118, 119, 376, 377
京都府学連事件……82, 90, 118, 119, **128**
教養と財産……3, 228
共和主義……304
許可制……464, 470
居住移転の自由……473
切り札としての権利……5
近代自然法思想……162
近代市民革命……162
近代立憲主義……162
　　——という思想……291
　　——と宗教……303
均分相続制……496
勤労者……463
熊本ハンセン病訴訟……473
群馬司法書士会事件……19, 296
群馬大学医学部入学許可請求事件……183

事項索引

形式的平等 …………………………168	公　序 …………………………………461
刑事施設 ………………………………27	公正な使用 ……………………………362
刑事収容施設 …………………………474	——の法理 …………………………362
「月刊ペン」事件 ……………………370	公正な論評の法理 ……………………374
結婚退職制 ……………………………507	皇　族 …………………………191, 212
結婚の自由 ……………………………507	拘束名簿式 ……………………………198
結社の自由 …………………177, 438, 451	——比例代表選挙 …………………230
血統主義 …………………………42, 49	幸福追求権 ……………………………517
ケルゼン ………………………………41	——規定の規範構造 ………………91
検　閲 …………………341, 342, 391	——規定の裁判規範性 ……………90
厳格審査 ………………………173, 443	——規定の法的性格 ………………88
——の基準 …………………158, 360, 389	——規定の補充性 …………………94
厳格な合理性の基準 ……………416, 469	——の権利類型 ……………………98
現実の悪意の法理 …………372, 373, 394	——の保護範囲 ……………………99
限定解除 ………………………………398	公平原則 ………………………425, 426
限定的な一般的自由説 ………………103	候補者届出政党 ………………………236
憲法89条　→　日本国憲法89条	公務員 …………………………………29
憲法改正の限界 …………………9, 42, 56	——の意見表明の自由 …………289, 411
憲法上の権利 …………………………2	——の選定罷免権 …………………216
憲法上の宗教団体 ………………314, 315	——の不法行為 ……………………247
憲法制定権力 …………………………41	公務就任権 ……………………14, 463
憲法訴訟としての国家賠償訴訟 ……252	小売市場事件 …………460, **467**, 468, 471, 472
憲法秩序構成要素説 …………………26	功利主義 ………………………………38
原　理 …………………………………21	合理性の基準 …………………………158
権利説（選挙権） ……………………219	国際人権規約社会権規約 ……………496
公安条例 ………………………………444	国際人権規約自由権規約 ……………496
公益事業 ………………………………464	国　籍 …………………………………176
強　姦 …………………………………179	——の得喪 …………………………43
広義説（社会的身分）…………………184	国籍法 …………………………………190
公共財 …………………………………357	——12条 ……………………………210
公共の福祉 …………………39, 55, 61, 139, 465	国籍法違憲判決
——規定の法的性格 ………………140	…………13, 44, **48**, 166, 173, 186, 187, 190
——に基づく権利 ……………6, 59, 461	国籍唯一の原則 ………………………46
——の内容 …………………………143	国籍離脱の自由 ……………………46, 479
皇居前広場使用不許可事件 …………440	国　民 …………………………………55
合憲拡張解釈 …………………………50	——の私生活上の自由 ……………90
合憲限定解釈 …………………399, 402, 403	国民主権 ………………………14, 15, 191, 217
合憲性判断基準 ………………………158	国労広島地本事件 …………294, **295**, 297
皇室会議 ………………………………500	戸　主 …………………………………500
皇室典範 ………………………………164	戸主権 …………………………………498
麹町中学内申書事件 ……………277, **278**	個人主義 ………………………………77

521

事項索引

個人情報保護 …………………………… 347
個人情報保護法制 ……………………… 126
誤信相当性の法理 ………………… 369, 370
個人の自律 ……………………………… 498
個人の尊厳 ………………… 54, 65, 495, 512
個人の尊重 ………………………… 65, 187
　──規定の法的性格 ………………… 78
　──と人間の尊厳 …………………… 74
　──の理念 …………………………… 69
個人番号 ………………………………… 135
戸籍法 …………………………………… 189
国　家
　──と宗教 ………………………… 302
　──の思想・良心的中立性 ……… 271
国家協同体 ……………………………… 58
国家行為の理論 ………………………… 24
国家公務員法 …………………………… 176
国家神道 ……………………… 304, 305, 320
国家独占 ………………………………… 464
国家賠償請求権 ………………………… 246
国家賠償法 ……………………………… 245
国家秘密 ………………………………… 420
国家無答責の原則 ……………………… 244
国旗国歌起立斉唱 ……………………… 285
国旗国歌起立斉唱事件（最判平成23・5・
　30）………………………… 61, 285, **289**
国旗国歌起立斉唱事件（最判平成23・6・
　21）……………………………………… **270**
国教制度 ………………………………… 303
国公立大学 ……………………………… 34
古都保存協力税条例事件 ……………… 309
個別的衡量 ………………… 361, 366, 384
戸別訪問の禁止 ………………………… 233
雇用機会均等法 ………………………… 167
婚　姻 …………………………………… 499
婚姻適齢 ………………………… 180, 500
婚姻の自由 ……… 179, 181, 499, 500, 504
根拠単一論 ………………………… 319, 320

さ 行

在外邦人選挙権訴訟 …… 50, **220**, 222, 223, **254**

再婚禁止期間 …………………… 181, 501
再婚禁止期間一部違憲判決 … 254, **255**, 502, **503**
在宅投票 ………………………………… 223
在宅投票制度事件第2審 ……………… 249
在宅投票制度事件上告審 …… 223, 252, **253**
裁判員制度 ……………………………… 259
裁判官の身分保障 ……………………… 482
裁判を受ける権利 ……………………… 171
堺市通り魔殺人事件訴訟 ………… 378, 379
差　別 …………………………………… 161
差別的表現 ……………………………… 390
サラリーマン税金訴訟 ………………… 210
猿払事件 ………… 30, **31**, 33, 234, **411**, 412, 413, 416
参議院議員選挙 ………………………… 204
参議院議員定数不均衡1996年判決 …… 205
参議院議員定数不均衡2004年判決 …… 205
参議院議員定数不均衡2006年判決 …… 206
参議院議員定数不均衡2009年判決 …… 206
参議院議員定数不均衡2012年判決 …… 207
参議院議員定数不均衡2014年判決 …… 207
「サンケイ新聞」事件 ………… 119, 349, 425
参政権 ……………………………… 3, 15
三段階審査 ………………………… 35, 157
自衛官合祀訴訟　→　殉職自衛官合祀事件
塩見訴訟 ………………………………… 16
資格制 …………………………………… 464
自己イメージのコントロール権 …… 121
死後懐胎子事件 ………………………… 514
自己決定 ………………………………… 517
自己実現 ………………………………… 5
自己情報コントロール権 …… 115, 116, 117, 348
事実婚 …………………………………… 508
事情判決の法理 ……………… 192, 195, 196
私人間効力 …………………… 21, 84, 211
私生活上の自由 ………………………… 121
事前運動の禁止 ………………………… 233
自然権 ……………………………… 51, 59
自然法の最小限の内容 ………………… 2
思想教育・思想宣伝の禁止 …………… 291
思想と良心の異同 ……………………… 266
思想の自由市場 ……………… 356, 385, 484

事項索引

思想・良心
　——に反する外的行為の強制の禁止
　　　　　　　　　　　　　　　　270, 280
　——の推知の禁止 ………………270, 274
　——の表明強制の禁止 …………270, 273
実質的公平の原理 …………………………143
実質的平等 …………………………………168
実体的基本権観 ……………………………100
私的自治 ……………………………………22
児童ポルノ …………………………………387
死に対する権利 ……………………………107
司法権の独立 ………………………………242
氏名権 ………………………………………114
氏名呼称権 …………………………………114
氏名専用権 …………………………………114
指紋押なつ拒否事件 …………119, 121, **131**
指紋の押なつを強制されない権利 ………130
社会権 ………………………………3, 16, 168
社会国家的公共の福祉 ………………146, 148
社会主義 ……………………………………4
社会的評価からの自由 ……………………121
社会的身分 …………………………………184
謝罪広告 ……………………………………278
謝罪広告事件 …………………60, 267, 278, **280**
集会の自由 …………………………………438
「週刊文春」事件異議審 …………………396
「週刊文春」事件保全抗告審 ……………396
衆議院議員選挙 ……………………………191
衆議院議員選挙区確定審議会 ………198, 229
衆議院議員定数不均衡1976年違憲判決 …**192**
衆議院議員定数不均衡1983年判決 ………196
衆議院議員定数不均衡1985年違憲判決 …196
衆議院議員定数不均衡1988年判決 ………197
衆議院議員定数不均衡1993年判決 ………197
衆議院議員定数不均衡1995年判決 ………196
衆議院議員定数不均衡1999年判決 ………198
衆議院議員定数不均衡2007年判決 ………199
衆議院議員定数不均衡2011年判決 ………200
衆議院議員定数不均衡2013年判決 ………200
衆議院議員定数不均衡2015年判決 ………201
衆議院の優越 ………………………………230

住基ネット訴訟 …………37, 118, 119, **133**
宗教 …………………………………………176
　——の概念 …………………………………300
　——の雑居性 …………………………306, 307
宗教教育 ……………………………………318
宗教上の感情 ………………………………314
宗教上の人格権 ……………………………313
宗教上の信念に基づく治療拒否 …………111
宗教上の組織若しくは団体 ………………314
宗教団体 ………………………………315, 316
宗教的寛容性 ………………………………306
宗教的人格権 ……………………………138, 313
宗教的無関心 ………………………………306
宗教法人アレフ観察処分取消請求事件 …316
宗教法人法 ……………………………315, 316
自由権 ………………………………………3
自由国家的公共の福祉 ………………146, 148
重婚の禁止 …………………………………501
私有財産制 …………………………………461
自由選挙 ……………………………………232
住民基本台帳ネットワークシステム ……132
住民票コード ………………………………132
受刑者 ………………………………………222
取材源秘匿権 …………………………19, 422
酒税法事件 …………………………………469
手段審査 ……………………………………157
シュミット …………………………………8, 10
殉職自衛官合祀事件 ………10, 313, 315, 324, **325**
準則 …………………………………………21
障害による投票困難者 ……………………223
消極的安楽死 ………………………………109
消極的信仰告白の自由 ……………………316
消極的な目的 ………………………………149
小選挙区比例代表並立制 ……………197, 230
肖像に関する権利 …………………………127
象徴的表現 …………………………………343
情報公開 ………………………………346, 354
情報プライバシー権 ………………………116
将来効判決 …………………………………196
条例 …………………………………………210
昭和女子大事件 ………………………34, 489

事項索引

職業 …………………………………… 462
職業選択の自由 ……………………… 460
職務遂行の自由 ……………………… 463
助産師 ………………………………… 180
女性再婚禁止期間事件 ……………… 181
女性差別撤廃条約 …………… 178, 496
白山ひめ神社事件 …………………… 333
自　律 ……………………………………… 5
知る権利 ……………………… 344, 418
シロタ ………………………………… 497
人　格 ………………………………………… 69
人格核心説（思想及び良心） … 266, 267
人格権 ………………………………… 505
人格的自律 …………………… 70, 103
人格的利益説 ………………………… 102
信教の自由 …………………………… 307
　　──を理由とする法令上の義務の減免・
　　　代替 …………………………… 311
　　政教分離と──の相克 ………… 335
人　権 …………………… 2, 11, 13, 18
人権説（政教分離） ………………… 318
人権擁護法案 ………………… 167, 175
「新・ゴーマニズム宣言」事件 …… 374
人事院規則 ……………………… 29, 32
人　種 ………………………………… 174
人種差別撤廃条約 …………………… 390
信　条 ………………………………… 176
信条説（思想及び良心） ……… 266, 267
真正な基本権競合 ……………………… 95
身体に対する権利 …………………… 110
神道指令 ……………………………… 305
人民主権 ……………………………… 218
森林法共有林事件 ………………………… 37
推知報道 ……………………………… 378
住友セメント事件 …………… 179, 507
請願権 ………………………………… 240
税関検査事件 ……………… **393**, 399, 401
請願法 ………………………………… 243
政教条約 ……………………………… 303
政教分離 ……………………… 9, 10, 317
　　──違反の有無の判断枠組み

　　…………………………… 320, 326, 327, 328
　　──と信教の自由の相克 ……… 335
　　──を理由とする法令上の義務の減免・
　　　代替 …………………………… 311
政見放送 ……………………………… 235
政見放送削除事件 …………… 236, 425
政治的意見 …………………………… 176
政治的多元主義 ……………………… 304
政治的分断 …………………………… 320
青少年保護育成条例 ………………… 385
生存権 ………………………………… 168
生地主義 ………………………………… 42
性的指向 ……………………………… 190
性同一性障害者の性別の取扱いの特例に関
　する法律 …………………… 190, 510
性同一性に関する権利 ……………… 137
制度説（政教分離） ………………… 318
制度保障（制度的保障） …… 8, 9, 318, 488
成年被後見人 ………………………… 224
静謐のプライバシー ………………… 138
政府言論 ……………………………… 353
性　別 ………………………… 178, 507
性別役割分業 ………………………… 498
生命，自由及び幸福追求に対する権利 …… 86
生命に対する権利 …………………… 107
生命を享受する権利 ………………… 107
世界人権宣言 ………………………… 459
是正のための合理的期間 …… 194, 197
世田谷区清掃・リサイクル条例事件 … 465
世田谷事件 ……………… 27, **32**, 413, 414
積極的安楽死 ………………………… 109
積極的差別是正措置 ………………… 166
積極的な目的 ………………………… 149
絶対的平等 …………………………… 169
前科照会事件　→　京都市前科照会事件
選挙運動の自由 ……………………… 233
選挙権 ………………………………… 191
　　──の平等 ……………………… 197
選挙無効訴訟 ………………… 192, 195
全体主義 ………………………………… 77
全体の奉仕者 ………………………… 238

事項索引

選択的夫婦別氏制 …………………182
せん動 …………………………362
専門職能 ………………………464
先例拘束性 ……………………189
相続制度 ………………………187
相対的平等 ……………………169
相対分離 ………………318, 319, 320
遡及効 …………………………189
ソクラテス ……………………484
空知太神社事件…10, 314, 330, **333**, **334**, 335, 336
ソ連憲法 ………………………497
尊厳死 …………………………109
存在権 …………………………70
尊属殺重罰規定事件 ……………273
尊属殺人罪 ……………………185
尊属・卑属 ……………………184

た 行

第一次家永教科書事件 …………487
第一次靖國参拝大阪訴訟上告審 …314
第二次靖國参拝大阪訴訟控訴審 …314
大学の自治 ……………………487
対抗言論の原則 ………………429
第三者の権利主張適格 …………401
大日本帝国憲法………40, 164, 215, 305, 496, 498
——28条 ………………………305
代理投票 ………………………224
滝川事件 ………………………481
他者危害原理 …………………151
多選制限 ………………………226
男女共同参画基本計画 …………178
男女共同参画社会 ……………512
男女共同参画社会基本法 ………178
男女雇用機会均等法 ………178, 179
地方議会選挙 …………………208
嫡出推定規定 …………………502, 517
嫡出性に基づく法定相続分差別事件 1995
　　年大法廷決定 ……………186, 188, 513
嫡出性に基づく法定相続分差別事件 2013
　　年大法廷決定 ……173, **188**, 211, 508, 513
嫡出・非嫡出 …………………184

チャタレー事件 ……………60, **382**, 384
中間審査基準
　　………158, 173, 389, 390, 405, 410, 416, 443
中間説（社会的身分）…………184
中間団体 ………………………3, 498
抽象的権利 ……………………246
中選挙区制度 …………………197
調整問題 ………………13, 234, 235
長男単独相続 …………………497
重複立候補制 …………………230
徴兵制 …………………………259
直接選挙 ………………………229, 230
直接的制限 ……………………312, 316
——と間接的制限 ……………310
直接的制約 ……………………281
直接適用 ………………………257
直接適用説 ……………………21
沈黙の自由 ……………………270, 274
通信の秘密 ……………………432
通信傍受 ………………………435
津地鎮祭事件控訴審 …………300, **301**
津地鎮祭事件上告審……**301**, **306**, 318, 319, 320, 321, **322**, **323**, 324, 325, 334, 335
定義づけ衡量……35, 361, 362, 365, 366, 384, 390
抵抗権 …………………………59
定数不均衡訴訟 ………………195
敵意ある聴衆の法理 …………447
手続的基本権観 ………………100
寺西判事補事件 ………………30
天　皇 ……………………20, 41, 191, 212
天皇機関説事件 ………………481
天皇主権 ………………………41
天皇制 …………………………212, 500
ドイツ連邦共和国基本法　→　ボン基本法
東急機関工業事件 ……………179
東京都管理職選考受験訴訟 ……**14**, 48, 211, 463
東京都公安条例事件 …………445
東京都青年の家事件 …………190
東芝事件 ………………………294
同性婚 …………………………499, 509
統制密度 ………………………159

525

事項索引

当然の法理 …………………………………… 11
投票価値 …………………………………… 229
　　──の平等 …………………………… 192, 198
登録制 ……………………………………… 464
トクヴィル ………………………………… 452, 496
徳島市公安条例事件 ……………… 397, 398, 446
徳島遊動円木事件 ………………………… 245
特殊意思 …………………………………… 231
特別永住者 ………………………………… 48
特別権力関係 ……………………………… 26, 238
特許制 ……………………………………… 464
届出制 ……………………………………… 464
富平神社事件 ……………………………… 336
富山大学単位認定事件 …………………… 34
囚われの聴衆 ……………………………… 291
奴隷的拘束 ………………………………… 257

な 行

内在的制約 ………………………………… 142, 146
内心作用の階層化 ………………………… 267
内申書 ……………………………………… 277
内心説（思想及び良心） ………………… 266
内心調査 …………………………………… 275
内心の自由の絶対的保障 …………… 268, 269, 287
内的善 ……………………………………… 494
内部統制権 ………………………………… 293
内面的信仰と外部的行為の二分論 …… 308, 309
内容中立的規制 ……………… 404, 405, 410, 443
内容に基づく規制 …………… 359, 360, 404, 443
長崎教師批判ビラ事件 …………………… 374
中野民商事件 ……………………………… 454
長良川リンチ殺人事件訴訟控訴審 ……… 379
長良川リンチ殺人事件訴訟上告審
　　……………………………… 36, 119, 378, 379
「名もなき道を」事件 …………………… 380
奈良県ため池条例事件 …………………… 36
成田新法事件 ……………………………… 450, 475
新潟県公安条例事件 ……………………… 444
二院制 ……………………………………… 208
二元説（選挙権） ………………………… 219
西宮市営住宅条例事件 …………………… 474

二重の基準論 ……………………………… 355, 466
日弁連スパイ防止法反対決議事件 ……… 296
日曜参観事件 ……………………………… 336
日産自動車事件 …………………… 22, 179, 211
日中旅行社事件 …………………… 177, 211, 455
二風谷ダム事件 …………………………… 175, 175
ニフティサーブ事件 ……………………… 427, 429
日本国憲法 89 条 ……… 325, 328, 329, 330, 331, 332
日本国憲法の基本原理 …………………… 56
日本新党繰上補充事件 …………………… 230
入院措置 …………………………………… 260
任意投票制 ………………………………… 233
人間の尊厳 ………………………………… 54, 65
　　個人の尊重と── ……………………… 74

は 行

排除の許容 ………………………………… 7
配信サービスの抗弁 ……………………… 370, 371
配分ないし結果の平等 …………………… 168
破壊活動防止法 ……………… 362, 363, 449, 456
博多駅事件 …………………… 155, 275, 424, 485
パターナリスティックな制約 …………… 149, 151
パターナリズム …………………………… 180
パートナーシップ証明 …………………… 510
パブリシティ権 …………………………… 114, 127
パブリック・フォーラム
　　……………………………… 351, 409, 439, 441, 442
判断過程審査 ……………………………… 312
判断過程統制 ……………………………… 449
範疇化アプローチ ………………………… 361
ハンド ……………………………………… 364, 366
反論権 ……………………………………… 349
ピアノ伴奏拒否事件　→　君が代ピアノ伴奏拒否事件
比較衡量論 ………………………………… 154
非拘束名簿式比例代表制 ………………… 230
被選挙権 …………………………………… 225
非定住者 …………………………………… 223
ヒトクローン ……………………………… 493
1 人別枠方式 ……………………… 198, 199, 200
秘密投票 …………………………………… 231

事項索引

表現の自由の優越的地位
　　　　　　……354, 358, 359, 360, 397
平　　等……………………161, 191, 495
平等権……………………………………171
平等原則…………………………………171
平等選挙…………………………………229
平等取扱説………………………………311
比例原則……………………38, 105, 470
比例原則論………………………………157
広島県教組教研集会事件……………448
広島市暴走族追放条例事件…398, 400, 403, 450
夫婦財産契約制…………………………511
夫婦同氏制…………………………182, 504
夫婦同氏制違憲訴訟…………114, **115**, 499, **505**
夫婦別産制………………………………511
福祉国家……………………………4, 496
複選制……………………………………230
不真正な基本権競合……………………95
付随的規制………………………404, 410
船橋市西図書館事件…………………**272**
部分社会……………………………19, 34
部分的規制論……………………………426
プライバシー………115, 375, 394, 395, 433
プライバシー外延情報…………………122
プライバシー権…………………………454
プライバシー固有情報…………………122
ブラックストン…………………………341
フランス革命…………………………3, 227
フランス人権宣言…………51, 162, 340, 452
フランス第4共和国憲法前文…………496
ブランダイス………………………364, 366
ブランデンバーグ法理（原則）………365, 366
プログラム規定…………………………246
文化勲章受章……………………………213
文化功労者年金法………………………213
文書図画頒布の制限……………………233
文民条項…………………………………215
分離の根拠………………………………319
ヘイトスピーチ…………………………390
平和神軍観察会事件第1審…………429
平和神軍観察会事件上告審…………430

ベースライン…………7, 13, 49, 50, 235, 252
法実証主義…………………………………2
法　　人…………………………………17
法制審議会………………………………501
放　　送……………………………236, 424
法治国家原理……………………………106
法治主義…………………………………55
法定相続権………………………………513
法定相続分…………………………186, 188
法定相続分非嫡出子差別事件1995年大法
　廷決定　→　嫡出性に基づく法定相続分
　差別事件1995年大法廷決定
法定相続分非嫡出子差別事件2013年大法
　廷決定　→　嫡出性に基づく法定相続分
　差別事件2013年大法廷決定
法廷メモ訴訟……………10, 249, 422, 485
法的に無関係な自由……………………4
法的無能力者……………………………178
法適用平等説……………………………170
報道・評論等の規制……………………235
法内容平等説……………………………171
法の支配……………………………22, 55
法律婚主義…………………………186, 500, 508
法律婚制度………………………………187
法律の一部違憲無効……………………190
法律の留保…………………………55, 465
保健師助産師看護師法…………………180
保護義務…………………………………42
保護範囲………………………35, 94, 171
ポジティブ・アクション……………166, 167
ポスト・ノーティス………………278, 279
母性保護…………………………………180
牧会事件…………………………………311
「北海タイムス」事件………………419, 421
北海道旧土人保護法……………………175
ポツダム宣言………………………………2
「北方ジャーナル」事件
　　　………25, 355, 368, 369, 394, **395**, 396
ポポロ事件………36, 483, 485, 487, 489, **490**
ホームズ……………………………356, 364, 366
堀木訴訟…………………………………209

527

事項索引

堀越事件 …………………… 27, **32**, 38, 413
ボン基本法 ………… 51, 230, 240, 459, 496

ま 行

マイナンバー …………………………… 135
——制度 ……………………………… 134
マクリーン事件 ……………… **12**, 13, 15
マスメディア ……………… 17, 18, 19, 22
マッカーサー草案 … 40, 215, 256, 342, 480, 497
マッキンタイア ………………………… 494
三井美唄炭鉱事件 …………… **226**, 293
「蜜室」事件 …………………………… 384
三菱樹脂事件 … 22, **23**, 34, 177, 211, **269**, 275
南九州税理士会事件 ………… 19, 295, **297**
箕面市忠魂碑事件 … 314, 324, 325, 329, 334, 335
身分制 …………………………………… 20
ミ ル …………………………… 356, 484
ミルトン ……………………… 341, 356
民営化 …………………………………… 464
民政局 …………………………………… 497
無限定な一般的自由説 ………………… 102
無適用説 ………………………………… 21
明確性の法理 …………………………… 397
明治憲法 → 大日本帝国憲法
明白かつ現在の危険の基準 … 364, 365, 366
明白の原則 ……………………………… 469
名誉毀損 ………………… 359, 366, 394
名誉権 …………………………………… 113
命令委任 ……………………………… 218
目的・効果基準
  ……… 321, 322, 324, 326, 327, 328, 332
目的審査 ……………………………… 157
門 地 ………………………… 184, 191

や 行

薬事法事件 ………… 460, 466, **467**, 468, 472
靖國参拝第 1 次大阪訴訟上告審 ……… 314
靖國参拝第 2 次大阪訴訟控訴審 ……… 314
靖國神社公式参拝 ……………………… 314
靖國神社例外論 ………………………… 328
八幡製鉄事件 …………………… 17, 292

「夕刊和歌山時事」事件 ……………… 369
有権解釈 ………………………………… 38
郵便貯金目減り訴訟 …………………… 248
郵便法判決 ……… 50, 246, 250, **251**
緩やかな審査 …………………………… 173
要配慮個人情報 ………………………… 123
「四畳半襖の下張」事件 ………… 35, 383
「よど号」新聞記事抹消事件
  …………………… 27, **28**, 33, 413, 491
予防原則 ………………………………… 483

ら 行

濫 用 ……………………………………… 60
利己主義 ………………………………… 77
リコール制 ………………… 216, 217, 218
離婚の自由 …………………………… 512
立憲主義 ………………… 21, 24, 58, 493
立候補の自由 ………………………… 226
立法裁量 ……………………… 252, 466
立法事実 ……………………… 188, 469
立法者拘束説 ………………………… 171
立法者非拘束説 ……………………… 170
立法不作為 …………………………… 242
リプロダクティヴ・ライツ ………… 516
リベンジポルノ ……………………… 381
リュート判決 ……………………………… 25
両性の平等 …………………………… 499
両性の本質的平等 …………………… 512
Lynch v. Donnelly ………………… 330
ルソー ………………………… 42, 219
礼拝の自由 …………………………… 307
レペタ訴訟 → 法廷メモ訴訟
Lemon v. Kurtzman ……………… 322
レモン・テスト ……………… 321, 330
連座制 ………………………………… 237
労働基準法 …………………… 176, 179, 180
労働組合の統制権 …………………… 294
労働組合法 …………………………… 176

わ 行

わいせつ ………………… 359, 360, 381

ワイマール憲法 ……………8, 244, 495, 497
忘れられる権利 ………………………431

早稲田大学江沢民講演事件 ………119, **120**, 125

判 例 索 引

＊判例項目のページについては，太字で示す。

大判明治 45・6・20 刑録 188 輯 896 頁 ……113
大判大正 5・6・1 民録 22 輯 1088 頁 ………245
大判大正 5・11・15 刑録 22 輯 1774 頁 ……459
最大判昭和 23・3・12 刑集 2 巻 3 号 191 頁
　　……………………………………107, 140
最大判昭和 23・3・24 裁判集刑 1 号 535 頁…69
最大判昭和 24・4・6 刑集 3 巻 4 号 456 頁…232
最大判昭和 24・4・20 民集 3 巻 5 号 135 頁
　　………………………………………………217
最大判昭和 24・5・18 刑集 3 巻 6 号 839 頁
　　……………………………………………61, 363
最大判昭和 25・2・1 刑集 4 巻 2 号 88 頁……56
最大判昭和 25・6・21 刑集 4 巻 6 号 1049 頁
　　………………………………………………465
最大判昭和 25・9・27 刑集 4 巻 9 号 1799 頁
　　……………………………140, 154, 233, 414
最大判昭和 25・10・11 刑集 4 巻 10 号
　　2037 頁…………………………………185
最大判昭和 25・10・25 刑集 4 巻 10 号
　　2126 頁…………………………………185
最判昭和 25・11・9 民集 4 巻 11 号 523 頁…232
最大判昭和 26・7・11 刑集 5 巻 8 号 1419 頁
　　………………………………………………56
最大判昭和 26・8・1 刑集 5 巻 9 号 1709 頁
　　………………………………………………185
東京地判昭和 27・1・18 判時 1057 号 7 頁…382
最大判昭和 27・8・6 刑集 6 巻 8 号 974 頁
　　……………………………………**275**, 419, 423
東京高判昭和 27・12・10 高刑集 5 巻 13 号
　　2429 頁…………………………………382
最大判昭和 28・5・6 刑集 7 巻 5 号 932 頁…476
最大判昭和 28・6・24 刑集 7 巻 6 号 1366 頁
　　………………………………………………179
最判昭和 28・11・10 民集 7 巻 11 号 1177 頁
　　………………………………………………247

最大判昭和 28・11・25 民集 7 巻 11 号
　　1273 頁 …………………………………56
最大判昭和 28・12・23 民集 7 巻 13 号
　　1561 頁…………………………………440
最判昭和 29・4・16 刑集 8 巻 4 号 517 頁…476
東京高判昭和 29・9・30 下民集 5 巻 9 号
　　1646 頁…………………………………246
最大判昭和 29・11・24 刑集 8 巻 11 号
　　1866 頁…………………………………444
最大判昭和 30・1・26 刑集 9 巻 1 号 89 頁…469
最大判昭和 30・2・9 刑集 9 巻 2 号 217 頁…222
最大判昭和 30・4・6 刑集 9 巻 4 号 819 頁
　　……………………………………233, 234
最判昭和 30・4・19 民集 9 巻 5 号 534 頁 …249
最大判昭和 30・8・18 刑集 9 巻 9 号 2031 頁…185
最判昭和 30・11・22 民集 9 巻 12 号 1793 頁
　　………………………………………………177
最大判昭和 30・12・14 刑集 9 巻 13 号
　　2756 頁………………………………176, 211
最大判昭和 31・7・4 刑集 10 巻 7 号 785 頁
　　……………………60, 267, 278, **280**, 359, 368
最大判昭和 32・3・13 刑集 11 巻 3 号 997 頁
　　……………………………………………60, **382**
最判昭和 32・6・19 刑集 11 巻 6 号
　　1663 頁………………………………474, 478
東京高判昭和 32・10・26 高民集 10 巻 12 号
　　671 頁…………………………………246
最大判昭和 32・12・25 刑集 11 巻 14 号
　　3377 頁…………………………………478
最大決昭和 33・2・17 刑集 12 巻 2 号 253 頁
　　……………………………………419, 421
最判昭和 33・5・6 刑集 12 巻 7 号 1351 頁
　　………………………………………………258
最大判昭和 33・9・10 民集 12 巻 13 号
　　1969 頁………………………………476, 477

530

判 例 索 引

最大判昭和33・10・15 刑集 12 巻 14 号
　3305 頁 ……………………………210
最大判昭和34・7・8 刑集 13 巻 7 号 1132 頁
　………………………………………464
最判昭和34・7・24 刑集 13 巻 8 号 1212 頁
　………………………………………211
最判昭和35・3・3 刑集 14 巻 3 号 253 頁 …406
最大決昭和35・7・6 民集 14 巻 9 号 1657 頁
　…………………………………………10
最大判昭和35・7・20 刑集 14 巻 9 号
　1243 頁 ……………………………445
最大判昭和36・2・15 刑集 15 巻 2 号 347 頁
　………………………………388, 463
最大判昭和36・4・5 民集 15 巻 4 号 657 頁…47
最判昭和36・4・11 刑集 15 巻 4 号 716 頁…465
最大判昭和36・9・6 民集 15 巻 8 号 2047 頁
　………………………………………511
札幌地判昭和37・1・18 下刑集 4 巻 1 = 2 号
　69 頁 ………………………………59
最大判昭和37・2・21 刑集 16 巻 2 号 107 頁
　………………………………………363
最大判昭和37・3・14 民集 16 巻 3 号 537 頁
　………………………………………222
最判昭和37・4・27 民集 16 巻 7 号 1247 頁…44
大阪地判昭和37・5・23 下刑集 4 巻 5 = 6 号
　455 頁 ……………………………491
最大判昭和38・5・15 刑集 17 巻 4 号 302 頁
　………………………………36, 308
最大判昭和38・5・22 刑集 17 巻 4 号 370 頁
　……………………………36, 483, **490**
最大判昭和38・6・26 刑集 17 巻 5 号 521 頁
　…………………………………………36
最大判昭和39・2・5 民集 18 巻 2 号 270 頁
　………………………………………191
最大判昭和39・5・27 民集 18 巻 4 号 676 頁
　…………………………170, 172, 184
京都地判昭和39・7・4 刑集 23 巻 12 号
　1655 頁 ……………………………128
東京地判昭和39・9・28 下民集 15 巻 9 号
　2317 頁 …………………83, 116, **375**
大阪高判昭和40・4・27 刑集 23 巻 12 号
　1660 頁 ……………………………128
最判昭和40・6・4 民集 19 巻 4 号 898 頁……47
最大決昭和40・6・30 民集 19 巻 4 号
　1089 頁 …………………………10, 119
最判昭和41・2・8 民集 20 巻 2 号 196 頁 …486
大阪高判昭和41・2・26 高刑集 19 巻 1 号
　58 頁 ………………………………433
最大判昭和41・6・23 民集 20 巻 5 号 1118 頁
　………………………………………369
最大判昭和41・10・26 刑集 20 巻 8 号
　901 頁 ……………………………155
東京地判昭和41・12・20 労民集 17 巻 6 号
　1407 頁 …………………………179, 507
最大決昭和41・12・27 民集 20 巻 10 号
　2279 頁 ……………………………10
東京地判昭和42・5・10 下刑集 9 巻 5 号
　638 頁 ……………………………445
東京地決昭和42・6・9 行集 18 巻 5 = 6 号
　737 頁 ……………………………445
最判昭和42・12・21 刑集 21 巻 10 号
　1441 頁 ……………………………476
東京地判昭和43・1・31 下民集 19 巻
　1 = 2 号 41 頁 ……………………455
旭川地判昭和43・3・25 下刑集 10 巻 3 号
　293 頁 …………………………31, 411
最判昭和43・11・1 刑集 22 巻 12 号 1319 頁
　………………………………………415
最大判昭和43・12・4 刑集 22 巻 13 号
　1425 頁 ……………………**226**, 293, 455
最大判昭和43・12・18 刑集 22 巻 13 号
　1549 頁 …………………………405, 407
最大判昭和44・4・2 刑集 23 巻 5 号 305 頁
　………………………………………155
最大判昭和44・4・23 刑集 23 巻 4 号 235 頁
　………………………………………233
最大判昭和44・6・25 刑集 23 巻 7 号 975 頁
　………………………………………369
東京地判昭和44・7・1 労民集 20 巻 4 号
　715 頁 ……………………………179
最大判昭和44・10・15 刑集 23 巻 10 号
　1239 頁 ……………………………383

531

判 例 索 引

最大決昭和44・11・26 刑集23巻11号
　　1490頁 ……………19, 155, 275, 418, 424, 485
最大判昭和44・12・24 刑集23巻12号
　　1625頁 …………………………82, 90, **128**
大阪地判昭和44・12・26 労民集20巻6号
　　1806頁 ……………………177, 211, 455
東京地決昭和45・3・14 下民集21巻
　　3＝4号413頁 ……………………………394
東京高決昭和45・4・13 高民集23巻2号
　　172頁 ……………………………………394
最大判昭和45・6・17 刑集24巻6号280頁
　　………………………………………………408
最大判昭和45・6・24 民集24巻6号625頁
　　………………………………………………17, 292
名古屋高判昭和45・8・25 判時609号7頁
　　………………………………………………491
最大判昭和45・9・16 民集24巻10号
　　1410頁 ……………………………28, 139
最判昭和45・12・15 刑集24巻13号
　　1738頁 ……………………………………232
最判昭和45・12・18 民集24巻13号
　　2151頁 ……………………………………367
名古屋高判昭和46・5・14 判時630号7頁
　　………………………………………………301
神戸地判昭和47・9・20 行集23巻8＝9号
　　711頁 ……………………………………209
最決昭和47・11・16 刑集26巻9号515頁
　　………………………………………………119
最大判昭和47・11・22 刑集26巻9号
　　586頁 …………………………460, 467
最大判昭和48・4・4 刑集27巻3号265頁
　　………………………………172, 185, 273
最大判昭和48・12・12 民集27巻11号
　　1536頁 ………………**23**, 177, 211, **269**, 275
最判昭和49・3・29 家月26巻8号47頁……44
最判昭和49・7・19 民集28巻5号790頁
　　………………………………………………34, 489
最判昭和49・9・26 刑集28巻6号329頁…186
最大判昭和49・11・6 刑集28巻9号393頁
　　………………………………………………31, 411
神戸簡判昭和50・2・20 判時768号3頁 …311

最大判昭和50・4・30 民集29巻4号572頁
　　…………144, 149, 157, 460, 462, 463, 466, **467**
最大判昭和50・9・10 刑集29巻8号489頁
　　………………………………………………397, 446
京都地判昭和50・9・25 判時819号69頁…118
最判昭和50・11・28 民集29巻10号
　　1698頁 ……………………………294, **295**
札幌地判昭和50・12・26 判時821号138頁
　　………………………………………………175
最大判昭和51・4・14 民集30巻3号223頁
　　………………………………………**192**, 229
最大判昭和51・5・21 刑集30巻5号615頁
　　………………………………………………486
大阪高判昭和51・12・21 下民集27巻
　　9～12号809頁 …………………………118
最判昭和52・3・15 民集31巻2号234頁 …34
最大判昭和52・7・13 民集31巻4号533頁
　　……………………9, **301**, **306**, 318, 319, **322**, 323
札幌高判昭和53・5・24 高民集31巻2号
　　231頁 ……………………………242, 249
最決昭和53・5・31 刑集32巻3号457頁
　　……………………………………………19, **420**
最大判昭和53・10・4 民集32巻7号
　　1223頁 ……………………………**12**, 478
松江地出雲支判昭和54・1・24 判時923号
　　141頁 ……………………………………415
福岡地柳川支判昭和54・9・7 判時944号
　　133頁 ……………………………………415
最判昭和54・12・20 刑集33巻7号1074頁
　　………………………………………………235
盛岡地遠野支判昭和55・3・25 判時962号
　　130頁 ……………………………………415
札幌地判昭和55・7・16 民集40巻4号
　　908頁 ……………………………………395
最判昭和55・11・28 刑集34巻6号433頁
　　………………………………………………35, 383
最判昭和56・3・24 民集35巻2号300頁
　　………………………………………22, 179, 211
札幌高判昭和56・3・26 民集40巻4号
　　921頁 ……………………………………395
最判昭和56・4・14 民集35巻3号620頁

532

……………………………………**118**, 376
最判昭和 56・4・16 刑集 35 巻 3 号 84 頁 …370
最判昭和 56・6・15 刑集 35 巻 4 号 205 頁
………………………………234, 405, 415
最判昭和 56・6・19 下民集 31 巻 9～12 号
1546 頁 ………………………………111
最判昭和 56・7・21 刑集 35 巻 5 号 568 頁
………………………………………234, 416
最判昭和 57・3・12 民集 36 巻 3 号 329 頁…249
最判昭和 57・3・23 刑集 36 巻 3 号 339 頁…234
最判昭和 57・4・1 民集 36 巻 4 号 519 頁 …248
最大判昭和 57・7・7 民集 36 巻 7 号 1235 頁
………………………………………………209
最判昭和 57・7・15 判時 1053 号 93 頁 ……248
最判昭和 57・11・16 刑集 36 巻 11 号 908 頁
…………………………………………407, 446
最判昭和 58・3・8 刑集 37 巻 2 号 15 頁……384
最大判昭和 58・4・27 民集 37 巻 3 号 345 頁
…………………………………………173, 205
東京地判昭和 58・6・10 判時 1084 号 37 頁
…………………………………………………369
最大判昭和 58・6・22 民集 37 巻 5 号 793 頁
……………………………………**28**, 413, 491
最決昭和 58・10・13 家月 36 巻 10 号 77 頁
…………………………………………………115
最判昭和 58・10・27 刑集 37 巻 8 号 1294 頁
…………………………………………………385
最判昭和 58・11・7 刑集 37 巻 9 号
1243 頁 ………………………………196
京都地判昭和 59・3・30 行集 35 巻 3 号
353 頁 ………………………………309
最判昭和 59・5・17 民集 38 巻 7 号 721 頁…208
最大判昭和 59・12・12 民集 38 巻 12 号
1308 頁 …………………………**393**, 399, 435
最判昭和 59・12・18 刑集 38 巻 12 号
3026 頁 ………………………………409, 442
最判昭和 60・1・22 民集 39 巻 1 号 1 頁
…………………………………………476, 477
最大判昭和 60・3・27 民集 39 巻 2 号 247 頁
…………………………………………………210
最大判昭和 60・7・17 民集 39 巻 5 号

1100 頁 ……………………………………196
熊本地判昭和 60・11・13 行集 36 巻
11＝12 号 1875 頁 ……………………112
最判昭和 60・11・21 民集 39 巻 7 号 1512 頁
…………………………………7, 223, **253**
最判昭和 61・2・14 刑集 40 巻 1 号 48 頁 …129
最判昭和 61・3・27 判時 1195 号 66 頁 ……205
神戸地判昭和 61・4・24 判タ 629 号 212 頁
…………………………………………………131
最大判昭和 61・6・11 民集 40 巻 4 号 872 頁
………………25, 113, 355, 368, 369, 394, **395**
最判昭和 62・3・3 刑集 41 巻 2 号 15 頁
……………………………………406, 407, 442
東京高判昭和 62・3・16 高刑集 40 巻 1 号
11 頁 ………………………………366
最大判昭和 62・4・22 民集 41 巻 3 号 408 頁
……………………………………………37, 149
最判昭和 62・4・24 民集 41 巻 3 号 490 頁
……………………………………119, 349, 425
最判昭和 62・9・24 判時 1273 号 35 頁 ……205
東京地判昭和 62・11・20 判時 1258 号 22 頁
…………………………………………………377
最判昭和 63・2・16 民集 42 巻 2 号 27 頁
…………………………………………114, 505
最大判昭和 63・6・1 民集 42 巻 5 号 277 頁
………………………………10, 138, 313, 324, **325**
最判昭和 63・7・15 判時 1287 号 65 頁
…………………………………………277, **278**
最判昭和 63・10・21 民集 42 巻 8 号 6444 頁
…………………………………………………197
最判昭和 63・10・21 判時 1321 号 123 頁 …205
最判昭和 63・12・20 判時 1302 号 94 頁 …138
最判平成元・1・20 刑集 43 巻 1 号 1 頁……469
最決平成元・1・30 刑集 43 巻 1 号 19 頁 …424
最判平成元・3・2 判時 1363 号 68 頁 …16, 211
最判平成元・3・7 判時 1308 号 111 頁 ……469
最大判平成元・3・8 民集 43 巻 2 号 89 頁
………………………10, 19, 249, 422, 485
東京高判平成元・4・27 行集 40 巻 4 号
397 頁 ………………………………453
最判平成元・9・19 刑集 43 巻 8 号 785 頁 …386

判例索引

最判平成元・12・14 刑集 43 巻 13 号 841 頁
……………………………………………139
最判平成元・12・18 民集 43 巻 12 号 2139 頁
……………………………………………209
最判平成元・12・21 民集 43 巻 12 号 2252 頁
……………………………………………374
最判平成 2・2・6 訟月 36 巻 12 号 2242 頁…471
最判平成 2・3・6 判時 1357 号 144 頁………279
最判平成 2・4・17 民集 44 巻 3 号 547 頁
………………………………………236, 425
最判平成 2・6・5 裁判集民 160 号 135 頁…113
大阪高判平成 2・6・19 判時 1385 号 134 頁
……………………………………………131
最決平成 2・7・9 刑集 44 巻 5 号 421 頁……424
最判平成 2・9・28 刑集 44 巻 6 号 463 頁…364
東京高判平成 3・9・17 判時 1407 号 54 頁…60
東京地判平成 4・1・30 判時 1430 号 108 頁
……………………………………………297
最大判平成 4・7・1 民集 46 巻 5 号 437 頁
………………………144, 155, 405, 439, 450, 475
最判平成 4・7・9 判時 1441 号 56 頁………453
最判平成 4・11・16 判時 1441 号 57 頁……324
最判平成 4・11・16 裁判集民 166 号 575 頁
……………………………………………478
最判平成 4・12・15 民集 46 巻 9 号 2829 頁
………………………………………469, 471
最大判平成 5・1・20 民集 47 巻 1 号 67 頁…197
最判平成 5・2・16 民集 47 巻 3 号 1687 頁
………………………………………314, 324
神戸地判平成 5・2・22 判タ 813 号 134 頁…309
最判平成 5・2・26 判時 1452 号 37 頁…15, 211
最判平成 5・3・16 民集 47 巻 5 号 3483 頁
………………………………394, 405, 487
最判平成 5・6・25 判時 1475 号 59 頁………471
最判平成 5・10・22 民集 47 巻 8 号 5147 頁
……………………………………………209
東京地判平成 5・11・19 判時 1486 号 21 頁
……………………………………………505
最判平成 6・1・27 民集 34 巻 1 号 53 頁……346
最判平成 6・2・8 民集 48 巻 2 号 149 頁
………………………………………120, 376

大阪高判平成 6・12・22 行集 45 巻 12 号
2069 頁 ………………………………………309
最判平成 7・2・28 民集 49 巻 2 号 639 頁
………………………………………15, 48, 211
最判平成 7・3・7 民集 49 巻 3 号 687 頁
………………………………………159, 441, 446
最判平成 7・3・24 判時 1526 号 87 頁………209
横浜地判平成 7・3・28 判時 1530 号 28 頁…110
東京地判平成 7・5・19 判時 1550 号 49 頁…380
最判平成 7・5・25 民集 49 巻 5 号 1279 頁…230
最判平成 7・6・8 民集 49 巻 6 号 1443 頁 …197
最大決平成 7・7・5 民集 49 巻 7 号 1789 頁
………………………………………186, 513
東京高判平成 7・8・10 判時 1546 号 3 頁 …348
最判平成 7・9・5 判時 1546 号 115 頁………119
福岡高那覇支判平成 7・10・26 判時 1555 号
140 頁 ………………………………………344
最判平成 7・12・5 判時 1563 号 81 頁…181, 501
最判平成 7・12・15 刑集 49 巻 10 号 842 頁
………………………………………131, 211
東京高決平成 7・12・19 高民集 48 巻 3 号
258 頁 …………………………………………18
最決平成 8・1・30 民集 50 巻 1 号 199 頁
………………………………309, 310, 316, 457
最判平成 8・3・8 民集 50 巻 3 号 469 頁
………………………………10, 281, 312, 336
最判平成 8・3・15 民集 50 巻 3 号 549 頁 …447
最判平成 8・3・19 民集 50 巻 3 号 615 頁
………………………………………19, 295, 297
最判平成 8・7・18 判時 1580 号 92 頁…222, 237
最大判平成 8・9・11 民集 50 巻 8 号 2283 頁
……………………………………………205
最判平成 9・3・13 民集 51 巻 3 号 1233 頁 …56
最判平成 9・3・13 民集 51 巻 3 号 1453 頁
………………………………………222, 237
大阪高判平成 9・3・18 訟月 44 巻 6 号
910 頁 ………………………………………227
札幌地判平成 9・3・27 判時 1598 号 33 頁…175
最判平成 9・4・2 民集 51 巻 4 号 1673 頁
………………………………305, 306, 314, 326, 329
最判平成 9・9・9 民集 51 巻 8 号 3804 頁 …374

判例索引

最判平成 9・9・9 民集 51 巻 8 号 3850 頁
　………………………………………248, 249
東京高判平成 9・9・16 判タ 986 号 206 頁…190
最判平成 10・3・13 裁時 1215 号 5 頁 ………15
山口地下関支判平成 10・4・27 判時 1642 号
　24 頁 …………………………………………254
最大判平成 10・9・2 民集 52 巻 6 号 1373 頁
　……………………………………………………205
最判平成 10・11・17 判時 1662 号 74 頁……222
最大決平成 10・12・1 民集 52 巻 9 号
　1761 頁 ………………………………………30
最判平成 11・1・22 判時 1666 号 32 頁 ……209
最判平成 11・2・23 判時 1670 号 3 頁………383
最大判平成 11・11・10 民集 53 巻 8 号
　1441 頁 …………………………………198, 218
最大判平成 11・11・10 民集 53 巻 8 号
　1577 頁 ……………………………………230
最大判平成 11・11・10 民集 53 巻 8 号
　1704 頁 ……………………………………236
最決平成 11・12・16 刑集 53 巻 9 号 1327 頁
　……………………………………………………436
最判平成 12・1・27 判時 1707 号 121 頁……187
最判平成 12・2・8 刑集 54 巻 2 号 1 頁
　……………………………………………465, 472
名古屋高金沢支判平成 12・2・16 判時
　1726 号 111 頁 ……………………………351
最判平成 12・2・29 民集 54 巻 2 号 582 頁…**111**
大阪高判平成 12・2・29 判時 1710 号 121 頁
　……………………………………………………378
最決平成 12・3・10 民集 54 巻 3 号 1040 頁
　……………………………………………………508
最判平成 12・4・21 判時 1713 号 44 頁……209
名古屋高判平成 12・6・29 判時 1736 号
　35 頁 …………………………………………379
最大判平成 12・9・6 民集 54 巻 7 号 1997 頁
　……………………………………………………205
東京高判平成 12・12・6 判時 1744 号 48 頁
　……………………………………………………247
東京高判平成 13・2・15 判時 1741 号 68 頁
　……………………………………………………380
熊本地判平成 13・5・11 判時 1748 号 30 頁

　………………………………………………254, 473
東京地判平成 13・6・13 判時 1755 号 3 頁…316
東京地判平成 13・8・31 判時 1787 号 112 頁
　……………………………………………………438
東京地判平成 13・9・5 判時 1786 号 80 頁…428
大阪高判平成 13・9・26 判時 1768 号 95 頁
　……………………………………………………183
東京地判平成 13・10・17 民集 57 巻 8 号
　994 頁 ………………………………………120
最判平成 13・11・27 民集 55 巻 6 号 1154 頁
　……………………………………………………111
最判平成 13・12・18 民集 55 巻 7 号 1603 頁
　……………………………………………………347
大阪高判平成 13・12・25 判自 265 号 11 頁
　……………………………………………………134
東京高判平成 14・1・23 判時 1773 号 34 頁
　……………………………………………………212
最判平成 14・1・29 民集 56 巻 1 号 185 頁…370
最大判平成 14・2・13 民集 56 巻 2 号 331 頁
　………………………………………………36, 155
最判平成 14・3・8 判時 1785 号 38 頁……371
最判平成 14・4・25 判時 1785 号 31 頁…19, 296
東京地判平成 14・5・21 判時 1791 号 53 頁
　……………………………………………………243
最決平成 14・5・31 交通民集 35 巻 3 号
　607 頁 ………………………………………183
最判平成 14・6・17 裁判集刑 281 号 577 頁
　……………………………………………………388
東京地判平成 14・6・28 判時 1809 号 46 頁
　……………………………………………………250
東京高判平成 14・7・17 民集 57 巻 8 号
　1045 頁 ……………………………………120
最判平成 14・7・18 判時 1799 号 96 頁 ……211
最大判平成 14・9・11 民集 56 巻 7 号
　1439 頁 ………………………………50, 246, **251**
最判平成 14・9・24 判時 1802 号 60 頁
　………………………………………119, 367, 380, 396
東京高判平成 14・10・31 判時 1810 号 52 頁
　……………………………………………………243
札幌地判平成 14・11・11 判時 1806 号 84 頁
　………………………………………………175, 211

判例索引

最大判平成 14・11・22 判時 1808 号 55 頁 …44
最判平成 15・3・14 民集 57 巻 3 号 229 頁
　………………………………36, 119, 378, 379
最判平成 15・3・28 家月 55 巻 9 号 51 頁 …187
最判平成 15・3・31 家月 55 巻 9 号 53 頁 …187
最判平成 15・6・26 判時 1831 号 94 頁 ……475
最判平成 15・9・12 民集 57 巻 8 号 973 頁…**120**
最判平成 15・10・16 民集 57 巻 9 号 1075 頁
　………………………………………367, 426
最判平成 15・12・11 刑集 57 巻 11 号 1147 頁
　…………………………………………139
東京地判平成 16・1・13 判時 1853 号 151 頁
　…………………………………………384
最大判平成 16・1・14 民集 58 巻 1 号 1 頁…230
最大判平成 16・1・14 民集 58 巻 1 号 56 頁
　…………………………………………205
大阪地判平成 16・2・27 判時 1857 号 92 頁
　…………………………………………133
東京地決平成 16・3・19 判時 1865 号 18 頁
　…………………………………………396
東京高決平成 16・3・31 判時 1865 号 12 頁
　…………………………………………396
最判平成 16・7・15 民集 58 巻 5 号 1615 頁
　…………………………………………374
高松高判平成 16・7・16 家月 56 巻 11 号
　41 頁 ……………………………………514
最判平成 16・10・14 判時 1884 号 40 頁……187
最判平成 16・11・25 民集 58 巻 8 号 2326 頁
　……………………………………350, 425
最判平成 16・11・29 判時 1879 号 58 頁……211
最大判平成 17・1・26 民集 59 巻 1 号 128 頁
　………………………………**14**, 48, 211, 463
最判平成 17・4・26 判時 1898 号 54 頁 ……472
大阪地判平成 17・5・25 判時 1898 号 75 頁
　…………………………………………211
最判平成 17・7・14 民集 59 巻 6 号 1569 頁
　……………………………………**272**, 352
最判平成 17・9・8 判時 1920 号 29 頁………472
最大判平成 17・9・14 民集 59 巻 7 号
　2087 頁 …………………7, 50, 160, **220**, 242, 254
大阪高判平成 17・9・30 訟月 52 巻 9 号

2979 頁 ……………………………………314
東京高判平成 17・11・24 判時 1915 号 29 頁
　…………………………………………353
東京家審平成 17・11・30 民集 61 巻 2 号
　658 頁 …………………………………515
最判平成 18・2・7 民集 60 巻 2 号 401 頁 …448
最判平成 18・3・17 民集 60 巻 3 号 773 頁
　…………………………………23, 24, 182, 211
最判平成 18・6・23 判時 1940 号 122 頁……314
最判平成 18・7・13 判時 1946 号 41 頁 ……224
最判平成 18・9・4 民集 60 巻 7 号 2563 頁…515
東京高決平成 18・9・29 判時 1957 号 20 頁
　…………………………………………515
最決平成 18・10・3 民集 60 巻 8 号 2647 頁
　…………………………………19, 155, 423
最大判平成 18・10・4 民集 60 巻 8 号
　2696 頁 …………………………………206
大阪高判平成 18・11・30 判時 1962 号 11 頁
　…………………………………………133
最判平成 19・2・2 民集 61 巻 1 号 86 頁……294
最判平成 19・2・27 民集 61 巻 1 号 291 頁
　………………………………37, 238, 282, **284**
最決平成 19・3・23 民集 61 巻 2 号 619 頁…516
東京高判平成 19・3・29 判時 1970 号 70 頁
　…………………………………………183
最大判平成 19・6・13 民集 61 巻 4 号
　1617 頁 ……………………………199, 236
最判平成 19・9・18 刑集 61 巻 6 号 601 頁
　……………………………………400, 450
最決平成 19・10・19 家月 60 巻 3 号 36 頁
　……………………………………138, 190
最判平成 20・2・19 民集 62 巻 2 号 445 頁…383
東京地判平成 20・2・29 判時 2009 号 151 頁
　…………………………………………429
最判平成 20・3・6 民集 62 巻 3 号 665 頁
　……………………………………37, **133**
最判平成 20・4・11 刑集 62 巻 5 号 1217 頁
　…………………………………………409
最決平成 20・4・15 刑集 62 巻 5 号 1398 頁
　…………………………………………129
最大判平成 20・6・4 民集 62 巻 6 号 1367 頁

…………13, 44, **48**, 166, 173, 187, 190
最決平成20・7・17 判時 2050 号 156 頁……465
最判平成20・10・3 判時 2026 号 11 頁 ……476
最大判平成21・9・30 民集 63 巻 7 号
　1520 頁…………………………………206
最決平成21・9・30 家月 61 巻 12 号 55 頁…187
最判平成21・11・30 刑集 63 巻 9 号 1765 頁
　　　　　　……………………………………410
最大判平成22・1・20 民集 64 巻 1 号 1 頁
　　　　　　……………………10, 314, 330, **333**, **334**
最大判平成22・1・20 民集 64 巻 1 号 128 頁
　　　　　　……………………………………336
東京高判平成22・3・10 判タ 1324 号 210 頁
　　　　　　……………………………………187
最決平成22・3・15 刑集 64 巻 2 号 1 頁……430
京都地判平成22・5・27 判時 2093 号 72 頁
　　　　　　……………………………………183
東京高判平成22・6・29 判時 2104 号 40 頁
　　　　　　……………………………………266
最判平成22・7・22 判時 2087 号 26 頁 ……333
最大判平成23・3・23 民集 65 巻 2 号 755 頁
　　　　　　………………………………200, 237
最判平成23・4・28 民集 65 巻 3 号 1499 頁
　　　　　　……………………………………372
最判平成23・5・30 民集 65 巻 4 号 1780 頁
　　　　　　………………………37, 61, 285, 288, **289**
最判平成23・6・6 民集 65 巻 4 号 1855 頁
　　　　　　…………………………287, 289, 291
最判平成23・6・14 民集 65 巻 4 号 2148 頁
　　　　　　…………………………155, 288, 289, 291
最判平成23・6・21 判時 2123 号 3 頁④
　　　　　　……………………………**270**, 291
最判平成23・7・7 刑集 65 巻 5 号 619 頁 …140
最判平成23・10・25 民集 65 巻 7 号 2923 頁
　　　　　　……………………………………112
最大判平成23・11・16 刑集 65 巻 8 号
　1285 頁………………………………**259**
名古屋高判平成23・12・21 判時 2150 号
　41 頁…………………………………187
最判平成24・1・16 判時 2147 号 127 頁①…288
最判平成24・1・16 判時 2147 号 127 頁②

　　　　　　　　　　　　　　　　……288, 289
最判平成24・2・2 民集 66 巻 2 号 89 頁
　　　　　　……………………………………114, 127
最判平成24・2・16 民集 66 巻 2 号 673 頁…336
名古屋高判平成24・4・27 判時 2178 号
　23 頁…………………………………242
最大判平成24・10・17 民集 66 巻 10 号
　3357 頁………………………………207
最判平成24・12・7 刑集 66 巻 12 号 1337 頁
　　　　　　……………………**32**, 38, 157, 413
最判平成24・12・7 刑集 66 巻 12 号 1722 頁
　　　　　　……………………………**32**, 413
札幌高判平成24・12・21 判時 2178 号 33 頁
　　　　　　……………………………………266
最判平成25・1・11 民集 67 巻 1 号 1 頁……465
東京高判平成25・2・19 判時 2192 号 30 頁
　　　　　　……………………………………223
東京地判平成25・3・14 判時 2178 号 3 頁…224
東京地判平成25・5・29 判時 2196 号 67 頁
　　　　　　……………………………………505
最大決平成25・9・4 民集 67 巻 6 号 1320 頁
　　　　　　………………170, 173, 187, **188**, 211, 508, 513
最判平成25・9・26 民集 67 巻 6 号 1384 頁
　　　　　　……………………………………189
大阪高判平成25・9・27 判時 2234 号 29 頁
　　　　　　……………………………………222
京都地判平成25・10・7 判時 2208 号 74 頁
　　　　　　……………………………………390
最大判平成25・11・20 民集 67 巻 8 号
　1503 頁………………………………200
最決平成25・12・10 民集 67 巻 9 号 1847 頁
　　　　　　……………………………………518
東京高判平成26・3・28 民集 69 巻 8 号
　2741 頁………………………………505
最判平成26・5・27 判時 2231 号 9 頁………472
大阪高判平成26・7・8 判時 2232 号 34 頁…390
最判平成26・7・17 民集 68 巻 6 号 547 頁…518
最判平成26・7・17 判時 2235 号 14 頁② …518
最判平成26・7・17【平成 26（オ）226】…518
最大判平成26・11・26 民集 68 巻 9 号
　1363 頁………………………………207

判例索引

最判平成 27・1・15 判時 2251 号 28 頁 ……209
最判平成 27・3・10 民集 69 巻 2 号 265 頁
　……………………………………**45**, 211
最判平成 27・3・27 民集 69 巻 2 号 419 頁…474
最大判平成 27・11・25 民集 69 巻 7 号
　2035 頁…………………………………201
最大判平成 27・12・16 民集 69 巻 8 号
　2427 頁……………………181, **255**, 502, **503**
最大判平成 27・12・16 民集 69 巻 8 号
　2586 頁……………………**115**, 182, 499, **505**
さいたま地決平成 27・12・22 判時 2282 号
　78 頁……………………………………432
東京高決平成 28・7・12 判タ 1429 号 112 頁
　…………………………………………432

注釈日本国憲法（2）
国民の権利及び義務（1） §§10〜24
Japanese Constitutional Law Annotated, Vol. 2

平成29年1月30日　初版第1刷発行

編　者	長谷部　恭男	
著　者	川　岸　令　和	
	駒　村　圭　吾	
	阪　口　正二郎	
	宍　戸　常　寿	
	土　井　真　一	
発行者	江　草　貞　治	
発行所	株式会社　有　斐　閣	

郵便番号 101-0051
東京都千代田区神田神保町 2-17
電話(03)6629-8203〔編集〕
　　(03)3265-6811〔営業〕
http://www.yuhikaku.co.jp/

印　刷　株式会社　精興社
製　本　大口製本印刷株式会社

© 2017, Yasuo HASEBE, Norikazu KAWAGISHI, Keigo KOMAMURA,
Shojiro SAKAGUCHI, George SHISHIDO, Masakazu DOI
Printed in Japan
落丁・乱丁本はお取替えいたします。
★定価はケースに表示してあります。

ISBN 978-4-641-01797-9

[JCOPY]　本書の無断複写（コピー）は、著作権法上での例外を除き、禁じられています。複写される場合は、そのつど事前に、(社)出版者著作権管理機構（電話03-3513-6969、FAX03-3513-6979、e-mail:info@jcopy.or.jp）の許諾を得てください。

本書のコピー，スキャン，デジタル化等の無断複製は著作権法上での例外を除き禁じられています。本書を代行業者等の第三者に依頼してスキャンやデジタル化することは，たとえ個人や家庭内での利用でも著作権法違反です。